Axel Jäger, Christian Rödl und José A. Campos Nave

Praxishandbuch Corporate Compliance

Prof. Dr. Axel Jäger ist Professor für Deutsches, Europäisches und Internationales Unternehmens- und Kapitalmarktrecht an der Fachhochschule Frankfurt am Main, Vorstand des Instituts für Management und Recht und Direktor des Instituts für Entrepreneurship. Er coacht Manager und Aufsichtsräte in allen Fragen der strategischen Ausrichtung, Haftungsvermeidung, Unternehmensfinanzierung und Unternehmenskommunikation.

Dr. Christian Rödl (LL.M. (Columbia Univ.)), Rechtsanwalt, Steuerberater und Geschäftsführender Partner bei Rödl & Partner, berät vorwiegend zur grenzüberschreitenden Struktur von Unternehmensgruppen, Privatvermögen und zur Unternehmensnachfolge. Er ist Lehrbeauftragter an der Universität Erlangen-Nürnberg für Internationale Steuerplanung sowie Dozent an der Universität Hamburg im Aufbaustudiengang Master of International Taxation. Der Finanzausschuss des Deutschen Bundestags lud Herrn Dr. Christian Rödl wiederholt als Sachverständiger zu Gesetzgebungsverfahren im Steuerrecht.

José A. Campos Nave ist Rechtsanwalt, EMBA (Accouting & Controlling), Fachanwalt für Steuerrecht, Fachanwalt für Handels- und Gesellschaftsrecht und Partner bei der internationalen Sozietät Rödl & Partner in Frankfurt. Zudem ist er Mitglied des Führungskreises Wirtschaftsrecht und Head of Corporate Compliance bei Rödl & Partner und Lehrbeauftragter an der Fachhochschule Frankfurt am Main.

Axel Jäger, Christian Rödl und José A. Campos Nave

Praxishandbuch Corporate Compliance

Grundlagen – Checklisten – Implementierung

WILEY-VCH Verlag GmbH & Co. KGaA

1. Auflage 2009

Bibliografische Information der Deutschen Nationalbibliothek
Die Deutsche Nationalbibliothek verzeichnet diese Publikation in der Deutschen Nationalbibliografie; detaillierte bibliografische Daten sind im Internet über http://dnb.d-nb.de abrufbar.

Printed in the Federal Republic of Germany

Gedruckt auf säurefreiem Papier.

Satz TypoDesign Hecker GmbH, Leimen
Druck und Bindung AALEXX Buchproduktion GmbH, Großburgwedel
Umschlaggestaltung Christian Kalkert, Birken-Honigsessen

ISBN: 978-3-527-50395-7

Inhaltsverzeichnis

Teil B
Corporate Compliance in den Unternehmensbereichen *51*

Abkürzungsverzeichnis

Abs.	Absatz
AEntG	Arbeitnehmerentsendegesetz
AG	Aktiengesellschaft/Amtsgericht
AktG	Aktiengesetz
AnSVG	Anlegerschutzverbesserungsgesetz
ArbSchG	Arbeitsschutzgesetz
ArbStättVO	Arbeitsstättenverordnung
ArbZG	Arbeitszeitgesetz
Art.	Artikel
ASIG	Arbeitssicherheitsgesetz
AÜG	Arbeitnehmerüberlassungsgesetz
BBodSchG	Gesetz zum Schutz vor schädlichen Bodenveränderungen und zur Sanierung von Altlasten
BDSG	Bundesdatenschutzgesetz
BEEG	Bundeselterngeld- und Elternzeitgesetz
BerzGG	Bundeserziehungsgeldgesetz bis 31.12.2008
BetrAVG	Gesetz zur Verbesserung der betrieblichen Altersversorgung
BFH	Bundesfinanzhof
BGB	Bürgerliches Gesetzbuch
BGH	Bundesgerichtshof
BilKoG	Bilanzkontrollgesetz
BilMoG	Bilanzrechtsmodernisierungsgesetz
BilReG	Bilanzrechtsreformgesetz
BImschG	Bundes-Immissionsschutzgesetz
BSI	Bundesamt für Sicherheit in der Informationstechnik
BT-Drucks.	Bundestags-Drucksache
BurlG	Bundesurlaubsgesetz
BVerfG	Bundesverfassungsgericht
bzgl.	bezüglich

Praxishandbuch Corporate Compliance. Axel Jäger, Christian Rödl und José A. Campos Nave

ISBN 978-3-527-50395-7

bzw.	beziehungsweise
c.i.c	culpa in contrahendo
D&O	Directors & Officers Liability Insurance
DCGK	Deutscher Corporate Governance Kodex
DIN	Deutsche Industrie Norm
DPMA	Deutsches Patent- und Markenamt
EG	Europäische Gemeinschaft
EG-Richtlinie	Europäische Gemeinschaft-Richtlinie
EntgeltfortzahlungsG	Entgeltfortzahlungsgesetz
EPÜ	Europäische Patentübereinkommen
EStG	Einkommensteuergesetz
EU	Europäische Union
EUBeStG	EU-Bestechungsgesetz
EUGH	Europäischer Gerichtshof
EuroSOX	8. EU-Richtlinie zur Schaffung einer international anerkannten Regelung für EU-Unternehmensabschlüsse
EWR	Europäischer Wirtschaftsraum
FCPA	Foreign Corrupt Practices Act
GebrMG	Gebrauchsmustergesetz
GeschmMG	Geschmacksmustergesetz
GewO	Gewerbeordnung
GG	Grundgesetz
ggf.	gegebenenfalls
GGVO	Gemeinschaftsgeschmacksmusterverordnung
GmbH	Gesellschaft mit beschränkter Haftung
GmbHG	Gesetz betreffend die Gesellschaften mit beschränkter Haftung
GmbHR	GmbH-Rundschau (Zeitschrift)
GMV	Gemeinschaftsmarkenverordnung
GPSG	Gesetz über technische Arbeitsmittel und Verbraucherprodukte
GVO	Gruppenfreistellungsverordnungen
GWB	Gesetz gegen Wettbewerbsbeschränkungen
GWG	Geldwäschegesetz
HABM	Europäisches Harmonisierungsamt Alicante
HAG	Heimarbeitsgesetz
HGB	Handelsgesetzbuch
i.V.m.	in Verbindung mit

IntBestG	Gesetz zur Bekämpfung der internationalen Bestechung
IR-Marke	International Registrierte Marke
ISO/IEC 27001	Anforderungen an das Informations-Sicherheits-Managementsystem in einer Organisation
JArbSchG	Jugendarbeitsschutzgesetz
KGaA	Kommanditgesellschaft auf Aktien
KindArbSchV	Kinderarbeitsschutzverordnung
KonTraG	Gesetz zur Kontrolle und Transparenz im Unternehmensbereich
KSCHG	Kündigungsschutzgesetz
KunstUrhG	Kunsturhebergesetz
LG	Landgericht
LMHV	Lebensmittelhygiene-Verordnung
M & A	Mergers & Acquisitions
MarkenG	Markengesetz
MindArbBedG	Mindestarbeitsbedingungengesetz
MMA	Madrider Markenabkommen
MoMiG	Gesetz zur Modernisierung des GmbH-Rechts und zur Bekämpfung von Missbräuchen
MuSchG	Mutterschutzgesetz
MuSchV	Mutter-Arbeitsschutzverordnung
NachwG	Nachweisgesetz
NJW	Neue Juristische Wochenzeitschrift
Nr.	Nummer
NZG	Neue Zeitschrift für Gesellschaftsrecht
o.g.	oben genannt
OLG	Oberlandesgericht
OWIG	Gesetz über Ordnungswidrigkeiten
PatG	Patentrechtsgesetz
PCT	Patent Cooperation Treaty (internationale Patentanmeldung)
Rn.	Randnummer
Rz.	Randziffer
S.	Siehe/Seite
SEC	Security and Exchange Commission
SGB IX	Sozialgesetzbuch IX Reha- und Schwerbehinderung
SGB	Sozialgesetzbuch
sog.	sogenannte
SOX	Sarbanes-Oxley Act

EuroSOX	8. EG-Richtlinie zur Schaffung einer international anerkannten Regelung für EU-Unternehmensabschlüsse
StGB	Strafgesetzbuch
TKG	Telekommunikationsgesetz
TMG	Telemediengesetz
TzBfG	Teilzeitbefristungsgesetz
UMAG	Gesetz zur Unternehmensintegrität und zur Modernisierung des Anfechtungsrechts
UrHG	Urhebergesetz
UWG	Gesetz gegen den unlauteren Wettbewerb
v. a.	vor allem
WM	Zeitschrift für Wirtschafts- und Bankrecht
WIPO	World Intellectual Property Organization (Weltorganisation für geistiges Eigentum)
z.B.	zum Beispiel

Geleitwort

Compliance bedeutet das Einhalten von Vorschriften in Form von externen und internen Regeln und damit im Grunde nichts Neues. Allerdings hat in den letzten Jahren der Aktionismus der nationalen, supranationalen und internationalen Gesetzgeber zu einem Übermaß an externen Regeln geführt, das die Unternehmen mehr und mehr erdrückt. Im Jahr 2005 wurde auf dem Weltwirtschaftsforum in Davos erstmals seit Begründung dieses bedeutenden informellen Treffens die Überregulierung als Haupthindernis für Fortschritt und Wachstum identifiziert. Fast zwei Drittel aller befragten Unternehmenslenker beklagten die stetige Verschärfung der rechtlichen Rahmenbedingungen und die damit einhergehende Bürokratisierung, deren Bewältigung zunehmend mehr Zeit und Kapital binde, die an anderer Stelle der Unternehmensentwicklung verloren gingen. Trotz anderslautender Zusagen der Politik hat sich hieran bis heute nichts geändert.

Als überflüssig, unklar und mehrdeutig empfundene Vorschriften können nicht nur lästig sein, sondern führen in ihrer Dichte auch dazu, dass sich die verantwortlichen Manager bei der Formulierung und Anwendung ihrer unternehmerischen Verhaltensregeln nicht mehr allein auf Gefühl und Common Sense verlassen können. Andererseits definieren externe Regeln soziale und ökologische Standards, die den Fortschritt unserer Gesellschaft in Lebensqualität und Sicherheit gewährleisten wollen. Die unternehmerische Verantwortung für Arbeitsplätze, Umwelt, Produkte und gesellschaftliches Umfeld ist eng verknüpft mit dem Einhalten dieser Standards und dies sollte jeden Unternehmer motivieren, sich durch das Buch Orientierung und praktische Anleitung für die organisatorische Bewältigung des im Dickicht der Normen verhafteten Pflichtenkanons zu verschaffen.

So sehr Vorschriften lästig sein können und immer wieder aufs Neue auf den Prüfstand gehören, weil wir Unternehmer über unnötige Bürokratie und Überregulierung klagen (dies muss als Regulativ auch so sein), so sehr können wir andererseits stolz darauf sein, wie unsere europäische soziale Marktwirtschaft den Lebensstandard, die Lebensqualität und die Umwelt für alle kontinuierlich verbessert. Trotz aller Kritik an Politik, Verwaltung und

Praxishandbuch Corporate Compliance. Axel Jäger, Christian Rödl und José A. Campos Nave

ISBN 978-3-527-50395-7

Brüsseler Bürokratie sind wir nach wie vor im weltweiten Vergleich Vorreiter der sozialen Marktwirtschaft. Durch die Bankenkrise von 2008 ist außerdem ein weltweites Umdenken über die Rolle des Staates ausgelöst worden, nicht zuletzt auch bei den ultraliberalen Kräften, die vor allem an einer Minimierung der staatlichen Einflussnahme interessiert sind.

Auf Basis dieses neuen Denkens muss die EG allerdings auch verstärkt über eine Verknüpfung der sozialen und ökologischen Standards mit der internationalen Handelspolitik nachdenken, denn der Umstand, dass in Europa mit Compliance-Aufwand einzuhaltende Regeln von einzelnen Unternehmen durch eine simple Betriebsverlagerung unterlaufen und ausgehebelt werden können, führt nicht nur zu Nachteilen der Konkurrenz, sondern auch zu Nachteilen für die Gesellschaft als Ganzes. Deshalb dürfen wir parallel zu einer aktiv organisierten Compliance nicht müde werden, unseren Einfluss als Unternehmer auf die Verantwortlichen der EG geltend zu machen, diese Spielregeln auch international durchzusetzen, nicht nur zum Erhalt unserer Wettbewerbsfähigkeit, sondern auch zur Bekämpfung der Armut, zum Schutz der Umwelt und zur Anhebung der Lebensstandards weltweit.

Das systematische Organisieren und Institutionalisieren von Compliance fördert auch das Vertrauen von innen und außen in das Unternehmen. Und Vertrauen ist vielleicht das wichtigste Asset in einer Firma und auch für die Marke – und damit Chef-Sache. Ich wünsche den Herausgebern, dass sich ihr Handbuch in der Praxis etabliert, und uns Unternehmern, dass uns die Beiträge dabei helfen werden, ein administratives Thema von allerdings großer Auswirkung in unseren Unternehmen besser zu integrieren.

München, im Januar 2009

Martin Schoeller
Präsident Europe's 500
Entrepreneurs for Growth

Vorwort

Corporate Compliance: alter Wein in neuen Schläuchen oder ein wirkungsvoller Beitrag zur Steigerung des Unternehmenswertes?

In den letzten Jahren ist die Begrifflichkeit Corporate Compliance immer mehr in den unternehmerischen Fokus gerückt. Zudem häufen sich Beiträge aus der Wirtschaftspresse zu dieser Thematik. Insbesondere wurden in den Presseberichten spektakuläre Fälle von Korruptionshandlungen bei bekannten Unternehmen dargestellt. Kritiker meinen nun, Corporate Compliance sei kein neuer Ansatz in der Unternehmenspraxis, unternehmerische Strukturen zu verbessern. Vielmehr ergäbe sich bereits aus den vorliegenden Gesetzen, insbesondere dem GmbH-Gesetz und dem Aktiengesetz sowie der Rechtsprechung die Verpflichtung, dass sich Unternehmenslenker und etwaige Aufsichtsorgane des Unternehmens pflichtgemäß verhalten müssen, um Schäden vom Unternehmen abzuwenden.

Jedoch zeigt sich an immer neuen Gesetzen, beispielsweise zum Diskriminierungsschutz, Arbeitnehmer- und Datenschutz, Anleger- und Kapitalmarktschutz, dass der Aktionismus des Gesetzgebers unbegrenzt ist. Durch neue gesetzliche Verpflichtungen werden den Leitungs- und Aufsichtsorganen von Unternehmen immer weitreichendere Pflichten auferlegt. Für die geschäftsführenden Organe deutscher Kapitalgesellschaften lässt sich aus deren allgemeiner Sorgfaltspflicht ableiten, dass diese alles zu unternehmen haben, um rechtliche und faktische Risiken vom Unternehmen abzuwenden. Die gesetzlichen Neuregelungen führen im Ergebnis jedoch zu deutlichen Haftungsverschärfungen für Unternehmenslenker und die etwaigen Aufsichtsorgane von Unternehmen.

Beachtlich ist in diesem Zusammenhang, dass diese Haftungsverschärfungen insbesondere aus dem anglo-amerikanischen Rechtskreis im Hinblick auf die dortigen spektakulären Unternehmenszusammenbrüche, wie beispielsweise Enron und Worldcom, stammen und schließlich auch in Deutschland deren Niederschlag gefunden haben. Die Zielsetzung besteht hierbei, die Unternehmenslenker und etwaige Aufsichtsorgane der Unternehmen zu verpflichten, Risikoprävention und Risikoüberwachungsstruk-

Praxishandbuch Corporate Compliance. Axel Jäger, Christian Rödl und José A. Campos Nave

ISBN 978-3-527-50395-7

turen im Unternehmen einzuführen. Sofern dies nicht fach- und pflichtgerecht erfolgt, wird eine persönliche Haftung der Unternehmenslenker und der etwaigen Haftungsorgane des Unternehmens begründet. Eine Haftungsprivilegierung erfolgt daher nur bei pflichtgerechter Umsetzung der entsprechenden Vorkehrungsmaßnahmen. Diese erweiterten Rechtsgrundsätze gelten nicht nur für kapitalmarktorientierte Unternehmen, sondern auch für mittelständische Unternehmen. Auch bei diesen Unternehmen ist nunmehr anzuraten, Corporate-Compliance-Strukturen im Unternehmensbereich zu implementieren. Letztlich muss bezüglich aller Unternehmensbereiche eine Überprüfung stattfinden, ob die in den jeweiligen Unternehmensbereichen bestehenden Strukturen ausreichend sind, um den erweiterten Vorgaben durch Corporate Compliance zu entsprechen.

Corporate Compliance ist jedoch nicht nur unter dem Gesichtspunkt der Haftungsvermeidung und Risikobegrenzung zu sehen. Vielmehr handelt es sich bei dem neuen Verständnis von Corporate Compliance um die unternehmerische Möglichkeit der Steigerung der eigenen Wettbewerbsfähigkeit des Unternehmens und der Verbesserung des Unternehmensratings. Corporate Compliance kann daher einen sinnvollen und ergänzenden Beitrag zur Sicherung und Fortentwicklung des Unternehmenswertes leisten. Die Aussage »alter Wein in neuen Schläuchen« wäre daher verfehlt, da es nicht nur um die Aufdeckung von unternehmerischen Risiken geht, sondern vielmehr um die Implementierung von Maßnahmen, die den Unternehmenswert erhalten und auch steigern.

Um das benannte Ziel zu erreichen, reicht es jedoch nicht aus, die einzelnen Risiken in den betreffenden Unternehmensbereichen zu identifizieren. Vielmehr geht es um die Implementierung einer Corporate-Compliance-Organisation im Unternehmen. Statt nur einzelne Risikominimierungsmaßnahmen umzusetzen, ist es daher dem Unternehmer zu empfehlen, eine funktionierende Corporate-Compliance-Organisation im Unternehmen kontinuierlich aufzubauen und fortzuentwickeln.

Die von der Gesetzgebung und der Rechtsprechung faktisch geforderte Corporate-Compliance-Organisation im Unternehmen beruht auf dem Gedanken eines funktionierenden Risikomanagementsystems. Hierbei werden Risiken identifiziert und durch eine bestehende Kommunikationsstruktur und -kultur in das Bewusstsein der Unternehmenslenker, der Mitarbeiter und somit des gesamten Unternehmens gebracht. Nur im Zusammenwirken der unterschiedlichen *Stakeholder* des Unternehmens wird es gelingen, die identifizierten Risiken zu beseitigen. Corporate Compliance ist damit ein wichtiger Bestandteil einer integrierten Corporate Governance des Unternehmens.

Der Unternehmer sollte Corporate Compliance als offensives Mittel betrachten, die Positionierung des Unternehmens bei Banken, Kunden und Lieferanten zu verbessern und nachhaltig zur Steigerung des Unternehmenswertes beizutragen. Unternehmer sollten daher langfristig orientiert handeln und eine Corporate-Compliance-Organisation im Unternehmen aufbauen. Dies ist ein effektiver Beitrag zur Sicherung und zur Steigerung des Unternehmenswertes.

In diesem Buch vertreten die Autoren die funktionale Betrachtungsweise bezüglich Corporate Compliance. Das Unternehmen wird in die entscheidenden Unternehmensbereiche aufgeteilt. Sodann werden für diese Unternehmensbereiche die risikogeneigten Aspekte analysiert und Vorschläge zur Verbesserung der jeweiligen Risikostruktur gegeben.

Das Buch kann einen Impuls zur Umsetzung von Corporate Compliance im Unternehmen geben. Die Art und Weise des Aufbaus der jeweiligen Corporate-Compliance-Organisation und deren Umfang kann jedoch nur im Einzelfall aufgrund einer zuvor durchgeführten Corporate-Compliance-Prüfung erfolgen. Das Buch dient dem Unternehmer als Leitfaden für die Erstbewertung im Hinblick auf den Umsetzungs- und Erweiterungsbedarf von Corporate Compliance.

Eschborn, im Januar 2009

Axel Jäger
Christian Rödl
José A. Campos Nave

Teil A
Grundlagen der betrieblichen Compliance

Axel Jäger; Christian Rödl; José A. Campos Nave

Allgemeines

1 Corporate Compliance

1.1 Begriffsbestimmung

Der Begriff der Compliance stammt ursprünglich aus dem Bankrecht und bezeichnet dort alle Maßnahmen, die der Sicherstellung gesetzeskonformen Manager- und Mitarbeiterverhaltens in den klassischen Risikobereichen der Kreditinstitute dienen. Die Beachtung der einschlägigen rechtlichen Rahmenbedingungen ist jedoch nicht nur für Banken, sondern im Grunde für jede Form unternehmerischen Handelns eine unabdingbare Verpflichtung. Soweit Kapitalgesellschaften nach deutschem Recht[1] betroffen sind, ist diese Verpflichtung bereits Ausfluss der allgemeinen Sorgfaltspflicht der jeweils für die Geschäftsführung verantwortlichen Manager[2], wonach diese alles zu tun bzw. zu unterlassen haben, um Schaden von der Gesellschaft abzuwenden. Sie bildet haftungsrechtlich die Verknüpfung zu den Verbindlichkeiten und Risiken der Gesellschaft und wächst naturgemäß mit der Zahl der Normen und der Intensität der Regulierung.

Corporate Compliance bezieht neben den externen auch die internen Regeln ein und will auf diese Weise zu einer möglichst »gerichtsfesten« Umgebung beitragen, in der die Geschäfte des Unternehmens geplant, entschieden und abgewickelt werden können. Wer den Erfolg eines solchen Unterfangens bezweifelt, hat zunächst das Argument auf seiner Seite, dass eine hundertprozentige Sicherheit vor Vorwürfen und Ansprüchen Dritter als Idealzustand in der Praxis kaum jemals zu erreichen ist. Allerdings honorieren die Gerichte in Haftungsprozessen üblicherweise bereits die ernsthafte Auseinandersetzung mit der Frage, mit welchen Mitteln einem bestimmten durch das Wirken der Gesellschaft und seiner Manager und Mitarbeiter hervorgerufenen Risiko für den Rechtsverkehr wirksam begegnet

1) Gesellschaft mit beschränkter Haftung (GmbH), Aktiengesellschaft (AG), Kommanditgesellschaft auf Aktien (KGaA).

2) Geschäftsführer (§ 43 I GmbHG), Vorstand (§ 93 I 1 AktG), Komplementär (§ 283 Nr.3 AktG).

Praxishandbuch Corporate Compliance. Axel Jäger, Christian Rödl und José A. Campos Nave

ISBN 978-3-527-50395-7

werden kann. Wer eine im Zeitpunkt des Schadenseintritts nach objektiven Maßstäben zu dessen Vermeidung geeignete Maßnahme ergriffen hatte, wird in aller Regel nicht dafür zur Verantwortung gezogen, dass sich diese im Nachhinein als nicht ausreichend herausgestellt hat.

1.2 Rechtlicher und wirtschaftlicher Hintergrund

Während Banken seit Jahren einem zunehmend restriktiven aufsichtsrechtlichen Regime unterliegen, bildete für Manager von deutschen Kapitalgesellschaften lange Zeit ausschließlich die allgemeine Sorgfaltspflicht den einzigen ernst zu nehmenden Maßstab der Verantwortlichkeit im Innenverhältnis, der zudem seinerseits durch die überwiegend anzutreffende Passivität der mit der Anspruchsdurchsetzung für die Gesellschaft betrauten Gremien wie insbesondere dem Aufsichtsrat weitgehend entwertet war. Ein erstes spürbares Einfallstor in das Aktienrecht hat die Entscheidung eines US-amerikanischen Gerichts aus dem Jahr 1996 bewirkt, in der eine angemessene Corporate Compliance als Kernaufgabe der Unternehmensleitung formuliert wurde[3]. Daneben haben die spektakulären Bilanzskandale und Unternehmenszusammenbrüche um die Jahrtausendwende nicht nur den vorübergehenden Absturz der Börsenkurse und die Einstellung ganzer Börsensegmente bewirkt, sondern sie haben auch die tägliche Rechts- und Wirtschaftspraxis nicht unberührt gelassen.

Die Gesetzgeber haben weltweit mit einem Aktionismus reagiert, der inzwischen in vielen Bereichen zu für die Unternehmen spürbarer Überregulierung und Bürokratisierung geführt hat. Relativ neu ist dabei die Tendenz, die Einhaltung der den Gesellschaften auferlegten Pflichten durch persönliche Haftungsrisiken für ihre Verwaltungsorgane abzusichern und zugleich die Instrumente der Betroffenen zu verbessern, ihre Schadensersatzansprüche gegen Unternehmen, Manager und Aufsichtsräte auch tatsächlich durchzusetzen. Wer dies alles wörtlich nimmt, läuft leicht Gefahr, das operative Geschäft zu vernachlässigen. Andererseits hilft das besonders im deutschen Mittelstand weit verbreitete Motto »Augen zu und durch!« ebenso wenig weiter, da von den aktuellen und geplanten Initiativen auf nationaler und supranationaler Ebene weiteres Ungemach droht. Es geht daher darum, organisatorische und andere Vorkehrungen zu treffen, damit sich die Gesellschaften und ihre Verwaltungsorgane weiterhin ihren originären Auf-

3) Entscheidung 698 A. 2d 959 »Caremark International Inc. Derivative Litigation« des Delaware Court of Chancery.

gaben widmen können, ohne permanent befürchten zu müssen, vom Damoklesschwert der Haftung getroffen zu werden.

Dazu wird hier ein Ansatz vertreten, der das Management von Recht als Führungsaufgabe versteht, deren optimale Wahrnehmung einen wertvollen Beitrag zum Erfolg des Unternehmens bzw. Konzerns liefern kann. Es wird für die Schaffung einer Compliance-Organisation plädiert, die zwingendes Recht rechtzeitig berücksichtigt und die Gestaltungsspielräume des dispositiven Rechts vorausschauend nutzt und in die übergeordnete Strategie des Unternehmens bzw. Konzerns einbezieht. Dabei wird sich erweisen, dass das Management von Recht einen wertvollen Beitrag zum Unternehmenserfolg in Kapitalgesellschaften und Konzernen liefern kann, ohne die Haftungsrisiken für die Unternehmen sowie für ihre Manager und Aufsichtsräte aus dem Blick zu verlieren.

Die gesetzgeberische Idee, Verhaltenssteuerung durch gesetzliche Vorgaben, Aufsicht und Haftung einerseits sowie außergesetzliche Vorgaben, Prüfungsinstanzen und Marktreaktionen andererseits zu bewirken, lässt eine Verallgemeinerung nach dem Vorbild des Bankrechts in der Tendenz unaufhaltsam erscheinen. Dabei deutet sich eine Abgrenzung nach dem Umfang der Kapitalmarktorientierung an, die in der Folge den für die Compliance-Organisation zu betreibenden Aufwand maßgeblich mitbestimmt. Vor diesem Hintergrund scheint die Verstärkung der an die Gesellschaft gerichteten Vorgaben durch Androhung von Haftung ihrer Manager und Aufsichtsgremien ein intelligenter Schachzug zu sein. Aus Beratersicht gilt es, die Zusammenhänge zwischen Haftung der Gesellschaft, Innenhaftung und Außenhaftung der Organe zu verstehen und angemessene Maßnahmen zur Prävention bzw. Reaktion vorzuschlagen und an der Seite der Unternehmen und Konzerne umzusetzen.

1.3 Wahrnehmung in der Unternehmenspraxis

Die Unternehmen empfinden die trotz ständig erneuerter Beteuerungen der Politiker stetig anwachsende Normenflut in erster Linie als zunehmende Bürokratisierung ihres Tätigwerdens, die höhere Compliance-Kosten verursacht und gesteigerte Haftungsrisiken mit sich bringt. Die Manager beklagen vorrangig ihre verdichteten Sorgfalts- und Organisationspflichten, den enormen Zeitaufwand zur puren Regelbefolgung und nicht zuletzt die Risiken einer persönlichen Inanspruchnahme. Die letzten beiden Einwände gelten für – obligatorisch und freiwillig eingerichtete – Aufsichtsräte sinngemäß, während diese im Übrigen vor allem die verschärften Anforderungen an ihre Überwachungs- und Kontrolltätigkeit monieren. In der Tat ist nicht nur bei den Medien, sondern auch bei den Verwaltungs- und Ermittlungsbehörden sowie bei den Gerichten spätestens seit den öffentlichkeitswirksamen Unternehmenszusammenbrüchen und Managementskandalen um die Jahrtausendwende eine erhöhte Aufmerksamkeit für Fehlverhalten von Verwaltungsorganen bzw. deren Mitgliedern festzustellen. Die zunehmende Ausschöpfung der zudem kontinuierlich anwachsenden Straf- und Bußgeldrahmen ist nur eine der besonders schmerzhaften Konsequenzen.

Auf dem Weltwirtschaftsforum in Davos wurde im Jahr 2005 erstmals seit Begründung dieses bedeutenden informellen Treffens die Regulierungswut der Gesetzgeber als Haupthindernis für Fortschritt und Wachstum identifiziert. Fast zwei Drittel aller befragten Manager beklagten die stetige Verschärfung der rechtlichen Rahmenbedingungen und die damit einhergehende Bürokratisierung, deren Bewältigung zunehmend mehr Zeit und Kapital binde, die an anderer Stelle der Unternehmensentwicklung verloren gingen. Zugleich wurde aber auch die zwingende Notwendigkeit erkannt, sich den mit dem gesetzgeberischen Aktionismus verbundenen Herausforderungen zu stellen, um haftungsrelevante und das Image schädigende Konflikte mit Behörden und Justiz zu vermeiden. Der Fokus der Aufmerksamkeit blieb damit allerdings auf den wachstumshemmenden, bürokratischen Aufwand verursachenden und durch Haftungsrisiken gekennzeichneten Charakter von Recht gerichtet, der die Unternehmen und ihre Geschäftsleiter in der Defensive sieht. Wenig beachtet wird dagegen nach wie vor, dass das aktive Management von Recht durchaus einen positiven Beitrag zum Unternehmenserfolg liefern kann, wenn es als Führungsaufgabe verstanden und rechtzeitig in die Planung und Strategie eingebunden wird[4)].

2 Management von Recht als Führungsaufgabe

2.1 Dynamik und Komplexität

Unbestritten ist, dass die rechtlichen Rahmenbedingungen zunehmend Einfluss auf die Führung und strategische Ausrichtung von Unternehmen gewinnen. Sie müssen daher bereits frühzeitig in die Entscheidungsfindung einfließen, um spätere Nachteile nach Möglichkeit zu vermeiden. Dabei drängt sich die Notwendigkeit einer Abgrenzung zwischen aktiver[5)] und

4) Einzelheiten dazu sogleich unter 2.3.

5) Z.B. die Gesellschaft will selbst einen Anspruch geltend machen oder eine Marke aufbauen.

reaktiver[6] Rolle des Rechts auf, die durch das Stichwort »Ambivalenz des Rechts« prägnant beschrieben wird. Daneben muss zwischen theoretischem und praktischem Rahmen unterschieden werden. Während im ersten Fall Rechts- und Wirtschaftswissenschaften aufeinander zugehen und sich bewusst mit den wechselseitigen Einflüssen auseinandersetzen müssen[7], um nicht zuletzt dem Gesetzgeber die Grenzen des sinnvoll Machbaren aufzuzeigen, konzentriert sich der praktische Rahmen auf die konkrete Überprüfung, auf welche Art und Weise und mit welchen Mitteln Recht zum Unternehmenserfolg beitragen kann.

Auch ohne ausdrückliche Erwähnung kann Corporate Compliance als Element dynamischer Gesetzgebung identifiziert werden. Ausgehend und stark beeinflusst von den USA[8] gilt dies sowohl für den supranationalen[9] wie auch für den nationalen[10] Gesetzgeber. Allerdings ist auch die Gefahr der Überregulierung nicht zu leugnen, zumal der deutsche Gesetzgeber zur Verschärfung durch Ausnutzung der gesetzgeberischen Gestaltungsspielräume neigt, die z.B. bei EG-Richtlinien verbleiben, obwohl dies gegen die parallel vertretenen Gedanken der Entbürokratisierung sowie der Standortförderung durch »liberale« rechtliche Umfeldbedingungen verstößt. Hinzu kommt die sich stetig verdichtende Komplexität des unternehmerisches Handeln und Entscheiden bewertenden Rechts, die es unverzichtbar erscheinen lässt, das Management von Recht als Führungsaufgabe zu definieren, zu organisieren und in der Organisation zu »leben«, um das Entstehen und Verfestigen einer Unternehmenskultur zu fördern, in der regelkonformes Verhalten über alle Hierarchien und Funktionsebenen hinweg als Beitrag zum nachhaltigen Unternehmenserfolg verstanden wird. Als Grundaussage bleibt die gewachsene Bedeutung von Corporate Compliance festzuhalten und als Prognose mit hoher Eintrittswahrscheinlichkeit gilt, dass diese Bedeutung mit Fokus auf der Absicherung von Regelkonformität durch Organhaftung weiter zunehmen wird.

6) Z.B. die Gesellschaft oder ihre Organe wollen bzw. müssen sich gegen eine Inanspruchnahme durch Dritte wehren.

7) Stellvertretend dazu der Hinweis auf das interdisziplinäre Projekt einer »Biografie der AG«, das seit Juni 2008 unter der Adresse im Netz ist.

8) Herausragend sind insoweit die weltweiten Auswirkungen des Sarbanes-Oxley Acts 2002 mit seinen einschlägigen Ausführungsbestimmungen, die überwiegend durch die SEC erlassen wurden.

9) Siehe dazu nur die Aktionspläne und Richtlinienentwürfe der Europäischen Kommission.

10) Stellvertretend der Finanzmarktförderplan 2006 mit seinem Zehn-Punkte-Programm und der Umsetzung durch das Anlegerschutzverbesserungsgesetz (AnSVG), das Bilanzrechtsreformgesetz (BilReG), das Bilanzkontrollgesetz (BilKoG), das Gesetz zur Unternehmensintegrität und zur Modernisierung des Anfechtungsrechts (UMAG) sowie zahlreiche weitere Gesetze und Verordnungen oder ganz aktuell das Bilanzrechtsmodernisierungsgesetz (BilMoG) und die unter dem Kürzel »MoMiG« bekannt gewordene Reform des GmbH-Rechts.

Bestätigt wird diese Einschätzung nicht zuletzt auch durch die im Juni 2007 vorgenommene Anpassung des Deutschen Corporate Governance Kodex (DCGK), durch die der Compliance-Gedanke an mehreren Stellen in die Kodexregelungen integriert wurde. Zunächst erfolgte eine Klarstellung, wonach der Vorstand nicht nur für die Einhaltung der gesetzlichen Bestimmungen zu sorgen und auf deren Beachtung hinzuwirken hat, sondern Gleiches auch für die unternehmensinternen Richtlinien gilt (Ziffer 4.1.3 DCGK). Ferner wurde die Berichtspflicht des Vorstands gegenüber dem Aufsichtsrat auf das Thema Compliance erstreckt (Ziffer 3.4 Satz 2 DCGK). Schließlich wurde die empfohlene Zuständigkeit des Prüfungsausschusses des Aufsichtsrats entsprechend erweitert (Ziffer 5.3.2 Satz 1 DCGK). Für börsennotierte Gesellschaften ist bereits seit dem Jahr 2002 die gemeinsame Verpflichtung von Vorstand und Aufsichtsrat bekannt, jährlich zu erklären, dass den vom Bundesministerium der Justiz im amtlichen Teil des elektronischen Bundesanzeigers bekannt gemachten Empfehlungen der Regierungskommission DCGK entsprochen wurde und wird oder welche Empfehlungen nicht angewendet wurden oder werden (§ 161 Satz 1 AktG). Diese sog. Entsprechenserklärung (Comply or Explain!) muss den Aktionären dauerhaft zugänglich gemacht werden (§ 161 Satz 2 AktG).

Vor diesem Hintergrund erscheint eine Überprüfung der aus dem Compliance-Gedanken abzuleitenden Konsequenzen für die Organisation und Führung von Unternehmen und Konzernen angebracht. Ziel muss die Entwicklung einer Compliance-Organisation des Unternehmens bzw. Konzerns sein, die zwingendes Recht rechtzeitig berücksichtigt und die Spielräume des dispositiven Rechts vorausschauend nutzt und in die Strategie einbezieht. Bei der Lösung gilt es insbesondere, interne Interessenkonflikte zu berücksichtigen, die aus dem situationsabhängigen Auseinanderfallen des Unternehmens-, Gesellschafts- bzw. »Konzerninteresses« auf der einen Seite und des Anteilseigner- oder Organinteresses auf der anderen Seite herrühren.

2.2 Erhöhte Haftungsrisiken

Die Entwicklung einer Compliance-Organisation muss in jedem Fall die unterschiedlichen Haftungs- und Zuständigkeitsebenen in Kapitalgesellschaften berücksichtigen. Aus Sicht der Gesellschaft spielt dabei die Ambivalenz des Rechts eine zentrale Rolle. So können als Wachstumsschranken etwa die Bereiche Anleger-, Verbraucher-, Daten-, Umwelt- und Immaterialgüterrechtsschutz, Wettbewerbs- und Kartellrecht genannt werden, während zugleich die unterstützende Funktion des Rechts bei der Begründung von Rechten oder Ansprüchen der Gesellschaft angeführt werden kann. Als Bindeglied zu den Verwaltungsorganen fungiert deren allgemeine Sorgfaltspflicht[11)], deren besondere Ausprägungen wie z.B. die Verschwiegenheitspflicht oder die Pflicht zur Einrichtung eines Frühwarnsystems zum Teil in Spezialvorschriften Erwähnung finden[12)]. Daneben können die Abgrenzung zwischen Gremien-, Ressort- und Einzelverantwortung sowie die Organisation der internen Zuständigkeitsverteilung und Selbstkontrolle in Haftungsprozessen Bedeutung erlangen.

Dogmatisch noch nicht abschließend geklärt ist die Bedeutung des Unternehmens- bzw. Gesellschaftsinteresses im Verhältnis zu den persönlichen Interessen der Anteilseigner und der Organmitglieder. Aus Sicht der Anteilseigner ist das grundsätzliche Haftungsprivileg der Kapitalgesellschafter zu beachten, das in der KGaA z.B. über den Einsatz einer AG oder GmbH als Komplementär erreicht werden kann. Allerdings wird die Haftungsabschottung in Ausnahmefällen wie existenzvernichtendem Eingriff und weiteren Ausprägungen einer deliktischen Durchgriffshaftung durchbrochen. Daneben argumentieren die Gerichte zunehmend mit der Notwendigkeit einer Einheit der Rechtsordnung und lockern unter diesem Vorwand zusätzlich den im deutschen Recht bislang nahezu unantastbaren Grundsatz der vorrangigen Inanspruchnahme der juristischen Person. Stellvertretend zu dieser Erodierung des kapitalgesellschaftsrechtlichen Trennungsprinzips ein Zitat aus dem Urteil des XI. Zivilsenats des BGH in Sachen Kirch/Breuer[13)]: »Es geht nicht an, anzunehmen, Pflichten seien nur an den Unternehmensträger, nicht aber an das Organ adressiert, gleichzeitig aber die Möglichkeit einer eigenen deliktsrechtlichen Haftung des Organs mit dem Argument zu leugnen, dessen Verhalten sei Handeln der juristischen Person selbst.«

Sondervorschriften wie insbesondere § 117 AktG erfassen von vornherein auch die Anteilseigner. Daneben können sowohl die Doppelfunktion als Manager oder Aufsichtsrat als auch Spezialpflichten des Mehrheitsgesellschafters Haftungsrisiken mit sich bringen oder sanktionsbewehrt sein. In ähnlicher Form kann hinsichtlich der Aufsichtsräte zwischen Gremien-, Ausschuss- und Einzelverantwortung differenziert werden, wobei insbesondere der Grundsatz der Gleichbehandlung von Arbeitnehmer- und Anteilseignervertretern Probleme bereiten kann. Schließlich hat der deutsche Gesetzgeber die Instrumente verschärft, die den (wirtschaftlichen) Eigentümern zur Verfügung stehen, um ihre eigenen Ansprüche oder Ansprüche der Ge-

11) Siehe Fußnote 2.

12) Für den Vorstand einer AG z.B. in den §§ 91 II, 93 I 3 AktG.

13) BGH XI ZR 384/03 = BGHZ 166, 84 = BGH NJW 2006, 830.

sellschaft gegen das Management oder sonstige die Gesellschaft schädigende Dritte durchzusetzen. Als Beispiel soll hier nur die aktienrechtliche Haftungsklage (§§ 148, 149 AktG) genannt werden.

2.3 Safe Harbour

Wer das Management von Recht als Führungsaufgabe versteht und »lebt«, trägt nicht nur zur Haftungsvermeidung für das Unternehmen und seiner Organe bei, sondern eröffnet diesen zudem unverkennbar weitere Vorteile. Wer z.B. auf Fremdkapital angewiesen ist, muss die Implikationen von Basel II und MaRisk beachten, die bereits dazu geführt haben, dass die Banken die Kreditvergabe zunehmend von Compliance-Erwägungen abhängig machen. Daneben besteht ein enger Zusammenhang mit Corporate Governance, da »gute« Unternehmensführung nicht zuletzt auch die Vorhaltung einer professionellen und modernen Compliance-Organisation voraussetzt. Wer dagegen Eigenkapitalgeber gewinnen will, muss diese heute ebenso davon überzeugen, dass er über eine Unternehmensorganisation verfügt, die gegen rechtliche Risiken und Schadenseintritte optimal abgesichert ist, wie derjenige, der sein Unternehmen komplett verkaufen will.

Die permanente Verschärfung der rechtlichen Rahmenbedingungen hat nicht nur Bürokratisierung der Abläufe und höhere Kosten für die Unternehmen zur Folge, sondern eröffnet auch die Chance oder vielmehr die Notwendigkeit, dass das Management von Recht einen spürbaren Beitrag zum Unternehmenserfolg leisten kann, der jede Anstrengung lohnt. Ohne Beachtung des rechtlichen Rahmens gibt es zumindest langfristig keinen Unternehmenserfolg. Andererseits können sich die Unternehmen durch kreative Ausnutzung der sich eröffnenden Gestaltungsspielräume und vorausschauende Einbeziehung von Veränderungen Wettbewerbs- und Finanzierungsvorteile gegenüber ihren Konkurrenten erarbeiten. Die Wahrnehmung des Rechts in einer präventiv-aktiven oder reaktiv-passiven Rolle belegt dabei nicht nur einen Mentalitätsunterschied, sondern ist auch eine Frage entsprechender Organisation.

Herausragend ist der Safe Harbour-Gedanke, auf dessen Grundlage eine möglichst »gerichtsfeste« Umgebung für unternehmerisches Handeln und Entscheiden geschaffen werden soll. Neben der Vermeidung von Haftungsrisiken ist aber das Ausnutzen der verbleibenden Gestaltungsspielräume ein von vornherein gleichwertiges Ziel. Die Kombination aus beiden leistet nicht nur einen wichtigen Beitrag zur nachhaltigen Steigerung des Unternehmenswerts, sondern ermöglicht diesen erst. Im Übrigen ist die Angst vor einer Transformation der vom Gesetzgeber aufoktroyierten Überregulierung in das Innenleben des Unternehmens unbegründet. Eine professionelle Compliance-Organisation macht das Recht im Gegenteil weitgehend »unsichtbar« und ermöglicht auf diese Weise den verantwortlichen Entscheidungsträgern eine volle Konzentration auf das operative Tagesgeschäft.

Als Vorbild für gleichermaßen organisierte wie gelebte Corporate Compliance wird stets General Electric genannt, wo bereits 1954 erste Grundsätze niedergeschrieben worden sind. Dieser »Green Binder« wurde fortlaufend aktualisiert, um den sich dynamisch verändernden rechtlichen Rahmenbedingungen Rechnung zu tragen, und schließlich 1993 durch den »Spirit & Letter« abgelöst. Dieser wiederum beinhaltet neben den internen Richtlinien des Unternehmens einen Verhaltenskodex sowie die Verantwortlichkeiten der Mitarbeiter und Führungskräfte[14]. Für Letztere ist zudem seit 2002 ein Integrity Guide for Leaders zu beachten. General Electric lässt keinen Zweifel daran, dass Compliance Teil der Unternehmenskultur ist und gerade von den Führungskräften vorgelebt werden muss.

Wem dies gelingt, wird sein Image, seine Vertrauenswürdigkeit und damit letztlich auch seinen unternehmerischen Erfolg verbessern. Die Entwicklung von einer – in vielen Produktsegmenten heutzutage nahezu beliebig austauschbaren – Trade Mark hin zu einer – den Kunden Verlässlichkeit und Orientierung bietenden – Trust Mark wird sich positiv auf das Unternehmensergebnis auswirken. Obwohl die Auswirkungen von Integrität auf den Unternehmenswert nicht mithilfe konkreter Formeln berechnet werden können, gehen die verantwortlichen Manager bei General Electric davon aus, dass Compliance 20-40 % des Aktienkurses beeinflusst. Da dies aber bislang nahezu ausschließlich bei negativen Ereignissen und Schlagzeilen zum Tragen kommt und tatsächlich so empfunden wird, bleibt vielen die positive und heilsame Wirkung einer professionellen Compliance-Organisation nach wie vor verschlossen.

3 Lösungsvorschläge

Die Interdependenz von Unternehmensführung und Recht kann anhand verschiedener Sichtweisen verdeutlicht werden, die zum Teil Schnittmengen aufweisen. Während sich die normative Betrachtung auf die allgemeine

14) Während »Spirit« Ethik symbolisieren soll und beispielsweise faires und vertrauenswürdiges Verhalten in allen Tätigkeiten und Geschäftsbeziehungen meint, steht »Letter« für Compliance im engeren Sinn und umfasst etwa Richtlinien mit konkreten Verhaltensanweisungen.

Vorstellung der maßgeblichen Rechtsgrundlagen und Systematik unter Hervorhebung des Bezugs zur jeweiligen betriebswirtschaftlichen Funktion konzentriert, ordnet die funktionale Betrachtung die einschlägigen Bereichsnormen den zentralen Funktionsebenen zu und überprüft die Konsequenzen für die Wahrnehmung der jeweils betroffenen Managementfunktion unter besonderer Berücksichtigung der Haftungsrisiken für die Gesellschaft selbst sowie des Zusammenhangs zur allgemeinen Sorgfaltspflicht der Manager und Aufsichtsgremien. Die situations- bzw. phasenbezogene Betrachtung will schließlich den entscheidenden Erkenntnisgewinn aus einer beispielhaften Vertiefung der wichtigsten Entscheidungssituationen und Entwicklungsstufen herleiten, wobei auch hier der Fokus auf den speziellen Verantwortlichkeiten und damit auch auf den damit verbundenen Haftungsrisiken für die handelnden bzw. beaufsichtigenden Personen liegt.

Um jedem einzelnen Unternehmen bzw. Konzern eine optimale Compliance-Struktur geben zu können, müssen die verschiedenen Ansätze an den jeweiligen Bedürfnissen orientiert individualisiert, miteinander verknüpft und in die Hierarchien, Prozesse und Systeme hinein »übersetzt« werden. Die Bewältigung dieser komplexen Aufgabe wird dadurch entscheidend erleichtert, dass die idealtypische Compliance-Organisation ohne weiteres modularisiert werden kann, so dass in jedem Einzelfall diejenigen Elemente herausgesucht werden können, deren intelligente Verknüpfung den individuellen Anforderungen des jeweiligen Unternehmens bzw. Konzerns am besten gerecht werden.

3.1 Normativer Ansatz

Der normative Ansatz ist der umfänglichste der hier vorgestellten Lösungsvorschläge und in der Unternehmenspraxis wohl kaum jemals vollständig umzusetzen. Er setzt voraus, dass das rechtliche Umfeld der jeweiligen Gesellschaft bzw. des betreffenden Konzerns individualisiert konturiert wird, weshalb im Idealfall sämtliche (potenziell) einschlägigen Normen einbezogen werden müssen. Um ein Gefühl für die unterstützende Funktion einer Compliance-Organisation zu bekommen, genügt es jedoch zumindest bei Unternehmen, die bislang keine entsprechenden Vorkehrungen getroffen haben, mit einem oder mehreren ausgesuchten Teilbereichen zu beginnen und sich im Anschluss schrittweise vorzuarbeiten. Im Übrigen sind auch im Rahmen der normativen Betrachtung wiederum die Haftungsebenen der Gesellschaft, der Manager und der Aufsichtsräte zu unterscheiden.

3.1.1 Gesellschaft

Für die Gesellschaft sollen hier ohne Anspruch auf Vollständigkeit und unter bewusster Inkaufnahme von Schnittmengen nur einige ausgewählte Rechtsgebiete mit Schwerpunktthemen (Normen) genannt werden, wobei jeweils ein Verweis auf die zugehörige betriebswirtschaftliche Funktion und einige wenige ausgesuchte Aufgaben erfolgt, die hieraus unmittelbar abgeleitet werden können:

Tabelle 1: Zuordnung der Rechtsgebiete zu den betrieblichen Funktionen und Aufgaben

Rechtsgebiet	Normen	Funktion	Aufgabe
Vertragsrecht	Gewährleistungsrechte, AGB, Verbraucherschutz etc.	Einkauf/Materialwirtschaft Verkauf/Vertrieb	Vertragsmanagement Vertragscontrolling
Deliktsrecht	Unerlaubte Handlungen Produkt- und Produzentenhaftung Umwelthaftung	Betrieb allgemein Produktion Lagerhaltung	Sicherheitsmanagement Qualitätsmanagement Umweltmanagement
Arbeitsrecht	Arbeitnehmerschutz	Personal	Personalmanagement
Immaterialgüterrecht	Marken, Patente, Lizenzen, Gebrauchs- und Geschmacksmuster etc.	Public Relations (PR) Forschung und Entwicklung (F&E)	Brand Management Innovations- und Wissensmanagement
Wettbewerbsrecht	Irreführende und sonst unlautere Werbung	Marketing/PR	Kommunikationsmanagement
Kartellrecht	Kartell- und Missbrauchsverbot	Strategie und Führung	Transaktionsmanagement
Kapitalmarktrecht	Publizitäts- und Mitteilungspflichten	Investor Relations (IR)	Informationsmanagement
Verwaltungsrecht	Anmelde- und Anzeigepflichten Auskunfts- und Dokumentationspflichten	Betrieb allgemein	Behördenmanagement Dokumentationsmanagement
Strafrecht	Vermögensdelikte, Umweltstraftaten etc.	Betrieb allgemein	Organisations- und Kontrollmanagement
Ausländisches Recht	Punitive damages, pre-trial discovery etc.	Strategie und Führung	Management der Internationalisierung

Für jeden Teilbereich stellt sich daneben die Frage der Versicherbarkeit des Haftungsrisikos, das sich in Form von Ansprüchen Dritter gegen die Gesellschaft realisieren kann. In vielen Unternehmen sind Versicherungen nur punktuell und eher zufällig vorhanden, ohne eine übergeordnete und plausible Absicherungsstrategie erkennen zu lassen. Unter Compliance-Gesichtspunkten ergäbe sich somit für die hiervon betroffenen Unternehmen als weitere Teilaufgabe das Bemühen um ein den tatsächlichen Risiken angemessenes Versicherungsmanagement und Versicherungscontrolling.

3.1.2 Manager

Aus der Sicht der Manager interessieren vor allem diejenigen Bereiche, in denen der Gesetzgeber und/oder die Gerichte eine Verstärkung der gesellschaftlichen Pflichten durch Managerhaftung angeordnet bzw. das Recht fortbildend entwickelt haben. Als Spezialtatbestände können insoweit hervorgehoben werden:

- aus dem Deliktsrecht der Vorwurf eines Organisationsverschuldens, der im Einzelfall aus einer Garantenstellung zum Schutz fremder Rechtsgüter abgeleitet wird[15)], dessen Heranziehung für die Produkt- und Produzentenhaftung, die Umwelthaftung sowie ggf. weitere Fälle von Gefährdungshaftung jedoch noch umstritten ist;
- aus dem Gesellschaftsrecht der Vorwurf eines Übernahmeverschuldens, der von dem betreffenden Manager im Zweifel verlangt, von der Übernahme eines Geschäftsführungsamts abzusehen bzw. bei späterer Kenntnis der nur unzureichenden Erfüllung der mit der konkreten Position verbundenen Anforderungen das übernommene Amt niederzulegen[16)];
- aus dem Kapitalmarktrecht die Haftung für fehlerhafte, unvollständige oder nicht gegebene Informationen[17)];
- aus dem Verwaltungsrecht die – an das zivilrechtliche Organisationsverschulden erinnernde – Verantwortlichkeit für den allgemeinen Geschäftsbetrieb (§§ 130, 30, 9 OWiG)[18)], für die Steuern der Gesellschaft

15) Grundlegend insoweit BGH VI ZR 335/88 = BGHZ 109, 297 = BB 1990, 162.

16) Siehe am Beispiel der Steuerverantwortung der Geschäftsführungsorgane die Hinweise in Fußnote 19.

17) Zur Bedeutung von § 826 BGB in diesem Zusammenhang z.B. BGH NJW 2004, 2668; NJW 2004, 2971; BB 2005, 1644; NZG 2007, 346.

18) Stellvertretend BayObLG 3 Ob OWi 51/01 = NJW 2002, 766; KG 9 U 1912/00 = NZG 2002, 383; OLG Celle 1 Ws 388/04 = wistra 2005, 160; OLG Jena 1 Ss 242/05 = wistra 2006, 157.

(§§ 69, 34 AO)[19] sowie für die Abführung der Arbeitnehmeranteile zur Sozialversicherung (§ 823 II BGB i. V. m. § 266 a StGB)[20];

- aus dem Strafrecht z.B. Untreue (§ 266 StGB)[21], Insolvenzstraftaten (§§ 283 ff. StGB)[22], Korruption (§ 299 StGB)[23], Umweltstraftaten (§§ 324 ff. StGB)[24], aber auch durch die Gerichte geschaffene Rechtsinstitute wie etwa die mittelbare Täterschaft kraft Organisationsherrschaft im Konzern[25] oder den Grundsatz der Allzuständigkeit und Generalverantwortung der Geschäftsführung[26], der als strafrechtliches Pendant zum – zivil- und öffentlich-rechtlichen – Vorwurf eines Organisationsverschuldens gelten kann.

Im Gesellschaftsrecht dominiert dagegen die allgemeine Sorgfaltspflicht[27], die den Charakter einer Grundnorm hat, deren Sorgfaltsmaßstab funktions- oder situationsbezogen festgestellt werden muss. Dabei bringt die grundlegende Schadensabwendungspflicht die Haftungsrisiken für die Gesellschaft ins Spiel. Unter dem Gesichtspunkt eines möglichen Organisationsverschuldens sind daneben die Anforderungen an ein System interner Selbstkontrolle innerhalb des Geschäftsführungsorgans zu beachten[28], die sich in der Unterscheidung zwischen Gremien-, Ressort- und Einzelverantwortung konkretisieren. Das Problem der Versicherbarkeit des Haftungsrisikos stellt sich in verschiedenen Varianten:

- Ansprüche der Gesellschaft gegen den Manager, geltend gemacht durch den Aufsichtsrat;

19) Aus der Rechtsprechung des Bundesfinanzhofs z.B. BFH VII B 106/99 = GmbHR 2000, 392; BFH VII B 54/99 = GmbHR 2000, 395; BFH VII B 187/99 = GmbHR 2000, 1211; BFH VII B 155/01 = BB 2002, 447; BFH VII R 46/02 = BFHER 202, 22 = NZG 2003, 734; BFH VII B 318/03 = GmbHR 2004, 1244; BFH VII R 8/04 = GmbHR 2005, 501; BFH VII B 57/05 = GmbHR 2006, 274; BFH VII B 124+125/05 = GmbHR 2006, 610.

20) Beispiele aus jüngerer Zeit: BGH II ZR 30/06 = DB 2007, 1808; BGH 1 StR 44/06 = NJW 2007, 233; BGH 1 StR 301/06 = NJW 2007, 1370; BGH 1 StR 639/06 = wistra 2007, 307; BGH 5 StR 70/06 = wistra 2007, 17; BGH 5 StR 544/06 = wistra 2007, 220.

21) Beispiele dazu sogleich unter 3.2.

22) Stellvertretend BGH 3 StR 170/07 = wistra 2007, 463; BGH 5 StR 505/06 = wistra 2007, 308.

23) Vgl. nur BGH 2 StR 486/03 = BGHSt 49, 214 = NJW 2004, 3129; BGH 5 StR 119/05 = BGHSt 50, 299 = NJW 2006, 925.

24) Speziell zur Umweltverantwortung z.B. BGH 5 StR 444/90 = NJW 1991, 1621.

25) BGH 5 StR 73/03 = BGHSt 49, 147 = ZIP 2004, 1200.

26) Am Beispiel der Produktverantwortung BGH 2 StR 549/89 = BGHSt 37, 106 = NJW 1990, 2560; BGH 2 StR 221/94 = DB 1995, 1908; BGH 2 StR 758/94 = NJW 1995, 2933.

27) Siehe noch einmal Fußnote 2.

28) BGH II ZR 61/92 = DStR 1994, 1092; BGH II ZR 109/94 = DB 1995, 1852; BGH II ZR 9/94 = WM 1995, 709; BGH II ZR 225/99 = BGHZ 149, 158 = NZG 2002, 130; BGH II ZR 288/99 = ZIP 2002, 216.

- Ansprüche der Gesellschaft gegen den Manager, geltend gemacht durch Anteilseigner;
- Ansprüche eines Dritten gegen den Manager.

3.1.3 Aufsichtsräte

Inwieweit der Gesetzgeber eine Verstärkung der gesellschaftlichen Pflichten auch durch eine Verschärfung der Aufsichtsratshaftung erreichen will, ist derzeit nicht eindeutig abzusehen. Tatsache ist aber, dass beispielsweise das Gesetz zur Unternehmensintegrität und zur Modernisierung des Anfechtungsrechts (UMAG) die Business Judgement Rule in § 93 I 2 AktG eingeführt hat[29], ohne § 116 AktG zu ändern, so dass dieser nach wie vor in vollem Umfang auf die sinngemäße Anwendung der Bestimmungen zum Vorstand verweist. Sinngemäß bedeutet insbesondere, dass sich der Maßstab für eine Pflichtverletzung an der Sorgfalt eines ordentlichen und gewissenhaften Überwachers bzw. Kontrolleurs orientiert. Auch andere Rechtsinstitute wie z.B. der Vorwurf eines Übernahmeverschuldens gelten für den Aufsichtsrat entsprechend[30].

Hinzu kommt die wachsende Bereitschaft der Gerichte, auch den Aufsichtsrat für ein Fehlverhalten in die Pflicht zu nehmen. Wer hätte noch vor ein paar Jahren gedacht, dass Teile einer Vorstandsvergütung als »kompensationslose Anerkennungsprämien« qualifiziert und aufgrund ihrer daraus abgeleiteten Unangemessenheit einen Untreuevorwurf am Maßstab von § 266 StGB begründen würden[31]. Aber auch mit Blick auf die dem Aufsichtsrat vom Gesetzgeber an die Hand gegebenen Überwachungsinstrumente hat sich die Rechtsprechung spürbar verschärft. So liegt etwa bei nach § 111 IV 2 AktG statuierten Zustimmungsvorbehalten eine Pflichtverletzung »nicht erst dann vor, wenn der Aufsichtsrat die Geschäftsführung an von seiner Zustimmung nicht gedeckten Zahlungen nicht hindert, sondern bereits dann, wenn er ohne die gebotene persönliche und eigenverantwortliche Information und darauf aufbauender Chancen- und Risikoabschätzung seine Zustimmung zu nachteiligen Geschäften erteilt«[32] – eine Formulierung, die wiederum stark an die Business Judgement Rule erinnert. Daneben gilt auch für den Aufsichtsrat eine spezifische Verschwiegenheitspflicht, während etwa der Umfang eines möglichen Wettbewerbsverbots noch nicht zweifelsfrei konturiert ist. Das Problem der Versicherbarkeit eines eventuellen Haftungsrisikos der Aufsichtsräte stellt sich hinsichtlich folgender Ansprüche:

29) Einzelheiten dazu unter Gliederungspunkt 4 dieses Kapitels.

30) Grundlegend insoweit BGH II ZR 27/82 = BGHZ 85, 293 = NJW 1983, 991.

31) So geschehen im Fall Mannesmann/Vodafone in BGH 3 StR 470/04 = BGHSt 50, 331 = NJW 2006, 522.

32) BGH II ZR 243/05 = DB 2007, 275.

- Manager für die Gesellschaft gegen den Aufsichtsrat;
- Anteilseigner für die Gesellschaft gegen den Aufsichtsrat;
- Dritte für sich gegen den Aufsichtsrat.

Die aufgezeigten Haftungsrisiken im Innen- und Außenverhältnis, die zunehmend restriktive Haltung der Gerichte und die durch die Corporate Governance-Diskussion sowie die wachsende Einflussnahme des Kapitalmarkts angestoßenen und weitere Verschärfungen vorsehenden Initiativen der Gesetzgeber haben zu einer spürbaren Sensibilisierung der Verwaltungsorgane bzw. ihrer Mitglieder geführt, durch die der Abschluss einer Organhaftpflichtversicherung inzwischen für viele zu einer unverzichtbaren Voraussetzung ihrer Amtsübernahme geworden ist. Dies hat die Verbreitung von D&O-Versicherungen[33] auch in Deutschland weiter vorangetrieben, obwohl nach wie vor viele Fragen dazu noch unbeantwortet sind[34]. Da sich in jüngerer Zeit die Anzeichen dafür mehren, dass die nach der Konsolidierung am Markt verbliebenen Versicherer im Einzelfall durchaus bereit sind, auf die eine oder andere Ausschlussklausel zu verzichten, sind die Verwaltungsorgane zur genauen Prüfung verpflichtet, ob der Abschluss einer D&O-Versicherung[35] mit Blick auf bestimmte näher konkretisierte Risiken tatsächlich sinnvoll erscheint. Um dabei den Vorwurf einer eigenen Sorgfaltspflichtverletzung zu vermeiden, muss die Abwägung allein am Unternehmensinteresse ausgerichtet sein und entsprechend dokumentiert werden.

3.2 Funktionsbezogener Ansatz

Bei der funktionalen Betrachtung stehen ausgewählte betriebswirtschaftliche Funktionen im Vordergrund, die ggf. an die normative oder situations- bzw. phasenbezogene Betrachtung anknüpfen oder darauf verweisen. Dabei verspricht die Prüfung interessante Ergebnisse, ob und inwieweit die Haftungsrisiken für Manager und Aufsichtsräte Folgen für die Ausgestaltung und Wahrnehmung der jeweiligen Funktion haben oder vielleicht sogar kontraproduktiv, weil hemmend wirken. Daneben bietet sich eine Untertei-

33) Diese Bezeichnung hat sich auch in Deutschland eingebürgert und bezieht sich auf die US-amerikanische Directors and Officers Liability Insurance.

34) So z.B. die Frage, ob im Einzelfall eine Pflicht zu ihrem Abschluss bestehen kann.

35) Aus der Rechtsprechung der Instanzgerichte z.B. OLG München DB 2005, 1675; OLG Düsseldorf ZIP 2006, 1677; LG Marburg DB 2005, 437.

lung in rechtsformunabhängige Grundsätze sowie rechtsform- und konzernspezifische Besonderheiten an.

Zu den zentralen Funktionen, die in der Betriebswirtschaftslehre unterschieden werden, zählen ohne weiteres Unternehmensführung[36)], Unternehmensorganisation[37)], Unternehmensfinanzierung und Unternehmenskommunikation. Verknüpft man nun den funktionsbezogenen mit dem normativen Ansatz, so stellt sich für jede Norm die Frage, welche Auswirkungen sie auf eine oder mehrere Unternehmensfunktionen hat, ob also z.B. bestimmte Zuständigkeiten, Informationswege oder Organisationsabläufe angepasst bzw. neu geschaffen werden müssen. Mit Blick auf die Unternehmensführung dürfte etwa nur den wenigsten bewusst sein, dass ganze Unternehmenskonzepte und Strategien der Überprüfung durch die Gerichte unterliegen können. Wer z.B. als Vorstand einer Aktiengesellschaft Investitionen in ein Projekt vornimmt, die am Maßstab der Vermögensbetreuungspflicht eines ordentlichen und gewissenhaften Geschäftsleiters wegen absehbarer Erfolglosigkeit des Projekts nicht (mehr) hätten getätigt werden dürfen, kann sich wegen Untreue nach § 266 StGB strafbar machen[38)], was durch ein entsprechend professionelles Projektmanagement verhindert werden kann.

In erster Linie betrifft der Untreuetatbestand jedoch den Bereich der Unternehmensfinanzierung, wo z.B. das in deutschen Unternehmen und Konzernen weit verbreitete Cash-Management-System in Form von Cash-Pools mit Zero Balancing mehrfach auf dem Prüfstand der Gerichte stand[39)], was in der Folge entsprechende Anpassungen in der Unternehmenspraxis erforderlich machte. Die Klagen der Industrie hierüber haben am Ende den Gesetzgeber veranlasst, die im Mittelpunkt der Kritik stehende Norm des § 30 GmbHG im Rahmen des MoMiG – zumindest teilweise – zu entschärfen. In der externen Unternehmenskommunikation erkennt der BGH zwar das Modell einer Good Corporate Citizenship grundsätzlich an, doch kann bei Überwiegen sachwidriger Motive auch insoweit eine Untreu-

36) Sie wird in der BWL oft mit »Management« gleichgesetzt und lässt sich in die Abschnitte Planung, Entscheidung, Aufgabenübertragung und Kontrolle unterteilen. Daneben wird auch das Strategische Management, also die Unternehmenspolitik einbezogen.

37) Besondere Bedeutung erlangen hier die interne Selbstkontrolle sowie der Aufbau und die Intensität des Risikomanagements mit Controlling, Frühwarnsystem und Interner Revision.

38) Am Beispiel von Zahlungen der Kinowelt Medien AG nach gescheiterter Übernahme der Sportwelt Beteiligungsgesellschaft BGH 1 StR 571/04 = AG 2006, 85.

39) Zur Verletzung der Vermögensbetreuungspflicht im Mutter-Tochter-Verhältnis z.B. BGH II ZR 178/99 = BGHZ 149, 10 = NJW 2001, 3622; BGH II ZR 171/01 = BGHZ 157, 72 = GmbHR 2004, 302; BGH II ZR 76/04 = BGHZ 166, 8 = BB 2006, 847.

ehandlung vorliegen[40]. Es kommt also darauf an, auch für die Außendarstellung des Unternehmens bzw. Konzerns ein in sich stimmiges Konzept zu entwickeln und umzusetzen, das die Grenzen des Rechts nicht überschreitet.

Schon diese wenigen Beispiele zu einer einzigen Norm (§ 266 StGB) verdeutlichen mit Nachdruck, welche Komplexität bei der erstmaligen Verknüpfung von normativem und funktionsbezogenem Ansatz erreicht werden kann. Um auch den Bereich der Unternehmensorganisation nicht unerwähnt zu lassen, soll hier nur auf die Vorbereitung und Durchführung der Hauptversammlung einer AG verwiesen werden, mit der insbesondere in börsennotierten Gesellschaften ganze Mitarbeiterstäbe beschäftigt sind, um nicht zuletzt die vielfältigen Anfechtungsrisiken nach Möglichkeit von vornherein auszuschalten und damit Blockaden der Umsetzung unternehmerischer Entscheidungen zu verhindern. Die Einführung eines allgemeinen aktienrechtlichen Freigabeverfahrens für Kapitalmaßnahmen und Unternehmensverträge betreffende Beschlüsse in § 246 a AktG lohnte allemal einen rechtzeitigen Hinweis an diese Mitarbeiter, aber auch an die Unternehmensleitung, die auf dieser Grundlage ihre Strategie überdenken und ggf. neu ausrichten konnte. Gleiches galt zuvor bereits für die Verweisung vermögensrechtlicher Streitigkeiten in ein Spruchverfahren[41] oder für die Möglichkeit zum üblicherweise als Squeeze-out bezeichneten Ausschluss von Minderheitsaktionären (§§ 327 a ff. AktG).

3.3 Situations- bzw. phasenbezogener Ansatz

Die hier sog. situations- oder phasenbezogene Betrachtung ist mit der genetischen Sichtweise in der Betriebswirtschaftslehre verwandt. Als erste Entwicklungsphase des »Organismus Unternehmen« gilt die Gründungs- und Aufbauphase mit den Stadien Vorgründungsgesellschaft, Vorgesellschaft und juristische Person. Im idealtypischen Verlauf folgt die Wachstums- und Konsolidierungsphase, in der verschiedene Szenarien wie z.B. Operatives Geschäft, E-Business, M&A, Konzern, Börse und Internationalisierung unterschieden werden können. Gerät das Unternehmen in eine Krise, kann diese zur Abwicklung und Beendigung der Gesellschaft führen oder im Rahmen einer gerichtlichen oder außergerichtlichen Sanierung einen neuen Lebenszyklus eröffnen.

40) Zur Abgrenzung im Einzelfall z.B. BGH 1 StR 215/01 = BGHSt 47, 187 = NZG 2002, 471.

41) Sein Anwendungsbereich erschließt sich aus der Aufzählung in § 1 SpruchG.

Jede Entwicklungsphase ist durch spezifische – rechtliche und wirtschaftliche – Rahmenbedingungen gekennzeichnet, die unterschiedliche Anforderungen an die Wahrnehmung und Ausgestaltung der verschiedenen Unternehmensfunktionen stellen. Dies gilt im Grundsatz auch für jedes Szenario bzw. jede Situation innerhalb einer bestimmten Phase. Die Verknüpfung von funktions- und phasenbezogenem Ansatz ergibt beispielsweise, dass der Maßstab zur Beurteilung der Erfüllung der Sorgfaltspflichten der Verwaltungsorgane in der Krise des Unternehmens verschärft ist[42]. Nimmt man den normativen Ansatz hinzu und konzentriert sich auf diejenigen Vorschriften, die in der Unternehmenskrise besondere Relevanz erlangen, erhält man durch die Verknüpfung der verschiedenen Lösungsansätze am Ende einen auf die Bedürfnisse des konkreten Unternehmens abgestimmten Notfallplan. Dieser berücksichtigt nicht nur die in der Krise allfälligen Haftungsrisiken, sondern dient zugleich als grundlegender Leitfaden für das erforderliche Krisen- bzw. Sanierungsmanagement.

Aus der Wachstums- und Konsolidierungsphase soll hier nur das Szenario M&A mit dem Beispiel Unternehmenskauf herausgegriffen werden. Während allgemeine Haftungsrisiken z.B. aus Gewährleistung (§§ 433 ff. BGB), Steuerverantwortung (§ 75 AO) oder Betriebsübergang (§ 613 a BGB) drohen, spielen Spezialthemen wie Firmenfortführung (§ 25 HGB), betriebliche Altersversorgung (§§ 1 ff. BetrAVG) oder Altlasten (§§ 1 ff. BBodSchG) von vornherein nur bei solchen Transaktionen eine Rolle, bei denen ein entsprechender Anwendungsfall gegeben ist. Daneben kann von Interesse sein, unter welchen Voraussetzungen ein ungerechtfertigter Abbruch von Vertragsverhandlungen[43] oder Verletzungen der Aufklärungspflicht[44] zu einem Schadensersatzanspruch des Verhandlungspartners führen können. Aus Managersicht erlangt die Beantwortung der Frage Bedeutung, ob die Nichtdurchführung einer Due Diligence als Verletzung der allgemeinen Sorgfaltspflicht gewertet und daher einen Schadensersatzanspruch der Gesellschaft auslösen kann[45]. Auf diese Weise kann die Compliance-Organisation in beliebig viele Module aufgetrennt und je nach den individuellen Anforderungen des konkreten Unternehmens bzw. Konzerns wieder zusammengefügt werden.

42) Für den Aufsichtsrat z.B. OLG Hamburg 11 U 162/00 = AG 2001, 359; LG München I 5 HKO 11977/06 = NZI 2007, 609.

43) Vgl. z.B. BGH V ZR 264/05 = BGHZ 168, 35 = WM 2006, 1536; OLG Stuttgart 5 U 177/06 = WM 2007, 1743.

44) Zum Umfang der Aufklärungspflicht im Einzelfall z.B. BGH VIII ZR 32/00 = GmbHR 2001, 516; BGH VIII ZR 185/00 = BB 2002, 903; BGH VIII ZR 297/01 = DB 2002, 1436; BGH VIII ZR 37/01 = NJW 2002, 1042.

45) Im konkreten Fall bejahend OLG Oldenburg 1 U 34/03 = DB 2006, 2511.

4 Business Judgement Rule

4.1 Geltungsbereich

Der Gesetzgeber hat im Gesetz zur Unternehmensintegrität und Modernisierung des Anfechtungsrechts (UMAG) die Vorgaben aus einem Grundsatzurteil des II. Zivilsenats des BGH[46] aufgegriffen und § 93 I 2 AktG eingefügt, der den Umfang des Vorstandsermessens betrifft und bei richtigem Verständnis im Ergebnis eine Haftungsprivilegierung der Vorstände bewirkt. Nach der neuen Vorschrift liegt bereits auf Tatbestandsebene keine Pflichtverletzung vor, wenn das Vorstandsmitglied bei einer unternehmerischen Entscheidung vernünftigerweise annehmen durfte, auf der Grundlage angemessener Information zum Wohle der Gesellschaft zu handeln. Der Deutsche Corporate Governance Kodex berücksichtigt diese Neuerung seit seiner Anpassung im Juni 2007 in Ziffer 3.8 Satz 3 DCGK. Der Gesetzgeber nahm in der Gesetzesbegründung mehrfach ausdrücklich auf die erwähnte Entscheidung des BGH in Sachen ARAG/Garmenbeck sowie auf die Business Judgement Rule Bezug.

Mit dieser zumindest teilweisen Orientierung am US-amerikanischen Recht wurde ein Haftungsfreiraum (Safe Harbour) im Bereich qualifizierter unternehmerischer Entscheidungen geschaffen, der auf den ersten Blick ein angemessenes Gegengewicht zur Erleichterung der Haftungsklage durch Minderheitsaktionäre in § 148 AktG bildet. Bei näherem Hinsehen erwies sich jedoch, dass die meisten Tatbestandsmerkmale und unbestimmten Rechtsbegriffe erst noch einer konkretisierenden Auslegung bedürfen, um die allseits angestrebte Rechtssicherheit gewährleisten zu können. Hinweise hierzu bot bereits der Ausgangspunkt der Gesetzesbegründung, wonach eine Erfolgshaftung der Organmitglieder gegenüber der Gesellschaft ausscheidet, für Fehler im Rahmen des unternehmerischen Entscheidungsspielraums also nicht gehaftet wird. Die Neuregelung geht danach von der Differenzierung zwischen fehlgeschlagenen unternehmerischen Entscheidungen einerseits und der Verfolgung sonstiger Pflichten[47] andererseits aus, wobei ein Verstoß gegen Letztere von der Bestimmung nicht erfasst werden soll. Die unternehmerische Entscheidung stehe im Gegensatz zur rechtlich gebundenen Entscheidung. Für illegales Verhalten gebe es keinen »sicheren Hafen« im Sinne einer haftungstatbestandlichen Freistellung, doch könne es insoweit im Einzelfall am Verschulden verfehlen.

46) BGH ZIP 1997, 883.

47) Der Gesetzgeber nannte Treuepflichten, Informationspflichten und sonstige allgemeine Gesetzes- und Satzungsverstöße.

Zur Geltung der deutschen Variante der Business Judgement Rule außerhalb des Aktienrechts fehlte noch in der Begründung zum Referentenentwurf ein ausdrücklicher Hinweis. Erst in der Begründung des Regierungsentwurfs hat der Gesetzgeber die notwendige Klarstellung vorgenommen, wonach der Grundgedanke eines Geschäftsleiterermessens im Bereich unternehmerischer Entscheidungen nicht auf den Haftungstatbestand des § 93 AktG und nicht auf die Aktiengesellschaft beschränkt ist, sondern sich auch ohne positivrechtliche Regelung in allen Formen unternehmerischer Betätigung findet. Allerdings könnten das für das Aktienrecht zu § 93 AktG gefundene Regelungsmuster sowie die Literatur und Rechtsprechung dazu als Anknüpfungs- und Ausgangspunkt für die weitere Rechtsentwicklung dienen.

4.2 Tatbestandsmerkmale

Als Sinn und Zweck von § 93 I 2 AktG formulierte der Gesetzgeber die Ausgrenzung des Bereichs unternehmerischen Handlungsspielraums aus der Sorgfaltspflichtverletzung am Maßstab von § 93 I 1 AktG. Diese Einschränkung des Tatbestands setzt fünf teils implizite Merkmale voraus:

- unternehmerische Entscheidung;
- Gutgläubigkeit;
- Handeln ohne Sonderinteressen und sachfremde Einflüsse;
- Handeln zum Wohl der Gesellschaft;
- Handeln auf der Grundlage angemessener Information.

In der Folge nahm der Gesetzgeber eine Konkretisierung der Tatbestandsmerkmale vor, die wertvolle Anhaltspunkte für die Rechtsanwendung bietet. So stellte er klar, dass ein Handeln oder Unterlassen ohne eine bewusste unternehmerische Entscheidung nicht unter § 93 I 2 AktG fallen soll. Als maßgebliches Kriterium der Abgrenzung zwischen unternehmerischen Entscheidungen und der Beachtung gesetzlicher, satzungsmäßiger oder anstellungsvertraglicher Pflichten hob er hervor, dass Letztere ohne tatbestandlichen Beurteilungsspielraum erfolgen, wohingegen Erstere infolge ihrer Zukunftsbezogenheit durch Prognosen und nicht justiziable Einschätzungen geprägt sind[48]. Die Gutgläubigkeit, bei seiner Entscheidung zum

48) Ein ähnliches Abgrenzungsproblem stellt sich aufgrund des Verweises in § 116 AktG im Übrigen auch für den Aufsichtsrat.

Wohl der Gesellschaft zu handeln, ist weitere Voraussetzung für die den Haftungstatbestand einschränkende Wirkung von § 93 I 2 AktG. Der Begriff des »Handelns« soll dabei weit verstanden werden und neben der Entscheidung selbst auch ihre Umsetzung umfassen, unabhängig davon, ob diese durch Rechtsgeschäft oder durch tatsächliche Handlung geschieht. Der Umstand, dass die Vorschrift auf die Annahme des jeweils betroffenen Vorstandsmitglieds und damit auf dessen subjektive Sichtweise abstellt, erhält seine objektivierende Korrektur durch das Merkmal »vernünftigerweise«, das beispielsweise zu verneinen ist, wenn das mit der unternehmerischen Entscheidung verbundene Risiko in völlig unverantwortlicher Weise falsch beurteilt worden war.

Ein Handeln zum Wohle der Gesellschaft liegt nach Auffassung des Gesetzgebers jedenfalls dann vor, wenn es der langfristigen Ertragsstärkung und Wettbewerbsfähigkeit des Unternehmens und seiner Produkte oder Dienstleistungen dient. Dies beziehe auch das Wohl von Tochtergesellschaften und des Gesamtkonzerns mit ein. Entscheidend sei nicht das ex post ermittelte Gesellschaftswohl, da sich insofern stets im Nachhinein herausgestellt habe, dass die Maßnahme fehlgeschlagen sei und der Gesellschaft geschadet habe. Es müsse vielmehr um ein von dem Geschäftsleiter ex ante in gutem Glauben angestrebtes Gesellschaftswohl gehen. Handeln ohne Sonderinteressen und sachfremde Einflüsse bedeute letztlich Unbefangenheit und Unabhängigkeit des Geschäftsleiters nach außen. Bei Handeln zum eigenen Nutzen oder zum Nutzen von nahestehenden Personen oder Gesellschaften müsse unterstellt werden, dass Sondereinflüsse außerhalb des Unternehmensinteresses die Entscheidung des Geschäftsleiters beeinflusst haben. Legitim sei ein Handeln zum eigenen Vorteil insoweit, als sich dieser nur mittelbar aus dem Wohl der Gesellschaft ableite. Ferner werden Ausnahmen zugelassen, wenn das Organmitglied zuvor den Interessenkonflikt offen gelegt hat und unter diesen Umständen die Annahme, gleichwohl zum Wohl der Gesellschaft zu handeln, vernünftig und nachvollziehbar erscheint.

Der Deutsche Corporate Governance Kodex enthält zum Vorstand einen eigenen Unterabschnitt zur Behandlung von Interessenkonflikten. Danach dürfen Vorstandsmitglieder im Zusammenhang mit ihrer Tätigkeit weder für sich noch für andere Personen von Dritten Zuwendungen oder sonstige Vorteile fordern oder annehmen oder Dritten ungerechtfertigte Vorteile gewähren (Ziffer 4.3.2 DCGK). Kein Mitglied des Vorstands darf bei seinen Entscheidungen persönliche Interessen verfolgen und dem Unternehmen zustehende Geschäftschancen für sich nutzen (Ziffer 4.3.3 Satz 2 DCGK). Ferner soll jedes Vorstandsmitglied Interessenkonflikte dem Aufsichtsrat gegenüber unverzüglich offen legen und die anderen Vorstandsmitglieder hierüber informieren (Ziffer 4.3.4 Satz 1 DCGK). Alle Geschäfte zwischen der Gesellschaft einerseits und den Vorstandsmitgliedern sowie diesen nahe stehenden Personen oder persönlich nahe stehenden Unternehmen andererseits haben branchenüblichen Standards zu entsprechen (Ziffer 4.3.4 Satz 2 DCGK). Wesentliche Geschäfte sollen der Zustimmung des Aufsichtsrats bedürfen (Ziffer 4.3.4 Satz 3 DCGK). Schließlich soll die Übernahme von Nebentätigkeiten sowie von Aufsichtsratsmandaten außerhalb des Unternehmens an die Zustimmung des Aufsichtsrats gebunden werden (Ziffer 4.3.5 DCGK).

Die Voraussetzung, wonach das Vorstandsmitglied vernünftigerweise angenommen haben muss, sein Handeln erfolge auf der Grundlage angemessener Information, soll die unternehmerische Entscheidung weder unnötig verrechtlichen noch – scheinbar – objektivieren. Der Gesetzgeber erkennt durchaus an, dass eine unternehmerische Entscheidung »häufig auch auf Instinkt, Erfahrung, Fantasie und Gespür für künftige Entwicklungen und einem Gefühl für die Märkte und die Reaktion der Abnehmer und Konkurrenten« beruht, was sich nicht vollständig durch objektive Information ersetzen lässt. Das Gesetz wolle daher nicht den Mut zum unternehmerischen Risiko nehmen, zugleich aber Unbesonnenheit und Leichtsinn auf Kosten der Kapitalgeber und der Arbeitnehmer keinen Vorschub leisten. Vor diesem Hintergrund soll das Tatbestandsmerkmal der »angemessenen Information« reflektieren, »dass insbesondere bei Entscheidungen, die unter hohem und nicht selbst erzeugtem Zeitdruck zu fällen sind, eine umfassende Entscheidungsvorbereitung schwierig oder gar unmöglich sein kann«. Mitunter seien die verfügbaren objektiv erscheinenden Informationen unmerklich durch betriebswirtschaftliche Trends oder allgemeine Marktstimmungen subjektiv eingefärbt, und gerade der Unternehmer, der sich antizyklisch verhalte und das Unerwartete tue, könne Erfolg haben. Daher werde auf die vom Vorstandsmitglied vernünftigerweise als angemessen erachtete Information abgestellt, auf deren Basis und nach deren freier Würdigung er dann eine unternehmerische Entscheidung fälle.

Im Ergebnis wird dem Vorstand in den Grenzen seiner Sorgfaltspflichten ein erheblicher Spielraum eingeräumt, den Informationsbedarf abzuwägen und sich selbst eine Annahme dazu zu bilden. Information könne nicht allumfassend sein, sondern habe betriebswirtschaftlich gegebene Schwerpunkte[49]. Welche Intensität der Informationsbeschaffung im Sinne von

49) Der Gesetzgeber nannte Rentabilität, Risikobewertung, Investitionsvolumen, Finanzierung etc.

§ 93 I 2 AktG »angemessen« sei, könne vom Vorstandsmitglied ohne groben Pflichtverstoß anhand des Zeitvorlaufs, des Gewichts und der Art der zu treffenden Entscheidung sowie unter Berücksichtigung anerkannter betriebswirtschaftlicher Verhaltensmaßstäbe entschieden werden. Wörtlich heißt es: »Keinesfalls zielt der Entwurf darauf, dass durch routinemäßiges Einholen von Sachverständigengutachten, Beratervoten oder externe Marktanalysen eine rein formale Absicherung stattfindet. Die Frage, ob und in welchem Umfang externe Gutachten eingeholt werden, ist nach betriebswirtschaftlichen Notwendigkeiten sowie den eigenen Möglichkeiten der Gesellschaft zu beantworten und nicht nach formalen Absicherungsstrategien zu entscheiden. Das individuell angemessene Informationsniveau beurteilt sich bei jedem einzelnen Vorstandsmitglied zudem ressortabhängig.«

Die auf den ersten Blick beachtliche Annäherung an das US-amerikanische Vorbild darf jedoch nicht den Blick darauf verstellen, dass es anders als dort bei der Darlegungs- und Beweislast des Vorstands für das Vorliegen der ihn entlastenden Tatbestandsvoraussetzungen bleibt. Der Gesetzgeber begründete dies damit, dass § 93 I 2 AktG als Ausnahme und Einschränkung gegenüber § 93 I 1 AktG formuliert ist. Daher kann es nicht verwundern, dass sein vorstehend zitierter Hinweis gerade von den verantwortlichen Managern eng interpretiert wird, um in möglichen Haftungsfällen auf der sicheren Seite zu sein. In der Unternehmenspraxis sind jedenfalls seit Inkrafttreten der Neuregelung verstärkt genau diejenigen formalen Absicherungsstrategien zu beobachten, die der Gesetzgeber ausdrücklich verhindern wollte bzw. als überflüssig erachtete.

4.3 Prozessorientierte Umsetzung

Die Erfüllung der verbleibenden Darlegungs- und Beweislast kann durch umfängliche Dokumentation und Absicherung im Einzelfall ebenso erleichtert werden wie durch die grundlegende Schaffung einer alle Unternehmensbereiche und Eventualitäten einbeziehenden Compliance-Organisation. Da diese aufgrund ihrer Prozessorientierung und Modularstruktur über den Aspekt der Haftungsvermeidung hinaus zahlreiche weitere Vorteile bietet, ist ihre Implementierung und Pflege zumindest in den Fällen vorzuziehen, in denen das konkrete Risikoprofil des Unternehmens bzw. Konzerns befürchten lässt, dass sich die allfälligen Haftungsgefahren für die Gesellschaft(en) und ihre Manager nicht nur ausnahmsweise realisieren können. Während dies für börsennotierte Gesellschaften bereits seit einiger Zeit selbstverständlich ist, scheint im deutschen Mittelstand zumindest derzeit noch das Empfinden vorzuherrschen, bei Corporate Compliance handele es sich – schon wieder (!) – um ein neues Beraterprodukt, das im Grunde niemand braucht. Oberflächlich durchgeführte Kosten-Nutzen-Analysen kommen schnell zu dem Ergebnis, dass die Kosten überwiegen, zumal der Nutzen nur selten in Zahlen substantiierbar ist.

Hier werden dagegen die unübersehbaren Vorteile betont, die in der Praxis auch tatsächlich zunehmend Bedeutung erlangen. Wer über eine professionelle Compliance-Organisation im hier vertretenen Sinn verfügt, kann sein Rating verbessern und auf diese Weise seine Fremdkapitalkosten spürbar senken. Anbieter von D&O-Versicherungen halten Tarife bereit, die bei nachweisbarem Vorhandensein und Funktionieren einer solchen Organisation die Prämien herabsetzen. Bei offensiver Vermarktung einer »Organisation der Legalität« kann die Reputation des Unternehmens nachhaltig gesteigert und die Entwicklung von einer Trade Mark zu einer Trust Mark entscheidend gefördert werden. Eine mit Leben erfüllte Compliance-Organisation bedeutet für Eigenkapitalgeber einen geringeren Kontrollaufwand und verbessert auch die Verhandlungsposition bei anstehendem Börsengang oder Unternehmensverkauf. Schließlich hilft sie den verantwortlichen Managern, eine persönliche Haftung gegenüber Dritten abzuwehren, da ihr insoweit zumindest eine Indizwirkung nicht abgesprochen werden kann.

Die modular aufgebaute und in beliebig viele Elemente konkretisierbare Compliance-Organisation steckt die Grenzen ab, die von der Unternehmensführung nicht überschritten werden dürfen, wenn eine Haftung der Gesellschaft und der verantwortlichen Manager selbst vermieden werden soll. Sie baut auf dem Frühwarnsystem auf, das nach § 91 II AktG einzurichten ist, um den Fortbestand der Gesellschaft gefährdende Entwicklungen rechtzeitig erkennen zu können. Einbezogen werden auch Risiken, die zwar nicht den Bestand des Unternehmens gefährden, wohl aber eine Haftung der Gesellschaft oder der Mitglieder der Verwaltungsorgane auslösen können. Ihre Identifizierung und Kommunikation gegenüber den verantwortlichen Unternehmensleitern schärft bei diesen das Bewusstsein für die rechtlichen Rahmenbedingungen ihrer Entscheidungen und Strategien, ohne ihnen den unverzichtbaren unternehmerischen Handlungsspielraum zu nehmen. Dies gelingt umso besser und nachhaltiger, je vollständiger die Prozesse, Systeme und Informationswege im Unternehmen bzw. Konzern auf die Umsetzung und Befolgung der – externen und internen – Regeln vorbereitet und abgestimmt sind.

Inwieweit Intranet und Unternehmensfernsehen den Aufbau einer Compliance-Organisation unterstützen bzw. zur Stärkung ihrer Funktionsfähigkeit beitragen können, bleibt abzuwarten. Je größer die Zahl der Mitarbeiter und Standorte, desto eher wird man sich einen Nutzen versprechen dürfen. Das Grundmodell einer Compliance-Organisation ist allerdings von der zu ihrer Umsetzung eingesetzten Technologie unabhängig und basiert auf den Einflüssen des Rechts auf die Unternehmensführung, die mittelbar auch Konsequenzen für die Unternehmensfinanzierung haben. Jede unternehmerische Entscheidung hat rechtliche Implikationen, die rechtzeitig bedacht werden müssen, um beispielsweise Haftungsrisiken für die Gesellschaft und die handelnden Personen besser abschätzen zu können. Nicht alles, was möglich ist, ist auch erlaubt. Umgekehrt kann all das, was nicht ausdrücklich verboten ist, durchaus versucht, ein vorhandener Gestaltungsspielraum mithin kreativ genutzt werden. Das insbesondere im Mittelstand nach wie vor verbreitete Vorurteil von Juristen als »Blockierer« und »Neinsager« wird in gleichem Maße abgebaut wie diese sich kaufmännischen und unternehmerischen Argumenten und Zielsetzungen öffnen. Eine neue Generation von Wirtschaftsjuristen kann hier dazu beitragen, die bestehenden Berührungsängste zu überwinden.

Umgekehrt entwickeln sich auch die nicht juristisch ausgebildeten Vorstände angesichts der bei der täglichen Aufgabenerfüllung zunehmend drohenden Haftungsrisiken und der zu überstehenden wirtschaftlichen Krisensituationen beständig zu »Anwälten in eigener Sache«. Andere greifen auf einen persönlichen Coach zurück, der sie permanent oder auf Abruf berät. Dennoch ist nicht zu übersehen, dass die Bereitschaft zu nachhaltigen Veränderungen in der Organisation und strategischen Ausrichtung des Unternehmens bei denjenigen ausgeprägter ist, die bereits von spürbaren Haftungsfällen (persönlich) betroffen waren oder entsprechende Beispiele aus dem Kreis der jeweiligen Branche oder sonstigen Geschäftspartner kennen. Wer dagegen den regelmäßig erforderlichen Anpassungsprozess in der Hand behalten und positiv vermarkten will, der wartet nicht bis zu einer – häufig von Behörden oder Gerichten verlangten – Reaktion, sondern wird selbst aktiv und gestaltet die Compliance-Organisation nach seinen Präferenzen.

Wer hierbei einem strukturierten und optimierten Ablaufplan folgen will, unterscheidet Analysephase (Compliance Audit), Umsetzungsphase (Compliance Fitness) und Beobachtungsphase (Compliance Monitoring). Das Compliance Audit besteht im Wesentlichen aus einer Soll-Ist-Analyse, die umfassend oder in Form eines Quick-Check durchgeführt werden und dabei sämtliche oder lediglich einige ausgewählte Unternehmensbereiche und Geschäftseinheiten einbeziehen kann. Ihre Ergebnisse werden üblicherweise in einem Management Letter zusammengefasst, der mit der Geschäftsleitung oder je nach Beauftragung auch mit dem Aufsichtsrat diskutiert wird und in der Folge zur Definition und Implementierung von Compliance-Standards führt. Am meisten unterschätzt werden dabei die Ausgangsfragen, ob überhaupt alle externen Regeln bekannt sind, ob sie als Grundlage für interne Regeln, Prozesse und Systeme dienen, ob diese wiederum ordnungsgemäß, sicher, effektiv, effizient und konsistent sind und ob die Einhaltung sämtlicher Regeln kontrolliert und jede Abweichung ggf. dokumentiert wird.

Die Umsetzungsphase dient der Implementierung der zuvor mit der Geschäftsleitung festgelegten Compliance Standards im gesamten Unternehmen oder Konzern bzw. in den ausgewählten Teilbereichen und Geschäftseinheiten. Sie wird durch die Durchführung von Compliance-Schulungen (top down) ebenso unterstützt wie durch begleitende Informationsveranstaltungen, Broschüren, Handbücher, Faltblätter oder sonstige Hilfsmittel. Wer Corporate Compliance als festen Bestandteil der Unternehmenskultur etablieren will, bezieht die definierten Compliance-(Mindest-)Standards in die Anstellungsverträge, Mitarbeiterrichtlinien, Zielvereinbarungen, Führungsgrundsätze ein. Effektivität und Effizienz der Beobachtungsphase leben demgegenüber von der Professionalität des Aktualitätenmanagements, dessen Bestandteile und Pflege unter Teil C III näher erläutert werden.

Teil B
Corporate Compliance in den Unternehmensbereichen

I. Unternehmensführung

Enno Weiß; Alexander Koch; Jan Osterloh

1 Corporate-Compliance-Management als aktuelles Problem

Corporate Compliance (CC) ist heute in aller Munde. Tatsächlich ist in den letzten Jahren in der Wirtschaftspraxis ein generell gestiegenes Interesse daran zu verzeichnen, angesichts hochdynamischer, weltweiter Entwicklungen wieder Kontrolle darüber zu erlangen, was im Zuge der »Globalisierung« wirtschaftlicher Aktivitäten infolge der verschiedenen Entwicklungsstände rechtlicher, steuerlicher und institutioneller Rahmenbedingungen in den verschiedenen Ländern zu einer »Partisanisierung« eines bereits erreicht geglaubten gesellschaftlichen Fortschrittsniveaus geführt hat. Insofern ist es nachzuvollziehen, dass sich gegenwärtig in der begrifflichen Verkürzung als »Schmiergeldabteilung« v. a. weltweit aktive, multinationale Konzerne mit Fragen des CC beschäftigen. Wird mit CC nach Risk Management, Basel II, KonTraG, Corporate Government ein neuer »Hype« letztlich aktionärsschützender Instrumentarien geschaffen, der nach kurzer Zeit der hitzigen Diskussion wieder in die Normalität absinken wird?

Das Problem, dass durch unerlaubte, kriminelle Handlungen, durch Betrügereien (engl. fraud) nicht unbeträchtliche Schäden entstehen, ist evident. Ernst zu nehmende Studien schätzen den Schaden, der jährlich durch wirtschaftskriminelles Handeln in deutschen Unternehmen entsteht, auf ungefähr sechs Milliarden Euro. Dabei unterscheiden sich die Schadensarten und -höhen nach einzelnen Branchen ebenso wie nach Unternehmensgrößen.[50)]

50) Vgl. PricewaterhouseCoopers (Hrsg.): Economic crime: people, culture and controls. The 4th biennial Global Economic Crime Survey 2007. In der untersuchten Grundgesamtheit von 5 428 Unternehmen aus verschiedensten Branchen und 40 Ländern wurden 43% der Unternehmen in den letzten zwei Jahren geschädigt. Der Höhe nach beliefen sich die Schäden infolge von Wirtschaftskriminalität auf über 1,04 Millionen Euro pro Unternehmen in Deutschland und 1,67 Millionen Euro in Westeuropa. Rechnet man die Kosten für die Behandlung der einzelnen Fälle hinzu, so erhöht sich der durchschnittliche Schaden deutscher Unternehmen auf insgesamt 1,46 Millionen Euro (Westeuropa 2,02 Millionen Euro). Bspw. waren in der Pharmazeutischen Industrie 20 %, im Maschinen– und Ingenieurbau und in der Chemischen Industrie 8 % der Unternehmen von Schäden oberhalb der 10–Millionen–Euro–Marke betroffen. Unternehmen mit über 5 000 Mitarbeitern verloren durchschnittlich 6,7 Millionen Euro.

Praxishandbuch Corporate Compliance. Axel Jäger, Christian Rödl und José A. Campos Nave

ISBN 978-3-527-50395-7

Angesichts der genannten Zahlen und der Publizität spektakulärer Einzelfälle ist es nicht verwunderlich, dass die Neigung, sich mit CC-Themen zu befassen, eindeutig zunimmt. Das gilt zuvorderst für börsennotierte Unternehmen, dringt aber langsam und sicher auch in den Mittelstand ein.

Natürlich sind für die Diskussion spektakuläre wirtschaftskriminelle Einzelfälle ein wichtiger Impulsgeber; viele vermuten dahinter aber ganz allgemein eine grundsätzliche Erosion der Wertgrundlagen in der Gesellschaft und damit in der Wirtschaft und ihren Organisationen. Wirtschaftsethik im Allgemeinen, »integre Unternehmensführung«[51], Corporate Governance[52] oder eben CC-Management im Besonderen sind Lösungsfiguren, mit denen man bestimmten Fehlentwicklungen entgegentreten will. Die grundlegende Idee von CC ist in erster Linie, mögliche (Haftungs-)Risiken und Vermögensschäden für das Unternehmen infolge nicht regelkonformen Verhaltens von Organisationsmitgliedern (Mitarbeiter, Führungskräfte und Organe) zu minimieren, sei es durch Vermeidung non-regelkonformen Verhaltens und/oder durch Begrenzung der durch Regelverstöße verursachten Schäden.

Schon die wenigen Hinweise genügen, um zu ahnen, dass es sich nicht nur um ein sowohl aktuelles, sondern auch um ein bedeutsames Problem handelt, welches man mit dem Thema CC adressiert. Gegenwärtig wird CC vor allem vor dem Hintergrund börsennotierter Unternehmen, vor allem unter juristischer Perspektive auf Gesetzesverstöße von Personen und Organen diskutiert. In einer weiteren Begriffsfassung wird über die Befolgung gesetzlicher Normen hinaus die Übereinstimmung des unternehmerischen Geschäftsgebarens auch mit gesellschaftlichen Wertvorstellungen, mit Moral und Ethik gesehen.[53] Wenn man so denkt, wird es schwieriger. Dann verbieten sich allein juristisch-zentrierte Betrachtungsweisen, die auf klar standardisierte Situationen, auf klar darstellbare Verletzungen gesetzlicher Normen, mit ebenso klar geschnittenen Sanktionsfolgen abstellen. Die Organisationsrealität ist komplexer, unklarer, intransparenter. Ein Organisationsmitglied trägt in der Regel kein Gesetzbuch unter dem Arm, wenn es Entscheidungen trifft und Handlungen veranlasst. Vielmehr erarbeiten Organisationen weitenteils ihre Regeln selbst. Ein Verstoß gegen eine organi-

51) Vgl. Maak, T./Ulrich, P.: »Integre Unternehmensführung«, Stuttgart 2007.

52) Das Thema Corporate Governance hat seit der Einsetzung einer Regierungskommission »Corporate Governance – Unternehmensführung – Unternehmenskontrolle – Modernisierung des Aktienrechts« im Mai 2000 an Bedeutung gewonnen. Eine daraus im September 2001 entstandene Kommission hat dann im Jahr 2002 den »Deutschen Corporate Governance Kodex« vorgelegt, der jährlich von der »Regierungskommission DCGK« überprüft wird.

53) So z.B. Maak, T./Ulrich, P.: »Integre Unternehmensführung«, Stuttgart 2007.

satorische Regel, die nicht unmittelbar auf ein Gesetz rekurriert, kann ebenfalls Schäden verursachen, deren Kausalitäten und Handlungszurechnungen auf Individuen im Einzelfall zu prüfen sind, aber deren Sanktionierungen sich nicht per Gesetz ergeben, sondern gleichsam über den normalen Führungsprozess laufen müssen.

Eine organisatorische Regel hingegen hat einen deutlich eingeschränkten Gültigkeitsbereich (sie gilt nur für Organisationsmitglieder), und sie hat typischerweise eine andere Sanktions-Qualität, weil Vorgesetzte nun mal keine Richter/Gerichte sind. Mehr noch: Typischerweise sind Führungskraft und sich abweichend verhaltende Mitarbeiter nicht selten interaktiv verbunden, was eindeutige Handlungszurechnungen und damit Sanktionierungen schwierig macht. Wir treffen im Einzelfall auf zirkuläre Verhältnisse, weil das, was die Organisation zulässt oder nicht, sich als Ergebnis vieler Handlungs- und Entscheidungsepisoden als Kultur herausbildet, die wiederum eine Grenze des Denkens und Handelns ihrer Mitglieder ausmacht.

Aus Perspektive der Unternehmensführung sind unseres Erachtens für eine adäquate Behandlung des Themas CC einige Ergänzungen und Korrekturen erforderlich. Zum einen sind für das Handeln/Verhalten[54] von Menschen in organisierten Umwelten Erwartungen mit Normen unterschiedlicher Qualität verknüpft: Normen von der Qualität sanktionsbewehrter Gesetze oder von reinen handlungsorientierten Empfehlungen, deren Nicht-Befolgung nicht sanktioniert wird.[55] CC-Management muss berücksichtigen können, dass nicht jede Verhaltensabweichung einem unter Umständen aufwändigen CC-Prozess unterzogen wird. Ziel muss es daher nach wie vor sein, über den normalen Routine-Führungsprozess konformes Verhalten zu produzieren, non-konformes Verhalten zu vermeiden. Zum anderen sind Organisationen nicht nur Zonen des Erlebens von Menschen, die mehr oder weniger auf Ziele ausgerichtet ihren jeweils unterschiedlichen Aufgaben nachgehen.

Für Unternehmen ist Organisation auch ein Mittel zur erfolgreichen und nachhaltigen Umsetzung sachlicher, zeitlicher und sozialer Unternehmensziele. Insofern gibt es aus *betriebswirtschaftlich-organisatorischer* Sicht auch Effizienzkriterien zu erfüllen. Zu denken ist hierbei insbesondere an das »Substitutionsgesetz der Organisation«, welches einen Zusammenhang zwischen optimaler Regelungsdichte und organisatorischem Handlungser-

54) Zum Unterschied von Verhalten und Handeln vgl. Steinmann, H. (Hrsg.): »Planung und Kontrolle, München«, 1981.

55) Organisationsstrukturen sind ein System von Regelungen, die das Verhalten der Organisations-mitglieder auf ein übergeordnetes Ziel ausrichten sollen. Vgl. Frese, E.: »Grundlagen der Organisation. Konzept – Prinzipien – Strukturen«, 6. Aufl., Wiesbaden 1995.

folg darstellt.[56] Das heißt die organisatorische Effizienz bestimmt sich nicht allein nach der Anzahl, sondern nach dem Umfang der organisatorischen Regelungen. Damit ist die Frage Befolgen/Nicht-Befolgen von Normen in Unternehmen keine reine juristische Fragestellung, sondern zugleich auch eine zentrale betriebswirtschaftliche Gestaltungsaufgabe der Unternehmensführung zur Erhaltung des organisatorischen Gleichgewichts zwischen Über- und Unterorganisation. Um die Stabilität der Organisation zu erhalten, bedarf es einerseits ausreichend vieler organisatorischer Regelungen (Stabilität), andererseits aber auch nicht zu vieler Regelungen (Elastizität). Es geht um die Notwendigkeit des Ausgleichs zwischen Stabilität und Elastizität der Organisation. So betrachtet wird man nicht allein nach dem Grundsatz verfahren dürfen: »Viel Regelung hilft viel.«

Vielmehr wird man annehmen dürfen, dass mit der Existenz von Normen und Regelungen stets der empirisch beobachtbare soziale Tatbestand auftritt, dass von ihnen abgewichen wird; in diesem Sinne ist abweichendes Verhalten (Devianz) »normal«. Die Normalität abweichenden Verhaltens ist durch eine Vielzahl einschlägiger Studien belegt. Abweichendes Verhalten ist grundsätzlich nicht vermeidbar, jedoch durch die Situation im Unternehmen und durch konkrete Führungshandlungen deutlich eingrenzbar. Auch wenn man non-konformes Verhalten von Organisationsmitgliedern nie ganz vermeiden können wird, kann man es aber zügeln, indem man bspw. durch organisatorische Maßnahmen die Schwellen für Verfehlungen deutlich heraufsetzt oder über prozessuale Vorkehrungen (z. B. 4-Augen-Prinzip) und im Führungsprozess abweichendes Verhalten als »normale« Störgröße sieht, die es durch schnelle Ausregelungsmechanismen (Fraud Detection and Fixing) zu handhaben gilt.

Wir wollen daher im Folgenden in einem eher reflektierenden, übersichtsartig gehaltenen Beitrag das Thema Corporate Compliance (CC) aus seinem ursprünglichen, primär juristischen Kontext lösen und um Aspekte der Unternehmensführung ergänzen, indem wir Vorschläge dazu erarbeiten, wie ein sinnvoller Umgang mit CC-Themen bei gleichzeitiger Beachtung »normaler« Themen der Unternehmensführung zu bewerkstelligen ist.

56) »Überall da ..., wo betriebliche Vorgänge ein verhältnismäßig hohes Maß an Gleichartigkeit und Periodizität aufweisen, wird die Tendenz wirksam, fallweise Regelungen durch generelle Handlungen zu ersetzen.« Gutenberg, E.: »Grundlagen der Betriebswirtschaftslehre«, Erster Band: Die Produktion, 24. Auflage, Berlin, Heidelberg, New York 1983, S. 239-242.

2 Corporate Compliance

2.1 Begriff Compliance-Management

»Der Begriff Compliance bezeichnet die Gesamtheit aller zumutbaren Maßnahmen, die das regelkonforme Verhalten eines Unternehmens, seiner Leitungs- und Aufsichtsorgane sowie seiner Organisationsmitglieder im Hinblick auf alle gesetzlichen Ge- und Verbote begründen. Corporate Compliance kann – muss aber nicht – als ein Teil der ordnungsgemäßen Unternehmensführung (Corporate Governance) gesehen werden.«[57] Es handelt sich dabei um eine Selbstverpflichtung des Unternehmens bzw. seiner Organe. Mit dieser, durchaus üblichen CC-Definition sind wichtige Bestimmungsstücke erwähnt:

- *Zumutbare Maßnahmen*: Zumutbarkeit ist ein beobachtungsrelativer Begriff, der eine Wahlmöglichkeit impliziert. Hier kommt die betriebswirtschaftliche Dimension ins Spiel, z. B. durch die Frage der Transaktionskosten, die mit der strikten Regelbefolgung in Kauf genommen werden muss. Die Realität ist in der Regel zu unübersichtlich, die jeweiligen Verantwortungen von Organisationsmitgliedern mit unscharfen Grenzen geschnitten und die Gut/Schlecht-Zurechnungen abhängig von individuellen Perspektiven, als dass man hier mit bloßen Appellen an einzelne Menschen weiterkäme. Allein Kausalzurechnungen bei der Aufdeckung von möglichen Verfehlungen richtig vorzunehmen, wird infolge der hohen Arbeitsteiligkeit organisatorischen Geschehens und der gegebenen strukturellen Einwebungen menschlichen Handelns und Verhaltens in gegebene Situationen zu einer durchaus zeitaufwändigen und dennoch ungewissen Angelegenheit.
- *Regelkonformes Verhalten* setzt voraus, dass Regeln/Normen explizit gegeben und für Organisationsmitglieder bekannt und verständlich gemacht sind; auch muss klar sein, welche Sanktionen bei Nichtbefolgung zu erwarten sind. Der Unterschied, der durch das Thema regelkonform/nonkonform markiert wird, kann letztlich nur in der (organisations-)soziologischen Dimension behandelt werden. Die Frage ist weiter, ob ein Regel-

57) Vgl. zum Themenkomplex Hauschka, Ch.: »Corporate Compliance. Handbuch der Haftungsvermeidung im Unternehmen«, München 2007; Hauschka, Ch.: »Compliance, Compliance-Manager, Compliance-Programme: Eine geeignete Reaktion auf gestiegene Haftungsrisiken für Unternehmen und Management?«, in: *NJW 2004*, S. 257-261; Roth, M.: »Compliance. Begriff, Bedeutung, Beispiele«, 2000; Schneider, U. H./Schneider, S. H.: »Konzern-Compliance als Aufgabe der Konzernleitung«, in: *ZIP* 2007, S. 2061-2065.

verstoß unabhängig von einem möglichen Schaden zwangsläufig zu einer Sanktion führt oder nicht. Hier wird man je nach Qualität der Norm unterschiedlich vorgehen müssen. Klar dabei ist der Grundsatz: »Unwissenheit schützt vor Strafe nicht.« Ob es Motive für Abweichungsverhalten gibt, die im Nachhinein gerechtfertigt werden können, und über gute/schlechte Motive (Absichten) gewissermaßen eine Aufweichung möglicher Sanktionen im Fall eines Schadens darzustellen (bspw. ziviler Ungehorsam), bleibt vermutlich der Einzelfallentscheidung vorbehalten. Hier nur so viel: Nicht jeder Zweck heiligt das Mittel.

- *Gesetzliche Ge- und Verbote* – wieso nur diese? Gesetze gehören ganz allgemein zum Bereich sozialer Normen[58]. Neben diesen gibt es noch andere Erwartungen und Werte, die als Orientierung in Gemeinschaften als Erlebnisgrundlage für deren Mitglieder dienen und von denen abgewichen werden kann. D.h. nicht jede Abweichung von einer Norm bringt klare Vorstellungen über Sanktionen im Fall eines Schadens. Hier wird man sehr genau überlegen müssen, wo die Grenze zwischen CC-Relevanz und normalem Führungsgeschehen markiert werden kann. Die Frage nach der Grenze ist nicht zuletzt eine Frage nach der unterschiedlichen Qualität der Normen.
- *Selbstverpflichtung* – Was kann/muss davon über Organisations- und Führungssystem geklärt werden und entspringt stark Zweckmäßigkeitserwägungen? Gerade weil Verhalten in Organisationen nur begrenzt kontrollierbar ist, tritt ein (betriebswirtschaftliches) Kalkül hervor: Kontrollkosten von Regelabweichungen relationiert zu den durch die Regelabweichung verursachten Schäden und der Entdeckungswahrscheinlichkeit.

2.2 Zur Ergänzungsbedürftigkeit der Corporate Compliance

Corporate Compliance (CC) in einer engen, gleichwohl weit verbreiteten Fassung beschäftigt sich mit Betrügereien (Fraud) in Unternehmen. In diesem Sinne wollen CC-Aktivitäten durch organisatorische Vorkehrungen mögliche Betrügereien von Organisationsmitgliedern aufdecken, behandeln und/oder vermeiden. Soweit man unter Normen primär Gesetze versteht, dann gibt es zwischen CC eine große Überschneidung mit dem Thema Wirtschaftskriminalität.[59]

58) Vgl. Popitz, H.: »Soziale Normen«, Frankfurt a.M. 2006.

59) Vgl. Albrecht, W.S./Albrecht, C.C/Albrecht, D.O.: »Fraud Examination«, 2nd edition, Thomson South West 2007.

Bezieht man die betriebswirtschaftliche Dimension in die Betrachtung stärker ein, dann beschäftigt sich die gegenwärtige Diskussion primär mit dem, was man als »Kurieren an Symptomen« bezeichnen kann. In der Tat liest sich die Literatur zum Thema Corporate Compliance weitgehend als Auflistung von Katalogen darüber, was man darf und, vor allem, was man nicht darf. Die Lösung wird unter anderem darin gesehen, möglichst alle relevanten Gesetzesnormen zu listen und sie den Organisationsmitgliedern zur Kenntnis zu bringen mit dem Appell, sich daran zu halten; schließlich seien diese durch vertragliche Beziehung mit der Organisation dazu verpflichtet.

Daran ist zunächst noch nichts Falsches zu erkennen. Da man jedoch weitgehend von konkreten Situationen im organisatorischen Führungskontext der Unternehmen abstrahiert, setzen sich solche Vorschläge sehr schnell einem Trivialitätsverdacht aus. Wir halten daher den skizzierten, durchaus praxisüblichen Zugang zum Problem für *ergänzungsbedürftig*. Wer glaubt, durch schriftliche Anweisungen wäre das Problem des konformen Verhaltens bereits gelöst, unterschätzt die Vielgestaltigkeit der Organisationspraxis und überschätzt zugleich die Rationalität organisatorischer Prozesse. Aus der einschlägigen Literatur ebenso wie aus der unternehmerischen Praxis kann man wissen, dass in heutigen Unternehmen Funktionen und organisatorisches Leben anders beschrieben werden als vor ein paar Jahrzehnten. Um hierfür nur ein paar Differenzlinien zu markieren:

- Aus der Bürokratieforschung kennt man die Grenzen der Steuerung von individuellem Verhalten aufgrund verschiedener organisationspathologischer Erscheinungsformen.[60] Angesichts der zunehmenden Professionalisierung und Autonomiebestrebungen wird das Verhältnis zwischen Mensch und Organisation und Führungskraft immer lockerer. Losere Kopplungen bringen aber Einbußen an Kontrolle mit sich, die man zur Kenntnis nehmen und verarbeiten können muss. Führung nach dem Motto »Mehr Regeln und mehr Anweisungen« ist nicht immer die Lösung der Wahl.
- Soweit man Personen als rationale Aktoren voraussetzt, stimmt die Kette: Richtiges Wissen (Anweisung, etwas zu tun) führt tendenziell zu richtigem Handeln (Befolgung) und das wiederum führt zu Erfolg. Die Befolgung von Regeln ist aber keineswegs trivial. Denn weder sind Organisationsmitglieder nur bewusstseins- und kopfgesteuerte Wesen,

60) Vgl. Türk, K.: »Soziologie der Organisation«, Stuttgart 1978; Türk, K.: »Grundlagen einer Pathologie der Organisation«, Stuttgart 1976.

noch wird in jeder Situation des Entscheidens und Handelns nach immer gleichen Kriterien verfahren. Zudem ist der Zusammenhang zwischen Regelbefolgung und Handlungserfolg nicht immer eindeutig, weil es immer Störgrößen infolge nicht vorhersehbarer und nicht erwarteter Ereignisse gibt, die auch die manchmal Nichtbefolgung als richtige, d.h. erfolgreiche Handlung erscheinen lässt. Erfolgreiches organisatorisches Handeln kann also paradoxerweise auch durch die Nicht-Befolgung einer Anweisung entstehen.[61)]

- Im Grunde setzt die Führungsfunktion die Gefahr abweichenden Verhaltens per se voraus (sei es durch Situation, sei es durch Personen), weil ihr Sinn vor allem darin liegt, Organisationsmitglieder zum konkreten Tun (z.B. Befolgen einer Anweisung, Gesetzesvorschrift) anzuleiten. Jeder Beeinflussungsversuch trägt sein Scheitern in sich und damit die Möglichkeit des abweichenden Verhaltens, welches ja durch Führung zu korrigieren ist. Führung rechnet also ex ovo mit der Störgröße Mitarbeiter und dessen Fehlverhalten (sonst bräuchte man sie nicht).[62)]
- Arbeitsteiligkeit infolge Spezialisierung zergliedert inhaltlich logische Vollzüge und hat zur Folge, dass verteiltes Wissen immer wieder (mit großem Aufwand) an die geeignete Stelle gebracht werden muss, um handlungsrelevant zu werden. Das ist nicht nur eine Verteilungs-, sondern vor allem ein Verständnisproblem.[63)] Erfolgreiche Implementierung und Kommunikation von neuem Wissen ist somit keine triviale Angelegenheit – trotz aller modernen Kommunikationstechnologien. Mitarbeiter in konkreten Anweisungen auf neues Wissen, auf einen zu verändernden Sachverhalt hinzuweisen, ist eine Sache. Wissen ist aber nur dann Wissen der Organisation, wenn es bei den Mitgliedern in den jeweiligen Entscheidungen und Handlungen präsent ist.

Es sind mindestens diese Aspekte, die den Umgang mit Fragen des CC verkomplizieren. Je näher man an reale Situationen in Unternehmen kommt, umso unklarer wird das Thema Befolgung von Regeln und Gesetzen durch Organisationsmitglieder – und dies aus verschiedenen prinzipiellen Gründen, wie nachfolgend gezeigt werden soll. Wir werden uns daher nicht nur mit CC in einer engen Perspektive, sondern grundlegend mit ein paar wichtigen organisationstheorischen und -praktischen Aspekten befassen müssen.

61) Vgl. zu einem Überblick über die deskriptive Entscheidungsforschung z.B. Schreyögg. G., »Unternehmensstrategie – Grundfragen einer Theorie der strategischen Unternehmensführung«, Berlin/New York 1984.

62) Vgl. Steinmann, H./Schreyögg, G., »Management, Grundlagen der Unternehmensführung, Konzepte – Funktionen – Fallstudien«, 6. Aufage, Wiesbaden 2005.

63) Vgl. Bleicher, K.: »Organisation«, 2. Auflage, Stuttgart 1991.

3 Corporate Compliance und Unternehmensführung

3.1 Organisationsphilosophie als kultureller Kern einer Unternehmung

Aus Sicht der Unternehmensführung stellt sich die Frage, was mit CC an neuer Qualität ins Spiel kommt: Ist CC nur eine Art Reparaturstrategie oder muss darin eine Führungsfunktion sui generis gesehen werden? Und wenn ja, wie ist diese auszugestalten? Man kann getrost davon ausgehen: Jede arbeitsteilige Organisation benötigt Gestaltungsspielräume, um ihre Zwecke und Ziele erfüllen zu können, und sie funktioniert auch nicht redundanzfrei dergestalt, dass sie über eindeutige Zweck-Mittel-Ketten jede Situation in einer Organisation ex ante festschreiben kann. Man wird daher von Interpretations- und Handlungsspielräumen für die Organisationsmitglieder ausgehen müssen. Wie man mit Handlungs- und Entscheidungsspielräumen von Mitarbeitern im Unternehmen umgeht, ist dabei primär abhängig von der jeweiligen Organisationsphilosophie.

Nach einer weit verbreiteten Vorstellung ist die *Organisationsphilosophie* der *kulturelle Kern*, der das Erleben in einer Unternehmung ausmacht und der über gemeinsame Annahmen (über die Umwelt, Geschäft, Organisation) und gemeinsame Werte (Normen und Standards) sowie gemeinsame Artefakte (Kulturprodukte wie Symbole, Geschichten) vergemeinschaftet wird.[64] Umgekehrt ist die Unternehmenskultur »gelebte Philosophie« einer Organisation. Die Organisationsphilosophie legt Basisprämissen zu dem, was als wünschenswertes Betätigungsfeld (Mission) gesehen wird und wie die ins Auge gefassten Geschäfte (Leitbild) abgewickelt werden, mit welchen strukturellen und prozessualen Vorkehrungen operiert werden soll. Visionen im Sinne grob umrissener Markt-, Technik- und Organisations-Ziele dienen der Steuerung der organisatorischen Aufmerksamkeit. Organisationsphilosophie kodifiziert in wenigen Eckpunkten sozusagen das »Was« und das »Wie« eines Unternehmens.

Etwas enger gefasst macht die *Führungsphilosophie* Aussagen über grundlegende Annahmen über die Realisierung von Strukturen und Prozessen der Führung in einer Organisation. Sie schließen in der Regel Annahmen über den Menschen (Menschenbilder) und über den Umgang mit den Mitarbeitern (z.B. Fragen der Kontrolle, Motivation, Mitbestimmung, Annahmen über erlaubte und verbotene, geeignete und ungeeignete Mittel) bei der Führung ein. Sie existieren sowohl als individuelle wie auch als kollektive Orien-

64) Vgl. Schein, E.H.: »Organizational Culture and Leadership", San Francisco 1985.

tierungsmuster der Führenden einer Organisation, als tatsächlich wirkende Muster, aber auch als normative, (»Soll«)-Vorstellungen. Führungsgrundsätze sind die operationalisierten, also konkretisierten und formalisierten, normativen Orientierungsmuster, häufig in Form schriftlich formulierter Verhaltensrichtlinien zur Durchsetzung einheitlicher Vorstellungen der Unternehmensführung den Umgang der Organisationsmitglieder betreffend.

3.2 Die Philosophien der Misstrauens- und Vertrauensorganisation

Organisations- und Führungsphilosophie wechselwirken miteinander. Man kann hier zwei Organisationsansätze unterscheiden: Eine *bürokratische Organisation*, die stabilisierend auf Vollzug der organisatorischen Routinen ausgerichtet ist, oder eine *lernende Organisation*, die in der Lage ist, sich laufend und flexibel neuen Situationen anzupassen. Die Präferenzen für eine der beiden Organisationsphilosophien liegen in den verborgenen »basic assumptions« des Kulturgutes einer Unternehmung und betreffen die Einstellung zum Mitarbeiter.

Den zwei organisatorischen Grundrichtungen entsprechen in erster Näherung unterschiedliche Führungsphilosophien, die sich vor allem im Menschenbild kategorisch unterscheiden.[65] Etwas verkürzend spricht man in diesem Zusammenhang auch von *Misstrauens- oder Vertrauensorganisation.*[66] Diese *dichotomen Organisationsphilosophien* repräsentieren unterschiedliche Führungsphilosophien und Kulturen. Sie stellen jedoch keine Gegensätze dar, sondern sind eher idealtypisch als Pole einer Skala zu sehen. Die beiden Formen können daher aneinander gesteigert werden: Vom Vertrauensdenken her werden z. B. gezielt Misstrauenselemente eingebaut und umgekehrt. Ersteres geschieht beispielsweise bei vielen Formen *indirekter Führung.*[67] Im Fall der sog. »Kontextsteuerung« erfolgt eine Fremdsteue-

65) Vgl. Bleicher, K.: »Strategien – Strukturen – Kulturen, 2. Auflage«, Wiesbaden 1991, S. 70ff. Die einer auf Stabilisierung ausgerichtete formale Beziehungsgestaltung mit einem Menschbild des »rational man« und die einer auf Veränderung abstellenden informalen Beziehungsgestaltung mit einem Menschenbild des »complex man«.

66) Diese verkürzende Gleichsetzung von Bürokratie/Misstrauensorganisation und Lernender Organisation/Vertrauensorganisation ist nicht unproblematisch, da suggeriert wird, dass Bürokratien nicht lernen könnten. Das Lernen in Bürokratien unterscheidet sich zwar kategorisch von dem »lernender Organisationen", ist aber dennoch möglich.

67) Indirektes Führen bedeutet, dass Führen über symbolische Handlungen und Interpretationen von geteilten, sozial vermittelten Überzeugungen sowie durch Erschließung von Sinnpotenzialen geschieht. Die sog. »Kontextsteuerung« hat hierzu eine große Überschneidung; vgl. Willke, H.: »Systemtheorie entwickelter Gesellschaften«, 2. Aufl., München 1993.

rung der Organisationsmitglieder durch strategische Vorgaben (»Leitplanken«) und gestaltet dadurch definierte, wenngleich größere Handlungsspielräume, die der Mitarbeiter im Sinne der Organisationsziele nutzen kann. Damit kann einheitliche Willensbildung durchgesetzt werden bei gleichzeitiger Nutzung des besseren Wissens der vor Ort tätigen Mitarbeiter. Von der Perspektive Misstrauen herkommend, lassen sich Vertrauenselemente in die Führung einbauen, z.B. dann, wenn eine an sich restriktive Regelung grundsätzlich Ermessen einräumt, das im Einzelfall in der Situation vom handelnden Organisationsmitglied interpretiert werden kann.

Mit der Organisations- bzw. Führungsphilosophie liegt somit auch fest, ob man sich eher am Handlungserfolg von Akteuren (Zweck und Output) oder an den Bedingungen des Handelns selbst (Konditionen) orientiert. Das Steuerungsprinzip *Zweckprogrammierung* arbeitet im Zweck-Mittel-Schema und dient primär dem Erreichen von Zielen, während *Konditionalprogrammierung* einem »Wenn-dann«-Schema folgt.[68] Letztere führt zu bestimmten Verhaltensweisen, die nicht immer den materiellen Handlungserfolg im Auge haben, sondern vielmehr auf das formale Vorgehen konzentriert bleiben. Der Handlungserfolg liegt – bereits in einer abgeleiteten Problemvariante – in der Erfüllung der Regeln, weniger im Erreichen eines materiell relevanten Ziels.[69] Weder eine Führungsphilosophie, die den Fokus primär auf Ergebnisse des Handelns legt, noch eine solche, die auf die reine Befolgung von Regeln und Normen (Konformität) abstellt, wird ausreichen, dem Mitarbeiter hinreichend Anreize zu einem regelgerechten, konformen Verhalten zu verschaffen.

Für eine Organisation sind Ungewissheit und Unsicherheit der Umwelt ein wesentlicher Treiber für den organisatorischen Regelungsbedarf. Gefahrengeneigte Geschäfte und Branchen erfordern zum Schutz der Gesellschaft entsprechend schützende Normen und Gesetze, die natürlich von jedem einschlägig tätigen Unternehmen zu befolgen sind. Am Kapitalmarkt orientierte Großkonzerne haben anderen spezifischen rechtlichen Anforderungen Genüge zu tun als eigentümergeführte mittelständische Unternehmen. Dennoch hat in beiden Fällen ceteris paribus die Organisationsphilosophie einen zentralen Einfluss darauf, wie viel non-konformes Verhalten im

68) »Bei beiden Programmformen, und darin stimmen sie überein, handelt es sich um die Einführung einer künstlichen Unterscheidung, die nicht vorgefunden wird, sondern im System selbst konstruiert und durch Entscheidung verbindlich gemacht werden muss. Konditionalprogramme unterscheiden zwischen Bedingungen und Konsequenzen, Zweckprogramme zwischen Zielen und Mitteln«. Luhmann, N.: »Organisation und Entscheidung«, Opladen 2000, S. 261.

69) In der einschlägigen Bürokratieforschung werden solche Phänomene intensiv diskutiert. Vgl. statt vieler Luhmann, N.: »Funktion und Folgen formaler Organisation«, Berlin 1964.

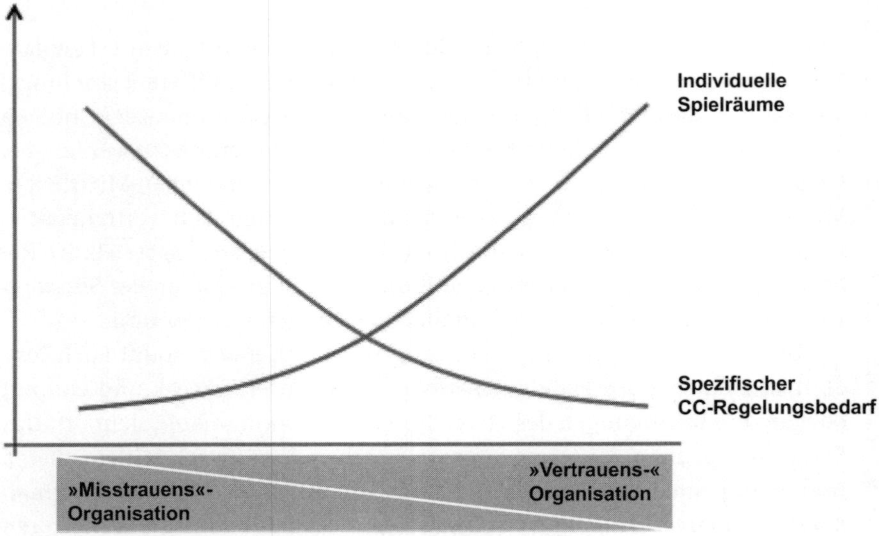

Abb. 1: Zusammenhang zwischen Organisationsphilosophie und CC-Regelungsbedarf

Unternehmen produziert wird und auch auszuhalten ist. Somit legt sie unter sonst gleichen Bedingungen den Bedarf an CC-Organisation fest.[70)]

Auf dem Kontinuum vom Extrempol Misstrauensorganisation hin zur Vertrauensorganisation lässt sich ein Zusammenhang zwischen spezifischem CC-Regelungsbedarf einerseits und dem Risiko non-regelkonformen Verhaltens anderseits wie folgt darstellen: Je mehr misstrauensorientiert eine Organisation ist, umso geringer sind die Spielräume und umso höher ist ceteris paribus der spezfische organisatorische Regelungsbedarf für die Sicherung erwartungskonformen Verhaltens der Organisationsmitglieder und umgekehrt (siehe Abbildung 1).

Die Gegenläufigkeit der Parameter verbietet ein einseitiges Maximierungsziel, ein scharfes »Entweder-oder«-Kriterium, sie verweist vielmehr auf ein betriebswirtschaftliches Optimierungsfeld. Man kann an einem solchen »Übergangsfeld« der genannten Organisationsphilosophien, die jede eine bestimmte Kombination aus Führungspersonen, Organisationsstruktur, Verhaltensregeln und Prozessen konfiguriert, erahnen, dass es Austauschprozesse zwischen diesen Faktoren gibt.

Wenn es das Ziel der CC ist, die regelkonforme Befolgung von organisatorischen Anweisungen, Regeln und Gesetzen zu maximieren bzw. die Verhaltensabweichungen zu minimieren, kann man in einer CC-Organisation

70) Vgl. Albrecht, W.S./Albrecht, C.C/Albrecht, D.O.: »Fraud Examination«, 2nd edition, Thomson South West 2007, S. 90ff.

den Versuch sehen, die Handlungsspielräume für Mitarbeiter so minimal zu gestalten, dass unbeobachtbare Zonen möglichst eliminiert werden. Denn je mehr und je differenzierter Regelungen, so die implizite Vorstellung, desto geringer sind die Spielräume für Abweichungen, umso wahrscheinlicher ist das erwartete, normkonforme Verhalten. Mehr Regelungen, weniger Abweichungsmöglichkeiten.

Wer die Funktion von Organisation so begreift, intendiert im Grunde ein Bürokratiemodell, welches auf funktionale Arbeitsteilung, mit klar geschnittener Autoritätshierarchie und Regelungen zu Rechten, Pflichten und Verfahrensanweisungen für Organisationsmitglieder abzielt. Das ist praktisch natürlich sehr fragwürdig. Außerdem bewegt man sich mit der dahinterliegenden Organisationsphilosophie streng auf dem Boden der Misstrauensorganisation[71)], mit all den bekannten dysfunktionalen Folgen für das Leistungsverhalten von Organisation und deren Mitarbeitern.[72)] Solche Dysfunktionalitäten, beispielsweise in der Erscheinung »organisatorischer Pathologien«, können für die Organisation erheblich sein, nicht zuletzt weil sie bei den Organisationsmitgliedern leistungsschmälernde Identitäts-, Motivations-, Orientierungs-, Konformitäts- und Kooperationsstörungen verursachen.[73)] Auf Organisationsebene kommen diese Dysfunktionalitäten dann zum Vorschein als *betriebswirtschaftliche Ineffizienzen* (»Herrschaftskosten«, »Mängelkosten«, »Kompensationskosten«) ebenso wie als *psychische Kosten* (Frustrationen, erhöhte Anstrengungen zur Überwindung von Motivationsstörungen, psychische Störungen wie Nutzlosigkeit, Angst, Minderwertigkeitgefühle infolge von Orientierungs- und Identitätsverlusten) und *soziale Kosten* (eingeschränkt funktionierende Arbeitsbeziehungen auf der Ebene von Gruppen und Organisationseinheiten).[74)]

Eine einseitige Betonung regel-konformen Verhaltens, ohne vorher zu reflektieren, welche Normen und Regeln für welche Situationen in welcher Tiefe und in welchem Umfang organisatorisch verankert werden sollen,

71) »Das Muster einer auf Stabilisierung ausgerichteten Unternehmensorganisation enthält gleichsam als organisationsphilosophische Grundlage den Charakter einer Mißtrauensorganisation. Sie will menschliche Schwächen durch eine mechanistisch-technokratische Strukturierung überbrücken, die einer monistischen ökonomischen Zweckerfüllung dient.« Bleicher, K.: »Strategien – Strukturen – Kulturen«, 2. Aufl., Wiesbaden 1991, S. 70.

72) Um nur die bekanntesten Dysfunktionen von Organisationen zu nennen: Tendenz zur Ausweitung von Stellen und Personal, Stellen-Remanenzen, Übermaß an Vorschriften, Kontrolle, ritualisierte Regelbefolgung, Schwerfälligkeit von Entscheidungen, Verantwortungsverschiebungen, Überlastung von Führungsstellen. Vgl. Bleicher, K.: Organisation, Stuttgart 1991, a.a.O., S. 72 ff. mit weiteren Literaturhinweisen.

73) Vgl. ausführlich Türk, K.: »Grundlagen einer Pathologie der Organisation«, Stuttgart 1976.

74) Vgl. Türk, K.: »Soziologie der Organisation«, Stuttgart 1978, S. 166.

treibt nicht nur die (Transaktions-)Kosten der Organisation für Erstellung und Überwachung, sondern erzeugt u. U. das, was vermieden werden soll: abweichendes Verhalten – und wenn dies nur aus Fahrlässigkeitsgründen entsteht, z.B. durch Verantwortungsverschiebungen, Überlastung von Führungsstellen. Das hat nicht nur erhebliche betriebswirtschaftliche Ineffizienzen zur Konsequenz – z.B. steigenden Steuerungsaufwand -, sondern kann im Extremfall den Erfolg eines Unternehmens und dessen Existenz gefährden.

3.3 Wechselwirkung zwischen Organisationsphilosophie und Ausgestaltung der CC-Organisation

Natürlich müssen Normen und Gesetze strikt eingehalten werden. Will man aber angesichts der Tendenz zu einer zunehmenden Verrechtlichung und Verregelung des Geschäftslebens überhaupt die betriebswirtschaftlich sinnvolle Gestaltung des dispositiven Faktors[75)] im Auge behalten, so muss man stets die eigene Führungsphilosophie daraufhin überprüfen, ob es nicht sinnvoller ist, statt der »Mehr-desselben«-Strategie überhaupt auf eine andere Qualität an Führung(sphilosophie) überzugehen. Schon die Argumentationsskizze im Vorabschnitt hat gezeigt: Es gibt einen sehr direkten Zusammenhang zwischen Organisationsphilosophie und dem Problem abweichenden, non-konformen Verhaltens, welches über CC-Organisation gelöst werden soll. Die organisatorische Grundstrukturierung als Vertrauens-/Misstrauensorganisation sagt also etwas über den Bedarf an einer spezifischen CC-Organisation aus. Umgekehrt heißt das: Man kann durch eine ungeeignete Organisationsphilosophie in einem Unternehmen CC-Probleme selbst produzieren. Je mehr Misstrauen in Führung, Organisation, Kultur eines Unternehmens vorhanden ist, desto größer ist das Problem, welches mit CC-Organisation behandelt werden muss und soll. Je mehr vertrauensbasierte Führung, umso geringer das CC-Problem. Das jedenfalls gilt in erster Näherung.

Je mehr Regelungen und verhaltenseinschränkende Erwartungen seitens der Führung und Organisation gesetzt werden, umso größer ist die Gefahr

75) Der »dispositive Faktor« ist nach Gutenberg der Teil des Produktionsfaktors menschliche Arbeitsleistung, der auf die leitende, lenkende, planende, organisierende Tätigkeit in der Unternehmung verwendet wird. Der dispositive Faktor (Unternehmensleitung) ist somit neben den drei Elementarfaktoren (menschliche Arbeitsleistungen, Betriebsmittel und Werkstoffe) der vierte Produktionsfaktor. Aufgabe der Geschäfts- und Betriebsleitung ist es, die drei Elementarfaktoren mithilfe der Planung und der Organisation optimal zu kombinieren.

»organisatorischer Pathologien« mit entsprechenden dysfunktionalen Verhaltenswirkungen für das Organisationssystem und umso wahrscheinlicher sind Normenkonflikte. Im Falle *pathologischer* Erscheinungen wie auch bei allfälligen *Normenkonflikten* wird es nicht selten geschehen, dass die Befolgung von Regeln zum Problem wird. Denn es zeigen gerade aktuelle Fälle, dass Mitarbeitern im Einzelfall ihr gesetzeswidriges Verhalten durchaus bekannt war, sie aber dennoch auf Anweisung ihres Vorgesetzten, der wiederum mit Verweis auf die Hierarchie (»Sachzwänge«) argumentierte, nicht normkonform handelten. Nicht selten gipfeln solche Loyalitätskonflikt-Situationen in der rechtfertigenden Frage: »Soll man Geschäfte machen oder sich regelkonform verhalten?«

Die heute erkennbare Absicht, mit CC-Organisation eine Art *Parallelorganisation* zum normalen Führungs- und Organisationssystem zum Programm zu erheben, rückt die Organisation nicht nur in Richtung Misstrauensorganisation, die konformes Verhalten ihrer Mitglieder belohnt – wie unsinnig die Regeln im Einzelnen auch immer sein mögen. Vielmehr entstehen hier konkret mindestens *zwei Gefahren:* Zum einen verliert man nicht selten das Überlebensziel der Unternehmung aus den Augen. Man kann solche Fragestellungen zwar »wegtrivialisieren«, indem man, auf einem überkommenen Bürokratiemodell von Organisation aufsetzend, Regelabweichungen mit mehr Regeln und mehr Sanktionen gerechter bekämpft, muss sich aber nicht wundern, wenn einem die Organisationsrealität einen Streich spielt. Eine unreflektierte Regelungswut lässt jede Unternehmensführung in die Misstrauensecke driften und prozessuale anstatt materielle Sachfragen fokussieren. Es wird dann zu häufig generell geregelt, was fallweise sich besser, einfacher und schneller entscheiden ließe.[76] Zum anderen wiederholt man vielleicht Managementfehler, wie sie im Qualitätsmanagement in den letzten zwei Jahrzehnten auf leistungswirtschaftlicher Ebene beobachtbar waren.[77] Wir sehen hier eine analoge Gefahr für CC sehr konkret.[78] Ähnlich wie seinerzeit das Qualitätsmanagementthema »plötz-

76) Entsprechend dem »Substitutionsgesetz der Organisation« befindet man sich dann nicht mehr im organisatorischen Betriebs-Optimum. Vgl. Gutenberg, E.: »Grundlagen der Betriebswirtschaftslehre«. Erster Band: Die Produktion, 24. Aufl., Berlin, Heidelberg, New York 1983, S. 239-242.

77) Im Rahmen der Lean Production-Diskussion zeigte sich, dass japanische Lean-Unternehmen völlig neue Qualitätsmaßstäbe gesetzt haben durch eine Reihe völlig anders gelagerter Maßnahmen in Führung und Organisation und hiesige Unternehmen ratlos zunächst nur die Wirkung kopiert und versucht haben, mit hohem Aufwand Qualitätsmanagementsysteme zu implementieren. Vgl. Pfeiffer, W./Weiß, E.: »Lean Management«, Berlin 1994.

78) Auslöser für die Qualitätsdebatte war seinerzeit der Erfolg japanischer Automobilunternehmen, die durch konsequentes Qualitätsmanagement sich auf dem Weltmarkt Wettbewerbsvorteile erkämpfen konnten. Westliche Unternehmen haben zunächst nur

lich« auf der Agenda hiesiger Unternehmen stand und man nicht wusste, wie man damit umzugehen hatte, reagiert man heute in einer überschießenden Bewegung auf verschiedene wirtschaftskriminelle Problemfälle mit CC direkt und massiv. Trotz allen Bemühens – es bleibt aber kaum mehr als ein Kurieren an Symptomen. Was aber schwerer wiegt, ist die Tatsache, dass hier massiv Managementressourcen in die Installierung und Aufrechterhaltung einer Parallelorganisation gepumpt werden, die gewissermaßen das »normale« Führungs- und Organisationssystem aushöhlt.

Wer zu stark in die CC-Richtung optimiert, hat damit sein Führungs- und Organisationsproblem noch nicht gelöst. Ganz im Gegenteil! Es kann also nicht zielführend sein, unreflektiert eine parallele CC-Organisation aufzubauen. Auch sind wir keineswegs so blauäugig anzunehmen, man könne durch gutes Zureden, durch Freiwilligkeitsappelle und Hoffnung auf individuelle Einsichten das erwartbare Verhalten so sicher gestalten, dass keine Abweichungen geschehen. Abweichendes, nonkonformes Verhalten von Organisationsmitgliedern ist heute Normalität. Angesichts der Komplexität von Umwelt und Unternehmen benötigt man eine umfassende Sensorik, die vielen Ereignisse im operativen Geschehen verarbeiten zu können, um das Überleben der Unternehmung durch Erreichen bestimmter betriebswirtschaftlicher Ergebnisse zu sichern. Spielräume in Organisationen sind dabei unvermeidbar. Ja mehr noch: Sie müssen sein.

Anstatt die Installation einer aufwändigen Parallelorganisation zu verfolgen, kann es nur um Subsidiarität der CC-Aufgaben gehen. Ziel muss es daher sein, grundsätzlich in den Aufbau einer Führungs- und Organisationsphilosophie zu investieren, die heutigen Anforderungen nach innen und außen gerecht wird. Wenn wir dabei für eine »lernende Organisationsphilosophie« plädieren, dann nicht nur, weil wir damit realitätsnäher sind, sondern weil wir bei aller Schwierigkeit im Einzelnen auch den betriebswirtschaftlichen Erfolg im Blick haben. Wer die heute erlebbare Realität in Unternehmen zur Kenntnis nimmt, wird erkennen müssen, dass Führung und Organisation anders funktionieren als früher. Im Kontext gut ausgebildeter Mitarbeiter ist deren organisatorische Einbindung professioneller und auch das

kopiert und unter verschiedenen Schlagwörtern, u.a. Total Quality Management aufzuschließen versucht. Waren es zunächst aufwändige Qualitäts-Programme mit einer großen Flut an organisatorischen Regelungen und Vorschriften auf Ebene einer Stelle, einer Abteilung, eines Bereiches, die das operative Geschehen mit viel Aufwand nahezu zum Erliegen brachten, hat sich dies in den letzten Jahren deutlich normalisiert. Heute begreift man überwiegend Qualitätsmanagement so, dass man einerseits vorausschauend in Qualitätsplanung investiert und andererseits die tätigen Mitarbeiter zur Qualitätsselbstkontrolle befähigt.

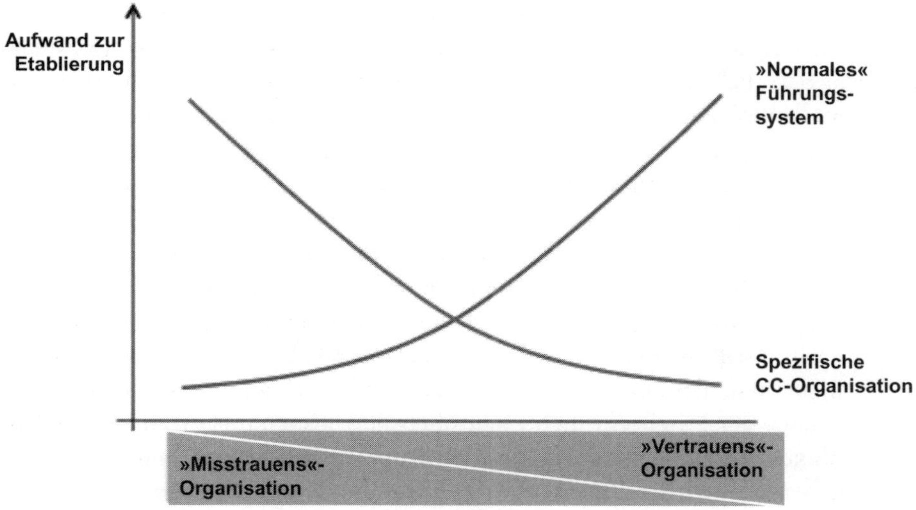

Abb. 2: Wechselwirkung zwischen Organisationsphilosophie und Ausgestaltung einer spezifischen CC-Organisation

Verhältnis zwischen Führendem und Geführtem loser gekoppelt. Es gibt weniger Zwangsläufigkeiten, mehr Zufälligkeiten und Spielräume.[79)]

Eine Führungsorganisation, die größere Spielräume zulässt und damit umgehen muss, wird eine andere Ausprägung der CC-Organisation finden, als eine, die es nicht kann. Man darf daher einen »Tradeoff« zwischen einer vertrauensbasierten, auf ein nachhaltiges und permanentes Lernen abstellenden Führung einerseits und einer spezifischen CC-Organisation, die sich mit den Folgen – bewusst oder unbewusst erzeugten nonkonformen Verhaltens – beschäftigen muss, annehmen (vgl. Abbildung 2). Wir sind überzeugt, dass eine moderne, auf Lernprinzipien basierende Organisationsphilosophie viel von dem im Normalmodus erledigen kann, was in anderen Kontexten zu Compliance-Problemen führt. Man kann also plädieren für eine zeitgemäße Gestaltung von Führung und Organisation, die gewissermaßen als Kuppelprodukt eine Reihe von Compliance-Problemen miterledigt. Anstatt auf eine parallele CC-Organisation, setzen wir auf Subsidiarität. Es wird gewissermaßen nur noch der CC-relevante, problematische Rest orga-

79) Man spricht in diesem Zusammenhang gerne auch von »nicht-trivialen Systemen«, die keinen deterministischen Zusammenhang zwischen Input und Output, zwischen Einwirkung und Auswirkung haben. Die Art der Verarbeitung von Umweltirritationen (inputs) ist dabei ausschließlich von den Systemstrukturen bestimmt. Vgl. Foerster, H. v.: »Sicht und Einsicht. Versuche zu einer operativen Erkenntnistheorie«, Braunschweig, Wiesbaden 1985, S. 176ff.

nisiert, weil die positiven Systemeffekte einer nach den Prinzipien lernender Systeme gestalteten Organisationsphilosophie vermeidend wirken können.

Natürlich hängen die Verhaltensdispositionen und -reaktionen auch ganz wesentlich von der organisatorischen Einbindung der Mitglieder einerseits und von deren persönlichen Erwartungen und Kalkülen andererseits ab und auch davon, wie es im Führungsprozess gelingt, das Verhalten auf Organisationsziele zu trimmen. Daher auch das intensive Interesse an den Themen Unternehmenskultur, obwohl es eigentlich nur um die »richtige« Gestaltung des Führungs- und Organisationssystems geht. Zudem ist die Grenzproduktivität des Investments in die grundlegende Strukturierung einer Betriebswirtschaft deutlich höher als die in den Aufbau eines spezifischen Instrumentariums, das ausschließlich der Sicherung des konformen Verhaltens der Mitglieder dient. Je größer die Differenz zwischen den Erwartungen von Person und Organisation ist, umso weniger wird man davon ausgehen können, dass Spielräume im Sinne der Organisation genutzt werden. Abweichung/Nichtabweichung von Verhalten kann nur dann produktiv gewendet werden, wenn Organisationsmitglieder, Führungskräfte auf die Unternehmensebene mit ihren Programmen und Zielen der Unternehmung reflektieren können und vor allem darauf, inwieweit die Erfüllung von Erwartungen zielführend für das Überleben der Organisation als Ganzes ist. Der Bedarf an spezifischer CC-Organisation sinkt also in dem Maße, wie es gelingt, die Organisationsphilosophie nach den Prinzipien einer lernenden Organisation zu gestalten.

4 Lernende Organisation zur Vermeidung von abweichendem Verhalten

4.1 Lernende Organisation und CC

Unseres Erachtens kann zur Lösung von CC-Problemen eine lernende Organisation eine Lösung darstellen. Wir sehen darin eine sehr gute Möglichkeit der Prävention vor jeder Art Fehlverhalten von Organisationsmitgliedern. Nicht zuletzt, weil im Zusammenhang mit CC vielfach von Kultur und der Bedeutung vertrauensorientierter Führungs- und Organisationsphilosophie als Präventionsmittel gegen Betrügereien und Fehlverhalten die Rede ist,[80] erge-

80) So ist z.B. bei Albrecht, W.S./Albrecht, C.C/Albrecht, D.O.: »Fraud Examination«, 2nd edition, Thomson South West 2007, S. 66ff. die Rede von: »Creating a Culture of Honesty, Openness and Assistance«. Allerdings wirkt diese Forderung in deren Ausführungen eigenartig systemfremd.

ben sich direkte Parallelen zur Vorstellung einer »lernenden Organisation«. Die Konstruktionsprinzipien einer an den Gestaltungsprinzipien lernender Systeme ausgerichteten Organisations- und Führungsphilosophie wirken dem CC-Problem automatisch entgegen.

Unternehmen, die sich einer »Lernenden Organisationsphilosophie« verschreiben wollen, müssen sich einer Reihe von Herausforderungen stellen. Es ist nicht nur die verbesserte Motivation der Mitarbeiter, sondern es ist die Änderung in der Führungsphilosophie (Stil und Umgangsfragen), mithin Selbständerung der Entscheidungsträger überhaupt. Weiterhin geht es um eine neue Qualität im Umgang mit den Mitarbeitern (Humanvermögen), um Fragen der organisatorischen Strukturen und Prozesse sowie um ein anderes Verständnis von Steuerung. Das große Bild muss sich ändern.[81]

Konkreter geht es darum,

- Handlungsvollzüge und Denkvollzüge anzugleichen, dispositive und ausführende Tätigkeiten näher zueinanderzubringen und
- den Mitarbeitern durch einschlägige und transparente Informationen Einwirk- bzw. Korrekturmöglichkeiten zu geben (feedbacks);
- in der jeweiligen Einzelhandlung ein Verständnis für den Gesamtprozess, ja für das Gesamtsystem überhaupt, zu entwickeln;
- eine intensive Einbindung und Identifikation mit der Organisationsphilosophie zu verankern und
- Umsetzungsorientierung mit Fehlertoleranz und Vertrauen zu verbinden.

Zudem hat sich in den letzten Jahren angesichts der Komplexitäts- und Ungewissheitslagen ein neues Lernparadigma entwickelt, demzufolge eine Abkehr von der Tradition hierarchischen Lernens zu beobachten ist.[82] Organisationales Lernen bedeutet, Strukturen und Prozesse so einzurichten, dass

81) Argyris, C./Schön, D.A.: »Organizational Learning: A Theory of Action Perspective«, London 1978, zwei Pioniere auf dem Gebiet des organisationalen Lernens, vertreten die Meinung, dass angesichts heutiger gesellschaftlicher und wirtschaftlicher Situationen Institutionen sich nur noch als lernende Organisationen begreifen lassen, die aktiv neuen Entwicklungen und Veränderungen der Umwelt begegnen, um nachträgliche, teure Korrekturen zu vermeiden.

82) So ist z.B. Senge, P.M.: »The Fifth Discipline. The Art and Practice of Learning Organization«, New York 1990, ein Pionier der lernenden Organisation, der Meinung, es reiche nicht mehr aus, »dass eine einzelne Person – ein Ford oder Sloan oder Watson – stellvertretend für die gesamte Organisation lernt. Es wird in Zukunft nicht mehr möglich sein, dass man ›die Dinge‹ oben ausknobelt und dafür sorgt, daß alle anderen den Anweisungen des ›großen Strategen‹ folgen.« Vgl. hierzu ausführlich auch Pfeiffer, W./Weiß, E.: »Lean Management«, 2. Aufl., Berlin 1994.

trotz Arbeitsteilung und Hierarchie Wissen möglichst ungehindert zur Verfügung gestellt werden kann. Insbesondere geht es heute darum, leistungsfeindliche und produktivitätsvernichtende Faktoren, wie z.B. die auf tayloristischen Prinzipien beruhende Trennung von Denken und Handeln zu vermeiden. Lernprinzipien wirken sich fördernd auf Orientierung, Identität und Motivation der Organisationsmitglieder aus. Eine starke organisatorische Einbindung, die Möglichkeit, vorgegebene Gestaltungsräume nutzen zu können und höhere individuelle Ansprüche befriedigt zu sehen im Verbund mit den auf Offenheit, Partizipation und Transparenz zielenden Informations- und Kommunikationsprozessen, reduzieren unbeobachtbare Handlungsspielräume und immunisieren zugleich Organisationsmitglieder vor schadenstiftendem Verhalten.

Für eine starke Einengung der Entscheidungs- und Handlungsspielräume durch organisatorische Feinregelungen mag zwar der Anschein sprechen, unter sonst gleichen Bedingungen bringt es aber den Verlust der organisatorischen Reagibilität auf Störungen und unerwartete Problemlagen mit sich. Routineprogramme werden da eingesetzt, wo spezifisches Handeln gefordert ist und umgekehrt. Beides ist schlecht für den betriebswirtschaftlichen Handlungserfolg. Wer seine Organisationsstrukturen auf bloßen Vollzug von gefassten Beschlüssen, auf reine Ausführung trimmt, muss entweder über genügend Robustheit verfügen oder er wird über kurz oder lang den »Tod der bürokratischen Stabilisierung« sterben. Die Alternative zum Lernen wäre demnach nicht das Nicht-Lernen, sondern die Robustheit, das Aushaltenkönnen schwieriger Situationen.

4.2 Führungsstil, Humanvermögen und Vertrauen

Eine Orientierung an Lernprinzipien bringt die Notwendigkeit zum Übergang auf stärker indirekte Formen der Führung mit sich. Indirekte Führung, z.B. in Form einer »Kontextsteuerung«[83)], stellt den Versuch dar, Fremd- und Selbststeuerung sinnvoll miteinander zu vereinbaren. Eine so verstandene Steuerung verzichtet weitgehend auf Führungs-Interventionen

83) Eine Konkretisierung dieses Verhältnisses von Fremd- und Selbststeuerung kann unter Rückgriff auf das aus der soziologischen Gesellschaftstheorie stammende Konzept der Kontextsteuerung erfolgen (vgl. für diese soziologische Sicht v. a. Willke, H.: »Systemtheorie entwickelter Gesellschaften«, München 1989, 2. Aufl. 1993, S. 57ff. und S. 120ff., das inzwischen vereinzelt auch in der Betriebswirtschaftslehre diskutiert wird. Weiß, E.: »Zeitorientiertes Technologie-Management technologischer Innovationen. Konzeption einer Technologiesteuerung auf Basis der Theorie autopoetischer Systeme«, Nürnberg 1995.

in Detailfragen, gibt über Policies und Zielvereinbarungen Erwartungskorridore (»Leitplanken«) vor, in die hinein selbstgesteuerte Operationen der geführten Mitarbeiter möglich sind.[84)] Die Einheit von Selbst- und Fremdsteuerung verbessert primär die Orientierung und Motivation der Mitarbeiter und gewährleistet damit die Nutzung bestehender Spielräume im Sinne der Organisation. Kontextsteuerung abstrahiert von Einzelereignissen und will vor allem auf die Rahmenbedingungen und die Regelstruktur im Unternehmen einwirken. Eine so verstandene indirekte Führung impliziert die betriebswirtschaftliche Notwendigkeit, das Wissen zu dezentralisieren und an den Ort des Geschehens zu bringen, also möglichst nahe an die direkte Wertschöpfung. Der damit verbundene, vorübergehende (scheinbare) Kontrollverlust kann zunächst nur durch Vertrauen kompensiert werden. Gewährung von Vertrauen und indirekte Steuerung bedingen sich somit wechselseitig.

Formen indirekter Führung setzen also nicht nur eine hohe fachliche und soziale Kompetenz von Führungskräften voraus, sondern erfordern von ihnen auch ein großes Maß an Fehlertoleranz und Offenheit für neue Wege. Seit der Diskussion um »Neue Formen der Arbeitsorganisation« wissen wir, dass angesichts der gegebenen höheren Qualifikationen grundsätzlich eine Umkehrung der Arbeitsteilung bei gleichzeitiger Förderung der Abwechselung der Tätigkeiten (Job Rotation, Job Enlargement, teilautonome Gruppenarbeit) leistungsfördernd und qualitätsstabilisierend wirkt.[85)] Komplementär dazu und positiv verhaltensfördernd sind hier eine offene Informationspolitik, geeignete Anreizsysteme, die Nachvollziehbarkeit der Entscheidungsprozesse, Teamarbeit und darüber hinaus die Vereinfachung der Organisation durch »kleine Einheiten«, z.B. infolge einer Wertschöpfungsnetzwerk-Segmentierung, mit einer räumlichen Zusammenfassung von Entwicklung, Produktion, Marketing, Fabrik-in-der-Fabrik-Konzepte u.Ä.[86)]

In lernenden Systemen wird man mit einer immer noch weit verbreiteten Führungs-Philosophie gemäß Theorie X von McGregor wenig ausrichten können. Statt Lenkung und Kontrolle der Mitarbeiter durch Autorität, lautet das zentrale Prinzip der Theorie Y dagegen Integration: Schaffen von Bedingungen solcher Art, dass die Mitglieder der Organisation motiviert sind

84) »Grundprinzip ... ist die zielgerichtete Gestaltung von Arenen für selbstorganisierende Prozesse durch die Herstellung der Bedingungen, die für das Auftreten gewünschter Ereignisse am günstigsten sind.« Naujoks, H.: »Konzernmanagement und Kontextsteuerung«, in: Conrad, P./ Schreyögg, G. (Hrsg.): Managementforschung, Band 4, Berlin New York 1994, S. 105-141.

85) Vgl. statt vieler Richter, K./Pfeiffer, W./Staudt, E. (Hrsg.): »Einführung neuer Formen der Arbeitsorganisation in Industriebetrieben«, Göttingen 1978.

86) Vgl. hierzu Pfeiffer, W,/Weiß, E.: »Lean Management«, Göttingen 1994, S. 129ff.

und ihre eigenen Ziele dann am besten erreichen, wenn sie sich um den Erfolg des Unternehmens bemühen. Hierbei geht es zentral darum, die Seite des Nutzens von Mitarbeitern zu betonen, also Persönlichkeit, Qualifikation und Bereitschaft einerseits, sowie Aufgaben und Verantwortung andererseits sinnvoll in Einklang zu bringen.[87)]

4.3 Teamstrukturen als Plattform intensiver Kommunikation

Seit Jahrzehnten gibt es organisationstheoretische Vorschläge, die durch arbeitsteilige Strukturen hervorgerufenen organisatorischen Dysfunktionalitäten über ein System »überlappender Teamstrukturen« zu lösen.[88)] Demnach soll das gesamte ablauforganisatorische Geschehen über horizontal, vertikal oder lateral überlappende Gruppen ablaufen und zwar so, dass wenigstens über eine Person (»linking pin«) eine Verbindung der verschiedenen Gruppen untereinander existiert.[89)] Ziel ist es, den Koordinationsmechanismus in der Unternehmung durch weitgehende Selbstabstimmung zu bewirken und nicht nur durch interne Marktmechanismen oder Anweisungen. Die Ideen von Likert fanden ganz wesentlich Berücksichtigung in den Konzepten von teilautonomen Arbeitsgruppen, von Qualitätszirkeln, von Total Quality Management)[90)], von Prozess Management und Business

87) Vgl. McGregor, D.: »Der Mensch im Unternehmen«, Düsseldorf, Wien 1973, S.47-71; »Wie Chris Argyris in seinem Buch ›Personality and Organization‹ erschreckend gezeigt hat, sind die konventionellen Management-Strategien für die Organisation, Lenkung und Kontrolle des menschlichen Kapitals im Unternehmen eher auf die Fähigkeiten und Charakteristiken des Kindes als des Erwachsenen abgestimmt.« McGregor, D.: »Der Mensch im Unternehmen«, Düsseldorf, Wien 1973, S. 57; vgl. auch Osterloh, M.: »Die innovative Organisation im Spannungsfeld von Aufbau- und Ablauforganisation«, in: Krulis-Randa, J.S./Staffelbach, B./Wehrli, H.P. (Hrsg.): Führen von Organisationen, Bern, Stuttgart, Wien 1993, S. 95-108, hier S. 102.

88) Vgl. Likert, R./Likert, J.G.: »New Ways of Managing Conflict«, New York u.a. 1976. Rensis Likert entwarf mit seiner Theorie der multiplen überlappenden Gruppen die Basis für viele Teamorganisations-Konzepte.

89) Eine vertikale Überlappung tritt dann auf, wenn der Gruppen-/Teamleiter gleichzeitig als Mitglied in einem weiteren Team auf hierarchisch übergeordneter Ebene agiert. Die horizontale Überlappung hingegen vereinigt Personen einer hierarchischen Ebene aus unterschiedlichen Funktionsbereichen (typischerweise Projektteams). Aus verschiedenen Gruppen auf derselben Stufe werden geeignete Leute ausgewählt und in der neuen Projektgruppe zusammengefasst.Die laterale Überlappung entspricht am meisten einer Task Force, die für bestimmt Probleme in einer Firma eingesetzt wird. Eine neue Gruppe wird aus Leuten zusammengestellt, deren Position in der Hierarchie unabhängig von der Position in der neuen Gruppe ist. Das Hauptkriterium ist die Funktion in der neuen Gruppe und das Wissen, welches jede Person einbringt.

90) Total Quality Management (TQM) wurde in der japanischen Automobilindustrie aus westlichen Anfängen des Qualitätsmanagements weiterentwickelt und schließlich zum

Reengineering)[91]. Diese Form der teamorientierten Organisation zur Milderung der organisatorischen Schnittstellenverluste und zur Förderung organisatorischen Lernens ist noch wenig verbreitet. Teamstrukturen haben grundsätzlich eine positive Wirkung auf Orientierung, Motivation und Identität der Mitarbeiter und dienen gleichzeitig dazu, implizites Wissen zufällig zu entdecken und zu kommunizieren.

Zudem wird durch die intensive Kommunikation partiell interne Öffentlichkeit von diskutierten Sachverhalten geschaffen, so dass unbeobachtete Zonen (Tabu-Themen) klein gehalten werden. Umgekehrt wird abweichendes Verhalten früh detektiert. Was aus lerntheoretischer Sicht erforderlich ist, dient zugleich der Vermeidung von Compliance-Themen. Überall da, wo Kommunikation eingeschränkt werden soll (mit plausibel scheinenden Gründen – »zu teuer, bringt nichts!«), entstehen nicht selten Probleme.

4.4 Effektive, integrierte Kontrollsysteme

Wir sind nicht so blauäugig anzunehmen, man könne durch gutes Zureden, durch Freiwilligkeitsappelle und Hoffnung auf individuelle Einsichten das erwartbare Verhalten so sicher gestalten, dass keine Verhaltensabweichungen mehr geschehen. Abweichendes, non-konformes störendes Verhalten von Organisationsmitgliedern ist heute vielmehr Normalität. Lernende Organisationen bedürfen daher zur Sicherung der angestrebten Entwicklungsziele klarer, nachvollziehbarer und effektiver Kontrollmechanismen wie jede andere Organisationsform auch. Angesichts von internen Störgrößen einerseits und der Komplexität von Umwelt und Unternehmen andererseits benötigt man eine umfassende Sensorik, die vielen Ereignisse im operativen Geschehen verarbeiten zu können, um das Überleben der Unternehmung durch Erreichen bestimmter betriebswirtschaftlicher Ergebnisse zu sichern. Üblicherweise stellt man sich dabei die Kontrolle des laufenden Geschäfts so vor, dass Abweichungen zwischen Soll und Ist über ein Internes Kontrollsystem, das gewissermaßen als Messsonde für operatives Geschehen dient, identifiziert und behandelt werden. Die laufende Kontrolle/Überwachung bestimmter Objekte (Bereiche, Funktionen, Assets, Ri-

Erfolgsmodell gemacht. TQM bedient sich der vollen Unterstützung aller Mitarbeiter und bezeichnet die durchgängige, fortwährende und alle Bereiche einer Organisation (Unternehmen, Institution etc.) umfassende dokumentierende, sichtende, organisierende und kontrollierende Tätigkeit, die dazu dient, Qualität als Systemziel einzuführen und dauerhaft zu garantieren. Vgl. Zink, K.: »TQM als integratives Managementkonzept«, 2. Aufl., München 2004.

91) Vgl. zum Thema prozessorientierte Organisation Gaitanides, M.: »Prozessorganisation«, 2. Aufl., München 2006.

siken, Personen) ist daher zeitnah und unverfälscht nötig, um aus den Abweichungsinformationen ziel- und oder mittelkorrigierende Maßnahmen abzuleiten.

Wir wollen für lernende Systeme dieses praxisübliche Verständnis sinnvoll erweitern. In den vergangenen Jahrzehnten wurden aus verschiedenen Anlässen mit unterschiedlichen Zielstellungen Vorschläge erarbeitet, Kontroll- und Überwachungsaktivitäten in der Führung und Organisation zu etablieren. Was wir heute in der Unternehmensführungspraxis vorfinden, ist eine historisch gewordene, arbeitsteilige und zersplitterte Landschaft von Kontrollaktivitäten. Wir meinen, mit einer stärkeren Konzertierung dieser Aktivitäten in ein integriertes Kontrollsystem den spezifischen Anforderungen lernender Systeme besser gerecht zu werden. Wir sehen hier vor allem drei Funktionssäulen als zielführend (vgl. Abbildung 3).

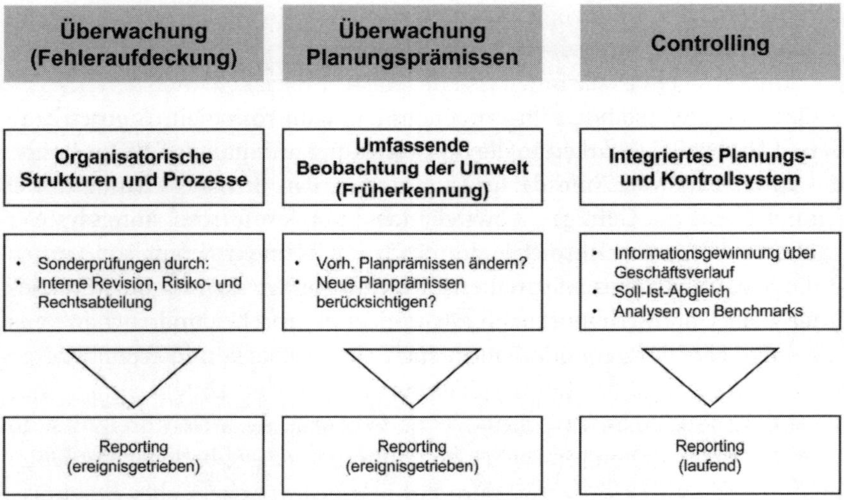

Abb. 3: Integriertes Kontrollsystem-Konzept für lernende Organisationen

- *Controlling*
  Für lernende Organisationen ist es wesentlich, möglichst viele Organisationsmitglieder über ihre individuellen oder gruppenbezogenen Beiträge zur Gesamtleistung zu informieren und sie zu motivieren, aus den Leistungsvergleichen allfällige Korrekturmaßnahmen zu initiieren und schnell umzusetzen. Eine *erste* Voraussetzung hierfür ist ein integriertes Planungssystem, das stringent nachvollziehbare Business-Pläne abwirft. Das Mindeste, was Führungskräfte und Mitarbeiter verlangen können,

sind Aussagen über Zielvorstellungen der Organisation. Diese werden zunächst noch sehr allgemein als Visionen, Leitbilder und daraus abgeleitete Policies vermittelt und dann durch integrierte Unternehmensplanung und Kontrolle in einem umfassenden, in der Regel jährlich stattfindenden Prozess konkretisiert und programmiert. Die Leistung eines Unternehmens hängt dabei ganz wesentlich davon ab, inwieweit es gelingt, die in Plänen formulierten Zielvorgaben in einer für alle Mitarbeiter verständlichen Form zu kommunizieren. Als zweite Voraussetzung muss die reine Informationsversorgungsaufgabe des Controlling um eine Motivationsfunktion erweitert werden. Gerade in den letzten zwei bis drei Jahrzehnten hat sich die Controllingfunktion dahingehend auch gewandelt: Deren reine Informationsversorgungs- und Rechtfertigungsaufgabe wurde ergänzt um eine motivierende Funktion, die proaktives Handeln fördern soll. Diese Motivationsfunktion ist ursächlich für die positive Resonanz auf Konzepte, wie z. B. Policy Deployment[92)] und Balanced Scorecard[93)].

Im Kern geht es darum, dass ein verstärkt verhaltensmotivierendes Controlling-Verständnis[94)] als oberstes Ziel Informiertheit, Transparenz und Nachvollziehbarkeit in den Leistungs-Reportings – auf allen Ebenen – als eine zentrale Anforderung an Informations- und Berichtssysteme mit sich bringt. Gefragt sind dabei nicht komplexe Verrechnungssysteme, deren Methodik ohnehin nur die Spezialisten verstehen, sondern die Schaffung von transparenten Ziel- und Messgrößen für die Mitarbeiter jeder Unternehmensebene.[95)] Dabei ist es entscheidend, inwieweit es gelingt, eine weitgehende Kongruenz zwischen Sach- und Wertebene

92) Entwickelt aus japanischen Managementkonzepten (hoshin kanri) will »policy deployment« (neuerdings strategic deployment) die organisatorische Aufmerksamkeit auf gemeinsame Werte lenken, diese umfassend und partizipativ erarbeiten und kommunizieren und den jeweils individuellen und spezifischen Leistungsbeitrag transparent und messbar halten. Vgl. Jusko, J.: »Strategic Deployment: How To Think Like Toyota«, in: industryweek.com, 1.11.2007.

93) Die von Robert und entwickelte Balanced Scorecard (BSC) stellt ein Konzept zur Leistungsmessung der Aktivitäten eines bezüglich qualitativer strategischer Ziele dar, wobei viel Wert darauf gelegt wird, den Führungskräften einen umfassenden Überblick über die Leistungsfähigkeit und Effektivität der Organisation zu bieten. Kaplan, R.S/Norton, D.P.: »Balanced Scorecard«, Boston 1996.

94) Vgl. zu einem Überblick von Controlling-Konzeptionen Küpper, H.-U.: »Controlling. Konzeption, Aufgaben, Instrumente«, 4. Aufl., München 2005.

95) Es kommt »weniger darauf an, die Fertigungskosten präzise zu erfassen. Auch in Zukunft wettbewerbsfähig zu bleiben, das zähle, nicht aber die Quantifizierung der momentanen Leistung ihrer Organisationen bis aufs I-Tüpfelchen.« Hiromoto, T.: »Das Rechnungswesen als Innovationsmotor«, in: Harvard Manager, 1/1989, S. 129-133, hier S. 130.

herzustellen.[96] Der Erfolg oder Misserfolg soll für jeden Beteiligten unmittelbar messbar und schnell verfügbar sein.[97] Ohne Feedback keine zufriedenstellende Leistung. Einsicht schafft Orientierung, Verständnis schafft Vertrauen, Vertrauen produziert weniger schädliches Verhalten.

- *Überwachungsfunktion der Planung*
  Jede Planung baut auf Prämissen, also auf Annahmen über die Umwelt und die planende Unternehmung auf. Die Überwachung der Prämissen gibt Anhaltspunkte dafür, ob es Sinn macht, an der Erreichung eines Planes festzuhalten oder die Planung der neuen Realität anzupassen.[98] Es macht keinen Sinn, an einer Planung festzuhalten, wenn eine Abweichungsanalyse zeigt, dass die Planungsprämissen nicht mehr gegeben sind. Umgekehrt ist eine Planung so lange erreichbar, wie nicht gegen Prämissen verstoßen wird. Die Analysedaten für die Überwachungsfunktion der Prämissen liefert das typischerweise im Rahmen eines strategischen Managements angesiedelte Instrumentarium zur Früherkennung bestimmter Umweltentwicklungen.[99] Früherkennungssignale (schwache Signale, »weak signals«, Frühwarnsignale) sind Ereignisinformationen darüber, welche zukünftigen Umfeldveränderungen zu erwarten sind.
- *Überwachungsfunktion organisatorischer Strukturen und Prozesse*
  Neben Kontrollfunktion und Prämissenüberwachung tritt die Überwachung organistorischer Prozesse und Strukturen. Im Unterschied zu den eben genannten Kontrollfunktionen hat sie primär eine Mängel- bzw. Fehleraufdeckungsaufgabe. Realisiert wird diese Aufgabe üblicherweise im Rahmen der internen Revision und auch durch die Qualitätsmanagementfunktion.

96) Transparenz lässt sich nur erreichen, wenn nicht nur manipulierbare monetäre Wertgrößen (Kosten, Erlöse, Rentabilität), sondern auch die messbaren Kriterien auf der Sachebene (Qualität, Zeit bzw. Geschwindigkeit, Flexibilität, Produktivität) berücksichtigt werden.

97) Vgl. zu einem Überblick zum Thema Verhaltenswissenschaft und Rechnungswesen: Holzer, H.P./Lück, W.: »Verhaltenswissenschaft und Rechnungswesen«, in: Die Betriebswirtschaft 38 (1978) 4, S. 509-523.

98) Vgl. hierzu das Konzept der Strategischen Kontrolle von Steinmann, H./Schreyögg, G.: »Management, Grundlagen der Unternehmensführung, Konzepte – Funktionen – Fallstudien«, 6. Aufl., Wiesbaden 2005, die u.a. mit einer »Prämissenkontrolle« die in der Planung vorgenommenen Selektionen kompensieren wollen.

99) Das für die strategische Unternehmensführung zentrale Konzept der »gestuften Reaktion auf schwache Signale« stammt von Ansoff, H.I.: »Die Bewältigung von Überraschungen und Diskontinuitäten durch die Unternehmensführung – Strategische Reaktionen auf schwache Signale«, in: Steinmann, H. (Hrsg.): Planung und Kontrolle, München 1981, S. 233-264. Das Konzept ist der Ursprung dessen, was man später in halbierter Logik unter Risikomanagement ausgearbeitet hat. Ansoff hatte noch Chancen *und* Risiken im Blick, während das Risikomanagement zunächst nur die systematische Erfassung, Bewertung und die Steuerung von Risiken fokussiert.

Kontrolle für lernende Systeme, wie sie hier verstanden wird, soll nicht nur Abweichungsfunktionen auf Basis einer Planung bereitstellen (*Controlling*), sondern auch darüber informieren, ob Umfeldänderungen in den Planungsprämissen bereits berücksichtigt sind (*Früherkennung*) und ob die Prozesse der Erstellung, Durchführung, Kontrolle und Änderung von Planung und Ausführung noch sinnvoll und ordnungsgemäß sind (*Fehleraufdeckungsfunktion*).[100]

Zu einem *integrierten* Kontrollsystem werden diese Funktionen dann, wenn die von der Unternehmensführung etablierten Grundsätze, Verfahren und Maßnahmen (Regelungen) zur Sicherung des Unternehmensbestandes und zur Gewährleistung der Ordnungsmäßigkeit und Verlässlichkeit der internen und externen Rechnungslegung sowie zur Einhaltung der für das Unternehmen maßgeblichen rechtlichen Vorschriften ganzheitlich gestaltet werden. Es handelt sich dabei um eine Kombination aus permanenten operativen Kontrollaktivitäten der Geschäftsergebnisse und fallweiser Überprüfungsaktivitäten (Sonderprüfungen, Sonder-Audits) von Prozessen der Steuerung und Durchführung auf administrativer und operativer Ebene.[101] Was heute nicht selten über eine Vielzahl von Aufgabenträgern in den verschiedenen Funktionen verstreut ist, sollte unseres Erachtens ganzheitlich und integriert gesehen werden. Denn in der Konzertierung der verschiedenen Aufgaben und Funktionen liegt ein nicht geringer Fortschritt, ja sogar ein großer Gewinn zur Aufrechterhaltung der Anpassungsfähigkeit von Organisationen.

Die in den Abschnitten 4.1 bis 4.4 skizzierten Überlegungen sind dazu geeignet, eine lernorientierte Organisationsphilosophie zu gestalten, die einerseits der betriebswirtschaftlichen Anforderung der Überlebenssicherung einer Organisation in komplexen Umwelten Genüge tut. Andererseits soll damit erreicht werden, die Bedingungen des Handelns so zu gestalten, dass individuelles leistungsorientiertes Erfolgsstreben nicht zu stark konfligiert mit prozessualen Konditionierungen individueller

100) Denn Kontrollen dienen neben der Informationsgewinnungsfunktion über Abweichungen auch dazu, einerseits die Wahrscheinlichkeit für das Auftreten von Fehlern in den Arbeitsabläufen zu vermindern (präventive Kontrollen – controls before the fact) sowie andererseits aufgetretene Fehler aufzudecken (aufdeckende Kontrollen, controls after the fact). Zu präventiven Kontrollen zählen beispielsweise Funktionstrennung, 4-Augen-Prinzip, Zugriffsbeschränkungen im IT-Bereich oder Zahlungsrichtlinien. Zu aufdeckenden Kontrollen zählen Management-Kontrollen, 4-Augen-Prinzip kann auch aufdeckend sein, Soll-Ist-Vergleiche, Performance-Berechnungen.

101) Die Bemühungen um Risikomanagement und Internes Kontrollsystem (IKS) sind hier einschlägig.

Entscheidungen und Handlungen. Trotz allen Bemühens um eine lernorientierte Organisationsphilosophie darf nicht übersehen werden, dass es im Einzelfall zu CC-relevanten Sachverhalten kommen kann. Wir sind jedoch überzeugt, dass der zu behandelnde spezifische problematische Rest unter sonst gleichen Bedingungen in einer lernenden Organisation deutlich geringer ist.

5 CC-Maßnahmen und deren organisatorische Einbindung

Analog zu den im vorherigen Kapitel dargelegten Prinzipien einer lernenden Organisation sollte es auch für eine CC-Organisation zur Maßgabe gemacht werden, dass die Informationsgewinnung und –verarbeitung vor allem zwischen den unterschiedlichen mit CC-Themen betrauten Organisationseinheiten nicht beeinträchtigt wird. Die konkrete Ausgestaltung einer CC-Aufbauorganisation sollte daher den generellen Grundsatz der Subsidiarität berücksichtigen.[102)] Demnach wird nur für diejenigen Aufgaben eine eigene CC-Organisation geschaffen, die nicht durch andere, bestehende Aufgabenträger im Unternehmen wahrgenommen werden können.

Statt eine Parallelorganisation um ihrer selbst willen herauszubilden, können bestehende Aufgabenträger mit ähnlichen Aufgabenstellungen aus verschiedenen Bereichen aktiv eingebunden und mit CC-bezogenen Aufgaben betraut werden. Eine wesentliche Aufgabe einer spezifischen CC-Organisation könnte in einer Art Konzertierungsfunktion liegen, die verschiedenen dezentral vorliegenden Informationen bei verschiedenen Aufgabenträgern zu erfassen, zusammenzuführen, auszuwerten und zu kommunizieren sowie die für eine konkrete Behandlung im Einzelfall notwendigen Schritte zu koordinieren. Dieses ist in einer arbeitsteiligen Organisation kein trivialer Vorgang und lässt sich nicht im Sinne einer standardisierbaren Musterlösung losgelöst von der konkreten Ausgestaltung der Organisation im Unternehmen realisieren. Aus diesem Grund kann es hier nur darum gehen, einige prinzipielle Gestaltungsansätze für eine effektive und effiziente CC-Organisation darzulegen.

102) Subsidiarität meint grundsätzlich, dass Verantwortlichkeiten bzw. Aufgaben jeweils auf die kleinstmögliche Ebene verlagert werden bzw. nur dann auf höhere Ebenen zurückdelegiert werden sollten, wenn eine Problemlösung sonst nicht effizient herbeigeführt werden kann.

Die folgenden Ausführungen haben eher überblicksartigen Charakter. [103] In einer Reihe von Beiträgen im Rahmen des vorliegenden Bandes werden die hier formulierten grundsätzlichen Ansatzpunkte für die Umsetzung von CC-Maßnahmen im Hinblick auf unterschiedliche Funktionsbereiche im Unternehmen konkretisiert.

Einen Extremfall stellt hier sicherlich die CC-Organisation der Siemens AG dar. Diese ist ein typisches Beispiel für eine reine Parallelorganisation, die neben den angestrebten Wirkungen negative Einflüsse auf die Effizienz von Geschäftsprozessen und die Ressource Vertrauen im Unternehmen verursacht.[104]

Beispiel: Compliance Organisation von SIEMENS[105]

Siemens hat eine weltweite Compliance-Organisation eingerichtet, mit einem *Chief Compliance Officer* (CCO) an der Spitze. In jedem Geschäftsbereich und in jeder Regionalgesellschaft von Siemens sind *Group* bzw. *Regional Compliance Officers* eingesetzt, die für die Umsetzung des Compliance-Programms in ihrem jeweiligen Verantwortungsbereich zuständig und dem Chief Compliance Officer berichtspflichtig sind.

Der *Chief Compliance Officer* berichtet an das Siemens-Führungsgremium, den Zentralvorstand, und an den Prüfungsausschuss des Aufsichtsrats der Siemens AG. In jedem der Geschäftsbereiche und in jeder der mehr als 80 Regionalgesellschaften von Siemens sind Group bzw. Regional Compliance Officers eingesetzt, die mit Unterstützung von weiteren Compliance-Mitarbeitern für die Umsetzung des Compliance-Programms in ihrem jeweiligen Verantwortungsbereich zuständig und dem Chief Compliance Officer berichtspflichtig sind.

Die *Compliance-Beauftragten* schulen die Mitarbeiter fortlaufend über die Anforderungen des Compliance Programms. Sie stellen zudem sicher, dass das gesamte Management alle zwei Jahre schriftlich auf die Beachtung der Business Conduct Guidelines verpflichtet wird. Sie stehen als Anlaufstelle

103) Vgl. Rodewald, J./Unger, U.: »Corporate Compliance: Organisatorische Vorkehrungen zur Vermeidung von Haftungsfällen der Geschäftsleitung«, in: Betriebs-Berater 2006, 113; siehe auch Hauschka, Ch.: »Die Voraussetzungen für ein effektives Compliance System i.S. von § 317 Abs. 4 HGB«, in: Der Betrieb,2006, S. 1143-1146.

104) Im Kontext der Korruptionsaffäre und der deshalb implementierten Kontroll- und Genehmigungsmechanismen berichten Siemens-Manager beispielsweise, dass einige Vertriebsleute in Auslandsmärkten lieber gar nichts tun als etwas Falsches zu machen. Zudem müssen vor allem Führungskräfte einen großen Teil ihrer Zeit auf Interna verwenden. Dies betrifft unterschiedlichste Prozesse, unter anderem eine extrem aufwändige Administration bei der Genehmigung von Geschäftsreisen. Vgl. hierzu unter anderem Manager Magazin 07/2008, S. 42ff.

105) Vgl. hierzu im Internet: vom 24.07.08.

für Hinweise über Verstöße gegen die Business Conduct Guidelines zur Verfügung und untersuchen mögliche Compliance-Verstöße. Wichtig ist dabei die Sicherstellung, dass Vergeltungsmaßnahmen gegen Hinweisgeber unterbleiben. Bestätigt sich ein Verstoß, haben die Compliance-Beauftragten für eine disziplinarische Ahndung gegenüber dem Verantwortlichen zu sorgen.

Gerade aus der Perspektive des Mittelstands ist dieses Beispiel nicht zur umfänglichen Nachahmung geeignet. Es eignet sich aber zur Veranschaulichung, da es praktisch das gesamte Spektrum der Möglichkeiten für die Schaffung einer parallelen CC-Organisation aufzeigt.

Grundsätzlich sind die CC-relevanten Aufgaben und Zuständigkeiten durch konkrete Anweisungen, Richtlinien und Ergänzungen von Stellenbeschreibungen zu hinterlegen. Gegebenenfalls muss im Einzelfall – dies ist sicherlich abhängig von der Größe und Komplexität eines Unternehmens – über die Schaffung neuer Stellen im Zusammenhang mit CC befunden werden. Für eine umsetzungsfähige Konzeption einer adäquaten CC-Organisation in mittelständischen Unternehmen sollte in jedem Fall eine differenzierte Situationsanalyse durchgeführt werden. Entscheidend für den Erfolg einer organisatorischen Implementierung CC-relevanter Aufgaben ist die intensive Kommunikation zwischen allen Beteiligten. Daher ist nicht allein die Aufbauorganisation im Bereich CC von Relevanz, sondern vor allem auch die Ablauforganisation. Diese sollte gekennzeichnet sein durch klare Meetingstrukturen, die nicht nur fallweisen, sondern in sinnvollen Rhythmen und Zusammensetzungen regelmäßigen Charakter haben. Nur wenn man laufend nah am Geschehen bleibt, lässt sich eine hohe Aktualität der Informationen und damit eine bessere Grundlage für die Vermeidung und die Aufklärung von CC-Fällen herstellen.

Im Anschluss an diese eher generellen Anmerkungen zu organisatorischen Ansatzpunkten im Zusammenhang mit Corporate Compliance stellen wir im Folgenden einige typische CC-Maßnahmen vor. Dabei werden die einzelnen Maßnahmen jeweils kurz inhaltlich skizziert, einer Bewertung unterzogen sowie eine mögliche organisatorische Einordnung vorgenommen.[106] Die Bewertung jeder Maßnahme bezieht sich auf die Frage, inwieweit die jeweilige Maßnahme im Einklang mit den Prinzipien einer lernenden Organisation steht oder diesen ggf. entgegenläuft. Dies erscheint uns relevant zu sein, da wir die lernende Organisation (wie oben dargelegt) als eine Idee verstehen, die dazu angelegt ist, Fehlverhalten vorzubeugen. Die

106) Vgl. hierzu die verschiedensten Beiträge im vorliegenden Band.

Maßnahmen selbst gliedern wir nach solchen, die der Sensibilisierung (als Bestandteil der Prävention) dienen und nach solchen, die die Entdeckung von Fehlverhalten im Unternehmen zum Gegenstand haben und schließlich solchen, die zur konkreten Behandlung von entdeckten Fällen durchgeführt werden können.

5.1 Maßnahmen zur Sensibilisierung

Sensibilisierung im Zusammenhang mit Corporate Compliance dient der Aufklärung, mit dem Ziel schadenstiftendes Fehlverhalten der Organisationsmitglieder zu vermeiden. Dieses entspringt nicht selten der eigenen Unwissenheit oder Fahrlässigkeit. Sensibilisierungsaktivitäten dienen der gezielten Schaffung von Wissen und Bewusstsein bei den Mitarbeitern und sind daher im Grundsatz mit den Prinzipien einer lernenden Organisation vereinbar. Es kann sich naturgemäß nicht um eine einmalige Angelegenheit handeln.

5.1.1 Compliance-Programm

Die Aufgabe eines Compliance-Programms ist es, ethisches und rechtskonformes Verhalten im Unternehmen zu verankern. Konkret sollen die Mitarbeiter bei der Einhaltung relevanter Rechtsvorschriften und Verhaltensstandards unterstützt werden. Damit lässt sich das Compliance-Programm in vielen Fällen verstehen als eine Dokumentation (in gedruckter und/oder elektronischer Form im Intranet) von (wirtschafts-)ethischen und rechtlich relevanten Anweisungen und Erläuterungen an die Mitarbeiter. Diese sind typischerweise thematisch in einer Sammlung von übergeordneten Geschäftsgrundsätzen strukturiert und enthalten daraus abgeleitet konkrete organisatorische Anweisungen.

Beispiel: Compliance-Programm der Metro Group[107)]

Wesentlicher Bestandteil des Compliance-Programms der Metro Group sind beispielsweise die folgenden acht Geschäftsgrundsätze:

»1. *Vermeiden von und Umgang mit Interessenkonflikten*
2. *Anbieten und Gewähren von Vorteilen*
3. *Fordern und Annehmen von Vorteilen*

107) Vgl. hierzu im Internet: http://www.metrogroup.de/servlet/PB/menu/1138270_l1_ePRJ-METRODE-MAINPAGE/index.html vom 25.07.08.

4. *Korrekter Umgang mit Unternehmensinformationen*
5. *Einhalten des Wettbewerbsrechts*
6. *Antidiskriminierung*
7. *Achtung gerechter Arbeitsbedingungen*
8. *Einhalten des geltenden Rechts und der Metro-Richtlinien«*

Im Falle der Metro Group werden die Grundsätze jeweils ausführlich erläutert und mit konkreten Verhaltensanweisungen an die Mitarbeiter belegt.

Grundsätzlich sollten diese Geschäftsgrundsätze für die einzelnen Funktionsbereiche bzw. Organisationseinheiten durch konkrete Policies expliziert werden. So können sie in einer spezifischen Situation für die Mitarbeiter handlungsleitend werden. Das Compliance-Programm dient daher in erster Linie der Verbreiterung der Wissensbasis bei den Mitarbeitern und der Verbesserung der Sensorik im Hinblick auf CC-relevantes Fehlverhalten. Das Compliance-Programm dient darüber hinaus der Identifikation der Mitarbeiter mit ihrem Unternehmen und kann insofern neben der direkten Wirkung der Wissensschaffung auch eine indirekte positive Wirkung ausüben. Denn die Hürden für Fehlverhalten seitens der Mitarbeiter werden auf diese Weise angehoben.

Um die Mitarbeiter mit den Inhalten eines Compliance-Programms vertraut zu machen, werden in der Regel spezielle Schulungen und Beratungen angeboten und durch Compliance-Verantwortliche organisiert. Gegebenenfalls werden diese noch durch intranetbasierte Self-Assessment-Tools ergänzt. Die organisatorische Verantwortung des Compliance-Programms selbst kann aus unserer Sicht in der Verantwortung der Rechtsabteilung ebenso liegen wie in der einer Organisationsabteilung oder einer eigens eingerichteten CC-Abteilung, mithin beim Compliance Officer. Vorrangig erscheint aber die Anforderung zu sein, dass das Topmanagement vollumfängliches Commitment für das Compliance-Programm zeigt und dieses deutlich kommuniziert. Dies ist eine wesentliche Voraussetzung dafür, dass das Compliance-Programm im Unternehmen gelebt wird und auch seine positive Wirkung im Hinblick auf die Prävention doloser Handlungen entfaltet.

5.1.2 Aktualitätenmanagement[108)]

Die skizzierten Inhalte eines Compliance-Programms machen es erforderlich, die relevanten Entwicklungen in Gesetzgebung, Rechtsprechung

108) Vgl. hierzu insbesondere Jäger, A.: »Aktiengesellschaft unter besonderer Berücksichtigung der KGaA«, München 2004, S. 2105.

und Verwaltung fortlaufend aufmerksam zu beobachten, um das Unternehmen und seine Mitarbeiter stets an den aktuellen rechtlichen Vorgaben auszurichten und zugleich die verbleibenden Gestaltungsspielräume zu identifizieren und zu nutzen. Dies betrifft neben den genannten externen Regelungen auch das interne Regelungswerk des Unternehmens. Die Aufgaben eines systematischen Aktualitätenmanagements sind daher vor allem darin zu sehen,

- interne und vor allem externe Regelungen (z.B. Gesetze, Verordnungen) regelmäßig zu aktualisieren und zur Verfügung zu stellen;
- eine »unternehmensindividuelle« Übersetzung dieser Regelungen vorzunehmen und so für konkrete Klarstellung der Inhalte sowie möglicher Konsequenzen für interne Prozesse zu sorgen sowie
- mögliche Konsequenzen aus der Nichteinhaltung von Regelungen transparent zu machen.

Das Aktualitätenmanagement dient der Wissensgenerierung und –aktualisierung bei den Mitarbeitern. Damit stellt es einen Baustein im Bereich der Präventionsmaßnahmen dar, der auf das Lernen der Mitarbeiter und auf ein verantwortungsbewusstes, mit den relevanten Regelungen konformes Verhalten ausgelegt ist. Organisatorisch kann das Aktualitätenmanagement in der Rechtsabteilung angesiedelt werden, da hier eine direkte fachliche Verwandtschaft besteht. Die operative Umsetzung im Sinne der laufenden Aktualisierung und Interpretation relevanter Regelungen kann auch im Wege des Outsourcing an einen spezialisierten externen Dienstleister vergeben werden. Entscheidend für die Realisierung der angestrebten Wirkungen ist die aktive, regelmäßige Kommunikation gegenüber den Mitarbeitern. Diese lässt sich technisch beispielsweise durch Datenbankzugänge über das Intranet, durch den Versand von Newslettern oder Ähnliches unterstützen. Flankierend sollte konkretes Wissen über Schulungen und ggf. Inhouse-Seminare vermittelt werden.

5.2 Entdeckungsroutinen

Unter Entdeckungsroutinen werden an dieser Stelle Informationen über einzelne Mitarbeiter und deren Tätigkeit im Rahmen ihrer Aufgaben innerhalb der Organisation verstanden, die routinemäßig erfasst und zur Beurteilung von Normabweichungen verwendet werden. Systematisch angelegte Entdeckungsroutinen bieten sich insbesondere in Bereichen des Unternehmens bzw. bei Anlässen an, die mit einem besonderen Risiko nichtkonformen Verhaltens verbunden sind. Dazu gehören insbesondere die »Außengrenzen« der Organisation, also z.B. der Einkauf oder der Verkauf/Vertrieb, aber ebenso Sondersituationen, wie z.B. im Rahmen von Transaktionen (Finanzierung, Unternehmenskäufe und -verkäufe, IPO).

Entdeckungsroutinen können anhand ihrer organisatorischen Verankerung gegliedert werden: Erstens können sie im Rahmen des klassischen Führungsprozesses zwischen Vorgesetzten, Untergebenen und deren Mitarbeitern verankert werden. Zweitens bieten sich Funktionen wie das Controlling oder die interne Revision zur Übernahme derartiger Aufgaben an. Letztlich dienen sogenannte Hinweisgebersysteme, als mögliche Entdeckungsroutinen.

5.2.1 Klassischer Führungsprozess

Was sich zunächst als Eingriff in die persönliche und informationelle Freiheit des Mitarbeiters (fehl-)interpretieren lässt, ist im betrieblichen Alltag größtenteils selbstverständlich und sogar erwünscht: Der Vorgesetzte hat die Pflicht, das Verhalten seiner Untergebenen entsprechend der Unternehmensziele zu steuern bzw. die Einhaltung vorgegebener Anweisungen zu kontrollieren.

Aus Sicht des Mitarbeiters handelt es sich dabei häufig nicht einmal um negativ empfundene Kontrolle. Vielmehr fordern Mitarbeiter regelmäßig fachliches und persönliches Feedback über die eigene Leistung von ihren Vorgesetzten ein. Dieser Anspruch des Mitarbeiters ist allgemein akzeptiert und unter anderem in § 82 (2) BetrVG verankert. Will der Vorgesetzte diese Leistungsbeurteilung möglichst objektiv vornehmen, kommt er somit nicht umhin, sich ein möglichst detailliertes Bild von der Qualifikation, dem Arbeitsverhalten und den Arbeitsergebnissen des Mitarbeiters zu machen. Ähnliches gilt für Kollegen auf derselben hierarchischen Ebene. Im Sinne einer lernenden Organisation ist es regelmäßig erwünscht, dass Mitarbeiter über ihr individuelles Arbeitsumfeld hinaus eine größere Kenntnisspanne über die Aufgaben und die Tätigkeit ihrer Kollegen haben.

Somit ist festzuhalten, dass detaillierte Informationen über einen Mitarbeiter und damit auch über ggf. vorliegende Normabweichungen in dessen direktem Arbeitsumfeld zu finden sind. Die Erfassung solcher Informationen erfolgt routinemäßig im Rahmen des klassischen Führungsprozesses und wird von Mitarbeitern häufig positiv aufgenommen, da sie Aufmerksamkeit für ihre Tätigkeit erhalten. Es handelt sich somit um eine natürliche und zumeist gut akzeptierte Form der Kontrolle, die sich positiv auf die (intrinsische) Motivation der kontrollierten Mitarbeiter auswirken kann. Gesonderte Maßnahmen, die Auswirkung auf die Aufbau- oder Ablauforganisation haben, sind nicht erforderlich.

5.2.2 Informationsermittlung durch unterstützende Verwaltungsfunktionen

Als unterstützende Verwaltungsfunktionen werden hier solche betriebliche Teilfunktionen bezeichnet, deren Leistung nicht direkt in die vom Unternehmen vermarkteten Produkte oder Leistungen eingehen.[109] Es handelt sich um typische Querschnittsfunktionen, die über verschiedene Unternehmensbereiche hinweg zur Einhaltung organisatorischer Standards beitragen. Exemplarische Fälle sind z.B. Controlling, interne Revision oder Qualitätsmanagement. Im Einzelnen können folgende Abteilungen einbezogen sein:

- *Interne Revision.* Deren Aufgabe ist es üblicherweise, die Unternehmensführung in ihrer Steuerungs- bzw. Kontrollfunktion durch unabhängige Prüfungen zu unterstützen. Vor diesem Hintergrund sollte die Interne Revision diejenige Abteilung sein, in der zumindest die Koordination CC-bezogener Aufgaben erfolgt.
- *Rechtsabteilung* (Syndikus). Als Träger juristischen Wissens ist die Rechtsabteilung prädestiniert, das Compliance-Programm sowie das Aktualitätenmanagement federführend mitzugestalten. Dazu kommt die Unterstützung in der konkreten juristischen Behandlung von Einzelfällen nonkonformen Verhaltens, die mit der Missachtung entsprechender gesetzlicher Vorschriften einhergehen.
- Das *Controlling* kann in mehrfacher Hinsicht ein wesentlicher Hinweisgeber für nonkonformes Verhalten und ggf. für dolose Handlungen sein. Seine Perspektive auf unterschiedlichste Indikatoren der Sach- und Wertebene zur Leistungsplanung, -messung und –steuerung im Unternehmen kann direkt zur Identifizierung von Anomalien in den Geschäftsabläufen führen. Im Sinne interner und ggf. externer Benchmarks können z.B. Abweichungen in bestimmten Kosten- oder Leistungskennzahlen eruiert und analysiert werden. Ebenso kann das Controlling als interner Dienstleister für andere mit CC-Aufgaben betraute Organisationseinheiten eingebunden werden. Auf Anforderung können bestimmte Informationen oder Auswertungen geliefert werden, um ggf. an anderer Stelle aufgetretene Verdachtsmomente sachlich zu unterlegen und die Aufklärung voranzutreiben.

109) In Anlehnung an Porter, M. E.: »Wettbewerbsvorteile. Spitzenleistungen erreichen und behaupten«, 3. Aufl. Frankfurt a. M., New York 1992.

- Das *Qualitätsmanagement* ist in aller Regel ein wichtiger Wissensträger, wenn es um unternehmensinterne Prozesse und damit verbundene Risiken bzw. Missbrauchsmöglichkeiten geht. Hier können detaillierte Erkenntnisse über die Ablauforganisation, Entscheidungsbefugnisse, Unterschriftsberechtigungen gewonnen werden.
- Ähnliches Wissen über Prozesse lässt sich regelmäßig auch in der *IT-Abteilung* finden. Da unternehmensinterne Abläufe in der Praxis häufig maßgeblich durch die verwendeten IT-Systeme geprägt sind, besteht auch hier entsprechendes Wissen. Insbesondere können hier Missbrauchsmöglichkeiten der IT-Systeme aufgedeckt werden, durch die sich Fehlverhalten verschleiern lässt.

Insgesamt wird aus diesen wenigen Beispielen deutlich, dass durch ein systematisches Zusammenspiel bestehender Aufgabenträger bereits ein großer Teil CC-relevanter Aufgaben abgedeckt werden kann. Häufig sind in diesen Abteilungen bereits umfangreiche Informationen vorhanden, die auch zur Überwachung von Normeinhaltungen verwendet werden können. Werden sie ohnehin zu anderen Zwecken erfasst, ist der zusätzliche Aufwand der Auswertung überschaubar, teurer zusätzlicher Erfassungsaufwand wird vermieden. CC ist dann primär funktionalistisch als Perspektive zu verstehen, die einschlägige Aufgaben, die an verschiedenen Orten verrichtet werden, verantwortungsvoll zusammenführt.

In operativen (primären) Unternehmensbereichen wird erfahrungsgemäß zumindest implizit danach unterschieden, von wem bzw. welchem Unternehmensbereich Informationen bzw. Handlungsdokumentationen angefordert werden. Anforderungen des eigenen Kollegen oder direkten Vorgesetzten werden meist deutlich eher akzeptiert als Anforderungen aus den Verwaltungsfunktionen. Letztere werden schnell als ›bürokratische Hindernisse‹ empfunden, die die Mitarbeiter (vermeintlich) von der Erfüllung ihrer operativen Aufgaben abhalten. Hintergrund dieses negativen Bildes ist häufig, dass die operativen Mitarbeiter den Zweck dieser Informations- und Regelungsbedürfnisse nicht verstehen, da sie zu geringe Kenntnis der Tätigkeiten in den Verwaltungsfunktionen haben und von diesen kein oder zu wenig Feedback erhalten. Daher empfiehlt sich zunächst eine Überprüfung, welche CC-relevanten Informations- und Dokumentationsbedürfnisse bereits mit Informationen abgedeckt werden können, die aus anderen Gründen erfasst werden. Zusätzliche spezifische Anforderungen lassen sich häufig nicht vermeiden, jedoch empfiehlt es sich hier, Augenmaß zu bewahren: In Verwaltungsfunktionen verankerte Entdeckungsroutinen werden von den betroffenen Mitarbeitern tendenziell negativer aufgenommen als Routinen, die durch ihr direktes Arbeitsumfeld verursacht sind. Als Folge sind nicht nur die durch zusätzlichen Erfassungsaufwand entstehenden Effizienzverluste, sondern auch dadurch ausgelöste Motivationsdefizite zu berücksichtigen.

5.2.3 Hinweisgebersysteme

Als Hinweisgebersysteme werden hier Anlaufstellen innerhalb oder außerhalb des Unternehmens bezeichnet, deren Funktion darin besteht, Informationen über nicht regelkonformes Verhalten unter Umgehung der hierarchischen Stufen aufzunehmen und dem Hinweisgeber dabei ggf. Vertraulichkeit zusichern zu können. Die Mitarbeiter eines Unternehmens erhalten die Möglichkeit, unter Umgehung ihrer Vorgesetzten Hinweise über nicht regelkonformes Verhalten zu geben (sog. Whistleblowing-Systeme).

Mitarbeiter werden einen solchen Informationskanal vor allem dann nutzen, wenn es an Gelegenheiten zur Kommunikation fehlt (z.B. mangels geeigneter Kommunikationsplattformen) oder wenn die jeweiligen Vorgesetzten auf derartige Informationen nicht angemessen reagieren oder sogar selbst als direkte Ursache der Normabweichung zu sehen sind. In jedem Fall handelt es sich um Informationen, deren Preisgabe für den Mitarbeiter im hierarchischen Kontext problematisch ist. Die Folge können persönliche Konflikte mit dem Vorgesetzten und zumindest in Deutschland auch arbeitsrechtliche Konsequenzen sein. Daher macht die Einrichtung einer derartigen Stelle nur dann Sinn, wenn die Hinweisgeber von negativen Konsequenzen ihrer Informationspreisgabe geschützt werden. In der Praxis bietet es sich an, als Anlaufstelle für interne Hinweisgeber eine externe »Ombudsperson« einzuschalten, die übermittelte Informationen vertraulich behandelt. Es handelt sich somit um eine außerhalb der Organisation befindliche Stelle, die nach Analyse der erhaltenen Informationen die höchsten Stellen des Unternehmens (Unternehmensleitung, ggf. Aufsichts- oder Beirat) unterrichtet und eine Anonymität wahrende Schnittstelle zwischen Hinweisgeber und Entscheidungsträgern darstellt.

In der aktuellen Diskussion werden derartige Systeme zum überwiegenden Teil positiv aufgenommen. Sogar gewerkschaftsnahe Quellen setzen sich deutlich für die Einrichtung von Hinweisgebersystemen ein.[110] Offensichtlich wird auch von Arbeitnehmerseite die Notwendigkeit, Missstände aufzudecken, wichtiger erachtet als die Gefahren für den Betriebsfrieden, die aus vermeintlich illoyalem Verhalten entstehen können. Gleichzeitig wird jedoch die Erarbeitung von Betriebsvereinbarungen über den Umgang

110) Vgl. z.B. die Zeitschrift der Hans-Böckler-Stiftung: Böckler Impuls 7/2006, S. 7.

mit derartigen Systemen vorgeschlagen, um mögliche Gefahren des ungerechtfertigten Denunziantentums genauso zu verhindern wie Benachteiligung von wichtigen (und teilweise auch couragierten) Informanten.

5.3 Entstörungsroutinen

Auch wenn es ein Ziel bei der Etablierung einer lernenden Organisation ist, die Fälle von Normverstößen im Unternehmen möglichst zu verringern, werden sich solche nicht vollständig ausschließen lassen. Solche Einzelfälle bedürfen dann einer speziellen Behandlung im Sinne der CC. Mit dem Aufbau einer CC-Organisation ist es erforderlich, Vorgehensweisen zu definieren, die im konkreten Verdachtsfall und im konkreten (Krisen-)Fall greifen und abgearbeitet werden. Dies verstehen wir unter Entstörungsroutinen. Neben der Unterscheidung der möglichen Situationen ist auch zu differenzieren nach unterschiedlichen Typen des Fehlverhaltens, die wiederum eine unterschiedliche Behandlung nach sich ziehen müssen. Im Wesentlichen lassen sich hier unterscheiden: Bestechung/Vorteilsnahme oder -gewährung; Diebstahl und Unterschlagung.[111] Vor diesem Hintergrund geben wir im Folgenden einige Hinweise zur Behandlung von Verdachts- und konkreten Krisenfällen.[112]

5.3.1 Behandlung eines Verdachtsfalls

Ein Verdacht entsteht oftmals dadurch, dass ein konkreter Hinweis gegeben wurde, dass eine Beschwerde eingereicht wurde oder dass aufgrund einer proaktiven Informationsgewinnung auffällige Indikatoren identifiziert wurden. Der Verdacht hat dabei meist den Inhalt eines Fehlverhaltens sowie ggf. die für dieses Fehlverhalten verantwortliche Personen zum Gegenstand. Ein Nachweis liegt noch nicht vor.

Daher ist im Verdachtsfall in der Regel ein geordnetes Vorgehen angebracht. Überstürzte Aktionen auf der Grundlage eines unvollständigen Informationsstands erzeugen oftmals einen höheren Schaden für das Unternehmen als der zu behandelnde Fall selbst. Dies betrifft nicht nur Wirkungen aus einer negativen Außenwahrnehmung des Unternehmens, sondern auch die Effekte der internen Wahrnehmung durch die Mitarbeiter.

111) Vgl. zur Häufigkeit dieser Schadensereignisse noch einmal PricewaterhouseCooper (Hrsg.): »Economic crime: people, culture and controls Survey«, 2007.

112) In den folgenden Abschnitten dieses Bandes werden Besonderheiten im Umgang mit CC-Themen in den unterschiedlichen Funktionsbereichen eines Unternehmens dargelegt.

Die Vorgehensweise zur Erhärtung eines vorliegenden Verdachts muss abhängig gemacht werden vom Typus des Fehlverhaltens. Hat sich beispielsweise ein Diebstahl ereignet und liegt ein personenbezogenes Verdachtsmoment vor, könnte eine Vorgehensweise wie folgt gewählt werden:[113)]

- Überwachung der konkreten Arbeitsabläufe der Person im Hinblick auf Auffälligkeiten (auch im Vergleich mit ähnlichen Funktionen im Unternehmen);
- Interviews mit Vorgesetzten und ggf. mit Externen, die im Tagesgeschäft mit der betreffenden Person arbeiten (z.B. Kunden, Lieferanten);
- Strikte Kontrolle der Arbeitsabläufe der betreffenden Person über eine gewisse Zeit: So wird ggf. das Fehlverhalten unmöglich oder zumindest erheblich erschwert, was eine fraud-freie Situation erzeugt. Diese wird mit der Phase zuvor in Abgleich gebracht, um so Auffälligkeiten zu identifizieren;
- Physische Beweissammlung: Sicherstellung von Arbeitsmitteln (Unterlagen, Computer) und Durchführung einer konkreten Untersuchung.

Diese Schritte können zum Teil durchgeführt werden, ohne dass sie in Zusammenhang mit einer Verdachtsprüfung gebracht werden müssen. Dies ist wichtig für die Außenwirkung einer solchen Vorgehensweise.

5.3.2 Behandlung eines Krisenfalls

Eine Krise im hier diskutierten Kontext von Fraud und dolosen Handlungen bezeichnet eine Situation, in der durch wesentliches, doloses Handeln von Innen- oder Außentätern eine Entscheidungssituation für die Organisation verbunden ist. Diese beinhaltet die Frage der Behandlung des einzelnen Vorfalls selbst, aber auch die Frage der Kommunikation des Falls nach innen und außen. Der Krisenfall kann die Folge einer Verdachtsprüfung sein oder aber unmittelbar in Erscheinung treten. Entscheidend im Krisenfall ist ein sicheres und schnelles Vorgehen. Dazu gehören zunächst Beweissicherungsmaßnahmen sowie der Schutz des Unternehmens vor weiterem Schaden. Dazu kann auch die sofortige Entbindung einer Person von ihren Aufgaben gehören. Darüber hinaus ist in der Regel eine juristische Behandlung des Falles abzuwägen.

Nur durch ein konsequentes Vorgehen sowie eine gezielte Kommunikation der Situation kann der Schaden für das Unternehmen minimiert und

113) Albrecht, W.S./Albrecht, C.C/Albrecht, D.O.: »Fraud Examination«, 2nd edition, Thomson South West 2007, S. 205ff.

ein Normalzustand wiederhergestellt werden. Eine Verharmlosung und zeitliche Verzögerung der Aufklärung und Behandlung eines konkreten Falls sollten unter allen Umständen vermieden werden. Hierzu sollten für unterschiedliche Situationen klare Zuständigkeiten im Unternehmen definiert werden. Typischerweise kommt die aktive Beteiligung der Unternehmensleitung, ggf. der Aufsichtsorgane, der CC-Officer (sofern vorhanden), der Rechtsabteilung[114] sowie die Personalabteilung in Betracht.

5.4 Literatur

Albrecht,W.S./Albrecht, C.C/Albrecht, D.O.: Fraud Examination, 2nd edition, Thomson South West 2007.

Ansoff, H.I.: »Die Bewältigung von Überraschungen und Diskontinuitäten durch die Unternehmensführung – Strategische Reaktionen auf schwache Signale«, in: Steinmann, H. (Hrsg.): *Planung und Kontrolle*, München 1981, S. 233-264.

Argyris, C./Schön, D.A. (1978): *Organizational Learning: A Theory of Action Perspective*, London 1978.

Bleicher, K.: *Organisation*, 2. vollständig neu bearbeitete und erw. Aufl., Stuttgart 1991.

Foerster, H. v.: *Sicht und Einsicht. Versuche zu einer operativen Erkenntnistheorie*, Braunschweig, Wiesbaden 1985, S. 176ff.

Frese, E.: *Grundlagen der Organisation. Konzept – Prinzipien – Strukturen*, 6. Aufl., Wiesbaden 1995.

Gaitanides, M.: *Prozessorganisation*, 2. Aufl., München 2006.

Gutenberg, E.: *Grundlagen der Betriebswirtschaftslehre. Erster Band: Die Produktion*, 24. Aufl., Berlin, Heidelberg, New York 1983.

Jusko, J.: »Strategic Deployment: How To Think Like Toyota«, in: *industryweek.com* vom 1.11 2007.

Hauschka, Ch.: *Corporate Compliance. Handbuch der Haftungsvermeidung im Unternehmen*, 2007.

Hauschka, Ch.: »Compliance, Compliance-Manager, Compliance-Programme: Eine geeignete Reaktion auf gestiegene Haftungsrisiken für Unternehmen und Management?«, in: *Neue Juristische Wochenschrift* 2004, S. 257-261.

Hauschka, Ch.: »Die Voraussetzungen für ein effektives Compliance System i.S. von § 317 Abs. 4 HGB«, in: *Die Betriebswirtschaft* 2006, S. 1143-1146.

Hiromoto, T.: »Das Rechnungswesen als Innovationsmotor«, in: *Harvard Manager* 1/1989, S. 129-133.

Holzer, H.P./Lück, W.: »Verhaltenswissenschaft und Rechnungswesen«, in: *Die Betriebswirtschaft* 38 (1978) 4, S. 509-523.

Jäger, A.: *Aktiengesellschaft unter besonderer Berücksichtigung der KGaA*, München 2004, S. 2105.

Klindt, T.: »Nicht-börsliches Compliance-Management als zukünftige Aufgabe der Inhouse-Juristen«, in: *Neue Juristische Wochenschrift* 2006, S. 3399f.

Küpper, H.U.: *Controlling. Konzeption, Aufgaben, Instrumente*, 4. Aufl., München 2005.

Likert, R./Likert, J.G.: *New Ways of Managing Conflict*, New York u.a. 1976.

Luhmann, N.: *Funktion und Folgen formaler Organisation*, Berlin 1964.

Luhmann, N.: *Organisation und Entscheidung*, Opladen 2000.

Maak, T./Ulrich, P.: *Integre Unternehmensführung*, Stuttgart 2007.

McGregor, D.: *Der Mensch im Unternehmen*, Düsseldorf, Wien 1973, S. 47-71.

114) Vgl. Klindt, T.: »Nicht-börsliches Compliance-Management als zukünftige Aufgabe der Inhouse-Juristen«, in: Neue Juristische Wochenschrift 2006, S. 3399f.

Naujoks, H.: »Konzernmanagement und Kontextsteuerung«, in: Conrad, P./Schreyögg, G. (Hrsg): *Managementforschung Band 4*, Berlin New York 1994, S. 105-141,.

Osterloh, M.: »Die innovative Organisation im Spannungsfeld von Aufbau- und Ablauforganisation«, in: Krulis-Randa, J.S./Staffelbach, B./Wehrli, H.P. (Hrsg.): *Führen von Organisationen*, Bern, Stuttgart, Wien 1993, S. 95-108, hier S. 102.

Pfeiffer, W./Weiß, E.: *Lean Management*, 2. Aufl., Berlin 1994.

Popitz, H.: *Soziale Normen*, Frankfurt a. M. 2006.

PricewaterhouseCooper (Hrsg.): *Economic crime: people, culture and controls. The 4th Biennal Global Economic Crime Survey* 2007.

Richter, K./Pfeiffer, W./Staudt, E. (Hrsg.): *Einführung neuer Formen der Arbeitsorganisation in Industriebetrieben*, Göttingen 1978.

Rodewald, J./Unger, U.: »Corporate Compliance: Organisatorische Vorkehrungen zur Vermeidung von Haftungsfällen der Geschäftsleitung«, in: *Betriebs-Berater* 2006, S. 113.

Roth, M.: *Compliance. Begriff, Bedeutung, Beispiele*, 1. Aufl., 2000.

Schein, E.H.: *Organizational Culture and Leadership*, San Francisco 1985.

Schneider, U. H./Schneider, S. H.: »Konzern-Compliance als Aufgabe der Konzernleitung«, in: *Zeitschrift für Wirtschaftsrecht (ZIP)* 2007, S. 2061-2065.

Schreyögg. G.: *Unternehmensstrategie – Grundfragen einer Theorie der strategischen Unternehmensführung*, Berlin,New York 1984.

Senge, P.M. (1990): *The Fifth Discipline. The Art and Practice of Learning Organization*, New York 1990.

Steinmann, H. (Hrsg.): *Planung und Kontrolle*, München 1981.

Steinmann, H./Schreyögg, G.: *Management, Grundlagen der Unternehmensführung, Konzepte-Funktionen-Fallstudien*, 6. Aufl., Wiesbaden 2005.

Türk, K.: *Soziologie der Organisation*, Stuttgart 1978.

Türk, K.: *Grundlagen einer Pathologie der Organisation*, Stuttgart 1976.

Weiß, E.: *Zeitorientiertes Technologie-Management technologischer Innovationen. Konzeption einer Technologiesteuerung auf Basis der Theorie autopoietischer Systeme*, Habil. Nürnberg 1995.

Willke, H.: *Systemtheorie entwickelter Gesellschaften*, 2. Aufl., München 1993.

Willke, H.: »Controlling als Kontextsteuerung. Zum Problem dezentralen Entscheidens in vernetzten Systemen«, in: Eschenbach, v. R., (Hrsg.): *Supercontrolling – vernetzt denken, zielgerichtet entscheiden*, Wien 1989, S. 63-96.

Zink, K.: *TQM als integratives Managementkonzept*, 2. Aufl., München 2004.

II. Einkauf und Verkauf

Jörg Reichelsdorfer

1 Compliance im Einkauf

Der Einkauf ist – neben dem Vertrieb – einer der signifikant gefährdeten Bereiche in Unternehmen, im Hinblick auf die Anfälligkeit für Gesetzeswidrigkeiten, da er bereits von der Grundaufgabe her sehr viel mit Geschäftspartnern (und potenziellen Geschäftspartnern) zu tun hat, die sehr stark davon profitieren, wenn sie von den entsprechenden Verantwortlichen vorrangig berücksichtigt werden. Dies eröffnet Raum für den Einsatz von z.B. Bestechung (als ein von außen gerichteter Angriff gegen die lauteren Verhaltensweisen des Unternehmens), aber auch der Unterschlagung (als ein Beispiel eines von innen gegen das Unternehmen gerichteten Angriffs).

Neben der strafrechtlichen Komponente ist aber insbesondere auch der Bereich der Absprachen von Unternehmen gleicher oder unterschiedlicher Absatzstufen untereinander ein Hauptbereich von potenziellen – und leider auch klassischen – Gesetzesverstößen im Bereich des Einkaufs (und Verkaufs/Vertriebs). Jedoch spielt sich Compliance nicht nur im Bereich der mit Strafe sanktionierten gesetzeswidrigen Verhaltensweisen ab, sondern es bedeutet auch eine Konformität mit Vorschriften und Bestimmungen, welche bei einem Verstoß nicht sofort zu einer strafbaren Handlung führen.

Wichtig ist, in jeder Phase eines typisierten Ablaufes des Einkaufsprozesses die Gefahren und Risiken zu identifizieren und ihnen durch ein – idealerweise typisiertes, einheitliches und von der Unternehmensleitung vorgegebenes – gesetzeskonformes Verhalten zu begegnen.

1.1 Prozesse

Der typische Prozess im Einkauf von Materialien oder Roh- und Hilfsstoffen gestaltet sich nach einem ähnlichen Schema. Abweichungen können sich z.B. in der Verantwortlichkeit der Entscheider oder diversen Zwischenschritten ergeben.

Praxishandbuch Corporate Compliance. Axel Jäger, Christian Rödl und José A. Campos Nave

ISBN 978-3-527-50395-7

Ein Bereich des Unternehmens (häufig die Produktion oder das Lager) löst eine Materialanforderung aus, worauf – sofern es sich nicht um ein bereits standardisiertes Produkt handelt – der Einkauf Vorbereitungshandlung und Ermittlungen über die Beschaffung und den Bezug der entsprechenden Ware anstellt. Verantwortlich bei dieser Ermittlungstätigkeit ist häufig die Sachbearbeiterebene im Einkauf. Nach Erlangung entsprechender Informationen (Angebote) erfolgt in der Regel – sofern dies nicht bereits parallel mit der Materialanforderung abgeklärt wurde – eine Budgetanalyse und eine entsprechende Budgetfreigabe des Budgetverantwortlichen. Dieser kann entweder im Einkauf angesiedelt sein, überwiegend wird der Budgetverantwortliche jedoch aus den Zentralfunktionen des Unternehmens oder aus dem materialanfordernden Bereich stammen. Sofern der Budgetverantwortliche nicht aus dem Einkauf stammt, folgt möglicherweise nachgelagert zur Budgetverhandlung und -freigabe eine nochmalige Kontrolle der Angebote und der Budgetfreigabe durch die Leitung des Einkaufs. Je nach Struktur des Unternehmens, Warenwert und Beschaffenheit und Bedeutung der Ware kann es erforderlich sein, dass die Freigabe des Bestellvorgangs an sich noch durch das Management oder die Geschäftsleitung erfolgen muss. Nach Schaffung der vorgenannten Voraussetzungen und Erteilung der Freigaben obliegt es dann wiederum dem Einkauf (auch hier in der Regel wieder der Sachbearbeiterebene), die Materialbestellung – als den klassischen »Einkauf« – selbst durchzuführen.

Da üblicherweise jedoch nicht auf Bedarf jedes einzelne Produkt neu bestellt wird und eine individuelle Suche nach Bezugsquellen erfolgt, obliegen dem Einkauf weitere klassische Aufgaben, wie insbesondere die Analyse und Ermittlung des generellen Einkaufsvolumens, eine möglicherweise auch rollierende Bedarfsplanung und -analyse sowie eine Marktanalyse und Ermittlung von optimalen Bezugsquellen sowie die Erstellung von Alternativplänen bei Ausfall von Lieferanten (oder Verteuerung einzelner Waren/Produkte).

Ein typisierter Einkaufsprozess ist nachfolgend grafisch dargestellt.

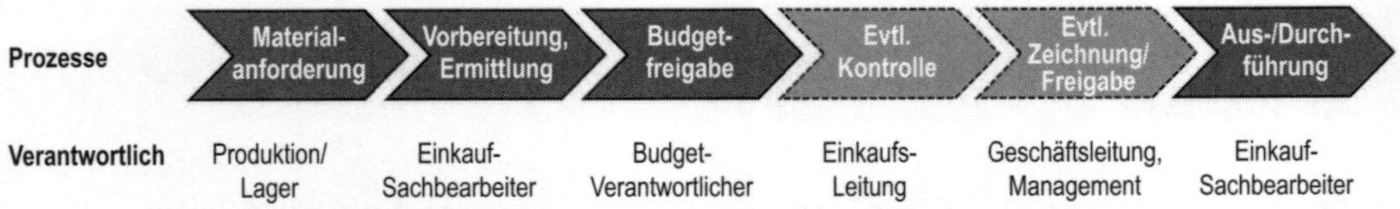

Abb. 4: Ablaufdiagramm Einkauf

1.2 Besondere Risiken im Bereich des Einkaufs

Zu den bedeutsamsten und relevantesten Risiken im Bereich des Einkaufs gehören:

- Kartellrechtliche Anforderungen
- Umweltrechtliche Anforderungen
- Branchenspezifische Anforderungen
- Logistische Besonderheiten

1.2.1 Kartellrechtliche Compliance

Die kartellrechtlichen Auswirkungen auf Einkauf und Verkauf (Vertrieb) stellen eine der gravierendsten und bedeutendsten Einschnitte in die unternehmerische Freiheit dar. Begründet mit dem Schutz eines funktionierenden Wettbewerbs soll verhindert werden, dass Unternehmen, insbesondere ab einer bestimmten Marktmacht, mit nicht-wettbewerbskonformen Maßnahmen eine Verzerrung des freien und fairen Wettbewerbs herbeiführen. Sehr viele der insbesondere auch strafrechtlich relevanten Tätigkeiten eines Unternehmens im Bereich der Absprachen mit Wettbewerbern haben vor allem auch eine kartellrechtliche Komponente.

So kommen neben den Fällen, in welchen Druck auf die Lieferanten ausgeübt wird, weil das einkaufende Unternehmen relativ zum Lieferanten oder absolut auf dem relevanten Markt über eine marktbeherrschende oder marktmächtige Stellung verfügt, auch die Fälle, in denen Wettbewerber kooperieren und somit Situationen schaffen, die von der Rechtsordnung als nicht mehr mit einem freien und fairen Wettbewerb konform erachtet werden.

Besonders heikle Themen in diesem Zusammenhang sind das Verlangen von Sonderkonditionen, die nicht mehr aufgrund eigenen Wettbewerbsverhaltens des Lieferanten gewährt werden (können) und welche somit unzulässig sind (auch wenn sie nicht immer beanstandet werden); wenn in einer Branche mit sehr wenigen, aber dominanten Herstellern von Gebrauchsgütern der Einkauf von seinen Zulieferern verlangt, besondere Logistikleistungen (Bsp. Just in Time) auf eigene Kosten zu erbringen oder weit über die gesetzliche Gewährleistungsfrist hinaus Garantien abzugeben. Anderenfalls wird der auf den einen Hersteller spezialisierte Zulieferer ausgelistet, so ist dies zwar kartellrechtlich unzulässig. Geahndet wird ein solcher Fall deswegen in der Praxis nicht, weil der betroffene Zulieferer nicht willens sein wird, unter Inkaufnahme seiner Lieferbeziehung den Hersteller anzuzeigen. Anders verhält es sich bei den sog. Meistbegünstigungsklauseln (dazu unten mehr).

Zu unterscheiden ist im wettbewerbsrechtlichen Sinne (und diese Unterscheidung soll hier der Einfachheit halber beibehalten werden) zwischen sogenannten horizontalen Wettbewerbsvereinbarungen und vertikalen Wettbewerbsvereinbarungen.

Horizontale Wettbewerbsvereinbarungen (Beschränkungen) vollziehen sich innerhalb einer bestimmten Handels-/Produktionsstufe (z. B. zwischen Herstellern untereinander, zwischen Großhändlern oder zwischen Einzelhändlern untereinander), vertikale Wettbewerbshandlungen/-beschränkungen beziehen sich immer auf Unternehmen unterschiedlicher Stufen (z.B. Hersteller und Großhändler; Großhändler und Einzelhändler; Hersteller und Einzelhändler). Nicht marktbeteiligt im Rahmen der kartellrechtlichen Compliance sind die Endverbraucher.

1.2.1.1 Horizontale Wettbewerbsbeschränkungen

Beispiele für kartellrechtlich bedenkliche (und in der Regel unzulässige) Wettbewerbsbeschränkungen auf horizontaler Ebene sind:

- Preisabsprachen
- Quotenabsprachen
- Marktaufteilungen
- Kundenaufteilungen
- Submissionsabsprachen

Diese Beispiele sind weitestgehend selbsterklärend, derartige Verhaltensweisen von Unternehmen auf derselben Handelsstufe stellen die auch im Sprachgebrauch des EU-Kartellrechts (welches seit der sogenannten 7. GWB-Novelle auch unmittelbar in dem deutschen Kartellrecht Anwendung findet) Hardcore-Kartelle dar. Diese Hardcore-Kartellabsprachen sind stets und ohne Exkulpationsmöglichkeit (zumindest nach EU-Kartellrecht). Eine solche Wettbewerbsbeschränkung ist wie gesagt unzulässig und eine Absprache der vorgenannten Art ist auch dann nicht erlaubt, selbst wenn die beteiligten Unternehmen nachweisen könnten, dass sie keinen wettbewerbsbeschränkenden Charakter bewirkt. Darüber hinaus ist bislang kein erstzunehmender praktischer Fall bekannt, wo eine solche Absprache tatsächlich auch einen Schutz oder Vorteil für die Kunden und Endverbraucher bewirken und bezwecken würde.

Wichtig ist in diesem Zusammenhang, dass nach aktueller Rechtsprechung (aus Dezember 2003) auch reine Teilnahmehandlungen vom Kartellverbot des § 1 GWB bzw. Art. 81 EG-Vertrag umfasst sind. Betroffen war seinerzeit ein Unternehmen, welches selbst keine Vorteile aus einer Absprache zwischen Wettbewerbern gezogen hat, derartige Absprachen allerdings organisiert und überwacht hatte.

Zu prüfen ist folglich im Bereich des Einkaufs (durch den Einkaufsleiter, Sachbearbeiter oder Compliance-Beauftragten), ob durch deren Verhalten einer der eingangs genannten Beispielfälle berührt sein kann. Hierfür ist nur geringe Fantasie erforderlich, derartige Fälle sind offensichtlich und daher sehr einfach zu identifizieren.

Weitere Fälle, die unter das Kartellverbot fallen, können sogenannte Marktinformationsverfahren darstellen.

Der Austausch von sensiblen Informationen zwischen Wettbewerbern ist nach unserem westlichen, insbesondere europäischen Verständnis etwas wettbewerbspolitisch Untypisches. Demzufolge wird jegliche Form des Austausches sensibler Unternehmensdaten zwischen Wettbewerbern als zumindest wettbewerbsrechtlich bedenklich erachtet. Während ein anerkannter Fall des Austausches sensibler Unternehmensdaten im Rahmen eines Unternehmenskaufs als unbedenklich erachtet wird (eine sogenannte Due-Diligence-Prüfung) kommt es ansonsten bei Marktinformationssystemen (gleichgültig, ob diese unmittelbar durch die Unternehmen selbst vorgenommen werden, oder ob sie von einem Verwaltungsgremium wie z.B. einem Verband vorgenommen werden) im Wesentlichen darauf an, welche Art von Informationen ausgetauscht werden (je näher und präziser die Daten an die eingangs genannten Bereiche heranrücken, umso bedenklicher. Der Austausch preisbildender Faktoren stellt daher in der Regel einen Kartellverstoß dar. Der Austausch statistischer, allgemein zugänglicher Daten des Unternehmens (z.B. Niederlassungen, Arbeitnehmerzahl, Umsatzvolumen) ist regelmäßig unbedenklich. Ferner ist die Struktur des jeweils relevanten Marktes von entscheidender Bedeutung. Sofern auf einem Markt, auf welchem nur sehr wenige Anbieter bestimmter Waren oder Dienstleistungen existieren (in diesem Zusammenhang gerne strapaziertes Beispiel sind die Mineralölkonzerne), ist der Austausch von Informationen eher bedenklich. Je mehr Marktteilnehmer in dem relevanten Markt existieren, desto unbedenklicher wird der Austausch von Informationen zwischen einzelnen Marktteilnehmern.

Weniger bedeutend, gleichwohl nicht uninteressant in diesem Zusammenhang ist die Frage des Grades der Anonymisierung der Daten, welche ausgetauscht werden, sowie der Aktualität der Daten.

Sofern keine weiteren, sachlich rechtfertigenden Gründe hinzutreten, kann folglich ein Marktinformationssystem tendenziell geeignet sein, einen Kartellverstoß zu begründen.

1.2.1.2 Kooperation durch Gemeinschaftsunternehmen

Beschließen Wettbewerber, bestimmte Funktionen des Unternehmens zusammen mit einem oder mehreren Wettbewerbern in ein gemeinschaftliches Unternehmen (»Gemeinschaftsunternehmen«) auszulagern, so kann dies sowohl einen Kartellverstoß darstellen, als auch unter die Fusionskontrolle und die sich daraus ergebenden kartellrechtlichen Prüfungen fallen.

Entscheidend kommt es hierbei darauf an, ob das Gemeinschaftsunternehmen ein sogenanntes Vollfunktionsgemeinschaftsunternehmen darstellt, also ein Unternehmen, welches vollständig eigenständig am Markt existieren könnte, oder ob es lediglich ein Teilfunktions-Gemeinschaftsunternehmen ist, welches sich auf Hilfsaktivitäten für seine Gesellschafter beschränkt. Die Gründung eines Einkaufsunternehmens, an dem mehrere Wettbewerber zur Bündelung der Marktmacht beteiligt sind ,wird daher – ebenso wie übrigens auch die Gründung eines gemeinschaftlichen Vertriebsunternehmens – weniger von der Fusionskontrolle erfasst werden als vom Kartellverbot des § 1 GWB/Art. 81 EG-Vertrag. Sofern das Unternehmen (hauptsächlich) bezweckt, den Wettbewerb zu beschränken, wird die Gründung eines solchen Gemeinschaftsunternehmens regelmäßig untersagt werden (müssen).

Praxistipp:

Die generelle Beurteilung, inwieweit ein unternehmerisches Verhalten kartellrechtlich unzulässig ist, ist im Einzelfall schwierig. Hier soll nunmehr ein extrem einfaches Kriterium dargestellt werden, welches es den Beteiligten ermöglicht, einen ersten Anhaltspunkt dafür zu entwickeln, ob ein Kartellverstoß vorliegen könnte oder nicht.

Der Unternehmer hat sich bei jeder Handlung im Wettbewerb zu fragen, inwieweit hierdurch ein Vertragspartner (dies ist im Zweifel der unmittelbar Betroffene, nicht unbedingt derjenige, mit dem eine Kartellabsprache eingegangen wird) durch die Maßnahme des Unternehmers in seiner eigenen unternehmerischen Handlungsfreiheit beschränkt wird.

Einige knappe Beispiele hierfür: Die Kooperation zweier Wettbewerber im Einkauf bewirkt, dass nur noch ein Einkäufer (also nur noch ein Nachfrager) für bestimmte Produkte/Leistungen am Markt auftritt, statt vorher zwei. Dies stellt eine Beschränkung des Wettbewerbs dar; der Austausch von marktrelevanten Informationen zwischen Wettbewerbern über diverse Preisangebote von Zulieferern beschränkt die Möglichkeit des Zulieferers, ein offenes und eigenständiges Angebot abzugeben, wenn den beteiligten Einkaufsunternehmen aus vorangegangenen Geschäften einzelner beteiligter Unternehmen an dem Informationsaustauschsystem die Preise (und die Leistungsfähigkeit hinsichtlich geringer Preise) des Zulieferers bekannt sind. Der Zulieferer (als hier relevante Vertragspartei) ist somit nicht mehr in der Lage, frei und eigenständig einen Preis festzusetzen.

1.2.1.3 Branchentreffen/Erfahrungsaustausch

Ein weiterer Themenkomplex ist die Teilnahme an Branchentreffen und Erfahrungsaustauschen. Sobald bei derartigen Treffen die Sprache – offen oder versteckt – auf »Absprachen« oder »gleichgerichtete Interessenwahrnehmungen in der Branche« kommt, wäre es ratsam, solche Treffen zu verlassen und auch zu dokumentieren, dass man ein solches Treffen unmissverständlich verlassen hat (z.B. dass man bei einer Unterschriftenliste hinterlegt, dass man ab Tagesordnungspunkt 3, welcher eine solche Absprache zum Thema hatte, die Konferenz bzw. das Treffen verlassen hat, bevor der Punkt behandelt wurde).

1.2.1.4 Meistbegünstigungsklausel

Die sogenannten Meistbegünstigungsklauseln stellen zwar einen Eingriff in die wirtschaftliche Autonomie der vorgelagerten bzw. nachgeordneten Wirtschaftsstufe dar, jedoch keine sogenannte Kernbeschränkung (Hardcore Restriction) im kartellverbotsrechtlichen Sinne. Der Einkäufer ist somit in der Regel (sofern er nicht ein marktbeherrschendes Unternehmen auf Grund seiner Marktmacht darstellt und diese Stellung unredlicherweise ausnutzt) durchaus berechtigt, mit seinen Lieferanten in den Lieferverträgen Klauseln zu vereinbaren, wonach der angebotene Preis bzw. die sonstigen angebotenen Konditionen nicht schlechter sein dürfen als bei irgendeinem anderen Kunden des Lieferanten. Oder umgekehrt ausgedrückt: Der Einkäufer kann verlangen, immer die besten Konditionen von seinem Lieferanten zu erhalten.

1.2.2 Umweltrechtliche Anforderungen am Beispiel »REACH«

Die seit Juni 2007 in der EU in Kraft getretene Europäische Verordnung REACH (Registration, Evaluation, Authorization and Restriction of Chemicals) gilt als eines der komplexesten und umfangreichsten Gesetzgebungsverfahren, welches in der EU abgeschlossen wurde. Entgegen landläufiger Meinung betrifft es jedoch nicht nur die Chemiewirtschaft, sondern alle

Unternehmen, welche chemische Stoffe in einem bestimmten Umfang verwenden. Dazu gehören sowohl Lösemittel, Lacke, Farben, wie auch Schmierstoffe oder Kleber. Auch viele andere Substanzen, die im produzierenden Gewerbe nahezu überall im Einsatz sind, unterliegen REACH.[115)]

Zu beachten im Einkauf (und im Organisationsablauf der Unternehmen) ist jedoch, dass ein firmeninternes, REACH-kompatibles Stoffmanagement wünschenswert, ja sogar erforderlich erscheint. Der Einkauf ist künftig angehalten und verpflichtet, bei den Lieferanten bestimmte Abfragen betreffend die REACH-Verordnung durchzuführen. Auf EU-Ebene gibt es hierfür eine einheitliche Leitlinie, die auf der Website der zuständigen, extra dafür geschaffenen Behörde – der Europäischen Chemikalienagentur (ECHA) nachgeschlagen werden kann.[116)]

Damit nicht genug. Der Kunde (sogenannter »nachgeschalteter Anwender«) hat seinerseits Aufgaben und Pflichten gegenüber seinem Lieferanten (Hersteller, sofern er Hersteller oder Importeur ist) zu erfüllen. Ihm obliegen wiederum Informationspflichten über die genaue Verwendung der Stoffe, damit der Lieferant in seiner Registrierungs- und Dokumentationsobliegenheit keine Lücken und Fehler und somit Nachteile erleidet. Sofern der »nachgeschaltete Anwender« eine detaillierte Preisgabe der Verwendung der Stoffe gegenüber dem Lieferanten nicht vornehmen möchte, was insbesondere aus Gründen der Geheimhaltung denkbar und in vielen Fällen auch wahrscheinlich sein wird, hat er die Verpflichtung, selbst die Zulassung für seine Verwendung der Stoffe zu beantragen.

Da die Registrierungspflicht (deren Verstöße mit nicht unerheblichen Sanktionen geahndet werden können) abhängig von den Mengen bestimmter Stoffe ist, kommt es entscheidend darauf an, dass sämtliche Mengen dieses Stoffes, welche das Unternehmen bezieht, erfasst und registriert werden. Es wäre fatal, wenn nicht an einer zentralen Stelle diese Informationen gesammelt werden und dadurch vermeintlich die Menge von einer Tonne in den einzelnen Teilbereichen eines Unternehmens nicht erreicht, in der Summe jedoch überschritten werden. Es empfiehlt sich daher zur Schaffung einer zentralen Stelle (eines »REACH-Beauftragten«).

Innerhalb dieser Zentralstelle ist es sinnvoll, ein Stoffverzeichnis aller REACH-relevanten Stoffe zu führen. Wichtig ist dabei auch zu berücksichtigen, dass auch polymere Stoffe, die in einem Unternehmen selbst erst her-

115) Ein weiteres wichtiges Datum im Zusammenhang mit REACH war der 1. Juni 2008. Im Zeitraum vom 1. Juni bis 1. Dezember 2008 findet die sogenannte halbjährige Vorregistrierungsphase statt. Nach Ablauf dieser Phase dürfen nicht vorregistrierte Stoffe nicht mehr gehandelt (oder hergestellt) oder verwendet werden.

116) www.reach.jrc.it/03_rdds_web_content/du_en/du_en.pdf

gestellt werden – sofern die Einzelbestandteile dieser Polymere aus dem Nicht-EU-Land bezogen werden und der Lieferant keinen Alleinvertreter in der EU genannt hat -, gesondert registriert werden müssen. Der »REACH-Beauftragte« hat somit auch detailliert zu prüfen, wie die Organisation der Einfuhr der Stoffe seiner Nicht-EU-Lieferanten ausgestaltet ist.

Neben der Erstellung des reinen Stoffverzeichnisses ist es von elementarer Bedeutung, die Rolle gemäß den diversen Definitionen in der REACH-Verordnung des Unternehmens zu klären. Nicht selten ist ein Unternehmen sowohl Hersteller oder Importeur und gleichzeitig nachgeschalteter Anwender von Stoffen oder diversen Zubereitungen aus der REACH-Verordnung (wenn auch nicht von denselben Stoffen).

Im Rahmen der Erstellung des Stoffverzeichnisses ist eine enge Kooperation mit den Arbeitsschutzbeauftragten sinnvoll und erforderlich. Je nach Eigenschaft der einzelnen Stoffe können diese auch gesundheitsgefährdend oder sonst sicherheitsrelevant im Unternehmen sein, und als solche ist es ohnehin unabdingbar, im Unternehmen zu wissen, wie der korrekte Umgang mit derartigen Stoffen ausgestaltet werden soll.

Als weitere Schritte empfiehlt sich bezüglich der als »brisant« – weil registrierungsbedürftig im Sinne der REACH-Verordnung – identifizierten Stoffe eine regelmäßige grundsätzliche Managemententscheidung darüber, welche Mengen der Stoffe in welchem Zeitraum erforderlich oder welche gegebenenfalls entbehrlich werden.

All diese Anforderungen nach der REACH-Verordnung sind sicherlich originäre Anforderungen im Bereich des Einkaufs, wenngleich sie nicht zwingend als eine Unteraufgabe des Einkaufs angesehen werden dürfen. Es wird sich zeigen, wie Verstöße und ein zu laxer Umgang mit der REACH-Verordnung künftig geahndet werden. Angesichts des enormen organisatorischen und verwaltungstechnischen Aufwandes im Zusammenhang mit der Einführung und Umsetzung der REACH-Verordnung in den Unternehmen wird man sicherlich auf die Idee kommen, diese schlichtweg zu ignorieren. Selten hat sich ein solches Verhalten für ein Unternehmen auch nur mittelfristig, geschweige denn langfristig ausgezahlt. Dass dies ein eklatanter Verstoß gegen Grundsätze und grundlegende Compliance-Vorschriften darstellt, braucht nicht gesondert erwähnt werden.

1.2.3 Branchenspezifische Anforderungen – Beispiel Lebensmittelrecht

Für die Produktion von Lebensmitteln sind diverse einschlägige Bestimmungen zu beachten (verwiesen sei z.B. auf die Verordnung über Anforderungen an die Hygiene beim Herstellen, Behandeln oder Inverkehrbringen von bestimmten Lebensmitteln tierischen Ursprungs – Tier-LMHV, die Verordnung zur Durchführung von Vorschriften des gemeinschaftlichen Lebensmittelhygienerechts – EU-LMRDV, die Diskussion um gentechnisch behandelte Lebensmittel, die Entwicklung von »Novel-Food« und ihre Zulassungsrestriktionen).

Die wichtigste Vorschrift ist jedoch mit Sicherheit die Verordnung (EG) Nr. 178/2002 über Lebensmittelsicherheit und Futtermittelsicherheit. Deren Anforderungen sind ebenso umfassend, wie für viele mittelständische Unternehmen nur schwer erfüllbar. Eine Kernverpflichtung nach dieser Verordnung lautet, dass die Rückverfolgbarkeit von Lebensmitteln und Futtermitteln in allen Produktions-, Verarbeitungs- und Vertriebsstufen sicherzustellen ist. Dies gilt auch hinsichtlich der zur Lebensmittelgewinnung dienenden Tiere und bezüglich aller sonstigen Stoffe, die dazu bestimmt sind oder von denen erwartet werden kann, dass sie in einem Lebens- oder einem Futtermittel verarbeitet werden.

Auch diese Verordnung stellt extreme organisatorische Anforderungen hinsichtlich der Überwachung und Dokumentation bei der Produktion, Verwendung oder Verarbeitung von Lebens- und/oder Futtermitteln.

Auch hier empfiehlt es sich für die Unternehmen, entsprechende organisatorische Maßnahmen zu schaffen, um eine Nachverfolgbarkeit derartiger, unter die Verordnung fallender Produkte jederzeit zu gewährleisten.

1.2.4 Beziehung und Wechselwirkung zu anderen Unternehmensbereichen

Wie aus der Abbildung 4 ersichtlich, steht der Einkauf bereits in Beziehung zu anderen Bereichen des Unternehmens, z.B. der Produktion oder dem Lager. Entsprechend sollte versucht werden, dem Einkauf auch auf Seiten der Vertragsgestaltung und des -controllings durch optimale Vernetzung der einzelnen Vertragsbeziehungen gerecht zu werden. Neben der etwaige Einkaufsvorgänge auslösenden Produktion steht – und das wird häufig in größeren Unternehmen übersehen – auch der Vertrieb rechtlich sehr stark in Beziehung zum Einkauf. Bei einer rein juristischen (also in der tatsächlichen Wirtschaftspraxis eher unrealistischen und schwer durchsetzbaren) Betrachtungsweise ist der Optimalzustand beim Verkauf, dass die Haftung des Unternehmens inhaltlich und von den Fristen her gegen Null reduziert wird. Für den Einkauf wiederum ist es wichtig und sinnvoll, die Haftung des Lieferanten inhaltlich und vom zeitlichen Ablauf her auf das Maximum auszudehnen. Beides ist – wie bereits gesagt – in der Praxis und Realität nahezu nicht zu erreichen. Es entspricht auch keinem fairen und ausgewogenen Wirtschaftsgebaren. Gleichwohl sollte darauf geachtet werden, dass zwischen Vertrieb und Einkauf eine wenigstens so starke Abstimmung herrscht, dass z.B. sicherheitsrelevante Teile oder besonders anfällige Teile bezüglich der versprochenen Garantie gegenüber dem Kunden mit der vom Lieferanten gegenüber dem Unternehmen zugesicherten Gewährleistung und entsprechenden Unterstützung korrespondiert. Nichts ist ärgerlicher für ein Unternehmen, das auf seine Produkte z.B. zwei Jahre Gewährleistung gewährt, wenn sich innerhalb dieser zweijährigen Gewährleistungsfrist gegenüber dem Kunden ein Fehler am Produkt manifestiert, das auf einem zugekauften Bauteil beruht, für welches man gegenüber dem Zulieferer nur einen Gewährleistungsanspruch von einem Jahr hat. Tritt der Fehler erst nach diesem Jahr zutage, haftet das Unternehmen zwar gegenüber dem Kunden, ein Regress beim Zulieferer scheidet – zumindest aus rein rechtlichen Aspekten – dann jedoch aus.

Das Identifizieren und das entsprechende Entgegentreten solcher »unliebsamer« Vertragssituationen ist nach dem hier vertretenen Verständnis von Compliance als Teil eines sinnvollen, erforderlichen und optimierten Vertragscontrollings auch Teil einer funktionierenden Compliance-Organisation im Unternehmen selbst.

Des Weiteren empfiehlt es sich, sowohl im Einkauf als auch im Vertrieb bei der Vertragsgestaltung und beim Vertragscontrolling darauf zu achten, gesetzeskonforme (und nur dann auch wirklich wirksame) Allgemeine Geschäftsbedingungen (Allgemeine Einkaufsbedingungen sowie Allgemeine Lieferbedingungen) zu verwenden. Zwar schränkt das Gesetz zugegebenermaßen die zu einseitige Durchsetzung von eigenen Positionen und Ansprüchen unter Zuhilfenahme von Allgemeinen Geschäftsbedingungen (wohlgemerkt: dies gilt nicht für individuell ausgehandelte Verträge!) zunehmend ein, jedoch bedeutet dies nicht, dass eine sinnvolle und die Haftung des Unternehmens minimierende Gestaltung entsprechender – auch korrespondierender – Allgemeiner Geschäftsbedingungen nicht möglich wäre. Jedoch empfiehlt sich auch hier eine enge Abstimmung zwischen Einkauf und Vertrieb, nicht zuletzt aus der Erwägung heraus, dass viele Lieferanten eines Unternehmens häufig in Teilbereichen ihrer Konzernzugehörigkeit auch wiederum Kunden desselben Unternehmens sind.

Letztendlich ist auch eine enge Verzahnung zwischen den Bereichen Einkauf und IT sowie Einkauf und Controlling sinnvoll. Zum einen ist eine datenbankbasierte zentral EDV-gestützte Einkaufssoftware eine erhebliche Erleichterung im täglichen Ablauf des Unternehmens, die jedoch wiederum den entsprechenden datenschutzrechtlichen und arbeitssicherheitsrechtlichen Bestimmungen des Unternehmens entsprechen muss. Zum anderen ist es natürlich auch für das Controlling wichtig zu wissen, nach welchen

Kennzahlen und mit welchen Forecasts der Einkauf arbeitet (und umgekehrt innerhalb welcher Werte der Einkauf operieren kann).

2 Compliance im Verkauf/Vertrieb

2.1 REACH-Verordnung

Wenn auch nicht in dem Maße wie im Einkauf, so spielt doch die REACH-Verordnung der Europäischen Union auch im Verkauf eine nicht zu vernachlässigende Rolle. Der Verkäufer (also folglich Lieferant) von unter die REACH-Verordnung fallenden Stoffen hat hinsichtlich der Registrierung und Dokumentation auch teilweise die Pflicht zu ermitteln, wie und zu welchem Zweck die einzelnen registrierungsbedürftigen Stoffe von seinem Kunden verwendet werden. Entsprechend gilt hier das gleiche wie das zur REACH-Verordnung Gesagte.

2.2 Geräte- und Produktsicherheitsgesetz

Auch dieser Regelungsbereich dient der Umsetzung einer Europäischen Richtlinie. Vereinfacht gesagt darf ein Produkt nur dann in den Verkehr gebracht werden, wenn es so beschaffen ist, dass es bei bestimmungsgemäßem Gebrauch oder vorhersehbarer Fehlanwendung die Sicherheit und Gesundheit von Verwendern oder Dritten nicht gefährdet.

Das »Fatale« an dem Gesetz ist hierbei die Verpflichtung (nach § 5 Abs. 1 Nr. 2), dass der Hersteller oder der Importeur (»Einführer«) eines Verbraucherprodukts nicht nur stichprobenartig die Verbraucherprodukte zu überprüfen hat, sondern auch alle damit im Zusammenhang stehenden Beschwerden zu prüfen hat und hierüber ein Beschwerdebuch führen muss und ferner die Händler über eventuelle Maßnahmen das Verbraucherprodukt betreffend unterrichten muss.

Gerade im Hinblick auf die Anforderung der Führung eines Beschwerdebuchs empfiehlt es sich auch hier wiederum, eine zentrale Stelle einzurichten und damit zu beauftragen, um sicherzustellen, dass einerseits sämtliche Beschwerden erfasst werden und andererseits auch eine signifikante Häufung von angeblichen oder vermeintlichen »Bagatellbeschwerden« dazu führt, in das Beschwerdebuch insgesamt aufgenommen zu werden.

Dieses »Beschwerdebuch« macht – neben der Möglichkeit einer kontinuierlichen Erfassung etwaiger Mängel der Produkte und daraus folgend der

Möglichkeit einer kontinuierlichen Produktverbesserung – auch deswegen Sinn, weil damit dokumentiert wird, wann und in welchem Umfang Beschwerden auftraten und wann entsprechend eine gegebenenfalls erforderliche Meldung an die zuständigen Behörden erfolgte. Auch hier gilt – wie in vielen Bereichen, dass durch die Einrichtung und sorgfältige Überwachung einer entsprechenden Organisation, hier des »Beschwerdemanagements«, sich die Unternehmensleitung im Fall einer Inanspruchnahme wegen eines Verstoßes wesentlich für das Ausmaß bzw. die Folgen entschuldigen kann – anders als in dem Fall, dass kein solches System im Unternehmen existiert oder dies quasi nur »auf dem Papier« besteht, jedoch nicht stichprobenartig überwacht und kontrolliert wird.

2.3 Rückrufmanagement

Kaum ein Begriff ist negativer belastet als ein »Produktrückruf«. Selbst das genannte Beschwerdebuch (und Beschwerdemanagement) hat noch keine so endgültige und existenzgefährdende Bedeutung wie der Rückruf. Wie in so vielen Bereichen unseres Lebens befassen sich Menschen in der Regel nur widerwillig mit unangenehmen oder mit negativ belasteten Bereichen. Dies gilt im Privaten beim Erstellen von Testamenten oder Eheverträgen ebenso, wie im Geschäftsleben beim Management von Rückrufen.

Gleichwohl stimmen Berater und betroffene Unternehmen darin überein, dass ein sinnvolles Rückrufmanagement im Idealfall vor einem eventuellen Rückruffall im Unternehmen installiert und erprobt wird.

Während es im Bereich der Medizinprodukte gesetzlich verpflichtend (und sanktioniert) ist, eine Rückrufplanung vorzuhalten, verpflichtet das Geräte- und Produktsicherheitsgesetz (GPSG) zwar die Hersteller von Verbraucherprodukten ebenso, sieht jedoch bei einer Missachtung keine Sanktionen vor.

Während an der Notwendigkeit eines Rückrufmanagements nicht ernsthaft gezweifelt werden darf und kann, stellt sich die Frage, wie ein solches Rückrufmanagement im Idealfall aufgebaut wird. Dies beginnt bereits bei der Auswahl der Mitarbeiter, die einem potenziellen Team (neudeutsch gerne auch »Taskforce« genannt) angehören sollen, wobei im Idealfall Kollegen aus sämtlichen Bereichen des Unternehmens – neben F&E, Konstruktion und Qualitätssicherung auch Einkauf, Vertrieb und Controlling – vertreten sein sollten. Auch die sogenannten »Stabsabteilungen« und die entsprechenden Sicherheitsbeauftragten sollten bei der Planung eines solchen Rückrufmanagements mit eingebunden sein. Es versteht sich ferner von selbst, dass bei der Komplexität der Materie im rechtlichen Bereich auch Juristen (Inhouse oder externe Rechtsanwälte) in das Team gehören.

Neben der personellen Anforderung und Auswahl sollte auch die organisatorische Anforderung im Unternehmen genauestens definiert sein. Das ermöglicht im Fall eines gravierenden Produktfehlers, für den ein Rückruf erforderlich ist, dass alle Beteiligten schnell sowohl die Ursachen erforschen als auch die Datenkommunikation intern wie extern (wichtig: in welcher Art und Weise und welchem Umfang publiziere ich den Rückruf?) klären.

Gerne unterschätzt wird dabei auch, dass in der emotional angespannten »Echtsituation« eines Rückrufs es von immensem Vorteil ist, wenn entsprechende, individuell auf die Unternehmenssituation und -bedürfnisse zugeschnittene Checklisten vorliegen, die dann präzise abgearbeitet werden können. Dabei sollte auch im Rahmen der Taskforce die Verantwortlichkeit dahingehend geklärt werden, wer für die Aktualisierung der Checklisten (Stichwort: Kontakte zu erforderlichen Behörden, Medien aktualisieren) verantwortlich ist.

Ebenso wie bei der Vorbereitung auf eine Durchsuchung durch Strafverfolgungs-, Steuerfahndungs- oder Kartellbehörden empfiehlt es sich, soweit wie möglich einen »Ernstfall« im Rückrufmanagement vorab als Planspiel durchzuführen.

2.4 Kartellrecht im Vertrieb

2.4.1 Ausschreibungen

Einen weiteren, besonders sensiblen Punkt im Rahmen des Kartellverbotes stellt die Ausschreibung von Leistungen dar.

Einzig wenn die gemeinsame Ausschreibung erforderlich ist, damit die beteiligten Unternehmen überhaupt den Zuschlag bekommen können (weil die Unternehmen einzeln nicht in der Lage wären, die gesamte, ausgeschriebene Leistung zu erbringen; Beispiel: Arbeitsgemeinschaften bei komplexen Industriebauten), ist eine kombinierte, gemeinsame Bedienung von Ausschreibungen zulässig. Wenn die beteiligten Unternehmen einzeln in der Lage wären, das gesamte Leistungsspektrum der Ausschreibung zu bedienen und wenn dies wirtschaftlich auch noch zumutbar (also zumindest positiv vom Ergebnis her abschließbar) wäre, liegt nach der sehr strengen Rechtsprechung der EU-Kommission ein Kartellverstoß vor. Die bislang deutsche Kartellrechtspraxis war hier liberaler, da jedoch – wie vorstehend bereits ausgeführt – das deutsche Kartellrecht nunmehr sehr stark dem europäischen Kartellrecht angepasst wurde, bleibt abzuwarten, ob hier der

Bundesgerichtshof (BGH) im Fall einer solchen Entscheidung nicht auch gezwungen ist, einen wesentlich strengeren Maßstab anzulegen.

2.4.2 Preisbindung

Einen der gravierendsten Verstöße gegen das Kartellverbot stellt die Preisfestsetzung im Absatz von Waren oder Dienstleistungen gegenüber den nachgeordneten Wettbewerbsstufen dar.

Einen der gravierendsten Verstöße gegen das Kartellrecht stellt die Preisfestsetzung im Absatz von Waren oder Dienstleistungen gegenüber den nachgeordneten Wettbewerbsstufen dar. Ohne Ausnahme unzulässig ist es, der nachrangigen Absatzstufe verbindlich vorzugeben, welche Preise sie wiederum von ihren Kunden verlangen kann. Jegliche Einschränkung der Preisautonomie der nachgeordneten Stufe stellt einen Kartellverstoß dar. Einzig die Vereinbarung bzw. Vorgabe von Höchstverkaufspreisen ist im Rahmen der sogenannten »Gruppenfreistellungsverordnungen« (hier der GVO – vertikaler Vertrieb) freistellungsfähig, wenn die übrigen Voraussetzungen (z.B. keine marktbeherrschende Stellung des Unternehmens im relevanten Markt) gegeben sind.

Wichtig in diesem Zusammenhang ist, dass dies nicht nur unmittelbare, direkte Preisbindungen erfasst, sondern auch den gesamten Bereich sogenannter »indirekter Preisbindungen«. Die Festlegung der Absatzspanne der nachgeordneten Absatzstufe beeinflusst ebenso den Preis (und behindert die freie wirtschaftliche Entfaltung der nachgeordneten Absatzstufe) wie z.B. Bonussysteme bei Einhaltung eines bestimmten Preisniveaus.

2.4.3 Gebietsbeschränkungen

Die Beschränkung des Absatzes auf bestimmte Gebiete (alternativ, aber inhaltlich genauso davon erfasst: auf bestimmte Kunden/Kundenkreise) ist aus zweierlei Richtung zu betrachten: aus Sicht des aktiven Vertriebs und aus Sicht des passiven Vertriebs.

2.4.3.1 Aktiver Vertrieb

Eine Beschränkung des Kunden/Vertriebspartners, seinerseits keinen aktiven Vertrieb in bestimmten Regionen zu tätigen, ist zwar an sich eine kartellrechtlich zu beanstandende Verletzung von Art. 81 EG-Vertrag (bzw. § 1 GWB), ist in der Regel jedoch freigestellt nach den einschlägigen Gruppenfreistellungsverordnungen. Demzufolge ist eine Beschränkung des aktiven Vertriebs grundsätzlich zulässig. Dies bedeutet, ich kann meinen Vertriebspartnern einzelne Verkaufsgebiete zuweisen, in welchen sie von sich aus tätig werden dürfen und ferner kann ich in den Beschränkungen hinsichtlich bestimmter Regionen (oder auch Kunden/Kundengruppen) auferlegen, bei welchen sie nicht von sich aus aktiv werbend und verkaufend tätig werden dürfen.

2.4.3.2 Passiver Vertrieb

Wenn ich zwar den aktiven Vertrieb einschränken darf, so gilt dies keinesfalls für den sogenannten passiven Vertrieb. Zwar kann ich, wie vorstehend ausgeführt, meinem Vertriebspartner untersagen, in einer bestimmten Region zu werben und versuchen, dort Kunden zu gewinnen. Ich kann jedoch nicht einem Vertriebspartner im Raum der EU (da dieses Recht nur anwendbar für den Raum der EU ist!) verbieten, Anfragen von Kunden oder Interessenten aus solchen Regionen (oder entsprechenden Kundengruppen) zu ignorieren. Sofern die Initiative von dem Kunden bzw. Interessenten ausgeht, ist der Vertriebspartner berechtigt, an diesen zu verkaufen (sogenannter passiver Vertrieb).

2.4.4 Wettbewerbsverbote und Exklusivität

Ein Wettbewerbsverbot in Vertriebsverträgen besagt, dass der Vertriebspartner nicht berechtigt ist, Produkte oder Dienstleistungen, die mit dem Angebot des Unternehmens konkurrieren, zu verkaufen, zu bewerben oder sonstwie zu vertreiben. Bekanntestes Beispiel hierfür sind die Bierbezugsverträge/Brauereiverträge. Üblicherweise sind Gaststätten hinsichtlich der Getränkeauswahl daran gebunden, was die beliefernde Brauerei an Auswahlmöglichkeiten von Getränken (sowohl Bier als auch sonstige Getränke) vorgibt.

Derartige Beschränkungen sind üblicherweise – trotz eines Kartellverstoßes – insoweit zulässig, als sie regelmäßig nach den einschlägigen Gruppenfreistellungsverordnungen gelockert werden. Allerdings erfolgt diese Freistellung nur für eine Dauer von maximal fünf Jahren. Es ist hier also darauf zu achten, dass die Verträge hinsichtlich der Laufzeit keine längere Laufzeit als fünf Jahre vereinbaren oder vorsehen. Bei unbefristeten bzw. sich automatisch verlängernden Verträgen gilt eine Laufzeit von über fünf Jahren als angenommen, was automatisch zur Unwirksamkeit einer solchen Wettbewerbsabrede nach der Gruppenfreistellungsverordnung vertikaler Vertrieb führt.

Eine Exklusivitätsvereinbarung ist dagegen in mehreren Richtungen denkbar. Zum einen kann das Unternehmen verlangen, dass es der alleinige Lieferant des Vertriebspartners/Kunden ist. Zum anderen kann der Vertriebspartner gezwungen werden, seinen gesamten Bedarf ausschließlich bei dem Unternehmen zu decken (was im Wesentlichen der vorangehenden

Regelung entspricht), oder aber – was in der Praxis häufiger vorkommt und nicht auf den ersten Blick als eine Wettbewerbsbeschränkung erachtet wird – der Vertriebspartner wird auf Grund enorm hoher Mindestabnahmemengen faktisch gezwungen, seinen gesamten Bestand beim Unternehmen zu decken.

Diese Exklusivitätsvereinbarungen stellen ebenso wie Wettbewerbsverbote einen grundsätzlichen Kartellverstoß dar, der jedoch wiederum regelmäßig durch die Gruppenfreistellungsverordnung gelockert wird. Auch hier gilt das vorstehend Gesagte, wonach derartige Vereinbarungen keine längere Laufzeit als fünf Jahre aufweisen dürfen.

Praxistipp:
Gerade im Vertrieb sollten die entsprechenden Vertriebsverträge unbedingt von einem auf diesem Gebiet juristisch geschulten Mitarbeiter oder dem Compliance-Beauftragten überprüft werden, wenn folgende Regelungen in dem Vertrag enthalten sind:

- Preisfestlegung
- Exklusivität
- Kunden-/Gebietsbeschränkungen
- Diskriminierungen oder Boykottaufforderungen
- Laufzeit der Verträge (Fünfjahresfrist!)

2.5 Handelsvertreter und Handelsvertreterausgleichsanspruch

Handelsvertreter ist nach § 84 Handelsgesetzbuch (HGB), wer als selbstständiger Gewerbetreibender ständig damit betraut ist, für einen anderen Geschäfte zu vermitteln oder in dessen Namen abzuschließen. Prägendes Charakteristikum des Handelsvertreters ist demnach die Vermittlung von Geschäften für einen anderen. Der Handelsvertreter schließt also keine Verträge in eigenem Namen ab. Als Vergütung steht dem Handelsvertreter grundsätzlich eine erfolgsabhängige Provision für die von ihm vermittelten Geschäfte zu.

Im Falle der Beendigung des Handelsvertretervertrages durch Gründe, die der Handelsvertreter nicht zu vertreten hat, steht dem Handelsvertreter grundsätzlich nach § 89 b HGB ein Ausgleichsanspruch zu. Dieser Ausgleichsanspruch stellt nach dem gesetzlichen Modell eine Kompensation dafür dar, dass dem Unternehmer auch nach Beendigung der Handelsvertreterbeziehung die vom Handelsvertreter geworbenen Kundenbeziehungen weiterhin als eigene Vermögenspositionen zugute kommen. Die Höhe des Ausgleichsanspruchs ist nach § 89 b Abs. 2 HGB gedeckelt auf eine nach dem Durchschnitt der letzten fünf Jahre der Tätigkeit des Handelsvertreters berechnete Jahresprovision.

Wichtig ist, dass der Ausgleichsanspruch in Deutschland sowie in den übrigen Staaten der EG und des EWR auf Grund der zwingenden Vorgaben der Europäischen Handelsvertreterrichtlinie nicht zur Disposition der Parteien steht. Können im allgemeinen Schuldrecht grundsätzlich die Parteien frei von gesetzlichen Vorgaben abweichen und individuell die zwischen ihnen geltende Vertragsbeziehung regeln, so ist hiernach die zum Zwecke des Schutzes der Interessen des Handelsvertreters zwingende Regelung des Ausgleichsanspruchs einer solchen Disposition entzogen. Außerhalb des Gebiets der EG-Mitgliedsstaaten bzw. der EWR-Staaten tätige Handelsvertreter unterfallen nicht dieser Schutzregelung. In Verträgen mit solchen Handelsvertretern kann daher der Ausgleichsanspruch wirksam ausgeschlossen werden.

Wichtig ist in diesem Zusammenhang aber auch zu wissen, dass der Handelsvertreter in Frankreich einen Anspruch auf in etwa der doppelten Abfindung (sog. »Ausgleichsanspruch«) hat als in fast allen übrigen Ländern in der EU. Bei der Vereinbarung von Handelsvertreterverträgen mit in Frankreich ansässigen Vertragspartnern sollte man daher darauf Wert legen, die Rechtswahl in dem Vertrag so zu treffen, dass nicht französisches Recht zur Anwendung kommt.

2.6 Vertragshändler und Vertragshändlerausgleichsanspruch

Die Rechtsfigur des »Vertragshändlers« ist gesetzlich nicht geregelt, sondern wurde durch Rechtsprechung und Vertragspraxis entwickelt. Im Unterschied zum Handelsvertreter vertreibt ein Vertragshändler Waren eines Unternehmers im eigenen Namen und auf eigene Rechnung. Der Vertragshändler nimmt somit selbstständige Absatzgeschäfte vor. Im Unterschied zum herkömmlichen Händler ist er jedoch durch vertragliche Bindungen in die Vertriebsorganisation des Lieferanten eingegliedert. Hinsichtlich der rechtlichen Behandlung des Vertragshändlers wird von der Rechtsprechung vielfach auf allgemeine Regelungen des Handelsvertreterrechts Bezug genommen, soweit nicht zwingende Systemunterschiede eine abweichende Behandlung notwendig machen.

Einem Vertragshändler steht nach der Entscheidungspraxis der Rechtsprechung ein Ausgleichsanspruch analog § 89 b HGB nur dann zu, wenn bestimmte Voraussetzungen vorliegen, die eine Parallelität zum Handelsvertreterrecht rechtfertigen. So muss als erste Voraussetzung der Vertragshändler eng in die Absatzorganisation des Herstellers oder Lieferanten eingebunden sein. Kriterien für eine solche enge Integration des Vertragshändlers in die Vertriebsstruktur des Herstellers bzw. Lieferanten sind etwa Mindestabnahmemengen, Weisungsrechte hinsichtlich der Vertriebsstrategie oder Kontrollrechte in Bezug auf die Verkaufsorganisation oder Lagerhaltung. Zweites wichtiges Kriterium, welches zusätzlich vorliegen muss, ist die vertragliche Pflicht des Vertragshändlers zur Überlassung des Kundenstamms an den Hersteller oder Lieferanten. Dieser muss bei Vertragsende in die Lage versetzt werden, sich die Vorteile des Kundenstamms sofort und ohne weiteres nutzbar zu machen. Letzteres Kriterium zeigt deutlich, dass der Ausgleichsanspruch eben nur den Ausgleich derjenigen Nachteile bezweckt, die der Handelsvertreter bzw. der Vertragshändler deswegen erleidet, weil er nach Beendigung des Vertrages die von ihm geschaffenen Kundenkontakte nicht mehr weiter bzw. nicht mehr uneingeschränkt nutzen kann.

Bemerkenswert ist insoweit, dass trotz erheblicher Kritik von Seiten der Rechtswissenschaft die Gerichte bislang von dem Erfordernis einer vertraglichen Pflicht nicht abrücken. Dies heißt, dass in allen Fällen, in denen der Vertragshändler die Kundendaten zwar an den Unternehmer übermittelt, jedoch keine ausdrückliche Vertragspflicht hierzu gefunden werden kann, der Vertragshändler nicht zu einem Ausgleichsanspruch berechtigt ist. Allerdings kann sich eine vertragliche Pflicht zur Überlassung des Kundenstamms auch aus versteckten Klauseln ergeben, was insbesondere bei Ausgestaltung und Abschluss von Vertragshändlerverträgen von elementarer Bedeutung ist. Regeln etwa, wonach der Vertragshändler eine Art »Statusreport« über Kundenaktivitäten, Rechnungskopien oder etwa Garantiekarten, die von den Endkunden ausgeführt wurden, an den Unternehmer weiterzugeben hat, können ausreichen, um von einer vertraglichen Pflicht zur Überlassung der Kundendaten im Sinne der Rechtsprechung auszugehen. Wichtig ist in diesem Bereich die sorgfältige Abfassung und Überprüfung jedes neu abzuschließenden Vertragshändlervertrags sowie ein kontinuierliches und gründliches Vertragscontrolling hinsichtlich aller bereits existierenden Vertragshändlerverträge.

2.7 Allgemeine Geschäftsbedingungen

Allgemeine Geschäftsbedingungen finden heutzutage auf fast allen Ebenen von Vertragsbeziehungen sowohl zwischen Unternehmen (Business to Business, »B2B«) als auch im Verhältnis gegenüber Verbrauchern (Business to Consumer, »B2C«) Verwendung. Dies ist nicht weiter verwunderlich, bieten sie doch die Möglichkeit einer sinnvollen Vereinfachung und Standardisierung dieser Vertragsbeziehungen. Dem hierdurch sich bietenden Vorteil einer erheblichen Zeitersparnis und eines einheitlichen Vertragsmanagements stehen jedoch auch Risiken gegenüber. Die sorgfältige Formulierung der eigenen Allgemeinen Geschäftsbedingungen sollte daher nicht vernachlässigt werden. Geschickt formulierte Allgemeine Geschäftsbedingungen können im Einzelfall den Unterschied machen, ob das eigene Unternehmen Ansprüche in möglicherweise beträchtlichem Umfang geltend machen kann und ob entsprechende Ansprüche gegen das eigene Unternehmen erfolgreich abgewehrt werden können.

Abzuraten ist in jedem Fall vom mehr oder weniger vollständigem Kopieren von Bedingungen anderer Unternehmen. Aufgrund der oft unklaren Vorgaben von Gesetz und Rechtsprechung herrscht hier ein weit verbreiteter Wildwuchs an Formulierungen, die sehr häufig einer Inhaltskontrolle durch ein Gericht nicht standhalten würden.

Praxistipp:
Vor der Gestaltung von Allgemeinen Geschäftsbedingungen ist es daher wichtig, für das eigene Unternehmen die folgenden Fragen zu beantworten:

- Bestehen die Vertragsbeziehungen, in denen die vorformulierten Bedingungen verwendet werden sollen, mit Verbrauchern oder mit Geschäftsleuten?
- Handelt es sich nicht um Verbraucher, so ist zu fragen, welchen Geschäftspartnern gegenüber die Bedingungen gelten sollen. Handelt es sich z.B. um Bedingungen für den Einkauf oder sollen die Klauseln im operativen Geschäft gegenüber Kunden Verwendung finden?
- Sollen die Allgemeinen Geschäftsbedingungen auch gegenüber Geschäftspartnern in anderen Ländern Verwendung finden?

Nur wenn diese Fragen intern beantwortet sind, kann die Formulierung von pass- und zielgenauen Bedingungen gelingen. Dabei gilt es, einige typische Risiken gezielt zu umschiffen. Handelt es sich beispielsweise um Bedingungen, die gegenüber Verbrauchern Verwendung finden sollen, so sind die Gestaltungsmöglichkeiten äußerst gering. Gegenüber Verbrauchern gelten besonders strenge Vorgaben und in der Regel ist eine Abweichung von der gesetzlichen Vorgabe nur in geringem Umfang möglich. Allgemeine Geschäftsbedingungen können hier nur einzelne vorhandene Spielräume nutzen und müssen sich ansonsten bewusst beschränken, um das Risiko einer Unzulässigkeit zu vermeiden.

Aber auch gegenüber Geschäftskunden ist eine stetige Ausweitung der gerichtlichen Inhaltskontrolle von Vertragsbedingungen zu beobachten. Die Tendenz geht eindeutig dahin, dass die eigentlich für Verbraucher gedachten Vorgaben fast identisch auch auf Vertragsbedingungen gegenüber Geschäftskunden angewendet werden. Die Freiräume sind hier zwar in der Regel etwas größer als gegenüber Verbrauchern, letztlich muss jedoch auch hier immer geprüft werden, ob die Grenze des Zulässigen nicht bereits überschritten worden ist.

Dabei wird häufig übersehen, dass nicht nur das »Kleingedruckte« als Allgemeine Geschäftsbedingungen der inhaltlichen Kontrolle unterliegt. Als Allgemeine Geschäftsbedingungen zählen vielmehr praktisch alle Vertragsklauseln, die für eine mehrfache Verwendung bestimmt sind und nicht im Einzelnen ausgehandelt werden. Ein »Aushandeln« liegt nach der Rechtsprechung aber nur dann vor, wenn der Verwender und sein Gegenüber tatsächlich über die entsprechende Klausel verhandeln und der Verwender die Klausel ernsthaft zur Disposition stellt. Nach diesen Vorgaben befinden sich in den meisten Verträgen eine erhebliche Anzahl an Klauseln, die als Allgemeine Geschäftsbedingungen gelten.

Ein Risiko besteht immer darin, dass eine zu weitgehende Formulierung von Allgemeinen Geschäftsbedingungen unweigerlich deren Unwirksamkeit nach sich zieht. Eine Reduzierung im Wege der Auslegung auf das gerade noch gesetzlich zulässige Maß ist nicht möglich.

Die Folgen einer zu weitgehenden Formulierung können daher für das eigene Unternehmen durchaus von erheblichem Nachteil sein. Zum einen führt sie dazu, dass die gesamte entsprechende Klausel – beispielsweise zur Haftung – unwirksam ist und stattdessen die gesetzlichen Regelungen gelten. Diese begünstigen in der Regel die Vertragspartei, die Leistungen nachfragt, beispielsweise Käufer oder Besteller einer Werkleistung.

Hinzu kommt, dass die Rechtsprechung unzulässige Allgemeine Geschäftsbedingungen wiederholt auch als Verstoß gegen das Gesetz gegen den unlauteren Wettbewerb (UWG) gewertet hat. Dies hat die Folge, dass Konkurrenten und spezielle vom Gesetz zugelassene Interessenverbände das eigene Unternehmen abmahnen und Unterlassung der Verwendung der Allgemeinen Geschäftsbedingungen verlangen können. Abgesehen von dem negativen Eindruck in der Öffentlichkeit kommt im Falle einer Abmahnung bzw. einer gerichtlichen Auseinandersetzung noch eine erhebliche Kostenbelastung auf das eigene Unternehmen zu.

Im Falle der Verwendung von Allgemeinen Geschäftsbedingungen gegenüber ausländischen Geschäftspartnern ist darüber hinaus zu beachten, dass viele Rechtsordnungen zwingende Bestimmungen vorsehen, die sich auch durch Allgemeine Geschäftsbedingungen nicht vertraglich aushebeln lassen. Dies gilt unabhängig davon, ob die Vertragsbeziehungen dem deutschen Recht unterstellt werden oder nicht. Im Zweifel ist daher Rat von einer fachkundigen Person, die vertraut ist mit dem jeweiligen Recht des Staates, in dem der Geschäftspartner seinen Sitz hat, einzuholen.

3 Checkliste Kartellrecht

Anhand der folgenden Fragen lässt sich relativ einfach feststellen, ob ein bestimmtes Verhalten für ein Unternehmen kartellrechtlich einen Verstoß gegen gesetzliche Vorgaben bedeuten kann. Es empfiehlt sich, die Antworten aus Block A in regelmäßigen Abständen und die Antworten aus Block B bei Bejahung einer der Fragen mit dem – internen oder externen – Compliance-Beauftragten durchzusprechen und abzustimmen.

A. Notwendige Vorfragen (Marktverhältnisse)

- ☐ In welchem Markt bewege ich mich?
- ☐ Wer sind meine Konkurrenten?
- ☐ Wie groß ist mein Marktanteil?
- ☐ Welche Umsätze mache ich (i) in Deutschland, (ii) in der EU, (iii) weltweit?

B. Wettbewerbsverhalten

- ☐ Lege ich meinem Vertragspartner Beschränkungen auf?
- ☐ Wenn ja: Schränke ich meinen Vertragspartner darin ein, seinerseits Verträge mit Dritten abzuschließen?
- ☐ Fordere ich von meinem Vertragspartner Leistungen, die in keinem Zusammenhang mit dem eigentlichen Vertragszweck und der Vertragsdurchführung stehen?

☐ Nehme ich an Treffen oder Veranstaltungen teil, wo Empfehlungen für ein gleichgerichtetes Verhalten der Teilnehmer am Markt ausgesprochen werden?

4 Literatur

Bechtold, R.: *Kartellgesetz: GWB – Gesetz gegen Wettbewerbsbeschränkungen*, 5. Aufl., München 2008.

Langen, E./Bunte, H.-J.: *Kommentar zum deutschen und europäischen Kartellrecht in 2 Bänden (Band 1: Deutsches Kartellrecht; Band 2: Europäisches Kartellrecht)*, 10. Aufl., Köln 2006.

Loewenheim, U./Meesen, K. M./Riesenkampff, A.: *Kartellrecht. Band 1: Europäisches Recht. Band 2: GWB*, München 2006.

Münchener Kommentar zum Europäischen und Deutschen Wettbewerbsrecht (Kartellrecht) Band 2: Gesetz gegen Wettbewerbsbeschrnkungen: GWB, München 2008-08-08

Palandt, O.: *Bürgerliches Gesetzbuch (BGB)*, 67. Aufl., München 2008.

Säcker, F. J./Rixecker, R. (Hrsg.): *Münchener Kommentar zum BGB, Band 1/Teilband 2: Allgemeines Gleichbehandlungsgesetz – AGG, Band 2: Schuldrecht Allgemeiner Teil: §§ 241-432*, 5. Aufl., München.

Ulmer, P./Brandner, H. E./Hensen, H.-D.: *AGB – Recht: Kommentar. §§ 305 – 310 BGB. Unterlassungsklagengesetz*, 10. Aufl., Köln 2006.

Weiß, R./Sander, M.: *REACH in der Praxis: Das neue EG-Chemikalienrecht – Einführung – Umsetzungshilfen – Rechtsvorschriften – Materialien* 2007.

III.
Marketing und Vertrieb

Ralph Egerer

1 Ausgangslage

Fragestellungen im Zusammenhang mit Corporate Compliance begegnen uns im Bereich Marketing weniger in Gestalt der zielgerichteten Missachtung von Verhaltenspflichten, wie dies etwa in Bestechungs- und Korruptionskonstellationen, bei der gezielten Ausspähung von Mitarbeitern oder anderen Missbrauchskonstellationen der Fall ist. Die Ursache von Rechts- und Pflichtverstößen in diesem Bereich liegt typischerweise in der Vernachlässigung oder falschen Einschätzung der insoweit bestehenden komplexen rechtlichen Rahmenbedingungen. Compliance zielt in diesem Kontext daher weniger auf die Verhinderung des bewussten Missbrauchs von Befugnissen, sondern in erster Linie auf die Vermeidung der nachlässigen Handhabung rechtlicher Vorgaben. Zielgerichtete Rechtsverstöße sind aber keineswegs ausgeschlossen. Zu denken ist etwa an das Fälschen von Markenware, die gezielte Einfuhr und der Vertrieb von Piraterieware oder das Ausspähen fremder Technologien mit verbotenen Mitteln bis hin zur Industriespionage sowie die verbotene Nachahmung fremder Technologien.

Die rechtlichen Rahmenbedingungen für das unternehmerische Handeln im Bereich Marketing werden ganz wesentlich durch die Rechtspflicht zur Achtung fremden geistigen Eigentums gebildet. Geistiges Eigentum findet seine rechtliche Ausprägung in den geistigen Schutzrechten (IP-Rechten). Von unternehmerischer Relevanz sind vor allem Marken, technische Schutzrechte wie Patente und Gebrauchsmuster, Geschmacksmuster als Schutzrechte an Designs sowie Urheberrechte. Letzteres insbesondere im Hinblick auf die Entwicklung von Software.

Geistige Schutzrechte verleihen ihrem jeweiligen Inhaber zum einen das ausschließliche Recht, die Marke, das Produktdesign, die Software, die technische Erfindung zu nutzen und zum anderen die rechtliche Möglichkeit, anderen deren Nutzung zu verbieten.

Die maßgeblichen rechtlichen Aspekte im Zusammenhang mit geistigen Schutzrechten, insbesondere ihr Gegenstand, ihre Schutzvoraussetzungen,

Praxishandbuch Corporate Compliance. Axel Jäger, Christian Rödl und José A. Campos Nave

ISBN 978-3-527-50395-7

die sich daraus ergebenden Rechte des Schutzrechtsinhabers sowie die rechtlichen Folgen ihrer Verletzung sind jeweils in speziellen Gesetzeswerken geregelt. In Deutschland sind dies bezogen auf die oben genannten Schutzrechte – soweit es sich um nationale Schutzrechte handelt – das Markengesetz (MarkenG) vom 25.10.1995, das Patentgesetz (PatG) vom 5.5.1936, das Gebrauchsmustergesetz vom 5.5.1936, das Geschmacksmustergesetz (GeschmMG) vom 12.03.2004 sowie das Urhebergesetz (UrhG) vom 09.09.1965. Schutzrechtssysteme mit vergleichbarem Inhalt bestehen in nahezu jedem Land weltweit.

Neben nationalen Schutzrechten bestehen Schutzrechte, deren territorialer Geltungsbereich sich über die nationalen Grenzen einzelner Staaten hinaus erstreckt. Dies gilt zunächst für die Gemeinschaftsmarke gemäß Gemeinschaftsmarkenverordnung (GMV)[117)] sowie das Gemeinschaftsgeschmacksmuster gemäß Gemeinschaftsgeschmacksmusterverordnung (GGV)[118)] vom 12.12.2001, die jeweils beim Europäischen Harmonisierungsamt in Alicante (HABM) angemeldet werden können und deren territorialer Schutzbereich sich auf das gesamte Gebiet der Europäischen Gemeinschaft erstreckt. Das Europäische Patentübereinkommen (EPÜ) bietet die Möglichkeit, durch eine einheitliche Anmeldung beim Europäischen Patentamt in München ein Bündel an nationalen Patenten in allen, mehreren oder einzelnen Vertragsstaaten des EPÜ zu erwerben. Ähnliches gilt für die Internationale Marke (IR-Marke), welche es erlaubt, durch eine einheitliche Anmeldung bei der WIPO in Genf Markenschutz in einem oder mehreren Vertragsstaaten des Madrider Markenabkommens (MMA) zu erlangen. Das Urheberrecht ist nicht territorial begrenzt, sondern entfaltet per se »universale« Geltung.

Neben den geistigen Schutzrechten prägt auch das Verbot des unlauteren Wettbewerbs den rechtlichen Rahmen für unternehmerisches Handeln im Bereich Marketing. Im Kern sind die diesbezüglichen Regeln im UWG[119)] enthalten. Weitere rechtliche Vorgaben können sich aus zivilrechtlichen Vorgaben wie dem Produkthaftungsrecht oder aus öffentlich-rechtlichen Bestimmungen wie dem Produktsicherheitsgesetz oder je nach Produktbereich auch aus spezielleren Regelungsmaterien wie dem Lebensmittelrecht ergeben.

Auf der Grundlage der genannten rechtlichen Vorgaben hat Compliance im Bereich Marketing vor allem zwei Zielrichtungen:

117) VO (EG) Nr. 40/1994 vom 20.12.1993.

118) VO (EG) Nr. 6/2002 vom 12.12.2001.

119) Gesetz zur Bekämpfung des unlauteren Wettbewerbs vom 03.07.2004.

- zum einen die Vermeidung von Verletzungen fremden geistigen Eigentums, wettbewerbsrechtlicher sowie sonstiger zivil- oder öffentlich-rechtlicher Vorgaben durch das eigene unternehmerische Handeln mit den entsprechenden Haftungsfolgen zivilrechtlicher oder strafrechtlicher Art,
- zum anderen die Absicherung, die Pflege und den Ausbau des eigenen Schutzrechts-Portfolios und als Folge davon auch den Schutz sowie die aktive Bildung und Weiterentwicklung von Vermögenswerten für das eigene Unternehmen.

Auf die folgenden Bereiche unternehmerischen Handelns mit Marketingbezug und deren jeweils spezifische rechtliche Anforderungen soll im Folgenden eingegangen werden:

- Gestaltung und Entwicklung von Produkten
- Markenfindung
- Management von Schutzrechtsportfolios
- Werbe- und Vertriebsmaßnahmen

2 Produktgestaltung-/Produktentwicklung

2.1 Rechtliche Grundlagen

2.1.1 Designschutz

Das Produktdesign, also die äußere Gestaltung eines Produkts, kann diesem ein unverwechselbares Gesicht für potenzielle Abnehmer verleihen und ist daher ein überragend wichtiges Marketinginstrument. Dies gilt keineswegs nur für die klassischen Designer-»Spielwiesen« in Konsumgüterbereichen wie Möbel, Schmuck, Uhren, Brillen, Haushaltsgeräte, Unterhaltungselektronik, Handys, Automobile. Vielmehr widmen Hersteller aus nahezu allen Branchen dem Design ihrer Produkte zum Teil große Aufmerksamkeit, bis hin zu industriellen Anlagen und anderen Produkten für rein gewerbliche Zwecke, seien es Baufahrzeuge, Werkzeuge oder Maschinen der Fertigungsautomatisierung.

Bei der Gestaltung und Entwicklung von Produkten muss darauf geachtet werden, dass keine geistigen Schutzrechte Dritter verletzt werden, die unmittelbar die äußere Gestaltung von Produkten, also deren Design, zum Gegenstand haben. Es handelt sich in erster Linie um Geschmacksmuster- und Urheberrechte.

Ein Geschmacksmuster entsteht grundsätzlich durch die Hinterlegung einer Abbildung der jeweiligen Produktgestaltung (Muster) im Geschmacksmusterregister, in Deutschland beim Deutschen Patent- und Markenamt in München (DPMA). Voraussetzung für die Erlangung eines Geschmacksmusters ist, dass das jeweilige Muster neu ist. Dies ist dann der Fall, wenn zuvor noch kein identisches Muster offenbart wurde und das Muster die erforderliche Eigenart aufweist, d.h. sich von allen anderen Mustern unterscheidet, die zuvor bereits offenbart wurden.

Daneben kann ein Geschmacksmuster seit dem 1.4.2003 auf der Grundlage der Gemeinschaftsgeschmacksmuster-Verordnung (GGV) auch für das gesamte Gebiet der EU durch eine einheitliche Anmeldung beim Harmonisierungsamt für den Binnenmarkt in Alicante (HABM) erlangt werden (sog. Gemeinschaftsgeschmacksmuster). Nach der GGV kann ein Geschmacksmuster auf europäischer Ebene sogar ohne Eintragung in einem Register allein dadurch entstehen, dass eine bestimmte Produktgestaltung innerhalb der Europäischen Gemeinschaft offenbart, das heißt der Öffentlichkeit zugänglich gemacht wird. Die Schutzdauer eines eingetragenen Geschmacksmusters ist zeitlich auf maximal 25 Jahre, die eines nicht eingetragenen Geschmacksmusters nach der GGV auf 3 Jahre begrenzt.

Wenn die Gestaltung eines Produkts eine gewisse »Schöpfungshöhe« erreicht, kann an dem Design auch ein Urheberrecht bestehen, in Deutschland nach den Bestimmungen des Urhebergesetzes (UrhG). Ein solches Urheberrecht bietet eine gegenüber dem Geschmacksmuster wesentlich längere Schutzdauer von 70 Jahren (beginnend mit dem Tod des Urhebers). Ein weiterer Vorteil besteht darin, dass es zu seiner Entstehung keiner Eintragung in einem Register bedarf, also auch dann rechtlichen Schutz für das Design eines Produkts entfalten kann, wenn die Anmeldung eines Geschmacksmusters nicht vorgenommen wurde. Aufgrund der besonderen rechtlichen Anforderungen an die Schöpfungshöhe haben Urheberrechte als rechtliche Grundlage für Designschutz typischerweise Bedeutung im Bereich der klassischen »Designer-Produkte« mit künstlerischem Anspruch, wie etwa Möbel und andere Einrichtungsgegenstände, Küchen- und Haushaltsgegenstände, Bekleidung, Schmuck, Uhren, Unterhaltungselektronik, Automobile etc. Allerdings sind die Anforderungen an das Entstehen von Urheberrechten gerade im Bereich des Designs von Gebrauchsgegenständen hoch, so dass in diesem Bereich der Designschutz über Geschmacksmuster in der Praxis klar im Vordergrund steht.

Mittelbar kann das Design eines fremden Produkts schließlich dadurch geschützt sein, dass dessen Nachahmung als Fall unlauterer Wettbewerb im Sinne des Gesetzes gegen den unlauteren Wettbewerb (UWG) anzusehen ist. Dies ist aber nur ausnahmsweise bei Vorliegen besonderer Umstände der Fall. Denn grundsätzlich ist die Nachahmung von Produkten, sei es deren äußere Gestaltung oder deren technische Funktionalität, nach dem deutschen und europäischen Wettbewerbsrecht ausdrücklich erlaubt (etwas anderes gilt natürlich dann, wenn die Gestaltung oder die Funktion Gegenstand eines geistigen Schutzrechts ist). Aber auch wenn kein Schutz durch ein geistiges Schutzrecht besteht, kann die Nachahmung des Produkts eines Wettbewerbers als unlauterer Wettbewerbs unzulässig sein, etwa dann, wenn das Produkt auf dem Markt einen guten Ruf genießt und dieser Ruf durch die Nachahmung ausgenutzt oder beschädigt wird oder wenn die Nachahmung zur Folge hat, dass der Verkehr über die Herkunft der Ware getäuscht wird (§ 4 Nr. 9 UWG). Liegt ein Wettbewerbsverstoß vor, löst dies wiederum Ansprüche des Wettbewerbers auf Beseitigung und Unterlassung der Beeinträchtigung oder Schadensersatz (§§ 8, 9 UWG) aus.

2.1.2 Schutz der technischen Funktionalität von Produkten

Im Zusammenhang mit der Entwicklung von Produkten, die durch eine bestimmte technische Funktionalität geprägt sind, sind Patent- und Gebrauchsmusterrechte, die bereits zu Gunsten anderer an der jeweiligen Technik bestehen, zu beachten.

Wie eingangs erwähnt, können Patente als nationale Schutzrechte in einem bestimmten Land, als Europäisches Patent in den einzelnen Vertragsstaaten des EPÜ sowie aufgrund einer internationalen Patentanmeldung in allen Vertragsstaaten des PCT entstehen.

Voraussetzung für die Erlangung von Patentschutz ist stets, dass die jeweiligen Erfindung neu ist, dass sie auf einer erfinderischen Tätigkeit beruht und gewerblich anwendbar ist.

Nach deutschem Recht besteht grundsätzlich auch die Möglichkeit, eine Erfindung nicht als Patent, sondern anstelle oder neben einem solchen beim DPMA als Gebrauchsmuster anzumelden. Gegenüber dem Patent bietet das Gebrauchsmuster den Vorteil einer erleichterten, billigeren und schnelleren Eintragung (sogenanntes »kleines Patent«). Es ist auf der anderen Seite aber rechtlich leichter angreifbar. Das Gebrauchsmuster wird daher häufig eingesetzt, um bis zur häufig zeitraubenden Eintragung eines Patents eine vorläufige Rechtsposition zu erwerben. Der Schutz von Gebrauchsmustern neben Patenten stellt weltweit kein durchgängiges Prinzip dar, ist aber doch in zahlreichen Ländern vorgesehen.

Die Schutzdauer eines Patents ist zeitlich auf maximal 20, die eines Gebrauchsmusters auf 10 Jahre begrenzt.

2.2 Gefahren des Missbrauchs

2.2.1 Mögliche Ansprüche des Schutzrechtsinhabers

Geistige Schutzrechte verschaffen ihrem Inhaber das Recht, jeden anderen von der Nutzung eines dadurch geschützten Produktdesigns oder einer darin verkörperten technischen Erfindung auszuschließen. Je nachdem, ob das Produkt eine bestimmte äußere Gestaltung aufweist oder durch eine bestimmte technische Funktionalität geprägt ist, ist daher mit der Entwicklung und Gestaltung von Produkten stets das potenzielle Risiko verbunden, ein Patent-, Gebrauchsmuster, Geschmacksmuster oder Urheberrecht eines anderen zu verletzen und von diesem in Anspruch genommen zu werden.

Die Palette der möglichen Ansprüche reicht dabei von Unterlassungs-, über Auskunfts- und Schadensersatzansprüche bis hin zu Ansprüchen auf Vernichtung der schutzrechtsverletzenden Waren.

Dabei genügt bereits die bloße Herstellung sowie der Besitz von schutzrechtsverletzenden Waren, um eine Verletzung von Schutzrechten Dritter zu begründen. Nicht erforderlich, aber ebenfalls ausreichend ist, dass die Produkte bereits beworben oder vertrieben werden.

2.2.2 Mögliche Maßnahmen des Schutzrechtsinhabers

Zur Durchsetzung seiner Ansprüche kann der Schutzrechtsinhaber auf eine Reihe von wirkungsvollen rechtlichen Instrumenten zurückgreifen.

Er kann zunächst den Verletzer abmahnen, das heißt die Abgabe einer rechtsverbindlichen Unterlassungserklärung, verbunden mit der Forderung der Zahlung einer Vertragsstrafe für den Fall künftiger Wiederholungen der Schutzrechtsverletzung, fordern. Sollte die Abgabe einer solchen Erklärung verweigert werden, kann er darüber hinaus eine gerichtliche einstweilige Unterlassungsverfügung erwirken, welche ihm erlaubt, die Verletzungshandlung (Herstellung, Besitz, Vertrieb, Bewerbung der Verletzungshandlung) sofort zu unterbinden. Bei einem Verstoß gegen eine solche einstweilige Verfügung droht deren Vollstreckung im Wege der Festsetzung eines Ordnungsgeldes (bis max. Euro 250 000) oder in Ausnahmefällen sogar Ordnungshaft. Daneben kann der Schutzrechtsinhaber gerichtliche Klage erheben, welche nicht allein auf Unterlassung, sondern auch auf die Zahlung von Schadensersatz oder die Vernichtung der Verletzungsprodukte gerichtet sein kann.

Wird die Schutzrechtsverletzung vorsätzlich begangen, praktisch relevant in Fällen der typischen »Produktpiraterie«, löst die Schutzrechtsverletzung nicht nur zivilrechtliche Ansprüche des Schutzrechtsinhabers aus, sondern ist darüber hinaus auch strafbar. Der Strafrahmen reicht von Geldstrafe zu

Freiheitsstrafe bis zu 3 Jahren bzw. bis zu 5 Jahren, wenn die Verletzung gewerbsmäßig erfolgt, was im hier relevanten unternehmerischen Kontext in der Regel der Fall ist.[120)]

2.3 Konsequenzen für das unternehmerische Handeln

2.3.1 Konfliktvermeidung

Aus dem zuvor Gesagten ergibt sich, dass bei der Auswahl des passenden Designs eines Produkts nicht nur kaufmännische und kreative Kriterien sowie Marketingaspekte zu berücksichtigen sind. Von entscheidender Bedeutung sind vielmehr auch die rechtlichen Rahmenbedingungen, insbesondere Beschränkungen, die sich aufgrund von möglicherweise bereits bestehenden älteren Geschmacksmuster- oder Urheberrechten ergeben.

Es liegt auf der Hand, dass es mit erheblichen finanziellen Folgen verbunden sein kann, wenn die Einführung eines Produkts verschoben oder gar aufgegeben werden muss, weil Inhaber unentdeckt gebliebener Schutzrechte gerichtliche Produktions- und Vertriebsverbote gegen das eigene Unternehmen erwirken oder Schadensersatzansprüche durchsetzen, nachdem bereits erhebliche Investitionen in die Produktentwicklung und Markteinführung getätigt wurden.

Solchen Grenzen dürfen gerade in Anbetracht der Tatsache, dass die Entwicklung des Designs selbst einfacher Produkte häufig Monate in Anspruch nimmt und mit einem hohen finanziellen Aufwand verbunden ist, keinesfalls aus dem Auge verloren werden. In vielleicht noch stärkerem Maß gilt dies in Anbetracht der damit verbundenen enormen Investitionen für die Entwicklung und Konstruktion von technologisch geprägten Produkten in Bereichen wie Maschinenbau, Chemie und Pharmazie.

Hinzu kommen können gegebenenfalls noch die Kosten gerichtlicher Verfahren, die gerade im Fall von Schutzrechtsverletzungen aufgrund der von den deutschen Gerichten in diesem Bereich anerkannten sehr hohen Streitwerte zumeist beträchtlich sind. In Patentverletzungsstreitigkeiten sind Streitwerte von Euro 500 000 und darüber durchaus üblich.

Um Konfliktsituationen möglichst auszuschließen, ist es daher entscheidend, dass die eigene Produktplanung und -entwicklung bereits in einem möglichst frühen Stadium im Hinblick darauf erfolgt, ob durch das betreffende Produkt im Fall der Projektrealisierung die Gefahr einer Verletzung

120) Siehe z. B. § 143 Abs. 1, 2 MarkenG; §§ 106, 108 UrhG; § 51 Abs. 1, 2 GeschMG; § 142 Abs. 1, 2 PatG; § 25 Abs. 1, 2 GebrMG.

bestehender Schutzrechte hervorgerufen wird oder etwa als unlautere Nachahmung anzusehen ist und damit auch gegen Wettbewerbsrecht verstößt. Zu berücksichtigen ist dabei, dass für eine Schutzrechtsverletzung grundsätzlich bereits die bloße Herstellung und der Besitz der verletzenden Produkte genügt.

Zu diesem Zweck können gezielte Recherchen durchgeführt werden, Patent- und Gebrauchsmusterrecherchen im Fall der Entwicklung technischer Produkte, Geschmacksmusterrecherchen im Fall von Produkten, die durch ihr äußeres Design geprägt sind.

Schon im Hinblick darauf sollten rechtzeitig im IP-Recht spezialisierte Experten (Rechts- oder Patentanwälte) in die Produktentwicklung einbezogen werden, die über die technischen Instrumentarien zur Durchführung von derartigen systematischen und umfassenden Recherchen in den einschlägigen Patent- bzw. Geschmacksmuster- und Gebrauchsmusterrecherchen sowie über das rechtliche Know-how verfügen. Damit können sie überprüfen, ob im Einzelfall die rechtlichen Voraussetzungen einer Kollision mit bestehenden Schutzrechten vorliegen und daher eine Schutzrechtsverletzung droht. In Anbetracht der möglichen Haftungsfolgen bei Schutzrechtsverletzungen stellen rechtzeitig und professionell durchgeführte Marken-, Geschmackmuster- oder Patentrecherchen eine notwendige und lohnende Investition dar.

Um nachhaltige Sicherheit zu erlangen, sollte die frühzeitige Veranlassung derartiger Recherchen für die handelnden Entscheidungsträger im operativen Bereich des Unternehmens von der Geschäftsleitung im Rahmen des Risikomanagements als betrieblicher Standard verbindlich festgelegt und die Überwachung der Einhaltung dieser Standards durch entsprechende Berichtsstrukturen gewährleistet sein.

Auch die Auswahl von externen Kooperationspartnern, namentlich von Designern, Entwicklern und Werbeagenturen muss im Hinblick auf die Vermeidung von Konflikten mit fremden Schutzrechten sowie mit wettbewerbsrechtlichen Normen erfolgen. Zu achten ist bei der Auswahl insbesondere darauf, dass der jeweiligen Partner seine Leistungen nicht nur in fachlich-kreativer Hinsicht optimal zu erbringen in der Lage ist, sondern dies auch unter Berücksichtigung der bestehenden rechtlichen Rahmenbedingungen tut. Wünschenswert ist, dass beauftragte Designbüros oder Werbeagenturen möglichst selbst mit Rechtsanwälten kooperieren sollten, die im IP-Recht spezialisiert sind und welche die von dem Partner erarbeiteten Ergebnisse seiner Vorschläge bereits vor Ablieferung auf ihre Vereinbarkeit mit dem Bestand an älteren Schutzrechten überprüft. Die eigenen rechtlichen Qualitätsmaßstäbe können dadurch bereits auf die Stufe der externen Zulieferer vorverlagert werden.

Dies bewirkt eine durchaus sach- und interessensgerechte Risikoverlagerung auf den Designer und eine Verringerung der Gefahr, dass dieser Entwürfe und Vorschläge liefert, die letztlich aus rechtlichen Gründen wieder verworfen werden müssen, weil sie fremde Schutzrechte verletzen oder ihre Verwendung wettbewerbswidrig wäre. Es liegt auf der Hand, dass dies schon wegen der möglichen zeitlichen Verzögerung der jeweiligen Werbekampagne, welche letztlich zu Lasten des Auftraggebers geht, unbedingt vermieden werden sollte.

Um verbleibende Haftungsrisiken zu mindern, sollte im Rahmen der mit Agenturen oder Designern geschlossenen Verträge zugleich sichergestellt sein, dass dieser das mit möglichen Verletzungen von geistigen Schutzrechten Dritter verbundene vertragliche Risiko zu tragen hat, dass eine Haftung insoweit nicht beschränkt ist und dass er den Auftraggeber im Falle einer späteren Inanspruchnahme wegen einer Schutzrechtsverletzung von Ansprüchen des Schutzrechtsinhabers freizustellen hat.

Die Kriterien für die Auswahl von Werbeagenturen, Designern und Entwicklern und die Ausgestaltung der mit diesen geschlossenen Verträgen, sollten ebenfalls von der Geschäftsleitung als verbindliche betriebliche Standards im Rahmen des Risikomanagements festgelegt werden.

2.3.2 Bildung eigener Schutzrechte

Natürlich birgt die Produktentwicklung und -gestaltung nicht nur die dargestellten rechtlichen Risiken der Verletzung fremder Schutzrechte. Ziel ist ja gerade auch die Schaffung von Designs bzw. technische Erfindungen, die dann ihrerseits wiederum exklusiv für das eigene Unternehmen als Geschmacksmuster, Patente oder Gebrauchsmuster geschützt werden können. Auf die für die Behandlung und den Schutz dieser neu geschaffenen Schutzrechte maßgeblichen Grundsätze soll im Einzelnen unter Gliederungspunkt 4 eingegangen werden. Sicherzustellen ist, dass zumindest die Schlüsseltechnologien und das Design der Schlüsselprodukte durch entsprechende geistige Schutzrechte rechtlich abgesichert sind.

Die Umsetzung der Anmeldung solcher Schutzrechte ist wiederum durch die möglichst frühzeitige Einbeziehung von im IP-Recht spezialisierten Rechtsanwälten und von Patentanwälten sicherzustellen.

Im Bereich technischer Erfindungen zeigen sich in der Praxis immer wieder erhebliche Defizite im Zusammenhang mit technischen Erfindungen, die von eigenen Angestellten des eigenen Unternehmens gemacht werden (sog. Arbeitnehmererfindungen). Hier ist nach deutschem Arbeitnehmererfindungsrecht unbedingt darauf zu achten, dass die jeweilige Erfindung vom Arbeitgeber wirksam in Anspruch genommen wird. Andernfalls verbleiben die Rechte in vollem Umfang bei dem betreffenden Arbeitnehmererfinder.

Das Gesetz sieht für die Inanspruchnahme solcher Arbeitnehmererfindungen ein stark formalisiertes und in weiten Teilen zwingendes Verfahren vor, von dem zu Lasten des Arbeitnehmers auch in den mit diesen geschlossenen Anstellungsverträgen nicht wirksam abgewichen werden kann. So ist die Inanspruchnahme einer Diensterfindung etwa nur dann wirksam, wenn sie innerhalb von vier Monaten nach Zugang der Mitteilung des Arbeitnehmers durch schriftliche Erklärung des Arbeitgebers in Anspruch genommen wird. Der Gefahr, dass dem eigenen Unternehmen durch Versäumnisse in diesem Bereich unbeabsichtigt wesentliche Erfindungen und damit bedeutende Vermögenswerte verloren gehen, kann letztlich nur durch die nachhaltige Einrichtung und Aufrechterhaltung eines funktionierenden Meldewesens für Arbeitnehmererfindungen begegnet werden, das den strengen Vorgaben des deutschen Arbeitnehmererfindungsrechts Rechnung trägt. In Anbetracht der Tatsache, dass gerade Patente häufig besonders wertvolle Assets für Unternehmen darstellen, gilt dies besonders, aber keineswegs ausschließlich für technologieorientierte Unternehmen.

Für die Mitarbeiter sollte ein fester Ansprechpartner benannt werden, an den Diensterfindungen zu melden sind. Um sicherzustellen, dass die Arbeitnehmer ihre Diensterfindungen auch tatsächlich formal korrekt melden, empfehlen sich begleitende Arbeitnehmerschulungen.

Die Beachtung der Fristen und Prozesse des eingerichteten betrieblichen Meldewesens für Arbeitnehmererfindungen muss wiederum als betrieblicher Standard im Rahmen des Risikomanagements verbindlich festgelegt werden.

2.4 Checkliste

- ☐ Vor Beginn der Vermarktung und Produkteinführung sowie der Anmeldung eigener Schutzrechte: Durchführung von Patent-, Gebrauchsmusterrecherchen und Geschmacksmusterrecherchen zur Vermeidung der Verletzung fremder Schutzrechte.
- ☐ Sorgfältige Auswahl von beauftragten Werbeagenturen, Designbüros, Entwicklern im Hinblick auf die Einhaltung rechtlicher Standards.
- ☐ Vertragliche Sicherstellung der Haftung von beauftragten Werbeagenturen, Designern und Entwicklern im Fall der Verletzung von Schutzrechten Dritter sowie Pflicht zur Haftungsfreistellung.

- ☐ Einführung und Aufrechterhaltung eines funktionierenden Meldewesens für Arbeitnehmererfindungen.
- ☐ Absicherung der vorgenannten Grundsätze und Prozesse durch die Geschäftsleitung durch verbindliche Festlegung als betriebliche Standards im Rahmen des Risikomanagements.
- ☐ Durchführung von Schulungen der eigenen Mitarbeiter in den Bereichen Produktenwicklung, Vertrieb, Marketing zu den dort jeweils relevanten rechtlichen Vorgaben und Standards des betrieblichen Risikomanagements.
- ☐ Frühzeitige Einbindung von im IP-Recht spezialisierten Experten (Rechts- oder Patentanwälte) im Hinblick auf die
  - Durchführung von Schutzrechtsrecherchen sowie die Prüfung möglicher Verletzung fremder Schutzrechte,
  - Anmeldung eigener Schutzrechte,
  - Gestaltung von Verträgen mit Werbeagenturen und Designern,
  - Ausgestaltung eines sachgerechten betrieblichen Meldewesens für Arbeitnehmererfindungen, sowie die
  - Durchführung von Mitarbeiterschulungen zu den relevanten rechtlichen Vorgaben.

3 Markenfindung

3.1 Rechtliche Grundlagen

3.1.1 Schutzfähigkeit von Marken als rechtliche Grenze

Nicht nur das Design eines Produkts, sondern gerade auch dessen Marke bildet ein wichtiges Marketinginstrument. Die Auswahl und Gestaltung einer Marke für ein neues Produkt betreiben Unternehmen daher aus gutem Grund mit entsprechend großer Sorgfalt und hohem finanziellen Aufwand.

Die rechtlichen Vorgaben, die im Rahmen des Prozesses der Markenfindung zu berücksichtigen sind, ergeben sich insbesondere aus den Einschränkungen aufgrund der gesetzlichen Anforderungen an die Eintragungsfähigkeit einer Marke sowie aus älteren Marken- und sonstigen Schutzrechten Dritten.

Dabei ist der rechtliche Rahmen für die Gestaltung von Marken nach europäischem und deutschem Markenrecht jedenfalls im Ausgangspunkt ausgesprochen weit. Als Marke eingetragen werden können alle Zeichen, soweit sie grafisch darstellbar sind (§ 8 Abs. 1 MarkenG, Art. 4 GMV). Geschützt werden können Begriffe als reine Wortmarken, grafische Gestaltungen als

Bildmarken, kombinierte Wort-/Bildmarken, farbige und nicht farbige Gestaltungen, dreidimensionale Marken, Oberflächenstrukturen als Tastmarken und, zumindest theoretisch, auch Geräusche als Hörmarken sowie Gerüche.

Der erste Anschein, der Kreativität bei der Markenfindung seien durch diesen weiten Ansatz kaum Grenzen gesetzt, trügt indes. Denn das Markenrecht erlaubt zwar nahezu jede Markenform, stellt aber doch dezidierte Anforderungen an deren Eintragungsfähigkeit als Marke (sogenannte absolute Eintragungshindernisse).

Eine Marke ist stets für bestimmte Produkte geschützt, seien es Waren oder Dienstleistungen. Bei der Anmeldung einer Marke zur Eintragung im Markenregister muss daher stets ein Waren- und Dienstleistungsverzeichnis angegeben werden. Die Marke muss dabei für die in ihrem Waren- und Dienstleistungsverzeichnis enthaltenen Produkte unterscheidungskräftig sein, wenn sie also geeignet ist, die jeweiligen Produkte von Produkten anderer Herkunft zu unterscheiden. (§ 8 Abs. 2 Nr. 2 MarkenG, Art 7 Abs. 1 c) GMV). Des Weiteren darf die Marke für diese nicht ausschließlich beschreibenden Charakter haben (§ 8 Abs. 2 Nr. 1 MarkenG, Art. 7 Abs. 1 b) GMV), was dann der Fall ist, wenn aus der Marke allein die Art, die Eigenschaften, die Beschaffenheit, die geografische Herkunft oder sonstige Merkmale der Produkte zu entnehmen sind. Markenrechtlich problematisch sind insoweit etwa Begriffe wie »Fit«, »Power« oder »Active« für Sportartikel, »Clear Vision« für Brillen oder »mobil« im Kfz-Bereich, auch wenn solche Schlagwörter unter reinen Werbe- und Marketinggesichtspunkten als Marke sehr attraktiv erscheinen können.

Der gesetzgeberische Grund für diese Einschränkungen besteht darin, dass eine Marke ihrem Inhaber das Recht verleiht, andere von der Verwendung der Marke für identische oder ähnliche Produkte auszuschließen. Diese mit dem Markenschutz verbundene Monopolisierung eines bestimmten Begriffs zu Gunsten eines Einzelnen soll für rein produktbeschreibende Zeichen oder Zeichen ohne Unterscheidungskraft ausdrücklich verhindert werden. Es soll vielmehr sichergestellt bleiben, dass derartige Begriffe allen Teilnehmern am geschäftlichen Verkehr zur Verfügung stehen.

Die Eintragungsfähigkeit scheitert aber nur dann, wenn die Marke *ausschließlich* als beschreibend anzusehen ist oder wenn *jegliche* Unterscheidungskraft fehlt. Dies bedeutet, dass die Anmeldung von Marken mit produktbeschreibenden Anklängen und von Marken mit lediglich schwacher Unterscheidungskraft keineswegs von einer Eintragung als Marke ausgeschlossen ist.

Der Europäische Gerichtshof (EuGH) hat die Eintragungsfähigkeit etwa für die Marken »Cargo Partner« für Dienstleistungen des Transports und der Verpackung und Lagerung von Waren[121] »Biomild« für Lebensmittel[122] oder auch »Doublemint« für Kaugummi[123] in Frage gestellt bzw. verneint. Andererseits hat der Europäische Gerichtshof (EuGH) die Marke »Baby-dry« für Windeln als unterscheidungskräftig angesehen, obwohl auch diese Marke eindeutig auf die Zweckbestimmung des Produkts Windeln hinweist[124].

Diese Entscheidungen zeigen, dass die Eintragungsfähigkeit von Marken von den Gerichten keineswegs immer völlig einheitlich und jedenfalls höchst einzelfallbezogen beurteilt wird. Auch wenn Marken mit beschreibendem Charakter oder geringer Unterscheidungskraft nicht von vornherein ausscheiden, sollte man sich aber bewusst sein, dass ihre Auswahl immer eine rechtliche Gratwanderung darstellt.

Es sollte auch berücksichtigt werden, dass Marken mit geringer Unterscheidungskraft dem Markeninhaber eine vergleichsweise schwache Rechtsposition verleihen, verbunden mit lediglich eingeschränkten Möglichkeiten, gegen mögliche Markenverletzer vorzugehen.

3.1.2 Ältere Markenrechte als rechtliche Grenze

Abgesehen von den zuvor genannten gesetzlichen Anforderungen an die Eintragungsfähigkeit von Marken, die der Entscheidung für Produktmarken Grenzen ziehen, ergeben sich solche Grenzen auch aus der möglichen Existenz bereits bestehender fremder kollidierender Markenrechte.

In Betracht kommen nationale Marken, die durch Eintragung im Markenregister eines Landes beim jeweiligen Markenamt, in Deutschland beim Deutschen Patent- und Markenamt (DPMA) entstehen, sowie Gemeinschaftsmarken, die durch Eintragung beim Harmonisierungsamt für den Binnenmarkt in Alicante (HABM) entstehen und einheitlichen Markenschutz für das gesamte Gebiet der Europäischen Gemeinschaft begründen. Darüber hinaus kann durch Anmeldung Internationaler Marken (IR-Marke) bei der WIPO in Genf in nahezu allen Ländern weltweit Markenschutz erlangt werden.

Abgesehen von der Eintragung im Markenregister können nach deutschem Recht Markenrechte auch durch die bloße Benutzung eines Zeichens im geschäftlichen Verkehr entstehen. Voraussetzung hierfür ist aber, dass die Marke aufgrund der Benutzung Verkehrsgeltung, d.h. einen gewissen Bekanntheitsgrad erlangt, mit der Folge, dass der Verkehr mit der Marke konkrete Vorstellungen über die Herkunft des damit gekennzeichneten Produkts verbindet.

121) EuGH, Urteil vom 27.09.2005, AZ Z 123/04.

122) EuGH vom 12.02.2004, GRUR 2004, 680 ff. – Biomild.

123) EuGH vom 23.10.2003, GRUR 2004, 146 ff. – Doublemint.

124) EuGH vom 20.09.2001, GRUR 2001, 1145 – Baby-dry.

Ältere Markenrechte stellen immer dann ein Hindernis für die eigene Markenfindung dar, wenn die eigene Marke mit diesen die Gefahr einer Verwechslung begründet. Dies ist keineswegs nur dann der Fall, wenn die eigene Marke mit der älteren Marke identisch ist. Ausreichend kann sein, dass die ältere Marke der eigenen ähnlich ist und zudem für Produkte eingetragen ist, welche denen ähnlich sind, für die die eigene Marke bestimmt ist. (§ 14 Abs. 2, Nr. 1, 2, Abs. 1 Nr. 1, 2 MarkenG). Dabei genügt unter Umständen sogar eine nur geringfügige Ähnlichkeit der Marken, nämlich dann, wenn die beiderseitigen Produkte völlig identisch sind.

Beispiel:
Getränkehersteller X möchte ein neues Erfrischungsgetränk auf den Markt bringen. Mit der Suche nach einer Marke hat er eine Werbeagentur beauftragt, die ihm verschiedene Vorschläge unterbreitet, unter anderem »Cool Flash«, auf die nach intensiver Prüfung und Einholung eines Marktforschungsgutachtens letztlich auch die Entscheidung fällt. »Cool Flash« wird als europäische Marke beim HABM angemeldet und zunächst der deutschlandweite Vertrieb aufgenommen. Vier Monate später, nach Veröffentlichung der Anmeldung im Register des HABM, legt der niederländische Wettbewerber Y, der unter anderem unter der Marke »Pool Splash« europaweit Erfrischungsgetränke vertreibt, gegen die Anmeldung von »Cool Flash« Widerspruch ein und lässt an X über seinen deutschen Anwalt eine Abmahnung verschicken, in der er X auffordert, den Vertrieb der Produkte unter der Marke »Cool Flash« sofort einzustellen. Für den Fall, dass X dies verweigern sollte, droht Y gerichtliche Schritte an.

In Anbetracht der Identität der beiderseitigen Produkte und der starken Ähnlichkeit der beiden Marken »Cool Flash« und »Pool Splash« dürfte hier Verwechslungsgefahr und damit eine Markenverletzung anzunehmen sein. Y hätte daher gute Chancen, gegen X eine einstweilige Verfügung zu erwirken, mit der X die Nutzung der Marke »Cool Flash« mit sofortiger Wirkung untersagt wird, oder ein gerichtliches Urteil zu erwirken, in dem X darüber hinaus verurteilt wird, Schadensersatz an Y zu leisten. X hätte dann seine Aufwendungen für Produktentwicklung und Markenfindung einschließlich der Kosten für das Marktforschungsgutachten umsonst aufgewendet. Schwerer als das wiegen unter Umständen die Umsatzeinbußen sowie der Verlust von Reputation und von Kunden, welche X als Folge der Einstellung von »Cool Flash« entstehen.

3.2 Gefahren des Missbrauchs

3.2.1 Anmeldung und Eintragung neuer Marken

Inhaber von Marken können, unabhängig davon, ob das Markenrecht aufgrund Registereintragung oder durch Benutzung entstanden ist, die Eintragung kollidierender Marken durch andere im Markenregister verhindern oder, falls es bereits zu einer solchen Eintragung gekommen ist, deren Löschung bewirken.

Es liegt auf der Hand, dass dies für die eigene Markenfindung eine potenzielle Gefahr darstellt, die bei der Suche nach neuen Produktmarken von vornherein berücksichtigt werden muss.

Die dem Markeninhaber zur Verfügung stehenden rechtlichen Instrumente sind nach deutschem und europäischem Recht zum einen der Widerspruch gegen die Anmeldung bzw. Eintragung einer Marke. Ein solcher Widerspruch kann innerhalb von drei Monaten nach Veröffentlichung der Anmeldung beim jeweiligen Markenamt (DPMA oder HABM) eingelegt werden. Im Falle des Erfolgs eines Widerspruchs wird die Marke nicht eingetragen bzw. gelöscht. Nach Ablauf der Widerspruchsfrist besteht zudem die Möglichkeit, gegen die Eintragung der Marke Löschungsantrag zu stellen sowie im Falle eines Widerspruchs durch deren Anmelder gerichtliche Löschungsklage zu erheben. Im Falle des Erfolgs führt dies zur Löschung der Marke.

Das diesbezügliche Risiko ist vergleichsweise groß, weil ein Widerspruch eben nicht nur auf identische Marken, sondern auch auf lediglich ähnliche Marken gestützt werden kann.

Erfolg haben die vorgenannten Rechtsmittel, wenn die Anmeldung der neuen Marke sowie der älteren Marke die Gefahr einer Verwechslung mit der älteren Marke hervorruft. Ob dies der Fall ist, ist im Wege eines komplexen Abwägungsprozesses unter Berücksichtigung einer in diesem Bereich äußerst vielfältigen, differenzierten und nicht immer ganz einheitlichen Rechtsprechung zu ermitteln.

3.2.2 Benutzung neuer Marken

Der Inhaber einer älteren Marke kann sich nicht nur gegen die Anmeldung bzw. Eintragung kollidierender Marken zur Wehr setzen, sondern unabhängig davon auch gegen die Benutzung eines kollidierenden Zeichens durch einen anderen im geschäftlichen Verkehr. Diese Möglichkeit besteht dann, wenn durch das vom Verletzer benutzte Zeichen die Gefahr einer Verwechslung mit der älteren Marke hervorgerufen wird.

Auch diese Gefahr ist von vornherein im Markenfindungsprozess zu berücksichtigen.

Die möglichen Ansprüche des Inhabers einer älteren Marke wegen einer Verletzung seiner Markenrechte und die ihm zur Durchsetzung dieser Ansprüche zur Verfügung stehenden rechtlichen Instrumente (Abmahnung, Antrag auf Erlass einer einstweilige Verfügung sowie gerichtliche Klage) entsprechen jenen, die das Gesetz auch bei anderen Schutzrechtsverletzungen zur Verfügung stellt.

3.3 Konsequenzen für das unternehmerische Handeln

3.3.1 Konfliktvermeidung

Bei der Entscheidung, unter welcher Marke ein Produkt im Markt eingeführt werden soll, handelt es sich um einen komplexen Entscheidungsprozess, der in der Regel mit einem beträchtlichen finanziellen Einsatz verbunden ist. In der unternehmerischen Praxis stehen zumeist kaufmännische und kreative Gesichtspunkte im Vordergrund. Vielfach gerät dabei aus dem Blickfeld, dass die Verwendung von Marken im geschäftlichen Verkehr auch an komplexe rechtliche Vorgaben gebunden ist. Diese werden häufig entweder gar nicht, zu spät oder nicht mit der notwendigen Sorgfalt berücksichtigt, was wiederum zu unliebsamen Überraschungen führen kann.

Die Folge ist, dass es häufig zu Beanstandungen von Markenanmeldungen durch die zuständigen Markenämter und, wenn es nicht gelingt, die Bedenken des Amtes im Rahmen der dafür vorgesehenen amtlichen oder gerichtlichen Verfahren zu überwinden, in letzter Konsequenz zu einer Verweigerung des Markenschutzes kommt.

Verstärkt wird diese Gefahr dadurch, dass einerseits gerade Marken mit deutlich produktbeschreibendem Charakter und damit zugleich geringer Unterscheidungskraft von Unternehmen unter Marketingaspekten als besonders attraktiv angesehen werden. Solche Marken sind aber in rechtlicher Hinsicht nicht eintragungsfähig und damit nicht schutzfähig. Um derartige Probleme bei der Anmeldung zu vermeiden, empfiehlt es sich, bei der Markenfindung den Fokus verstärkt auf Alternativen zu Marken mit produktbeschreibendem Charakter zu legen. Die Grundsätze einer entsprechenden Markenstrategie sollten als betrieblicher Standard im Rahmen des Risikomanagements festgeschrieben werden.

Selbst wenn die Marke, auf die am Ende eines Markenfindungsprozesses die Wahl gefallen ist, die Voraussetzungen der Eintragungsfähigkeit erfüllt, kann die Eintragung daran scheitern, dass bereits ältere Schutzrechte in

Form von Marken oder Geschmacksmustern zu Gunsten von anderen Markeninhabern bestehen.

Um die Gefahr von markenrechtlichen Widersprüchen zu vermeiden, empfiehlt es sich unbedingt, vor Anmeldung einer jeden Marke eine professionelle Markenrecherche durchzuführen oder durchführen zu lassen, um das Bestehen älterer kollidierender Markenrechte so weit wie möglich auszuschließen. Um eine möglichst frühzeitige Anmeldung zu ermöglichen, sollte eine solche Recherche spätestens dann erfolgen, wenn der Prozess der Markenfindung abgeschlossen ist.

Wird die Auswahl von Marken nicht von Beginn an auch mit einem klaren rechtlichen Fokus betrieben, besteht des Weiteren die Gefahr, dass bei der späteren Markteinführung des Produkts in diesem Zeitpunkt bereits bestehende fremde Schutzrechte verletzt werden. Deren Inhaber hat dann die Möglichkeit, zur Durchsetzung seiner Marke auf das oben unter Gliederungspunkt 3.2.2 dargestellte Instrumentarium an rechtlichen Maßnahmen zurückzugreifen.

Es liegt auf der Hand, dass es regelmäßig mit erheblichen finanziellen Einbußen verbunden ist, wenn die langfristig und mit erheblichem Aufwand vorbereitete Markteinführung eines Produkts an den genannten rechtlichen Hindernissen vorübergehend oder gar endgültig scheitert. Dabei stehen nicht nur die dann nutzlos gewordenen Aufwendungen für Markenfindung, Produktdesign und Werbung sowie sonstigen unmittelbare Markteinführungskosten im Raum, sondern auch der Verlust von Einnahmen und Marktanteilen als Folge des erforderlichen Aufschubs oder gar der möglichen gänzlichen Aufgabe der Produkteinführung, ein dadurch bedingter Schaden an der Unternehmensreputation und damit letztendlich auch ein Verlust an Unternehmenswerten. Hinzu kommen gegebenenfalls noch die Kosten gerichtlicher Verfahren, die gerade im Fall von Schutzrechtsverletzungen aufgrund der von den deutschen Gerichten regelmäßig anerkannten hohen Streitwerte zumeist erheblich sind. In Markenverletzungsverfahren sind Streitwerte von Euro 25 000 und mehr üblich.

Aus den geschilderten rechtlichen Risiken im Zusammenhang mit der Registeranmeldung und Benutzung von Marken ergibt sich die Notwendigkeit, möglichst frühzeitig im IP-Recht spezialisierte Rechtsberater in den Prozess der Markenfindung einzubeziehen, welche über das rechtliche Know-how verfügen, um überprüfen zu können, ob eine Marke schutzfähig ist, ob eine mögliche Kollision mit bestehenden fremden Schutzrechten besteht oder zu befürchten ist, und die schließlich auch über die technischen Instrumentarien zur Durchführung von, wenn nötig weltweiten, systematischen Markenrecherchen in den einschlägigen Markenregistern verfügen.

Falls im Rahmen der Durchführung einer Markenrecherche Markenkonflikte festgestellt werden, können von Rechtsberatern, die mit entsprechender Erfahrung ausgestattet sind, häufig Vereinbarungen mit den Inhabern der älteren Markenrechte ausgehandelt werden, die eine Benutzung der Marke trotz bestehender Kollisionslage ermöglicht. In der Praxis sind derartige Abgrenzungsvereinbarungen, in denen die Parteien die Benutzung der Marken etwa nach Vertriebskanälen, Regionen oder Produktbereichen rechtsverbindlich voneinander abgrenzen ein verbreitetes Mittel zur einvernehmlichen Beilegung von Markenkonflikten.

Im Bereich der Markenfindung sollte ebenso wie im Bereich der Produktgestaltung und -entwicklung bewusst darauf geachtet werden, dass beauftragte Werbeagenturen ihrerseits mit im IP-Recht spezialisierten Rechtsberatern kooperieren. Auch muss sichergestellt sein, dass die mit Agenturen geschlossenen Verträge keine Haftungsbegrenzungen oder -freistellungen zu Gunsten der Agentur vorsehen, sondern dass die Agentur den Auftraggeber von Ansprüchen Dritter wegen einer Verletzung von Schutzrechten freizustellen hat und das vertragliche Risiko trägt, wenn Vorschläge wegen drohender Schutzrechtsverletzungen verworfen werden müssen.

Die Kriterien für die Auswahl von Werbeagenturen und die Ausgestaltung der mit diesen geschlossenen Verträge sollten wiederum von der Geschäftsleitung als verbindliche betriebliche Standards im Rahmen des Risikomanagements festgelegt werden.

3.3.2 Bildung eigener Schutzrechte

Um den gewünschten Schutz für die Marken, auf welche die Entscheidung im Rahmen des Markenfindungsprozesses letztlich fällt, zu erreichen, müssen diese natürlich in einem geeigneten Register eingetragen werden. Auf die für die Behandlung und den Schutz dieser neu geschaffenen Marken im eigenen Unternehmen bedeutsamen Grundsätze soll unter Gliederungspunkt 4 näher eingegangen werden.

3.4 Checkliste

- ☐ Sorgfältige Auswahl der mit der Markenfindung beauftragten Werbeagenturen im Hinblick auf die Beachtung der rechtlichen Vorgaben
- ☐ Vermeidung von Marken mit produktbeschreibendem Charakter
- ☐ Vertragliche Sicherstellung der Haftung von beauftragten Werbeagenturen im Fall der Verletzung von Schutzrechten Dritter sowie Pflicht zur Haftungsfreistellung

- ☐ Vor der Anmeldung eigener Marken, dem Beginn der Vermarktung sowie der Markteinführung der Marke:
  - Prüfung der Schutzfähigkeit der Marke sowie
  - Durchführung von Markenrecherchen zur Vermeidung von Kollisionen mit bereits bestehenden fremden Markenrechten
- ☐ Absicherung der vorgenannten Grundsätze und Prozesse durch die Geschäftsleitung durch verbindliche Festlegung als betriebliche Standards im Rahmen des Risikomanagements
- ☐ Durchführung von Schulungen der eigenen Mitarbeiter in den Bereichen Marketing und Vertrieb zu den dort jeweils relevanten rechtlichen Vorgaben und Standards des betrieblichen Risikomanagements
- ☐ Frühzeitige Einbeziehung eigener im IP-Recht spezialisierter Rechtsexperten im Hinblick auf die
  - Entwicklung einer rechtlich tragfähigen Markenstrategie,
  - Durchführung von Markenrecherchen sowie die Prüfung möglicher Verletzung von fremden Dritten,
  - Prüfung der Schutzfähigkeit von Marken,
  - Anmeldung von Marken,
  - Verhandlung von Abgrenzungsvereinbarungen mit Inhabern kollidierender Markenrechte,
  - Gestaltung von Verträgen mit Werbeagenturen,
  - Durchführung von Mitarbeiterschulungen zu den relevanten rechtlichen Vorgaben.

4 Portfoliomanagement und Schutzrechtsverteidigung

4.1 Rechtliche Grundlagen

4.1.1 Portfoliomanagement

Die rechtlichen Rahmenbedingungen für das Portfoliomanagement werden im Wesentlichen durch die folgenden Faktoren geprägt:

4.1.1.1 Schutzrechtsanmeldung

Die Entstehung geistiger Schutzrechte setzt im Regelfall die Eintragung entsprechender Marken, Geschmacksmuster, Patente oder Gebrauchsmuster in dem dafür vorgesehenen öffentlichen Register voraus. Ein sachgerechtes Portfoliomanagement beinhaltet somit zuallererst die umfassende Anmeldung von Schutzrechten.

Ohne Eintragung können geistige Schutzrechte nur in Ausnahmefällen entstehen. Abgesehen von Urheberrechten, bei denen bloße Erstellung des jeweiligen schöpferischen Werks ausreicht, können nach deutschem Recht auch Markenrechte dadurch entstehen, dass ein Zeichen für ein bestimmtes Produkt im geschäftlichen Verkehr benutzt wird und dadurch Verkehrsgeltung erlangt, das heißt bekannt wird (sog. Benutzungsmarke, § 4 Nr. 2 MarkenG). In der Praxis sollte sich ein Unternehmen allein hierauf jedoch nicht verlassen. Denn der notwendige Bekanntheitsgrad wird naturgemäß erst erreicht, nachdem das Kennzeichen von dem betreffenden Unternehmen über einen erheblichen Zeitraum benutzt wurde. Bis dahin ist das Zeichen völlig ungeschützt.

Zudem ist es schwierig, aus einer Benutzungsmarke gegen mögliche Verletzer vorzugehen, da der ausreichende Bekanntheitsgrad in einem gerichtlichen Verfahren nachgewiesen werden muss, was schwierig und insbesondere sehr teuer ist. In aller Regel wird hierfür die Vorlage einer aktuellen und fachgerecht durchgeführten Verkehrsbefragung eines anerkannten Marktforschungsinstituts gefordert. Kosten im fünfstelligen Euro-Bereich sind hier durchaus üblich. Bei eingetragenen Schutzrechten bestehen derartige Beweisschwierigkeiten nicht. Schließlich entfaltet eine Benutzungsmarke ihre Schutzwirkung im Gegensatz zu einer eingetragenen deutschen Marke nicht zwingend im gesamten Gebiet Deutschlands, sondern kann örtlich begrenzt sein. Insgesamt ist die Schaffung von geistigen Schutzrechten durch die Anmeldung in einem Register, soweit rechtlich möglich, in jedem Fall vorzugswürdig.

4.1.1.2 Priorität und Neuheit

In zeitlicher Hinsicht ist weiterhin von Bedeutung, dass ein Unternehmen nur gegen solche kollidierenden Schutzrechtsanmeldungen und Verletzungshandlungen vorgehen kann, die nach dem Tag der Anmeldung des eigenen Schutzrechts vorgenommen werden. Dieser Grundsatz (»first come, first serve«) gilt für alle relevanten Schutzrechte, seien es Marken, Geschmacksmuster, Patente und Gebrauchsmuster. Wer zu lange wartet, läuft Gefahr, dass Dritte die Marke/das Geschmacksmuster bereits angemeldet haben, bevor das eigene Produkt schließlich auf den Markt kommt. Die Folge kann zum einen sein, dass die Anmeldung des eigenen Schutzrechts ausgeschlossen ist, und zum anderen, was vielleicht noch schwerer wiegt, dass die Gefahr besteht, dass der Dritte die Markteinführung und den Vertrieb des eigenen Produkts unter Berufung auf sein zwischenzeitlich angemeldetes Schutzrecht stört oder sogar gänzlich verhindert.

Beim Schutz von technischen Erfindungen in Form von Patenten oder Gebrauchsmustern sowie beim Schutz von ästhetisch orientierten Produktgestaltungen in Form von Geschmacksmustern kommt ein weiterer Aspekt hinzu: Patente, Gebrauchsmuster und Geschmacksmuster können nur geschützt werden, wenn die jeweilige Erfindung bzw. das Design im Zeitpunkt der Schutzrechtsanmeldung neu ist. Die Neuheit kann entfallen, wenn mit dem Vertrieb des Produkts begonnen und damit die jeweilige Erfindung bzw. das Produktdesign allgemein bekannt wird, bevor das jeweilige Schutzrecht angemeldet wird[125]. Wiederum als Folge hiervon kann eine Anmeldung des Schutzrechts für immer ausgeschlossen sein. Mehr noch: Die in dem jeweiligen Produkt verkörperte technische Innovation bzw. dessen innovatives Design bliebe ungeschützt und könnte von Wettbewerbern weitgehend frei nachgeahmt werden.

4.1.1.3 Schutzdauer, Aufrechterhaltung, Verlängerung

In zeitlicher Hinsicht ist von Bedeutung, dass die Schutzdauer einiger geistiger Schutzrechte begrenzt ist. Patente haben eine maximale Schutzdauer von maximal 20 Jahren (§ 16 PatG, Art. 63 EPÜ), Gebrauchsmuster von max. 10 Jahren (§ 23 GebrMG) und eingetragene Geschmacksmuster von max. 25 Jahren (§ 25 Abs. 2 GeschmMG, Art. 12 GGVO). Diese Schutzrechte können allein durch Zeitablauf erlöschen, zu einem früheren Zeitpunkt auch dann, wenn fällige Verlängerungsgebühren nicht bezahlt werden. Dies gilt auch für eingetragene Marken, für die keine maximale Schutzdauer vorgesehen ist, die aber alle 10 Jahre verlängert werden müssen.

4.1.1.4 Territorialer Geltungsbereich

Weiterhin sind für die Gestaltung und Pflege eines Schutzrechtsportfolios territoriale Aspekte zu berücksichtigen. Dies folgt daraus, dass, abgesehen von dem räumlich unbegrenzten Urheberrecht, Schutzrechte stets einem bestimmten territorialen Geltungsbereich zugewiesen sind. Nationale Marken begründen nur in dem jeweiligen Land Schutz, eine deutsche Marke nach dem MarkenG oder ein deutsches Patent nach dem PatG also nur in Deutschland, eine Gemeinschaftsmarke nach der GMV oder ein Gemeinschaftsgeschmacksmuster nach der GGVO hingegen innerhalb der EU und eine internationale Marke nach der MMA, ein Europäisches Patent nach

125) Dies gilt vorbehaltlich der sogenannten Neuheitsschonfrist von 6 Monaten, die es erlaubt, eine Erfindung auch noch 6 Monate zum Patent anzumelden, nachdem diese auf anerkannten Messen ausgestellt wurde oder missbräuchlich durch einen anderen der Öffentlichkeit zugänglich gemacht wurde, § 3 Abs. 4 PatG; ähnlich §§ 6, 6a GebrMG §§ 6, 15 GeschMG, wobei im Fall der Ausstellung auf Messen eine Prioritätsfrist von 12 Monaten vorgesehen ist.

dem EPÜ oder ein internationales Patent nach dem PCT nur innerhalb der Länder, die bei der Anmeldung ausgewählt wurden.

4.1.1.5 Benutzungszwang

Enthält das Markenportfolio eines Unternehmens Marken, die nicht benutzt werden, können die an diesen Marken bestehenden Rechte allein dadurch verloren gehen. Dies geschieht nicht sofort, sondern nach deutschem und europäischem Recht erst, wenn die Marke innerhalb eines ununterbrochenen Zeitraums von 5 Jahren nach der Veröffentlichung der Marke nicht für die in dem Warenverzeichnis enthaltenen Produkte benutzt wurde. Die Marke kann dann auf Antrag gelöscht werden, wobei diesen Antrag jedermann stellen kann (sog. Verfall § 49 MarkenG, Art. 50 Abs. 1 a. GMV). Auch wenn die Marke nicht gelöscht wird, droht nach 5 Jahren der Nichtbenutzung insoweit Rechtsverlust, als der Inhaber der Marke dann nicht mehr effektiv gegen Anmeldungen oder Benutzungen kollidierender Marken im Wege eines Widerspruchs oder einer Unterlassungsklage vorgehen kann. Der Verfahrensgegner kann dann nämlich die Nichtbenutzung der Marke einwenden mit der Folge, dass der Widerspruch oder die Klage am Ende erfolglos bleibt (sog. Einwand der Nichtbenutzung, §§ 25, 43 MarkenG, Art. 43 Abs. 2 GMV).

4.1.2 Schutzrechtsverteidigung

Das eigene Schutzrechtsportfolio gibt natürlich auch die Möglichkeit, gegen Verletzer der darin enthaltenen Schutzrechte vorzugehen. Hierfür stehen dieselben rechtlichen Instrumentarien zur Verfügung, welchen umgekehrt das eigene Unternehmen ausgesetzt sein kann, wenn es etwa im Rahmen der Produktentwicklung oder -gestaltung oder der Markenfindung zu eigenen Schutzrechtsverletzungen kommt. Im Einzelnen handelt es sich insbesondere um Widersprüche oder Löschungsklagen gegen die Anmeldung bzw. Eintragung kollidierender Marken, Nichtigkeitsklagen gegen kollidierende Patente oder um gegen die Benutzung von kollidierenden Schutzrechten gerichtete Abmahnungen, einstweilige Verfügungen oder Unterlassungs- und Schadensersatzklagen.

Ein weiteres nützliches Instrument, das der Gesetzgeber zur Bekämpfung von Verletzungen der eigenen Schutzrechte zur Verfügung stellt, ist die sogenannte Grenzbeschlagnahme nach der europäischen »Produktpiraterieverordnung«[126]. Danach können die Inhaber der wichtigsten Schutzrechte mit Geltung innerhalb der EU (insbesondere Marken, Urheberrechte,

126) VO (EG) Nr. 1383/2003 – in Kraft seit 01.07.2004.

Geschmacksmusterrechte, Patentrechte) einen gebührenfreien Antrag auf Grenzbeschlagnahme bei den zuständigen Zollbehörden stellen[127]. Ein solcher Antrag hat die Wirkung, dass die Zollbehörden beim Verdacht der Einfuhr schutzrechtsverletzender Ware diese zurückhalten. Der Schutzrechtsinhaber erhält so die Möglichkeit, gegen den Lieferanten, aber auch gegen den in der EU ansässigen Importeur der Waren gerichtlich vorzugehen. Gerade Letzteres ist deswegen interessant, da die Rechtsdurchsetzung gegen den Lieferanten in dessen Heimatland häufig schwierig ist, gerade in solchen Ländern wie China, aus denen Piraterieprodukte vielfach stammen. Neu eingeführt wird in Deutschland jetzt auch das nach der Produktpiraterieverordnung vorgesehene, sogenannte vereinfachte Vernichtungsverfahren. Dabei kann der Rechteinhaber alternativ zur Einleitung eines gerichtlichen Verfahrens gegen den Verletzer die Vernichtung der aufgrund seines Grenzbeschlagnahmeantrags festgehaltenen Waren durch den Zoll verlangen[128].

Verzichtet ein Unternehmen auf die Verfolgung solcher Schutzrechtsverletzungen, droht wiederum Rechtsverlust. Duldet der Inhaber einer Marke die Eintragung oder die Benutzung einer kollidierenden deutschen oder europäischen Marke über einen Zeitraum von mehr als 5 Jahren, kann er gegen die Anmeldung oder die Benutzung dieser Marke nicht mehr erfolgreich vorgehen (sogenannte markenrechtliche Verwirkung, § 21 MarkenG, Art. 53, 106 Abs. 1 GMV). Wird eine Vielzahl von ähnlichen oder identischen Marken in demselben Produktbereich geduldet, kann es zudem zu einer Verwässerung und einer damit einhergehenden Schwächung der Unterscheidungskraft der eigenen Marke kommen, mit der Folge, dass deren Eignung als Grundlage für die Verfolgung von Markenverletzungen aus diesem Grund in Frage steht.

Wird die eigene Marke von einem Verletzer zudem für minderwertige Produkte missbraucht, drohen darüber hinaus ein nachhaltiger Imageverlust und eine Schädigung des Rufs der eigenen Produkte und des eigenen Unternehmens, wenn die Markenverletzung nicht konsequent bekämpft wird. Gleiches gilt, wenn nicht nur Marken eigener Produkte verletzt werden, sondern die Produkte selbst, sofern sie durch Patente oder Geschmacksmuster geschützt sind, von Produktpiraten nachgeahmt werden. Sind die Nachahmungen qualitativ minderwertig, kann dies gerade bei sicherheitsrelevanten Produkten, etwa im Bereich der Kfz-Ersatzteile, bei Spielwaren oder Elektrogeräten massive negative Auswirkungen auf den Ruf der eigenen Produkte und des eigenen Unternehmens haben.

127) In Deutschland bei der BFD Nürnberg – Zentralstelle gewerblicher Rechtsschutz.

128) Gesetz zur Umsetzung der EU-Durchsetzungsrichtlinie 2004/48/EG vom 11.04.2008, BT Drucks. 16/5048.

4.2 Gefahren des Missbrauchs

4.2.1 Portfoliomanagement

Geistige Schutzrechte sind nicht lediglich als Marketinginstrumente (Marken und Designs) oder Absicherung von eigenem Know-how (Patente, Gebrauchsmuster, Software-Urheberrechte) von maßgeblicher Bedeutung für das operative Geschäft. Wie eingangs bereits angesprochen, haben gewerbliche Schutzrechte auch als Unternehmensvermögenswerte eine nicht zu unterschätzende Bedeutung. Dies gilt letztlich für alle geistigen Schutzrechte, also nicht nur für Marken und Designs, sondern auch für Patente und Gebrauchsmuster als technische Schutzrechte sowie für Urheberrechte, etwa an Software, die im Unternehmen selbst entwickelt wurde. All diese Rechte sind letztlich auch verkehrsfähige Vermögensgegenstände, die einer finanziellen Bewertung zugänglich sind und damit den Wert eines Unternehmens in erheblichem Maß prägen können.

Gerade auch in Anbetracht dieser Bedeutung von Schutzrechten als wertbildende Faktoren für das Unternehmen ist eine durchdachte Schutzrechtsstrategie, die auf eine konsequente Pflege und einen perspektivischen Ausbau des bestehenden Schutzrechtsportfolios hinzielt, notwendiger Teil der Unternehmenspolitik. Vor diesem Hintergrund ist es unabdingbar, dass unternehmensintern die Befugnis zur Letztentscheidung in diesem Bereich bei der Geschäftsleitung liegt. Maßnahmen des Portfoliomanagements sollten im Rahmen des Risikomanagements als betriebliche Standards verbindlich festgeschrieben werden.

Eine verantwortungsbewusste Schutzrechtsstrategie muss dabei in zwei Richtungen zielen: Zum einen geht es darum, durch die konsequente Entwicklung und Anmeldung von Schutzrechten wie Marken, Geschmacksmustern, Patenten und Gebrauchsmustern ein wertvolles Schutzrechtsportfolio aufzubauen bzw. bestehende Schutzrechtsportfolios auszubauen. Zugleich muss das so geschaffene Portfolio aber auch laufend gepflegt und mit der gebotenen Konsequenz verteidigt werden. Andernfalls droht schon aus rechtlichen Gründen eine schleichende Verwässerung des eigenen Schutzrechtsportfolios und damit in letzter Konsequenz der fahrlässige Verlust von IP-Rechten und der damit verbundenen Vermögenswerte für das eigene Unternehmen.

Zunächst ist darauf zu achten, dass keine Schutzrechtslücken entstehen, sondern alle wesentlichen Schutzrechte angemeldet werden. Insbesondere sollte sichergestellt sein, dass Markenschutz an dem jeweils aktuellen Unternehmenskennzeichen besteht sowie Schutz an den Marken und Designs aller wesentlichen Produkte, insbesondere aller gegenwärtigen und künftigen

Schlüsselprodukte mit strategischer Bedeutung. Technische Innovationen sollten, soweit rechtlich möglich, ausreichend durch Patente oder Gebrauchsmuster abgesichert sein.

Da der Beginn des Schutzes eines geistigen Schutzrechtes durch den Tag der Anmeldung beim jeweils zuständigen Amt bestimmt wird (sog. Priorität), ist die Konsequenz im Hinblick auf ein sachgerechtes Portfoliomanagement, dass alle Schutzrechte möglichst frühzeitig angemeldet werden müssen, um einen Rechtsverlust zu vermeiden, der nur dadurch eintritt, weil andere das jeweilige Schutzrecht schneller anmelden.

Für Patente, Gebrauchsmuster oder Geschmacksmuster muss die Anmeldung auch deshalb möglichst schnell erfolgen, weil diese von vornherein nur dann schutzfähig sind, wenn die jeweilige Erfindung oder bzw. das jeweilige Design neu ist, das heißt, wenn sie im Zeitpunkt der Anmeldung noch nicht der Öffentlichkeit zugänglich gemacht worden ist[129].

Die bereits angesprochene unmittelbare Verantwortung der Geschäftsleitung für den Bereich der gewerblichen Schutzrechte bringt es daher mit sich, dass in organisatorischer Hinsicht gewährleistet sein muss, dass die Markteinführung und der Vertrieb neuer Produkte nicht ohne Absicherung durch geeignete Schutzrechte beginnt. Wichtig ist dabei, dass die Letztentscheidung über den Zeitpunkt der Markteinführung neuer Produkte einerseits und die Entscheidung über die Anmeldung von Schutzrechten andererseits stets synchron aus einer Hand erfolgen. Um dadurch bedingte mögliche Verzögerungen bei der Markteinführung von neuen Produkten auszuschließen, muss wiederum sichergestellt werden, dass die Anmeldung von Schutzrechten bereits im Zeitpunkt der geplanten Markteinführung abschließend vorbereitet und möglichst vollzogen ist.

Beispiel:
Der Bekleidungshersteller U ist soeben mit einem neuen Label in Deutschland auf den Markt getreten, welches sich an jugendliche Abnehmerkreise richtet. Das Design der Kollektion, die Auswahl der Marke und die Vorbereitung der großangelegten Werbekampagne war mit erheblichen Investitionen verbunden. Eine Markenanmeldung in Deutschland ist zwar in Vorbereitung, wurde aber noch nicht umgesetzt. Da die Werbemaßnahmen des U gerade erst angelaufen sind, ist die Marke bei der anvisierten Zielgruppe noch nicht allgemein bekannt.

129) Anders nur, wenn eine Neuheitsschonfrist zum Tragen kommt, z.B. § 3 Abs. 4 PatG, was ausnahmsweise den Schutz auch nach Offenbarung der Erfindung ermöglicht.

U hat daher bislang weder durch Eintragung der Marke noch durch deren Benutzung im geschäftlichen Verkehr ein Markenrecht erworben. Meldet nun ein Wettbewerber die Marke beim Deutschen Patent- und Markenamt an, kann dieser unter der Marke nicht nur ein eigene Kollektion vertreiben, sondern U die aufwändig vorbereitete Einführung des Labels verbieten. Die von U in die Entwicklung und Einführung des Labels getätigten Investitionen sind damit verloren.

Für eine sachgerechte Anmeldestrategie müssen insbesondere auch die territorialen Schutzinteressen des Unternehmens berücksichtigt werden. Insoweit ist wichtig, dass sich die in dem Portfolio enthaltenen Schutzrechte zumindest auf all jene Märkte erstrecken, welche im Hinblick auf das jeweilige Produkt gegenwärtig oder auch künftig von unternehmerischem Interesse sind. Soll ein Produkt europaweit vertrieben werden, muss natürlich Markenschutz in der ganzen EU gewährleistet sein, etwa in Form einer Gemeinschaftsmarke. Ein über Europa hinausgehender Vertrieb kann durch die Anmeldung einer IR-Marke für die betreffenden Länder oder alternativ auch durch die Anmeldung von dortigen nationalen Marken abgesichert werden.

Die Entwicklung und kontinuierliche Aufrechterhaltung einer diesbezüglichen Anmeldestrategie sollte wiederum laufend durch im IP-Recht spezialisierte Experten (Rechts- oder Patentanwälte) begleitet werden, welche in der Lage sind, eine effiziente, das heißt letztlich auch kostenoptimierte Ausnutzung der Möglichkeiten des durchaus komplexen System von nationalen, europäischen und internationalen Marken, Patenten, Geschmackmustern sicherzustellen.

Weiterhin muss sorgfältig darauf geachtet werden, dass das eigene Markenportfolio nicht veraltet ist, sondern möglichst exakt im Einklang mit den tatsächlich benutzten Markenformen steht. Das Portfolio muss dahingehend laufend überprüft und bei Bedarf entsprechende Neuanmeldungen der aktuellen Formen der Marke im Register vorgenommen werden. Andernfalls ist die neue Markenform nicht geschützt und damit für Wettbewerber angreifbar. Hinsichtlich der ursprünglichen nicht mehr benutzten Markenform besteht wegen der Nichtbenutzung die Gefahr, dass der Markenschutz vollständig verloren geht und die Marke sogar gelöscht werden kann (sog. Verfall, § 49 MarkenG, Art. 50 Abs. 1 a. GMV).

Marken und andere Schutzrechte (Geschmacksmuster, Patente, Gebrauchsmuster) müssen, um nicht zu erlöschen, nach bestimmten gesetzlich festgelegten Fristen gegen Zahlung einer Gebühr regelmäßig verlängert bzw. aufrecht erhalten werden. Eine wirksame Überwachung der diesbezüglichen Fristen ist daher unerlässlich.

Die Durchführung von Schutzrechtsrecherchen, die Aktualisierung sowie die Überwachung von Verlängerungs- und Aufrechterhaltungsfristen für Schutzrechte können in der Praxis wiederum von IP-Rechtsexperten (Rechts- oder Patentanwälten) oder anderen externen Dienstleistern effizient und kosteneffizient durchgeführt werden.

4.2.2 Schutzrechtsverteidigung

Die Bekämpfung von Schutzrechtsverletzungen ist eine wichtige flankierende Maßnahme zum Portfoliomanagement. Es sollte im Unternehmen sichergestellt sein, dass die Möglichkeiten, welche vom Gesetzgeber zur Bekämpfung der Produktpiraterie zur Verfügung gestellt werden, konsequent genutzt werden.

Um den Wert des eigenen Schutzrechtsportfolios zu erhalten, ist es unerlässlich, dauerhafte Schutzmechanismen zu installieren. Es besteht eine latente Gefahr, dass von anderen Schutzrechte angemeldet werden, die mit den bestehenden Rechten des eigenen Portfolios kollidieren. Lässt ein Unternehmen dies zu und ergreift es keine rechtlichen Maßnahmen gegen solche Anmeldungen, kann es zu einem schleichenden Verlust der eigenen Schutzrechte kommen, etwa durch die Verwirkung oder die Verwässerung eigener Marken. Da es sich bei geistigen Schutzrechten auch um wichtige Marketinginstrumente und Mittel zur Absicherung des eigenen Vertriebs handelt, führt dies nicht nur zu einer Behinderung der Marketing- und Vertriebsmöglichkeiten und damit der eigenen operativen Möglichkeiten, sondern auch zu einem Verlust von Unternehmenswerten.

Hinzu kommt, dass ein nachhaltiger Imageverlust und eine Schädigung des Rufs der eigenen Produkte und des eigenen Unternehmens drohen, wenn die Verletzungen der eigenen Marken nicht konsequent bekämpft werden. Insbesondere wenn die eigene Marke von einem Verletzer für minderwertige Produkte missbraucht wird. Gleiches gilt, wenn nicht nur die eigene Marke missbraucht, sondern eigene Produkte, die durch Patente oder Geschmacksmuster geschützt sind, von Produktpiraten nachgeahmt werden. Sind die Nachahmungen qualitativ minderwertig, kann dies gerade bei sicherheitsrelevanten Produkten, etwa im Bereich der Kfz-Ersatzteile, bei Spielwaren oder Elektrogeräten massive negative Auswirkungen auf die Reputation des eigenen Unternehmens haben.

Um die Löschung kollidierender Schutzrechtsanmeldungen oder -eintragungen zu erreichen, sind insbesondere Widersprüche oder Löschungsklagen gegen kollidierende Markenanmeldungen oder Einsprüche oder Patentnichtigkeitsklagen gegen die Anmeldung kollidierender Patente erforderlich. Um die Benutzung von Verletzungsprodukten im geschäftlichen Verkehr durchzusetzen, können die Verletzer abgemahnt oder gegen sie Anträge auf Erlass von einstweiligen Verfügungen gestellt sowie gerichtliche Unterlassungs- und Schadensersatzklagen erhoben werden.

Um diese Mittel ausschöpfen zu können, ist natürlich zunächst erforderlich, kollidierende Anmeldungen zu erkennen. Hierfür ist es unerlässlich, eine laufende Überwachung aller relevanten Markenregister zu gewährleisten, um Anmeldungen, die nicht mit den eigenen Marken kollidieren, aufzudecken (Kollisionsüberwachung).

Die Stellung von Grenzbeschlagnahmeanträgen bei den europäischen Zollbehörden nach der europäischen Produktpiraterieverordnung kann zur Aufdeckung der Einfuhr von Pirateriewaren beitragen, welche eigene Schutzrechte (Marken, Patente, Urheberrechte) verletzen. Von diesem effektiven und kostengünstigen Instrument der Aufdeckung und Verfolgung von Produktpiraten sollte unbedingt Gebrauch gemacht werden.

4.3 Checkliste

- ☐ Sicherstellung, dass alle geistigen Schutzrechte (Marken, Patente, Gebrauchsmuster, Geschmacksmuster) im Hinblick auf alle Produkte und das wesentliche Know-how angemeldet werden
- ☐ Möglichst frühzeitige Anmeldung der geistigen Schutzrechte zur Sicherung der Priorität, in jedem Fall vor Beginn der Vermarktung und Markteinführung
- ☐ Anmeldung in sämtlichen Ländern, in denen die jeweiligen Produkte vertrieben werden sollen und auf die der Vertrieb künftig ausgedehnt werden soll
- ☐ Einrichtung einer Fristenüberwachung, insbesondere Sicherstellung, dass die Aufrechterhaltungs- und Verlängerungsgebühren fristgemäß entrichtet werden
- ☐ Laufende Aktualisierung des bestehenden Schutzrechtsportfolios, Sicherstellung, dass die Marken in der jeweils aktualisierten Form geschützt sind, ggf. »Entrümpelung« nicht mehr benötigter Schutzrechte
- ☐ Einrichtung einer laufenden Markenüberwachung für die relevanten Länder zur rechtzeitigen Feststellung der Anmeldung kollidierender Marken
- ☐ Verteidigung des Schutzrechtsportfolios gegen kollidierende Anmeldungen

- ☐ Stellung von Grenzbeschlagnahmeanträgen nach der europäischen »Produktpiraterieverordnung«
- ☐ Absicherung der vorgenannten Grundsätze und Prozesse durch die Geschäftsleitung durch die verbindliche Festlegung als betriebliche Standards im Rahmen des Risikomanagements
- ☐ Durchführung von Schulungen der im Bereich Portfoliomanagement tätigen eigenen Mitarbeiter zu den relevanten rechtlichen Vorgaben und Standards des betrieblichen Risikomanagements
- ☐ Auslagerung von Aufgaben des Portfoliomanagements auf im IP-Recht spezialisierte Experten, insbesondere die
  - Anmeldung von Schutzrechten,
  - Fristenüberwachung,
  - Kollisionsüberwachung,
  - Verteidigung des eigenen Schutzrechtsportfolios gegen Anmeldungen und Benutzungen kollidierender Schutzrechte,
  - Stellung von Grenzbeschlagnahmeanträgen nach der europäischen »Produktpiraterieverordnung«,
  - Aktualisierung und »Entrümpelung« des Schutzrechtsportfolios,
  - Durchführung von Mitarbeiterschulungen zu den relevanten rechtlichen Vorgaben.

5 Werbe- und Vertriebsmaßnahmen

5.1 Rechtliche Grundlagen

Werbemaßnahmen, sei es im Rahmen der Markteinführung eines neuen Produkts oder der laufenden Vermarktung eines bereits eingeführten Produkts, unterliegen zahlreichen rechtlichen Vorgaben und Grenzen. Die wichtigsten ergeben sich dabei aus dem Unlauterkeitsrecht, wie es in erster Linie im Gesetz zur Bekämpfung des unlauteren Wettbewerbs (UWG) niedergelegt ist, dem Urheberrecht sowie einer Vielzahl spezifischer werberechtlicher Bestimmungen und Regeln bis hin zum Presse-, Fernseh- und Rundfunkrecht. Im Folgenden sollen einige wesentliche Grundsätze gezeigt werden, ohne dass auf alle Facetten des sehr gerade nach deutschem Recht höchst komplexen Werberechts eingegangen werden kann.

Werbemaßnahmen dürfen nicht zu unlauterem Wettbewerb führen (§ 3 UWG). Sie dürfen Mitbewerber nicht herabsetzen oder verunglimpfen, mögliche Abnehmer nicht über die Herkunft von Produkten eines Mitbewerbers täuschen, deren Ruf nicht ausnutzen oder beeinträchtigen, Mitbewerber nicht behindern (§ 4 Nr. 7, 9 10 UWG) sowie nicht irreführend sein (§ 5 UWG). Vergleichende Werbung ist zwar grundsätzlich rechtlich zulässig, darf jedoch wiederum insbesondere nicht unsachlich, rufausbeutend oder -beeinträchtigend, herabsetzend, verunglimpfend sein oder zu Verwechslungen führen (§ 6 UWG). Auch darf Werbung nicht belästigend sein (§ 7 UWG), was etwa zur Unzulässigkeit bestimmter Vertriebsmethoden wie des telefonischen Direktmarketings (sog. cold calls) führt.

Die vom Bundeskabinett am 21.05.2008 beschlossene jüngste UWG-Novelle bezweckt in Umsetzung der EU-Richtlinie 2005/29/EG eine Verstärkung des Verbraucherschutzniveaus durch Einführung einer »schwarze Liste« von insgesamt 30 irreführenden und aggressiven geschäftlichen Handlungen, die in jedem Fall als unlautere Geschäftspraktiken verboten sein werden.

Selbstredend dürfen Werbemaßnahmen nicht in fremde Marken oder Geschmacksmuster- oder Urheberrechte Dritter eingreifen. Hier kann sich letztlich die Gefahr realisieren, die bereits im Zusammenhang mit der Gestaltung und Entwicklung von Produkten sowie der Markenfindung geschildert wurden. Hierauf kann daher verwiesen werden.

Sehr häufig ergeben sich rechtliche Konflikte im Zusammenhang mit der Gestaltung und Durchführung von Werbemaßnahmen und -kampagnen daraus, dass auf Bildmaterial zurückgegriffen wird, dass durch fremde Urheberrechte oder Persönlichkeitsrechte geschützt wird. Fotografien sind durch das deutsche Urheberrecht als sog. Lichtbilder geschützt (§ 72 UrhG) unter Umständen, wenn sie eine ausreichende Schöpfungshöhe aufweisen, als Bildwerke (§ 2 Abs. 1 Nr. 5 UrhG). Sind Personen ohne deren Zustimmung abgebildet, kann deren Recht am eigenen Bild verletzt sein (§ 22 KunstUrhG). Verwendet eine Werbeagentur, die mit der Gestaltung einer Werbekampagne beauftragt wird, derartiges Bildmaterial, ohne eine Lizenzierung der Rechteinhaber oder, soweit erforderlich, die Einwilligung der Abgebildeten sichergestellt zu haben, führt dies auch zu einer Haftung des Auftraggebers, spätestens dann, wenn die Werbemaßnahme durchgeführt und dabei öffentlich gemacht wird.

5.2 Gefahren des Missbrauchs

5.2.1 Mögliche Ansprüche bei Verstößen

Verstöße gegen die geschilderten wettbewerbsrechtlichen Vorgaben oder gegen fremde Urheberrechte durch Werbemaßnahmen können wiederum Ansprüche der dadurch Verletzten auf Beseitigung, Unterlassung, Auskunfts- und Schadensersatzansprüche auslösen.

Im Fall von unlauteren Werbemaßnahmen können Unterlassungsansprüche von allen Mitbewerbern, unter bestimmten Voraussetzungen auch von beruflichen Interessensverbänden (z.B. Zentrale zur Bekämpfung des unlauteren Wettbewerbs, Handwerksinnungen, Kammern der freien Berufe) sowie von bestimmten hierfür anerkannten Verbraucherschutzverbänden (sog. qualifizierte Einrichtungen, z.B. Verbraucherzentralen) sowie den Industrie- und Handelskammern geltend gemacht werden (§ 8 Abs. 3 UWG).[130)]

5.2.2 Mögliche Maßnahmen

Für die Durchsetzung der Ansprüche kann im Wesentlichen auf dieselben rechtlichen Instrumente zurückgegriffen werden wie bei Schutzrechtsverletzungen, also Abmahnungen, einstweilige Verfügungen sowie gerichtliche Klagen.

Wird im Rahmen von Werbemaßnahmen ein fremdes Schutzrecht (insbesondere Urheberrechte, Marken, Geschmacksmuster) vorsätzlich verletzt, kann dies neben den genannten zivilrechtlichen Folgen auch strafrechtliche Maßnahmen auslösen. Der Strafrahmen reicht von Geldstrafen zu Freiheitsstrafen bis zu 3 Jahren bzw., was im hier maßgeblichen unternehmerischen Kontext in der Regel relevant wird, bis zu 5 Jahren, wenn die Verletzung gewerbsmäßig erfolgt. Auch Wettbewerbsverstöße können strafbar sein, etwa dann, wenn bewusst mit unwahren irreführenden Angaben in der Absicht geworben wird, den Anschein eines besonders günstigen Angebots hervorzurufen (§ 16 UWG). Der Strafrahmen umfasst Geldstrafen oder Freiheitsstrafen bis zu 2 Jahren.

5.3 Konsequenzen für das unternehmerische Handeln

Im Hinblick auf die Gestaltung von Werbekampagnen muss zur Vermeidung von Wettbewerbsverstößen, Schutzrechtsverletzungen und Verletzung von Persönlichkeitsrechten und der daraus resultierenden möglichen Folgen sichergestellt sein, dass Werbeagenturen über die Lizenzrechte an verwendeten Bildern verfügen sowie die Einwilligungen abgebildeter Personen eingeholt haben, was ggf. durch Abschluss entsprechender Model-Verträge sicherzustellen ist. In dem Vertrag mit der Werbeagentur sollten entsprechende Nachweispflichten der Werbeagentur verankert sein.

130) Abgesehen von den Mitbewerbern sind die vorgenannten Anspruchsberechtigten darüber hinaus berechtigt, die Herausgabe des Gewinns, den der Wettbewerber erzielt hat, an den Bundeshaushalt zu verlangen (sog. Gewinnabschöpfungsanspruch, § 10 UWG).

Zur Sicherstellung der genannten Anforderungen ist es auch in diesem Zusammenhang wünschenswert, dass die beauftragten Werbeagenturen mit spezialisierten Rechtsexperten kooperieren. In Anbetracht der erheblichen Haftungsrisiken für den Auftraggeber wegen der Verletzung fremder geistiger Schutzrechte und Persönlichkeitsrechte muss die Auswahl der jeweiligen Agentur bewusst auch im Hinblick auf die Inanspruchnahme einer professionellen Rechtsberatung erfolgen. Zu berücksichtigen ist dabei, dass die Haftung des werbenden Unternehmens für die Verletzung fremder geistiger Schutzrechte oder Persönlichkeitsrechte unabhängig davon einsetzt, ob es die Werbeagentur pflichtwidrig unterlassen hat, für ausreichende Lizenzen zu sorgen. Dies gilt jedenfalls insoweit, als ein Dritter, der in seinen Rechten verletzt ist, von dem Unterlassung fordern kann und damit ggf. den Stopp der gesamten Werbemaßnahme auslöst. Mögliche Regressansprüche gegen die Werbeagentur können die damit verbundenen Schäden und Reputationsverluste oft nicht vollständig abdecken.

Es ist sicherzustellen, dass die mit Agenturen geschlossenen Verträge keine Haftungsbegrenzungen oder -freistellungen zu Gunsten der Agentur vorsehen, sondern dass die Agentur den Auftraggeber von Ansprüchen Dritter wegen einer Verletzung von Rechten Dritter (geistige Schutzrechte, Persönlichkeitsrechte) freizustellen hat und das vertragliche Risiko trägt, wenn Vorschläge wegen drohender Schutzrechtsverletzungen verworfen werden müssen.

Die für die Auswahl von Werbeagenturen zu berücksichtigenden Kriterien, gerade auch was die Einhaltung der maßgeblichen rechtlichen Vorgaben durch die Agentur betrifft, sowie die Maßstäbe für die Ausgestaltung der Verträge mit Werbeagenturen sollten von der Geschäftsleitung als verbindliche betriebliche Standards im Rahmen des Risikomanagements festgelegt werden.

Es muss weiterhin gewährleistet sein, dass in den Prozess der Gestaltung und Einführung aller Werbemaßnahmen frühzeitig eigene Rechtsexperten eingebunden sind, welche auf dem Gebiet des Werberechts, insbesondere dem IP-Recht und Wettbewerbsrecht spezialisiert sind. Die rechtliche Begleitung durch Rechtsexperten sollte von Beginn des Projekts an gewährleistet sein, damit im Falle rechtlicher Schwierigkeiten rechtzeitig vor dem geplanten Beginn der Kampagne korrigierend eingegriffen werden kann, etwa durch die Beseitigung vorhandener Defizite im Hinblick auf Lizenzen für die Nutzung von Bildern und anderen urheberrechtlich geschützten Werken.

5.4 Checkliste

- ☐ Sorgfältige Auswahl der mit der Gestaltung von Werbemaßnahmen beauftragten Werbeagenturen im Hinblick auf die Beachtung der rechtlichen Vorgaben
- ☐ Verankerung der Pflicht beauftragter Werbeagenturen zum Nachweis erforderlicher Lizenzrechte in den jeweiligen Agenturverträgen
- ☐ Vertragliche Sicherstellung der Haftung von beauftragten Werbeagenturen im Fall der Verletzung von Schutzrechten Dritter sowie Pflicht zur Haftungsfreistellung
- ☐ Absicherung der vorgenannten Grundsätze und Prozesse durch die Geschäftsleitung durch verbindliche Festlegung als betriebliche Standards im Rahmen des Risikomanagements
- ☐ Durchführung von Schulungen der eigenen Mitarbeiter in den Bereichen Marketing und Vertrieb zu den dort jeweils relevanten rechtlichen Vorgaben und Standards des betrieblichen Risikomanagements
- ☐ Frühzeitige Einbeziehung eigener im IP-Recht spezialisierter Rechtsexperten (Rechts- oder Patentanwälte) im Hinblick auf die rechtliche Begleitung der Gestaltung und Durchführung von Werbekampagnen

6 Literatur

Bartenbach, K.: *Arbeitnehmererfindungen*, 4. Aufl., 2002.

Bartenbach, K., Volz, F.-E.: *Arbeitnehmererfindungsgesetz, Kommentar zum Gesetz über Arbeitnehmererfindungen*, 4. Aufl., 2006.

Benkard, G.: *Patentgesetz*, 10. Aufl., 2006.

Cordes, C.: »Die Grenzbeschlagnahme in Patentsachen«, in: *Gewerblicher Rechtsschutz und Urheberrecht* 2007, S. 483 – 490.

Deumeland, K. D.: »Die Möglichkeit der Grenzbeschlagnahme bei Verletzung des deutschen Urheberrechts«, in: *Gewerblicher Rechtsschutz und Urheberrecht* 2006, S. 994–997.

Dreier, T./Schulze, G.: *Urheberrechtsgesetz, Urheberechtswahrnehmungsgesetz, Kunsturhebergesetz*, 2. Aufl. 2006.

Eichmann, H./von Falckenstein, R.: *Geschmacksmustergesetz*, 3. Aufl., 2005.

Eisenführ, G./Schennen, D.: *Gemeinschaftsmarkenverordnung*, 2.Aufl., 2007.

Fezer, K. H.: *Markengesetz*, 2001.

Fezer, K. H.: Lauterkeitsrecht,: *Kommentar zum Gesetz gegen den unlauteren Wettbewerb (UWG)*, 2005.

Fezer, K H.: »Normenkonkurrenz zwischen Kennzeichenrecht und Lauterkeitsrecht«, in: *Wettbewerb in Recht und Praxis*, 2008, S. 1-9.

Harte-Bavendamm, H./Henning-Bodewig, F.: *UWG, Gesetz gegen den unlauteren Wettbewerb*, 2004.

Hauschka, C.: *Corporate Compliance: Handbuch der Haftungsvermeidung im Unternehmen*, 2007.

Hildebrandt, U.: *Harmonisiertes Markenrecht in Europa*, 2005.

Hefermehl, W.;/Köhler, H./Bornkamm, J.: *Wettbewerbsrecht*, 26. Aufl., 2008.

Jestaed, B.: »Der Schutzbereich des eingetragenen Geschmacksmusters nach dem neuen Geschmacksmustergesetz«, in: *Gewerblicher Rechtsschutz und Urheberrecht* 2008, S. 19–24.

Köhler, H.: »Das Verhältnis des Wettbewerbsrechts zum Recht des geistigen Eigentums«, in: *Gewerblicher Rechtsschutz und Urheberrecht* 2007, S. 548–554.

Lange, P.: *Marken- und Kennzeichenrecht*, 2006.

Marx, C.: *Deutsches, europäisches und Internationales Markenrecht*, 2. Aufl., 2007.

Nägele, T./Nitsche, C.: »Gesetzentwurf der Bundesregierung zur Verbesserung der Durchsetzung von Rechten des geistigen Eigentums«, in: *Wettbewerb in Recht und Praxis*, 2007, S. 1047, 1058.

Ohly, A.: »Designschutz im Spannungsfeld von Geschmacksmuster-, Kennzeichen- und Lauterkeitsrecht«, in: *Gewerblicher Rechtsschutz und Urheberrecht* 2007, 731–740.

Rehmann, T.: *Geschmacksmusterrecht*, 2004.

Schramm, C.: *Der Patentverletzungsprozess*, 5. Aufl., 2005.

Schricker, G.: *Urheberrechtsgesetz*, 3. Aufl., 2006.

Schricker, G./Bastian, E.-M./Knaak, R.: *Gemeinschaftsmarke und Recht der EU-Mitgliedstaaten*, 2006.

Schulte, R.: *Patentgesetz*, 7. Aufl., 2005.

Stöckel, M./Lüken, U.: *Handbuch Marken- und Designrecht*, 2. Aufl., 2006.

Ströbele, P./Hacker, F.: *Markengesetz*, 8. Aufl., 2006.

Teichmann, C.: »Abschied von der absoluten Person der Zeitgeschichte«, in: *Neue Juristische Wochenschrift* 2007, S. 1917-1920.

Teplitzky, O.: *Wettbewerbsrechtliche Ansprüche und Verfahren*, 9. Aufl., 2007.

Von Welser, M./Gonzáles, A.: *Marken- und Produktpiraterie*, 2007.

Wandtke, A.-A./Bullinger, W.: *Praxiskommentar zum Urheberrecht* (UrhG), München.

IV.
Rechnungswesen

Christian Leupold

1 Prozesse

Für die Darstellung der Gefahren des Missbrauchs und der Möglichkeiten zur Vermeidung im Bereich des Rechnungswesens bzw. der Rechnungslegung wurden als Orientierungsrahmen typische Prozesse herausgegriffen. Selbstverständlich liefern nahezu alle Unternehmensprozesse Informationen an das betriebliche Rechnungswesen, welches diese entweder in der laufenden Buchhaltung direkt verarbeitet oder als Grundlage für Ansatz und Bewertung von Vermögensgegenständen oder Schulden im Rahmen der Abschlusserstellung heranzieht.

Prozesse, die für das Rechnungswesen ausschließlich informationsliefernd wirken, werden aus der Betrachtung ausgenommen. Dargestellt werden die Prozesse, die originär im Rechnungswesen stattfinden. Dazu werden in diesem Kapitel zunächst die einzelnen Teilprozesse grob beschrieben, um eine gemeinsame Ausgangsbasis – unabhängig vom eingesetzten Buchhaltungssystem – für das Erkennen von sog. »Einfallstoren« für Missbrauch herbeizuführen.

Die Auswahl der im Folgenden dargestellten Prozesse beschränkt sich auf die wesentlichen Prozesse, die dafür erforderlich sind, die Funktion des Rechnungswesens bzw. der Rechnungslegung in einem Unternehmen im Wesentlichen abzudecken. Die folgenden Ausführungen beschäftigen sich hauptsächlich mit den Prozessen der Jahresabschlusserstellung. Auf Themen, die darüber hinaus im Rahmen einer Konzernabschlusserstellung relevant sein könnten, wird nicht weiter eingegangen. Konzernspezifische Themen könnten sich daraus ergeben, dass in einem Konzernabschluss unterschiedliche Rechnungslegungsnormen zusammentreffen, länderspezifische Besonderheiten zu verarbeiten oder weitere Abschlussbestandteile wie Kapitalflussrechnung, Eigenkapitalveränderungsrechnung und ggf. Segmentberichterstattung zu erstellen sind.

Praxishandbuch Corporate Compliance. Axel Jäger, Christian Rödl und José A. Campos Nave

ISBN 978-3-527-50395-7

1.1 Debitorenbuchhaltung

Die Debitorenbuchhaltung findet ebenso wie beispielsweise die Kreditorenbuchhaltung oder die Anlagenbuchhaltung in einem sog. Nebenbuch statt. Darin werden spezifische Einzeltatbestände erfasst, die schließlich als »Sammelbeleg« für die Buchung auf einem Hauptbuchkonto in der Finanzbuchführung dienen.[131)]

In der Debitorenbuchhaltung finden grundsätzlich folgende Teilprozesse statt:

- Erfassung (Neuanlage bzw. Änderung) der Stammdaten:
  Bei der Stammdatenerfassung werden für *Kunden* unter einer eindeutig zuordenbaren Debitorennummer neben der Adresse zumindest die jeweils vereinbarten Lieferkonditionen (Rabattstaffel, Bonusregelung), die Zahlungsbedingungen (Zahlungsziel, Skonto) sowie die Bankverbindung (beispielsweise bei Gutschriften erforderlich) neu angelegt bzw. im Bedarfsfall geändert.
- Erfassung der Bewegungsdaten:
  Als Bewegungsdaten werden in der Debitorenbuchhaltung allgemein zum einen *Verkaufsvorgänge* (Debitorenkonto an Erlöskonto) und zum anderen *Zahlungseingänge* (Bank an Debitorenkonto) erfasst. Der Saldo des jeweiligen Debitorenkontos fließt ein in den Saldo des Hauptbuchkontos, das als Sammelkonto für alle oder einen bestimmten Kreis von Debitoren dient. Bei dem Debitorensammelkonto handelt es sich dabei im Allgemeinen um ein Konto aus dem Bereich der Forderungen aus Lieferungen und Leistungen, das in der Finanzbuchhaltung geführt wird.

  Grundlage der Erfassung der Bewegungsdaten sind natürlich auch in dieser Nebenbuchhaltung entsprechende Belege. Dazu zählen in erster Linie Ausgangsrechnungen und Zahlungseingangsbelege (Kontoauszug oder Kassenprotokoll), aber auch Gutschriften und Bonusvereinbarungen.

1.2 Kreditorenbuchhaltung (inklusive Zahlungsverkehr)

Die Kreditorenbuchhaltung, die ebenso wie die Debitorenbuchhaltung in dem häufig als Kontokorrentbuchhaltung bezeichneten Nebenbuch aufgezeichnet wird, besteht im Wesentlichen aus folgenden Teilprozessen:

131) Eisele, W.: »Technik des betrieblichen Rechnungswesens«, 7. Aufl., 2002, S. 506.

- Erfassung (Neuanlage bzw. Änderung) der Stammdaten:
  Für *Lieferanten* werden unter einer eindeutig zuordenbaren Kreditorennummer neben der Adresse die jeweils vereinbarten Bezugskonditionen (Rabattstaffel, Bonusregelung), die Zahlungsbedingungen (Zahlungsziel, Skonto) und die Bankverbindung (beispielsweise bei Gutschriften erforderlich) neu angelegt bzw. im Bedarfsfall geändert.
- Erfassung der Bewegungsdaten:
  Als Bewegungsdaten werden in der Kreditorenbuchhaltung insbesondere *Einkaufsvorgänge* (Wareneingangskonto oder Aufwandskonto an Kreditorenkonto) und *Zahlungsausgänge* (Kreditorenkonto an Bank) erfasst. Ebenso wie bei der Debitorenbuchhaltung fließt der Saldo des jeweiligen Kreditorenkontos wiederum in den Saldo des Hauptbuchkontos, das als Sammelkonto für alle oder einen bestimmten Kreis von Kreditoren eingerichtet wurde. Auf Seite der Kreditoren handelt es sich bei dem Sammelkonto üblicherweise um ein Konto aus dem Bereich der Verbindlichkeiten aus Lieferungen und Leistungen, das in der Finanzbuchhaltung geführt wird.

  Die in der Kreditorenbuchhaltung abgebildeten Geschäftsvorfälle basieren in erster Linie auf Eingangsrechnungen und Zahlungsausgangsbelegen (Kontoauszug oder Kassenprotokoll), aber auch auf erhaltenen Gutschriften.

1.3 Anlagenbuchhaltung

Die Anlagenbuchhaltung wird ebenso wie Debitoren- und Kreditorenbuchhaltung in einem Nebenbuch geführt, das alle dem einzelnen Anlagengegenstand zuzuordnenden Merkmale vorhält und aus dem periodisch die für die Finanzbuchhaltung erforderlichen Informationen generiert werden. Die Anlagenbuchhaltung besteht im Wesentlichen aus folgenden Teilprozessen:

- Erfassung (Neuanlage, Änderung bzw. Löschung) der Stammdaten:
  Für einzelne Gegenstände des Anlagevermögens werden unter eindeutig zuordenbaren, üblicherweise nach Anlageklassen in Bereiche gegliederten Anlagenummern die genaue Bezeichnung, die Anschaffungskosten, das Anschaffungsdatum (Inbetriebnahme), die betriebsgewöhnliche Nutzungsdauer und das anzuwendende Abschreibungsverfahren (linear, degressiv) neu angelegt, falls erforderlich geändert bzw. bei Anlagenabgang gelöscht.

- Erfassung der Bewegungsdaten:
  Als Bewegungsdaten werden in der Anlagenbuchhaltung insbesondere *Zugänge* (Anlagenkonto an Kreditorenkonto), *Abgänge* mit Buchgewinn oder Buchverlust und die periodisch ermittelten Abschreibungen (Abschreibung an Anlagenkonto) erfasst. Der Saldo des jeweiligen Anlagenkontos fließt in den Saldo des entsprechenden Hauptbuchkontos, das üblicherweise als Sammelkonto für alle Anlagengüter einer bestimmten Anlagenklasse geführt wird.

Den Zugängen liegen in der Regel Eingangsrechnungen bzw. bei selbsterstellten Anlagengütern Kalkulationen der Herstellungskosten zugrunde. Abgänge basieren im Allgemeinen auf Ausgangsrechnungen oder Verschrottungsbelegen.

1.4 Lohn- und Gehaltsbuchhaltung

In der Lohn- und Gehaltsbuchhaltung werden alle personenbezogenen Informationen der Mitarbeiter eines Unternehmens erfasst und gepflegt. Dazu zählen u.a. abrechnungsrelevante Informationen wie Bruttogehalt, Steuerklasse, Religionszugehörigkeit oder Anzahl der Kinderfreibeträge. Auf Basis dieser Daten werden in der Lohn- und Gehaltsbuchhaltung die monatlichen Lohn- und Gehaltsabrechnungen erstellt und die sich daraus ergebenden Zahlungen an Mitarbeiter, Sozialversicherungen und Finanzbehörden angestoßen.

Im Regelfall werden die für die Finanzbuchhaltung relevanten Informationen verdichtet und über definierte Schnittstellen in Form von Buchungssätzen überspielt. Wichtig ist in diesem Zusammenhang, dass personenbezogene Informationen üblicherweise nur in der Lohn- und Gehaltsbuchhaltung hinterlegt und damit auch nur einem eingeschränkten Personenkreis zugänglich sind.

1.5 Erstellung des Jahresabschlusses

Neben der Verdichtung der Salden der einzelnen Bestandskonten zu Bilanzposten bzw. der einzelnen Aufwands- und Ertragskonten zu Posten der Gewinn- und Verlustrechnung und der Erstellung von Anhang und ggf. Lagebericht, zählen zum Prozess der Erstellung des Jahresabschlusses insbesondere folgende Tätigkeiten, die hinsichtlich des Missbrauchs der Rechnungslegung relevant sein könnten:

- Durchführung der Inventuren zur Bestandsaufnahme sowohl im Bereich des Vorrats- als auch des Anlagevermögens
- Durchführung von Bewertungen unter Zugrundelegung von Einschätzungen:
  - Verlustfreie Bewertung des Vorratsvermögens (Einschätzung der Gängigkeit und des voraussichtlich erzielbaren Veräußerungspreises einzelner Artikel)
  - Bewertung der Forderungen (Einschätzung der Einbringlichkeit und der voraussichtlichen Zahlungsabzüge)
  - Bewertung der Rückstellungen (Einschätzung der Inanspruchnahme beispielsweise aus Gewährleistung, Prozessen, Pensionsansprüchen oder drohenden Verlusten)
  - Bewertung von Finanzanlagen (Einschätzung des inneren Wertes der einzelnen Beteiligungen auf Basis der für die Beteiligungen erarbeiteten Unternehmensplanungen)

Wesentlich für die Einschätzung des Risikos, dass der Prozess der Jahresabschlusserstellung missbräuchlich genutzt werden könnte, ist die Tatsache, dass dabei durch Einschätzungen und Erwägungen des Abschlusserstellers maßgeblicher Einfluss auf Ansatz und Bewertung von Aktiva und Passiva genommen werden kann.

2 Gefahren des Missbrauchs

Ausgehend von der grundsätzlichen Kategorisierung geschäftsschädigender Handlungen in

- Manipulation von Rechnungslegungsinformationen,
- Vermögensschädigung und
- »corporate misconduct« (z.B. Kartellrechtsverstoß)

ist im Allgemeinen festzustellen, dass Fälle von Wirtschaftskriminalität im Bereich Rechnungswesen/Rechnungslegung im Wesentlichen in die beiden erstgenannten Kategorien fallen.

Um die Gefahren des Missbrauchs im Bereich des Rechnungswesens bzw. der Rechnungslegung einschätzen zu können, ist es hilfreich, sich im ersten Schritt die Funktionen der Rechnungslegung vor Augen zu führen.

2.1 Funktionen der Rechnungslegung

Von den üblicherweise dem betrieblichen Rechnungswesen zugewiesenen Funktionen:

- Dokumentations- und Kontrollfunktion (intern),
- Dispositionsfunktion (intern) und
- Rechenschaftslegungs- und Informationsfunktion (extern)

ist insbesondere die letztgenannte Funktion im Zusammenhang mit Corporate Compliance von entscheidender Bedeutung. Auf Grund gesetzlicher Vorschriften dient das Rechnungswesen der Rechenschaftslegung und informiert u.a. Gesellschafter, Gläubiger, Finanzbehörden und z.T. die Öffentlichkeit (potenzielle Gläubiger, Wirtschaftspresse) über die Vermögens-, Finanz- und Ertragslage des Unternehmens.[132] Die durch das Rechnungswesen zur Verfügung gestellten Informationen dienen den o.g. Interessenten als Entscheidungsgrundlage. So machen beispielsweise Gesellschafter und Gläubiger u.a. davon ihre Entscheidung abhängig, ob und in welcher Höhe sie dem Unternehmen finanzielle Mittel zur Verfügung stellen.

2.2 Manipulation von Rechnungslegungsinformationen

Bei der Manipulation von Rechnungslegungsinformationen besteht die Motivation vorrangig darin, dem Unternehmen einen Vorteil zu verschaffen. Mittelbar könnte damit auch eine Bereicherung des Handelnden selbst verbunden sein. Die Manipulation von Rechnungslegungsinformationen erfordert entsprechende Möglichkeiten zur Einflussnahme und wird damit überwiegend von Mitarbeitern höherer Hierarchieebenen zumindest initiiert.[133]

Je nach Unternehmenssituation könnte es als sinnvoll erachtet werden, die Vermögens-, Finanz- oder Ertragslage des Unternehmens besser oder schlechter als den tatsächlichen Verhältnissen entsprechend darzustellen.

132) Wöhe, G.: »Einführung in die Allgemeine Betriebswirtschaftslehre«, 19. Aufl., 1996, S. 963.

133) KPMG (Hrsg.): »Anti Fraud Management – Best Practice der Prävention gegen Wirtschaftskriminalität«, 2006, S. 10.

So könnte beispielsweise vor dem Hintergrund der Maßgeblichkeit der Handelsbilanz die Zielsetzung verfolgt werden, das handelsrechtliche Ergebnis und damit das zu versteuernde Einkommen zu minimieren. Häufig ist zu beobachten, dass der Erhalt von Finanzkrediten oder die gewährten Konditionen vom Erreichen bestimmter Kennzahlen abhängig sind. Demzufolge könnte ein Antrieb für die Manipulation von Rechnungslegungsinformationen darin bestehen, die Basisdaten der ausschlaggebenden Kennzahlen möglichst positiv darzustellen.

Welche »Einfallstore« im Bereich Rechnungslegung bzw. Rechnungswesen für die Manipulation von Rechnungslegungsinformationen genutzt werden könnten, wird im Folgenden anhand der unter Gliederungspunkt 1 dieses Beitrags erläuterten Rechnungswesenprozesse beschrieben.

2.2.1 Debitorenbuchhaltung

Im Bereich der Debitorenbuchhaltung können Manipulationen folgender Art auftreten:

Fall 1: Es werden Forderungen und Umsatzerlöse gebucht, obwohl *keine* Lieferung oder Leistung erfolgt ist.

In diesem Fall wird die *Vermögens- und Ertragslage besser* als den tatsächlichen Verhältnissen entsprechend dargestellt. Dies könnte dann auftreten, wenn eine Buchung ohne Beleg erfolgt. Ebenso könnte aber auch eine Rechnung als Buchungsgrundlage erstellt werden, die nicht an den Kunden versandt wird. Im Extremfall könnte neben der Rechnung auch noch ein Lieferschein oder eine Leistungsvereinbarung erstellt werden.

Fall 2: Es werden *keine* Forderungen und Umsatzerlöse *gebucht,* obwohl Lieferung oder Leistung bereits erfolgt ist.

Diese Konstellation könnte dann auftreten, wenn vorhandene Belege wie Rechnungen oder Lieferscheine der Buchhaltung vorenthalten werden. Damit werden *Vermögens- und Ertragslage schlechter* dargestellt. Die gleiche Wirkung tritt ein, wenn bereits gebuchte Forderungen durch ungerechtfertigte Wertberichtigungen neutralisiert oder über Forderungsverluste gar ausgebucht würden.

Fall 3: Es werden Forderungen und Umsatzerlöse gebucht, obwohl die *Lieferung oder Leistung noch nicht erfolgt* ist.

Die Vermögens- und Ertragslage wird für die betrachtete Periode besser ausgewiesen, als den tatsächlichen Verhältnissen entsprechend. In der Folgeperiode tritt – sofern nicht tatsächlich Doppelbuchungen erfolgen – der umgekehrte Effekt ein. Der gleiche Effekt ergäbe sich, wenn in der Periode erfasste Forderungen und Umsatzerlöse erst in der Folgeperiode storniert oder z.B. durch Gutschriften oder Ersatzlieferungen – also jedenfalls ohne tatsächlichen Zahlungseingang – ausgeglichen würden.

Fall 4: Es werden *Forderungen und Umsatzerlöse noch nicht gebucht,* obwohl die Lieferung oder Leistung bereits erfolgt ist.

Bei dieser Konstellation ergeben sich die zu Fall 3 gegenläufigen Effekte. Die Vermögens- und Ertragslage wird also zunächst zu negativ und in der Folgeperiode zu positiv dargestellt.

Die beschriebenen Grundfälle könnten noch dadurch an Brisanz gewinnen, dass die (noch) nicht existenten Forderungen Gegenstand eines Forderungsverkaufs werden, um damit dem Unternehmen liquide Mittel zu beschaffen.

2.2.2 Kreditorenbuchhaltung

Mit Manipulationen im Bereich der Kreditorenbuchhaltung könnten die gleichen Effekte, wie unter 2.2.1 dargestellt, erzielt werden:

Fall 1: Es werden Aufwendungen und Verbindlichkeiten gebucht, obwohl *keine* Lieferung oder Leistung in Anspruch genommen wurde.

Damit würde die Vermögens- und Ertragslage schlechter dargestellt. Dieser Fall könnte beispielsweise durch eine Buchung ohne entsprechenden Beleg eintreten. Möglich wäre auch, dass in Absprache mit einem Lieferanten eine Rechnung akzeptiert und gebucht würde, obwohl dieser gar keine Lieferung oder Leistung für das Unternehmen erbracht hat und auch nicht erbringen wird.

Fall 2: Es werden *keine* Aufwendungen und Verbindlichkeiten *gebucht,* obwohl eine Lieferung oder Leistung in Anspruch genommen wurde.

Wenn bereits eingegangene Belege oder Rechnungen nicht zur Buchung weitergereicht werden oder gar in Absprache mit dem Lieferanten keine Rechnung erstellt wurde, wird die Vermögens- und Ertragslage zwangsläufig besser als den tatsächlichen Verhältnissen entsprechend ausgewiesen.

Die gleichen Effekte würden für die Betrachtungsperiode natürlich dadurch eintreten, dass Aufwendungen und Verbindlichkeiten nicht periodengerecht zugeordnet würden. Diese Effekte würden sich, wie unter 2.2.1 beschrieben, im Zeitablauf wieder neutralisieren.

2.2.3 Anlagenbuchhaltung

Ebenso wie Manipulationen im Bereich der Debitoren- und der Kreditorenbuchhaltung, können auch Manipulationen im Bereich der Anlagenbuchhaltung dazu führen, dass die Vermögens- und Ertragslage eines Unternehmens periodenbezogen oder in der Totalperiode besser oder schlechter als den tatsächlichen Verhältnissen entsprechend dargestellt wird.

Periodenbezogene Verwerfungen könnten sich bei folgenden Vorgehensweisen ergeben:

- Aktivierung und Beginn der Abschreibung einer Anlage werden *vor (nach)* der tatsächlichen Inbetriebnahme in der Buchhaltung erfasst. Damit werden in der ersten Betrachtungsperiode die Vermögens- und Ertragslage zu *schlecht (gut)* dargestellt, da bis zum Ende der ersten Betrachtungsperiode *mehr (weniger)* Abschreibungen vorgenommen werden, als aufgrund der tatsächlichen Nutzungsdauer erforderlich.
- Die in der Anlagenbuchhaltung geschlüsselte Abschreibungsdauer ist *kürzer (länger)* als die betriebsgewöhnliche Nutzungsdauer, da z.B. eine andere Klassifizierung der Anlage vorgenommen wird als dafür vorgesehen oder ein Mehrschichtbetrieb angegeben wird. In den Perioden, in denen die Anlage abgeschrieben wird, sind die Vermögens- und Ertragslage *schlechter (besser)* dargestellt, als es bei einer Abschreibung, die der tatsächlichen Nutzungsdauer entspricht, der Fall wäre.

  Eine schlechtere Darstellung der Vermögens- und Ertragslage könnte auch daraus resultieren, dass eine Anlage – obwohl unverändert dem Betrieb dienend – während der zugrundeliegenden Abschreibungsdauer als »nicht mehr nutzbar« oder gar »zu verschrotten« klassifiziert wird. Damit wird regelmäßig eine außerplanmäßige Abschreibung auf den niedrigeren beizulegenden Wert erforderlich sein, die in dieser Periode zu einer höheren Belastung führt.
- Würden in der Periode, in der der Anlagenzugang erfasst wird, die Anschaffungs- oder Herstellungskosten (z.B. infolge aktivierter Eigenleistungen) zu *gering (hoch)* ermittelt, wären die Vermögens- und Ertragslage in der ersten Betrachtungsperiode zu *schlecht (gut)* und in den Folgeperioden aufgrund der geringeren Abschreibung zu *gut (schlecht)* ausgewiesen.

Für periodenübergreifende Verwerfungen könnten folgende Manipulationen im Bereich der Anlagebuchhaltung verantwortlich sein:

- Anlagegüter werden im Anlagevermögen eines Unternehmens aktiviert, obwohl die Anlagen ausschließlich von Dritten genutzt werden. Damit werden Vermögens- und Ertragslage des Unternehmens falsch dargestellt. Dem Aufwand, der in Form von Abschreibungen aufgrund des Werteverzehrs der Anlage die Ertragslage des Unternehmens belastet, steht kein Ertrag gegenüber, der aus der Nutzung der Anlage gezogen werden könnte. Gleiches gilt natürlich auch für Reparatur-, Instandhaltungsaufwendungen und laufende Betriebskosten der Anlage.

- Ein (wirtschafts)krimineller Weg, eine Finanzlücke zu schließen, könnte darin bestehen, nicht existente Anlagegüter in »Zusammenarbeit« mit einem ausschließlich Belege liefernden Lieferanten in Form einer Sale-and-Lease-back-Transaktion an eine Leasinggesellschaft zu veräußern.

2.2.4 Lohn- und Gehaltsbuchhaltung

Die Lohn- und Gehaltsbuchhaltung bietet insbesondere »Einfallstore«, die zur Vermögensschädigung genutzt werden könnten. Diese werden unter 2.3.4 näher erläutert.

Selbstverständlich könnte aber auch die Lohn- und Gehaltsbuchhaltung zur Manipulation von Rechnungslegungsinformationen missbraucht werden. Die Effekte, die sich aus falschen Periodenzuordnungen ergeben könnten, sind die gleichen, die bereits unter den o.g. Rechnungslegungsbereichen beschrieben wurden.

2.2.5 Erstellung des Jahresabschlusses

Im Rahmen der Erstellung des Jahresabschlusses, die in der Verantwortung der gesetzlichen Vertreter einer Gesellschaft erfolgt, wird zunächst auf die Informationen zurückgegriffen, die sich aus der sog. »laufenden Finanzbuchhaltung« ergeben. Hinzu kommen noch zahlreiche Abschlussbuchungen, die vielfach durch Schätzungen oder Ermessensentscheidungen den Aussagegehalt eines Jahresabschlusses erheblich beeinflussen können. Dabei geht es im Folgenden nicht um Entscheidungen, die innerhalb des z.B. vom HGB eingeräumten Ermessensspielraums liegen. So können die Vermögens- und die Ertragslage unter Umständen erheblich von der Entscheidung beeinflusst werden, ob bei der Bewertung der Rückstellungen für Pensionen der handelsrechtlich ebenfalls akzeptierte Abzinsungszinssatz von 6 Prozent gem. § 6a EStG oder ein marktkonformer Diskontierungszinssatz in Höhe von beispielsweise 4 Prozent verwendet wird.

Typische Einfallstore im Rahmen der Abschlusserstellung stellen die Bereiche dar, die erheblich von Ermessensentscheidungen und Schätzungen beeinflusst werden können. Dabei handelt es sich insbesondere um die im Folgenden exemplarisch für mögliche weitere Bereiche dargestellten Bilanzposten Vorratsvermögen und Rückstellungen. Damit erzielte Manipulationen der Rechnungslegungsinformationen stellen im Wesentlichen *periodenbezogene Verwerfungen* dar. Eine Über- oder Unterbewertung des Vorratsvermögens oder der Rückstellungen gleicht sich bei Betrachtung der Totalperiode zwangsläufig im Zeitablauf wieder aus.

Vorratsvermögen

Im Rahmen der Abschlusserstellung könnten Rechnungslegungsinformationen dadurch manipuliert werden, dass das Vorratsvermögen entweder nicht ordnungsgemäß aufgenommen wird und damit der *Ansatz* falsch ist oder eine falsche *Bewertung* vorgenommen wird. Abgesehen von den zahlreichen ungewollten Fehlern wie z.B. Zähl-, Ansage-, Hör- oder Schreibfehler, die immer wieder bei Aufnahmen auftreten, könnten Inventuren bewusst manipuliert werden[134)]. So könnten Inventurlisten Vorratsvermögen ausweisen, das entweder gar nicht vorhanden oder nicht im wirtschaftlichen Eigentum der Gesellschaft ist. So könnte beispielsweise Ware aufgenommen werden, die

- bereits verkauft oder noch gar nicht erworben ist oder
- deren wirtschaftlicher Eigentümer ein anderes Unternehmen ist (z.B. Kommissionsware).

Die Aufnahme des Vorratsvermögens könnte die Rechnungslegungsinformation natürlich auch im umgekehrten Fall manipulieren, indem Vorratsvermögen bewusst nicht in Inventurlisten verzeichnet wird, obwohl es im wirtschaftlichen Eigentum der Gesellschaft ist.

Periodenbezogene Verwerfungen könnten darüber hinaus dadurch hervorgerufen werden, dass das Vorratsvermögen nicht ordnungsgemäß bewertet wird. Unterbewertungen könnten sich beispielsweise bei folgenden Konstellationen ergeben:

- Die Anschaffungskosten berücksichtigen keine Anschaffungsnebenkosten.
- Die Herstellungskosten umfassen nicht alle aktivierungspflichtigen Material- oder Fertigungseinzelkosten, da z.B. in der Kostenstellenrechnung falsche Zuordnungen getroffen wurden. Auf diese Art und Weise könnte z.B. der Stundensatz, der im Fertigungsbereich zugrunde gelegt wird, verzerrt werden.

134) Eisele, W.: »Technik des betrieblichen Rechnungswesens«, 7. Aufl., 2002, S. 62 ff.

- Der bei den unfertigen Leistungen unterstellte Fertigstellungsgrad gibt den Fortschritt nur unzureichend wieder.
- Es werden ungerechtfertigterweise Abschreibungen auf einen niedrigeren beizulegenden Wert vorgenommen, da z.B. manipulierte Gängigkeitsanalysen oder Altersstrukturen zugrunde gelegt werden.

Je nach Zielsetzung der Einflussnahme könnten die für die Bewertung des Vorratsvermögens herangezogenen Schemata und Grunddaten auch derart verzerrt sein, zu höheren als den tatsächlichen Werten zu gelangen.

Rückstellungen

Erhebliches Beeinflussungspotenzial bieten neben dem Vorratsvermögen insbesondere die Rückstellungen. Im Bereich der Rückstellungen können die Rechnungsweseninformationen sowohl durch Ansatz als auch durch Bewertung manipuliert werden. So könnten bei der Inventur der rückstellungsrelevanten Sachverhalte Themen »übersehen« oder über die tatsächlichen Verhältnisse hinausgehend »konstruiert« werden. Besonders anfällig sind für derartige Einflussnahmen u.a. Rückstellungen für drohende Verluste aus schwebenden Geschäften, mögliche Inanspruchnahmen aus Kulanzleistungen oder Schadenersatzansprüchen und sich abzeichnende Rechtsstreitigkeiten.

Die Bewertung der angesetzten Risiken erfolgt mithilfe verschiedener Kalkulationsschemata wie z.B. für den zu verwendenden Stundensatz oder die Bestimmung des möglichen Schadensvolumens bei den Gewährleistungsrückstellungen. Neben der Verzerrung der zugrunde liegenden Berechnungsschemata kommen als weitere maßgebliche Einflussfaktoren die Einschätzung der Inanspruchnahme oder die Eintrittswahrscheinlichkeit hinzu.

Die Vielzahl der maßgeblichen Parameter und »weichen« Faktoren machen den Bilanzposten Rückstellungen besonders anfällig für Manipulationen.

2.2.6 Sonstige: »Doppelte« Buchführung

Hinter dem Schlagwort »doppelte« Buchführung im hier verwendeten Sinn verbirgt sich der Umstand, dass rechnungswesenrelevante Sachverhalte keinen Eingang in die offizielle oder »weiße« Buchhaltung finden, sondern in einem parallelen Rechenwerk, der sog. »schwarzen« Buchhaltung geführt werden. Das könnte z.B. derart erfolgen, dass »ungewünschte« Sachverhalte auf gesonderte Konten oder Kontenkreise gebucht werden, die im Kontenzuordnungsschema für Bilanz und Gewinn- und Verlustrechnung keine Berücksichtigung finden. Wenn bei diesen Buchungen die tatsächliche Doppik beachtet wird, d.h. Konto und Gegenkonto aus dem gesonderten Konten- oder Buchungskreis verwendet werden, tauchen in den offiziellen Konten keine Abstimmprobleme auf.

Im Hinblick auf die Konzernrechnungslegung könnte dieses System noch weiter gefasst werden. So könnten Geschäftsvorfälle über Gesellschaften abgewickelt werden, die ungerechtfertigterweise nicht in den Konzernabschluss einbezogen werden. Als mögliche Begründungen könnten dafür die in § 296 HGB genannten Sachverhalte angeführt werden, nach denen auf eine Einbeziehung eines Tochterunternehmens in den Konzernabschluss verzichtet werden kann.

2.3 Vermögensschädigungen

Die häufigsten Wirtschaftsdelikte sind klassische Vermögensschädigungen, bei denen die Absicht, sich unmittelbar zu bereichern, im Vordergrund steht. Klassische Vermögensschädigungen können – und werden – grundsätzlich von Mitarbeitern aller Hierarchieebenen begangen (werden).[135]

Für die unter Gliederungspunkt 1 dieses Beitrags skizzierten Rechnungswesenprozesse wird im Folgenden zum Teil anhand konkreter Beispiele dargestellt, welche »Einfallstore« für klassische Vermögensschädigungen bei den einzelnen Prozessen aufgetan werden könnten.

2.3.1 Debitorenbuchhaltung

Vermögensschädigungen, die den Bereich der Debitorenbuchhaltung betreffen, können entweder durch das kollusive Verhalten von Mitarbeitern des Unternehmens und bestimmten Debitoren, aber auch durch Mitarbeiter ohne unternehmensfremde Unterstützung hervorgerufen werden. Derartige Vermögensschädigungen werden u.a. durch folgende Vorgänge hervorgerufen:

- Lieferungen oder Leistungen werden an bestimmte Debitoren zu besonders günstigen Konditionen erbracht. Das könnte darüber erfolgen, dass z.B. Mehr- oder Übermengen geliefert, besonders günstige Preise vereinbart, verlängerte Zahlungsziele (ohne Verzinsung) gewährt und unübliche Boni, Rabatte eingeräumt werden.

135) KPMG (Hrsg.): »Anti Fraud Management – Best Practice der Prävention gegen Wirtschaftskriminalität«, 2006, S. 10.

- Gutschriften, Rückerstattungen und Ersatzlieferungen werden grundlos vorgenommen. Dies wäre z.B. dann der Fall, wenn ein bestimmter Debitor eine Gutschrift über einen angeblichen Mangel erhält, der tatsächlich nicht vorliegt.
- Der Ausgleich einer tatsächlich dem Grunde und der Höhe nach bestehenden Forderung erfolgt nicht durch Zahlung, sondern durch die bereits oben erwähnten Gutschriften, Verrechnung oder Forderungsverzicht (zunächst Einzelwertberichtigung und später Ausbuchung der Forderung).
- Es werden ohne Kenntnis des Debitors grundlos Gutschriften oder Rückerstattungen gewährt, deren Überweisung auf ein anderes als das Debitorenkonto erfolgt.

Diese Aufzählung stellt nur die »Grundfälle« dar. Selbstverständlich sind darüber hinaus noch weitere Konstellationen denkbar bzw. in der Praxis aufzufinden, die im Bereich der Debitorenbuchhaltung zu Vermögensschädigungen führen. Dies gilt entsprechend für die weiteren unter 2.3.2 bis 2.3.5 dargestellten Bereiche.

2.3.2 Kreditorenbuchhaltung

Manipulationen innerhalb der Kreditorenbuchhaltung mit der Zielsetzung, Vermögensschädigungen herbeizuführen, können von Mitarbeitern des Unternehmens ebenfalls mit oder ohne Unterstützung von Kreditoren vorgenommen werden. Beispiele für derartiges Verhalten sind u.a. die folgenden:

- Es könnten Verbindlichkeiten erfasst werden, denen keine oder eine zu geringe Lieferung bzw. Leistung gegenübersteht. Durch das Begleichen der Verbindlichkeit – im Allgemeinen durch Bezahlung – fließen aus dem Unternehmen Mittel ab, denen keine entsprechende Vermögenszuführung in Form von Lieferungen oder Leistungen gegenübersteht. Dies führt zur entsprechenden Vermögensschädigung.
- Eine in der Praxis immer wieder zu beobachtende Vermögensschädigung beruht darauf, dass Rechnungen ohne Freigabe oder Vorlage in Kopie bezahlt werden. Damit besteht die Möglichkeit, die Rechnung oder das Original »nochmals« abzeichnen zu lassen und die zweite Überweisung auf ein nicht den Kreditor betreffendes Konto zu überweisen. Da die Kreditorenrechnung bereits ohne Freigabe des Originals beglichen wurde, besteht keine Gefahr, dass eine Mahnung das manipulative Verhalten aufdecken könnte.

- Ungerechtfertigte Abschlags- oder Vorauszahlungen könnten dazu genutzt werden, im unternehmensfremden Bereich vorhandene finanzielle Engpässe zumindest zeitweilig zu überbrücken. Entsprechend systematisch betrieben, ließe sich über ein derartiges Verfahren mit einer zeitlichen Kettung vorgenannter Vorgänge ein Sockel finanzieller Mittel sichern.
- Die vorzeitige Freigabe und Auszahlung auf anderslautende Konten von an und für sich gebundenen liquiden Mitteln wie z.B. Kautionen oder Sicherheitseinbehalten könnten, zumindest solange sie von dem tatsächlich Anspruchsberechtigten noch nicht eingefordert werden, ebenfalls zu Vermögensschädigungen genutzt werden.

2.3.3 Anlagenbuchhaltung

Vermögensschädigungen, die ihren Niederschlag in der Anlagenbuchhaltung finden, sind üblicherweise durch folgende Grundfälle dominiert:

- Ähnlich wie im Bereich der Debitorenbuchhaltung besteht der erste Grundfall darin, dass gemäß Anlagenbuchhaltung Vermögensgegenstände erworben werden, denen kein oder ein zu geringer Gegenwert gegenübersteht und die damit überteuert erworben werden.
- Ebenfalls für das Unternehmen vermögensschädigend ist ein zu günstiger Verkauf gebrauchter Vermögensgegenstände. In der betrieblichen Praxis stehen häufig nur die Fälle unter Beobachtung, bei denen Verkäufe aus dem Anlagevermögen zu einem Buchverlust führen. Dass aber ebenso Verkäufe mit Buchgewinn eine Vermögensschädigung darstellen, sofern Sie unter dem tatsächlichen Zeitwert erfolgen, bleibt dabei häufig unbeachtet.
- Die dritte Konstellation besteht darin, dass Vermögensgegenstände zur Verschrottung freigegeben werden, da sie angabegemäß unbrauchbar oder technisch veraltet wären. Nach der buchhalterischen Verarbeitung des Aufwands aus der Verschrottung wird der tatsächliche Verbleib der »verschrotteten« Gegenstände in der betrieblichen Praxis häufig nicht mehr weiter verfolgt. Dies eröffnet die Möglichkeit, einen Ertrag aus unternehmensfremder Nutzung oder Veräußerung zu erzielen, der dem Unternehmen vermögensschädigend durch Vorgabe der Verschrottung vorenthalten wurde.

2.3.4 Lohn- und Gehaltsbuchhaltung

Wie bei den vorgenannten Bereichen besteht auch bei der Lohn- und Gehaltsbuchhaltung die Vermögensschädigung im Wesentlichen darin, dass

Leistungen – hier in Form von Arbeitsentgelt – vergütet werden, die nicht oder nur in geringerem Umfang erbracht wurden.

- Der erste Grundfall besteht darin, dass Grunddaten in »Nebensystemen« manipuliert werden. Eine Nichterfassung von tatsächlich in Anspruch genommenem Urlaub oder eine Mehrerfassung nicht geleisteter Arbeitsstunden würde, wenn auch möglicherweise von untergeordneter absoluter Höhe, eine Vermögensschädigung beim Unternehmen hervorrufen.
- In ähnliche Richtung gehen die Fälle, in denen Betriebsmittel unter Vorgabe des betrieblichen Erfordernisses für private Zwecke genutzt werden.
- In der Praxis immer wieder zu beobachten sind Manipulationen, bei denen Verwandte oder Bekannte von Beschäftigten ebenfalls auf der Lohn- und Gehaltsliste eines Unternehmens geführt werden, obwohl sie für das Unternehmen überhaupt nicht tätig werden. Derartige Konstellationen sind verstärkt bei ausländischen Konzerngesellschaften zu beobachten, die nicht im direkten regelmäßigen Kontrollbereich des Mutterunternehmens liegen.

2.3.5 Erstellung des Jahresabschlusses

Der Prozess der Erstellung des Jahresabschlusses bietet, wie unter 2.2.5 ausgeführt, insbesondere für die Manipulation von Aussagen der Rechnungslegung zahlreiche Ansatzpunkte. Ergänzend soll an dieser Stelle nur auf den Bereich der Rückstellungen hingewiesen werden, der dazu genutzt werden könnte, Einfallstore für Vermögensschädigungen aufzustoßen.

Beispielsweise führt im Rahmen der Erstellung des Jahresabschlusses die Bildung von Rückstellungen für ausstehende Rechnungen dazu, dass buchhalterisch bereits Aufwand für angeblich in Anspruch genommene Leistungen verarbeitet wird, ohne dass dafür ein externer Beleg vorliegt. Ein Verbrauch dieser Rückstellung in der Folgeperiode führt aufgrund dessen, dass er nicht mehr aufwandswirksam ist, in der betrieblichen Praxis häufig dazu, dass diesem Vorgang und der Rechnungsprüfung wenig Beachtung geschenkt werden. Ein etwaiger Ertrag aus der Auflösung der Rückstellung über einen gewissen Teilbetrag könnte die Zahlungsfreigabe entsprechend erleichtern.

3 Möglichkeiten zur Vermeidung

Grundvoraussetzung dafür, dass die Rechnungslegung als ein Baustein im Rahmen der Korruptionsprävention genutzt werden kann, ist, dass ihr eine vollständige, präzise und transparente Buchführung zugrunde liegt. Dies erfordert, dass alle geschäftlichen Transaktionen ordentlich und nachvollziehbar aufgezeichnet sein müssen und damit auch keine »Neben- oder Geheimkonten« existieren.[136)]

In den folgenden Tabellen werden Maßnahmen mit ihrer jeweiligen Zielsetzung dargestellt, die dazu dienen sollen, Missbrauch im Rechnungswesen – also Manipulationen der Rechnungslegungsinformationen und Vermögensschädigungen – zu vermeiden. Die Maßnahmen werden innerhalb der Tabellen gegliedert nach:

- Sollverhalten,
- Kontrollieren und
- Entdecken.

Um »korrektes Verhalten« beschreiben und Abweichungen davon feststellen zu können, ist es neben dem allgemeinen Wertemanagement erforderlich, auch im Bereich der Rechnungslegung das gewünschte korrekte *Sollverhalten* als Orientierungsmaßstab vorzugeben. Mit Vorgabe des Sollverhaltens werden, in Anlehnung an das Modell von Donald R. Cressey, die Rechtfertigungsmöglichkeiten des Täters für sein missbräuchliches Verhalten deutlich eingeschränkt.

Nach dem Transaktionskostenansatz hängt die Entscheidung für missbräuchliches Verhalten von Nutzenabwägungen ab.[137)] Demnach wird ein potenzieller Täter von missbräuchlichem Verhalten absehen, wenn er daraus keinen Nutzen ziehen kann. Der Nutzen ist umso geringer, je höher die für das Verhalten erforderlichen Transaktionskosten sind. *Kontrollen*, die umgangen werden müssen, oder die mit der *Entdeckung* verbundenen Sanktionen tragen zur Erhöhung der Transaktionskosten und damit der Nutzenminimierung bei.

Die Zuordnung zu den Maßnahmengruppen Sollverhalten, Kontrollen, Entdecken ist nur als Orientierungshilfe gedacht. Selbstverständlich wirken Regelungen zur Vermeidung missbräuchlichen Verhaltens nur dann, wenn

136) Transparency International – Deutsches Chapter e.V. (Hrsg.): »A-B-C der Korruptionsprävention – Leitfaden für Unternehmen«, 2. Aufl., 2004, S. 16.

137) Lambsdorff, J. Graf in: Pieth/Eigen (Hrsg.): »Korruption im internationalen Geschäftsverkehr«, 1999, S. 77.

auch auf ihre Einhaltung geachtet wird. Vor diesem Hintergrund wäre auch eine abweichende Zuordnung durchaus gerechtfertigt.

3.1 Grundsätzliche Ansatzpunkte in der Rechnungslegung

Maßnahme	Zielsetzung
Sollverhalten	
Angemessene interne Arbeitshilfen zur Sicherstellung einer ausreichenden I nformation der Mitarbeiter (z.B. in Form von Organisationshandbüchern, Richtlinien oder Aktennotizen) anlegen	Mitarbeiter über das gewünschte Sollverhalten informieren bzw. Richtschnur für konformes Verhalten vorgeben
Stellenbeschreibungen für die Aufgabengebiete im Rechnungswesen anfertigen und laufend aktualisieren	Aufgabenverteilung und Zuständigkeiten definieren, um »Lücken« bei Aufgaben erledigungen zu vermeiden
Angemessene Arbeitsanweisungen/ Richtlinien zur Kontierung, Ablage und Archivierung anfertigen und laufend aktualisieren	Gewährleisten, dass Vorgänge nachvollzogen werden können; zu jedem Geschäftsvorfall müssen Belege vorhanden, auffindbar und zuordenbar sein
Kontrollen	
Klare Regelung von Zeichnungsvollmachten und ausnahmslose Berücksichtigung des 4-Augen-Prinzips	Erhöhung der »Transaktionskosten« durch Einbindung mindestens einer weiteren kontrollierenden Person
Hinzuziehung von Beratern durch die gesetzlichen Vertreter in komplexen wirtschaftlichen, steuerlichen und rechtlichen Fragen	Vermeiden, dass »Expertenwissen« bei komplexen Strukturen missbraucht werden könnte
Regelung der Informations- und Berichtspflichten der Geschäftsführung (des Vorstands) an den Beirat (Aufsichtsrat)	Mit Sollvorgabe kann Aufsichtsorgan nachfassen, wenn über vorgesehene Themenbereiche nicht im gewünschten Umfang oder Turnus berichtet wird
Regelungen zur Funktionstrennung der Mitarbeiter im Rechnungswesen von Kassenführung, Wertpapierverwaltung, Einkauf, Verkauf, Wareneingang, Warenwirtschaft und LuG-Buchhaltung treffen und überwachen	Funktionstrennung erhöht »Transaktions kosten« dadurch, dass mehrere Stellen kontrollierend tätig werden (können)

Maßnahme	Zielsetzung
Ein Berechtigungskonzept für die Mitarbeiter im Rechnungswesen einrichten, das den Regelungen zur Funktionstrennung entspricht	Jeder Mitarbeiter darf nur die Tätigkeiten ausüben, für die er tatsächlich zuständig ist
Regelungen zur Funktionstrennung zwischen Nebenbuchhaltungen (Debitoren, Kreditoren, Anlagenverwaltung) und Finanzbuchhaltung treffen und überwachen	Funktionstrennung erhöht »Transaktionskosten« dadurch, dass mehrere Stellen kontrollierend tätig werden (können)
Vorgaben zur zeitgerechten Buchführung treffen und Einhaltung überwachen (Buchungsrückstände nachverfolgen)	Die »Verarbeitung« missbräuchlichen Verhaltens erfordert üblicherweise mehr Zeit als Routinevorgänge
Programmierte Vollständigkeitskontrollen bei der Belegverarbeitung und automatische Fehlermeldungen einrichten	Sicherstellen, dass bei Belegverarbeitung keine »Lücken« bleiben können, die für missbräuchliche Vorgänge mit z.B. »eigenen Belegnummern« genutzt werden könnten
Entdecken	
Regelmäßige Erstellung einer sachgerechten Unternehmensplanung und Budgetierung, die ausreichend detailliert ist und einen angemessenen Planungszeitraum umfasst (u.a. bottom-up unter Hinzuziehung der Teilbereichsverantwortlichen)	Grundlegend für das Feststellen zahlenmäßiger Ausreißer, deren Ursache dann nachgegangen werden kann
Durchführung regelmäßiger Soll-Ist-Vergleiche und Abweichungsanalysen (mit Erläuterung von Abweichungen durch die Teilbereichsverantwortlichen)	Grundlegend für das Feststellen zahlenmäßiger Ausreißer, deren Ursache dann nachgegangen werden kann
Analyse etwaiger Abweichungen zwischen kurzfristiger Erfolgsrechnung und Budget bzw. Planung	Grundlegend für das Feststellen zahlen mäßiger Ausreißer, deren Ursache dann nachgegangen werden kann
Planung der Ein- und Auszahlungen und Abstimmung mit dem Budget, der Unternehmensplanung und der Investitionsplanung	Eine integrierte Planung über verschiedene Teilbereiche hinweg erleichtert Plausibilitätschecks
Regelmäßige Ermittlung von Liquiditätskennzahlen und Durchführung von Cash-flow-Analysen mit anschließenden Soll-Ist-Vergleichen und Abweichungsanalysen	Auffälligkeiten bzw. Ausreißer feststellen, um deren Ursachen auf den Grund gehen zu können

Maßnahme	Zielsetzung
Regelmäßige Durchführung von Nachkalkulationen der Erzeugnisse und Aufträge und laufende, zeitnahe Überprüfung der Zuschlagssätze	Auffälligkeiten bzw. Ausreißer feststellen, um deren Ursachen auf den Grund gehen zu können
Vornahme von Abweichungsanalysen (Einsatzpreis-, Mengen- und Verbrauchsabweichungen)	Auffälligkeiten bzw. Ausreißer feststellen, um deren Ursachen auf den Grund gehen zu können
Buchungen regelmäßig auf ungewöhnliche Sachverhalte bzw. Auffälligkeiten überprüfen	Auffälligkeiten bzw. Ausreißer feststellen, um deren Ursachen auf den Grund gehen zu können
Sachkonten regelmäßig überwachen und abstimmen (z.B. Umsatzsteuerabstimmung, Abstimmung der LuG-Konten)	Auffälligkeiten bzw. Ausreißer feststellen, um deren Ursachen auf den Grund gehen zu können

3.2 Debitorenbuchhaltung

Maßnahme	Zielsetzung
Sollverhalten	
Regelungen bzgl. Bonitätsprüfungen bei Neukunden treffen	Sicherstellen, dass nur solide und »registrierte« bzw. bei Dritten (Auskunfteien, Kreditinstitute) bekannte Kunden aufgenommen werden; damit wird vermieden, dass »Platzhalterkunden« angelegt werden können
Genehmigungsverfahren (z.B. betragsmäßig gestaffelt) bzgl. der Erteilung von Gutschriften unter Berücksichtigung des 4-Augen-Prinzips einrichten	Erhöhung der »Transaktionskosten« durch Einbindung mindestens einer weiteren kontrollierenden Person
Regelungen bzgl. des Vorgehens bei Minderüberweisungen aufgrund von Reklamationen (z.B. Zahlungsdifferenzmeldung an Verkaufsabteilung) treffen	Damit wird vermieden, dass Reklamationen ungeprüft zum günstigen Bezug genutzt werden können
Regelungen zum Mahnverfahren (v.a. Mahnintervalle, Vorlage bei Rechtsanwalt, Einschaltung Inkassobüro) treffen	Grundsätzliche Gleichbehandlung aller Kunden und Einbindung kontrollierender Dritter sicherstellen

Maßnahme	Zielsetzung
Zeitnahe Buchung der Zahlungseingänge vorgeben	Die »Verarbeitung« missbräuchlichen Verhaltens erfordert üblicherweise mehr Zeit als Routinevorgänge
Regelungen zum Vorgehen bei nicht zuordenbaren Zahlungseingängen treffen	Vermeiden, dass nicht zuordenbare Zahlungseingänge »verschwinden« können
Kontrollen	
Genehmigungsregelungen bzgl. der Neuanlage bzw. Änderung von Kundenstammdaten treffen	Erhöhung der »Transaktionskosten« durch Einbindung mindestens einer weiteren kontrollierenden Person
Systemseitig eine vollständige Übernahme der Ausgangsrechnungen in die Debitorenbuchhaltung gewährleisten	Damit wird sichergestellt, dass der Forderungsausgleich durch Zahlung des Kunden auf ein Unternehmenskonto erfolgen muss. Es können also keine Rechnungen im Namen des Unternehmens geschrieben werden, ohne dass dadurch eine offene Forderung entsteht. Anderenfalls könnte eine Zahlung des Kunden auf ein unternehmensfremdes Konto unentdeckt bleiben.
Für jeden Kunden ein Debitorenkonto führen	Erhöht Transparenz, Eindeutigkeit der Zuordnungen und verbessert die Nachvollzugsmöglichkeiten
Sicherstellen, dass die ausgelieferten Vorräte ausgebucht werden	Damit wird vermieden, dass die Vermögens- und Ertragslage durch eine doppelte Erfassung als Forderung und Buchbestand im Vorratsvermögen verzerrt dargestellt werden
Systematische und vollständige Erfassung von Kundenreklamationen und Rücklieferungen sicherstellen (Registrierung und Abwicklung im EDV-System)	Damit wird zum einen erreicht, dass Wertberichtigungs- oder Rückstellungsbedarf für eine den tatsächlichen Verhältnissen entsprechende Darstellung der Vermögens- und Ertragslage erfasst wird. Zum anderen wird vermieden, dass Boni, Gutschriften usw. ohne den zwangsweise registrierten Grund gewährt werden könnten.
Fortlaufende Reklamationsnummern vergeben	Sicherstellen, dass bei Belegverarbeitung keine »Lücken« bleiben können, die für missbräuchliche Vorgänge mit z.B. »eigenen Reklamationsnummern« genutzt werden könnten; ebenso wird damit die Vollständigkeit für die Darstellung der Vermögens- und Ertragslage erreicht

Maßnahme	Zielsetzung
Vollständige und periodengerechte Übernahme von Gutschriften in die Debitorenbuchhaltung gewährleisten (z.B. systemgestützt)	Damit wird sichergestellt, dass der Forderungsausgleich durch Gutschriften an den »Kunden« auf ein Kundenkonto erfolgen muss. Ebenso wird damit die Vollständigkeit für die Darstellung der Vermögens- und Ertragslage erreicht.
Mahnschreiben automatisch systemgestützt erstellen und Genehmigungsverfahren zur Unterdrückung von Mahnungen einrichten	Grundsätzliche Gleichbehandlung aller Kunden und Einbindung einer Kontrollinstanz (Genehmigender) verhindert bevorzugte Behandlung bestimmter Kunden und ermöglicht einfachere Einschätzung der Werthaltigkeit der Forderungen.
Kreditlimits festlegen und überwachen	Verhindert bevorzugte Behandlung bestimmter Kunden
Systemseitig Altersstrukturliste der Forderungen erstellen, aus der die vereinbarten Kreditlimits und die Mahnstufen hervorgehen	Verhindert bevorzugte Behandlung bestimmter Kunden und ermöglicht einfachere Einschätzung der Werthaltigkeit der Forderungen
Genehmigungsverfahren bzgl. der Ausbuchung von Forderungen, z.B. bei Minderüberweisungen unter Berücksichtigung des 4-Augen-Prinzips treffen	Erhöhung der »Transaktionskosten« durch Einbindung mindestens einer weiteren kontrollierenden Person und Verhinderung eines »günstigen« Bezugs durch bestimmte Kunden
Sicherstellen, dass nachträgliche Zahlungseingänge auf bereits abgeschriebene Forderungen ordnungsgemäß vereinnahmt und gebucht werden	Diesen Zahlungseingängen stehen keine offenen Forderungen mehr gegenüber, die ausgeglichen werden müssten. Damit bieten sie sich nahezu idealtypisch dafür an, letzten Endes anderen als unternehmenseigenen Konten zugute zu kommen.
Entdecken	
Wichtige Bilanz- und GuV-Kennzahlen (z.B. Umsatzentwicklung und Forderungen nach Tätigkeitsbereichen, Kunden und geografischen Regionen, Gutschriften, Gewährleistungsrückstellungen, Forderungsausfälle) jeweils im Vorjahresvergleich und im Soll-Ist-Vergleich analysieren	Auffälligkeiten bzw. Ausreißer feststellen, um deren Ursachen auf den Grund gehen zu können

Maßnahme	Zielsetzung
Deckungsbeiträge je Kunde und Kundengruppe analysieren	Auffälligkeiten bzw. Ausreißer feststellen, um deren Ursachen auf den Grund gehen zu können
Altersstruktur- und Forderungsreichweiten analysieren	Auffälligkeiten bzw. Ausreißer feststellen, um deren Ursachen auf den Grund gehen zu können
Einzelaufstellung Forderungsverluste und Wertberichtigungen analysieren	Auffälligkeiten bzw. Ausreißer feststellen, um deren Ursachen auf den Grund gehen zu können
Verkäufe an nahe stehende Personen und Betriebsangehörige prüfen	Aufdecken, ob nahe stehende Personen und Betriebsangehörige zu besonders günstigen Konditionen erwerben konnten. Ebenso bietet sich dieser Personenkreis vor dem Hintergrund einer besseren Darstellung der Vermögens- und Ertragslage aufgrund seiner erhöhten Verpflichtung gegenüber dem Unternehmen als Empfänger fingierter Ausgangsrechnungen an.
Regelmäßig Bankverbindung Gutschriftsempfänger (Zahlungsempfänger) mit Bankverbindung Debitoren abgleichen	Entdecken fingierter Gutschriften, Boni, die mit der Zielsetzung der Vermögensschädigung oder Begünstigung durch Provisionszahlungen ausgestellt wurden
Regelmäßig Bankverbindung Gutschriftsempfänger (Zahlungsempfänger) mit Bankverbindungen der Beschäftigten (aus dem Personalrechnungswesen) abgleichen	Entdecken fingierter Gutschriften, Boni, die mit der Zielsetzung der Vermögensschädigung oder Begünstigung durch Provisionszahlungen ausgestellt wurden.
Regelmäßig Sitz (Land) Gutschriftsempfänger (Zahlungsempfänger) mit Sitz (Land) Debitor abstimmen	Beiträge des Unternehmens zu steuerschäd lichem Verhalten von Personen, die »begünstigt« werden sollen, aufdecken
Sicherstellen, dass jede Änderung der Bankverbindungen protokolliert wird (unter Angabe des jeweiligen Benutzers)	Die vorgenannten Vorgänge können nur oder jedenfalls leichter aufgedeckt werden, wenn jede auch nur zwischenzeitliche Änderung von Bankverbindungen nachvollzogen werden kann

3.3 Kreditorenbuchhaltung (inkl. Zahlungsverkehr)

Maßnahme	Zielsetzung
Sollverhalten	
Regelungen bzw. Genehmigungsverfahren für die Ausbuchung von Verbindlichkeiten treffen und Einhaltung nachweislich dokumentieren (z.B. schriftliche Abzeichnung)	Erhöhung der »Transaktionskosten« durch Einbindung mindestens einer weiteren kontrollierenden Person, damit soll z.B. vermieden werden, dass die Vermögens- und Ertragslage durch ungerechtfertigtes Ausbuchen von Verbindlichkeiten zu positiv dargestellt werden
Kontrollen	
Funktionstrennungen beachten: Wareneingang vom Einkauf, Wareneingang von Rechnungsfreigabe, Wareneingang von Lagerbuchhaltung	Funktionstrennung erhöht »Transaktions kosten« dadurch, dass mehrere Stellen kontrollierend tätig werden (können)
Systematische Erfassung der Wareneingänge in der EDV gewährleisten (Erfüllung der Verpflichtung des § 143 AO zur gesonderten Aufzeichnung des Wareneingangs)	Damit soll sichergestellt werden, dass alle Wareneingänge erfasst werden; dient als Grundlage für Vollständigkeit der Verbindlichkeiten aus Lieferungen und Leistungen
Sicherstellen, dass Wareneingänge vollständig und periodengerecht erfasst werden	s.o.
Ggf. statistische Zwischenkonten (»Wareneingang ohne Rechnung«) zur Sicherstellung der vollständigen Erfassung verwenden. Danach eine automatische Entlastung des Zwischenkontos über die Erfassung der zeitlich nachfolgenden Rechnung einrichten.	Damit soll gewährleistet werden, dass alle Wareneingänge entsprechend als Verpflichtung gegenüber Lieferanten erfasst werden, auch wenn die Lieferantenrechnung (noch) nicht eingegangen ist
Systemgestützte, buchmäßige Synchronisation von Warenrücksendungen und entsprechenden Gutschriften in der gleichen Rechnungsperiode gewährleisten	Damit soll zum einen gewährleistet werden, dass keine periodenbezogenen Verzerrungen der Vermögens- und Ertragslage hervor gerufen werden kann. Zum anderen soll vermieden werden, dass manuelle Abwicklungen zu Gutschriften auf unternehmensfremden Konten genutzt werden könnten.
Sämtliche Rechnungen mit Eingangsstempel und fortlaufenden Rechnungsnummer versehen	Keine doppelte Erfassung der gleichen Rechnung. Damit wird vermieden, dass die erste Begleichung an den Lieferanten und die zweite »Begleichung« auf ein fremdes Konto erfolgt.

Maßnahme	Zielsetzung
Sämtliche Rechnungen in einem Rechnungseingangsjournal (in EDV, ggf. Rechnungseingangsbuch) erfassen	Damit wird erreicht, dass die Vollständigkeit nachvollzogen und damit keine »ungerechtfertigte« Entlastung der Vermögens- und Ertragslage erfolgen kann
Eingangsrechnungen von der Kreditorenabteilung auf rechnerische Richtigkeit sowie auf die Erfüllung der Voraussetzungen für den Vorsteuerabzug prüfen lassen. Prüfung auf der Rechnung dokumentieren	Funktionstrennung erhöht »Transaktionskosten« dadurch, dass mehrere Stellen kontrollierend tätig werden (können)
Rechnungen auf korrekte Periodenzuordnung prüfen	Periodenbezogene Verzerrungen der Vermögens- und Ertragslage vermeiden
Funktionstrennung der Kreditorenbuchhaltung zu Einkauf, Wareneingang und Zahlungsfreigabe vorsehen	Funktionstrennung erhöht »Transaktionskosten« dadurch, dass mehrere Stellen kontrollierend tätig werden (können)
Regelungen bzgl. des Vorgehens bei Abweichungen im Rahmen der rechnerischen und sachlichen Prüfung treffen	Keinen Freiraum für Sonderlösungen lassen, die für persönliche Bereicherung genutzt werden könnten. Eine festgestellte Differenz, deren Verwendung nicht vorab bereits geregelt ist, könnte u.U. auf ein unternehmensfremdes Konto fließen
Eingangsrechnungen als »gebucht« kennzeichnen	Keine doppelte Erfassung der gleichen Rechnung. Damit wird vermieden, dass die erste Begleichung an den Lieferanten und die zweite »Begleichung« auf ein fremdes Konto erfolgt.
Für jeden Lieferanten ein Kreditorenkonto führen	Erhöht Transparenz, Eindeutigkeit der Zuordnungen und verbessert die Nachvollzugsmöglichkeiten
Durch regelmäßigen Abgleich mit dem Rechnungseingangsjournal sicherstellen, dass Eingangsrechnungen zeitnah nach sachlicher Prüfung an die Kreditorenbuchhaltung geleitet werden	Periodenbezogene Verzerrungen vermeiden
Vom EDV-System automatisch Zahlungsvorschlagslisten erstellen lassen	Vermeiden, dass bestimmte Lieferanten durch überschnelle Bezahlung bevorteilt werden und dass bestimmte Verbindlichkeiten »unerledigt« bleiben

Maßnahme	Zielsetzung
Sicherstellen, dass in der Zahlungsvorschlagsliste Rechnungen erst nach rechnerischer und sachlicher Prüfung erfasst werden (z.B. Verbuchung erst nach sachlicher Prüfung)	Vermeiden, dass ungerechtfertigterweise liquide Mittel zumindest vorübergehend zur Verfügung gestellt werden
Zeichnungsberechtigungen für die Zahlungsfreigabe unter Berücksichtigung des 4-Augen-Prinzips regeln (auch beim Electronic-Banking)	Erhöhung der »Transaktionskosten« durch Einbindung mindestens einer weiteren kontrollierenden Person
Zahlungsfreigabe sachgerecht dokumentieren (z.B. Abzeichnung der Zahlungsvorschlagsliste)	Erhöhung der »Transaktionskosten« durch Einbindung mindestens einer weiteren kontrollierenden Person
Sicherstellen, dass Eingangsrechnungen nicht doppelt bezahlt werden (z.B. Vorlage der Originalrechnung, »Bezahlt«-Stempel)	Keine doppelte Erfassung der gleichen Rechnung. Damit wird vermieden, dass die erste Begleichung an den Lieferanten und die zweite »Begleichung« auf ein fremdes Konto erfolgt.
Bankkonten lt. Bankauszug täglich mit den Salden der Finanzbuchhaltung abgleichen	Freiraum für nicht erfasste Zahlungsvorgänge minimieren
Entdecken	
Einkaufsvolumina mit Budgets, Abweichungsanalysen bzgl. Einkaufspreise und Mengen vergleichen	Auffälligkeiten bzw. Ausreißer feststellen, um deren Ursachen auf den Grund gehen zu können
Wichtige Bilanz- und GuV-Kennzahlen (z.B. Reichweite und Altersstruktur der Vorräte, durchschnittliche Laufzeit der Verbindlichkeiten, Materialaufwandsquote, Aufwandsstrukturanalysen) jeweils im Vorjahresvergleich und im Soll-Ist-Vergleich analysieren	Auffälligkeiten bzw. Ausreißer feststellen, um deren Ursachen auf den Grund gehen zu können
Regelmäßig Zahlungsempfänger mit Rechnungssteller abgleichen (Abgleich der Bankverbindungen)	Damit würde erkannt, wenn Zahlungen nicht bestimmungsgemäß erfolgen
Regelmäßig Bankverbindungen der Beschäftigten (aus dem Personalrechnungswesen) mit Bankverbindungen der Zahlungsempfänger im Kreditorenbereich abgleichen	Damit könnte festgestellt werden, wenn Mitarbeiter neben dem vereinbarten Lohn bzw. Gehalt »sozialversicherungsfrei« für weitere Lieferungen oder Leistungen vergütet werden; bestimmte Vorgänge, wie z.B. Reisekostenabrechnungen sind nachvollziehbar; Ausreißern sollte nachgegangen werden

Maßnahme	Zielsetzung
Regelmäßig Sitz (Land) Zahlungsempfänger mit Sitz (Land) Rechnungssteller (Kreditor) abstimmen	Entdecken fingierter Gutschriften, Boni, die mit der Zielsetzung der Vermögensschädigung oder Begünstigung durch Provisionszahlungen ausgestellt wurden
Regelmäßig Bankverbindungen der Kreditoren darauf durchsehen, ob gleiche Bankverbindung mehrfach vergeben	»Scheinlieferanten«, versteckte Provisionen entdecken
Sicherstellen, dass jede Änderung der Bankverbindungen protokolliert wird (unter Angabe des jeweiligen Benutzers)	Grundlegend für o.g. Analysen

3.4 Anlagenbuchhaltung

Maßnahme	Zielsetzung
Sollverhalten	
Vor der Investitionsentscheidung eine Investitionsrechnung durchführen (Wirtschaftlichkeitsrechnung, finanzmathematische Verfahren) und Investitionsbudget festlegen	Erhöhung der »Transaktionskosten« dadurch, dass Investitionen nur unter Einhaltung bestimmter wirtschaftlicher Kriterien durchgeführt werden dürfen
Regelungen zur Festsetzung von Nutzungsdauern und Abschreibungsmethoden treffen und dabei steuerliche Vorschriften beachten und nutzen	Richtschnur vorgeben, um Abweichungen feststellen zu können
Kontrollen	
Funktionstrennung zwischen Anlagenbuchhaltung und Finanzbuchhaltung wahren	Funktionstrennung erhöht »Transaktions kosten« dadurch, dass mehrere Stellen kontrollierend tätig werden (können)
Anlagenkartei führen, die die für die Erstellung des Anlagenspiegels erforderlichen Daten enthält. Anlagenverzeichnis regelmäßig mit der Finanzbuchhaltung abstimmen	Abstimmung führt dazu, dass »grundlose« Buchungen in der Finanzbuchhaltung, die das Anlagenvermögen betreffen, auffallen

Maßnahme	Zielsetzung
Buchbestand des Anlagevermögens regelmäßig durch körperliche Bestandsaufnahmen überprüfen	Führt dazu, dass tatsächliche Anlagenbewegungen (Zugänge, Abgänge, Umlagerungen), die im Buchbestand nicht nachvollzogen wurden, auffallen. Gleiches gilt im umgekehrten Fall von im Buchbestand fingierten Anlagenbewegungen
Sinnvolles Genehmigungsverfahren bei Investitionen (Investitionsanträge, formelle Prüfung und Genehmigung, 4-Augen-Prinzip) einrichten	Erhöhung der »Transaktionskosten« durch Einbindung mindestens einer weiteren kontrollierenden Person; damit soll z.B. vermieden werden, dass zu Gunsten Außenstehender nicht die für das Unternehmen beste Investition getätigt wird
Kontrollverfahren bzgl. Ansatz und Bewertung von selbst erstellten Anlagen einrichten	Vermeiden, dass der »Spielraum«, den selbst erstellte Anlagen sowohl bei Ansatz als auch Bewertung bieten, für periodenbezogene Verzerrungen der Darstellung der Vermögens- und Ertragslage genutzt werden (Erhöhung der »Transaktionskosten«)
Regelungen bzgl. der Veräußerung und Verschrottung von Anlagegegenständen (Preisfestsetzung, Verschrottungsgenehmigung) treffen und eine vollständige Erfassung der Anlagenabgänge sicherstellen (z.B. Verschrottungsmeldung an Buchhaltung)	Keine unkontrollierten Anlagenabgänge zulassen
Verlagerungen von Anlagegütern zwischen selbstständig bilanzierenden Einheiten des Unternehmens bzw. zwischen verbundenen Unternehmen sachgerecht kontrollieren und dokumentieren	Keine unkontrollierten Anlagenbewegungen innerhalb der Unternehmensgruppe zulassen
Sachliche und rechnerische Richtigkeit des Anlagenverzeichnisses regelmäßig überprüfen (inkl. Abgleich mit Grundbuchauszügen, körperlichen Bestandsaufnahmen)	Trägt dazu bei, dass buchmäßige Anlagen bewegungen ohne realen Hintergrund auffallen

Maßnahme	Zielsetzung
Entdecken	
Investitions- und Anlagenbereich regelmäßig mittels folgender Kennzahlen (jeweils im Vorjahresvergleich und Soll-Ist-Vergleich) überwachen: – Anlagenintensität und Deckungsgrade – Anlagenabnutzungsgrad und Altersstruktur des Anlagevermögens – Investitionen und Investitionsquoten – Investitionsbudgets – Abschreibungen und Abschreibungsquoten – Anlagenverkäufe und Verschrottungen	Auffälligkeiten bzw. Ausreißer feststellen, um deren Ursachen auf den Grund gehen zu können
Verkäufe an nahe stehende Personen und Arbeitnehmer systematisch überwachen	Aufdecken, ob nahe stehende Personen und Betriebsangehörige zu besonders günstigen Konditionen Anlagen erwerben bzw. an das Unternehmen veräußern konnten. Ebenso bietet sich dieser Personenkreis vor dem Hintergrund einer besseren Darstellung der Vermögens- und Ertragslage aufgrund seiner erhöhten Verpflichtung gegenüber dem Unternehmen als Empfänger bzw. Veräußerer fingierter Anlagen an.

3.5 Lohn- und Gehaltsbuchhaltung

Maßnahme	Zielsetzung
Sollverhalten	
Regelungen zur Festsetzung der Vergütung (Fixgehalt, variable Vergütung, sonstige Vergütungsbestandteile) treffen und Vergütungsänderungen schriftlich dokumentieren. Dabei das 4-Augen-Prinzip wahren (Funktionstrennung zur LuG-Buchhaltung)	Erhöhung der »Transaktionskosten« durch Einbindung mindestens einer weiteren kontrollierenden Person, damit soll z.B. vermieden werden, dass Bevorzugungen/Benachteiligungen aufgrund fehlender Maßstäbe stattfinden können
Genehmigungsverfahren und Regelungen für Überstunden und für Urlaub einrichten	Erhöhung der »Transaktionskosten« durch Einbindung mindestens einer weiteren kontrollierenden Person

Maßnahme	Zielsetzung
Regelungen bzgl. der Erfassung, Kontrolle und Dokumentation von Arbeitszeiten, Urlaubs- und Krankheitstagen (z.B. Führung von Anwesenheitslisten, Anwesenheitskontrollen) treffen	Erhöhung der »Transaktionskosten« durch Einbindung mindestens einer weiteren kontrollierenden Person; Erfassung und Dokumentation grundlegend für Möglichkeit, Manipulationen festzustellen
Angemessene Regelungen zur Gewährung von Vorschüssen oder Personaldarlehen treffen	Maßstäbe setzen, an denen Bevorzugungen gemessen werden könnten
Angemessene Regelungen zu den Reisekosten treffen. Reisekosten zeitnah und regelmäßig abrechnen und sachgerecht überprüfen. Dabei die Einhaltung steuerlicher Vorschriften sicherstellen	Maßstäbe setzen, an denen Bevorzugungen gemessen werden könnten
Angemessene Regelungen zur privaten Pkw-Nutzung treffen und die Einhaltung steuerlicher Vorschriften sicherstellen	Maßstäbe setzen, an denen Bevorzugungen gemessen werden könnten
Klare Regelungen für Bewirtungsspesen und Geschenke treffen und die Einhaltung steuerlicher Vorschriften sicherstellen	Maßstäbe setzen, an denen Bevorzugungen gemessen werden könnten
Kontrollen	
Funktionstrennung zwischen LuG-Buchhaltung und Finanzbuchhaltung wahren	Funktionstrennung erhöht »Transaktionskosten« dadurch, dass mehrere Stellen kontrollierend tätig werden (können)
Systemseitig eine vollständige und periodengerechte Erfassung der Löhne und Gehälter sicherstellen	Damit soll zum einen gewährleistet werden, dass keine periodenbezogenen Verzerrungen der Vermögens- und Ertragslage hervorgerufen werden können. Zum anderen soll vermieden werden, dass manuelle Abwicklungen zu Bevorzugungen genutzt werden könnten.
Die Gesamtsumme der Löhne und Gehälter lt. LuG-Liste regelmäßig mit den entsprechenden Aufwandskonten in der GuV abstimmen	Abstimmung führt dazu, dass »grundlose« Buchungen in der Finanzbuchhaltung, die Löhne und Gehälter betreffen, auffallen
Sachliche und rechnerische Richtigkeit der Lohn- und Gehaltslisten regelmäßig überprüfen (inkl. Abgleich mit Arbeitsverträgen, Mitteilungen über Lohn- und Gehaltsveränderungen, Steuer- und Versicherungsunterlagen, betrieblichen Vereinbarungen)	Trägt dazu bei, dass Lohn- und Gehalts buchungen ohne realen Hintergrund auffallen

Maßnahme	Zielsetzung
Entdecken	
Regelmäßig Bankverbindungen der Beschäftigten darauf durchsehen, ob gleiche Bankverbindung mehrfach vergeben	»Scheinbeschäftigte«, versteckte Arbeitsvergütungen entdecken
Sicherstellen, dass jede Änderung der Bankverbindungen protokolliert wird (unter Angabe des jeweiligen Benutzers)	Grundlegend für o.g. Analysen

3.6 Erstellung des Jahresabschlusses

Neben den unter 3.1 bis 3.5 dargelegten Maßnahmen kommt es für den Prozess der Erstellung des Jahresabschlusses insbesondere darauf an, Freiräume, die sich bei Ansatz oder Bewertung von Aktiva oder Passiva ergeben könnten, einzuengen bzw. mit der Vorgabe von Verfahrensweisen zu überbrücken.

Dazu zählt insbesondere die Vorgabe eines Bilanzierungs- oder Kontierungshandbuchs, aus dem anzuwendende Ansatz- und Bewertungsrichtlinien eindeutig, nachvollziehbar und nachprüfbar hervorgehen. Der zweite wesentliche Aspekt besteht darin, Schätzprozesse und Annahmen, die Einfluss auf den Jahresabschluss haben, zwingend transparent zu machen. Nur damit können sie plausibilisiert und die Stetigkeit der Methodik nachvollzogen werden.

Sinnvoll ist es zudem, sowohl Vollständigkeit und mit Abstrichen auch Wertansätze im Abschluss durch die Einholung von Bestätigungen Dritter (Saldenbestätigungen Debitoren, Kreditoren, Kreditinstitute, Verwahrer von Vorratsvermögen, Rechtsanwälte, Steuerberater usw.) nachprüfbar aufzubereiten.

4 Literatur

Transparency International – Deutsches Chapter e.V. (Hrsg.): *A-B-C der Korruptionsprävention – Leitfaden für Unternehmen*, 2. Aufl., 2004.

KPMG (Hrsg.): *Anti Fraud Management – Best Practice der Prävention gegen Wirtschaftskriminalität*, 2006.

Control Risks (Hrsg.), *Facing up to corruption 2007: Korruption bekämpfen – Ein Ratgeber für Unternehmen*, 2008.

Eisele, W.: *Technik des betrieblichen Rechnungswesens*, 7. Aufl., 2002.

Freidank, C. C./Peemöller/Volker H. (Hrsg.): *Corporate Governance und Interne Revision*, 2007.

Lambsdorff, J. Graf in: Pieth, Mark/Eigen, Peter (Hrsg.): *Korruption im internationalen Geschäftsverkehr*, 1999.

Wöhe, G.: *Einführung in die Allgemeine Betriebswirtschaftslehre*, 23. Aufl., 2008.

V. Informationstechnologie

Christiane Bierekoven; Michael Schiffmann

1 Einleitung

Neben gesetzlichen Standards, wie, BDSG, TKG, TMG, UrhG, StGB, BGB, SOX und EuroSOX, gibt es eine Vielzahl von grundlegenden Standards in Bezug auf die IT-Compliance. Hierzu gehören, um nur einige wenige aufzuzählen, die ISO/IEC 27001 (Anforderungen an das Informationssicherheits-Managementsystem in einer Organisation), sowie das vom Bundesamt für Sicherheit in der Informationstechnik (BSI) herausgegebene IT-Grundschutzhandbuch. Auch für die physische Sicherheit der IT-Systeme sind entsprechende Leitlinien und DIN-Normen vorhanden, so z.B. für den Brandschutz die DIN 4102, für die Einbruchhemmung die DIN EN 1143-1.

Diese Vorgaben sind in der IT umzusetzen, da diese als Basis für zahlreiche Geschäftsprozesse dienen. Vom Einkauf über den Verkauf, von der Produktion bis zum Versand, sowie auch in der kompletten Verwaltung (z.B. Rechnungswesen und Personalabrechnung) sind die Prozesse durch IT-Systeme verbunden. Auch die zunehmende Mobilität der Benutzer und deren Unterstützung durch Handys und Notebooks bedingt eine deutliche Zunahme von Zugriffen von außen auf das abgeschottete Firmennetzwerk.

Doch ebenso drohen interne Gefahren für das Netzwerk und die darin befindlichen IT-Systeme. So ergeben Untersuchungen, dass 78 Prozent aller Fälle von Datenmissbrauch und Datendiebstahl durch eigene Mitarbeiter verursacht werden[138].

Die Administratoren von Netzwerken und IT-Systemen haben in der Regel die absolute Verfügungsgewalt über die von ihnen betreuten Systeme und bedürfen deshalb klarer Vorgaben in Bezug auf ihre Tätigkeiten. Die Einhaltung dieser Richtlinien muss zwingend kontrolliert werden.

Bei dem Aufbau einer compliancekonformen IT-Organisation im Unternehmen sind rechtliche wie auch technische Vorgaben zwingend zu beach-

138) InfoWatch (Hrsg.): »Interne IT-Bedrohungen in Europa 2006«, Moskau 2006; Hansel, S.: »Datendiebstahl – Interne Sicherheit«, in: Impulse Online, 2007, http://www.impulse.de.

Praxishandbuch Corporate Compliance. Axel Jäger, Christian Rödl und José A. Campos Nave

ISBN 978-3-527-50395-7

ten. Bei der IT-Organisation sind Verantwortlichkeiten und Regelungen für den IT-Einsatz verbindlich festzulegen[139]. Hierbei sollten u.a. folgende Punkte beachtet werden:[140]

Vergabe von Zutritts-, Zugangs- und Zugriffsberechtigungen, wobei sich die Verpflichtung zur Vergabe derartiger Berechtigungen, soweit personenbezogene Daten betroffen sind, bereits aus § 9 BDSG und der entsprechenden Anlage ergibt. Sodann sind Regelungen der Reaktionen bei möglichen Verletzungen der IT-Sicherheitspolicy sowie für die Sicherheit bei Umzügen zu treffen.

Der Aufbau der IT-Organisation sollte anhand der vorhandenen Systeme und Tätigkeiten orientiert sein. Eine grundsätzlich allgemeingültige Vorgabe kann es aus diesem Grunde nicht geben. Grundsätzlich sollte aber eine klare Verantwortlichkeit durch die Aufbauorganisation vorgegeben sein, in der auch für alle Arbeitsplatzbeschreibungen eindeutige Vertreterregelungen enthalten sind.

In der Ablauforganisation sollten die IT-Prozesse dokumentiert sein, was durch Richtlinien, Arbeitsanweisungen und Handbücher unterstützt wird. Sind keine aktuellen Richtlinien vorhanden, kann der Fall eintreten, dass Tätigkeiten, die nicht durch tägliche Arbeitsroutinen abgedeckt sind, nicht oder nur fehlerhaft ausgeführt werden. Ein Systemausfall, der das betroffene System logisch zerstört hat, bedingt eine Rücksicherung. Gibt es keine Richtlinien, die diesen Fall abdecken, so besteht durchaus die Gefahr, dass aufgrund von eigentlich vorhersehbaren Problemen das System erst deutlich verspätet zur Verfügung steht.

Gibt es hingegen für diese Situation eine Richtlinie mit detaillierten Vorgehensweisen, idealerweise zusätzlich als Checkliste hinterlegt, so kann auch der Mitarbeiter mit der Situation umgehen, der diese Richtlinie selbst nicht entworfen hat.

Auch sollten in den Richtlinien Regelungen vorhanden sein, an welcher Stelle ein 4-Augen-Prinzip notwendig ist. So ist zum Beispiel die Definition von Berechtigungen personell von der Zuweisung der Berechtigungen zu Usern zu trennen. Ist dies nicht der Fall, besteht die Möglichkeit, dass der Mitarbeiter eine Berechtigung entwirft, um vertrauliche Daten einzusehen, diese Berechtigung an einen neuen User vergibt, auf die Daten zugreift und beides wieder – ohne Spuren zu hinterlassen – löscht.

139) Reinhard, T./Pohl, L./Capellaro, H.-C. (Hrsg.): »IT-Sicherheit und Recht – Rechtliche und technisch-organisatorische Aspekte für Unternehmen«, Berlin 2007, Rn. 356.

140) Reinhard, T./Pohl, L./Capellaro, H.-C. (Hrsg.): a.a.O., Berlin 2007, Rn. 357.

Werden die Anweisungen bzgl. der Weitergabe und Benutzung von Passworten nicht eingehalten, so könnten Mitarbeiter, unter fremden Namen Mails versenden oder unter fremden Namen im Internet surfen.

Durch nicht richtlinienkonforme Benutzung von Administratorenkennungen können sich Viren im gesamten Netzwerk verbreiten. Diese missbräuchliche Nutzung von Administratorenkonten kann durch technische Möglichkeiten zwar nicht in vollem Umfang unterbunden werden, durch den Einsatz von Überwachungsprogrammen können jedoch Verstöße festgestellt und geahndet werden.

Im Verlauf dieses Kapitels werden die folgenden Themenschwerpunkte unter den Gesichtspunkten grundlegende rechtliche und technische Vorgaben, Missbrauchsmöglichkeiten und deren Vermeidung dargestellt, wobei auf die Nennung von konkreten technischen Werkzeugen verzichtet wird:

- Datenschutz
- Lizenzmanagement
- Berechtigungen
- Virenschutz und Patches
- Netzwerküberwachung
- Sicherung/Desaster Recovery
- Internet und Mail
- Mail und Archivierung
- Notfallplanung

2 Datenschutz

2.1 Rechtliche Fragestellungen

2.1.1 Einführung

Grundlage des Datenschutzrechts ist das verfassungsrechtlich anerkannte Recht auf informationelle Selbstbestimmung (aus Art. 2 Abs. 1 i.V.m. Art. 1 Abs. 1 GG)[141]. Neben spezialgesetzlichen Regelungen müssen Unternehmen in erster Linie die Regelungen des Bundesdatenschutzgesetzes sowie bei Internet- und Telekommunikations-Sachverhalten spezialgesetzliche Datenschutz-Regelungen im Telekommunikationsgesetz (TKG – §§ 91 ff. TKG) und im Telemediengesetz (TMG – § 11 ff. TMG) beachten.

141) Vom Bundesverfassungsgericht in seinem sogenannten Volkszählungsurteil (BVerfGE 65, 1 ff.) entwickelt.

Schutzobjekt der Datenschutzgesetze sind »personenbezogene Daten«. Dies sind nach der gesetzlichen Definition des § 3 Abs. 1 BDSG Einzelangaben über persönliche oder sachliche Verhältnisse einer bestimmten oder bestimmbaren natürlichen Person (Betroffener): Der Begriff »Bestimmbarkeit« ist weit auszulegen. Ein Personenbezug muss nicht bestehen, es genügt vielmehr, wenn dieser unter Umständen mit mehreren Zwischenschritten hergestellt werden kann[142]. So genügt es beispielsweise nach der Rechtsprechung, dass die betreffende Person bei Berücksichtigung aller Mittel, die vernünftigerweise entweder von dem Verantwortlichen für die Verarbeitung oder von einem Dritten eingesetzt werden können, identifiziert werden kann[143].

2.1.2 Der betriebliche Datenschutzbeauftragte

Nichtöffentliche Stellen, bei denen in der Regel mehr als neun Personen ständig mit der automatisierten Verarbeitung personenbezogener Daten beschäftigt sind, müssen einen betrieblichen Datenschutzbeauftragten bestellen (§ 4f Abs. 1 S. 1, 4 BDSG). Für die Feststellung, ob dies der Fall ist, ist darauf abzustellen, ob diese Personen Aufgaben erfüllen, die mit der Verarbeitung personenbezogener Daten zusammenhängen. Es kommt weder darauf an, ob es sich formal um »Arbeitnehmer« handelt, noch welchen Anteil die Datenverarbeitung an der gesamten Arbeitszeit der betreffenden Person hat[144].

Findet keine automatisierte Datenverarbeitung statt, ist ein betrieblicher Datenschutzbeauftragter zu bestellen, wenn in der Regel mehr als 20 Personen mit der Datenverarbeitung beschäftigt sind (§ 4f Abs. 1 S. 3 BDSG).

Es kann ein interner oder ein externer Datenschutzbeauftragter (§ 4f Abs. 2 S. 3 BDSG) bestellt werden. Wichtig ist, dass er folgende Qualifikationen erfüllt:

Er muss zunächst die zur Erfüllung seiner Aufgaben erforderliche Fachkunde und Zuverlässigkeit besitzen. Das Maß der erforderlichen Fachkunde bestimmt sich insbesondere nach dem Umfang der Datenverarbeitung der verantwortlichen Stelle und dem Schutzbedarf der personenbezogenen Daten, die die verantwortliche Stelle erhebt oder verwendet (§ 4f Abs. 2 S. 1,

142) Däubler, W./Klebe, T./Wedde, P./Weichert, T.: »Bundesdatenschutzgesetz« – Basiskommentar, 2. Aufl., Frankfurt, 2007, § 3 Rn. 3.

143) Vgl. AG Berlin Mitte, Urt. vom 27.03.2007 – 5 C 314/06.

144) Vgl. Simitis in: Simitis, S. (Hrsg.): »Bundesdatenschutzgesetz«, 6. Aufl., Baden-Baden 2006,, § 4f Rn. 22, 23; Däubler in: Däubler, W./Klebe, T./Wedde, P./Weichert, T.: »Bundesdatenschutzgesetz« – Basiskommentar, 2. Aufl., Frankfurt, 2007, § 4f Rn. 14, 15.

2 BDSG). Der Datenschutzbeauftragte muss sich im Datenschutzrecht und in den aktuellen Verarbeitungstechnologien auskennen[145)].

Bei der Prüfung der Zuverlässigkeit sind vor allem mögliche Interessenskollisionen zu berücksichtigen. Deshalb können weder Geschäftsführer noch Leiter der EDV-Abteilung, der Personalleiter oder der Leiter der Rechtsabteilung zum Datenschutzbeauftragten bestellt werden[146)].

Der Datenschutzbeauftragte ist wie folgt in die betriebliche Organisationsstruktur einzubinden:

Er ist dem Leiter des Unternehmens, also dem Geschäftsführer, Vorstand oder Inhaber der nicht-öffentlichen Stelle unmittelbar zu unterstellen (§ 4f Abs. 3 S. 1 BDSG)[147)].

In Ausübung seiner Fachkunde ist er auf dem Gebiet des Datenschutzes zwar weisungsfrei (§ 4f Abs. 3 S. 2 BDSG), es ergeben sich aus der Weisungsfreiheit jedoch keine Entscheidungsrechte oder Anordnungsbefugnisse[148)]. Dem Datenschutzbeauftragten können aber Prüfaufträge erteilt werden[149)].

Zudem darf er wegen der Erfüllung seiner Aufgaben nicht benachteiligt werden (§ 4f Abs. 3 S. 3 BDSG).

Die Hauptaufgaben des Datenschutzbeauftragten bestehen in seiner Überwachungs- und Schulungsfunktion, § 4g, Abs. 1 BDSG:

Im Rahmen seiner Überwachungsfunktion hat er die ordnungsgemäße Anwendung der Datenverarbeitungsprogramme, mit deren Hilfe personenbezogene Daten verarbeitet werden sollen, zu überwachen. Zu diesem Zweck ist er über Vorhaben der automatisierten Verarbeitung personenbezogener Daten rechtzeitig zu unterrichten.

Im Rahmen der Schulungsfunktion hat er die bei der Verarbeitung personenbezogener Daten tätigen Personen durch geeignete Maßnahmen mit den Vorschriften dieses Gesetzes sowie anderen Vorschriften über den Datenschutz und mit den jeweiligen besonderen Erfordernissen des Datenschutzes vertraut zu machen.

Damit er seine Aufgaben erfüllen kann, ist ihm von der verantwortlichen Stelle eine Verfahrensübersicht zur Verfügung zu stellen, in der Angaben über die eingesetzten Verfahren zur automatisierten Datenverarbeitung enthalten sind (§ 4g Abs. 2 S. 1 i.V.m. § 4e S. 1 BDSG).

145) Däubler in: Däubler, W./Klebe, T./Wedde, P./Weichert, T: a.a.O., § 4f Rn. 28.

146) Däubler in: Däubler, W./Klebe, T./Wedde, P./Weichert, T.: a.a.O., § 4f Rn. 31.

147) Däubler in: Däubler, W./Klebe, T./Wedde, P./Weichert, T.: a.a.O., § 4f Rn. 43.

148) Simitis, S. (Hrsg.): a.a.O. ,§ 4f Rn. 127f.

149) Simitis, S. (Hrsg.): a.a.O., § 4f Rn. 124.

2.1.3 Technische und organisatorische Maßnahmen zum Schutz personenbezogener Daten

Unternehmen, die selbst oder im Auftrag personenbezogene Daten erheben, verarbeiten oder nutzen, haben unter Beachtung des Verhältnismäßigkeitsgrundsatzes technische und organisatorische Maßnahmen zum Schutz dieser personenbezogenen Daten zu treffen (§ 9 S. 1 BDSG).

Diese ergeben sich dabei aus der Anlage zu § 9 BDSG. Hierzu zählen:

- eine Zutrittskontrolle, durch die verhindert wird, dass Unbefugte Zutritt zu Datenverarbeitungsanlagen haben;
- eine Zugangskontrolle, durch die verhindert wird, dass Datenverarbeitungssysteme unbefugt genutzt werden;
- eine Zugriffskontrolle, die gewährleistet, dass die zur Benutzung eines Datenverarbeitungssystems Berechtigten ausschließlich auf die ihrer Zugriffsberechtigung unterliegenden Daten zugreifen können, und dass personenbezogene Daten bei der Verarbeitung, Nutzung und nach der Speicherung nicht unbefugt gelesen, kopiert, verändert oder entfernt werden können;
- eine Weitergabekontrolle, die verhindert, dass Daten bei der elektronischen Übertragung oder während ihres Transportes oder ihrer Speicherung auf Datenträger nicht unbefugt gelesen, kopiert, verändert oder entfernt werden können und dass überprüft und festgestellt werden kann, an welche Stellen eine Übermittlung personenbezogener Daten durch Einrichtungen zur Datenübertragung vorgesehen ist;
- eine Eingabekontrolle, durch die gewährleistet wird, dass nachträglich überprüft und festgestellt werden kann, welche personenbezogenen Daten von wem zu welcher Zeit in ein Datenverarbeitungssystem eingegeben, verändert, gelöscht und entfernt worden sind;
- eine Auftragskontrolle, die gewährleistet, dass die im Auftrag zu verarbeitenden Daten nur entsprechend den Weisungen des Auftraggebers verarbeitet werden können;
- eine Verfügbarkeitskontrolle, durch die personenbezogene Daten gegen zufällige Zerstörungen oder Verlust geschützt sind;
- das Trennungsgebot, wonach zu unterschiedlichen Zwecken erhobene personenbezogene Daten getrennt verarbeitet werden können.

2.1.4 Gesetzeskonformität der Datenerhebungen und -verwendungen im Unternehmen

Sodann ist bei der Datenverarbeitung der Grundsatz des Datengeheimnisses zu beachten, wonach es zunächst den bei der Datenverarbeitung beschäftigten Personen untersagt ist, personenbezogene Daten unbefugt zu erheben, zu verarbeiten oder zu nutzen (§ 5 S. 1 BDSG). Diese Personen müssen bei der Aufnahme ihrer Tätigkeit auf das Datengeheimnis verpflichtet werden (§ 5 S. 2 BDSG).

Grundsatz des Datenschutzrechts ist weiter das Verbot mit Erlaubnisvorbehalt (§ 4 Abs. 1 BDSG). Die Erhebung, Verarbeitung oder Nutzung personenbezogener Daten ist danach nur zulässig, soweit das BDSG oder eine andere Rechtsvorschrift dies erlaubt oder anordnet. Bei Datenerhebungen und -verwendungen durch das Unternehmen muss daher stets darauf geachtet werden, dass entweder eine gesetzliche Ermächtigung oder eine Einwilligung des Betroffenen vorliegt. Die Einwilligung des Betroffenen ist an die Anforderungen des § 4a BDSG gebunden. Sie muss freiwillig erteilt werden. Es muss auf den Zweck der Erhebung/Verarbeitung/Nutzung der personenbezogenen Daten hingewiesen werden. Sie ist grundsätzlich schriftlich zu erteilen und besonders hervorzuheben (§ 4a Abs. 1 S. 2, 3 BDSG), wenn sie zusammen mit anderen Erklärungen abgegeben werden soll.

Die elektronische Einwilligung im Rahmen von Telemedien/Telekommunikationsdiensten setzt zudem gem. § 13 Abs. 2 TMG/§ 94 TKG voraus, dass der Nutzer seine Einwilligung bewusst und eindeutig erteilt hat, die Einwilligung protokolliert wird, der Nutzer den Inhalt der Einwilligung jederzeit abrufen und die Einwilligung jederzeit mit Wirkung für die Zukunft widerrufen kann.

Wichtigste Norm in der Praxis, die die Datenverarbeitung legitimiert, ist § 28 BDSG. Danach ist das Erheben, Speichern, Verändern oder Übermitteln personenbezogener Daten oder ihre Nutzung als Mittel für die Erfüllung eigener Geschäftszwecke zulässig, wenn es der Zweckbestimmung eines Vertragsverhältnisses oder vertragsähnlichen Vertrauensverhältnisses mit dem Betroffenen dient. Hierdurch werden alle Datenverarbeitungen oder -nutzungen erfasst, die geeignet sind, die Erfüllung der Pflichten oder die Wahrnehmung der Rechte aus dem Vertragsverhältnis bzw. dem vertragsähnlichen Vertrauensverhältnis zu unterstützen oder zu fördern[150].

Weiter ist sie zulässig, soweit die Datenerhebung und -nutzung zur Wahrung berechtigter Interessen der verantwortlichen Stelle erforderlich ist und kein Grund zu der Annahme besteht, dass das schutzwürdige Interesse des Betroffenen an dem Ausschluss der Verarbeitung oder Nutzung überwiegt.

150) Wedde in: Däubler, W./Klebe, T./Wedde, P./Weichert, T.: a.a.O., § 28 Rn. 13.

2.1.5 Sonderfall: Datenübermittlung ins Ausland

Besondere Anforderungen gelten, wenn personenbezogene Daten an Unternehmen übermittelt werden sollen, die sich im Ausland befinden. Hier sind folgende Fälle zu unterscheiden:

Übermittlung an private Stellen in andere EU- bzw. EWR-Staaten: Hierauf finden gem. § 4b Abs. 1 Nr. 1, 2 BDSG ohne weitere Einschränkungen die Regelungen des BDSG Anwendung, da der Gesetzgeber davon ausgeht, dass in diesen Staaten ein Datenschutzniveau existiert, das mit dem deutschen Niveau vergleichbar ist.

Übermittlungen an Stellen in »sicheren« Drittstaaten außerhalb der EU: Grundsätzlich finden gem. § 4b Abs. 1 BDSG auf Übermittlungen in die sogenannten sicheren Drittstaaten die genannten deutschen datenschutzrechtlichen Regelungen Anwendung;

Hierzu zählen die Staaten, für die die EU-Kommission verbindlich festgestellt hat, dass sie ein ausreichendes Datenschutzniveau aufweisen[151]. Hierzu zählen Argentinien, Guernsey, Isle of Man, Kanada und die Schweiz.[152]

Eine Sonderregelung gilt bezüglich der USA, wo die »Safe Harbour«-Grundsätze zu beachten sind. Hiernach wird bei Datenempfängern in den USA ein ausreichendes Datenschutzniveau angenommen, wenn diese sich gegenüber dem Department of Commerce/dem US-Handelsministeriums verbindlich verpflichtet haben, die Safe Harbour-Principles einzuhalten. Allerdings ist darauf zu achten, welche der Principles genau eingehalten werden, denn die Unternehmen müssen sich nicht allen unterwerfen[153]. Liegt eine solche Verpflichtung nicht vor, sind Datenübermittlungen in die USA wie solche in unsichere Drittstaaten zu behandeln.

Dritte Fallgruppe der »ausländischen« Datenübermittlung – Datentransfers in unsichere Drittstaaten: Datenübermittlungen in derartige Länder sind nur zulässig, wenn einer der in § 4c Abs. 1 und Abs. 2 BDSG geregelten Ausnahmefälle vorliegt.

Zulässig ist eine Übermittlung insbesondere, wenn der Betroffene hierin eingewilligt hat (vgl. § 4c Abs. 1 Nr. 1 BDSG). Hierbei ist darauf zu achten, dass Betroffene darüber unterrichtet werden, welche besonderen Risiken bei der Übermittlung ihrer Daten in das jeweilige Land bestehen und wie hoch das Datenschutzniveau in diesem Land ist.

151) Basierend auf der Grundlage von Art. 25 Abs. 6 der Richtlinie 95/46/EG.

152) Für den jeweils aktuellen Stand vgl.: http://ec.europa.eu/justice_home/fsj/privacy/thridcountries/index_de.htm

153) Informationen zu den »Safe Harbor«-Grundsätzen sind abrufbar unter: http://ec.europa.eu/justice_home/fsj/privacy/thridcountries/index_de.htm

Datenübermittlungen können weiter durch die zuständigen Aufsichtsbehörden genehmigt werden, wenn die empfangende Stelle ausreichende Garantien hinsichtlich des Schutzes des Persönlichkeitsrechts und der Ausübung der damit verbundenen Rechte nachweist (§ 4c Abs. 2 S. 1 BDSG). Garantien können sich gem. § 4c Abs. 2 S. 1 2. HS BDSG insbesondere aus Vertragsklauseln (in der Praxis relevant sind hierbei die Standardvertragsklauseln der EU-Kommission[154]) oder verbindlichen Unternehmensregelungen (bei Datenübermittlungen innerhalb eines internationalen Konzerns) ergeben.

2.2 Missbrauch/Risiken in zivil- und strafrechtlicher Hinsicht

Werden die datenschutzrechtlichen Regelungen nicht eingehalten, kann die nichtöffentliche Stelle gem. § 7 BDSG zum Schadensersatz verpflichtet werden, wenn dem Betroffenen durch die unzulässige oder unrichtige Erhebung, Verarbeitung oder Nutzung seiner personenbezogenen Daten ein Schaden entsteht und die verantwortliche Stelle nicht nachweisen kann, dass sie die gebotene Sorgfalt beachtet hat. Daneben sind auch allgemeine zivilrechtliche Ansprüche, insbesondere aus dem Deliktsrecht auf Schadensersatz aus § 823 BGB möglich[155].

Zudem können Verstöße gegen die datenschutzrechtlichen Bestimmungen mit Bußgeldern geahndet werden (§ 43 BDSG). Dies gilt namentlich für Verstöße gegen formale Vorgaben, wie beispielsweise gegen die Verpflichtung in § 43 Abs. 1 Nr. 2 BDSG, einen Datenschutzbeauftragten zu bestellen, sowie für Verstöße gegen das materielle Datenschutzrecht, wie beispielsweise das unbefugte Erheben oder Verarbeiten von Daten, die nicht allgemein zugänglich sind § 43 Abs. 2 Nr. 1 BDSG.

Verstöße gegen die in § 43 Abs. 1 BDSG genannten formalen Vorgaben können mit einer Geldbuße bis zu Euro 25 000,00 geahndet werden, gegen die in § 43 Abs. 2 BDSG genannten materiellen Normen sogar mit einer Geldbuße bis zu Euro 250 000,00.

Die Spezialgesetze TMG und TKG erhalten darüber hinaus noch weitere spezielle datenschutzrechtliche Bußgeldtatbestände (vgl. §§ 16 TMG, 149 TKG).

154) Informationen zu den EU-Standardvertragsklauseln sind abrufbar unter: http://ec.europa.eu/justice_home/fsj/privacy/modelcontracts/index_de.htm

155) Kamps in: Lehmann/Meents, »Handbuch des Fachanwalts Informationstechnologierecht«, Teil 4 – Kap. 20 Rn. 124.

Darüber hinaus sind bestimmte BDSG-Verstöße auch strafbewehrt (vgl. § 44 BDSG). Strafbar macht sich demnach, wer eine der in § 43 Abs. 2 BDSG bezeichnete Handlung, also an sich eine Ordnungswidrigkeit, gegen Entgelt oder in der Absicht, sich oder einen anderen zu bereichern oder zu schädigen, begeht. Dies kann mit einer Freiheitsstrafe bis zu zwei Jahren oder mit Geldstrafe geahndet werden.

Daneben können die Datenschutzaufsichtsbehörden gem. § 38 Abs. 5 BDSG insb. anordnen, dass im Rahmen der Anforderungen nach § 9 BDSG Maßnahmen zur Beseitigung festgestellter technischer oder organisatorischer Mängel getroffen werden. Wenn es sich um schwerwiegende Mängel handelt, vor allem solche mit besonderer Gefährdung des Persönlichkeitsrechts, kann die Aufsichtsbehörde den Einsatz einzelner Verfahren sogar untersagen, wenn die Mängel entgegen einer vorangegangenen Anordnung und trotz der Verhängung eines Zwangsgeldes nicht in angemessener Zeit beseitigt werden.

Neben den datenschutzrechtlichen Aufsichtsbehörden können Datenschutzverstöße auch von den Gewerbeaufsichtsbehörden geahndet werden, § 37 Abs. 7 BDSG. Die Aufsichtsbehörde ist bei einem Verstoß gegen das BDSG oder andere datenschutzrechtliche Vorschriften bei schwerwiegenden Verstößen befugt, die Gewerbeaufsichtsbehörde zur Durchführung gewerberechtlicher Maßnahmen zu unterrichten.

3 Lizenzmanagement

3.1 Rechtliche Vorgaben

3.1.1 Notwendigkeit eines Lizenzmanagements

Durch ein Lizenzmanagement kann ein Unternehmen sowohl Unterlizenzierung als auch Überlizenzierung vermeiden. Eine Unterlizenzierung liegt vor, wenn für die im Unternehmen eingesetzte Software nicht genügend Lizenzen vorhanden sind[156], oder wenn Software, obwohl die Lizenz abgelaufen ist, weiter genutzt wird. Eine Überlizenzierung ist gegeben, wenn für die im Unternehmen eingesetzte Software zu viele Lizenzen vorhanden sind.[157]

156) Vgl. Grützmacher, M.: »Rechtliche Probleme der Unter- und Überlizenzierung – Stolpersteine beim Lizenzmanagement«, in: IT-Administrator Februar 2006, S. 53..

157) Grützmacher, IT-Administrator 02/2006, S. 5

3.1.2 Aufbau eines Lizenzmanagements

Ein Lizenzmanagementsystem betrifft einerseits in sachlicher Hinsicht die Bereiche[158] Planung und Beschaffung von Lizenzen, Etablierung einer Software- und Lizenzdatenbank, Softwareinstallation und Deinstallation sowie Controllingmaßnahmen und in personeller Hinsicht die Festlegung der Zuständigkeiten und Kompetenzen für diese Bereiche, die den Mitarbeitern durch interne Organisationsanweisungen bekannt zu geben sind.

3.1.3 Software- und Lizenzdatenbank

Eine Software- und Lizenzdatenbank besteht typischerweise aus einem Software- und Lizenzregister.[159]

In dem Softwareregister ist genau aufzuführen, welche Softwareprogramme welcher Mitarbeiter auf welchem Rechner im Unternehmen nutzt, wobei Scanning-Tools eingesetzt werden können. Deren Einsatzmöglichkeiten sind jedoch begrenzt, da mit ihnen nur an das Unternehmensnetzwerk angeschlossene Rechner überprüft werden können.[160]Diese Datenbank ist fortlaufend zu aktualisieren, indem neu installierte Software aufgenommen und deinstallierte Software gelöscht oder als gelöscht gekennzeichnet wird.

Aus dem Lizenzregister muss sich im Einzelnen ergeben, welche Lizenzen im Unternehmen vorhanden sind, wie die Lizenzbedingungen im Einzelfall lauten und wann eine Lizenz verlängert werden muss bzw. gekündigt werden kann[161]. Auch hier ist eine laufende Aktualisierung der Datenbank notwendig, insbesondere durch Hinterlegung neuer Lizenzen und Kennzeichnung von abgelaufenen Lizenzen[162].

3.2 Technische Vorgaben

Die Nutzung der auf den Rechnern im Unternehmen installierten Programme kann dahingehend überwacht werden, dass festgestellt werden kann, auf welchen Rechnern die Lizenzen nicht in Benutzung sind. Die Li-

158) Bierekoven, C.: »Aufbewahrungspflichten und Compliance bei elektronischen Dokumenten«, in: Der IT-Rechts-Berater 2008, S. 84, 86 mit weiteren Nachweisen.

159) Vgl. BSA (Hrsg.): »Leitfaden zum Softwaremanagement«, S. 14 ff., abrufbar unter: http://w3.bsa.org/germany//info/upload/Germany-site-download.pdf

160) Vgl. zu weitergehenden Problemen beim Einsatz von Scanning-Tools Bayer, Computerwoche vom 13.03.2006, abrufbar unter: http://www.computerwoche.de/it_strategien/it_management/573465/index.html

161) Bierekoven, C.: »Aufbewahrungspflichten und Compliance bei elektronischen Dokumenten«, in: Der IT-Rechts-Berater 2008, S. 84, 86.

162) Bierekoven, C., a.a.O., S. 84, 86

zenzen können somit deinstalliert und auf anderen Rechnern eingesetzt werden.

Ebenso kann mithilfe von Lizenzmanagementtools festgestellt werden, inwieweit Software, für die keine Lizenz vorhanden ist, auf Rechnern installiert wurde. Ebenso kann die nicht autorisierte Verwendung von Software überprüft werden. So wird es offensichtlich, wenn Mitarbeiter Spyware, Hackertools installieren und verwenden. Auch das Vorhandensein von illegal aus dem Internet heruntergeladener Musik- und Videodateien kann mit erkannt werden, so dass Urheberschutzverletzungen zu vermeiden sind.

Um Probleme mit dem Lizenzmanagement zu vermeiden, ist zum einen ein Datenschutzbewusstsein im Unternehmen zwingend notwendig, zum anderen gibt es technische Möglichkeiten, hierbei Probleme zu vermeiden.

Mithilfe vieler Anti-Virus-Produkte ist es möglich, Spyware, Passwortentschlüsselungssoftware, Netzwerkanalysesoftware etc. zu erkennen, zu berichten und automatisch zu entfernen. Durch Einschränkung der Userrechte auf den Geräten kann die nicht legitimierte Installation von Software unterbunden werden, da die Installation von Software nur mit Administratorrechten möglich ist. Weiterhin kann technisch verhindert werden, dass ausführbare Dateien und Bildschirmschoner die Stabilität des Systems gefährden können.

Die Lizenzvereinbarungen, die DVD´s und auch die Lizenzschlüssel sind an zentraler Stelle zu verwalten, damit die Einhaltung der Lizenzbestimmungen leicht nachgewiesen werden kann. Auch wird damit vermieden, dass Mitarbeiter der IT – oder anderer Abteilungen – die DVD´s oder Lizenzschlüssel widerrechtlich kopieren und verwenden.

3.3 Risiken in zivil- und strafrechtlicher Hinsicht

Eine Unterlizenzierung ist eine Urheberrechtsverletzung gemäß § 69 UrhG, die den Inhaber der Urheberrechte, insbesondere die Softwarehersteller, berechtigt, gegen den Verletzer Ansprüche auf Unterlassung, Auskunft und Schadensersatz nach den §§ 97 ff. UrhG geltend zu machen. Zudem erfüllt eine Unterlizenzierung den Straftatbestand des § 106 UrhG. Als Verletzer kommen das Unternehmen, seine Mitarbeiter, die IT-Administratoren und die Unternehmensleitung in Betracht:

Ist das Unternehmen selbst als Verletzer einzustufen, hat der Softwarehersteller Ansprüche nach den §§ 97 ff. UrhG gegen das Unternehmen. Dieses haftet in der Regel gemäß § 100 UrhG für Urheberrechtsverletzungen seiner Arbeitnehmer oder Beauftragten auf Unterlassung bei »Unternehmensbezogenen Handlungen«, § 100 UrhG. Solche sind bei allen Tätigkeiten im Rahmen der Obliegenheiten des Arbeitnehmers erfüllt, nicht hingegen bei privaten Tätigkeiten, die nur bei Gelegenheit der Unternehmenstätigkeit begangen werden. Das Unternehmen haftet also nicht bei (zugelassener) Privatnutzung von Software[163], wenn die urheberrechtsverletzenden Handlungen im Rahmen der Privatnutzung begangen wurden, allerdings ist die Abgrenzung sehr schwierig.

Der einzelne Mitarbeiter oder der IT-Administrator kann in zweierlei Hinsicht zivilrechtlich in Anspruch genommen werden: zunächst durch den Verletzten auf Unterlassung, ggf. Schadensersatz nach den §§ 97 ff. UrhG, jedoch kommt bei betrieblicher Tätigkeit ein Anspruch auf Freistellung gegenüber dem Arbeitgeber nach allgemeinen Grundsätzen in Betracht.[164] Sodann kann eine Inanspruchnahme durch das Unternehmen auf Schadensersatz nach § 280 BGB in Betracht kommen; jedoch können bei betrieblicher Tätigkeit die von der Rechtsprechung entwickelten Haftungsbeschränkungen anwendbar sein.[165] Daneben kann sich der Mitarbeiter oder IT-Administrator bei vorsätzlichen Urheberrechtsverletzungen nach § 106 UrhG strafbar machen. Die Unternehmensleitung kann schließlich vom Unternehmen auf Schadensersatz wegen Sorgfaltspflichtverletzung gemäß §§ 93 Abs. 2, 116 Abs. 1 AktG bzw. § 43 Abs. 2 GmbHG in Anspruch genommen werden, die entsprechend Anwendung auf OHGs und KGs finden. Hinzu können u.U. Ansprüche des Verletzten gegen die Unternehmensleitung aus den §§ 97 ff. UrhG in Betracht kommen, wenn Mitglieder der Unternehmensleitung an der Rechtsverletzung teilgenommen oder Kenntnis von ihr und weiter die Möglichkeit hatten, sie zu verhindern, wie dies in vergleichbaren Fällen bei der Verletzung von Markenrechten durch Rechtsprechung festgestellt wurde[166]. Weiter kommt eine Strafbarkeit nach § 106 UrhG in Betracht, wenn die Unternehmensleitung vorsätzlich an den Urheberrechtsverstößen mitgewirkt hat.

Der Einsatz nicht lizenzierter Software hat neben den strafrechtlichen Konsequenzen für die IT-Bereichs- und Unternehmensleitung auch wirtschaftliche Konsequenzen[167]. Letztere liegen zum einen in einer Nachlizen-

163) OLG München vom 7.12.2006 – 29 U 3845/06, CR 2007, 389.

164) Weidenkaff in: Palandt, »BGB« – Kommentar, § 611 BGB, Rz. 159.

165) dazu allgemein Hausch in: Juris PK/BGB, § 611 BGB, Rz. 262 bis 274.

166) OLG Hamburg vom 14.12.2005 – 5 U 200/04, GRUR-RR 2006, 182; BGH vom 26.9.1985 – I ZR 86/83, NJW 1987, 127.

167) NN: Unternehmen zahlt über 600 000 Euro für den Einsatz unlizenzierter Software: (...) IT-Administrator und Geschäftsführer zahlen Strafe für Lizenzverstöße, Pressemitteilung der Business Software Alliance (BSA) vom 14.8.2007. NN: Ein ungenanntes »internationales Medienunternehmen« muss wegen der Benutzung von raubkopierter Software 2,5 Millionen Euro an den Herstellerverband BSA zahlen. Computerwoche vom 18.9.2007.

zierung für eigentlich nicht durch das Unternehmen genutzte Software, um eine Anzeige zu vermeiden, zum anderen in einem, durch eine Nachlizenzierung im größeren Umfang nicht vorgesehenen Mittelabfluss.

4 Berechtigungen

4.1 Rechtliche Vorgaben

In rechtlicher Hinsicht sind Berechtigungskonzepte insbesondere im Bereich des Datenschutzes von Bedeutung. Die Anlage zu § 9 BDSG fordert sowohl eine Zugangs- als auch eine Zugriffskontrolle. Die *Zugangskontrolle* soll verhindern, dass Datenverarbeitungssysteme von Unbefugten genutzt werden können (Nr. 2 der Anlage zu § 9 BDSG), während die *Zugriffskontrolle* gewährleisten soll, dass die zur Nutzung eines Datenverarbeitungssystems Berechtigten ausschließlich auf die ihrer Zugriffsberechtigung unterliegenden Daten zugreifen können. Weiter soll sie verhindern, dass personenbezogene Daten bei der Verarbeitung, Nutzung und nach der Speicherung nicht unbefugt gelesen, kopiert, verändert oder entfernt werden können (Nr. 3 der Anlage zu § 9 BDSG).

Maßnahmen zur Zugriffskontrolle sind namentlich: Erstellung eines Berechtigungskonzeptes, Verwaltung der Zugriffsrechte durch den Systemadministrator, Beauftragung einer möglichst geringen Zahl von Administratoren, automatische Prüfung der Zugangsberechtigung, Protokollierung der Zugriffe und der Missbrauchsversuche, Auswertung der Protokolle und Passwortvergabe)[168)]

Zugangs- und Zugriffskontrollen sind jedoch nur soweit erforderlich, wie ihr Aufwand in einem angemessenen Verhältnis zu dem angestrebten Schutzzweck steht (§ 9 S. 2 BDSG)[169)]

4.2 Technische Vorgaben

Im schriftlich fixierten Berechtigungskonzept ist festgehalten, welcher Arbeitsplatz mit welchen Berechtigungen auszustatten ist, um ein effizientes und auch sicheres Arbeiten zu ermöglichen.

168) Pohl in: Reinhard, T./Pohl, L./Capellaro, H.-C. (Hrsg.): a.a.O., Rn. 71 m.w.N.

169) Runte in: Lehmann, M./Meents, J. G. (Hrsg.): »Handbuch des Fachanwalts Informationstechnologierecht«, Köln 2008, Teil 5 – Kap. 21 Rn. 18.

Aus dem Berechtigungskonzept kann somit nachvollzogen werden, warum ein Mitarbeiter genau die vorhandenen Berechtigungen benötigt, oder ob seine Berechtigungen weiter gefasst sind, als es die Arbeitsplatzbeschreibung erfordert. Es muss sowohl die Berechtigung auf Funktionen der IT-Systeme als auch die Berechtigung auf die Daten der Systeme geregelt sein. Im konkreten Beispiel bedeutet dies, dass geregelt ist, wer Anlage, Pflege, Anzeigeberechtigung auf Buchungsdaten des Rechnungswesens besitzt (Funktionalität), aber auch, welche Personen auf Gehaltsdaten der Angestellten und/oder der leitenden Angestellten zugreifen dürfen (Datenebene).

In ERP-Systemen ist es oftmals der Fall, dass die Berechtigung auf die Funktionalität, Buchungen anzuzeigen, nur Mitarbeitern des Rechnungswesens und der Unternehmensleitung gestattet ist, alle Mitarbeiter sich jedoch Datenbanktabellen anzeigen lassen dürfen, um z.B. Downloads für weitere Verarbeitungen vorzunehmen. Somit ist Letzten zwar nicht die einfache Anzeige von Buchungen möglich, durch Download von mehreren Tabellen und deren Verknüpfung in Officeprogrammen erhalten sie jedoch genau diese Informationen.

Vermieden werden kann auch dies durch ein vorhandenes Berechtigungskonzept, das im Unternehmen auch umgesetzt wird.

Somit stellt das Berechtigungskonzept den Maßstab für die aktuell vergebenen Berechtigungen dar. Mithilfe von Werkzeugen kann auch ein automatisierter Abgleich zwischen dem Istzustand und dem Sollzustand vorgenommen werden.

Auch die bereits angesprochene Berechtigungsvergabe sollte im Berechtigungskonzept geregelt sein. Die personelle Trennung der Pflege von Berechtigungen und der Zuordnung von Berechtigungen zu Benutzern sollte enthalten sein. Weiterhin besteht Regelungsbedarf, wer Berechtigungen anfordern und genehmigen darf. Dieses Genehmigungsverfahren ist für alle Mitarbeiter des Unternehmens verpflichtend. Mithilfe des Genehmigungskonzeptes kann dann die angeforderte Zuweisung der Berechtigungen überprüft werden.

4.3 Missbrauch/Risiken in zivil- und strafrechtlicher Hinsicht

Insoweit muss wiederum zwischen den möglichen Rechtsfolgen für das Unternehmen bei mangelhaften Berechtigungssystemen und denjenigen für die Mitarbeiter, die Berechtigungssysteme umgehen bzw. ausschalten, unterschieden werden. Wie bereits oben, Ziffer 2 b) ausgeführt, können die Aufsichtsbehörden im Rahmen ihres Aufsichtsrechts gem. § 38 Abs. 5 BDSG die oben unter Ziffer 2 b) angeführten Maßnahmen prüfen. Weiterhin kann auch eine Schadensersatzpflicht gem. § 7 BDSG in Betracht kommen, wenn dem Betroffenen durch die unzureichende Zugriffskontrolle ein Schaden entsteht. Mitarbeiter, die bestehende Berechtigungssysteme umgehen bzw. ausschalten, können sich gem. § 202a StGB wegen des »Ausspähens von Daten« strafbar machen. Bestraft wird danach mit Freiheitsstrafe bis zu drei Jahren oder mit Geldstrafe, wer unbefugt sich oder einem anderen Zugang zu Daten unter Überwindung der Zugangssicherung verschafft, die nicht für ihn bestimmt und die gegen unberechtigten Zugang besonders gesichert sind. Nicht für den Täter bestimmt sind Daten, wenn sie im Zeitpunkt der Tathandlung nach dem Willen des Verfügungsbefugten nicht oder nicht mehr in den Herrschaftsbereich des Täters gelangen sollen. Dies gilt z.B. für einen Mitarbeiter, der in der Regel außerhalb seiner Dienstzeit und seiner Berechtigung nicht auf Betriebsdaten zugreifen darf[170)].

Als besondere Sicherungen kommen Software-Sicherungen, wie Passwortabfragen (u.U. *nicht* bei Verwendung von ganz trivialen Passwörtern) oder die Nutzung von Firewalls in Betracht[171)]. Insoweit werden daher Berechtigungssysteme durch § 202a StGB geschützt.

Je nachdem, auf welche Daten der Mitarbeiter unberechtigterweise zugreift, und wie er diese Daten nutzt, kann zudem der Tatbestand des § 303a StGB (Datenveränderung) oder des § 206 StGB (Verletzung des Fernmeldegeheimnisses) erfüllt sein.

Sind personenbezogene Daten betroffen, wenn ein Mitarbeiter seine Zugriffsberechtigung durch Umgehung des Berechtigungssystems überschreitet, liegt hierin auch ein Verstoß gegen das Datengeheimnis gem. § 5 S. 1 BDSG[172)]. Dies kann für den Mitarbeiter die genannten datenschutzrechtlichen Sanktionen auslösen, aber auch zu arbeitsvertraglichen Sanktionen führen, wie Abmahnung oder Kündigung[173)]. Derartige arbeitsvertragliche Sanktionen sind auch denkbar, wenn keine personenbezogenen Daten betroffen sind, da dennoch eine Verletzung der arbeitsvertraglichen Pflichten vorliegt[174)].

170) Marberth-Kubicki in: Lehmann, M./Meents, J. G. (Hrsg.), a.a.O., Teil 9 – Kap. 26 Rn. 65f.

171) Marberth-Kubicki in: Lehmann, M./Meents, J. G. (Hrsg.), a.a.O., Teil 9 – Kap. 26 Rn. 68.

172) Klebe in: Däubler, W./Klebe, T./Wedde, P./Weichert, T., a.a.O., § 5 Rn. 9.

173) Klebe in: Däubler, W./Klebe, T./Wedde, P./Weichert, T., a.a.O., § 5 Rn. 16.

174) Heckmann, D. (Hrsg.): juris PraxisKommentar Internetrecht, Saarbrücken 2007, Kap. 7 Rn. 145.

5 Virenschutz und Patchmanagement

5.1 Technischer Teil

5.1.1 Problemstellung

Virenschutz und Patchmanagement haben gemeinsam, dass beide Tätigkeitsbereiche regelmäßig und mit größter Sorgfalt zu behandeln sind. Während der Virenschutz dazu dient, Rechner und Netzwerk vor schädlichen Programmen zu schützen, dient das Patchmanagement dazu, notwendig erkannte Sicherheitslücken oder Fehler in der installierten Software zu beseitigen. Dies geschieht, indem ganze Programme oder Teile von Programmen durch verbesserte Software ausgetauscht werden.

Viren oder auch Malware als Oberbegriff für schädliche Programme versuchen, schädlichen Code in ein IT-System einzuschleusen und dann unter der Ausnutzung von Sicherheitslücken Daten zu zerstören oder auszuspionieren. Werden Sicherheitslücken in Betriebssystemen, Office-Programmen, Internet-Browsern usw. bekannt, so ist in der Regel sehr schnell Schadsoftware im Umlauf, die genau diese Lücken benutzt.

In den letzten Jahren hat die Entstehung neuer Viren kontinuierlich, wenn nicht sogar explosiv zugenommen, wie aus den Abbildungen 5 und 6 zu entnehmen ist.

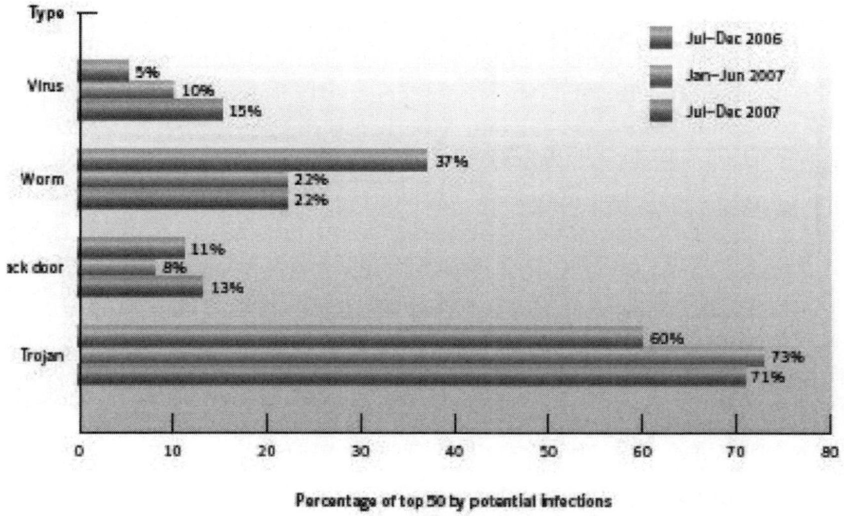

Abb. 5: TOP 50 der potenziellen Schadprogramme[175]

175) Symantec Internet Security Threat Report XIII, April 2008.

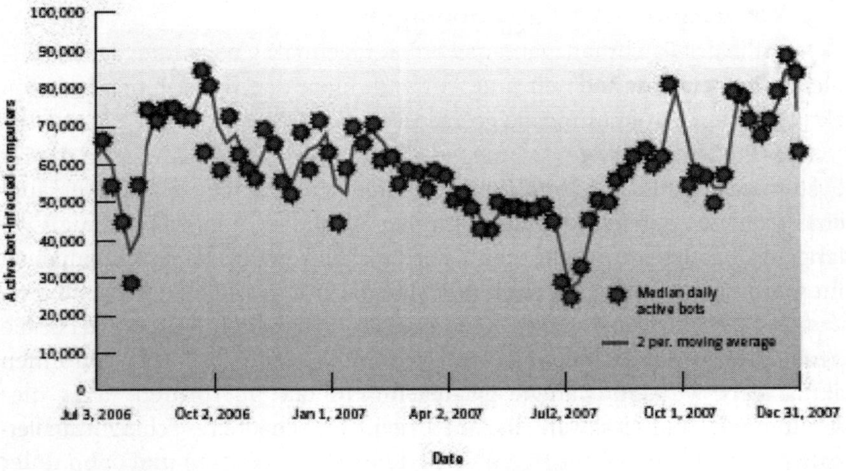

Abb. 6: Aktive Bot-infizierte Computer pro Tag, weltweit[176)]

Auch die Veröffentlichung neuer Sicherheitslücken hat sich in den letzten Jahren vervielfacht, wie in Abbildung 7 dargestellt ist.

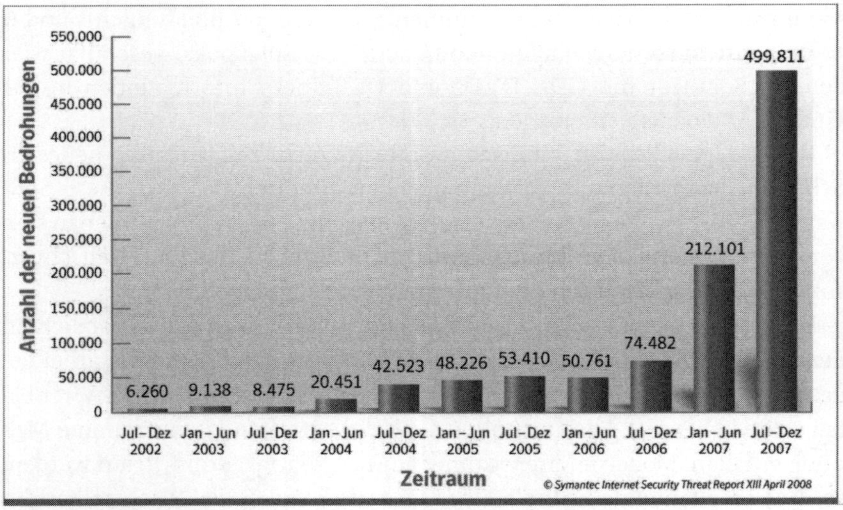

Abb. 7: Anstieg der Bedrohungen durch Schadprogramme weltweit[177)]

176) Symantec Internet Security Threat Report XIII, April 2008.

177) Symantec Internet Security Threat Report XIII, April 2008.

5.1.2 Lösung

Mithilfe des Patchmanagement werden regelmäßig bekannte Sicherheitslücken in Betriebssystemen und Anwendungen durch das Einspielen von aktualisiertem Programmcode geschlossen.

Ein stets aktueller Virenscanner verhindert somit, dass Malware in das IT-System gelangt. Ist es einem Eindringling trotz Virenschutz oder aufgrund eines schlecht betriebenen Virenschutzes gelungen, ins IT-System zu gelangen, so sollten zumindest die Sicherheitslücken durch das Patchmangement geschlossen sein, um weiteren Schaden abzuwenden.

Aus diesem Grund sollte zum einen sichergestellt werden, dass die Virenscanner mindestens im Intervall von 4 Stunden auf allen Systemen aktualisiert werden. Zudem ist regelmäßig zu überprüfen, dass dies funktioniert und dass alle Rechner den aktuellen Virenschutz erhalten haben.

Zusätzlich ist der Virenschutz durch ein mindestens dreistufiges Konzept zu gewährleisten.

Erstens sind alle Zugänge zum Unternehmen (Mail-Gateway, Internet, Standleitungen, VPN (virtuelle private Netzwerke)) abzusichern.

Zweitens sind die IT-Systeme (Server) durch Virenschutzmaßnahmen zu schützen.

Drittens müssen auch alle Endpunkte (PC´s, Notebooks) geschützt werden, da Benutzer mit CDs, DVDs und USB-Sticks Informationen in das Unternehmensnetz einbringen.

Da die Hersteller von Virenschutzsoftware nicht zeitgleich die neuesten Schutzmechanismen zur Verfügung stellen, empfiehlt es sich, diese Software von mehr als einem Hersteller zu beziehen. Am zurzeit intensivsten benutzten Zugang, dem Mail-Gateway, ist es empfehlenswert, Virenschutzsoftware unterschiedlicher Hersteller parallel einzusetzen.

Um bestmöglichen Schutz vor Viren zu gewährleisten, ist zusätzlich zu der oben beschriebenen technischen Absicherung auch daran zu arbeiten, das IT-Sicherheitsbewusstsein im Unternehmen zu schärfen. Bei Virenbefall sollte neben der Administration auch der betroffene Benutzer eine Meldung erhalten. Moderne Virenscanner können zentral administriert werden, so dass eine laufende zentrale Überwachung möglich ist. Auch sollten im Notfallkonzept Maßnahmen definiert sein, wenn eine größere Anzahl von Virenmeldungen in einer zuvor definierten Zeit erzeugt wird, oder wichtige Systeme befallen sind.

Neben den Richtlinien innerhalb der IT für diese Notfälle, sind auch Verfahrensanweisungen für das gesamte Unternehmen zu entwerfen, in denen zum Beispiel geregelt wird, wie bei einer voraussichtlichen Beseitigungszeit die Mitarbeiter, die auf die IT-Systeme angewiesen sind und nicht arbeiten können, anderweitig beschäftigt werden.

Patchmanagement

Für das Patchmanagement ist zu definieren, in welchen Abständen die Korrekturen eingespielt werden. Eine Vorgabe, wie mit Patches umzugehen ist, die ein großes Sicherheitsrisiko betreffen, ist notwendig. Weiterhin ist ein Mechanismus zu definieren, wie vor dem Einspielen der Patches in produktive Systeme die Tests vorgenommen werden und nach welchen Freigabeverfahren die Patches dann produktiv zu übernehmen sind und in welcher Reihenfolge diese verteilt werden.

5.2 Risiken in zivil- und strafrechtlicher Hinsicht

Werden die technischen Vorgaben nicht eingeholt und dadurch Schaden verursacht, können folgende Probleme entstehen:

Eines der Risiken bei einem mangelhaften Virenschutz- und Patchmanagement besteht für das Unternehmen darin, dass hierdurch virenverseuchte Daten versendet und Computersysteme Dritter geschädigt werden; dann kommen Ansprüche des Geschädigten in Betracht:

Bei einer vertraglichen Bindung mit dem Geschädigten gelten bei Versendung einer virenverseuchten E-Mail die Schutzpflichten innerhalb des Vertrages, die weitgehend den weiter unten in diesem Abschnitt beschriebenen deliktischen Verkehrssicherungspflichten entsprechen[178)].

Auch ohne Vertrag kann jedoch zumindest eine deliktische Schadensersatzpflicht gemäß § 823 Abs. 1 in Betracht kommen[179)], wenn durch die Vireninfektion Daten gelöscht werden und deswegen eine Eigentumsbeeinträchtigung vorliegt[180)]. Kommt es nicht zur Datenlöschung, sondern »nur« zu einem Systemausfall, liegt hierin zwar grundsätzlich keine Eigentumsverletzung, denkbar ist jedoch Eingriff in den eingerichteten und ausgeübten Gewerbebetrieb, wenn die Virenattacke ein zielgerichteter, betriebsbezogener Eingriff war[181)]. Problematisch ist bei diesen Fällen regelmäßig das

178) Libertus, M.: »Zivilrechtliche Haftung und strafrechtliche Verantwortlichkeit bei unbeabsichtigter Weiterverbreitung von Computerviren«, in: Multimedia und Recht 2005, S. 508, 511.

179) Zu diesem Themenkomplex existiert auch ein Urteil des LG Köln, in: NJW 1999, 3206; die dort gemachten Ausführungen dürften jedoch auf Grund der technischen Weiterentwicklung überholt sein.

180) Bäumer in: Reinhard, T./Pohl, L./Capellaro, H.-C. (Hrsg.),: a.a.O., Rn. 373.

181) Spindler, G.: »IT-Sicherheit und Produkthaftung – Sicherheitslücken, Pflichten der Hersteller und der Softwarenutzer«, in: NJW 2004, 3145, 3146.

Verschulden, denn im Regelfall wird fahrlässiges Verhalten vorliegen. Hierbei sind jedoch die geltenden Verkehrssicherungspflichten zu berücksichtigen. Danach ist zumindest der gewerbliche E-Mail-Versender verpflichtet, zumutbare und angemessene Sicherheitskonzepte und alle Vorsorgemaßnahmen zur Abwehr von Viren zu treffen, die dem aktuellen Stand der Technik entsprechen[182]. Hierzu gehört insbesondere die Verwendung eines gängigen Virenschutzprogramms, das regelmäßig, in üblichen Update-Zyklen, aktualisiert wird[183].

Die Schadensersatzpflicht kann jedoch durch ein Mitverschulden gem. § 254 BGB des Geschädigten begrenzt werden, wenn der E-Mail-Empfänger seinerseits keine ausreichenden Abwehrmaßnahmen gegen Viren getroffen hat[184].

Zudem kann ein Verstoß gegen datenschutzrechtliche Vorgaben vorliegen. Da Maßnahmen zum Virenschutz auch zu den technischen und organisatorischen Maßnahmen, die Unternehmen gem. § 9 BDSG (einschließlich der Anlage) zum Schutz personenbezogener Daten vorsehen müssen[185], zählen, kann die Aufsichtsbehörde im Rahmen ihres Aufsichtsrechts gem. § 38 Abs. 5 BDSG insb. die oben, Ziffer 2 b), aufgeführten Maßnahmen ergreifen. Sodann kommt eine Haftung der Unternehmensleitung gegenüber dem eigenem Unternehmen für Schäden aus Vireninfektion in Betracht. Wiederum gilt, dass die Unternehmensleitung gegenüber dem Unternehmen auf Schadensersatz wegen Sorgfaltspflichtverletzung gemäß §§ 93 Abs. 2, 116 Abs. 1 AktG bzw. § 43 Abs. 2 GmbHG im Rahmen des Risikomanagements in Anspruch genommen werden kann, was entsprechend für OHGs und KGs gilt. Denn zu den Sorgfaltspflichten der Unternehmensleitung gehört auch die Überwachung der IT-Sicherheit[186], und damit ein ausreichendes Virenschutz- und Patchmanagement.

182) Libertus, M.: »Zivilrechtliche Haftung und strafrechtliche Verantwortlichkeit bei unbeabsichtigter Weiterverbreitung von Computerviren«, in: Multimedia und Recht 2005, 507, 510.

183) a.a.O.

184) Libertus, M.: »Zivilrechtliche Haftung und strafrechtliche Verantwortlichkeit bei unbeabsichtigter Weiterverbreitung von Computerviren«, in: Multimedia und Recht 2005, 507, 511 Koch, R.: »Haftung für die Weiterverbreitung von Computerviren«, in: NJW 2004, 801, 807.

185) Koch, R.: »Haftung für die Weiterverbreitung von Computerviren«, in: NJW 2004, S. 801, 805 (bezieht sich insbesondere auf Nr. 3, 4 der Anlage zu § 9 BDSG); Libertus, M.: »Zivilrechtliche Haftung und strafrechtliche Verantwortlichkeit bei unbeabsichtigter Weiterverbreitung von Computerviren«, in: Multimedia und Recht 2005,, S. 507, 510.

186) Bäumer in: Reinhard, T./Pohl, L./Capellaro, H.-C. (Hrsg.), a.a.O., Rn. 387.

6 Netzwerküberwachung/Monitoring

6.1 Technische Vorgaben

Mithilfe von Werkzeugen zur Netzwerk- und Systemüberwachung wird zum einen die Hardware auf fehlerfreie Funktion laufend überwacht, zum anderen erfolgt das Monitoring der laufenden Systeme und des Netzwerkverkehrs. Überwachungsfunktionalitäten für Hardware gestatten es, mögliche Fehlerursachen im Voraus zu erkennen und damit einen Ausfall der Systeme zu vermeiden. So kann zum Beispiel festgestellt werden, dass der Lüfter eines wichtigen Servers nicht mehr vollständig funktioniert. Ein rechtzeitiger Austausch verhindert somit den Stillstand eines für das Unternehmen wichtigen Systems. Der Ausfall eines Logistiksystems und somit verzögerte Lieferungen können vermieden werden.

Die Überwachung des Netzwerkverkehrs erlaubt zum Beispiel die Feststellung, dass bestimmte Netzwerkstrecken ungewöhnlich viele Fehler aufweisen, und die Ursache zu beheben. Auch dies kann Beeinträchtigungen beim Arbeiten mit wichtigen Systemen verhindern. Sollte schädliche Software (z.B. ein Trojaner) trotz eines guten Virenkonzeptes ins Netzwerk gelangt sein, so kann dies auch durch die Analyse des Netzwerkverkehrs festgestellt werden. Überwachungstools erlernen das »normale« Verhalten eines Netzwerkes und erkennen Anomalien (ungewöhnlich hohes Datentransfervolumen eines Rechners ins Internet) des Datenverkehrs.

Damit jedoch das Monitoring funktioniert, ist zu definieren und umzusetzen, welche Systeme wie überwacht werden müssen, wie mit auftretenden Systemmeldungen umzugehen ist, welche Eskalationsstufen im Problemfall durchgeführt werden müssen.

6.2 Missbrauch/Risiken in zivil- und strafrechtlicher Hinsicht

6.2.1 Datenschutzrechtliche Gesichtspunkte

In datenschutzrechtlicher Hinsicht sind zwei Problemkonstellationen bei der Netzwerküberwachung zu unterscheiden: Zum einen kann eine Netzwerküberwachung im Rahmen der nach § 9 BDSG zu ergreifenden Maßnahmen erforderlich sein. Zum anderen kann jedoch die Netzwerküberwachung selbst einen Datenschutzverstoß bedeuten, wenn hierbei unzulässigerweise personenbezogene Daten erhoben und verarbeitet werden. Eine Verpflichtung zur Netzwerküberwachung ergibt sich insbesondere aus § 9 BDSG i.V.m. Nr. 2 der Anlage (Zugangskontrolle). Insoweit werden als

Beispiele zur Umsetzung der Zugangskontrolle die Protokollierung aller versuchten und erfolgreichen Zugriffe auf das System und der Einsatz eines Eindringungssystems (Intrusion Detection System) genannt[187]. Deshalb dient die Netzwerküberwachung insbesondere der Abwehr von Trojanern und ähnlicher möglicher Spionagesoftware, und damit der Zugangskontrolle. Auch hier gilt wiederum, dass die Aufsichtsbehörde im Rahmen ihres Aufsichtsrechts gem. § 38 Abs. 5 BDSG bei Versäumnissen im Bereich des § 9 BDSG tätig werden kann (s.o. Ziffer 2 b).

Werden bei der Netzwerküberwachung personenbezogene Daten der Arbeitnehmer erhoben und verwendet, ist jedoch zu beachten, dass dies entweder auf eine gesetzliche Grundlage oder auf eine Einwilligung des Betroffenen gestützt werden muss[188].

Hinsichtlich der möglichen Rechtsfolgen von Datenschutzverstößen wird auf oben Ziffer 2 b) verwiesen, wozu insbesondere Bußgelder gem. § 43 BDSG (u.U. auch Verwirklichung von Straftatbeständen gem. § 44 BDSG) und Schadensersatzansprüche gem. § 7 BDSG zählen.

6.2.2 Kollektives Arbeitsrecht

Sind die im Rahmen der Netzwerküberwachung ergriffenen Maßnahmen geeignet, das Verhalten und die Leistung der Arbeitnehmer zu überwachen, können sie dem Mitbestimmungsrecht des Betriebsrats gem. § 87 Abs. 1 Nr. 6 BetrVG unterfallen.

Ein Verstoß gegen die Mitbestimmungsrechte des Betriebsrates kann einen Unterlassungsanspruch des Betriebsrates gem. § 23 Abs. 3 S. 1 BetrVG[189] nach sich ziehen.

6.2.3 Haftung der Unternehmensleitung gegenüber eigenem Unternehmen für Schäden aus Vireninfektion

Schließlich haftet die Unternehmensleitung ihrem Unternehmen gegenüber auf Schadensersatz wegen Sorgfaltspflichtverletzung gemäß §§ 93 Abs. 2, 116 Abs. 1 AktG bzw. § 43 Abs. 2 GmbHG, (entsprechende Anwendung auf OHGs und KGs), da zu ihren Sorgfaltspflichten die Überwachung der IT-Sicherheit[190], und damit auch eine angemessene Netzwerküberwachung gehört.

187) Vgl. Pohl in: Reinhard, T./Pohl, L./Capellaro, H.-C. (Hrsg.), a.a.O., Rn. 66.

188) Siehe zu den entsprechenden Überwachungsmöglichkeiten im Hinblick auf die E-Mail- und Internet-Nutzung durch Arbeitnehmer bereits oben unter »Datenschutz«.

189) Vgl. hierzu und zu den weiteren möglichen Ansprüchen des Betriebsrats Heckmann, D. (Hrsg.): juris PraxisKommentar Internetrecht, Saarbrücken 2007. Kap. 7 Rn. 101ff.

190) Bäumer in: Reinhard, T./Pohl, L./Capellaro, H.-C. (Hrsg.), a.a.O., Rn. 387.

7 Sicherung/Desaster Recovery

7.1 Technische Vorgaben

Durch fehlende oder mangelhaft durchgeführte Datensicherung kann einem Unternehmen enormer Schaden entstehen. Fällt zum Beispiel das Mailsystem aus und der Schaden ist nicht zu beheben, so sind alle Mails, die im Zeitraum der letzten Datensicherung bis zum Ausfall empfangen wurden, unwiderruflich verloren. Um diesen Zeitraum eines möglichen Datenverlustes möglichst gering zu halten, gibt es verschiedenste technische Möglichkeiten, wie zum Beispiel die Spiegelung der Festplatten oder den Betrieb eines Raid-Systems. Muss aber aufgrund von Inkonsistenzen ein früherer Zustand wieder hergestellt werden, so nutzen diese technischen Möglichkeiten nichts.

In datenbankgestützten Systemen kann mithilfe der letzten Rücksicherung sowie der seitdem angefallenen Protokolldateien der Zustand der Datenbank zum Zeitpunkt des Systemabsturzes oder eines beliebigen Zeitpunkts davor wiederhergestellt werden. Dazu ist aber die Funktionsfähigkeit der Sicherung zwingend notwendig.

Aus diesem Grund muss die Funktionsfähigkeit der Sicherungen regelmäßig überprüft werden, damit zum einen sichergestellt ist, dass eine ordnungsgemäße Sicherung vorhanden ist, zum anderen muss auch der Vorgang des Rücksicherns regelmäßig getestet werden, was in vielen Unternehmen unterbleibt. Mails mit konkreten strafrechtlichen Tatsachen werden spätestens im Falle eines Verdachts vom betroffenen Mitarbeiter gelöscht werden. Auch tritt oftmals der Fall ein, dass ausscheidende Mitarbeiter noch am letzten Tag ihre vorhandenen Mails löschen. In diesen Fällen muss sichergestellt sein, dass auch noch länger zurückliegende Datensicherungen vorhanden sind.

Neben diesen betrieblich bedingten Fällen müssen selbstverständlich auch bei der Sicherung die gesetzlichen Aufbewahrungsfristen berücksichtigt werden. Um eine ordnungsgemäße Sicherung zu gewährleisten, muss auch in diesem Punkt die Zuständigkeit eindeutig geregelt sein. Es ist festzulegen, wer in welchen Abständen die Sicherungen kontrolliert, wie und in welchen Abständen Rücksicherungen vorgenommen werden. Auch die Grundlagen zur Einhaltung der Aufbewahrungsfristen müssen definiert sein. Zuletzt ist sicherzustellen, dass die Sicherungsdaten ordnungsgemäß gelagert werden. Die Sicherungsmedien müssen auch am Ende der Aufbewahrungsfristen noch lesbar sein. Anzumerken ist, dass magnetische und auch optische Speichermedien im Laufe der Zeit altern und die Daten nicht mehr lesbar sind. Beim Wechsel der Sicherungstechnologie ist auch zu berücksichtigen, dass weiterhin technisch sichergestellt wird, die Daten der »alten« Sicherungstechnologie wieder lesbar zu machen.

7.2 Risiken in zivil- und strafrechtlicher Hinsicht

7.2.1 Zivilrechtliches Risiko: Verlust von Schadensersatzansprüchen

Nach Ansicht des OLG Hamm ist es im gewerblichen Bereich selbstverständlich, dass eine zuverlässige, zeitnahe und umfassende Datenroutine die Datensicherung gewährleistet. Vor einem objektiv datengefährdenden Eingriff muss sich ein IT-Dienstleister daher zwar erkundigen und ggf. vergewissern, ob die vom Kunden vorgenommene Datensicherung dem aktuellen Stand entspricht. Zusätzliche Überprüfungspflichten bestehen jedoch nur dann, wenn ernsthafte Zweifel vorliegen, dass die Datensicherung nicht ordnungsgemäß erfolgt ist oder das Sicherungssystem nicht funktioniert[191)].

7.2.2 Verstöße gegen Archivierungspflichten

Ein nicht ausreichendes Sicherungsmanagement kann auch einen Verstoß gegen die gesetzlichen Archivierungspflichten bedeuten.

Die im Rahmen der elektronischen Archivierung zu beachtenden »Grundsätze ordnungsmäßiger DV-gestützter Buchführungssysteme« (GoBS) sehen vor, dass Informationen vor Verlust durch Datensicherungsprozeduren zu den auf dem EDV-System geführten Programmen und Daten gesichert werden, wobei die Durchführung von Datensicherungsprozeduren verbindlich anzuweisen ist. Zudem sollten zu den periodischen Datensicherungsprozeduren ergänzend ad hoc Sicherungen durchgeführt werden, wenn im Zeitraum zwischen zwei Datensicherungen außergewöhnlich intensiv Programme und/oder Daten geändert/verarbeitet wurden. Zu den aufbewahrungspflichtigen und weiteren sensiblen Daten und Programmen sollten Sicherungskopien zusätzlich erstellt und an einem anderen Standort (anderer Sicherheitsbereich) aufbewahrt werden[192)].

Verstöße gegen die Archivierungspflichten können verschiedene Rechtsfolgen auslösen; die sogleich im Abschnitt »Mail und Archivierung« dargestellt werden[193)].

191) OLG Hamm, Urteil vom 01.12.2003, MMR 2004, 487; so auch bereits OLG Karlsruhe, Urteil vom 20.12.1995, in: NJW-Rechtsprechungs-Report 1997, S. 554.

192) Schreiben des Bundesministeriums der Finanzen an die obersten Finanzbehörden der Länder vom 7. November 1995 – IV A 8 – S 0316 – 52/95- BStBl 1995 I S. 738, Rz. 5.5.2.

193) Vgl. auch Bäumer in: Reinhard, T./Pohl, L./Capellaro, H.-C. (Hrsg.): a.a.O., Rn. 364.

7.2.3 Datenschutzrechtliche Vorgaben

In Bezug auf personenbezogene Daten ergibt sich die Verpflichtung zur Einführung eines »Sicherungs/Desaster Recovery«-Managements insbesondere aus der Anforderung der gem. Nr. 7 der Anlage zu § 9 BDSG durchzuführenden Verfügbarkeitskontrolle[194].

Zu dieser gehört im Regelfall die Erstellung von Sicherheitskopien, die Ausarbeitung eines Datensicherungskonzepts und ein regelmäßiger Test der Restore-Funktionen[195].

Zu beachten ist, dass die Aufsichtsbehörde auch hier im Rahmen ihres Aufsichtsrechts gem. § 38 Abs. 5 BDSG bei Versäumnissen im Bereich des § 9 BDSG tätig werden kann (s.o. Ziffer 2 b).

7.2.4 Haftung der Unternehmensleitung gegenüber eigenem Unternehmen für Schäden aus Vireninfektion

Schließlich kann auch hier wiederum die Unternehmensleitung vom Unternehmen auf Schadensersatz wegen Sorgfaltspflichtverletzung gemäß §§ 93 Abs. 2, 116 Abs. 1 AktG bzw. § 43 Abs. 2 GmbHG in Anspruch genommen werden, die entsprechend auf OHGs und KGs anwendbar sind, denn zu den Sorgfaltspflichten der Unternehmensleitung gehört auch die Überwachung der IT-Sicherheit[196], und damit eine angemessene »Sicherungs/Desaster«-Recovery.

8 Internet und Mail

8.1 Rechtliche Vorgaben

8.1.1 Zulässigkeit der privaten E-Mail- und Internetnutzung

Grundsätzlich gilt, dass der Arbeitgeber nicht verpflichtet ist, seinen Mitarbeitern die private E-Mail- und Internetnutzung zu ermöglichen,[197] allerdings kann ein stillschweigendes Dulden der privaten E-Mail- und Internetnutzung über längeren Zeitraum hinweg u. U. zu einer betrieblichen Übung führen, aufgrund derer die Privatnutzung zulässig ist[198]. Anzuraten ist daher in jedem Fall eine eindeutige Regelung.

194) Dazu oben Ziffer 2 b).

195) Pohl in: Reinhard, T./Pohl, L./Capellaro, H.-C. (Hrsg.), a.a.O., Rn. 87, 88.

196) Bäumer in: Reinhard, T./Pohl, L./Capellaro, H.-C. (Hrsg.), a.a.O., Rn. 387.

197) Vgl. Mengel, A.: »Kontrolle der Telekommunikation am Arbeitsplatz – Wege durch einen juristischen Irrgarten«, in: BB 2004, S. 1445, 1446; Heckmann, D. (Hrsg.): *juris PraxisKommentar Internetrecht*, Saarbrücken 2007, Kap. 7 Rn. 30.

198) Vgl. hierzu eingehend Reinhard, T./Pohl, L./Capellaro, H.-C. (Hrsg.), a.a.O., Rn. 598 ff.; Beckschulze, M.: »Internet-, Intra-

8.1.2 Unterschiede bei erlaubter/verbotener Privatnutzung

Bei erlaubter Privatnutzung wird der Arbeitgeber von der herrschenden Ansicht als Dienstanbieter von Telekommunikationsdiensten gem. § 3 Nr. 6 TKG angesehen[199]. Dies hat zur Folge, dass der Arbeitgeber zum einen das Fernmeldegeheimnis berücksichtigen muss (§ 88 TKG), und dass er an die strengen datenschutzrechtlichen Vorgaben des TKG gebunden ist (§§ 91 ff. TKG). Dem Fernmeldegeheimnis unterliegen gem. § 88 Abs. 1 TKG der Inhalt der Telekommunikation und ihre näheren Umstände, wozu insbesondere die Tatsache zählt, ob jemand an einem Telekommunikationsvorgang beteiligt ist oder war.

Wenn Privatnutzung dagegen untersagt wurde, ist der Arbeitgeber nicht Dienstanbieter von Telekommunikationsdiensten. Das TKG ist daher auf ihn nicht anwendbar, so dass insbesondere das Fernmeldegeheimnis und die datenschutzrechtlichen Vorgaben des TKG *nicht* zu beachten sind. Zu berücksichtigen sind allerdings allgemeine datenschutzrechtliche Vorgaben im BDSG und die Persönlichkeitsrechte der Arbeitnehmer.

8.1.3 Kontrollmöglichkeiten bei verbotener Privatnutzung

Wenn im Unternehmen die Privatnutzung des E-Mail-Systems verboten ist, muss der Arbeitgeber lediglich die Persönlichkeitsrechte der Arbeitnehmer und die allgemeinen Vorgaben des BDSG berücksichtigen. Als Rechtfertigungsgründe für entsprechende Datennutzungen können § 28 Abs. 1 S. 1 Nr. 1 oder auch Nr. 2 BDSG herangezogen werden. Die Kontrollbefugnisse des Arbeitgebers sind im Einzelfall allerdings umstritten. Die bislang vorliegende Rechtsprechung und die herrschende Ansicht in der Literatur bei E-Mails gehen von einem weitgehenden Zugriffs- und Kontrollrecht des Arbeitgebers in Bezug auf Dienst-E-Mails aus, das unabhängig vom Vorlie-

net- und E-Mail-Einsatz am Arbeitsplatz«, in: Die Betriebswirtschaft, 2007, 1526, 1526.

199) Vgl. OLG Karlsruhe, in: Multimedia und Recht 2005, 178, im Hinblick auf die korrespondierende Strafvorschrift des § 206 StGB; in der Literatur für eine Anwendung des TKG Ernst, in:_Neue Zeitschrift für Arbeitsrecht 2002, S. 585, 587; Mengel, A.: »Kontrolle der E-Mail- und Internetkommunikation am Arbeitsplatz – Wege durch einen juristischen Irrgarten«, in: Betriebs-Berater 2004, S. 2014, 2017; Rath, M./Karner, S.: »Private Internetnutzung am Arbeitsplatz – rechtliche Zulässigkeit und Kontrollmöglichkeiten des Arbeitgebers«, in: Kommunikation & Recht 2007,, S. 446, 450; Schmidl, Michael: »E-Mail-Filterung am Arbeitsplatz«, in: Multimedia und Recht, 2005, S. 343, 343; dagegen Härting, N.: »Internet am Arbeitsplatz – Folgen des BVerfG-Urteils zur Online-Durchsuchung«, in: Betriebs-Berater 12.2008,, M1, ähnlich auch Beckschulze, M.: »Internet-, Intranet- und E-Mail-Einsatz am Arbeitsplatz«, in: Die Betriebswirtschaft, 2007, S. 1526, 1529 m.w.N.

gen besonderer Voraussetzungen besteht[200]. Teilweise wird insoweit jedoch verlangt, dass die Arbeitnehmer über die grundsätzliche Möglichkeit der Einsichtnahme in dienstliche E-Mails informiert werden[201]. Weiterhin ist zu beachten, dass die Kommunikation mit bestimmten Vertrauenspersonen (Betriebsarzt/Datenschutzbeauftragter/Betriebsrat) nicht überprüft werden darf[202]. Zumindest die Durchführung von Stichproben und eine weitergehende Kontrolle bei konkreten Verdachtsfällen dürften demnach zulässig sein, worüber die Arbeitnehmer informiert werden sollten. Auch bei der Internetnutzung geht die wohl herrschende Ansicht von einer weitgehenden Kontrollmöglichkeit des Arbeitgebers, zumindest hinsichtlich Datum/Uhrzeit/Dauer der Internetverbindung aus[203]. Bei der Kontrolle der Internetadresse werden jedoch lediglich Stichproben als zulässig angesehen[204]. Deshalb sollten die Arbeitnehmer hierüber informiert werden.

8.1.4 Kontrollmöglichkeiten bei erlaubter Privatnutzung

Da der Arbeitgeber bei erlaubter Privatnutzung das Fernmeldegeheimnis berücksichtigen muss, darf er sich grundsätzlich keine Kenntnis vom Inhalt

200) ArbG Frankfurt a. M., in: Multimedia und Recht 2004, 829, 830 (*nicht rechtskräftig*); ArbG Frankfurt a.M., 1093, 1095/1096; Neue Zeitschrift für Arbeitsrecht, 2002, 1093, Beckschulze, M.: »Der Einfluss des Internets auf das Arbeitsrecht«, 1491, 1494; Gola, P./Schomerus, R.: BDSG. Bundesdatenschutzgesetz – Kommentar, 9. Aufl., München 2007, § 28 Rn. 20; Mengel, A.: »Kontrolle der E-Mail- und Internetkommunikation am Arbeitsplatz – Wege durch einen juristischen Irrgarten«, in: Betriebs-Berater, 2014, 2017; Mengel, A./Ullrich, T.: »Arbeitsrechtliche Aspekte unternehmensinterner Investigations«, in: Neue Zeitschrift für Arbeitsrecht 2006, 240, 242; Mengel, A./Ullrich, T.: »Arbeitsrechtliche Aspekte unternehmensinterner Investigations«, in: Neue Zeitschrift für Arbeitsrecht 2006, 442, 443; dagegen verlangen einige Autoren für eine nachträgliche »Vollkontrolle« von E-Mails konkreten Verdacht, zum Beispiel auf die Verletzung von Geschäftsgeheimnissen, vgl. BITKOM-Leitfaden, Die Nutzung von E-Mail und Internet im Unternehmen, S. 33; für Differenzierung nach Art der E-Mail-Adresse Heckmann, D. (Hrsg.): juris PraxisKommentar Internetrecht, Saarbrücken 2007, Kap. 7 Rn. 64 Ernst, Stefan: »Der Arbeitgeber, die E-Mail und das Internet«, in: Neue Zeitschrift für Arbeitsrecht 2002,, S. 585.

201) Lindemann, A./Simon, O.: »Betriebsvereinbarungen zur E-Mail-, Internet- und Intranet-Nutzung«, in: Betriebs-Berater 2001, 1950, 1952; Imping in: Reinhard, T./Pohl, L./Capellaro, H.-C. (Hrsg.), a.a.O., Rn. 596.

202) Schmidl in: Lehmann, M./Meents, J. G. (Hrsg.), a.a.O., Teil 5 – Kap. 20 Rn. 290.

203) Mengel, A.: »Kontrolle der E-Mail- und Internetkommunikation am Arbeitsplatz – Wege durch einen juristischen Irrgarten«, in: Betriebs-Berater 2004, 2014, 2020; Heckmann, Praxiskommentar Internetrecht, Kap. 7 Rn. 66; Imping in: Reinhard, T./Pohl, L./Capellaro, H.-C. (Hrsg.), a.a.O., Rn. 597.

204) Vgl. Heckmann, D. (Hrsg.): juris Praxis-Kommentar Internetrecht, Saarbrücken 2007, Kap. 7 Rn. 66 m.w.N; auch diese Kontrolle wird für zulässig erachtet von Mengel, A.: »Kontrolle der E-Mail- und Internetkommunikation am Arbeitsplatz – Wege durch einen juristischen Irrgarten«, in: Betriebs-Berater 2004, 2014, 2020.

der Telekommunikation seiner Mitarbeiter und ihrer näheren Umstände verschaffen, wozu insbesondere die Tatsache zählt, ob jemand an einem Telekommunikationsvorgang beteiligt ist oder war (vgl. § 88 S. 1 TKG).

Bezüglich der E-Mail-Nutzung darf der Arbeitgeber sich deshalb grundsätzlich nur insoweit Kenntnis von den näheren Umständen der Telekommunikation verschaffen, wie dies für die geschäftsmäßige Erbringung der Telekommunikationsdienste einschließlich des Schutzes ihrer technischen Systeme erforderlich ist (§ 88 Abs. 3 S. 1 TKG). Weiterhin darf der Arbeitgeber gem. § 100 Abs. 1 TKG soweit erforderlich, zum Erkennen, Eingrenzen oder Beseitigen von Störungen oder Fehlern an Telekommunikationsanlagen die Verkehrsdaten der Arbeitnehmer erheben und verwenden. Gem. § 103 Abs. 3 S. 1 TKG darf der Arbeitgeber bei Vorliegen *zu dokumentierender tatsächlicher Anhaltspunkte* die Bestandsdaten und Verkehrsdaten erheben und verwenden, die zum Aufdecken sowie Unterbinden von Leistungserschleichungen und sonstigen rechtswidrigen Inanspruchnahmen der Telekommunikationsnetze und -dienste erforderlich sind. Deshalb ist im Regelfall die Kontrolle der E-Mail-Verbindungsdaten zur allgemeinen arbeitsrechtlichen Kontrolle unzulässig[205)]. Dies gilt erst recht für die inhaltliche E-Mail-Kontrolle, die im Regelfall unzulässig ist[206)]. Die wohl herrschende Ansicht in der Literatur hält eine Einsichtnahme in private E-Mails für zulässig, wenn ein konkreter Verdacht für die Begehung von Straftaten besteht[207)], allerdings liegt

205) Vgl. Heckmann, D. (Hrsg.): juris Praxis-Kommentar Internetrecht, Saarbrücken 2007, Kap. 7 Rn. 74; Schmidl in: Lehmann, M./Meents, J. G. (Hrsg.), a.a.O., Teil 5 – Kap. 20 Rn. 289.

206) Vgl. Göpfert, B./Merten, F./Sigrist, C.: »Mitarbeiter als »Wissensträger« – Ein Beitrag zur aktuellen Compliance-Diskussion«, in: Neue Juristische Wochenzeitschrift, 2008, 1703, 1705; Lindemann, A./Simon, O.: »Betriebsvereinbarungen zur E-Mail-, Internet- und Intranet-Nutzung«, in: Betriebs-Berater 2001, 1950, 1953; Mengel, A.: »Kontrolle der E-Mail- und Internetkommunikation am Arbeitsplatz – Wege durch einen juristischen Irrgarten«, in: Betriebs-Berater 2004, 2014, 2019; Mengel, A./Ullrich, T.: »Arbeitsrechtliche Aspekte unternehmensinterner Investigations«, in: Neue Zeitschrift für Arbeitsrecht 2006, 242; Wolf, T./Mulert, G.: »Die Zulässigkeit der Überwachung von E-Mail-Korrespondenz am Arbeitsplatz«, in: Betriebs-Berater 2008, 442, 444.

207) Vgl. Beckschulze, M.: »Internet-, Intranet- und E-Mail-Einsatz am Arbeitsplatz«, in: Die Betriebswirtschaft, 1526, 1528; Mengel, A.: »Kontrolle der E-Mail- und Internetkommunikation am Arbeitsplatz – Wege durch einen juristischen Irrgarten«, in: Betriebs-Berater 2004, 2014, 2019; Mengel, A./Ullrich, T.: »Arbeitsrechtliche Aspekte unternehmensinterner Investigations«, in: Neue Zeitschrift für Arbeitsrecht 2006, 240, 242; Wolf, T./Mulert, G.: »Die Zulässigkeit der Überwachung von E-Mail-Korrespondenz am Arbeitsplatz«, in: Betriebs-Berater 2008, 442, 446; diese Möglichkeit *nicht* explizit erwähnend BITKOM-Leitfaden, »Die Nutzung von E-Mail und Internet im Unternehmen«, S. 33; Göpfert, B./Merten, F./Sigrist, C.: »Mitarbeiter als »Wissensträger« – Ein Beitrag zur aktuellen Compliance-Diskussion«, in: Neue Juristische Wochenzeitschrift, 2008, 1703, 1705.

noch keine gerichtliche Entscheidung hierzu vor. Keinesfalls zulässig dürfte es jedenfalls bei einem allgemeinen Verdacht sein, dass im Unternehmen Straftaten begangen wurden, die E-Mails aller oder vieler Arbeitnehmer inhaltlich auszuwerten[208].

Hinsichtlich der Internet-Nutzung gelten die Vorgaben zur E-Mail-Nutzung entsprechend. Eine Kontrolle der Verbindungsdaten und insb. der aufgerufenen Internetseiten ist grundsätzlich nur bei einem konkreten Missbrauchsverdacht zulässig[209].

Zur Erweiterung der Kontrollmöglichkeit kann grundsätzlich eine Einwilligung eingeholt werden, jedoch müssen die Mitarbeiter über den Umfang derartiger Kontrollen unterrichtet werden (Erfordernis einer »informierten Einwilligung«).

Eine derartige Einwilligung kann nicht durch Betriebsvereinbarung ersetzt werden, weil das Fernmeldegeheimnis nicht durch eine Betriebsvereinbarung aufgehoben werden darf[210]. Problematisch sind aber auch individuelle Einwilligungserklärungen im Hinblick auf das Fernmeldegeheimnis, da dieses sowohl den Empfänger als auch den Sender von E-Mails schützt, von denen regelmäßig keine Einwilligung vorliegen wird[211]. Selbst wenn man den Arbeitnehmer verpflichtet, einen E-Mail-Disclaimer zu verwenden, in dem der Empfänger auf die Möglichkeit einer Kontrolle hingewiesen wird, lässt sich dieses Risiko nicht vollständig ausschließen, da ja eine Kontaktaufnahme per E-Mail auch möglich ist, ohne vorher eine derartige E-Mail mit Disclaimer erhalten zu haben. Eine Einwilligung reduziert daher zwar das Risiko, wegen einer Verletzung des § 206 StGB belangt zu werden, schließt dieses jedoch nicht vollständig aus.

Der Einsatz von Virenfiltern (einschließlich der Löschung von potenziell infizierten E-Mails) ist auch bei zugelassener Privatnutzung möglich, wenn dies ohne eine inhaltliche Kontrolle der E-Mails erfolgt, da der Arbeitgeber nach § 109 Abs. 1 TKG angemessene technische Vorkehrungen oder sonstige Maßnahmen zum Schutze der personenbezogenen Daten und der Telekommunikations- und Datenverarbeitungssysteme gegen unerlaubte Zu-

208) Vgl. Mengel, A./Ullrich, T.: »Arbeitsrechtliche Aspekte unternehmensinterner Investigations«, in: Neue Zeitschrift für Arbeitsrecht 2006, 240, 242.

209) Vgl. Heckmann, D. (Hrsg.): *juris Praxis-Kommentar Internetrecht*, Saarbrücken 2007, Kap. 7 Rn. 87; Wolf, T./Mulert, G.: »Die Zulässigkeit der Überwachung von E-Mail-Korrespondenz am Arbeitsplatz«, in: Betriebs-Berater 2008, 442, 444; Rath, M./Karner, S.: »Private Internetnutzung am Arbeitsplatz – rechtliche Zulässigkeit und Kontrollmöglichkeiten des Arbeitgebers«, in: Kommunikation & Recht 2007, 446, 451.

210) Vgl. BITKOM-Leitfaden, Die Nutzung von E-Mail und Internet im Unternehmen, S. 20.

211) Vgl. OLG Karlsruhe, CR 2005, 288.

griffe zu treffen hat[212]. Dagegen wird der Einsatz von Spam-Filtern (verbunden mit der Löschung entsprechender Mails) vielfach als unzulässiger Eingriff in das Fernmeldegeheimnis angesehen, da die Rechtfertigung des § 109 Abs. 1 TKG bei Spam-E-Mails unter Umständen nicht eingreift (die einzelne Spam-E-Mail bedroht insoweit das Unternehmen nicht)[213].

Deshalb sollte eine Einwilligung der Arbeitnehmer in die Durchführung einer entsprechenden Spam-Filterung (insb. bei einer Löschung) eingeholt werden[214].

Bei allen Kontrollmaßnahmen ist das Mitbestimmungsrecht des Betriebsrates zu berücksichtigen, das sich insbesondere auf die Einführung und Anwendung von technischen Einrichtungen, die dazu bestimmt sind, das Verhalten oder die Leistung der Arbeitnehmer zu überwachen, erstreckt (§ 87 Abs. 1 Nr. 6 BetrVG).

8.2 Technische Vorgaben

Die Nutzung des Internet hat in den letzten Jahren explosionsartig zugenommen. Auch die Anzahl von E-Mails wächst von Monat zu Monat.

Externe Risiken

Somit haben sich auch immer mehr Möglichkeiten ergeben, diese beiden Medien zu missbrauchen. Im vielleicht noch etwas harmlosen Fall von SPAM, also unerwünschter E-Mail, liegt das Risiko vor allem im Stillstand der Systeme, die mit dieser Flut an Daten nicht mehr umgehen können, da die Speicher überlaufen oder die Prozessoren überlastet sind.

Durch Phishing, dem Versuch, den User per Mail zu bewegen, seine vertraulichen Daten, wie zum Beispiel Zugangskennungen zum elektronischen Zahlungsverkehr herauszugeben, bekommt E-Mail-Missbrauch auch eine betrügerische Komponente.

212) Vgl. Hoeren, T.: »Virenscanning und Spamfilter – Rechtliche Möglichkeiten im Kampf gegen Viren, Spams & Co«, in: Neue Juristische Wochenschrift 2004, S. 3513, 3516; Heckmann, D. (Hrsg.): juris PraxisKommentar Internetrecht, Saarbrücken 2007, Kap. 7 Rn. 79.

213) Heckmann, D. (Hrsg.): a.a.O., Kap. 7 Rn. 79.

214) Imping in: Reinhard, T./Pohl, L./Capellaro, H.-C. (Hrsg.): IT-Sicherheit und Recht – Rechtliche und technisch-organisatorische Aspekte für Unternehmen, Berlin 2007, Rz. 609; Hassemer, I. M./Witzel, M.: »Filterung und Kontrolle des Datenverkehrs – Ist die Filterung von E-Mails im Unternehmen rechtmäßig?«, in: IT-Rechts-Berater 2006, S. 139-143, S. 139, 142.

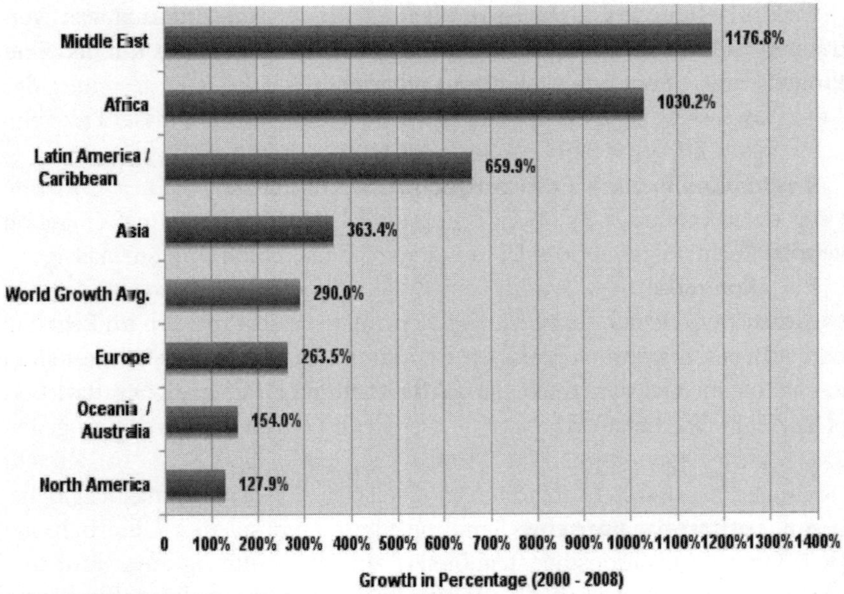

Abb. 8: Zunahme der Internetbenutzer[215)]

Interne Risiken

Der Diebstahl von Daten durch Mitarbeiter kann nicht mehr durch Regularien vermieden werden, die sicherstellen sollen, dass Geschäftsgeheimnisse das Unternehmen nicht verlassen, sondern es müssen Mechanismen technischer Art realisiert werden, die auch verhindern, dass Mitarbeiter vertrauliche Daten einfach per Mail weitergeben. Somit ist der noch vor Jahren übliche Schutz, elektronischen Datendiebstahl zu vermeiden, indem keine fremden Geräte, CD-Brenner an das Unternehmensnetzwerk angeschlossen werden dürfen, obsolet geworden, da diese Daten einfach per E-Mail das Unternehmen verlassen können.

Aber auch allein das »Surfen« im Internet weist schon seit Jahren Gefahren auf, so dass immer bessere Schutzsysteme (Firewalls, Intrusion Detection Systeme etc.) eingesetzt werden müssen. Nicht nur allein Anbieter, die ihr Geschäft per »Web« zum Beispiel durch Online-Shops abwickeln, sind diesen Gefahren ausgesetzt. Auch Unternehmen, deren Mitarbeiter »nur« im Internet surfen, müssen damit rechnen, dass versucht wird, ihre Daten auszuspähen, um diese Daten weiterzuverkaufen.

215) Miniwatts Marketing Group, 2008
http://www.internetworldstats.com/stats.htm

In der IT-Branche selbst ist es mittlerweile an der Tagesordnung, dass Vertriebsmitarbeiter die Informationen über durch sie betreute Kunden und Projekte mit zum neuen Arbeitgeber nehmen.

8.3 Risiken in zivil- und strafrechtlicher Hinsicht

8.3.1 Rechtsfolgen für das Unternehmen bei Durchführung unzulässiger Kontrollen

Zunächst stellt eine rechtswidrige Kontrolle von Mitarbeitern im Regelfall einen Datenschutzverstoß dar und kann somit die bereits dargestellten Rechtsfolgen auslösen (insb. mögliche Ordnungswidrigkeit/Straftat, Verpflichtung zum Schadensersatz[216]. Weiterhin kommt bei Verstößen gegen das Fernmeldegeheimnis eine Strafbarkeit gem. § 206 StGB in Betracht (Freiheitsstrafe bis zu fünf Jahre oder Geldstrafe)[217]. Danach macht sich insbesondere strafbar, wer eine Sendung, die einem solchen Unternehmen (= Telekommunikationsdiensteanbieter) zur Übermittlung anvertraut und verschlossen worden ist, öffnet oder sich von ihrem Inhalt ohne Öffnung des Verschlusses unter Anwendung technischer Mittel Kenntnis verschafft (§ 206 Abs. 2 Nr. 1 StGB). Dies kann insbesondere bei der Kontrolle von E-Mails der Fall sein. Ebenso macht sich strafbar, wer eine einem solchen Unternehmen zur Übermittlung anvertraute Sendung unterdrückt (§ 206 Abs. 2 Nr. 2 StGB), was durch die Filterung von Spam-E-Mails bei zugelassener Privatnutzung der Fall sein kann.

Sodann sind Schadensersatz- und Schmerzensgeldansprüche der von einer unzulässigen Überwachung betroffenen Arbeitnehmer aus allgemeinen zivilrechtlichen Vorschriften denkbar[218], wie aus der Verletzung des Arbeitsvertrages (aus § 280 Abs. 1 BGB) oder als deliktischen Anspruch aus § 823 Abs. 1 BGB bzw. § 823 Abs. 2 BGB i.V.m. Schutzgesetz (z.B. § 206 StGB – Verletzung des Fernmeldegeheimnisses).

Ebenso können Beweise, die durch die Durchführung unzulässiger Kontrollen gewonnen werden, u.U. einem Beweisverwertungsverbot unterliegen, und daher insb. in einem möglichen Kündigungsschutzprozess nicht verwertet werden[219]. Werden die Mitbestimmungsrechte des Betriebsrates

216) Siehe hierzu oben unter »Datenschutz«

217) Vgl. hierzu OLG Karlsruhe, CR 2005, 288.

218) Vgl. Heckmann, D. (Hrsg.), a.a.O., Kap. 7 Rn. 97.

219) Vgl. Beckschulze, M.: »Internet-, Intranet- und E-Mail-Einsatz am Arbeitsplatz«, in: Die Betriebswirtschaft, 2007, 1526, 1532; Heckmann, D. (Hrsg.), a.a.O., Saarbrücken 2007, Kap. 7 Rn. 89 ff.

verletzt, kann bei groben Verstößen ein Unterlassungsanspruch des Betriebsrates gem. § 23 Abs. 3 S. 1 BetrVG bestehen[220].

8.3.2 Mögliche Rechtsfolgen für Arbeitnehmer bei Verstößen gegen die Vorgaben zur Internet- und E-Mail-Nutzung

Ein Verstoß eines Arbeitnehmers gegen im Unternehmen geltende Vorgaben zur Internet- und E-Mail-Nutzung stellt eine Verletzung der arbeitsvertraglichen Pflichten dar, die insbesondere zu einer Abmahnung und auch Kündigung führen können. Es gelten folgende Fallgruppen[221]:

Sonderproblem: Mögliche Haftung des Unternehmens als Inhaber von Internetanschlüssen für Rechtsverletzungen

Die typische Ausgangslage ist wie folgt: Es wird mithilfe der IP-Adresse festgestellt, dass über einen Internetanschluss eine Urheberrechtsverletzung erfolgt ist, z.B. ein Download von Musikstücken aus einer Internettauschbörse ohne die erforderliche Lizenz. Haben mehrere Personen Zugriff auf den Internetanschluss, kann im Regelfall nicht nachgewiesen werden, dass tatsächlich der Anschlussinhaber die Urheberrechtsverletzung begangen oder als Mittäter daran mitgewirkt hat. Daher versuchen die jeweiligen Rechteinhaber, z.B. die betroffenen Musikkonzerne, vielfach die Anschlussinhaber als »Störer« für die Urheberrechtsverletzungen in Anspruch zu nehmen.

Eine Störer-Haftung kann nach Rechtsprechung bereits dann greifen, wenn Dritten der Internetanschluss zur Verfügung gestellt wird, weil hierdurch die nicht unerhebliche Gefahr entsteht, dass über den Anschluss Rechtsverletzungen begangen werden[222], ohne dass es auf ein Verschulden des Anschlussinhabers ankommt. Ein Störer kann zwar nicht auf Schadensersatz, wohl aber auf Unterlassung in Anspruch genommen werden. Die Störerhaftung wird insoweit eingeschränkt, als von Prüfungspflichten verletzt werden müssen. Deren Umfang bestimmt sich danach, ob dem als Störer in Anspruch Genommenen nach den Umständen eine Prüfung zuzumuten ist[223].

Die Einzelheiten sind jedoch zwischen den einzelnen Landgerichten und Oberlandesgerichten zum Teil umstritten.

220) Vgl. hierzu und zu den weiteren möglichen Ansprüchen des Betriebsrats Heckmann, D. (Hrsg), a.a.O., Saarbrücken 2007, Kap. 7 Rn. 101 ff.

221) BAG vom 31.05.2007, in: Neue Juristische Wochenschrift, 2007, 2653.

222) Vgl. LG Mannheim vom 29.09.2006 – 7 O 62/06; LG Hamburg vom 21.04.2006 – 308 139/06.

223) Vgl. BGH vom 11.03.2004 – I ZR 304/01.

In Bezug auf WLAN-Netzwerke haben LG Hamburg und LG Frankfurt entschieden, dass es dem Inhaber eines derartigen Anschlusses zumutbar ist, seinen Anschluss gegen unberechtigte Zugriffe von außen zu schützen[224]. Wer daher ein unverschlüsseltes WLAN-Netzwerk betreibt, haftet als Störer für Rechtsverletzungen, die über derartige Netzwerke erfolgen. Nach dem LG München haftet der Arbeitgeber nicht allein deshalb als Störer, weil er seinen Mitarbeitern Computer mit Internetanschluss überlassen hat und die diese außerhalb ihrer Aufgaben für Rechtsverletzungen nutzen[225]. Eine Filterung von Internetinhalten oder manuelle Kontrolle des Internetzugriffs sei ohne konkrete Anhaltspunkte für Rechtsverletzungen nicht zumutbar[226].

8.4 Risiken in technischer Hinsicht

Ein durch die private Nutzung von Internet eingeschleuster Virus, welcher eigentlich nur Passworte von Online-Game-Teilnehmern ausspähen sollte, liefert ggf. auch die Passworte der Benutzer des Unternehmensnetzwerks gleich mit. Dies erleichtert aus Folge auch Angriffe und Datendiebstahl durch Dritte. Der Aufwand für die Beseitigung des Virus kann bei einer größeren Anzahl von betroffenen zentralen und dezentralen Rechnern durchaus in den zweistelligen Manntagebereich fallen.

Downloads von Musik-, Videodateien sowie Spielen können zu Urheberschutzverletzungen führen. Als Akteur wird das jeweilige Unternehmen protokolliert, so dass im Falle der straf- und zivilrechtlichen Konsequenzen das Unternehmen als Rechtsverletzer festgestellt wird.

Die Vermeidung der oben genannten Probleme ist technisch zwar weitgehend möglich, verursacht aber enorme Ausgaben in Form von Lizenzgebühren, Hardwareanschaffungen und nicht zuletzt im Aufwand der täglichen Betreuung. Trotzdem sollten in jedem Unternehmen Richtlinien vorhanden sein, wer Zugang zum Internet und E-Mail System erhält, wer dies beantragt und genehmigt, wie mit Privatnutzung verfahren wird usw.

Als technische Maßnahmen sind auch hier hoch aktuelle Firewalls, Virengateways (Mail und Internetverkehr wird gescannt) Spamfilter zu nennen. Auch die tägliche Prüfung auf deren Aktualität und richtige Funktionsweise sollte durchgeführt werden. Contentfilter ermöglichen es, nur ge-

224) LG Hamburg vom 26.07.2006 – 308 O 407/06; LG Frankfurt vom 22.02.2007 – 2/3 O 771/06, 2-03 O 771/06.

225) LG München vom 04.10.2007 – 7 O 2827/07.

226) LG München vom 04.10.2007 – 7 O 2827/07.

wollten Internetverkehr zuzulassen, so dass bestimmte Seiten nicht aufgerufen und bestimmte Inhalte nicht heruntergeladen werden können. Organisatorisch sollte sichergestellt sein, dass alle Mitarbeiter die Gefahren der Benutzung von Internet und E-Mail kennen und Verhaltensregeln für den Umgang mit diesen Medien vorhanden sind. So sollte jeder Mitarbeiter wissen, dass E-Mails, deren Absender durch ihn nicht als vertraulich eingestuft wird, nicht ohne Rücksprache mit der IT-Abteilung geöffnet werden sollten. Auch in E-Mails enthaltene Verweise auf Seiten des Internets sollten nicht aufgerufen werden, wenn diese nicht bekannt sind.

9 Mail und Archivierung

9.1 Rechtliche Vorgaben

9.1.1 Zu archivierende E-Mails nach HGB und AO

Teil der handelsrechtlichen Buchführungspflicht ist gem. § 257 Abs. 1 Nr. 1 HGB die Verpflichtung, Handelsbücher, Inventare, Eröffnungsbilanzen, Jahresabschlüsse, Einzelabschlüsse nach § 325 Abs. 2 a, Lageberichte, Konzernabschlüsse, Konzernlageberichte sowie die zu ihrem Verständnis erforderlichen Arbeitsanweisungen und sonstigen Organisationsunterlagen, ebenso wie die empfangenen und Wiedergaben der abgesandten Handelsbriefe gemäß § 257 Abs. 1 Nr. 2, 3 HGB und Buchungsbelege, § 257 Abs. 1 Nr. 4 HGB gesondert aufzubewahren. Diese Aufbewahrungspflichten bestehen auch für elektronische Dokumente (E-Mails), wenn und soweit sie Handelsbriefe im Sinne des § 257 Abs. 2 HGB sind, also Korrespondenz enthalten, die ein Handelsgeschäft betreffen. Die Aufbewahrungsfrist beträgt gemäß § 257 Abs. 4 HGB für empfangene und abgesandte Handelsbriefe 6 Jahre, für die sonstigen in § 257 Abs. 1 Nr. 1 HGB genannten Unterlagen sowie Buchungsbelege 10 Jahre[227].

Gem. § 147 Abs. 1 Nr. 1 AO sind Bücher und Aufzeichnungen, Inventare, Jahresabschlüsse, Lageberichte, die Eröffnungsbilanz sowie die zu ihrem Verständnis erforderlichen Arbeitsanweisungen und sonstigen Organisationsunterlagen aufzubewahren sowie gemäß § 147 Abs. 1 Nr. 1-4a AO die empfangenen sowie Wiedergaben der abgesandten Handels- oder Geschäftsbriefe, Buchungsbelege, aber auch Unterlagen im Rahmen einer Zollanmeldung, die mit Mitteln der Datenverarbeitung erstellt wurden.

227) Bierekoven, C.: »Aufbewahrungspflichten und Compliance bei elektronischen Dokumenten«, in: Der IT-Rechts-Berater 2008, S. 141

Die Aufbewahrungsfrist beträgt für Unterlagen nach § 147 Abs. 1 Nr. 1, 4 und 4a AO 10 Jahre, für empfangene und abgesandte Handels- oder Geschäftsbriefe sowie Buchungsbelege 6 Jahre, § 147 Abs. 3 Satz 1 AO, jedoch beginnt Aufbewahrungsfrist nicht zu laufen, soweit die Unterlagen für Steuern von Bedeutung sind, für die die Festsetzungsfrist noch nicht abgelaufen ist, § 147 Abs. 3 Satz 3, 1. HS AO.

9.1.2 Revisionssichere Archivierung

Mit Ausnahme der Eröffnungsbilanzen und Abschlüsse können die in § 257 Abs. 1 HGB aufgeführten Unterlagen als Wiedergabe auf einem Bild- oder anderen Datenträger aufbewahrt werden, wenn dies den Grundsätzen ordnungsgemäßer Buchführung entspricht und sichergestellt ist, dass die Wiedergabe und die Daten mit den empfangenen Handelsbriefen und den Buchungsbelegen bildlich und mit den anderen Unterlagen inhaltlich übereinstimmen. Während der Dauer der Aufbewahrungsfrist müssen sie verfügbar sein und jederzeit innerhalb angemessener Frist lesbar gemacht werden können.

Dies gilt gem. § 142 Abs. 2 AO in steuerlicher Hinsicht für die Unterlagen nach Abs. 1 Nr. 4 a entsprechend, allerdings müssen sie während der Dauer der Aufbewahrungsfrist *unverzüglich* lesbar gemacht und *maschinell ausgewertet werden können.*

Sodann müssen die zu archivierenden elektronischen Dokumente mit einem unveränderbaren Index versehen werden (Abschnitt VIII GoBS).

Geschäftsvorfälle müssen richtig, vollständig und zeitgerecht erfasst sein und sich in ihrer Entstehung und Abwicklung verfolgen lassen (Beleg- und Journalfunktion).

Sie sind so zu verarbeiten, dass sie geordnet darstellbar sind und ein Überblick über die Vermögens- und Ertragslage gewährleistet ist (Kontenfunktion).

Ferner ist eine Verfahrensdokumentation zu erstellen, die sowohl die aktuellen als auch die historischen Verfahrensinhalte nachweist und verständlich und nachvollziehbar macht. Das in der Dokumentation beschriebene Verfahren muss dem in der Praxis eingesetzten Programm (Version) voll entsprechen (Programmidentität).

Für die inhaltliche Übereinstimmung der Wiedergaben muss nach Ziffer 8.1 GoBS sichergestellt werden, dass diese mit den auf den maschinell lesbaren Datenträgern bestehenden Unterlagen inhaltlich übereinstimmen. Für die bildliche Übereinstimmung muss das Archivierungsverfahren eine originalgetreue, bildliche Wiedergabe sicherstellen. Nach Ziffer 8.2 der GoBS ist das Verfahren für die Wiedergabe der auf Bild- und anderen Datenträgern geführten Unterlagen in einer Arbeitsanweisung mit einer Beschreibung des Ordnungsprinzips für die Wiedergaben sowie einem Verfahren zur Feststellung der Vollständigkeit und Richtigkeit der Wiedergaben niederzulegen. Die Wiedergaben müssen der Rechnungslegung des Buchführungspflichtigen eindeutig zugeordnet werden können.

Hinsichtlich der Verfügbarkeit und Lesbarmachung ist nach Ziffer 8.0 GoBS zu gewährleisten, dass die gespeicherten Buchungen sowie die zu ihrem Verständnis erforderlichen Arbeitsanweisungen jederzeit innerhalb angemessener Frist lesbar gemacht werden können, wobei auf Verlangen, insbesondere der Finanzbehörde oder des Abschlussprüfers, daneben in angemessener Zeit die zu ihrem Verständnis erforderlichen Arbeitsanweisungen und sonstigen Organisationsunterlagen vorzulegen und auf Anordnung ohne Hilfsmittel lesbare Produktionen beizubringen sind[228].

9.2 Technische Vorgaben

Seit dem Jahr 2002 ist gesetzlich vorgeschrieben, dass elektronisch empfangende Handelsbriefe auch elektronisch für die Aufbewahrungszeit revisionssicher aufbewahrt werden müssen. Hierzu gibt es im Grunde zwei Möglichkeiten:
Die erste Möglichkeit besteht darin, dass alle gesendeten und empfangenen Dokumente archiviert werden. Hierbei ist allerdings bei erlaubter Privatnutzung zu berücksichtigen, dass zum einen die Benutzer oder der Betriebsrat dem zugestimmt haben, zum anderen wächst das dafür notwendige Speichervolumen im gleichen Ausmaß wie der Umfang der E-Mails. Somit ist, um dem Gesetz Genüge zu tun, ein hoher Aufwand notwendig.

Die zweite Möglichkeit besteht darin, dass der Benutzer entscheidet, welche E-Mails archiviert werden müssen. Dazu ist es unabkömmlich, die Benutzer zu schulen, welche E-Mails aufzubewahren sind. Technische Möglichkeiten, diese Entscheidung zu automatisieren sind aktuell nicht vorhanden.

Ein E-Mail-Archiv muss zudem die Möglichkeit bieten, E-Mails nach gewissen Kriterien themenweise zu suchen und zusammenzustellen. Es ist nicht problematisch, wenn die Betriebsprüfung E-Mails für eine gewisse Steuerart in einem festgelegten Veranlagungszeitraum fordert. Dem Prüfer aber alle steuerrelevanten E-Mails für einen Veranlagungszeitraum oder die

228) Dazu ausführlich Bierekoven, C.: »Aufbewahrungspflichten und Compliance bei elektronischen Dokumenten«, in: Der IT-Rechts-Berater 2008 S. 141, 142.

relevanten E-Mails seiner Steuerart für alle Veranlagungszeiträume zu übergeben, kann für den Steuerpflichtigen jedoch zu Problemen führen, In diesen Fällen darf der Betriebsprüfer nämlich alle ihm zur Verfügung gestellten Informationen verwenden.

Zusätzlich ist durch technische und organisatorische Maßnahmen sicherzustellen und zu dokumentieren, dass die aufbewahrungspflichtigen E-Mails unveränderlich archiviert werden. Dies bedeutet, dass auch die technischen Wege, auf denen ein Dokument in das Archiv übergeben wird, so abgesichert werden, dass keine Manipulationen möglich sind. Dokumente werden bis zur endgültigen Ablage im Archiv, welches nur einmalig beschreibbare Medien enthalten sollte, auf »normalen« Festplatten zwischengespeichert. Da es technisch keine Möglichkeit gibt, Dokumente auf diesem Weg revisionssicher abzulegen, muss organisatorisch sichergestellt sein, dass auf diese Dokumente nur das Archivsystem sowie ein spezieller Administrator Zugriff hat. Das Passwort dieses Administrators darf nur im 4-Augen-Prinzip verwendet werden. Die Benutzung dieses Users ist zu protokollieren.

9.3 Risiken in zivil- und strafrechtlicher Hinsicht:

In strafrechtlicher Hinsicht drohen bei unzureichender Archivierung gem. § 283 b StGB eine Verletzung von Buchführungspflichten. Diese ist mit Freiheitsstrafe bis zu zwei Jahren oder Geldstrafe bedroht.

Zu beachten ist jedoch, dass die Tat gem. § 283b Abs. 3 i.V.m. § 283 Abs. 6 StGB nur dann strafbar ist, wenn der Täter seine Zahlungen eingestellt hat oder über sein Vermögen das Insolvenzverfahren eröffnet oder der Eröffnungsantrag mangels Masse abgewiesen worden ist.

Sodann kommt gem. § 274 StGB eine Strafbarkeit wegen Beseitigung beweiserheblicher Daten in Betracht mit einer Freiheitsstrafe von bis zu fünf Jahren oder Geldstrafe.

Daneben sind die Finanzbehörden gem. § 162 AO zur Schätzung der Besteuerungsgrundlagen berechtigt, wenn diese auf Grund mangelhafter E-Mail-Archivierung nicht ermittelt werden können.

Zudem können sie die Buchführungspflicht, also auch E-Mail-Archivierung, gem. § 238 Abs. 1 AO durch ein Zwangsgeld erwirken.

Schließlich kann der Ordnungswidrigkeitstatbestand der Steuergefährdung gem. § 379 AO verwirklicht werden.

Auch hier haften zivilrechtlich Geschäftsführer und Vorstand für Schäden, wenn ihrem Unternehmen auf Grund mangelhafter E-Mail-Archivierung Schaden entsteht (gem. § 43 Abs. 2 GmbHG bzw. § 93 Abs. 2 AktG, die entsprechend auf die OHG und die KG anwendbar sind).

Daneben sind auch datenschutzrechtliche Verstöße und damit entsprechende Sanktionen denkbar, z.B. wenn aus Versehen private E-Mails ohne Einwilligung archiviert werden[229].

10 Notfallplanung

10.1 Technische Vorgaben

Beginnen sollte die Notfallvorsorge mit der Erstellung einer Übersicht über die Verfügbarkeitsanforderungen der Systeme, aus der sowohl die betreffende Anwendung als auch die tolerierbare Ausfallzeit hervorgeht.

Auch ist zu definieren, was als Notfall einzustufen ist. Nicht jeder Ausfall eines Systems stellt sofort einen Notfall dar. Der Notfall tritt erst dann ein, wenn die maximale tolerierbare Ausfallzeit überschritten ist und eine zuvor definierte Schadenshöhe überschritten wird. Jedoch sind bereits vor oder spätestens mit Beginn des Ausfalls Maßnahmen zu ergreifen, damit die tolerierbare Ausfallzeit unterschritten werden kann.

Sind diese Punkte durchgeführt, so kann ein Notfallhandbuch erstellt werden, in dem zum einen die möglichen Notfälle aufgeführt sind, bewertet mit der Eintrittswahrscheinlichkeit.

Weiterhin sind Sofortmaßnahmen, Maßnahmen für den Notfall, Wiederanlaufpläne für kritische Komponenten sowie die Dokumentation der Systeme darin aufzunehmen.

Für kritische Systeme sollten Ausweichmöglichkeiten untersucht werden.

Die Unternehmensleitung muss das Notfallhandbuch in Kraft setzen und hat auch dafür Sorge zu tragen, dass es stets aktuell ist. Aufgrund der zentralen Bedeutung ist das Notfallhandbuch extern auszulagern und muss allen Personen, die die darin aufgeführten Tätigkeiten ausführen müssen, zugänglich sein.

Zur Einleitung der Notfallmaßnahmen ist ein Verantwortlicher zu benennen, der sowohl für die Entscheidung über den Eintritt eines Notfalls als auch für die Einleitung der notwendigen Maßnahmen berechtigt ist. Mithilfe eines Alarmierungsplanes können die notwendigen Personen (sowohl extern als auch intern) benachrichtigt werden.

229) Vgl. auch Lensdorf, L.: »E-Mail-Archivierung: zwingend oder nur ›nice to have‹?«, in: Computer & Recht, 2008, S. 332, 337.

10.2 Risiken in zivil- und strafrechtlicher Hinsicht

Die zu beachtenden Risiken entsprechen weitgehend den bereits dargestellten Risiken unter dem Gliederungspunkt »Sicherung/Desaster«, weil auch bei Versäumnissen der Notfallplanung vorrangig das Risiko besteht, dass es entgegen rechtlicher Vorgaben zu einem Datenverlust kommt[230].

Daher kann ein nicht ausreichendes Notfallmanagement einen Verstoß gegen die bestehenden gesetzlichen Archivierungspflichten bedeuten, wenn es hierdurch zur Vernichtung von Daten kommt, die einer Archivierungspflicht unterliegen. So sehen insbesondere die im Rahmen einer entsprechenden elektronischen Archivierung zu beachtenden »Grundsätze ordnungsmäßiger DV-gestützter Buchführungssysteme« (GoBS) hinsichtlich des Risikos einer Datenvernichtung Folgendes vor:

> »Das Risiko der Vernichtung der Datenträger ist dadurch zu reduzieren, daß für die Aufbewahrungsstandorte die Bedingungen geschaffen werden, durch die eine Vernichtung/Beeinträchtigung der gesicherten Informationen durch Feuer, Temperatur/Feuchtigkeit, Magnetfelder etc. weitestgehend ausgeschlossen ist.«[231]

Diese Vorgaben sind daher bei einer Notfallplanung zu berücksichtigen. Verstöße gegen die Archivierungspflichten können die im Abschnitt »Mail und Archivierung« dargestellten Rechtsfolgen auslösen.

In Bezug auf personenbezogene Daten ergibt sich die Verpflichtung zu einer angemessenen Notfallplanung insbesondere aus der gem. Nr. 7 der Anlage zu § 9 BDSG durchzuführenden Verfügbarkeitskontrolle, wonach zu gewährleisten ist, dass personenbezogene Daten gegen zufällige Zerstörung oder Verlust geschützt sind. Hierzu gehört im Regelfall im Rahmen einer Notfallplanung, dass angelegte Sicherungskopien nicht im gleichen Brandabschnitt wie das Datenverarbeitungssystem aufbewahrt werden, und dass in Notfällen eine unterbrechungsfreie Stromversorgung, z.B. über ein Notstromaggregat gewährleistet ist[232]. Auch hier gilt, dass die Aufsichtsbehörde im Rahmen ihres Aufsichtsrechts gem. § 38 Abs. 5 BDSG bei Versäumnissen im Bereich des § 9 BDSG tätig werden kann (s.o. Ziffer 2 b).

230) Diesen Punkt betont auch Bäumer in: Reinhard, T./Pohl, L./Capellaro, H.-C. (Hrsg.), a.a.O., Rn. 361.

231) Schreiben des Bundesministeriums der Finanzen an die obersten Finanzbehörden der Länder vom 7. November 1995 – IV A 8 – S 0316 – 52/95- BStBl 1995 I S. 738, Rz. 5.5.2.

232) Vgl. Pohl in: Reinhard, T./Pohl, L./Capellaro, H.-C. (Hrsg.), a.a.O., Rn. 87, 88.

Schließlich kommt auch hier wiederum eine Haftung der Unternehmensleitung gegenüber dem Unternehmen auf Schadensersatz wegen Sorgfaltspflichtverletzung auf Grund mangelhafter Notfallplanung gemäß §§ 93 Abs. 2, 116 Abs. 1 AktG bzw. § 43 Abs. 2 GmbHG in Betracht, die entsprechende Anwendung auf OHGs und KGs finden.

10.3 Risiken in technischer Hinsicht

Risiken für den Fortbestand des Unternehmens bei Nichtvorliegen eines Notfallhandbuchs liegen im unkoordinierten Vorgehen beim Eintritt eines Notfalls bzw. in der durch die nicht analysierten Risiken im Vorfeld.

Ein derartiges Risiko liegt zum einen im Ausfall eines kritischen Systems, welches nicht in der maximal tolerierbaren Zeit wieder in Betrieb genommen werden kann, zum anderen im Eintritt einer Katastrophe, die alle oder einen großen Teil der Systeme betrifft.

Ein kritisches System, welches für die zeitnahe Durchführung von Lieferungen verantwortlich ist, fällt aus und führt somit zu Verzögerungen bei Lieferungen, was wiederum zur Verärgerung von Kunden bzw. sogar zu Schadensersatzansprüchen führen kann. Auch besteht durchaus die Gefahr, dass Lieferverträge dann nicht mehr verlängert werden.

Im Katastrophenfall, z.B. durch Brand kann ein in nicht brandschutzgesicherten Räumen untergebrachtes System vollständig vernichtet werden. Ist dieses System nicht auf mehrere Rechner verteilt, die zudem in unterschiedlichen Brandabschnitten betrieben werden, kann dann sogar ein mehrwöchiger Ausfall eintreten. Somit kann allein ein kleiner Schwellbrand den Fortbestand des Unternehmens gefährden, was durch eine Risikoanalyse im Vorfeld und die daraus resultierenden Maßnahmen hätte vermieden werden können.

Im Rahmen einer guten Notfallplanung werden alle diese Risiken pro System untersucht, mit einer Eintrittswahrscheinlichkeit bewertet und mit geeigneten Maßnahmen hinterlegt. Somit kann durch eine aktuelle Notfallplanung weitgehend sichergestellt werden, dass Systeme innerhalb der maximal tolerierbaren Ausfallzeit wieder hergestellt und betrieben werden können.

11 Literatur

Bayer, M.: »Lizenz-Management schützt vor Strafe«, in: *COMPUTERWOCHE* vom 13.03.2006, abrufbar unter: http://www.computerwoche.de/it_strategien/it_management/573465/

Beckschulze, M.: Der Einfluss des Internets auf das Arbeitsrecht, S. 1491-1506.

Beckschulze, M.: »Internet-, Intranet- und E-Mail-Einsatz am Arbeitsplatz«, in: *Die Betriebswirtschaft* 2007, S. 1526-1535.

Bierekoven, C.: »Aufbewahrungspflichten und Compliance bei elektronischen Dokumenten«, in: *Der IT-Rechts-Berater* 2008, S. 141ff.

Bierekoven, C.: »Lizenzmanagement und Lizenzaudits«, in: *Der IT-Rechts-Berater* 2008, S. 84-88.

BITKOM (Hrsg.): *Die Nutzung von E-Mail und Internet im Unternehmen – Rechtliche Grundlagen und Handlungsoptionen*, Version 1.4, abrufbar unter: http://www.bitkom.org/de/publikationen/38336_46325.aspx

Business Software Alliance (Hrsg.): *Leitfaden zum Software-Management*, abrufbar unter: http://w3.bsa.org/germany//info/upload/Germany-site-download.pdf

Däubler, W./Klebe, T./Wedde, P./Weichert, T.: *Bundesdatenschutzgesetz – Basiskommentar*, 2. Aufl., Frankfurt a. M. 2007.

Ernst, Stefan: »Der Arbeitgeber, die E-Mail und das Internet«, in: *Neue Zeitschrift für Arbeitsrecht* 2002, S. 585-591.

Gola, P./Schomerus, R.: BDSG. *Bundesdatenschutzgesetz – Kommentar*, 9. Aufl., München 2007.

Göpfert, B./Merten, F./Sigrist, C.: »Mitarbeiter als »Wissensträger« – Ein Beitrag zur aktuellen Compliance-Diskussion«, in: *Neue Juristische Wochenzeitschrift* 2008, S. 1703-1709.

Grützmacher, M.: »Rechtliche Probleme der Unter- und Überlizenzierung – Stolpersteine beim Lizenzmanagement«, in: *IT-Administrator* Februar 2006, S. 53-56.

Hansel, S.: »Datendiebstahl – Innere Sicherheit«, in: *impulse online* vom 27.07.2007, abrufbar unter: http://www.impulse.de/computer/1000499.html

Härting, N.: »Internet am Arbeitsplatz – Folgen des BVerfG-Urteils zur Online-Durchsuchung«, in: *Betriebs-Berater* 12.2008, S. M1.

Hassemer, I. M./Witzel, M.: »Filterung und Kontrolle des Datenverkehrs – Ist die Filterung von E-Mails im Unternehmen rechtmäßig?«, in: *IT-Rechts-Berater* 2006, S. 139-143.

Heckmann, D. (Hrsg.): *juris PraxisKommentar Internetrecht*, Saarbrücken 2007.

Herberger, M./Martinek, M./Rüßmann, H./Weth, S. (Hrsg.): *juris PraxisKommentar BGB*, 3. Aufl., Saarbrücken 2006.

Hoeren, T.: »Virenscanning und Spamfilter – Rechtliche Möglichkeiten im Kampf gegen Viren, Spams & Co«, in: *Neue Juristische Wochenschrift* 2004, S. 3513-3517.

InfoWatch (Hrsg.), *Interne IT-Bedrohungen in Europa 2006*, 19.04.2007, abrufbar unter: http://www.infowatch.com/de/threats?chapter=162971949&id=26

Koch, R.: »Haftung für die Weiterverbreitung von Computerviren«, in: *Neue Juristische Wochenschrift* 2004, S. 801-807.

Lehmann, M./Meents, J. G. (Hrsg.): *Handbuch des Fachanwalts Informationstechnologierecht*, Köln 2008.

Lensdorf, L.: »E-Mail-Archivierung: zwingend oder nur »nice to have«?«, in: *Computer & Recht* 2008, S. 332-337.

Libertus, M.: »Zivilrechtliche Haftung und strafrechtliche Verantwortlichkeit bei unbeabsichtigter Weiterverbreitung von Computerviren«, in: *Multimedia und Recht* 2005, S. 507-512.

Lindemann, A./Simon, O.: »Betriebsvereinbarungen zur E-Mail-, Internet- und Intranet-Nutzung«, in: *Betriebs-Berater* 2001, S. 1950-1956.

Mengel, A.: »Kontrolle der E-Mail- und Internetkommunikation am Arbeitsplatz – Wege durch einen juristischen Irrgarten«, in: *Betriebs-Berater* 2004, S. 2014-2021.

Mengel, A.: »Kontrolle der Telekommunikation am Arbeitsplatz – Wege durch einen juristischen Irrgarten«, in: *Betriebs-Berater* 2004, S. 1445-1453.

Mengel, A./Ullrich, T.: »Arbeitsrechtliche Aspekte unternehmensinterner Investigations«, in: *Neue Zeitschrift für Arbeitsrecht* 2006, S. 240-246.

Palandt, O.: *Bürgerliches Gesetzbuch (BGB)*, 66. Aufl., München 2007.

Rath, M./Karner, S.: »Private Internetnutzung am Arbeitsplatz – rechtliche Zulässigkeit und Kontrollmöglichkeiten des Arbeitgebers«, in: *Kommunikation & Recht* 2007, S. 446-452.

Reinhard, T./Pohl, L./Capellaro, H.-C. (Hrsg.): *IT-Sicherheit und Recht – Rechtliche und technisch-organisatorische Aspekte für Unternehmen*, Berlin 2007.

Schmidl, Michael: »E-Mail-Filterung am Arbeitsplatz«, in: *Multimedia und Recht* 2005, S. 343-348.

Simitis, S. (Hrsg.): *Bundesdatenschutzgesetz*, 6. Aufl., Baden-Baden 2006.

Spindler, G.: »IT-Sicherheit und Produkthaftung – Sicherheitslücken, Pflichten der Hersteller und der Softwarenutzer«, in: *Neue Juristische Wochenzeitschrift* 2004, S. 3145-3150.

Symatec Global Internet Security Threat Report – Trends for July-December 07, Volume VIII, April 2008, abrufbar unter: http://eval.symantec.com/mktginfo/enterprise/white_papers/b-whitepaper_internet_security_threat_report_xiii_04-2008.en-us.pdf

Wolf, T./Mulert, G.: »Die Zulässigkeit der Überwachung von E-Mail-Korrespondenz am Arbeitsplatz«, in: *Betriebs-Berater* 2008, S. 442-447.

VI.
Human Resources

Felix von Baumbach; Markus W. Laumann

1 Prozesse

1.1 Vorbemerkung

Die rasante Zunahme neuer sowie die stetige Weiterentwicklung bestehender Gesetze führt auch im Rahmen der Personalarbeit zwangsläufig zu einer Zunahme der unternehmerischen Risiken und Verantwortlichkeiten.

Beispielhaft sei nur die Einführung des Allgemeinen Gleichbehandlungsgesetzes (AGG) genannt. Aber auch andere Gesetze, die nicht genuiner Bestandteil des Arbeitsrechts sind, wie etwa das Datenschutzrecht, sind von wachsender Bedeutung. Häufig geht diese Entwicklung mit der Einführung moderner Managementmethoden einher oder ist bedingt durch neue technische Entwicklungen.

Der Komplex der typischen Personalmanagementprozesse (1.2 bis 1.4) ist zu unterscheiden von dem unter 1.5 behandelten Komplex der bereichsübergreifenden arbeitsrechtlichen Implementierung von Corporate Compliance.

Während Ersterer die Einhaltung gesetzlicher Vorgaben bei der täglichen Personalarbeit betrifft, betrifft Letzterer die arbeitsrechtliche Verpflichtung aller Arbeitnehmer zur Einhaltung von Corporate Compliance in allen Unternehmensbereichen. Gleichwohl handelt es sich auch hierbei um einen typischen Personalprozess und zwar um die konkrete Ausgestaltung von Arbeitsverhältnissen.

Für die arbeitsrechtliche Implementierung von Corporate Compliance bieten sich je nach Einzelfall unterschiedliche arbeitsrechtliche Instrumente an. Das Spektrum reicht vom Direktionsrecht bis hin zum Abschluss von Kollektivvereinbarungen. Die Beurteilung, welche Implementierungsmaßnahme im Einzelfall die richtige ist, ist durchaus schwierig. Die Darstellung dieses Prozesses im Zusammenhang mit dem Unternehmensbereich »Human Resources« sollte daher nicht fehlen.

Bereits vorab sei angemerkt, dass die Darstellung eine einzelfallbezogene Beratung nicht ersetzen kann und will. Sie soll vielmehr nur das Verständ-

Praxishandbuch Corporate Compliance. Axel Jäger, Christian Rödl und José A. Campos Nave

ISBN 978-3-527-50395-7

nis für die Notwendigkeit und die Methoden der Einführung einer Corporate Compliance im Bereich »Human Resources« und der in diesem Bereich angesiedelten unternehmerischen Prozesse schärfen.

Der Schwerpunkt nachfolgender Darstellung liegt auf den alltäglichen, stets erneut ablaufenden Personalmanagementprozessen und den damit verbundenen Risiken.

1.2 Recruiting

1.2.1 Stellenausschreibung

Bereits bei der Stellenausschreibung fängt nach den Vorschriften des Allgemeinen Gleichbehandlungsgesetzes (AGG) die Gefahr einer Haftungsbegründung für den Arbeitgeber an.

Nach § 11 AGG darf eine Stellenausschreibung keine Benachteiligung im Sinne des § 7 AGG beinhalten und darf nicht diskriminierend sein. Das bedeutet, dass bereits bei der Stellenausschreibung und deren Formulierungen darauf zu achten ist, dass keine Benachteiligung aus Gründen der Rasse, wegen der ethnischen Herkunft, des Geschlechts, der Religion oder Weltanschauung, einer Behinderung, des Alters oder der sexuellen Identität vorliegt. Dieses Gebot gilt sowohl für öffentliche Stellenausschreibungen als auch für Ausschreibungen innerhalb des Unternehmens. Stellenanzeigen und Ausschreibungen müssen daher unangreifbar formuliert werden, bereits vorhandene standardisierte Anzeigentexte sind zu überprüfen und anzupassen.

Ungleichbehandlungen sind nur dann gerechtfertigt, wenn ihnen ein sachlicher Grund bzw. ein rechtmäßiges Ziel i.S.d. § 3 Abs. II AGG zugrundeliegt oder diese gem. § 8 AGG aufgrund unterschiedlicher beruflicher Anforderungen gerechtfertigt ist.[233)]

Die Beurteilung, wann eine Ungleichbehandlung rechtmäßig ist, ist schwierig und jeder Einzelfall sollte gesondert geprüft werden.

Eine besondere Gefahr besteht vor allem bei Bewerbern, die sich gezielt auf eine fehlerhafte Stellenausschreibung bewerben, sog. »AGG-Hopping«[234)].

Diese Bewerber verfolgen mit ihrer Bewerbung das Ziel, im Falle einer Diskriminierung eine Entschädigungszahlung von bis zu drei Bruttomonatsgehältern gemäß § 15 Abs. 2 AGG zu erhalten. Die Rechtsprechung hat

233) Münchner Kommentar BGB/Thüsing, § 11 AGG, Rn. 2 ff.

234) Siehe dazu, Diller, BB 2006, 1968.

hier allerdings bereits Grenzen gezogen und die Zahlung einer Entschädigung an bestimmte Voraussetzungen geknüpft, welche den Missbrauch dieser Regelungen einschränken sollen. So wird zum Beispiel vorausgesetzt, dass der Bewerber sich subjektiv ernsthaft auf diese Stelle beworben hat, die persönlichen und sachlichen Voraussetzungen entsprechend der Stellenbeschreibung erfüllt und sich nachweislich nicht wegen der möglichen Entschädigungszahlung bei einem offenkundigen Verstoß gegen § 11 AGG auf diese Stelle beworben hat.

1.2.1.1 Exkurs Haftung für Personaldienstleister

Ein Verstoß gegen diese Vorschriften bei Einschaltung eines Personaldienstleisters und der Formulierung der Stellenausschreibung durch diesen wird nach allgemeiner Ansicht in vollem Umfang dem Unternehmen zugeordnet und begründet eine eigene Haftung für das fehlerhafte Verhaltenen durch Dritte[235].

1.2.2 Auswertung Bewerbungsunterlagen

Bei der Auswertung der Bewerbungsunterlagen und insbesondere dann, wenn ein Foto des Bewerbers beigefügt ist, ist von Seiten der Personalabteilung besondere Vorsicht geboten, um keinen Anhaltspunkt für eine Diskriminierung für den Fall einer eventuellen Absage zu liefern. Gerade dann, wenn möglicherweise aufgrund des Bewerbungsfotos die Herkunft, die Zugehörigkeit zu einer bestimmten Religion oder die ethnische Herkunft, das Geschlecht, das Alter oder eine Behinderung zu erkennen ist, sollten sämtliche Handlungen und Aussagen, welche eine mögliche Diskriminierung wegen dieser Punkte erkennen lassen könnten, unterlassen werden. Insbesondere bei der Absage oder einem telefonischen Vorgespräch durch die Personalabteilung ist hier sehr umsichtig zu agieren.

Der gesamte Bewerbungsprozess ist genau zu dokumentieren und die Bewerbungsunterlagen sind bis zum Ende der Ausschlussfristen beziehungsweise der Verjährungsfristen aufzubewahren. Dabei ist mindestens die Zweimonatsfrist gemäß § 15 Abs. 4 AGG einzuhalten. Die objektiven Ablehnungsgründe sind ordentlich zu dokumentieren und die gesamte Auswahlentscheidung transparent und nachvollziehbar zu halten. Es empfiehlt sich dabei, standardisierte Vorlagen zu benutzen, auch wenn die Gefahr besteht, dass dann die gewählten Formulierungen »inhaltsleer« erscheinen.

235) BAG NZA 2004, 540, 544.

Schließlich kann bei Massenverfahren eine formale Ausschlussfrist für den Eingang der Unterlagen festgelegt werden, um eine objektive Begrenzung ohne diskriminierende Merkmale nach den Vorschriften des AGG herbeizuführen.

1.2.3 Vorstellungsgespräch

Bei einem Vorstellungsgespräch oder der Nutzung von Bewerberfragebögen ist darauf zu achten, dass keine Fragen im Zusammenhang mit den Merkmalen aus § 1 AGG gestellt werden. Für den Fall, dass dieses wegen der Besonderheit der Stelle beziehungsweise aus Gründen des Auswahlprozesses nicht vermieden werden kann, sollte hier höchste Vorsicht walten, und diese Fragen sollten nur dann einbezogen werden, wenn ein berechtigtes betriebliches Interesse an ihrer Beantwortung besteht. Bei einem Vorstellungsgespräch sollten darüber hinaus mindestens zwei Mitarbeiter des Unternehmens anwesend sein, um eine Dokumentation und den Beweis für den ordnungsgemäßen Ablauf und die Einhaltung sämtlicher Vorschriften erbringen zu können sowie für das Nichtvorliegen einer Diskriminierung des Bewerbers. Möglicherweise bietet es sich bei einem umfangreichen Vorstellungsgespräch oder mehreren Vorstellungsrunden an, dieses schriftlich zu dokumentieren und zusammen mit den Bewerbungsunterlagen aufzubewahren.

1.2.4 Exkurs Zeitarbeit

Bei der Beschäftigung von Mitarbeitern eines Personaldienstleisters sind ebenfalls die Vorschriften des AGG zu beachten. Eine Diskriminierung dieser Personen durch das Unternehmen, bei dem sie vorübergehend beschäftigt sind, begründet ebenfalls eine Haftung nach dem AGG. Aufgrund eines Beschlusses der Arbeitsminister der EU soll in einer neuen europarechtlichen Richtlinie über die Arbeitszeit von maximal 48 Wochenstunden und Fragen wegen der Gleichstellung von Zeitarbeitnehmern eine Neuregelung getroffen werden. Danach sind zukünftig sämtliche in einem Unternehmen beschäftigte Personen mit gleichen Rechten ausgestattet, unabhängig davon, ob sie direkt bei diesem Unternehmen angestellt sind oder von einem Personaldienstleister an das Unternehmen ausgeliehen werden. Eine Ungleichbehandlung und Diskriminierung soll und darf nach dem Sinn dieser Richtlinie nicht mehr erfolgen[236].

236) »Equal-Pay-System« nach dem Beschluss der EU–Arbeitsminister vom 10.06.2008.

1.2.5 Auswahlverfahren und Entscheidung

Zur Sicherung der Auswahl eines geeigneten Bewerbers sollte eine objektive Auswahlentscheidung getroffen werden. Dabei ist es nützlich, vor der Stellenausschreibung ein genaues Anforderungsprofil für den Bewerber selbst und eine umfassende Stellenbeschreibung für die Tätigkeit zu erstellen oder vorzuhalten. Ausschlaggebend sollten objektive Auswahlkriterien sein, wie zum Beispiel Examensnoten, Abschlüsse beziehungsweise besondere Fähigkeiten und Zusatzqualifikationen. Teilweise bietet es sich an, die Entscheidung mithilfe eines Assessment Centers oder anderer formalisierter und standardisierter Verfahren zu unterstützen. Die finale Entscheidungsfindung sollte schriftlich erfolgen und durch die vorgegebenen Auswahlentscheidungen dokumentiert werden. Ausschlaggebende subjektive Gründe oder die Bevorzugung eines bestimmten Bewerbers sind zusätzlich durch objektive Anhaltspunkte und nachvollziehbare sachliche Gründe zu sichern.

1.2.6 Absage

Bei der Absage gilt im Wesentlichen das bereits Ausgeführte. Wichtig ist, dass die Absage diskriminierungsfrei erfolgt. Die Formulierungen des Absageschreibens sind neutral und inhaltsleer vorzunehmen. Die Verwendung von höflichen Floskeln und ein neutraler Sprachgebrauch verhindern Angriffsflächen in Bezug auf Diskriminierungen. Verwertbare Anknüpfungspunkte in Bezug auf mögliche Diskriminierungsgründe nach § 1 AGG sind unbedingt zu vermeiden. Bei Anhaltspunkten für einen Missbrauch durch den Bewerber oder bei »Risikobewerbern« ist die schriftliche Ablehnung mit einem Zugangsnachweis zu versehen, damit das Unternehmen sich möglicherweise auf die Ausschlussfrist des § 15 Abs. IV AGG berufen kann. Vorsicht ist in jedem Fall bei telefonischen Auskünften geboten. Diese sollten möglichst unterbleiben.

1.3. Laufendes Beschäftigungsverhältnis

Bei der Implementierung von »Corporate Compliance« im Bereich des Personalwesens sollten der gesamte Verfahrensablauf sowie alle vertraglichen Regelungen auf möglicherweise bereits bestehende Diskriminierungen überprüft werden. Dies gilt vor dem Hintergrund des AGG sowie anderer Schutzgesetze. Bei einem solchen »HR-Audit«[237] sind zunächst sämt-

237) Bürkle, in Hauschka, Ch. E.: Corporate Compliance. Handbuch der Haftungsvermeidung im Unternehmen, München 2007, § 8, Rn. 11 ff.

liche bestehenden Arbeitsverträge, die allgemeinen Regelungen des Beschäftigungsverhältnisses, Nutzungsvereinbarungen oder Richtlinien (insbesondere wegen der E-Mail und Internet-Nutzung sowie Telefonnutzung), Betriebsvereinbarungen, Vergütungsvereinbarungen, Beförderungsrichtlinien und sämtliche mit dem Arbeitsverhältnis in Zusammenhang stehenden Regelungen und betrieblichen Abläufe vor dem Hintergrund einer möglichen Haftungsbegrenzung und Haftungsvermeidung zu überprüfen. Insbesondere sei hier auch das Problem des Datenschutzes wegen der Erhebung und Verwendung von Nutzungsdaten bei E-Mail und Telefonnutzung erwähnt, sowie Regelungen, die an das Alter anknüpfen oder an das Geschlecht.

Bei Verstößen aufgrund tarifvertraglicher Verpflichtung muss der jeweilige Tarifpartner nachdrücklich durch das betroffene Unternehmen zur Nachbesserung angehalten werden. Diese Forderung ist wegen der Haftungsvermeidung schriftlich zu dokumentieren.

Unbewusst oder wegen bestehender »betrieblicher Übung« und guten Erfahrungen mit bestimmten Regelungen sind meist bestimmte Mechanismen entstanden, die jeweils auch in dem Unternehmen anerkannt und von den Mitarbeitern akzeptiert werden. Unabhängig davon bieten sich gerade hier und bei tradierten Modellen häufig Ansatzpunkte für die Begründung einer Haftung des Unternehmens wegen eines Verstoßes gegen gesetzliche Regelungen bzw. das Diskriminierungsverbot.

Mitarbeiter sind zu schulen, Vorgesetzte und Führungskräfte sind ausdrücklich auf den Inhalt und die Bestimmungen des AGG sowie deren Einhaltung zu verpflichten. Eine Dokumentation der vorgenommenen Schulungen und der Umsetzung innerhalb des Unternehmens ist ebenfalls verpflichtend, um eine mögliche Entlastung sowie Beweislastumkehr gemäß den Regelungen in §§ 12 Abs. II, 22 AGG zu ermöglichen. Die Schulungen sind individuell auf den jeweiligen Personenkreis und das Unternehmen abzustimmen und auf die Betriebsgröße anzupassen. Möglichkeiten für das gesamte Unternehmen bestehen darüber hinaus in sogenannten Fernschulungen über das Intra- oder Internet bzw. E-Mail.

Bei wiederholten Verstößen oder einer offensichtlichen Weigerung, sich gesetzeskonform zu verhalten, ist der Arbeitgeber verpflichtet, Nachschulungen vorzunehmen oder Sanktionen zu verhängen.

Im Rahmen des Beschwerderechts des Arbeitnehmers nach § 13 AGG hat der Arbeitgeber ein Konfliktmanagement einzuführen. Beschwerden sind zu dokumentieren und die weitere Behandlung der Beschwerden ist durch entsprechende Maßnahmen zu sichern. Der Arbeitnehmer ist hierüber zu informieren. Darüber hinaus kann eine Verpflichtung der Arbeitgeber bestehen, weitergehende Sanktionen bei berechtigten Beschwerden über Verstöße gegen das AGG zu verhängen. Das Beschwerderecht der Arbeitnehmervertretung nach § 85 BetrVG bleibt von diesen Regelungen unberührt.

Bei der Umsetzung der Maßnahmen besteht die Aufgabe der Personalabteilung im Wesentlichen darin, die Organisation und die betrieblichen Prozesse anzupassen und möglicherweise durch geeignete Vereinbarungen zu formalisieren.

1.3.1 Beginn des Beschäftigungsverhältnisses

Der Arbeitgeber hat nach deutschem Arbeitsrecht eine unüberschaubare Vielzahl von formalen Verpflichtungen, welche bereits zu Beginn des Arbeitsverhältnisses zu erfüllen sind. Daneben bestehen gesetzliche Informationsverpflichtungen, Meldepflichten gegenüber Behörden und Dritten sowie Aufzeichnungspflichten des Arbeitgebers. Durch arbeitsvertragliche Regelungen aufgrund des arbeitgeberseitigen Weisungsrechts beziehungsweise als eine Nebenpflicht aus dem Arbeitsverhältnis kann der Arbeitgeber dem Arbeitnehmer ebenfalls bestimmte Aufzeichnungspflichten auferlegen. Hierbei ist zu beachten, dass neben datenschutzrechtlichen Bestimmungen auch das Mitbestimmungsrecht des Betriebsrats betroffen sein kann und insoweit eine formale Regelung geschaffen werden muss.

Aufgrund der Verpflichtung in § 105 Gewerbeordnung (GewO) und den §§ 2, 3 Nachweisgesetz (NachwG) ist der Arbeitgeber verpflichtet, die wesentlichen sich aus dem Arbeitsverhältnis ergebenden Rechte und Pflichten schriftlich niederzulegen und spätestens einen Monat nach dem vereinbarten Beginn des Arbeitsverhältnisses diese unterschrieben dem Arbeitnehmer auszuhändigen.

Die Personalabteilung muss sich vom Arbeitnehmer die Lohnsteuerkarte, den Sozialversicherungsausweis, die Versicherungsdaten der Krankenkasse, die Rentenversicherungsnummer sowie eine Urlaubsbescheinigung des alten Arbeitgebers[238] aushändigen lassen, sowie in bestimmten Bereichen weitergehende Bescheinigungen.

Es besteht eine gesetzliche Verpflichtung des Arbeitgebers, geltende Tarifverträge, Betriebsvereinbarungen, Gesetzes- und Verordnungstexte, spezielle für das Unternehmen bestehende (öffentlich-rechtliche) Verpflichtungen, Hinweise und Arbeitsschutzvorschriften im Unternehmen für alle Mitarbeiter frei zugänglich auszuhängen und die Mitarbeiter darüber zu informieren.

Daneben bestehen weitere allgemeine und branchenspezifische Aufzeichnungs-, Anzeige- und Meldepflichten[239] des Arbeitgebers, bei deren

238) § 6 Abs. II BUrlG.

239) § 98 Abs. II SGB IV.

Nichteinhaltung oder Nichterfüllung ordnungsrechtliche Sanktionen, Bußgelder oder Auflagen durch die zuständigen Stellen verhängt werden können. Im Rahmen der Haftungsvermeidung und Haftungsbegrenzung hat die Personalabteilung dafür Sorge zu tragen, dass die Einhaltung sämtlicher öffentlich-rechtlichen Verpflichtungen, Gesetze und Verordnungen sowie die regelmäßige Kontrolle und Überprüfung innerhalb des Unternehmens sichergestellt ist.

1.3.1.1 Befristung von Beschäftigungsverhältnissen

In diesem Zusammenhang sind von der Personalabteilung die Regelungen des Teilzeit- und Befristungsgesetzes (TzBfG) zu beachten. Ein wirksam befristetes Arbeitsverhältnis kann nur durch vorherige schriftliche Vereinbarung begründet werden[240]. Eine nach Aufnahme der Tätigkeit abgeschlossene schriftliche Vereinbarung führt zu deren Unwirksamkeit und dazu, dass ein unbefristetes Arbeitsverhältnis entstanden ist. Entsprechendes gilt für den Fall, dass der Arbeitnehmer nach Ablauf der kalendermäßigen Befristung in dem Unternehmen widerspruchslos weiterbeschäftigt wird. In diesem Fall begründet sich wegen § 15 Abs. IV TzBfG ein unbefristetes Beschäftigungsverhältnis. Weiter besteht im Rahmen der Befristung die Gefahr, bei formalen Fehlern ein unbefristetes Beschäftigungsverhältnis zu begründen, insbesondere dann, wenn während der Vertragslaufzeit Änderungen der Arbeitsbedingungen, wie beispielsweise hinsichtlich Vergütung oder Tätigkeit, vorgenommen werden[241].

Ein ursprünglich ohne Sachgrund befristetes Beschäftigungsverhältnis darf nach § 14 Abs. II TzBfG nicht mehr als dreimal in einem Zeitraum von bis zu zwei Jahren verlängert werden. Bei einer erneuten sich anschließenden Befristung wird ein unbefristetes Beschäftigungsverhältnis begründet. Eine solche sachgrundlose Befristung nach § 14 Abs. II TzBfG ist darüber hinaus an eine Neueinstellung gebunden[242].

Der Personalabteilung obliegt hier eine erhöhte Sorgfaltspflicht, um die Erleichterungen durch das TzBfG für die Schaffung von Arbeitsplätzen und deren Reduzierung durch vorher definierten Zeitablauf nicht durch formale Fehler zu konterkarieren und um bei der beabsichtigten Beendigung der Beschäftigungsverhältnisse wieder in den Anwendungsbereich des Kündigungsschutzgesetzes (KSchG) zu fallen.

240) BAG 01.12.04 – 7 AZR 198/04.
241) BAG 18.01.06 – 7 AZR 178/05.
242) BAG 06.11.03 – 2 AZR 690/02.

1.3.1.2 Beschäftigung von Ausländern

Bei der Beschäftigung von ausländischen Mitarbeitern sind neben der Vermeidung von Diskriminierungen und Benachteiligungen im Rahmen des Beschäftigungsverhältnisses insbesondere die speziellen öffentlich-rechtlichen Vorschriften[243)] zu beachten. Im Vorfeld eines Beschäftigungsverhältnisses benötigt der Mitarbeiter einen Aufenthaltstitel. Dieser Aufenthaltstitel (Visum) ist regelmäßig vom Arbeitnehmer bei der Deutschen Konsularischen Vertretung in dem jeweiligen Herkunftsland zu beantragen. Hier wird oftmals die Vorlage eines Arbeitsvertrages sowie die Sicherstellung einer Krankenversicherung und eine Freistellung von Zahlungsverpflichtungen verlangt. Es kann eine Unterscheidung nach drei Gruppen erfolgen, bei denen unterschiedliche Voraussetzungen vorliegen:

- Mitglieder der Europäischen Union sowie Angehörige der Beitrittsstaaten Malta und Zypern benötigen nach den europarechtlichen Vorschriften über die Freizügigkeit keinen Aufenthaltstitel und keine spezielle Arbeitserlaubnis als EU-Bürger für Deutschland[244)].
- Angehörige der übrigen zum 01.05.2004 beigetretenen Staaten benötigen während einer Übergangszeit eine Genehmigung für die Aufnahme der Tätigkeit durch die Bundesagentur für Arbeit. Insofern ist die Arbeitnehmerfreizügigkeit innerhalb der EU noch eingeschränkt.
- Arbeitnehmer aus sonstigen, sogenannten Drittstaaten benötigen für die Aufnahme einer Tätigkeit sowohl eine Aufenthaltserlaubnis als auch eine Arbeitsgenehmigung. Nach Beantragung des Visums sind diese durch den Arbeitnehmer bei dem zuständigen Ordnungsamt und der örtlichen Agentur für Arbeit zu beantragen. Im Rahmen des Genehmigungsverfahrens wird eine Bedarfsprüfung für den Arbeitsmarkt vorgenommen. Ausnahmen bestehen bei leitenden Angestellten mit handelsrechtlicher Vollmachterteilung (Prokura) und bei Organen von Gesellschaften (Geschäftsführern und Vorständen).
- Eine Sonderstellung haben türkische Staatsangehörige. Für diese gelten besondere Ausnahmeregelungen und eine Erleichterung für die Aufnahme der Tätigkeit aufgrund spezieller zwischenstaatlicher Abkommen[245)] und gesetzlicher Regelungen.

Im Rahmen der Haftungsbegrenzung und Haftungsvermeidung wegen drohender Bußgelder und Sanktionen sowohl gegen das Unternehmen als auch

243) Aufenthaltsgesetz (AufenthG) und besondere Gesetze sowie Rechtsverordnungen.

244) Art. 39 EG (ex-Art. 48 EG) EG-Vertrag.

245) Assoziationsabkommen EWG/Türkei 12.09.1963.

gegen die Arbeitnehmer, hat die Personalabteilung regelmäßig das Vorliegen und die Gültigkeit der Aufenthaltsgenehmigungen und der Arbeitserlaubnis zu überprüfen und gegebenenfalls daran mitzuwirken, dass diese frühzeitig verlängert werden.

1.3.1.3 Schwarzarbeit

Das Gesetz zur Intensivierung der Bekämpfung der Schwarzarbeit und der illegalen Beschäftigung (SchwarzArbG) soll die Beschäftigung von Personen verhindern, die die sich aus dem Beschäftigungsverhältnis oder der erbrachten Leistung ergebenden sozialversicherungsrechtlichen Melde-, Beitrags- oder Aufzeichnungspflichten nicht erfüllen und anfallende Steuern nicht bezahlen. Ein Verstoß gegen das Verbot der Schwarzarbeit kann auch derjenige begehen, der Dritte beschäftigt, die Schwarzarbeit leisten. Als Rechtsfolge eines erheblichen Verstoßes kann eine Ordnungswidrigkeit mit einer Geldbuße bis hin zu einer Freiheitsstrafe verhängt werden. Unternehmen können von öffentlichen Aufträgen ausgeschlossen werden. Eine weitere persönliche Haftung der verantwortlichen Personen kann durch einen Verstoß gegen die Regelungen dieses Gesetzes begründet werden.

1.3.1.4 Scheinselbstständigkeit

Unter dem Begriff der Scheinselbstständigkeit versteht man den Sachverhalt, dass jemand aufgrund der vertraglichen Gestaltung selbstständige Dienst- oder Werkleistungen für einen Dritten erbringt, tatsächlich allerdings in den Arbeitsablauf eingebunden und weisungsgebunden ist. Die Bewertung des Vorliegens eines Beschäftigungsverhältnisses erfolgt nach den Vorschriften des § 7 SGB IV und anhand des Gesamtbildes des Beschäftigungsverhältnisses. Für die Beteiligten besteht bei Unklarheiten über die Ausgestaltung des Beschäftigungsverhältnisses die Möglichkeit einer Statusfeststellungsklage nach 7a SGB IV. Für den Fall, dass bei einer Prüfung festgestellt wird, dass ein abhängiges Beschäftigungsverhältnis bestanden hat, besteht die Verpflichtung, für einen Zeitraum rückwirkend bis zu vier Jahren Sozialversicherungsbeiträge durch den Arbeitgeber abzuführen. Der Arbeitnehmer selbst kann nur bis zu drei Monaten rückwirkend wegen Nichtabführung von Sozialversicherungsbeiträgen in Anspruch genommen werden. Daneben besteht für den Arbeitgeber die Gefahr von Maßnahmen wegen der Beteiligung an einer Steuerverkürzung.

Zur Vermeidung dieser Haftungsfolgen hat die Personalabteilung bei der Ausgestaltung von Werkverträgen oder der Begründung von freien Mitarbeiterverhältnissen die Voraussetzungen beim Vorliegen einer selbstständigen Tätigkeit und die Abgrenzung zu der Problematik der Scheinselbstständigkeit zu beachten.

1.3.2 Arbeitnehmerüberlassung und Arbeitnehmerentsendung

Eine Arbeitnehmerüberlassung liegt dann vor, wenn ein Arbeitgeber bei ihm beschäftigte Arbeitnehmer gewerbsmäßig an einen Dritten zur Erbringung von Arbeitsleistungen überlässt und der Dritte diese Arbeitnehmer nach eigenen Vorstellungen in seinem Betrieb einsetzt. Eine gesetzliche Regelung erfolgt durch das Arbeitnehmerüberlassungsgesetz (AÜG). Die gewerbsmäßige Arbeitnehmerüberlassung ist erlaubnispflichtig. Es muss eine Abgrenzung zwischen einem Überlassungsvertrag und einem Werk- bzw. Dienstvertrag erfolgen. Unerlaubte Arbeitnehmerüberlassung bzw. Verstöße gegen die gesetzlichen Regelungen stellen eine Ordnungswidrigkeit oder sogar eine Straftat dar. Daneben kann eine Haftung für die Abführung von unterlassenen Sozialversicherungsbeiträgen und Lohnsteuer bestehen. Wegen der Einzelheiten wird auf weiterführende Literatur[246)] und die gesetzlichen Bestimmungen verwiesen.

Die Regelungen des Arbeitnehmerentsendungsgesetzes (AEntG) gelten für bestimmte Branchen und Bereiche, hauptsächlich das Baugewerbe. Es soll sichergestellt sein, dass bestimmte tarifvertragliche Mindestlöhne sowohl für deutsche als auch für ausländische Arbeitgeber, die ihre Mitarbeiter nach Deutschland entsenden, gewährt werden. Es besteht eine verschuldensunabhängige Haftung für das Nettomindestentgelt. Die Anwendung der Regelungen und deren Ausweitung auf andere Branchen sowie die Einführung von verbindlichen Mindestlöhnen ist momentan in der Politik im Gespräch. Wegen weitergehender Einzelheiten wird auf die dazu vorhandene Literatur[247)] und die gesetzlichen Bestimmungen verwiesen.

1.3.3 Anforderungen an die Arbeitsbedingungen und den Arbeitsplatz

Das deutsche Arbeitsrecht sieht eine Vielzahl von Schutzrechten für Arbeitnehmer und Fürsorgeverpflichtungen des Arbeitgebers vor. Die Einhaltung dieser Vorschriften sowie die Umsetzung innerhalb des Unternehmens ist eine gesetzliche Verpflichtung und insbesondere durch die Personalabteilung in Zusammenarbeit mit den Fachabteilungen und den Beauftragten zu gewährleisten. Hierbei geht es nicht nur um den technischen Arbeitsschutz und die Arbeitsbedingungen, sondern auch um allgemeine Schutzvorschriften zugunsten des Arbeitnehmers. Für den Fall, dass Ver-

246) Küttner, Personalbuch 2008, Arbeitnehmerüberlassung.

247) Erfurter Kommentar zum Arbeitsrecht/Schlachter, 8. Aufl., 2008, AEntG.

stöße gegen diese gesetzlichen Vorschriften begangen werden, wird oftmals eine Schadensersatzverpflichtung, ein Regressanspruch von öffentlichrechtlichen Leistungsträgern oder Krankenkassen sowie der Berufsgenossenschaften und eine Haftung das Unternehmens auf Schadensersatz direkt begründet[248]. Als Folge der Nichtbeachtung von Unfallverhütungsvorschriften drohen Ordnungsgelder sowie eine strafrechtliche Verantwortung[249].

Wegen der Vielzahl der Vorschriften, welche sich in unterschiedlichen Gesetzen und Verordnungen verteilt befinden, ist es unabdingbar, dass deren Kenntnis sowie die Einhaltung und Beachtung sichergestellt wird. Die Einführung eines Arbeitsschutzmanagementsystems kann erforderlich und hilfreich sein. Eine Weitergabe und umfassende Informationen innerhalb des Unternehmens und der davon betroffenen Abteilungen ist durch die Personalabteilung vorzunehmen und in Zusammenarbeit mit den Fachabteilungen deren Beachtung und Umsetzung zu gewährleisten. Oftmals ist es notwendig, dass hierbei besondere Schulungen und Ausbildungen der Personen durch das Unternehmen vorgenommen werden und dass deren Verpflichtung für die Überwachung der Einhaltung dieser Schutzvorschriften im Rahmen der Organisationsüberwachung sichergestellt ist.

Exemplarisch und beispielhaft sind hier die nach Ansicht der Verfasser wichtigsten Schutzvorschriften nachfolgend aufgeführt:

- §§ 618, 618 BGB (allgemeine Schutz- und Fürsorgeverpflichtung des Arbeitgebers),
- § 62 HGB (spezielle handelsrechtliche Fürsorgeverpflichtung des Arbeitgebers),
- Arbeitssicherheitsgesetz **(ASiG)**,
- Arbeitsschutzgesetz **(ArbSchG)**,
- Arbeitsstättenverordnung **(ArbStättVO)**,
- Arbeitszeitgesetz **(ArbZG)**,
- Bundesdatenschutzgesetz **(BDSG)**,
- Telekommunikationsgesetz **(TKG)**,
- Bundeselterngeld- und Elternzeitgesetz **(BEEG)**,
- Bundeserziehungsgeldgesetz **(BerzGG**, bis 31.12.2008),
- Bundes-Immissionsschutzgesetz **(BImschG)**,
- Bundesurlaubsgesetz (BurlG),
- Entgeltfortzahlungsgesetz (EntgeltfortzahlungsG),
- Gewerbeordnung (GewO),

248) §§ 15 Abs. V, 110 Abs. I, 111 SGB VII.
249) Z. B. § 209 SGB VII.

- Heimarbeitsgesetz (HAG),
- Jugendarbeitsschutzgesetz (JArbSchG),
- Kinderarbeitsschutzverordnung (KindArbSchV),
- Mindestarbeitsbedingungengesetz (MindArbBedG),
- Mutterschutzgesetz (MuSchG),
- Mutter-Arbeitsschutzverordnung (MuSchV),
- Sozialgesetzbuch IX Reha- und Schwerbehinderung (SGB IX).

Allein diese Aufzählung, die nicht abschließend ist und ständig um neue Vorschriften durch den Gesetz- und Verordnungsgeber erweitert wird, macht deutlich, wie wichtig die Kenntnis der Vorschriften, die Umsetzung im Unternehmen sowie die Beachtung ihrer Einhaltung für die Haftungsvermeidung und Haftungsbegrenzung insgesamt ist. Allein die Unkenntnis führt zu einer Haftungsbegründung für die handelnden Personen sowie das Unternehmen. Es kann bei einer nicht ordnungsgemäßen Implementierung, Überwachung und Kontrolle zu einer Haftung der Unternehmensleitung und zu direkten Regressansprüchen kommen.

1.4 Beendigung von Beschäftigungsverhältnissen

1.4.1 Kündigungsschutz und Mitbestimmung

Bei der Beendigung eines Beschäftigungsverhältnisses und der Kündigung eines Arbeitnehmers sind im deutschen Arbeitsrecht verschiedene Arbeitnehmerschutzgesetze und Mitbestimmungsrechte des Betriebsrates oder von Aufsichtsbehörden vorgesehen.

Damit eine Kündigung rechtswirksam ausgesprochen werden kann und somit keine weitergehende finanzielle Belastung des Unternehmens durch Annahmeverzuglohnansprüche oder (hohe) Abfindungszahlungen folgt, hat die Personalabteilung bei der Beendigung von Beschäftigungsverhältnissen, oftmals auch in Zusammenarbeit mit der Rechtsabteilung oder externen Beratern, sämtliche Schutzvorschriften zu beachten. Die Voraussetzungen für die Beendigung des Beschäftigungsverhältnisses und die folgende Umsetzung ist mit den jeweiligen Abteilungen im Vorfeld der Kündigungserklärung zu besprechen und auf die Einhaltung und die Schaffung der Voraussetzungen für eine wirksame Kündigung zu achten.

Exemplarisch seien hier aufgeführt:

- Die Notwendigkeit einer unternehmerischen Entscheidung und die Durchführung der Sozialauswahl bei einer betriebsbedingten Kündigung nach dem Kündigungsschutzgesetz (KSchG).
- Die strengen Voraussetzungen und Anforderungen durch die Rechtssprechung für das Vorliegen von Umständen und Tatsachen, welche eine verhaltensbedingte oder personenbedingte Kündigung rechtfertigen würden.
- Die Mitspracherechte und das Anhörungsrecht des Betriebsrates vor Ausspruch einer Kündigung aufgrund des Betriebsverfassungsgesetzes (BetrVG).
- Das Verbot einer Kündigung wegen einer Diskriminierung oder Ungleichbehandlung nach den Vorschriften des Allgemeinen Gleichbehandlungsgesetz (AGG).
- Das Kündigungsverbot für Mütter nach dem Mutterschutzgesetz (MuSchG) und während der Elternzeit (BEEG) sowie die zwingende vorherige Zustimmung bei Ausspruch einer Kündigung durch die zuständige Arbeitsschutzbehörde.
- Der Anspruch auf Erhalt des Arbeitsplatzes sowie der Sonderkündigungsschutz von Wehrdienstpflichtigen oder diesen gleichgestellten Zivildienstleistenden durch das Arbeitsplatzschutzgesetz (ArbPlSchG).
- Der Sonderkündigungsschutz von schwerbehinderten Menschen oder diesen Gleichgestellten nach dem »Sozialgesetzbuch Reha und Schwerbehinderung« (SGB IX) sowie die Verpflichtung, vor Ausspruch einer Kündigung das Integrationsamt zu informieren und dessen Zustimmung einzuholen.

1.4.2 Vorbereitung, Durchführung und Umsetzung

Bei der Abwicklung des Beschäftigungsverhältnisses nach Ausspruch einer Kündigung hat die Personalabteilung darauf zu achten, dass sämtliche gesetzlichen (Ab-)Meldeverpflichtungen bei den Sozialversicherungsträgern, den Krankenkassen und anderen Stellen vorgenommen werden. Der Arbeitnehmer ist bereits in dem Kündigungsschreiben darauf hinzuweisen, dass er sich bei der für ihn zuständigen Bundesagentur für Arbeit zu melden hat, da ihm sonst Nachteile bei dem Bezug von Arbeitslosengeld I drohen könnten.

Die Personalabteilung hat zu organisieren, dass eine vollständige Rückgabe sämtlicher dem Arbeitnehmer überlassenen Gegenstände, wie Handy,

Laptop, Blackberry, Handheld, Zugangskarten, Schlüssel, Ausweise oder Berechtigungsscheine, Tankkarten und Kreditkarten, erfolgt. Für den Fall, dass der Arbeitnehmer einen Computerarbeitsplatz hat, ist sicherzustellen, dass durch den IT-Administrator der weitere Zugang gesperrt wird und sämtliche Passwörter ausgetauscht werden. Die ordnungsgemäße Räumung und Übergabe des Arbeitsplatzes ist zu gewährleisten. Wenn zu erwarten ist, dass erheblicher Widerstand gegen die Kündigung erfolgt, ist gegebenenfalls sogar der Werkschutz zu informieren. Bei der Überlassung von Dienstfahrzeugen ist zu prüfen, ob eine arbeitsvertragliche Regelung dahingehend getroffen ist, dass der Arbeitnehmer zur Rückgabe des Fahrzeuges verpflichtet ist. Gleiches gilt bei der Überlassung von anderen Gegenständen. Sämtliche auf den Arbeitnehmer laufende Verträge sind zu kündigen oder umzuschreiben, Zugriffsberechtigungen sind zu entziehen.

Oftmals erleichtert das gemeinsame Gespräch und das Angebot einer Outplacementberatung zur Neuorientierung und für die Chance auf einen schnellen Wechsel die Trennung von Mitarbeitern und eröffnet neue Chancen.

Nur durch eine ordnungsgemäße Abwicklung des Beschäftigungsverhältnisses können weitergehende finanzielle Schäden oder eine Haftung des Unternehmens durch von dem gekündigten Arbeitnehmer begründete Verbindlichkeiten oder eine widerrechtliche Nutzung vermieden werden. Einzelne Fragen betreffend der Rückgabeverpflichtung und Nutzung sollten in einer Abwicklungsvereinbarung zum beendeten Arbeitsverhältnis geregelt werden.

1.4.3 Betriebliche Altersversorgung

Es war lange umstritten, ob das Allgemeine Gleichbehandlungsgesetz (AGG) auch für die betriebliche Altersversorgung gilt. Mit einem Urteil des Bundesarbeitsgerichts[250)] ist geklärt, dass diese Regelungen grundsätzlich auch auf den Bereich der betrieblichen Altersversorgung Anwendung finden. Im Kollisionsfall gehen jedoch die Bestimmungen des Betriebsrentengesetzes (BetrAVG) vor. Bei der Ausgestaltung und Formulierung solcher betrieblichen Altersversorgungsregelungen hat die Personalabteilung daher die neue Rechtsprechung anzuwenden und gegebenenfalls bestehende Regelungen zu überarbeiten.

250) BAG 11.12.07 – 3 AZR 249/06.

1.5 Arbeitsrechtliche Implementierung von Corporate Compliance

Auch bei der unternehmensbereichsübergreifenden Implementierung von Corporate Compliance handelt es sich um einen zwar nicht alltäglichen, jedoch ebenfalls arbeitsrechtlichen Prozess. Die Verpflichtung der Arbeitnehmer zur Einhaltung der Gesetze und Richtlinien sowie die Einführung eines Sanktionierungssystems zur effizienten Umsetzung von Corporate-Compliance-Regelungen stellen einen wichtigen Teil der Personalarbeit dar.

Insbesondere dieser Aspekt bedarf der Beratung im Einzelfall. Es bedarf hier insbesondere der Abwägung der Vor- und Nachteile der einzelnen Umsetzungswege. Dennoch sollen die in Betracht kommenden Instrumente im Überblick dargestellt werden.

1.5.1 Implementierung anhand des arbeitgeberseitigen Direktionsrechts

Für die arbeitsrechtliche Implementierung von Corporate-Compliance-Regeln kommt zunächst die Ausübung des arbeitgeberseitigen Direktionsrechts in Frage.

Das Direktionsrecht ist das Recht des Arbeitgebers, die im Arbeitsvertrag lediglich rahmenmäßig umschriebene Leistungspflicht des Arbeitnehmers einseitig durch Weisungen zu konkretisieren. Zahlreiche relevante Sachverhalte lassen sich per Direktionsrecht einseitig durch Weisung an den Arbeitnehmer regeln.

Der Vorteil der Implementierung über das Direktionsrecht besteht vor allem darin, dass die Regeln stets problemlos an die sich wandelnden Umstände und Vorgaben angepasst werden können. Unproblematisch ist die Ausübung des Direktionsrechts jedenfalls, soweit die Regelungen lediglich Hinweise auf ohnehin bereits bestehende gesetzliche Pflichten und Verhaltensregeln beinhalten. Hierbei seien etwa kartellrechtliche oder bilanzierungs- und steuerrechtliche Vorgaben erwähnt oder die Beachtung von umweltrechtlichen Vorschriften. Selbstverständlich gehört hierzu auch die Einhaltung arbeitsschutzrechtlicher Bestimmungen.

Je nach Branche und Art des Betriebes erfasst sind etwa auch Regeln zur Einhaltung bestimmter, nicht genereller Regelungen wie z.B. die Einhaltung von gesetzlichen Hygienevorschriften in Küchen- oder Laborbetrieben. In der Praxis werden solche Pflichten zumeist durch die Übergabe von geschriebenen Verhaltenskodices an die Arbeitnehmer und/oder durch Einstellung in das Intranet verlautbart. Es sollte dabei darauf geachtet werden, dass die Arbeitnehmer den Empfang dieser Richtlinien auch stets schriftlich bestätigen, damit sie sich im Ernstfall nicht auf Unkenntnis berufen können.

Begrenzungen bei der Ausübung des Direktionsrechts ergeben sich primär aus dem Arbeitsvertrag oder einer Betriebsvereinbarung bzw. einem Tarifvertrag.

Soweit die Verhaltenspflicht bereits konkret und abschließend durch ein Gesetz, einen Tarifvertrag oder eine Betriebsvereinbarung geregelt ist oder diese einer Weisung entgegenstehen, gehen diese Regelungen dem arbeitgeberseitigen Direktionsrecht vor. In jedem Fall findet das Direktionsrecht seine Grenzen in der Regel dann, wenn dadurch das betriebliche Miteinander der Arbeitnehmer geregelt werden soll. Hier ist insbesondere auf das Mitbestimmungsrecht des Betriebsrats zu achten.

Bei Erteilung von Weisungen unter Berufung auf das arbeitgeberseitige Direktionsrecht ist im Übrigen stets abzuwägen, ob das Interesse des Arbeitgebers an der Einführung einer bestimmten Regelung tatsächlich dem Interesse des Arbeitnehmers am Unterbleiben einer solchen Regelung überwiegt.

Wenn das Interesse des Arbeitnehmers im Einzelfall überwiegt, kommt die Ausübung des Direktionsrechts auch dann nicht in Frage, wenn der Sachverhalt bisher noch nicht gesetzlich oder kollektivvertraglich konkret und abschließend geregelt wurde. Das Interesse des Arbeitgebers überwiegt immer dann, wenn das Unternehmen gesetzlich zur Einführung einer speziellen Regelung verpflichtet ist. Dies ist z.B. der Fall im Rahmen von Maßnahmen zur Einhaltung des AGG. Zugunsten der Arbeitnehmer ist vor allem eine Beeinträchtigung grundrechtlich geschützten Verhaltens zu berücksichtigen.

Das Verbot etwa, bei der Arbeit ein Kopftuch zu tragen, kann nicht generell gültig sein und zwar auch dann nicht, wenn der Arbeitgeber hierdurch Nachteile, etwa im Hinblick auf den Kundenkontakt, vermutet. Im Gegenteil, eine Weisung, kein Kopftuch zu tragen, dürfte seitens des Arbeitgebers gegen die Bestimmungen des AGG verstoßen und hat bereits deshalb zu unterbleiben. Anders wäre dies aber zu beurteilen, wenn aus Gründen der Arbeitssicherheit das Tragen eines Helmes vorgeschrieben wird und der Arbeitgeber ausschließlich deshalb sein Direktionsrecht ausübt und das Kopftuch deshalb abgelegt werden muss.

Sofern sich aus dem Arbeitsvertrag eine entsprechende Nebenpflicht des Arbeitnehmers ergibt oder nachteilige Auswirkungen des außerdienstlichen Verhaltens auf den Betrieb vermieden werden sollen, erstreckt sich das Direktionsrecht auch auf das außerdienstliche Verhalten.

Dies ist beispielsweise anerkannt für Nebentätigkeitsverbote oder für das Verbot übermäßigen Alkoholkonsums in der Freizeit, der später die Arbeit beeinträchtigt.

Hier werden Grenzen wiederum durch das allgemeine Persönlichkeitsrecht der Arbeitnehmer und in besonderer Ausgestaltung dessen durch die allgemeine Handlungsfreiheit gezogen.

Insbesondere davon betroffen ist auch die Einführung sogenannter »Whistleblowing-Hotlines«. Durch eine solche Hotline sollen etwaige Verstöße anonym an die Unternehmensleitung oder einen unabhängigen Compliance-Beauftragten gemeldet werden können.

Inwieweit eine Verpflichtung der Arbeitnehmer besteht, Verstöße zu melden, hängt vom Einzelfall und der Intensität des Verstoßes ab. Die Pflicht zur Loyalität gegenüber dem Arbeitgeber kann in Einzelfällen eine Pflicht beinhalten, Straftaten anderer Arbeitnehmer im Zusammenhang mit dem Arbeitsverhältnis zu melden. Allgemeine Pflichten lassen sich aber sicherlich nicht begründen. Dies jedenfalls nicht über die Ausübung des Direktionsrechts und dem Aushang von Verhaltenspflichten im Zusammenhang mit einem solchen betrieblichen »Meldewesen«.

Unter Umständen kollidieren also die arbeitgeberseitig auferlegten Pflichten mit dem allgemeinen Persönlichkeitsrecht des Arbeitnehmers.

Auch die Einführung von Ethikrichtlinien, die das außerdienstliche Verhalten einbeziehen, ist problematisch. Beispielhaft seien etwa Ethikrichtlinien des Handelskonzerns Wal-Mart genannt.

Wal-Mart hatte seinen Arbeitnehmern unter anderem die Unterhaltung intimer Beziehungen mit anderen Arbeitnehmern untersagt, wenn die Möglichkeit der Beeinflussung der Arbeitsbedingungen der jeweils anderen Person besteht Dabei beschränkte sich das Verbot nicht eindeutig darauf, die Ausübung intimer Beziehungen am Arbeitsplatz zu untersagen, und stellte daher einen eindeutigen Verstoß gegen die Rechte der Arbeitnehmer dar.

Andererseits muss es einem Arbeitgeber auch über die Ausübung des Direktionsrechts erlaubt sein, Regelungen einzuführen, die geeignet sind, sexuelle Belästigung am Arbeitsplatz zu verhindern. Vorausgesetzt, er kommt damit den Vorgaben des AGG (§ 3 Abs. 4, § 12 AGG) nach.

Ein Verbot von intimen Beziehungen zwischen Vorgesetzten und abhängigen Auszubildenden ist somit wiederum möglich. Auch dies mag verdeutlichen, dass sich eine pauschale Aussage über die Eignung des Direktionsrechts zur Einführung von Corporate Compliance verbietet.

1.5.2 Implementierung durch arbeitsvertragliche Vereinbarungen

Unsicherheiten im Hinblick auf die Frage, ob die Festlegung bestimmter Verhaltensvorgaben noch unter das Direktionsrecht fällt, lassen sich durch eine vertragliche Vereinbarung in Form einer Anlage oder als Zusatzvereinbarung zum Arbeitsvertrag umgehen.

Zwar besteht im Arbeitsvertragsrecht grundsätzlich Abschluss- sowie Inhaltsfreiheit, es existieren jedoch auch für vertraglich vereinbarte Compliance-Regeln inhaltliche Grenzen und es kann bei Nichtausübung des Direktionsrechts nicht generell auf eine individualvertragliche Regelung verwiesen werden.

Standardisierte vertragliche Compliance-Regelungen unterliegen zunächst der allgemeinen Inhaltskontrolle nach dem Recht der Allgemeinen Geschäftsbedingungen. Allein deshalb ist auch bei der arbeitsvertraglichen Implementierung Vorsicht geboten und im Zweifel die Hinzuziehung professioneller Beratung ratsam.

Nachteile bestehen auch insofern, als es keine Vertragsabschlusspflicht seitens der Arbeitnehmer gibt und somit nicht immer ein einheitlicher Standard innerhalb der Belegschaft erreicht werden kann.

Ein weiterer Nachteil ist, dass bei jeder Änderung einer Compliance-Regel ein neuer Vertragsabschluss notwendig sein kann. Dynamische Verweisungen in standardisierten Arbeitsverträgen beinhalten teilweise die Gefahr der Unwirksamkeit.

Soweit dennoch Bezugnahmeklauseln verwendet werden sollen, ist stets sicherzustellen, dass der Arbeitnehmer Kenntnis von der aktuellen Fassung der Regelungen hat. Dies sollte in jedem Fall nachweisbar dokumentiert sein, etwa über eine schriftliche Empfangsbestätigung.

Keinesfalls darf es zu einer unangemessenen Benachteiligung der Arbeitnehmer kommen. Diese hat regelmäßig die Unwirksamkeit der Regelung zur Folge, eine Verpflichtung des Arbeitnehmers wird nicht begründet. Von einer unangemessenen Benachteiligung ist immer dann auszugehen, wenn die Rechte und Pflichten der Parteien in einem deutlichen Missverhältnis zueinander stehen.

Auch mangelnde Verständlichkeit oder ein unüberschaubarer Umfang von Compliance-Regeln kann zur Unwirksamkeit nach dem Recht der allgemeinen Geschäftsbedingungen aufgrund von Intransparenz führen.

Dies macht deutlich, dass auch hier wiederum vieles vom Einzelfall, insbesondere vom konkreten Inhalt der Compliance-Regeln abhängt. Gerade bei sehr ausführlichen Compliance-Katalogen und schwer verständlichen Themen ist auf eine klare Formulierung zu achten. Zudem dürfen sich Compliance-Regeln nicht zu Lasten Dritter auswirken. Beispielsweise kann ein Arbeitnehmer nicht verpflichtet werden, die Wertpapiertransaktionen von Familienangehörigen offen zu legen. Ebenso wenig kann vertraglich eine Beteiligung von Familienangehörigen an Konkurrenzunternehmen verboten werden.

Zulässig ist das – auch per Direktionsrecht durchsetzbare – Verbot, Insiderwissen an Dritte weiterzugeben oder darauf basierende Empfehlungen auszusprechen.

Vorsicht ist insbesondere aber bei Nebentätigkeitsklauseln oder nachvertraglichen Wettbewerbsverboten geboten.

Regelungen, die eine Unterwerfung unter eine über die gesetzlichen Bestimmungen hinausgehende Kontrolle zum Gegenstand haben (z.B. die Kontrolle der privaten Telekommunikation am Arbeitsplatz), sind durch das Recht der informationellen Selbstbestimmung begrenzt. Das Abhören von Telefonaten sowie eine Online-Dauerüberwachung ist grundsätzlich nicht erlaubt. Diese Maßnahmen können daher auch regelmäßig nicht mittels Vereinbarung durchgesetzt werden.

Nur in Ausnahmefällen kommt die Einführung von Compliance-Regelungen mittels einer Änderungskündigung gemäß § 2 Kündigungsschutzgesetz in Betracht, wenn nämlich dringende betriebliche Erfordernisse für die Einführung der Compliance-Regelungen sprechen, insbesondere bei gesetzlicher Pflicht des Arbeitgebers, diese einzuführen. Zielt die Änderungskündigung auf die Änderung der Arbeitsbedingungen in mehreren Punkten ab, wie dies bei umfangreichen Compliance-Regelungen regelmäßig der Fall ist, so muss die soziale Rechtfertigung für jeden einzelnen Punkt vorliegen.

Im Übrigen scheidet eine Änderungskündigung aus, wenn die Änderung auch über das Direktionsrecht eingeführt werden kann. Die Ausübung des Direktionsrechts stellt gegenüber der Änderungskündigung das mildere Mittel dar und hat deshalb Vorrang. Auch hier kommt es somit wiederum auf den konkreten Inhalt der zu implementierenden Regel an, so dass sich pauschale Empfehlungen verbieten.

1.5.3 Implementierung durch Betriebsvereinbarung

Soweit in einem Betrieb ein Betriebsrat existiert, besteht die Möglichkeit der Implementierung durch den Abschluss von Betriebsvereinbarungen.

Dies hat den Vorteil, dass ein betriebsweiter Standard eingeführt werden kann und man nicht mit jedem einzelnen Arbeitnehmer über einzelne Regelungen verhandeln muss.

Im Übrigen ist auch die Gefahr der Überschreitung des Direktionsrechts nicht gegeben und eine ohnehin auf kollektiver Basis zustande gekommene Regelung ist zumeist von höherer Akzeptanz getragen und erhält ein besonderes Gewicht, da sie unter Beteiligung der betrieblichen Interessenvertreter der Arbeitnehmer zustande gekommen ist.

Auf der anderen Seite ist darauf zu achten, dass sich der Arbeitgeber nicht seiner Flexibilität beraubt, indem er betriebliche Zustände mittels betrieblicher Vereinbarungen fixiert, die er nicht ohne Weiteres wieder abschaffen oder ersetzen kann. Allerdings können spätere Änderungen über Ergänzungs- oder Ablösungsbetriebsvereinbarungen implementiert werden.

Zu achten ist auf die Nachwirkung von Betriebsvereinbarungen, wenn diese nicht durch neue Betriebsvereinbarungen abgelöst werden. Ein einmal betrieblich geregelter Komplex lässt sich nicht ohne Weiteres wieder entfernen.

Für die Implementierung einer Corporate Compliance jedoch erscheint der Weg über betriebliche Regelungen zumeist der bessere Weg zu sein.

Ohnehin dürften viele Compliance-Regelungen mitbestimmungspflichtig nach § 87 I Nr. 1 BetrVG sein, und daher ist schon deshalb der Abschluss entsprechender Betriebsvereinbarungen notwendig.

Soweit jedoch Regelungen ganz oder teilweise nicht dem Mitbestimmungsrecht des Betriebsrats unterliegen, aber dennoch durch eine Betriebsvereinbarung geregelt werden, entfallen sie dem Anwendungsbereich des Direktionsrechts.

Auch hier kommt es wiederum auf den konkreten Einzelfall und den Inhalt der Regelungen an.

Selbstverständlich dürfen auch Betriebsvereinbarungen nicht gegen höherrangiges Gesetzesrecht verstoßen. So können in der Regel keine Regelungen zur privaten Lebensführung getroffen werden. Überdies kann der Betriebsrat auch nicht an Stelle des Arbeitnehmers über dessen höchstpersönliche Rechte disponieren. Beispielsweise wird zur Einführung einer Kontrolle der privaten Telekommunikation stets die zusätzliche individuelle Einwilligung der Arbeitnehmer erforderlich sein. Gleiches gilt etwa bei der Weitergabe personenbezogener Daten.

Eine Betriebsvereinbarung ist im Übrigen nicht geeignet, umfassende Compliance-Systeme zu implementieren, die auch Regeln zu arbeitsvertraglichen Gegenständen enthalten, wie z.B. Verschwiegenheitspflichten, Nebentätigkeits- und Wettbewerbsverbote oder Klauseln zum Know-how-Schutz und -rechten an Arbeitsergebnissen.

Im Rahmen der Implementierung durch Betriebsvereinbarung kommt es insbesondere darauf an, die mitbestimmungspflichtigen Aspekte von den mitbestimmungsfreien zu trennen. Auch wenn sich im Bezug auf die mitbestimmungsfreien Fragen der Abschluss einer Betriebsvereinbarung anbietet, bedarf es stets einer Abwägung dahingehend, ob nicht beispielsweise die Ausübung des Direktionsrechts sinnvoller ist, insbesondere im Hinblick auf die Erhaltung der betrieblichen Flexibilität.

Compliance-Richtlinien sind weder allgemein mitbestimmungspflichtig noch pauschal mitbestimmungsfrei, sondern es ist nach dem jeweiligen Inhalt der zu implementierenden Regeln zu differenzieren.

Der Hinweis auf gesetzliche Pflichten ist mitbestimmungsfrei und sollte mittels Direktionsrecht in Form eines Kodex erfolgen. Mitbestimmungsfrei sind Kodices auch, soweit sie keine konkreten Verhaltenspflichten begründen.

Vorgaben im Hinblick auf das Arbeitsverhalten, wie z.B. Arbeitsanweisungen zur Art und Weise der Personalaktenführung oder der Buchführung, unterliegen ebenfalls nicht der Mitbestimmung.

Auch soweit innerhalb eines »Whistleblowing-Verfahrens« die Meldung von Compliance-Verstößen nicht Pflicht ist, dem Arbeitnehmer vielmehr die Nutzung der Hotline freigestellt bleibt, besteht kein Mitbestimmungsrecht des Betriebsrats. Es liegt dann lediglich eine unverbindliche Empfehlung für das Verhältnis zwischen Arbeitnehmer und Arbeitgeber vor.

Mitbestimmungspflichtig sind hingegen regelmäßig Fragen der Ordnung und des Verhaltens der Arbeitnehmer im Betrieb oder die Einführung von Kontrollmechanismen und -programmen wie z.B. Kameraüberwachung.

Die Mitbestimmungsrechte des Betriebsrats sind geregelt in §§ 87 ff. BetrVG.

1.5.4 Arbeitsrechtliche Sanktionen von Verstößen

Ohne eine deutliche Sanktionierung von Verstößen, dürfte die Effektivität von Compliance-Regeln relativ gering sein. Schließlich sollen Compliance-Regeln so beschaffen sein, dass die Arbeitnehmer sie auch tatsächlich befolgen. Dies mag in einem gewissen Maße bereits aufgrund der Einsichtsfähigkeit und des Willens der Arbeitnehmer gewährleistet sein. Auf lange Sicht dürfte jedoch die tatsächliche Einhaltung von Compliance-Regeln und eine damit verbundene Minimierung der Haftungsgefahr nur über die Sanktionierung von Verstößen gelingen. Daher wird in der Regel ein Hinweis auf arbeitsrechtliche Konsequenzen im Falle von Pflichtverstößen bis hin zu einer Kündigung sinnvoll sein.

Die Androhung von Konsequenzen ist zulässig, wenn sie sich nicht auf bloße Bagatellen beziehen. Insofern verweist der Arbeitgeber lediglich auf seine gesetzlichen Rechte zur Abmahnung und Kündigung.

Das Institut der vorweggenommenen Abmahnung ist lediglich für konkret befürchtete Pflichtverstöße anerkannt. Pauschale Sanktionsklauseln können daher angesichts der Vielzahl von möglichen Compliance-Verstößen keine vorweggenommene Abmahnung darstellen.

Eine ordentliche Kündigung ohne vorherige Abmahnung ist regelmäßig nur bei erheblichen Verstößen in Betracht zu ziehen, eine außerordentliche Kündigung wiederum nur bei schweren Pflichtverletzungen, vor allem bei der Begehung von Straftaten.

Vertragsstrafen sind wegen des Erfordernisses konkreter Pflichtverletzungen und nur in wenigen Fällen möglich, dürften in der Regel jedoch nicht wirksam sein.

Insofern sei dringend vor einer Sanktionierung mittels vertraglich vereinbarter Strafen gewarnt.

Soweit eine Verhaltenspflicht in einem Kodex eindeutig geregelt und dem Arbeitnehmer auch nachweisbar bekannt ist, sind Sanktionen im Übrigen arbeitsgerichtlich deutlich besser zu verteidigen. Eine Pflichtverletzung muss nicht aus arbeitsvertraglichen Nebenpflichten hergeleitet werden, sondern es kann eine konkrete Pflichtverletzung durch Heranziehung des verbindlich gültigen Kodex nachgewiesen werden. Vorausgesetzt, die Regelungen wurden wirksam implementiert.

Auch bezüglich der Sanktionierung von Verstößen können pauschale Aussagen nicht getroffen werden. Dennoch soll eine gewisse Sensibilität für die Thematik auch im Hinblick auf die Rechtsfolgenseite von Verstößen gegen Corporate Compliance geschaffen werden.

2 Gefahren der Verletzung

2.1 Prozessbezogen

Der allgemeine Ablauf innerhalb des Unternehmens und der Personalabteilung, die haftungsrelevanten Fragen und die Möglichkeiten der Vermeidung sind in den vorherigen Ausführungen dargestellt. Die weiteren Besonderheiten gerade für die Personalabteilung und die Beschäftigung von Arbeitnehmern sollen hier nochmals am Beispiel der Problematik der Verhinderung von Diskriminierung und Ungleichbehandlung innerhalb des Unternehmens aufgrund der Regelungen und Besonderheiten des Allgemeinen Gleichbehandlungsgesetzes aufgezeigt werden. Diskriminierungsschutz im Beschäftigungsverhältnis ist eine Maßnahme betrieblicher »Corporate Compliance«.

2.1.1 Besonderheiten durch das AGG

Unter den Anwendungsbereich des Gesetzes fallen sämtliche Arbeitnehmer, arbeitnehmerähnliche Beschäftigte (Heimarbeiter, Mini-Job) und alle

Auszubildende. Für selbstständige Organmitglieder einer Gesellschaft gelten die Regelungen, soweit hier Bedingungen für den Zugang zur Erwerbstätigkeit sowie den beruflichen Aufstieg betroffen sind, § 6 AGG.

Der Regelungsinhalt des Gesetzes umfasst im Wesentlichen Verbote für Benachteiligungen und Ungleichbehandlungen sowie Diskriminierung aufgrund der Rasse, der ethnischen Herkunft, der Religion, des Geschlechts, der sexuellen Identität, der Weltanschauung, einer Behinderung und des Alters, § 1 AGG. Benachteiligungsverbote bestehen wegen Auswahlkriterien und Einstellungsbedingungen, Beschäftigungs- und Arbeitsbedingungen, Fragen der beruflichen Fortbildung, der Karrieremöglichkeiten, der Entlohnung und Besoldungsgruppen, sowie Fragen im Zusammenhang mit der Beendigung des Beschäftigungsverhältnisses, § 2 AGG.

Benachteiligung kann verschiedene Formen haben. Bei einer Ungleichbehandlung zwischen zwei Arbeitnehmern in einer vergleichbaren Situation (Vergütung, Fortbildung) liegt eine unmittelbare Benachteiligung vor. Bei einer Ungleichbehandlung bestimmter Personengruppen durch »neutrale Vorschriften« oder Regelungen gegenüber anderen Personengruppen (Einstellungskriterien) liegt eine mittelbare Benachteiligung vor. Eine Belästigung ist dann gegeben, wenn aufgrund bestimmter unerwünschter Verhaltensweisen Dritter die Würde der betroffenen Person verletzt wird und ein von Anfeindungen, Entwürdigungen, Beleidigungen oder Drohungen gekennzeichnetes Arbeitsumfeld geschaffen wird (sexuelle Belästigung, Mobbing), § 7 AGG.

Ausnahmen vom Benachteiligungsverbot bestehen allgemein dann, wenn mit der Ungleichbehandlung ein rechtmäßiger Zweck verfolgt wird und die unterschiedliche Behandlung insgesamt angemessen ist, § 8 AGG. Besondere Ausnahmen sind wegen der Religion oder Weltanschauung, § 9 AGG, sowie wegen des Alters, § 10 AGG, zulässig.

Bei Verstößen gegen die gesetzlichen Regelungen oder das Benachteiligungsverbot sind diese Regelungen unwirksam, § 7 AGG i.V.m. § 134 BGB. Umfasst werden hierbei sowohl individual- als auch kollektivrechtliche Vereinbarungen. Rechtsfolgen bei Verstößen sind neben der Unwirksamkeit der Regelungen ein umfassendes Beschwerderecht des Arbeitnehmers, § 13 AGG, ein Leistungsverweigerungsrecht, § 14 AGG, sowie ein Anspruch auf Entschädigung und Schadensersatz nebst Schmerzensgeld, § 15 AGG. Die Beweislast für Benachteiligungen liegt regelmäßig beim Arbeitgeber. Der Arbeitnehmer muss zunächst Tatsachen behaupten und Indizien vortragen. Der Arbeitgeber muss die Vorwürfe durch eigenen Sachvortrag und Beweisangebote entkräften. Dadurch ist eine grundsätzliche Beweislastumkehr zu Gunsten das Arbeitnehmers beabsichtigt, § 22 AGG.

2.1.2 Besondere Organisationspflichten aufgrund des AGG

Neben den allgemeinen Organisationspflichten im Rahmen eines betrieblichen Risikomanagementsystems zur Durchführung und Überwachung der bestehenden gesetzlichen Verpflichtungen hat die Unternehmensleitung nunmehr die rechtliche Verpflichtung zu weiteren Organisationspflichten bei der Umsetzung der gesetzlichen Vorschriften. Die Umsetzung wird regelmäßig durch die Personalabteilung oder unter Mitwirkung dieser erfolgen. Diese Pflichten sind insbesondere die Bekanntmachung und der Aushang des Gesetzestextes sowie ein Hinweis auf die unterschiedlichen Fristen für die Geltendmachung von Ansprüchen und für das arbeitsgerichtliche Verfahren, § 15 Abs. IV AGG, § 61b ArbGG.

Die Mitarbeiter des Unternehmens sind in einem Informationsschreiben über den Inhalt, die wesentlichen Rechte und Pflichten sowie die sich daraus ergebende Verpflichtung für das Unternehmen und deren Umsetzung zu informieren. Es besteht die Verpflichtung zur Durchführung von Schulungen, § 12 Abs. III AGG, sowie der Erstellung einer Unternehmensrichtlinie zur Vermeidung von Benachteiligungen und Diskriminierung. Es soll ein weiter Maßnahmenkatalog zur Verhinderung von Benachteiligung innerhalb des Unternehmens erstellt werden, und das Unternehmen wird verpflichtet, durch geeignete Maßnahmen die Beschäftigten vor Benachteiligungen und Diskriminierungen zu schützen. Eine Beschwerdestelle ist einzurichten, § 13 AGG. Zur Durchsetzung des Benachteiligungsverbotes und dem Schutz der Mitarbeiter können arbeitsrechtliche Disziplinarmaßnahmen bis hin zur Kündigung angewandt werden, §§ 7, 12 Abs. III AGG. Zwischen Unternehmen untereinander sind Verpflichtungserklärungen abzugeben und Lieferanten sowie Geschäftspartner und Dritte auf diese Grundsätze hinzuweisen und auf deren Einhaltung zu verpflichten, § 12 Abs. IV AGG[251].

2.1.3 Besondere Betriebsabläufe aufgrund des AGG

Wegen der besonderen Relevanz sind die nachfolgenden Bereiche und Abläufe innerhalb des Unternehmens einem »AGG-Audit« zu unterziehen[252]. Nach der Überprüfung und Anpassung der verschiedenen Abläufe innerhalb der Organisation können Verstöße gegen die gesetzlichen Regelungen und somit eine persönliche Inanspruchnahme der Geschäftsleitung vermieden werden:

251) Ausführlich dazu Campos-Nave/Laumann, Corporate Compliance und AGG, NWB Nr. 26 vom 25.06.2007.

252) Lampert, in: Hauschka, Ch. E., a.a.O., § 9, Rn. 33.

- Unternehmensrichtlinie und Führungsrichtlinie,
- Verpflichtungserklärung von Kunden, Lieferanten und dritten Unternehmen,
- Schulung und Verpflichtung von leitenden Angestellten und Mitarbeitern,
- Erstellung von Checklisten und Vorlagen,
- Standardisierung von Formularen, Dokumenten und Schreiben,
- Information und Aufklärung sowie Errichtung einer Beschwerdestelle,
- Zusammenarbeit mit dem Betriebsrat,
- Überprüfung der bestehenden Arbeitsverträge, Betriebsvereinbarungen und
- sonstiger Regelungen,
- Überprüfung der tarifvertraglichen Regelungen,
- Überprüfung der personalrelevanten Vorlagen innerhalb des Unternehmens und der
- Personalfragebögen,
- Überprüfung der Stellenausschreibungen und des Einstellungsverfahrens,
- Überprüfung der Bewertungssysteme, Bonussysteme und der Lohngruppen,
- Überprüfungen der Beförderungsrichtlinien und des Verfahrens,
- Überprüfung der Personaleinsatzplanung an religiösen Feiertagen,
- Überprüfung der Zusammenstellung von Arbeitsgruppen,
- Überprüfung der Zumutbarkeit von Tätigkeiten vor dem religiösen, weltanschaulichen und ethnischen Hintergrund,
- Überprüfung sonstiger betrieblicher Regelungen und Abläufe vor dem Hintergrund des § 1 AGG.

Die Durchführung der Überprüfung, die Dokumentation des Ergebnisses der vorgenommenen Veränderungen und die Einhaltung der Richtlinien führt dazu, Beweiserleichterungen zu schaffen, eine mögliche Verteidigung gegenüber Schadensersatz- und Entschädigungsansprüchen in einem arbeitsgerichtlichen Verfahren zu ermöglichen und insgesamt das Unternehmen und die Unternehmensleitung vor weitergehender Haftung und ungerechtfertigter Inanspruchnahme zu schützen.

2.2 Prozessübergreifend (Arbeitnehmer- und Bewerberdatenschutz)

Zwar kommt auch der Verletzung des Allgemeinen Gleichbehandlungsgesetzes eine prozessübergreifende Bedeutung zu, jedoch ist insoweit eine an den einzelnen Prozessen orientierte Darstellung besser geeignet.

Anders ist dies bei dem im Folgenden darzustellenden prozessübergreifenden Arbeitnehmer- und Bewerberdatenschutz.

Geschützt sind alle Daten, anhand deren ein Bezug zu einer natürlichen Person hergestellt werden kann. Datenschutzrelevant ist dabei sowohl die Erhebung als auch die Verarbeitung und Nutzung dieser Daten.

Hierzu gehören nicht nur Namen und Adressdaten, sondern auch darüber hinausgehende Informationen wie z.B. das Alter, der Gesundheitszustand oder Informationen über das Verhalten einer Person.

Ausgenommen sind lediglich solche Daten, die ohnehin jedermann öffentlich zugänglich sind. Dies dürfte allerdings bei Arbeitnehmer- und Bewerberdaten in der Regel nicht der Fall sein.

Erfasst sind sowohl elektronisch gespeicherte Daten als auch solche in Papierform. Somit gehören etwa auch Listen und Tabellen, Zielvereinbarungen, Umsatzergebnisse und persönliche Beurteilungen dazu.

Unter den Datenschutz fallen auch solche Daten, deren Personenbezug nicht offensichtlich ist, die jedoch genügend Informationen enthalten, anhand deren mit einem nicht unverhältnismäßig hohen Aufwand der Bezug zu einer bestimmten Person hergestellt werden kann.

Hierzu gehören etwa Daten, die unter einem Aktenzeichen oder einem Kürzel abgelegt sind oder über einen Nummerncode verschlüsselt werden. Der Zugang zu Personalakten und -dateien ist, unabhängig von Papier- oder elektronischer Form, stets ordnungsgemäß zu sichern.

Im Gegensatz zu den oben genannten personenbezogenen bzw. personenbeziehbaren Daten stehen anonymisierte Daten. Diese sind nicht mehr vom Datenschutz erfasst.

Regelmäßig ist es fraglich, zu welcher Kategorie Daten gezählt werden können. Meist bleibt fraglich, ob es sich bei unkenntlich gemachten Daten tatsächlich auch um anonymisierte Daten handelt, die nicht mehr geschützt sind.

Von einer Anonymisierung kann nur ausgegangen werden, wenn ein Bezug zu einer natürlichen Person tatsächlich nur noch unter unverhältnismäßig hohem Aufwand hergestellt werden kann. Dies dürfte allerdings meist schwer zu beurteilen sein. Die Gefahr von Fehleinschätzungen und eines Verstoßes gegen Datenschutzbestimmungen bleibt somit sehr groß.

Nicht vom Datenschutz erfasst sind z.B. reine Statistiken wie etwa durchschnittliche betriebliche Fehlzeiten. Soweit diese Informationen aber dennoch einen Bezug zu den einzeln dahinter stehenden Personen zulassen, fallen sie wiederum unter den Datenschutz. Hier kann es z. B. auf die Anzahl der in die Statistik fallenden Arbeitnehmer ankommen bzw. auf die Größe einer Gruppe, auf die sich die Untersuchung bezieht. Je kleiner die Gruppe, umso eher lässt sich im Zweifel ein konkreter Bezug zu einer natürlichen Person herstellen.

Anonym und vom Datenschutz nicht erfasst sind Personaldaten erst dann, wenn sämtliche Informationen, die einen unmittelbaren oder auch nur mittelbaren Rückschluss auf eine Person zulassen, unkenntlich gemacht worden sind und die Unkenntlichmachung nicht wieder rückgängig gemacht werden kann.

Soweit personenbezogene Daten allerdings nicht in diesem Sinne anonymisiert sind, ist eine Verarbeitung nur zulässig, soweit dies aufgrund spezieller Normen, einschließlich Tarifvertrag oder Betriebsvereinbarung, oder aufgrund des Bundesdatenschutzgesetzes konkret erlaubt ist oder der Betroffene selbst ausdrücklich in die Verarbeitung eingewilligt hat.

In diesem Zusammenhang ist zu beachten, dass die Reichweite von Tarifvertrag und Betriebsvereinbarung nicht unbegrenzt ist. Hier sollten auf den Einzelfall abgestimmte Konzepte entwickelt werden.

Viele Formen der Datenverarbeitung, insbesondere aber der Weitergabe von personenbezogenen Daten an Dritte bedürfen der höchstpersönlichen ausdrücklichen Einwilligung des Betroffenen und sind jederzeit widerrufbar.

Viele Unternehmen sind sich weder über die Relevanz noch über die Reichweite des Datenschutzes im Klaren. Dies gilt in besonderem Maße für den Arbeitnehmer- und Bewerberdatenschutz.

Häufig lässt der Umgang mit diesen Daten im Rahmen der üblichen Personalmanagementprozesse sehr zu wünschen übrig.

So werden etwa regelmäßig Bewerberdaten ohne ausdrückliche Einwilligung des Bewerbers an innerbetriebliche oder externe Stellen in dem guten Glauben weitergegeben, dies sei unproblematisch und von einer stillschweigenden Akzeptanz des Betroffenen getragen. Auch werden Daten häufig nicht gelöscht, obwohl Bewerber eine Absage erhalten und es, jedenfalls zunächst, keinen Grund gibt, die Datensätze vorzuhalten. Auch die Vorhaltung von Bewerberdaten zum Zwecke der Bildung einer Sperrdatei im Sinne eines Filters, um bereits abgelehnte Bewerber bei erneuten Bewerbungen schnell ausfindig machen zu können, stößt auf große Bedenken. Eine solche Maßnahme dürfte regelmäßig nur nach ausdrücklicher, schriftlicher und jederzeit widerrufbarer Einwilligung des Betroffenen erlaubt sein.

Insbesondere auch die Weitergabe an im Ausland ansässige Tochtergesellschaften ohne eine gültige Einwilligung ist keine Ausnahme.

Auch die Tatsache, dass Personalakten nicht immer unter Verschluss gehalten werden oder aber Zugriffsrechte nicht eindeutig geregelt sind, stellt eine datenschutzrechtliche Pflichtverletzung dar.

Die datenschutzrechtlichen Baustellen, in besonderem Maße im Bereich des Personalwesens, sind mannigfaltig und bedürfen in besonderem Maße einer Überprüfung und Reorganisation im Sinne einer Corporate Compliance.

Die bisherige Zurückhaltung der Datenschutzbehörden im Bereich der Privatwirtschaft ist lediglich der Tatsache geschuldet, dass diese bisher nicht »völlig unabhängig« agieren konnten. Im Bereich der Privatwirtschaft beschränkte sich der Aktionsradius der Datenschutzbehörden auf wenige Wirtschaftsbereiche, wie den Adressenhandel, das Auskunfteigewerbe und in gewissem Maße auf den Versandhandel. Diese Zurückhaltung im Bereich der Privatwirtschaft wird sich jedoch in Zukunft ändern. Nicht zuletzt deshalb ist es angebracht, frühzeitig zu handeln und die Einhaltung des Datenschutzes im Unternehmen über die Umsetzung einer Corporate Compliance lückenlos zu gewährleisten.

Im Folgenden werden weitere wichtige Problemfelder im Überblick dargestellt:

- Verwendung von Personalfragebögen sowie Onlinebewerbungen.

  Bei diesen Arten von Datenerhebung ist stets Vorsicht geboten bzw. ist eine ausdrückliche schriftliche Einwilligung des Betroffenen zur Verarbeitung und Nutzung seiner Daten einzuholen.
- Speicherung von Arbeitnehmerdaten (z.B. auch Kontodaten, Urlaubs- und Krankheitstage) durch externes Lohnbüro.

  Die Erhebung und Verarbeitung der für die Entgeltabrechnung erforderlichen Daten beim Arbeitgeber ist regelmäßig bereits ohne ausdrückliche schriftliche Einwilligung zulässig. Soweit jedoch die Abrechnung durch ein externes Lohnbüro vorgenommen wird, handelt es sich um eine Auftragsdatenverarbeitung. Eine solche bedarf zumindest einer Datenschutzvereinbarung mit dem Auftragsdatenverarbeiter. Der Auftraggeber hat die Einhaltung des Datenschutzes zu gewährleisten, auch wenn er sich zur Datenverarbeitung der Hilfe externer Dritter bedient. Es ist nicht möglich, sich gänzlich von der datenschutzrechtlichen Verantwortlichkeit frei zu zeichnen und dies an Dritte zu übertragen. Im Falle der Auftragsdatenverarbeitung bleibt im Verhältnis zum Betroffenen der Auftraggeber verantwortlich.

- Die Weiterleitung von Arbeitnehmer- oder Bewerberdaten an interne und externe Stellen (auch im Zusammenhang mit Auftragsdatenverarbeitung bzw. externen Servern).

Hier ist regelmäßig mit einem Verstoß gegen das Bundesdatenschutzgesetz zu rechnen. Besondere Vorsicht ist bei der Weiterleitung von Daten ins außereuropäische Ausland, z.B. die USA, geboten. Dies unabhängig davon, ob es sich beim Datenempfänger um eine externe Gesellschaft oder um eine Tochtergesellschaft oder gar die Muttergesellschaft einer in Deutschland ansässigen Tochter handelt. Gerade hier kann sich eine Kollision zwischen deutschem Recht und dem US–Recht ergeben. Die USA verfügen über kein ausreichendes einheitliches Datenschutzniveau. In den USA börsennotierte Unternehmen sind jedoch nach US-Recht regelmäßig verpflichtet, Informationen an die Behörden weiterzugeben. Die Übermittlung bedarf der Vereinbarung bestimmter Vertragsklauseln. Hierbei handelt es sich um sog. von der EU-Kommission herausgegebene »Standardvertragsklauseln«. Die Vereinbarung solcher Klauseln mit Datenempfängern in den USA ist entbehrlich, wenn der Datenempfänger den sog. »Safe-Harbour-Principles« beigetreten ist.

- Die Speicherung von Personaldaten in technischen Vervielfältigungs- und Perpetuierungsvorrichtungen (z.B. Drucker, Kopierer, Faxgeräte).
- Die Speicherung von Personaldaten auf einem Server, auf den andere Arbeitnehmer oder Externe, z.B. IT–Dienstleister, uneingeschränkt Zugriff haben.

Hier bedarf es regelmäßig der Schaffung eines detaillierten Zugriffsberechtigungskonzepts.

- Die Weitergabe von Personaldaten zu beruflichen Zwecken, z.B. Empfehlung eines Arbeitnehmers sowie die Erhebung von Informationen bei früheren Arbeitgebern.
- Die Erstellung von Arbeitnehmerumfragen ohne Anonymisierung der Personaldaten.
- Die Beobachtung des laufenden oder bereits abgeschlossenen betrieblichen Schriftverkehrs, z.B. E-Mails (mit Einschränkungen).

Die Beobachtung der laufenden Korrespondenz im Falle der Duldung der Privatnutzung betrieblicher Kommunikationsmittel kann eine strafrechtlich relevante Verletzung des Fernmeldegeheimnisses bedeuten.

- Die Weitergabe von Personaldaten an externe Berater, z.B. Personalberater, Outplacement- oder Unternehmensberater.
- Die Weitergabe von Personaldaten an Entleiher-Unternehmen im Rahmen der Arbeitnehmerüberlassung.

Soweit eine persönliche Einwilligung des Betroffenen notwendig ist, stellt sich die Frage ihrer Reichweite und Wirksamkeit. Sie ist nur dann wirksam, wenn sie auf der Grundlage einer ordnungsgemäßen, umfassenden Aufklärung über mögliche Folgen der Datenverarbeitung erteilt wurde und jederzeit widerrufbar ist.

Hier stellt sich wiederum die Frage, inwieweit, in welcher Form und wie tiefgehend der Einwilligende über derart mögliche Folgen informiert werden muss.

In Anbetracht der vielfachen datenschutzrechtlichen Gefahren bei der Handhabung von Arbeitnehmer- und Bewerberdaten empfiehlt sich zunächst eine genaue Überprüfung der aktuellen datenschutzrechtlichen Situation und die Einführung von entsprechenden Sicherungsmaßnahmen. Hierzu zählen etwa auch der Abschluss von Zusatzvereinbarungen zum Arbeitsvertrag und die Verwendung von qualifizierten Einwilligungserklärungen bis hin zu Arbeitnehmerschulungen im Umgang mit Personal- bzw. Bewerberakten und ihrer schriftlichen Verpflichtung auf das Datengeheimnis gem. § 5 BDSG sowie der Abschluss von Betriebsvereinbarungen.

Bei größeren Unternehmen mit eigener Datenverarbeitung und mehr als vier Arbeitnehmern, die sich ständig mit der automatisierten Verarbeitung personenbezogener Daten befassen, bedarf es der Ernennung eines eigenen Datenschutzbeauftragten und der Erstellung eines Verzeichnisses aller im Unternehmen existierender Datenverarbeitungsverfahren.

Für Unternehmen, bei denen nicht mehr als vier Arbeitnehmer ständig mit der automatisierten Verarbeitung personenbezogener Daten befasst sind, besteht eine Meldepflicht für automatisierte Verarbeitungen an die Datenschutzbehörde.

Soweit ein Datenschutzbeauftragter für das Unternehmen existiert, muss diesem, insbesondere auch bei Auftragsdatenverarbeitung, eine Übersicht über folgende Angaben gegeben werden (sog. »Verfahrensverzeichnis«):

- Name oder Firma der verantwortlichen Stelle
- Geschäftsführer, gesetzliche Vertreter und Leiter der Datenverarbeitung
- Anschrift der verantwortlichen Stelle
- Zweckbestimmung der Datenerhebung, -verarbeitung, oder -nutzung

- Beschreibung der betroffenen Personengruppen, Daten bzw. Datenkategorien
- Empfänger der Daten
- Regelfristen für die Löschung der Daten
- Übermittlung in Drittstaaten (auch geplante Übermittlung)
- Beschreibung der Verfahren zur Beurteilung erforderlichen Maßnahmen
- Angaben über zugriffsberechtigte Personen
- datenverarbeitende Stelle; interner Ansprechpartner

Das Verfahrensverzeichnis korrespondiert inhaltlich mit den Angaben im Rahmen der Meldepflicht der Unternehmen, die keinen Datenschutzbeauftragten ernennen müssen.

Das Verfahrensverzeichnis muss auf Antrag »jedermann« in geeigneter Weise zur Verfügung gestellt werden. Dies gilt insbesondere für externe Antragsteller.

Der Datenschutzbeauftragte hat bei der Verarbeitung besonderer Daten eine sogenannte »Vorabkontrolle« durchzuführen (z.B. bei Angaben über die rassische oder ethnische Herkunft, politische Meinungen, religiöse Überzeugung, auch Gewerkschaftszugehörigkeit). Dies gilt auch, soweit etwa die Verarbeitung dazu geeignet ist, die Persönlichkeit des Betroffenen zu bewerten, inklusive seiner Fähigkeiten und seines Leistungsverhaltens (z.B. Analyse der Internetnutzung).

Gemäß § 9 BDSG in Verbindung mit Anlage 1 sind Unternehmen verpflichtet, die technischen und organisatorischen Maßnahmen zu treffen, die erforderlich sind, um die Ausführung der gesetzlichen Datenschutzanforderungen zu gewährleisten. Dies gilt auch im Fall der Auftragsdatenverarbeitung.

Um diese wenig griffige Formel transparenter zu machen, geht der Gesetzgeber von vier Stufen der Datenschutzbedürftigkeit aus, deren Einhaltung anhand von acht sogenannten Kontrollmaßnahmen gewährleistet werden soll.

Die Schutzstufen reichen von niedrig über mittel und hoch bis sehr hoch. In der Regel dürfte sich die Datenverarbeitung innerhalb des Spektrums der ersten drei Schutzstufen bewegen. Stufe vier stellt die Ausnahme dar.

Je nach Höhe der Schutzstufe bedarf es einer gesteigerten Intensität der jeweiligen Kontrollmaßnahmen.

Bei den sich aus § 9 Anlage 1 ergebenden Kontrollarten handelt es sich um die folgenden:

Zutrittskontrolle

Sie hat zu gewährleisten, dass nur berechtigte Personen Zutritt zu den Bereichen haben, in denen Daten verarbeitet bzw. gespeichert werden. Hierzu zählt z.B. die Festlegung von Sicherheitszonen, die Bestimmung zutrittsberechtigter Personen oder auch die Verwendung von Zugangskontrollsystemen.

Zugangskontrolle

Die Zugangskontrolle dient dazu, dass nur berechtigte Personen Zugang haben. Dies kann beispielsweise gewährleistet werden durch den Einsatz von Bildschirmschonern oder komplizierten Passwörtern oder der Anmeldeprotokollierung und Auswertung der Protokolle hinsichtlich etwaiger Fehlversuche.

Zugriffskontrolle

Die Zugriffskontrolle soll den Zugriff unberechtigter Personen auf Daten verhindern.

Maßnahmen zur Gewährleistung der Zugriffskontrolle sind z.B. die Identifizierung und Authentifizierung aller Benutzer, eine Datenverschlüsselung, aber auch eine datenschutzgerechte Entsorgung von Datenträgern (z.B. Vernichtung von alten Festplatten).

Weitergabekontrolle

Die Weitergabekontrolle soll die unberechtigte Weitergabe von Daten verhindern.

Maßnahmen der Weitergabekontrolle sind z.B. die Festlegung und Dokumentation der zur Datenübertragung berechtigten Personen und der eingesetzten Programme sowie der Empfänger der Daten.

Eingabekontrolle

Die Eingabekontrolle dient der Sicherheit der Datensubstanz. Es soll eine unberechtigte Bearbeitung der Daten verhindert werden, etwa durch die Protokollierung aller Dateneingaben und -veränderungen oder dem Einsatz elektronischer Signaturen.

Auftragskontrolle

Die Auftragskontrolle dient dazu zu gewährleisten, dass auch bei der Auftragsdatenverarbeitung die datenschutzrechtlichen Bestimmungen eingehalten werden. Hierzu gehört etwa die Fixierung durch Rechte und Pflichten in einem Vertrag und die entsprechende Sanktionierung von Vertragsbrüchen.

Verfügbarkeitskontrolle

Unter Verfügbarkeitskontrolle ist der Schutz der Daten vor Verlust oder Beschädigung zu verstehen.

Als Maßnahmen kommt vor allem die Durchführung von Risiko- und Schwachstellenanalysen in Betracht und die Erstellung eines Backup-Konzepts.

Trennungskontrolle

Das Trennungsgebot besagt, dass Daten, die zu unterschiedlichen Zwecken erhoben wurden, nicht zusammengeführt werden dürfen. Hierzu kann z.B. die Speicherung der Daten auf verschiedenen Rechnern notwendig sein, zumindest jedoch die logische Trennung auf einem Rechner gespeicherter Daten.

In jedem Fall empfiehlt es sich insbesondere im Bereich des Arbeitnehmer- und Bewerberdatenschutzes, technische und organisatorische Maßnahmen zur Implementierung eines geeigneten Datenschutzniveaus zu treffen.

Bei Verstößen gegen Datenschutzbestimmungen ist partiell mit schwerwiegenden Rechtsfolgen zu rechnen. Hierzu gehören Bußgelder bis zu 250 000 Euro und Freiheitsstrafen bis zu zwei Jahren (§§ 43, 44 BDSG).

Auch ist mit der Geltendmachung von Unterlassungs- und Beseitigungsansprüchen seitens der Betroffenen zu rechnen. Zum Beispiel kann dieser eine vollständige Datenvernichtung bzw. eine Anonymisierung der Daten verlangen bzw. ist bei schwerwiegenderen Eingriffen auch mit Schadensersatzansprüchen aus unbefugter Datenverarbeitung nach §§ 7,8 BDSG, 823 BGB zu rechnen.

Insbesondere die Pflicht zur nachträglichen Datenvernichtung oder Anonymisierung kann zu sehr aufwändigen und kostspieligen Folgemaßnahmen führen. Diese unerwünschten Folgen können durch Einführung einer Datenschutz-Compliance bereits im Vorfeld problemlos verhindert werden.

3 Möglichkeiten zur Vermeidung der Verletzung gesetzlicher Bestimmungen

Im Rahmen des Risikomanagements der Personalabteilung hat diese den gesamten Ablauf der Personalverwaltung und Personalbetreuung zu organisieren und durchzuführen. Dem Leiter der Personalabteilung beziehungsweise dessen Vorgesetzten oder aber dem Geschäftsführer obliegt wiederum die Überwachung der ordnungsgemäßen Umsetzung und Einhaltung der Vorgaben. Durch das Standardisieren von Verfahrensabläufen, die Verwendung von Checklisten, Prüfungsschemata und sonstiger Arbeitshilfen sowie der möglichen Zusammenarbeit mit der Rechtsabteilung oder externen Beratern können die Mitarbeiter der Personalabteilung ihre Aufgaben ordnungsgemäß erfüllen und damit zu einer Haftungsvermeidung im gesamten System des Risikomanagements beitragen.

Zur Vermeidung von Haftungsfolgen für die Unternehmensleitung ist sicherzustellen, dass keine Verletzung von Rechtspflichten in Bezug auf das Arbeitsverhältnis erfolgen kann, damit Nachzahlungen von Sozialversicherungsbeiträgen, Lohnsteuerbeträgen, Ausgleichsabgaben, Bußgeldern oder Schadensersatz sowie mögliche weitergehende Sanktionen verhindert werden. Solche Rechtsfolgen aus der Verletzung von entsprechenden Normen treffen bei fehlender Organisation regelmäßig die Geschäftsleitung. Zum Schutz ist es wichtig, eine entsprechende Aufgabendelegation vorzunehmen und entsprechend der Sachnähe der verantwortlichen Mitarbeiter diese in der Organisation und Umsetzung einzugliedern. Bei einer entsprechenden ordnungsgemäßen Aufgabendelegation und Umsetzung innerhalb des Unternehmens und der Abteilung verringert sich die Haftung der Geschäftsleitung auf die summarische Kontrolle und Überwachung von diesen Verfahrensabläufen.

Neben der Organisation und Umsetzung der Verfahrensabläufe innerhalb der Personalabteilung sollte sichergestellt sein, dass möglicherweise in Zusammenarbeit mit der Rechtsabteilung oder dem Controlling eine umfassende Stellvertreterregelung für die einzelnen Abteilungen, eine verbindliche Unterschriftenregelung sowie eine Urlaubs- und Abwesenheitsregelung erstellt wird. Daneben sollte eine klare Zuständigkeitsregelung und Aufgabenverteilung auf einzelnen Ebenen und Hierarchiestufen innerhalb der Abteilungen und des gesamten Unternehmens vorhanden sein.

Exkurs:

Bei verbundenen Unternehmen[253] oder Konzernen[254] ist darüber hinaus eine übergreifende und klare Regelung für die Mutter- und Tochtergesellschaften zu erstellen. Für den Fall, dass eine internationale Beziehung zwischen der Mutter- und Tochtergesellschaft besteht oder ein internationaler Konzern betroffen ist, sollte unter Berücksichtigung der jeweiligen länderspezifischen Regelungen und gesetzlichen Vorschriften eine Abstimmung der Vertretungsverhältnisse und Vollmachten erfolgen.

253) § 271 HBG.
254) § 15 AktG.

Gerade hier sind die Unterschiede bei den Rechtssystemen im angloamerikanischen Bereich und in Europa, respektive Deutschland, zu beachten, um eine einheitliche Regelung herbeiführen zu können. Während im angloamerikanischen Gesellschaftssystem oftmals eine Verbindung und Vermischung bei der Aufsicht und Führung eines Unternehmens vorhanden ist, wird in Deutschland eine strenge Trennung von Aufsichtsorganen (Beirat bei der GmbH und Aufsichtsrat bei der AG) sowie der Unternehmensführung vorgenommen.

Der vorgegebene Verfahrensablauf und die sorgfältige Umsetzung durch die zuständigen Mitarbeiter sind dringend notwendig, um eine Einhaltung der verschiedenen rechtlichen Vorgaben und zwingenden gesetzlichen Regelungen zu gewährleisten. Bei der Vielzahl der arbeitsrechtlichen, sozialrechtlichen, öffentlich-rechtlichen und sonstigen Schutzvorschriften kann deren Beachtung nur dadurch gewährleistet sein, dass anhand ausführlicher Checklisten die Behandlung des jeweiligen Sachverhaltes vorgegeben ist. Wegen der hohen Fehleranfälligkeit und der großen Wahrscheinlichkeit von Rechtsverstößen im Bereich des Personalwesens aufgrund mangelnder Kenntnis von Vorschriften und Reglementierungen und der damit verbundenen Haftungsgefahren, ist es zwingend notwendig, dass die Arbeitsabläufe nachvollziehbar, überprüfbar und für Dritte transparent sind.

Im Rahmen der Organisationsüberwachung ist die stichprobenartige und regelmäßige Überprüfung der Einhaltung der Verfahrensabläufe und der definierten Standards durch den jeweiligen Vorgesetzten der Abteilung vorzunehmen und zu dokumentieren. Für den Fall, dass es wiederholt zu Verstößen oder der Nichteinhaltung der Verfahrensabläufe kommt, ist dieses Fehlverhalten sofort zu unterbinden. Gegebenenfalls müssen die Verfahrensabläufe intern weiter überprüft und deren Einhaltung durchgesetzt werden.

Daneben sind für spezielle Bereiche aufgrund der gesetzlichen Vorgaben bestimmte Beauftragte zu benennen, die in diesen Bereichen wiederum besondere Funktionen und Verantwortungen übernehmen. Hierbei sei beispielhaft nochmals der bereits oben erwähnte Datenschutzbeauftragte (§ 4f BDSG) genannt sowie die Fachkraft für Arbeitssicherheit (§ 5 ASiG) oder der Sicherheitsbeauftragte (§ 22 SGB VII) bzw. ein »Compliance Officer«. Diese Personen müssen in die gesamte Organisation eingebunden werden, und es ist eine enge Kommunikation sowie Zusammenarbeit im Rahmen der täglichen Arbeit zu gewährleisten.

Neben der Einführung und Definition von Verfahrensabläufen und Standards ist im Bereich des Personalwesens darauf zu achten, dass der Mitarbeiter für das Unternehmen einen hohen Wert besitzt. Dieser Wert definiert sich nicht alleine durch die fachliche Qualifikation und sein Wissen oder

Kenntnisstand, sondern vielmehr durch seine Beziehung zum und Bindung an das Unternehmen, zu Kunden, Lieferanten und Dritten. Seine Betriebskenntnis, seine Erfahrungen über Betriebsabläufe sowie seine Kenntnis der Strukturen innerhalb des Unternehmens ist nicht zu unterschätzen. Diesen Wert gilt es zu erhalten und zu pflegen und der Mitarbeiter ist entsprechend zu schützen. Gleichzeitig ist allerdings bei einem Wechsel des Mitarbeiters darauf zu achten, dass dieser sein intern gewonnenes Wissen nicht zum Schaden des Unternehmens einsetzen kann. Mögliche Schäden müssen abgewendet werden und im Rahmen der arbeitsvertraglichen und nachvertraglichen Regelungen ist daher eine umfassende Vereinbarung bzgl. der gegenseitigen Rechte und Pflichten sicherzustellen.

Übersicht über einige wichtige Maßnahmen (Checkliste)

Beschäftigungsverhältnis

- ☐ **Recruiting:** Überprüfung bereits bei der Stellenausschreibung auf AGG-Konformität und Beachtung der Vorschriften des AGG bei der Auswahl der Bewerber, der Durchführung von Bewerbungsgesprächen, des internen Auswahlverfahrens und der Absage. Auswahl anhand objektiver Kriterien und von sachlichen Gründen. Dokumentation der Entscheidungen.
- ☐ **Laufendes Beschäftigungsverhältnis:** HR-Audit für die laufenden Personalverwaltungsprozesse zur Verhinderung von Diskriminierungen und Benachteiligungen sowie zur Abwehr von Schadensersatzforderungen. Einhaltung der gesetzlichen Informations-, Melde- und Dokumentationsvorschriften durch den Arbeitgeber. Einhaltung der gesetzlichen Vorschriften im Arbeitsrecht und der arbeitsrechtlichen Schutznormen sowie der speziellen Arbeitsplatzschutzvorschriften. Beachtung der speziellen Regelungen bei Beschäftigung von Ausländern. Berücksichtigungen der Besonderheiten bei Arbeitnehmerüberlassung und -entsendung.
- ☐ **Beendigung von Beschäftigungsverhältnissen:** Beachtung der gesetzlichen Regelungen des Kündigungsschutzgesetzes, der Mitbestimmungsrechte des Betriebsrates, der besonderen Arbeitnehmerschutzgesetze, der gesetzlichen Kündigungsverbote und der Mitbestimmungsrechte der Aufsichtsbehörden. Einhaltung der arbeits- und sozialrechtlichen Informations- und Meldeverpflichtungen durch den Arbeitgeber. Organisation und Steuerung der Abwicklung des Beschäftigungsverhältnisses und Rückgabe der überlassenen Gegenstände.

Implementierung von Corporate Compliance

- ☐ Verpflichtung aller Mitarbeiter zur Einhaltung aller Gesetze und Richtlinien je nach Einzelfall anhand Direktionsrecht, Arbeitsvertrag oder Betriebsvereinbarung.
- ☐ Schaffung eines Sanktionssystems über ausdrücklichen Hinweis auf arbeitsrechtliche Konsequenzen bei Nichteinhaltung der Corporate-Compliance-Regelungen.
- ☐ Stetige Kontrolle der Einhaltung und Umsetzung von Maßnahmen bei Zuwiderhandlung, insbesondere bei Verstößen gegen AGG (Gesetzliche Pflicht des Arbeitgebers).

Besondere Organisationspflichten aufgrund des AGG

- ☐ Informationsverpflichtung des Arbeitgebers über das AGG und Bekanntmachung sowie Aushang der Gesetzestexte. Durchführung von internen Schulungen, Erstellung einer internen (Antidiskriminierungs-)Richtlinie zur Vermeidung von Benachteiligungen und Diskriminierung.
- ☐ Organisation von Betriebsabläufen und Durchführung eines AGG-Audit. Anpassung der Verfahrensabläufe innerhalb des Unternehmens und Dokumentation der Ergebnisse.

Einhaltung des Datenschutzes

- ☐ Überprüfung der unternehmensinternen Strukturen und Dokumentation auf Übereinstimmung mit dem Datenschutz (Datenschutzaudit).
- ☐ Ständige Gewährleistung der Einhaltung des Datenschutzes über Hinweise und Schulungen des Personals, insbesondere der Personalabteilung.
- ☐ Erforderliche technische und organisatorische Maßnahmen zur Einhaltung des Bundesdatenschutzgesetzes nach § 9 Bundesdatenschutzgesetz, insbesondere Verschluss von Personalakten und -daten sowie Einrichtung eines Zugriffsberechtigungskonzepts.
- ☐ Bei Weitergabe von Daten im Einzelfall vorherige Einholung von Einwilligungserklärungen der Betroffenen
- ☐ Verpflichtung zur Einhaltung des Datenschutzes auch bei Auftragsdatenverarbeitung
- ☐ Einrichtung eines Datenschutzbeauftragten bei Unternehmen mit eigener Datenverarbeitung und mehr als vier Mitarbeitern, die sich ständig

mit automatisierter Verarbeitung personenbezogener Daten beschäftigen
- ☐ Erstellung einer Übersicht über alle datenschutzrelevante Angaben (Verfahrensverzeichnis)

Vermeidung der Verletzung gesetzlicher Bestimmungen

- ☐ Organisation der Personalverwaltung durch Standardisierung von Verfahrensabläufen, die Vorgabe und Verwendung von Checklisten, Prüfungsschemata und sonstigen Arbeitshilfen.
- ☐ Überwachung der Umsetzung und Einhaltung der Verfahrensabläufe. Zusammenarbeit mit anderen Abteilungen und externen Beratern. Regelmäßige Überprüfung und Anpassung der Abläufe und Sicherung der Standards.

4 Literatur

Erfurter Kommentar zum Arbeitsrecht, 8. Auflage, München 2008

Hauschka, Ch.: Corporate Compliance, München 2007

Küttner, W./Röller, J., Personalbuch 2008, München 2008

Münchner Kommentar Bürgerliches Gesetzbuch, Allgemeines Gleichbehandlungsgesetz, Band 1/2. Halbband, 5. Auflage, München 2007

VII.
Unternehmensfinanzierung

Ingolf Zschockelt

1 Einführung

Corporate Compliance ist grundsätzlich kein neuer Begriff. Lediglich die Häufung von Rechtsverstößen in der Welt der Unternehmen und Unternehmer führt zu einer veränderten Wahrnehmung und zu einer Verschiebung von Schwerpunkten in der Beurteilung von Handlungen dieser. Der Gesetzgeber sieht sich gehalten, immer neue Regelungen zur Vermeidung von Rechtsmissbrauch und –umgehung zu schaffen. Dabei ist der Rechtsrahmen für Handlungen und Unterlassungen von Unternehmern und Mitarbeitern der Unternehmen grundsätzlich bereits abgesteckt. Es geht letztendlich um die Legalität der Handlungen und die Vermeidung von illegalen Handlungen im Unternehmen durch die Schaffung einer geeigneten Organisation, der Corporate Compliance. Diese Corporate Compliance kann auch als organisatorisches Maßnahmenpaket definiert werden, das das rechtskonforme Verhalten des Unternehmens sowie der im und für das Unternehmen handelnden Personen gewährleistet.[255)] Allerdings geht das Verständnis von Corporate Compliance heute schon weit über die rechtlichen Mindestanforderungen hinaus und schließt auch interne Standards des Unternehmens mit ein.[256)] Der Deutsche Corporate Governance Kodex verpflichtet den Vorstand, den Aufsichtsrat regelmäßig, zeitnah und umfassend auch über die Compliance zu informieren[257)] und dafür Sorge zu tragen, dass sowohl die gesetzlichen Bestimmungen als auch unternehmensinternen Richtlinien eingehalten werden.[258)]

Die Installation einer Corporate Compliance zielt auf die Erarbeitung eines Früherkennungssystems für illegale Handlungen durch die Schaffung

255) Bürkle, J.: »Corporate Compliance – Pflicht oder Kür für den Vorstand der AG?«, in: Betriebs-Berater 2005, S. 565.

256) Rodewald, J./Unger, U.: »Kommunikation und Krisenmanagement im Gefüge der Corporate Compliance-Organisation«, in: Betriebs-Berater 2007, S.1635.

257) DCGK in der Fassung vom 14. Juni 2007, Regierungskommission DCGK, Punkt 3.4.

258) DCGK in der Fassung vom 14. Juni 2007, Regierungskommission DCGK, Punkt 4.1.3.

Praxishandbuch Corporate Compliance. Axel Jäger, Christian Rödl und José A. Campos Nave

ISBN 978-3-527-50395-7

eines Instruments bzw. einer Organisation, die durch eine hohe Transparenz, aber auch durch Kontrollhürden illegale Handlungen möglichst frühzeitig aufdeckt bzw. direkt unterbindet. An diesem Ziel muss sich eine etablierte Organisation letztendlich messen lassen. Es stellt sich jedoch die Frage, inwieweit Handlungen und Unterlassungen von Mitarbeitern, Handlungsbevollmächtigten oder anderen Vertretern von Unternehmen und Unternehmern so transparent gemacht werden können, dass sämtliche Motivation zu Rechts- und Regelverstößen reduziert werden kann.

Der Bereich Unternehmensfinanzierung ist ein besonders sensibler Bereich im Unternehmen. In diesem Bereich werden insbesondere liquide oder auch schnell liquidierbare Vermögenswerte bewegt und häufig auch Transaktionen mit wesentlichen Be- oder Entlastungen des Unternehmens abgeschlossen. Geld ist einer der flüchtigsten Vermögenswerte und von daher auch mit besonderer Vorsicht in der Organisation zu behandeln. Durch die besondere Bedeutung dieses Bereiches erhalten sämtliche Pflichten zur Handlung oder Unterlassung sowohl für das Management als auch für die Mitarbeiter eines Unternehmens besonderes Gewicht. Der »Griff in die Kasse« ist wesentlich öfter als kriminelles Delikt festzustellen, als es den Organisationen lieb ist. Dabei ist die kriminelle Energie zur Verletzung von rechtlichen oder auch internen Vorgaben sowohl in den Managementetagen als auch bei den Mitarbeitern in vielen Fällen festzustellen.

Im Rahmen dieses Abschnittes werden wesentliche Aspekte der Corporate Compliance im Bereich der Unternehmensfinanzierung beleuchtet, Gefahren des Missbrauchs erläutert und Möglichkeiten zur Vermeidung von Rechts- und Regelverstößen dargestellt.

2 Ausgewählte Bereiche der Unternehmensfinanzierung

2.1 Systematisierung

Die Kapitalbeschaffung von Unternehmen kann grundsätzlich nach der Herkunft der Finanzmittel in Innen- und Außenfinanzierung unterschieden werden.[259] Die Innenfinanzierung ist dabei die Erhöhung der Kapitaldecke bzw. der Liquidität des Unternehmens aus dem operativen Geschäft bzw. der Nutzung unternehmenseigener Vermögenswerte. Damit werden Gewinne des Unternehmens einbehalten (thesauriert) und stehen dem Ge-

259) Stadler, W. (Hrsg.): »Venture Capital und Private Equity; Erfolgreich wachsen mit Beteiligungskapital«, Köln 2000, S. 128.

schäftsbetrieb zukünftig weiter zur Verfügung.[260] Liquide Mittel, welche dem Unternehmen von Personen, Personengruppen oder Unternehmen in Form von Krediten oder Beteiligungen zugeführt werden, werden unter dem Begriff der Außenfinanzierung subsumiert.

Eine weitere Unterscheidung wird nach der Rechtsstellung der Kapitalgeber gegenüber dem finanzierten Unternehmen in Eigen- und Fremdfinanzierung vorgenommen[261]. Die dabei auf Basis der Finanztransaktion entstehenden Finanzierungstitel beinhalten je nach Konstellation mehr oder weniger riskante Anwartschaften auf zukünftige Cashflows in Form von Zinsen bei Fremdfinanzierungen oder Ausschüttungen bei Eigenfinanzierungen. Die Eigenfinanzierung berücksichtigt sowohl die Gewinneinbehaltung als Form der Innenfinanzierung als auch die Zuführung und Erhöhung des Eigenkapitals durch Einlagen der Anteilseigner.[262]

Die Fremdfinanzierung erfolgt in den verschiedensten Formen von Kreditfinanzierung über Anleihen bis hin zu Leasing. [263] Wichtig ist bei der Unterscheidung zwischen Eigen- und Fremdfinanzierung die Stellung der Geldgeber als Gesellschafter oder Gläubiger des Unternehmens, die wiederum die Stellung des Kapitalgebers in Bezug auf das Unternehmen und den Grad der Einflussnahme des Kapitalgebers auf die Geschicke des Unternehmens und die Entscheidungen des Managements bestimmt.[264]. Aus dieser Stellung des Kapitalgebers ergibt sich somit auch die Eskalation der möglichen Haftungsrisiken des Managements gegenüber dem Kapitalgeber.

Wichtig ist in diesem Zusammenhang, dass sämtliche Finanzierungstitel, unabhängig, ob es sich nun um Beteiligungstitel oder Forderungstitel handelt, immer bestimmte Rechte beinhalten, welche den Rahmen für eine gesetzes- oder vertragskonforme Handlung bilden. Dabei kann es sich um Informations-, Mitentscheidungs-, Mitwirkungs-, Kontroll- oder Gestaltungsrechte handeln.[265] Im Rahmen der Corporate Compliance sind diese Rechte zu erfassen und zu inventarisieren, damit die Einhaltung solcher Rechte und Pflichten kontrolliert und dokumentiert werden kann.

Im Rahmen der Darstellung der wesentlichen Instrumente der Unternehmensfinanzierung werden auch die Stellung der handelnden Personen,

260) Grunow, H.-W./Figgener, S.: »Handbuch Moderne Unternehmensfinanzierung – Strategien zur Kapitalbeschaffung und Bilanzoptimierung«, Berlin, Heidelberg 2006, S. 249.

261) Rudolph, B.: »Unternehmensfinanzierung und Kapitalmarkt«, Tübingen 2006, S. 5.

262) Stadler, W. (Hrsg.): »Die neue Unternehmensfinanzierung – Strategisch Finanzieren mit bank- und kapitalmarktorientierten Instrumenten«, Frankfurt 2004, S. 129.

263) Rudolph, B., a.a.O., S.381 ff.

264) Einen guten Überblick über verschiedene Instrumente der Unternehmensfinanzierung und deren Auswirkung auf die Unternehmensführung gibt: Grunow, H.-W./Figgener, S., a.a.O., S. 318 f.

265) Rudolph, B., a.a.O., S. 5.

daraus resultierende Pflichten des Managements bzw. der Unternehmung gegenüber den Kapitalgebern dargestellt.

2.2 Eigenfinanzierung

2.2.1 Charakterisierung

Als Eigenfinanzierung werden diejenigen Finanzierungsinstrumente verstanden, welche den Kapitalgeber in eine Gesellschafterstellung bringen. Der Eigenkapitalgeber erhält einerseits für sein Engagement einen Anspruch auf Gewinnanteile des Unternehmens, riskiert aber andererseits auch den vollständigen Verlust seiner Investition.[266] Er erhält für seine Investition auf Basis des Gesellschaftsvertrages einen Beteiligungstitel. Mit diesem Titel haftet der Kapitalgeber für die Schulden des Unternehmens und erhält dafür einen Residualanspruch, der nach Bedienung der Ansprüche der Inhaber der Forderungstitel wirksam wird.[267] Das Eigenkapital als Finanzierungsinstrument ist gegenüber sämtlichen anderen Finanzierungsinstrumenten nachrangig gestellt. Das bedeutet, dass der Residualanspruch aus dem Titel erst nach Erfüllung der Ansprüche sämtlicher anderer Titelinhaber bezogen auf das Vermögen der Organisation beglichen wird. Der Kapitalgeber erhält für die Bereitstellung von Eigenmitteln einerseits die größte Ertragschance, andererseits jedoch ist die Finanzierung mit der geringsten Sicherheit ausgestattet.[268] Hier zeigt sich der Charakter des Eigenkapitals.

Dem Eigenkapitalgeber stehen grundsätzlich nur dann Zahlungsansprüche zu, wenn eine Dividendenausschüttung auf Basis von Unternehmensgewinnen beschlossen wurde. Ausnahmsweise kann auch eine Kapitalherabsetzung vorgenommen werden, sofern die Regeln zur Kapitalerhaltung des § 30 GmbHG analog und § 57 AktG analog eingehalten wurden. Für Aktiengesellschaften ist die Ausschüttungssperre im § 58 Abs. 5 AktG kodifiziert. Eine Dividendenausschüttung heute bedeutet auf der anderen Seite Verzicht auf einen Auszahlungsanspruch des Gesellschafters in Zukunft.[269] Hier stellt sich die Frage nach der optimalen Dividendenpolitik, welche nicht Gegenstand der weiteren Betrachtungen ist.

Für die Gläubiger der Gesellschaft, also die vorrangig gestellten Parteien, ist die Eigenfinanzierung stets auch die Haftungsmasse der Organisation bei negativer Geschäftsentwicklung. Somit eignet sich Eigenkapital be-

266) Grunow, H.-W./Figgener, S., a.a.O., 2006, S. 247.
267) Rudolph, B., a.a.O., S. 5.
268) Stadler, W. (Hrsg.), a.a.O., 2004, S. 129.
269) Rudolph, B., a.a.O., S. 441.

sonders für Wachstumsfinanzierungen, für Unternehmensübernahmen oder zur Ablösung von Fremdkapital. Im Krisenfall hat es die positive Eigenschaft, nicht bedient und erst bei Liquidation der Gesellschaft als Residualanspruch ausgezahlt werden zu müssen.[270)]

Wie riskant dabei die jeweilige Investition ist, lässt sich nur anhand des Risikos des jeweiligen Unternehmens definieren. Ein erhöhtes Risikoprofil des Unternehmens bedingt auch eine höhere Renditeerwartung des Gesellschafters, sonst wird das Unternehmen keine adäquate Finanzierung einwerben können.

Das klassische Eigenkapital ist charakterisiert durch die direkte Übernahme von Anteilsrechten an einem Unternehmen gegen Einlage von Bar- oder Sachmitteln.[271)] Bei Aktiengesellschaften werden die Ansprüche aus diesem Instrument zur Verbesserung der Handelbarkeit in Form einer Aktie verbrieft. Die Rechtsbeziehungen zwischen den Gesellschaftern untereinander, zu den Gläubigern der Gesellschaft und dem Unternehmen sind weitestgehend standardisiert und in den relevanten Gesetzen näher geregelt, und der Haftungsrahmen ist je nach Gesellschaftsform festgelegt. Ist bei einer Kapitalgesellschaft die Haftung in der Regel auf die erbrachte Einlage beschränkt, so haften Gesellschafter von Personengesellschaften regelmäßig zusätzlich mit ihrem gesamten Vermögen.

2.2.2 Einlagenfinanzierung

Eine Einlagenfinanzierung erfolgt entweder im Zeitpunkt der Gründung eines Unternehmens oder im Rahmen einer Kapitalerhöhung bei einem bereits bestehenden Unternehmen. Die Einlage kann in verschiedener Weise eingebracht werden. Die unproblematischste Form der Erbringung der Einlage ist die Leistung in Bar auf das Gesellschaftskonto des Unternehmens.

Eine weitere Form der Einlagenleistung ist die Erbringung in Form der Sacheinlage. Sacheinlagen sind eine Leistung in Form von Vermögenswerten nicht liquider Form anstatt einer Zahlung in Bar. Die Form und der Wert der Sacheinlage sind entweder im Gesellschaftsvertrag oder im Kapitalerhöhungsbeschluss festgelegt. Für eine Sacheinlage kommen folgende Vermögenswerte in Frage:

- Eigentum an Sachen
- Forderungen gegen Dritte
- Hypotheken oder Grundschulden (Grundpfandrechte)

270) Grunow, H.-W./Figgener, S., a.a.O., S. 251.
271) Grunow, H.-W./Figgener, S., a.a.O., S. 250.

- Dauerhafte Gebrauchsüberlassung von Maschinen, technischen Anlagen oder sonstigen Betriebsmitteln
- Einbringung von anderen Unternehmen

Die Leistung der Sacheinlage anstatt Bargeld, der reale Wert der Sacheinlage und weitere detaillierte Angaben sind für die Wirksamkeit im Gesellschaftsvertrag bzw. Kapitalerhöhungsbeschluss zu erfassen. Erfolgt eine Sacheinlage anstatt einer Barleistung und ist diese nicht entsprechend vermerkt oder ist der reale Wert der Sacheinlage niedriger als der Betrag der Einlage bzw. der Kapitalerhöhung, so kommt es zu einer fehlerhaften Sacheinlage (verdeckte Sacheinlage), die zu einer Nachschussverpflichtung beim entsprechenden Gesellschafter führt.

In der bisherigen Praxis ist es bereits etabliert, dass bei einer GmbH für den Fall, dass es bei der Gründung mehr als einen Gesellschafter gibt, das Grundkapital in Höhe von Euro 25 000 lediglich zur Hälfte eingezahlt werden muss und der Restbetrag entweder zu einem späteren Zeitpunkt eingezahlt oder aus Gewinnen der Gesellschaft aufgestockt wird. Für die GmbH gibt es in diesem Falle ein Verbot der Dividendenausschüttung an die Gesellschafter solange, bis das Grundkapital vollständig aufgefüllt ist.

Die Änderung aufgrund des aktuellen Gesetzes zur Modernisierung des GmbH-Rechts und zur Bekämpfung von Missbräuchen (MoMiG) sieht zusätzlich eine Änderung im Bereich der verdeckten Sacheinlage vor.

Im Rahmen der Corporate Compliance sind somit sämtliche Dokumente und Prozesse von Bedeutung, die mit der Aufbringung des Haftungskapitals (hier insbesondere der Gesellschaftsvertrag und die gesetzlichen Vorschriften) bzw. der Einhaltung der Kapitalerhaltungsvorschriften (gesetzliche Vorschriften und aktuelle Rechtsprechung) zusammenhängen.

2.2.3 Beteiligungsfinanzierung

Im Mittelpunkt der Betrachtungen in diesem Abschnitt sind die Beteiligungsformen Private Equity, Venture Capital sowie die Platzierung von Unternehmensanteilen im Publikum (Börsengang, IPO). Die Beteiligungsfinanzierung grenzt sich von der typischen Einlagenfinanzierung dadurch ab, dass die Eigenkapitalgeber in der Regel kein Interesse haben, sich im operativen Geschäftsbetrieb zu engagieren und sich der Anlagehorizont eher auf eine mittel- als langfristige Perspektive beschränkt.[272] Ein Extrem bei dieser Finanzierungsform ist, dass die Beteiligung durch den Investor lediglich als Finanzinvestition gesehen wird und kein Einfluss auf die opera-

272) Grunow, H.-W./Figgener, S., a.a.O., S. 249.

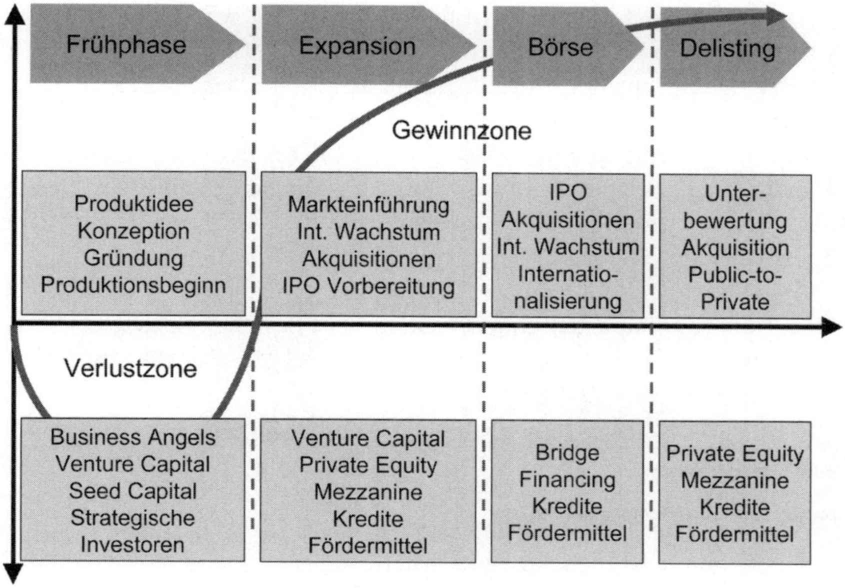

Quelle: Vgl. Stadler, W. (Hrsg.): Venture Capital und Private Equity, 2000, S. 34

Abb. 9: Unternehmensfinanzierung in verschiedenen Lebensphasen

tiven Geschäfte vorgesehen ist und auch die langfristige Überlebensfähigkeit des Anlageobjektes nicht unbedingt im Fokus der Investoren steht.[273] Die Unterscheidung zwischen Venture Capital und Private Equity orientiert sich an der Risikolage des Unternehmens und in diesem Falle insbesondere an der aktuellen Lebenssituation desselbigen.

Diese Form der Eigenkapitalfinanzierung wird auch als Risikokapital bezeichnet, da es direkt am Verlust des Unternehmens Anteil nimmt und als Eigenkapital strukturiert ist.[274] Der Risikokapitalgeber fungiert hier als Finanzintermediär, der Geld bei Investoren einsammelt und anschließend in ein Portfolio von Unternehmen investiert. Die Beteiligungsverträge in diesem Bereich sind meist sehr umfangreich und geben den Investoren weitreichende Informations-, Mitentscheidungs-, Mitwirkungs-, Kontroll- oder Gestaltungsrechte. Aufgrund dessen, dass die Investoren meist branchenfremde Personen oder Organisationen darstellen, gibt es ein besonderes Interesse, weitgehende Rechte eingeräumt zu bekommen.

Private Equity-Investoren werden den Unternehmenswert der Beteiligung so lange optimieren, bis der Unterschiedsbetrag zwischen Kaufpreis

273) Grunow, H.-W./Figgener, S., a.a.O., S. 266.
274) Stadler, W. (Hrsg.), a.a.O., S. 194f.

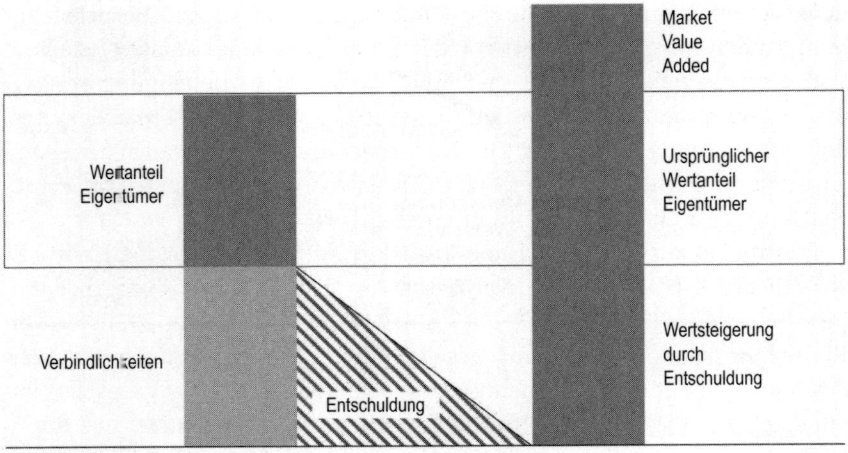

Quelle: Eigene Darstellung

Abb. 10: Funktionsschema eines LBOs

der Beteiligung und Verkaufserlös maximiert ist.[275] Dabei ist es irrelevant, in welchem Zeitraum diese Maximierung stattfindet, sofern der Anlagehorizont, der in der Regel maximal 7 bis 10 Jahre beträgt, nicht überschritten wird. Die Beurteilung des optimalen Ausstiegszeitpunktes wird in der Regel anhand der Kennzahl Internal Rate of Return (IRR) beurteilt.[276] Die Renditeerwartung der Private Equity-Investoren liegt in der Regel bei einem IRR zwischen 20% und 30%.

Ein wesentlicher Teil des Kaufpreises im Rahmen einer Private Equity-Transaktion wird durch die Aufnahme einer Bankverschuldung aufgebracht (Leverage[277]), deren Zins- und Tilgungsbelastung während der Kreditvertragslaufzeit durch das operative Geschäft geleistet wird.[278] Diese Transaktionen werden üblicherweise deshalb auch als Leveraged Buy-outs (LBOs) bezeichnet. Wesentliche Voraussetzung für die Höhe der Kreditbelastung ist damit die Belastbarkeit des Unternehmens bzw. operativen Geschäftes über die Laufzeit. In folgender Grafik ist die Funktionsweise eines LBOs schematisch dargestellt:

Neben den üblichen juristischen Rahmenbedingungen gelten im Zusammenhang mit Private Equity und Venture Capital weitreichende vertrag-

275) Grunow, H.-W./Figgener, S., a.a.O., S. 268.

276) Einen sehr guten Einblick über den Zusammenhang von Zeit und Rendite bei Private-Equity-Investments gibt: Mittendorfer, R.: »Praxishandbuch Akquisitionsfinanzierung – Erfolgsfaktoren fremdfinanzierter Unternehmensübernahmen«, Wiesbaden 2007, S. 35.

277) Zum Leverage-Effekt siehe: Mittendorfer, R., a.a.O., S. 30f.

278) Stadler, W. (Hrsg.), a.a.O., 2004, S. 249.

liche Vereinbarungen, welche im Rahmen der Compliance Berücksichtigung finden müssen. So werden im Rahmen der Akquisitionsdokumentation Verträge zwischen Investoren und Management (Beteiligungsvertrag) und zwischen dem Unternehmen, Investoren und Banken (Finanzierungsdokumentation) geschlossen. Die Dokumentation zur Fremdfinanzierung ist umfangreich und es wurden zur Absicherung der Fremdfinanzierung weitgehende Sicherungsbelastungen vereinbart.

Positiv fällt auf, dass durch die Realisierung von LBOs als betriebswirtschaftlicher Aspekt auch eine Verbesserung der Corporate Governance empirisch festgestellt wurde.[279] Hier spielt insbesondere der Transfer von Know-how von den Beteiligungsgesellschaften und deren Management auf das Management der Unternehmen eine Rolle. Private Equity-Gesellschaften spielen in diesem Bereich eine wesentliche Transformationsrolle für eine Professionalisierung der Unternehmen.[280]

2.2.4 Aktien

Die Fungibilität von Geschäftsanteilen ist hinsichtlich der Grundsätze des vollkommenen Marktes immanent für einen funktionierenden Markt in diesem Bereich. Allerdings ist hinsichtlich der Geschäftsanteile an der GmbH (zum Beispiel) oftmals kein funktionierender Markt vorhanden. Eine Verbriefung der Geschäftsanteile (Aktien) und die Schaffung einer geeigneten Handelsplattform soll diesem Problem Abhilfe schaffen. Die Schaffung dieser Handelsplattform bringt allerdings für die Aktiengesellschaften auch einen umfassenden Katalog von Informationspflichten mit sich, den es zu erfüllen gilt.

Folgende Rechte sind im Wesentlichen für den Aktionär mit seinem Aktienanteil verbunden:

- Dividendenanspruch
- Recht zur Teilnahme an der Hauptversammlung
- Informationsrecht
- Bezugsrecht bei Kapitalerhöhungen
- Recht auf Beteiligung am Liquidationserlös

In der Gestaltung der Wertpapiere gibt es Unterschiede, die die Aktien in deren Ausgestaltung in vier Gattungen unterteilen. Es handelt sich dabei um Stammaktien, die das Stimmrecht bei Aktionärsversammlungen und Dividendenansprüche beinhalten, um Vorzugsaktien, die kein Stimmrecht ent-

279) Mittendorfer, R., a.a.O., S. 61.
280) Stadler, W. (Hrsg.), a.a.O., 2000, S. 243.

halten, dafür aber mit höheren Dividendenansprüchen ausgestattet sind, um Inhaberaktien, die sämtliche Rechte einer Stammaktie enthalten, aber auf den Inhaber lauten und dadurch die Fungibilität erhöhen, und um die Namensaktie, die ebenfalls eine Stammaktie bedeutet, allerdings ist hier der Name des Aktionärs auf der Aktie vermerkt, was die Fungibilität einschränkt.[281] Vinkulierte Namensaktien sind eine spezielle Gruppe von Namensaktien, deren Übertragung an die Zustimmung der Organe der Aktiengesellschaft gebunden ist.[282]

Zudem führte die Möglichkeit des Handels mit Aktien und die damit verbundene Möglichkeit der Kapitalanlage für viele Kleinanleger dazu, dass die Aktiengesellschaft im Vergleich zu anderen Gesellschaftsformen eine große Regelungsdichte erfahren hat.[283] Mit seinen über 30 Paragraphen (§§ 23-53 AktG) legt das Aktiengesetz sehr detailliert den Ablauf und die Voraussetzungen für eine Gründung einer Aktiengesellschaft fest. Der Gründungsprozess ist dadurch in Prozessschritte untergliedert, die im Sinne des Investorenschutzes den Gründungsprozess sehr genau regulieren und dadurch missbräuchliche Gründungen vermeiden sollen.

Um eine Finanzierung über Aktien auf dem Publikumsparkett erfolgreich realisieren zu können, sind eine Reihe von gesetzlichen und marktüblichen Standards zu erfüllen.[284] So reicht in der Regel eine Erfüllung der gesetzlichen Voraussetzungen für einen Börsengang nicht aus, da zusätzliche betriebswirtschaftliche und organisatorische Anforderungen für das dauerhafte Bestehen in der Öffentlichkeit viel weitreichender sind.[285]

Für Unternehmen, welche in der Form einer Aktiengesellschaft bestehen und Aktien an einem öffentlichen Markt notiert haben, sind eine Reihe von gesetzlichen und marktaufsichtsrechtlichen Vorgaben zu erfüllen.[286] Diese Vorgaben unterliegen auch aufgrund aktueller Entwicklungen einer stetigen Veränderung von Seiten des Gesetzgebers als auch der börsenrechtlichen Aufsichtsgremien. In diese Rahmenbedingungen fügen sich zusätzlich das gesteigerte öffentliche Interesse und die Aufmerksamkeit ein, die zusätzliche Maßnahmen wie eine professionelle Public Relation notwendig machen.[287]

281) Grunow, H.-W./Figgener, S., a.a.O., S. 258f.
282) Rudolph, B., a.a.O., S. 278.
283) Rudolph, B., a.a.O., S. 261.
284) Grunow, H.-W./Figgener, S., a.a.O., S. 260.
285) Stadler, W. (Hrsg.), a.a.O., 2004, S. 211ff.
286) Insbesondere bei Publikumsgesellschaften. Dazu weiterführend: Kuthe, T./Rückert, S./Sickinger, M. (Hrsg.): Compliance-Handbuch Kapitalmarktrecht, Publizitäts- und Verhaltenspflichten für Aktiengesellschaften, Heidelberg 2004.
287) Zum Ablauf eines Börsenganges siehe auch: Stadler, W. (Hrsg.), a.a.O., 2004, S. 218ff. und noch detaillierter: Rudolph, B., a.a.O., S. 257ff.

Die Kapitalerhöhung aus Gesellschaftsmitteln wird gemäß § 207 (1) AktG durch die Umwandlung von Kapitalrücklagen oder Gewinnrücklagen in Grundkapital durchgeführt. Grundsätzlich ist bei einer Kapitalerhöhung aus Gesellschaftsmitteln oder einem Aktiensplit keine Verbesserung der Vermögenssituation des Aktionärs erfolgt. Allerdings werden immer wieder Reaktionen bezüglich des Aktienkurses bei börsennotierten Unternehmen beobachtet, die einen Aktiensplit ankündigen.[288)]

2.2.5 Forderungsunterlegte Wertpapiere

Unter forderungsunterlegtem Wertpapier oder auch Asset Backed Securities (ABS) wird allgemein ein Wertpapier verstanden, welches von einer sogenannten Zweckgesellschaft (Special Purpose Vehicle, SPV) begeben wird, das ausschließlich über eine bestimmte Kategorie von Vermögensgegenständen verfügt.[289)] Der daraus resultierende Verkauf von Zahlungsströmen am Kapitalmarkt führt in der Regel zu einer Entlastung der Bilanz und einer Erhöhung der Eigenkapitalquote, der der Verkauf der Forderungen durch das operativ tätige Unternehmen mit dem Zeitpunkt der Veräußerung als Ertrag gebucht werden kann. Letztendlich werden Vermögenswerte aus einer Bilanz eines operativen Unternehmens ausgesondert, in eine neue Gesellschaft gegeben und diese neue Gesellschaft refinanziert sich über Wertpapiere, die in der Regel als Inhaberschuldverschreibungen mit einer Laufzeit von bis zu zwei Jahren oder anleiheähnlichen Titeln mit einer Laufzeit von bis zu fünf Jahren ausgestaltet sind. Der Investor in solche Wertpapiere hat damit den Vorteil, in eine genau definierte Assetklasse zu investieren und damit sein Portfolio definierter diversifizieren zu können. In Falle von umverpackten Forderungen erhält der Investor für seine Zahlung heute die Zahlungsströme aus lediglich dieser Assetklasse in der Zukunft.

Ziel des Unternehmens, das seine Assets umverpackt (Originator), ist es üblicherweise, seine Eigenkapitalbasis zu stärken, die Finanzierungskosten zu reduzieren, die Bilanz zu verkürzen und eventuell seine Verhandlungsposition bei potenziellen Kapitalgebern aufgrund verbesserter Kennzahlen und einer besseren Einstufung im Rahmen das Ratingprozesses[290)] zu erhalten.[291)]

Im Endeffekt ist die Umverpackung einzelner Vermögensgegenstände in ein SPV die Antwort der Unternehmen auf die Vorgehensweise der Banken

288) Rudolph, B., a.a.O., S. 315f.

289) Grunow, H.-W./Figgener, S., a.a.O., S. 274.

290) Zur Bedeutung des Ratings für die Finanzierungskosten siehe detaillierter: Stadler, W., a.a.O., S. 80ff.

291) Grunow, H.-W./Figgener, S., a.a.O., S. 274f.

in Bezug auf das sogenannte Asset-Lending, also das Verleihen von Geld unter der Hereinnahme größtmöglicher Sicherheiten. Damit werden die einzelnen Wertpapiere, die so entstehen, fungibel, und die Handelbarkeit dieser Vermögenswerte verbessert gleichzeitig auch die Situation der Investoren, die sich so viel leichter auch wieder desinvestieren können.[292)]

2.2.6 Leasing

Auf der Suche nach einer Entlastung der eigenen Finanzierungsstruktur wurden Strukturen entwickelt, die es ermöglichen, Vermögensgegenstände nicht zu kaufen, sondern lediglich zu »mieten«. Finanzstarke Unternehmen erwerben Vermögensgegenstände einer bestimmten Gattung und überlassen diesen Vermögensgegenstand dem Leasingnehmer gegen die Zahlung von vereinbarten Raten zur Nutzung.[293)] Der Leasingnehmer ist dabei nicht darauf angewiesen, Investitionen in das Anlagevermögen zu tätigen, behält seinen Liquiditätsspielraum und verbessert seine Bilanzkennzahlen, vorausgesetzt, er kann in den Leasingjahren entsprechende liquide Zuflüsse zur Zahlung der Leasingraten generieren.

Wesentlich ist dabei die Betrachtung der Fremdfinanzierungskosten und des Ratings des Leasingnehmers im Vergleich zum Leasinggeber. Da es sich in der Regel bei den Leasinggebern um spezialisierte Finanzunternehmen handelt, haben diese einen Vorteil hinsichtlich ihrer Refinanzierungskosten, den diese an die Leasinggeber weitergeben können. Insbesondere Unternehmen mit hohen Refinanzierungskosten können sich durch Leasing einen Kostenvorteil verschaffen und die eigene Rentabilität erhöhen.

Im Sinne einer Compliance-Organisation sind im Bereich Leasing die Konditionen und vertragliche Verpflichtungen zu inventarisieren und zu kontrollieren. Dazu gehört die zukünftige Belastung aus den Verträgen, die tatsächliche Verfügbarkeit und Nutzbarkeit der Leasinggegenstände für den Unternehmenszweck und die wirtschaftliche Sinnhaftigkeit der Geschäftsbeziehung.

2.2.7 Factoring

Durch Factoring stehen dem Unternehmen Möglichkeiten zur Unternehmensfinanzierung auf Basis der Liquidierung der Forderungen aus Lieferungen und Leistungen zur Verfügung. Durch eine solche Transaktion wird dem Unternehmen Liquidität zugeführt, welche in der Regel zur Tilgung von Bankverbindlichkeiten genutzt werden kann. Der Factor erwirbt die For-

292) Rudolph, B., a.a.O., S. 430f.

293) Grunow, H.-W./Figgener, S., a.a.O., S. 285.

derungen durch einen Kaufvertrag und übernimmt den Einzug der Forderungen beim Schuldner, also das gesamte Debitorenmanagement. Vorteilhaft ist der Verkauf der Forderungen an einen Factor dann, wenn insbesondere das Know-how des Factors hinsichtlich des Debitorenmanagements nutzbringend eingesetzt werden kann, also Forderungen eher hinterhergelaufen werden muss. Es ist allerdings aus betriebswirtschaftlicher Sicht zu berücksichtigen, dass Factoring Zusatzkosten verursacht, welche die Gesamtrentabilität des Unternehmens belasten. Es ist betriebswirtschaftlich nur dann wirklich sinnvoll, wenn der sonst übliche Zahlungsausfall und Aufwendungen aus Zahlungsverzug die Kosten für den Factor wieder aufwiegen.

Beim Factoring bieten die Factoringgesellschaften in der Regel vier Leistungen an:

- Forderungsankauf und damit Liquiditätsschöpfung
- Off-Balance-Sheet-Finanzierung
- Delkrederefunktion (Übernahme des vollen Ausfallrisikos beim echten Factoring)
- Übernahme des Debitorenmanagements[294)]

Welche der oben genannten Funktionen im Rahmen eines Factoringvertrages Verwendung finden, hängt von der Situation des Unternehmens ab. Echtes Factoring liegt dann vor, wenn der Factor das Delkredere-Risiko aus den Forderungen übernimmt und damit vollumfänglicher Inhaber der Forderungen geworden ist. Bei einem unechten Factoring verbleibt dieses Risiko beim veräußernden Unternehmen.[295)]

Im Zusammenhang mit Factoring und ABS sind im Rahmen der Corporate Compliance zusätzliche vertragliche Vereinbarungen zu berücksichtigen, welche im Rahmen der Vertragslaufzeit einzuhalten sind.

2.2.8 Konzernfinanzierung

Im Konzern gibt es verschiedene Möglichkeiten, über Leistungs- und Zahlungsströme auf unterschiedliche Konzerngesellschaften zu allokieren. Unter Konzernbetrachtung spielt eine Verlagerung von Leistungen oder Zahlungen nicht unbedingt eine große Rolle, da durch eine Konsolidierung diese erst dann wirksam werden, wenn Lieferungen und Leistungen die Sphäre des Konzerns verlassen. Anders ist die Beurteilung allerdings dann, wenn es um Zahlungsschwierigkeiten bei einzelnen Konzerngesellschaften

294) Mittendorfer, R., a.a.O., S. 171.
295) Grunow, H.-W./Figgener, a.a.O., S. 285f.

aufgrund von Vermögensverschiebungen kommt oder durch diese Verschiebungen Ansprüche von lokalen Stakeholdern (Mitarbeitern, Finanzamt) vermindert oder verhindert werden sollen. Es handelt sich im Konzern im Wesentlichen um die Themen Cash-Management, Konzernumlagen und Verrechnungspreise, mit denen Verschiebungen von Vermögen vorgenommen werden könnten.

Cash-Pooling ist ein Instrument des Liquiditäts-Ausgleichs und der -Steuerung im Konzern, bei dem Barmittel von einer Tochtergesellschaft an die Muttergesellschaft weitergeleitet werden und die Tochtergesellschaft im Gegenzug einen Rückzahlungsanspruch gegen die Muttergesellschaft erhält. Die Muttergesellschaft übernimmt dafür das Liquiditätsmanagement und die optimale Steuerung der Liquiditätsflüsse im Konzern. Bei vielen Konzernen führt diese Vorgehensweise dazu, dass bei den Tochtergesellschaften lediglich Kontokorrentkonten für den täglichen Zahlungsverkehr vorgehalten werden. Sämtliche Anlagekonten bzw. langfristige Finanzierungsalternativen werden einzig vom Mutterunternehmen realisiert. Im Sinne der Nutzung von Skaleneffekten ist eine solche Vorgehensweise durchaus als ökonomisch sinnvoll zu beurteilen. Im Rahmen der Konzernfinanzierung ist das Cash-Pooling auf internationalem Parkett sehr verbreitet und wird sowohl im Rahmen der Kapitalaufbringung als auch im Rahmen der weiteren Geschäftstätigkeit des Konzerns verwendet. Wird in Konzernen ein Cash-Pooling vorgenommen und damit die Funktion des Cash-Managements auf die Unternehmen des Konzerns ausgeweitet, werden liquide Mittel zwischen den Töchtern und der Mutter auf vertraglicher Basis gegen einen Gegenleistungs- bzw. Rückerstattungsanspruch getauscht.

Cash-Pooling geht weiter als das ebenfalls mögliche Netting. Beim Netting werden die Forderungen und Verbindlichkeiten der Konzerngesellschaften jeweils gegeneinander aufgerechnet und lediglich der Saldo aus dieser Aufrechnung wird ausgeglichen. Beim Cash-Pooling werden nicht die Forderungen und Verbindlichkeiten zwischen den Konzerngesellschaften vorrangig betrachtet, sondern die Kontostände der Konzerngesellschaften zusammengeführt und auf einem separaten Bankkonto verrechnet.[296)]

Eine Konzernumlage stellt einen Gegenleistungsanspruch (zumeist der Konzernmutter) für eigene Leistungen dar, die nicht im Einzelnen aufgeteilt und abgerechnet werden können. Notwendige Abgrenzung zur Konzernumlage bilden die Gesellschafteraufwendungen der Muttergesellschaft, die im eigenen Interesse der Muttergesellschaft erbracht werden. Allgemein fal-

296) Jäger, A.: Aktiengesellschaft unter besonderer Berücksichtigung der KGaA, München 2004, S. 1248f.

len unter die Konzernumlagen Aufwendungen für die Interessengemeinschaft der Unternehmen wie Marketingaufwendungen oder Aufwendungen für gemeinsame Buchhaltung. Wesentlich ist auch für eine steuerliche Anerkennung der Umlagen, dass ein Vertrag vorliegt, in dessen Rahmen die Parteien im gemeinsamen Interesse handeln, für einen längeren Zeitraum gebunden sind und in einem Pool zusammenarbeiten.[297] Die Aufwendungen, welche durch diesen Pool verteilt werden, dürfen für das einzelne Poolmitglied nicht als Einzelleistung günstiger zu erlangen sein als in den Pool.

Verrechnungspreise spielen bei Liefer- und Leistungsbeziehungen zwischen Konzerngesellschaften eine entscheidende Rolle. Mithilfe der Gestaltungsspielräume bei der Festlegung der Verrechnungspreise können Vermögenswerte zwischen den Konzerngesellschaften verlagert werden. In Deutschland werden Verrechnungspreise von den verantwortlichen Behörden sehr genau untersucht um sicherzustellen, dass keine Verschiebungen von Besteuerungsgrundlagen in steuergünstige Regionen erfolgen. In Ländern mit relativ hohen Besteuerungssätzen werden Konzerngesellschaften eher niedrigere Gewinne allokieren wollen als in Ländern mit relativ günstigen Steuergesetzen. Regelungen zu Verrechnungspreisen werden sich an einem Drittvergleich messen lassen müssen, und die Preise selbst sollten einen angemessenen Gewinn enthalten, um keine unberechtigten Vermögensverschiebungen im Konzern vorzunehmen.[298] Was im Einzelnen bezüglich des Drittvergleiches zu beachten ist und als angemessen gilt, ist nicht Gegenstand dieser Betrachtungen.

2.3 Fremdfinanzierung

2.3.1 Charakterisierung

Bei der Überlassung von Fremdkapital liegt in der Regel ein Vertragsverhältnis zwischen Kapitalgeber und Kapitalnehmer vor, welches sowohl Dauer der Kapitalüberlassung als auch Gegenleistungen für die Kapitalüberlassung festlegt. Im Allgemeinen orientiert sich die Gegenleistung für die Kapitalüberlassung an den jeweils aktuell gültigen Marktkonditionen in Verbindung mit dem individuellen Risiko des Engagements[299]. Folgende Merkmale charakterisieren Kreditfinanzierungen relativ eindeutig[300]:

297) Jäger, A., a.a.O., S. 1261ff.
298) Jäger, A., a.a.O., S. 1269ff.
299) Grunow, H.-W./Figgener, S., a.a.O., S. 137.
300) Siehe auch: Stadler, W. (Hrsg.), a.a.O., 2004, S. 155.

- Der Kreditgeber erwirbt durch die Überlassung von Kapital kein Eigentum.
- Der Kreditgeber haftet nicht für Verluste oder andere Verbindlichkeiten des Kreditnehmers.
- Dem Kreditgeber stehen keine Mitbestimmungsrechte beim Kreditnehmer zu.
- Dem Kreditgeber stehen keine Zahlungsansprüche über die Zins- und Tilgungszahlungen des Kreditnehmers hinaus zu.
- Die Kreditlaufzeit ist befristet.
- Die Ansprüche des Kreditgebers werden vor denen des Eigenkapitalgebers befriedigt.
- In der Regel stehen dem Kreditgeber weitgehende Sicherungsansprüche aus der Kreditgewährung zu.

Kapitalgeber können sowohl Institutionen, Privatpersonen oder Personengruppen, Mitarbeiter als auch Gesellschafter des Unternehmens sein, sofern keine Teilnahme am leistungswirtschaftlichen Risiko des Unternehmens vorgesehen ist.[301)] Fremdkapitalgeber erwerben einen Forderungstitel und übernehmen gegenüber dem Unternehmen die Position eines Gläubigers. Sie haben Ansprüche gegenüber dem Unternehmen auf Basis eines Darlehensvertrages oder aufgrund gesetzlicher Bestimmungen und erhalten dafür bestimmte Cashflows. [302)]Die Fremdkapitalgeber haben grundsätzlich kein gesteigertes Interesse an einer Teilnahme am wirtschaftlichen Erfolg des Unternehmens in Form von Gewinnanteilen o.Ä., sondern erwarten vielmehr eine Vergütung der relativ geringen Risikostruktur über eine fest vereinbarte Verzinsung. Dabei muss es sich nicht unbedingt um einen Festzins in absoluter Höhe handeln, sondern es kann ohne Weiteres auch ein Marktzins (z.B. EURIBOR) zuzüglich fest vereinbarter Marge oder flexibler Marge vereinbart sein.

2.3.2 Bankkredite

Die aktuelle Situation in der Bankenlandschaft führt zu einer Verschiebung der üblichen umfangreichen Finanzierung der Unternehmen über diese Form hin zu einer Stärkung der alternativen Finanzierungsformen wie Asset Backed Securities, Anleihen, Factoring usw. Bei guter Geschäftslage des Unternehmens ist allerdings nach wie vor davon auszugehen, dass der Bankkredit eine günstigere Alternative zu allen anderen Finanzierungsquellen darstellt. Hier haben sich in den letzten Jahren Änderungen bei den

301) Rudolph, B., a.a.O., S. 385 f.
302) Rudolph, B., a.a.O., S. 5.

Prozessen und Regeln zur Kreditvergabe und der damit zusammenhängenden Bonitäts- und Kreditwürdigkeitsprüfung ergeben. Bei einem gewünschten Kredit von insgesamt mehr als Euro 250 000 muss sich die Bank die wirtschaftlichen Verhältnisse des Kreditgebers offen legen lassen und insbesondere die Jahresabschlüsse des potenziellen Kreditnehmers einsehen (§ 18 Satz 1 KWG)[303]. Weitergehende Meldeerfordernisse gelten darüber hinaus für Groß-, Millionen- und Organkredite (§§ 13 ff. KWG), welche Unternehmen betreffen, die unter Bankrecht fallen und nicht Gegenstand der Betrachtungen in diesem Abschnitt sind.

Kreditfinanzierungen können heute in unterschiedlichen Gestaltungsvarianten in Anspruch genommen werden. Hinsichtlich der Inanspruchnahme kann zwischen dem Abstattungskredit und dem revolvierenden Kredit unterschieden werden. Bei einem revolvierenden Kredit wird eine Kreditlinie eingeräumt, welche über den Vertragszeitraum immer wieder ausgenutzt werden kann, wohingegen der Abstattungskredit nach erfolgter Tilgung nicht zur neuerlichen Inanspruchnahme zur Verfügung steht. Des Weiteren gibt es unterschiedliche Gestaltungsvarianten hinsichtlich der Währung, der Tilgungsstrukturen, der Laufzeiten, des Zinssatzes, der Nebenkosten, der Sicherheitengestellung und der Ausgestaltung durch Covenants.[304]

Insbesondere die vertragliche Ausgestaltung der Kreditverträge hinsichtlich der Sicherheitenlage, der Covenants und der Zahlungsstrukturen sind im Rahmen des Auf- oder Ausbaus der Compliance-Organisation von Bedeutung. Als Covenants werden vertragliche Vereinbarungen in Kreditverträgen bezeichnet, in denen sich der Kreditnehmer verpflichtet, bestimmte Bedingungen während der Laufzeit einer Finanzierung zu erfüllen oder bestimmte Handlungen zu unterlassen bzw. vorzunehmen.[305] Hinsichtlich der Verpflichtung zur Unterlassung bestimmter Handlungen ist die sogenannte »Negativverpflichtung« oder auch Negative Pledge Clause als Beispiel zu nennen, da sie sehr häufig in Kreditverträgen Aufnahme findet.[306] Eine Handlungsverpflichtung stellt die Positiverklärung dar, bei der sich der Kreditnehmer verpflichtet, dem Gläubiger (Kreditgeber) auf dessen zulässiges Anfordern zu jeder Zeit konkret bezeichnete Sicherheiten zu bestellen.[307]

303) Der Kreditbegriff des § 18 KWG ist in den §§ 21, 19 Abs. 2 KWG eingehend beschrieben.

304) Stadler, W. (Hrsg.), a.a.O., 2004, S. 156ff.

305) Stadler, W. (Hrsg.), a.a.O., 2004, S. 165.

306) Merkel, H./Lwowski, H.-J. (Hrsg.): Kreditsicherheiten – Grundzüge für die Praxis, 8. Aufl., Berlin 2003, S. 70f.

307) Merkel, H./Lwowski, H.-J. (Hrsg)., a.a.O., S. 71f.

Solche Klauseln in Kreditverträgen können sehr weitreichende Folgen bei Nichtbeachtung bzw. Verletzung bis hin zur sofortigen Kündigung des Kreditvertrages nach sich ziehen und den Kreditnehmer dann in eine sehr schwierige wirtschaftliche Lage versetzen. Dementsprechend sollten Kreditverträge unbedingt in den Auf- oder Ausbau einer Compliance-Organisation Eingang finden.

2.3.3 Akquisitionsfinanzierungen

Der Ablauf der Akquisitionsfinanzierung ist stets den Besonderheiten der Transaktion und der Situation des Unternehmens (Lebensphase des Unternehmens, Beteiligungssituation, Finanzierungssituation) angepasst. Idealtypisch können folgende Phasen der Akquisitionsfinanzierung festgehalten werden[308]:

- Interne Vorbereitung des Verkaufs
- Erstkontakt/Vorprüfung
- Verhandlung/Management Präsentation
- Umfassende Due Diligence
- Entscheidung des Investors
- Vertragsabschluss und Finanzierungdokumentation
- Kaufpreiszahlung (Closing und Funding)
- Monitoring
- Exit

Die Verhandlung in der vorvertraglichen Phase ist das Ergebnis des Auswahlprozesses im Vorfeld anhand der Angebote der interessierten Investoren. Der Verkäufer wählt mit seinem Berater und möglicherweise auch mit dem Management einen oder mehrere Interessenten aus, mit denen die weiteren Stufen des Akquisitionsprozesses absolviert werden sollen. In der Regel wird entweder vor oder auch nach der Due Diligence ein Letter of Intent (eine Absichtserklärung, LOI) über den Kauf eines Unternehmens oder eines Unternehmensteiles im Wege eines Assets oder Share Deals erworben. Üblicherweise ist ein LOI kein Vorvertrag zum Kaufvertrag, da beiden Seiten bei Abschluss noch der Rechtswille zum Abschluss eines endgültigen Kaufvertrages fehlt. [309] Der Verkäufer will sich zu diesem Zeitpunkt ebenso wenig auf einen Kaufvertrag einlassen wie der Käufer, da der Käufer noch Änderungsabsichten hinsichtlich seines endgültigen Kaufpreises hat und der Verkäufer nicht bereit sein wird, Kaufpreisminderungen zu akzeptieren.

308) Mittendorfer, R., a.a.O., S. 177.
309) Mittendorfer, R., a.a.O., S. 178f.

Aufgrund der Tatsache, dass insbesondere der Käufer das Kaufobjekt noch nicht ausreichend kennt, ist einer der Gründe für ein hohes Maß an Unsicherheit in diesem Abschnitt des Prozesses.[310)]

Wesentlicher Bestandteil einer Akquisition ist die Durchführung einer umfassenden Due Diligence. Der Begriff Due Diligence wird heute als »gebührende und angemessene Sorgfalt« übersetzt. Für den Käufer bildet diese Sorgfalt die Grundlage für die Einhaltung der sogenannten Business Judgement Rule. Ausfluss der Business Judgement Rule ist die Pflicht zur angemessenen Vorbereitung einer Geschäftsführerentscheidung durch Einholung der entscheidungsrelevanten Informationen und der sich daran anschließenden Abwägung von Risiken bei Treffen einer bestimmten Entscheidung.[311)]

Die Bedeutung der Due Diligence auch im Zusammenhang mit Risiken im Rahmen eines Unternehmenserwerbes für den Käufer führt dazu, dass Aufträge zur Due Diligence im Wesentlichen an spezialisierte Berater vergeben werden. Dadurch hat der Käufer den Vorteil, dass er einen quasi Versicherungsvertrag mit dem Berater unterzeichnet, der bei einer definierten Vertragsverletzung des Beraters eine Schadensersatzpflicht des Beraters generiert.[312)]

Wesentliche Teilbereiche einer Due Diligence sind[313)]:

- Financial Due Diligence (betriebswirtschaftliche Situation),
- Tax Due Diligence (steuerliche Situation),
- Legal Due Diligence (rechtliche Situation),
- Environmental Due Diligence (Umweltstatus),
- Commercial Due Diligence (Wettbewerbsumfeld und Positionierung),
- HR Due Diligence (Personalstatus),
- Organizational Due Diligence (Organisationsstatus),
- IT Due Diligence (Status der Informationstechnologie).

Die meisten Unternehmensakquisitionen werden mithilfe von Fremdkapitaltranchen finanziert. Zeitlich kann die Unterzeichnung der Kredit- und Sicherheitenverträge vor, mit oder nach Unterzeichnung des Unternehmenskaufvertrages erfolgen. Hinsichtlich der Strukturierung einer Akquisitions-

310) Picot, G. (Hrsg.): »Handbuch Mergers & Acquisitions – Planung, Durchführung«, Kontrolle, 2. Aufl., Stuttgart 2002, S. 267.

311) Vgl. hierzu auch Hüffer, U.:, »Aktiengesetz (AktG)«, 7. Aufl., München 2006, §93 Rn. 6 ff. und Böttcher, L.: »Verpflichtung des Vorstands einer AG zur Durchführung einer Due Diligence«, in: Neue Zeitschrift für Gesellschaftsrecht 2005 Heft 2, S. 49 ff.

312) Umnuß, K. (Hrsg.): »Corporate Compliance-Checklisten«, München 2008, S. 273f.

313) Vgl. hierzu Picot, G. (Hrsg.), a.a.O., S. 275.

finanzierung stehen unterschiedliche Finanzierungsbausteine zur Verfügung, durch die die Finanzierungsstruktur der jeweiligen Situation des Finanzierungsobjektes angepasst werden kann.[314] Wichtig für die Strukturierung ist dabei stets die Schuldendienstfähigkeit und damit die Tragfähigkeit der Finanzierungsstruktur. Hier sollte die Finanzierungsstruktur, die anhand der Planungen des Unternehmens entwickelt wurde, im Bereich der Senior Tranchen auch bei einer schlechteren Entwicklung als geplant (Worse Case) noch halten, das Unternehmen sollte also tilgungsfähig bleiben.[315] Die Feststellung der Grenze der Tilgungsfähigkeit und damit der Tragfähigkeit der Finanzierungsstruktur stellt die eigentliche Herausforderung im Rahmen der Strukturierung der Akquisitionsfinanzierung dar.

Wie auch beim Bankkredit sind für die Kreditfinanzierung im Rahmen einer Akquisition die Sicherheitensituation (Sicherheitenverträge), die Zusicherungen und Bestätigungen, Positiv- und Negativerklärungen und die vereinbarten Handlungs- und Unterlassungspflichten von Bedeutung.[316] Für das Management des akquirierten Unternehmens ergibt sich eine besondere Situation. So ist das Management zumeist in die Strukturierung der Akquisitionsfinanzierung nicht einbezogen und von daher auch nicht ausreichend über die Bedingungen der Kredit- und Sicherheitenverträge informiert. Hier bietet sich die Möglichkeit für die finanzierenden Institute, eine besondere Beratungsqualität zu bieten und das Management im Rahmen eines Workshops über die gesamte Kreditdokumentation zu informieren.

2.3.4 Gesellschafterdarlehen

Es gibt diverse Anlässe, bei denen ein Gesellschafter einer Kapitalgesellschaft oder eine Personenhandelsgesellschaft, bei der kein persönlich haftender Gesellschafter eine natürliche Person ist (z.B. GmbH & Co. KG), zusätzliche liquide Mittel zuführt. Dies kann aus Vereinfachungs- oder Beschleunigungsgründen erfolgen oder auch in der Krise als einzige Alternative zur Zufuhr zusätzlichen Kapitals vorliegen. Gerade in einer Krisensituation wird ein Gesellschafter seinen Einsatz an liquiden Mitteln absichern wollen und entscheidet sich bei der Frage, ob er Eigenkapital oder Fremdkapital zuführt, für das Fremdkapital in Form des Gesellschafterdarlehens, da das Eigenkapital mit höherer Wahrscheinlichkeit verloren wäre (Nachrangigkeit).

314) Vgl. hierzu sehr ausführlich: Mittendorfer, R., a.a.O., S. 129ff.

315) Vgl. dazu die Darstellung in Mittendorfer, R., a.a.O., S. 163.

316) Zu den rechtlichen Rahmenbedingungen der Kreditfinanzierung siehe: Stadler, W. (Hrsg.), a.a.O., 2004, S. 133ff.

Bei einem Gesellschafterdarlehen würde ohne die Regelungen in §§ 32a, 32b GmbHG (§§ 129a, 172a HGB) der Gesellschafter im Rang den anderen Insolvenzgläubigern gleichgestellt. Eine dann zu erfolgende quotale Bedienung des Gesellschafters auf sein Darlehen würde allerdings zu Lasten der anderen Gläubiger gehen, womit deren Quote sinkt. Weiterhin könnte der Gesellschafter – wenn sich abzeichnet, dass die Insolvenz unvermeidlich ist – aufgrund seines Wissensvorsprungs und seines Einflusses auf die Geschäftsführung sich sein Darlehen aus noch vorhandenen Gesellschaftsmitteln zurückzahlen lassen und damit die anderen Gläubiger schädigen.

Von der Struktur her ist ein Gesellschafterdarlehen sämtlichen anderen Darlehensformen gleichgestellt und stellt keine anderen Anforderungen an eine Ausgestaltung als Bankdarlehen. Es sollte ebenfalls einen entsprechenden Vertrag mit einer ausführlichen Dokumentation geben. Es sind Zinszahlungen ebenso zu vereinbaren, wie Fristen und Rückzahlungsmodalitäten. Da die Vergabe von Gesellschafterdarlehen allerdings das Risiko beinhaltet, dass das Darlehen als eigenkapitalersetzendes Gesellschafterdarlehen qualifiziert wird, sind zusätzliche Vorsichtsmaßnahmen von Seiten des Gesellschafters her zu treffen.[317)]

2.3.5 Unternehmensanleihen

Die Anleihe stellt auf der Fremdkapitalseite das Gegenstück zur Aktie dar. Sie ist an einer Börse notiert und bringt damit eine Reihe an rechtlichen und marktüblichen Verpflichtungen mit sich.[318)] Anleihen sind verbriefte (Inhaber-)Schuldverschreibungen, die in der Regel nicht mit speziellen Sicherheiten unterlegt sind. Durch die Begebung einer Anleihe ist das Unternehmen in der Lage, seine Finanzierung auf eine breite Basis zu stellen, und ermöglicht einen leichteren Zugang zum Kapitalmarkt. Allerdings hat die Anleihe aufgrund ihrer Öffentlichkeitswirksamkeit auch umfangreiche Dokumentations- und Informationspflichten neben den vertraglichen Anleihebedingungen. Bei börsennotierten Anleihen erwarten den Emittenten umfangreiche Publizitäts- und Prospektpflichten und auch gesetzliche Vorschriften, deren Einhaltung einen hohen Aufwand erfordern. Die Ausgestaltung von Anleihen kann ebenfalls sehr unterschiedlich sein und sollte jeweils den Anforderungen des Emittenten und dessen Finanzierungsbedarf entsprechen.[319)] Üblicherweise liegt das Mindestvolumen von Anleihen zwischen 150 Millionen Euro bis 200 Millionen Euro.

317) Umnuss, K. (Hrsg.), a.a.O., S. 48f.
318) Grunow, H.-W./Figgener, S., a.a.O., S. 176.
319) Einen guten Überblick über aktuelle Gestaltungsmöglichkeiten von Unternehmensanleihen gibt Stadler, W. (Hrsg.), a.a.O., 2004, S. 174ff.

Im Rahmen von Compliance sind bei einer Emission von Anleihen, unabhängig, ob es sich um eine Privatplatzierung oder die Begebung von börsennotierten Anleihen handelt, die rechtlichen als auch marktüblichen Verpflichtungen einzuhalten. Zusätzlich sollte auch berücksichtigt werden, dass aufgrund der Bepreisung der Anleihen am Markt auch ein Wohlverhalten des Unternehmens entsprechende Berücksichtigung findet.

2.3.6 Schuldschein

Das Bindeglied zwischen der Kreditfinanzierung und der Anleihe stellt der Schuldschein dar, bei dem bereits einige Merkmale einer Verbriefung Eingang finden und dieses Finanzierungsinstrument unter bestimmten Voraussetzungen bereits eingeschränkt handelbar machen. Juristisch gesehen ist der Schuldschein eine formale Urkunde, die zwar bestimmte Verpflichtungen und Unterlassungsvereinbarungen der Parteien enthält, aber nicht als Wertpapier fungiert.[320] Die Rückzahlung des Darlehens steht ausschließlich dem Darlehensgläubiger zu, unabhängig davon, wer den Schuldschein besitzt. Anders als bei einem Wertpapier wird der Zahlungsanspruch nicht dem Urkundeninhaber gegenüber verbrieft. Im Schuldschein selbst können Einschränkungen hinsichtlich eines Weiterverkaufs des Rückzahlungsanspruches (Syndizierung) vereinbart werden. Der Schuldschein übernimmt damit eine beweiserleichternde Funktion und ist nur durch Zession übertragbar.[321]

Aufgrund der Ausgestaltung des Schuldscheins besitzt er für den Emittenten den Vorteil, über ein günstiges Finanzierungsinstrument zu verfügen, das keine Publizität und kein externes Rating erfordert und mit einer hohen Finanzierungssicherheit ausgestattet ist.

Der Schuldschein wird in der Regel als mittel- bis langfristiges Finanzierungsinstrument eingesetzt, wobei unterschiedliche Gestaltungsformen in Frage kommen.[322] Üblicherweise wird der Schuldschein bei einem Finanzierungsbedarf zwischen 20 Millionen Euro bis 100 Millionen Euro eingesetzt.

2.4 Sonstige Finanztransaktionen

In schwierigen Unternehmenssituationen zeichnen sich unterschiedliche Personenkreise durch eine ausgesprochen hohe Kreativität aus. Die

320) Grunow, H.-W./Figgener, S., a.a.O., S. 169.
321) Stadler, W. (Hrsg.), a.a.O., 2004, S. 189.
322) Einen guten Überblick über aktuelle Gestaltungsmöglichkeiten von Schuldscheinen gibt Stadler, W. (Hrsg.), a.a.O., 2004, S. 185f.

Grenze zwischen erlaubten und verbotenen Handlungen verschiebt sich. In den vergangenen Jahren kam es wiederholt zu Verletzungen der rechtlichen Grenzen und damit für verschiedene Unternehmen auch zu folgenschweren Ereignissen. Beispielhaft seien hier nur Skandale wie Enron[323] oder Flowtex[324] genannt. Häufig geht es um die Frage der Bereitstellung oder Generierung liquider Mittel mithilfe von Transaktionen, welche den Verkauf nicht vorhandener Vermögenswerte oder die Verschiebung von Risiko/Chancen-Profilen aus Vermögenswerten zum Zweck haben.

Bereits in 2002 hat der U.S. SOX Section 401 des Sarbanes-Oxley Act die Auflistung sämtlicher Off-Balance Sheet Arrangements (OBS)[325] gefordert. Ziel ist es, solche Transaktionen oder vertraglichen Vereinbarungen zumindest im Anhang (Notes to the Financial Statements) zu den Jahresabschlüssen aufzuführen und zu erläutern, welche eine potenzielle Belastung des betreffenden Unternehmens darstellen können.

Ein Beispiel für eine solche OBS sind Verkäufe von Wertpapieren, die sich im Eigentum des Unternehmens befinden, an ein SPV, welches beispielsweise von einer Bank gegründet wurde. Das Unternehmen verkauft seinen Wertpapierbestand an dieses SPV und erhält eine bestimmte Zahlung vom SPV, die sich am Marktwert der Wertpapiere orientiert. Zusätzlich wird vertraglich aber eine Put-Option des SPV derart vereinbart, dass das SPV zu einem bestimmten Preis die Wertpapiere dem Unternehmen wieder andienen darf, sollte der Wert des Portfolios unter eine bestimmte Grenze fallen. In diesem Falle ist das Unternehmen verpflichtet, diese Wertpapiere wieder zu kaufen. Zum Bilanzstichtag ist zwar die Option noch nicht »in the money«, stellt aber eine potenzielle zukünftige Belastung des Unternehmens dar und muss entsprechend zumindest dargestellt werden. Inwiefern hier auch bereits eine Bilanzierungspflicht für bestimmte Teile dieses Geschäftes notwendig ist, kann hier nicht näher erläutert werden.

323) Tarantino, A.: »Manager's Guide to Compliance: Sarbanes-Oxley, COSO, ERM, COBIT, IFRS, BASEL II, OMB A-123, ASX 10, OECD Principles, Turnball Guidance, Best Practices, and Case Studies«, New York 2006, S. 1ff.

324) Heck, M.: »Der Flowtex-Skandal : wie Politik und Fiskus jahrelang von einem gigantischen Wirtschaftsbetrug profitierten«, Frankfurt a. M. 2006, S. 1ff.

325) Tarantino, A., a.a.O., New York 2006, S. 1ff.

3 Problembereiche in der Unternehmensfinanzierung

3.1 Der Principal-Agent-Ansatz und Compliance

3.1.1 Einführung in den Principal-Agent-Ansatz

Der Principal-Agent-Ansatz hat eine zentrale Bedeutung für die moderne Finanzierungstheorie. Allgemein betrachtet der Ansatz die wechselseitigen Beziehungen zwischen den an einer Entscheidung beteiligten Wirtschaftssubjekten und deren unterschiedliche Informationsverteilung (Informationsasymmetrien) und Interessenlagen.[326] Der Prinzipal als schlechter und der Agent als besser informierte Partei verfolgen jeweils eigene Interessen, welche auch dazu anregen können, die eigene Informationslage in einer Form auszunutzen, die entweder gegen bestehende Gesetze oder interne Richtlinien verstößt. Insbesondere stehen folgende Konstellationen von Agenten und Prinzipalen im Vordergrund:

- zwischen Schuldnern und Gläubigern,
- zwischen Managern und Eigentümern,
- zwischen Alt-Aktionären und Neu-Aktionären sowie
- Unternehmen und ihren Konkurrenten am Markt,

wobei immer die besser informierte Partei die Rolle des Agenten und die schlechter informierte Partei die Rolle des Prinzipals einnimmt. Eine Analyse der unterschiedlichen Informationsverteilungen und Interessenlagen der an einem Finanzierungsvertrag beteiligten Entscheider im Rahmen von Finanzierungsentscheidungen steht im Mittelpunkt der Betrachtungen.

3.1.2 Qualitätsunsicherheit bei Finanzierungsverträgen

Zu den vorvertraglichen Unsicherheiten zählen die Informationsdifferenzen über die wichtigen Merkmale der jeweils anderen Vertragspartei (Qualitätsunsicherheit). Es ist wesentlich zu unterscheiden, ob es sich jetzt um Informationsdifferenzen vor Vertragsabschluss (Hidden Characteristics) oder Informationsdifferenzen, welche während der Vertragslaufzeit entstehen (Hidden Information) handelt.[327] Sind die Hidden Characteristics eher ein Problem der üblicherweise als adverse Selection[328] bezeichneten Variante, so ist andererseits die Hidden Information im Laufe des Vertrages möglichst getrennt zu betrachten. Beide Situationen der

326) Stadler, W. (Hrsg.), a.a.O., 2004, S. 163.
327) Rudolph, B., a.a.O., S. 165.
328) Vgl. hierzu Rudolph, B., a.a.O., S. 168.

Qualitätsunsicherheit sind durch unterschiedliche Instrumente zu behandeln.

Informationen über den tatsächlichen Zustand eines Unternehmens spielen für den Kreditgeber eine wesentliche Rolle. Für den Kreditnehmer liegt für die Kreditvertragsverhandlungen nur dann ein Vorteil aufgrund vorenthaltener Informationen vor, wenn er dadurch seine Position (Zinssatz, Sicherheitensituation) optimieren kann. Ein Kreditgeber wird nicht in der Lage sein, das Unternehmen und dessen Qualitätskriterien vollständig auszuleuchten. Hier bedient sich heute der Kreditgeber einer Motivation zur Aufdeckung entscheidungsrelevanter Informationen durch den potenziellen Kreditnehmer. Bankinterne oder externe Ratings unterstützen den Kreditgeber bei seiner Entscheidungsfindung, und entsprechende Ratingkriterien versuchen eine Vergleichbarkeit der Ratings herzustellen.[329] Die Erfahrung der Kreditgeber bei der Beurteilung von Kreditwürdigkeit und Ausfallwahrscheinlichkeit des ausgereichten Kredits spielen bei der Aufstellung von Ratingkriterien eine besondere Rolle.

Im Rahmen der vorvertraglichen Unsicherheiten wird sich der Kreditgeber in der Regel immer vorsichtig verhalten. Besonders erfolgversprechende Investitionen werden wahrscheinlich nicht ausreichend honoriert und Engagements mit höheren Ausfallrisiken nicht ausreichend »bestraft«. Hier besteht das Risiko eines Marktversagens in der Form, dass weniger kreditwürdige Unternehmen Kredite verstärkt zu dem angebotenen Zinssatz nachfragen und bonitätsstärkere Unternehmen diesen Handelsplatz von Risiken verlassen. Bestimmte Signaling-Modelle sollen diesem Risiko der Marktfehlentwicklung entgegensteuern.[330]

3.1.3 Verhaltensunsicherheit bei Finanzierungsverträgen

In diesem Zusammenhang spielt auch der Begriff des »Moral Hazard« eine wesentliche Rolle. Moral Hazard wurde aus der Versicherungspraxis heraus verallgemeinert und betrifft die nachvertragliche asymmetrische Informationsverteilung zwischen Versicherer und Versicherten nach Vertragsabschluss.[331] Der Agent könnte nach Vertragsabschluss (Anstellungsvertrag zum Beispiel) seinen eigenen Nutzen auch unter Inkaufnahme einer finanziellen Schädigung des Vermögens des Prinzipals durch sein Handeln maximieren. Dieses Verhalten kann an sämtlichen Stellen im Unternehmen auftreten und Spesenbetrug ist dafür ein plakatives Beispiel. Geeignete An-

329) Stadler, W. (Hrsg), a.a.O., 2004, S. 83ff.

330) Rudolph, B., a.a.O., S. 168ff.

331) Rudolph, B., a.a.O., S. 175.

reizsysteme und Kontrollmechanismen können solches Verhalten beeinflussen oder unterbinden.

Ein solches nachvertragliches Verhalten kann ohne Weiteres aus der Versicherungspraxis in den Finanzbereich übertragen werden.[332] Der Agent (egal ob Manager oder Gläubiger) wird in der Praxis versuchen, seinen Wissensvorsprung für die Optimierung seiner eigenen Position zu nutzen. Inwiefern er dabei auch gesetzliche oder andere vertragliche Rahmenbedingungen einhält, hängt von der Vorteils-Risiko-Konstellation ab. Nach Abschluss eines Finanzierungsvertrages kommt es zu einer Vielzahl von Verpflichtungen für den Kreditnehmer. Neben den üblichen Verpflichtungen zur Zinszahlung und Tilgung kommen Verpflichtungen wie die Abgabe regelmäßiger Finanzberichte über den aktuellen Status des Unternehmens, Ad-hoc Berichte bei wesentlichen negativen Ereignissen, Jahresabschlussberichte und weitere Informationen. Selbstverständlich wird der Agent (Kreditnehmer) möglichst vermeiden, schlechte Nachrichten an seinen Prinzipal zu liefern. Mögliche Strategien zur Vermeidung einer Hiobsbotschaft gehen über die Verzögerung der Lieferung der Informationen bis hin zur Manipulation von Informationen.

Dem Kreditgeber ist bei Abschluss des Kreditvertrages die Risikoposition der Fremdkapitaltranche in der Konstellation des Kreditnehmers weitestgehend transparent. Inwieweit sich der Kreditnehmer nach Abschluss des Kreditvertrages so verhält, dass sich die Position des Kreditgebers nicht nachhaltig verschlechtert, kann nur über entsprechende Anreizsysteme oder Kontrollinstrumente versucht werden, zu neutralisieren. Allerdings bieten sich Probleme in Bezug auf die Verschiebung der Risikoposition durch den Kreditnehmer zu Ungunsten des Kreditgebers durch einen Anreiz, risikoträchtigere Geschäfte einzugehen oder Investitionen zu vermeiden. [333]

Verallgemeinert geben die genannten Prinzipien einen Einblick in die Motivation der am Wirtschaftsverkehr beteiligten Personen, ihren eigenen Nutzen auch unter Inkaufnahme einer Schädigung der wirtschaftlichen Position des Gegenübers zu maximieren.

3.1.4 Fremdmanager

Fraglich ist bei den vorher betrachteten Prinzipal-Agent-Beziehungen, ob der Manager als Vertreter des Kapitalnehmers tatsächlich mit den Interessen des Kapitalnehmers (natürlich ebenso auf der Kapitalgeberseite) als Prinzipal in der sekundären Konstellation konform ist. Es ist zu beobachten, dass sich Unternehmen, die sich weitestgehend von einem verantwortlichen und

332) Rudolph, B., a.a.O., S. 175.
333) Rudolph, B., a.a.O., S. 175ff.

abgegrenzten Gesellschafterkreis verabschiedet haben (zum Beispiel Publikumsgesellschaften), auch einem veränderten Selbstverständnis des Fremdmanagements gegenüber sehen. Es gibt diverse Beispiele über unverhältnismäßig hohe Abfindungszahlungen, Rentenverträge, Bonizahlungen und weitere Vorteile, auf die hier nicht weiter eingegangen werden soll. Selbstredend ist es stets eine Frage des Gleichgewichts zwischen Leistung und Gegenleistung, deren Beurteilung nicht Gegenstand dieser Betrachtungen sein soll.

Inwiefern sich das Management im Rahmen der gesetzlichen und vertraglichen Regelungen bewegt, steht zusätzlichen Wohlverhaltensregeln gegenüber, da das Management auch eine bestimmte Vorbildrolle für das gesamte Unternehmen übernimmt. Es ergibt sich für die Aktionäre und Gesellschafter das grundsätzliche Problem, Anreize für das Management zu schaffen, dass sich diese regel- und vertragskonform als auch zielkonform mit den Aktionären verhalten. [334)]

3.2 Korruption

Korruption spielt heute bereits eine große Rolle in der Wirtschaftsrealität, nachdem sogar der öffentliche Vorwurf der Korruption gegen eine Person der öffentlichen Aufmerksamkeit erhoben wurde, welche laut Medien dem Vorstandsmitglied einer Sparkasse eine Sachspende hat zukommen lassen, um die Geschäftsbeziehung zu stabilisieren. Bereits 1977 hat der Kongress der Vereinigten Staaten von Amerika den Foreign Corrupt Practices Act (FCPA) verabschiedet[335)], der weitreichende Sanktionen für die Bestechung von ausländischen Amtsträgern und staatlichen Unternehmen/Behörden vorsieht.[336)] Dieser FCPA setzt in seiner Schärfe und Wahrnehmung in der Öffentlichkeit den Trend für die Beurteilung dieses Tatbestandes in der deutschen Rechtsprechung. Wurde generell der Straftatbestand der Bestechlichkeit und Bestechung im privatwirtschaftlichen Verkehr im § 299 StGB verankert, so wurden im Jahre 2002 zusätzlich auch solche Handlungen im ausländischen Wettbewerb unter diesen Paragraphen gestellt. [337)] Weitere Korruptionsvorschriften finden sich im § 298 StGB (wettbewerbsbeschrän-

334) Rudolph, B., a.a.O., S. 180ff.

335) Vgl. 15 U.S.C. §§78dd-1 ff.; United States Codes können auch auf der Webseite http://us-code.house.gov abgerufen werden.

336) Menzies, Ch. (Hrsg.): »Sarbanes-Oxley und Corporate Compliance – Nachhaltigkeit, Optimierung, Integration«, Stuttgart 2006, S. 24 ff.

337) §299 Abs.3 StGB angefügt durch Art.1 G vom 22. August 2002 (BGBl.I S. 3387).

kende Absprachen), in den §§ 331ff. StGB bezüglich von Bestechungshandlungen bei Amtsträgern und Beamten (Straftaten im Amt), im § 108b, e StGB (Wähler- und Abgeordnetenbestechung) und im internationalen Bereich im Gesetz zur Bekämpfung der internationalen Bestechung (IntBestG) sowie im EU-Bestechungsgesetz (EUBestG).[338)]

Im § 298 StGB ist auch der Tatbestand der wettbewerbsbeschränkenden Absprache sanktioniert, da diese Tat zu einer wesentlichen Vermögensschädigung des Auftraggebers oder der Mitbewerber führen kann. Bei diesem Tatbestand kommt es allein auf das Angebot an, unabhängig davon, ob und inwieweit dieses Erfolg hatte oder nicht. Die §§ 299 und 300 StGB (Bestechungsdelikte im geschäftlichen Verkehr) werden aufgrund des verstärkten öffentlichen Interesses von Amts wegen verfolgt und berücksichtigen ebenfalls die Tatbestände der Drittzuwendungen. Zuwendungen also, welche nicht der handelnden Person direkt zugute kommen, sondern ihr nahestehenden Personen oder Organisationen. [339)]

Delikte im Dunstkreis der Korruption haben sowohl für die handelnden Personen als auch für die betroffenen Unternehmen weitreichende Folgen. Handelnde Personen können zu empfindlichen Geld- und Freiheitsstrafen verurteilt werden, wobei Unternehmen mit materiellen Unternehmensgeldbußen (§ 30 OWiG, Gewinnabschöpfung), Eintragung in das Gewerbezentralregister oder auch Auftragssperren sowie sozialer Ächtung rechnen müssen. Auch kann in besonders materiellen Fällen ein Inhaber eines Unternehmens bzw. die verantwortliche Person zur Rechenschaft gezogen werden, selbst wenn diese selbst nicht tätig geworden ist (§§ 130, 9 OWiG).[340)]

Heute sind die Sanktionen bei Korruption sehr weitreichend und führen häufig auch zu einer sozialen Ächtung der Unternehmen, auch wenn die Berichterstattung in den Medien nicht immer sachgerecht erscheint. Unternehmer und Unternehmen sind gefordert, ein entsprechendes Kontrollsystem zu installieren, welches wirksam und vorbeugend gegen strafbare Handlungen im Bereich der Korruption vorgehen kann.

338) Hauschka, Ch., a.a.O., S. 471.
339) Hauschka, Ch., a.a.O., S. 502f.
340) Hauschka, Ch., a.a.O., S. 503.

3.3 Geldwäsche

Grundsätzlich sind sämtliche Transaktionen, welche gegen Bargeld abgewickelt werden, geeignet, Missbrauch zu begehen. Immer dann, wenn besonders hohe Provisionen oder andere Anreize geschaffen werden, ist Wachsamkeit geboten. Das betrifft sowohl das Management, die Mitarbeiter aber auch fremde Dritte. Geldwäsche bezeichnet den Vorgang der Einschleusung illegal erworbener Mittel aus organisierter Kriminalität in den legalen Finanz- und Wirtschaftskreislauf.[341]

Gemäß § 3 GwG[342] sind neben den Rechtsberatern, Wirtschaftsprüfern, vereidigten Buchprüfern, Steuerberatern, Steuerbevollmächtigten, Immobilienmaklern und Spielbanken auch sonstige Gewerbetreibende explizit aufgeführt, welche bei einer Annahme von Bargeld im Wert von 15 000 Euro oder mehr eine eindeutige Identifizierung im Sinne des § 1 Abs. 5 GwG vorzunehmen haben.[343] Zudem hat in diesem Fall eine Feststellung der Identität des wirtschaftlichen Berechtigten zu erfolgen, indem die Frage geklärt wird, ob der zur Identifizierung Verpflichtete auch tatsächlich für eigene Rechnung handelt oder als Strohmann auftritt (§ 8 GwG). Zudem erwächst aus dem § 14 Abs. 1 Nr. 8 GwG auch für Unternehmen und Personen, welche regelmäßig mit größeren Bargeldsummen umgehen, eine Verpflichtung zur Etablierung interner Sicherungsmaßnahmen gegen einen Missbrauch zur Geldwäsche.

Geeignete Sicherungsmaßnahmen im Sinne des Gesetzes sind nach § 14 GwG:

- Bestimmung eines der Geschäftsleitung direkt unterstellten Geldwäschebeauftragten,
- Entwicklung interner Grundsätze und Sicherungssysteme zur Kontrolle und Verhinderung von Geldwäsche,
- Sicherstellung der Zuverlässigkeit der Beschäftigten, welche bare und unbare Finanztransaktionen durchführen, und
- eine regelmäßige Unterrichtung der Beschäftigen über aktuelle Methoden der Geldwäsche und der gesetzlichen Pflichten.[344]

341) Umnuß, K. (Hrsg.), a.a.O., S. 71.

342) Geldwäschegesetz – Gesetz über das Aufspüren von Gewinnen aus schweren Straftaten (GwG) In der Fassung der Bekanntmachung vom 13.8.2008 (BGBl. I S. 1690)

343) Die erweiterte Fassung des Geldwäschegesetzes – enthält Ausweitungen der Verantwortlichkeiten und der Sorgfaltspflichten hinsichtlich der Geschäftsbeziehungen.

344) § 14 GwG: Geldwäschegesetz – Gesetz über das Aufspüren von Gewinnen aus schweren Straftaten (GwG) In der Fassung der Bekanntmachung vom 13.8.2008 (BGBl. I S. 1690).

Die Bundesregierung nutzt die Verpflichtungen zur Umsetzung der 3. EU-Geldwäscherichtlinie[345] durch die Umsetzungsrichtlinie[346] für eine deutliche Ausweitung der betroffenen Personen und der Pflichten zur Etablierung geeigneter Sicherungsmaßnahmen. Als Straftatbestand ist die Geldwäsche im § 261 StGB verankert, der selbst die leichtfertige Handlung im Umgang mit der Herkunft eines Vermögensgegenstandes unter Strafe stellt.[347]

3.4 Eigenfinanzierung

3.4.1 Haftungsrahmen

Hinsichtlich der Unternehmensgründung und der damit verbundenen notwendigen Einzahlung des Haftungskapitals ergeben sich für den Geschäftsführer bzw. Vorstand zusätzliche Haftungsrisiken.

Bei der GmbH wurde bisher eine eindeutige Aussage zur Einzahlung zur Kapitalaufbringung auch unter Vorlage der Bankbelege gefordert. Das aktuellen Gesetz zur Modernisierung des GmbH-Rechts und zur Bekämpfung von Missbräuchen (MoMiG[348]) sieht hier eine wesentliche Änderung vor. So ist nach neuem Recht eine solche Forderung des Registergerichts nur noch dann möglich, wenn erhebliche Zweifel an der ordnungsmäßigen Kapitalaufbringung bestehen. Daher sollten interne Kontrollen etabliert werden, die die Ordnungsmäßigkeit der Einzahlung der Kapitalaufbringung gewährleisten, damit keine fehlerhafte GmbH vorliegt.

Die bisher obligatorische Werthaltigkeitskontrolle bei Sacheinlagen anhand eines externen Gutachtens im Rahmen der Gründungsprüfung wird im Rahmen der Einführung des aktuellen Gesetzes zur Modernisierung des GmbH-Rechts und zur Bekämpfung von Missbräuchen (MoMiG) ebenfalls eingeschränkt. Zukünftig beschränkt sich die Werthaltigkeitskontrolle des Registergerichts nur noch auf die Frage, ob nicht eine »wesentliche Überbewertung« vorliegt. Sollten sich begründete Hinweise auf eine solche erge-

345) Richtlinie 2005/60/EG des Europäischen Parlaments und des Rates vom 26. Oktober 2005 zur Verhinderung der Nutzung des Finanzsystems zum Zwecke der Geldwäsche und der Terrorismusfinanzierung, Amtsblatt der EU, 25. November 2005, L 309/15 bis L 309/28.

346) Richtlinie 2006/70/EG der Kommission vom 1. August 2006 mit Durchführungsbestimmungen für die Richtlinie 2005/60/EG des Europäischen Parlaments und des Rates hinsichtlich der Begriffsbestimmung von »politisch exponierten Personen« und der Festlegung der technischen Kriterien für vereinfachte Sorgfaltspflichten sowie für die Befreiung in Fällen, in denen nur gelegentlich oder in sehr eingeschränktem Umfang Finanzgeschäfte getätigt werden, Amtsblatt der EU, 4. August 2006, L 214/29 bis L214/34.

347) Hauschka, Ch., a.a.O., S. 484f.

348) Vgl. BGBl. I 2008, Das MoMiG ist am 1.11.2008 in Kraft getreten.

ben, kann das Registergericht eine externe Begutachtung veranlassen, allerdings auch erst dann.

Im Rahmen der Kapitalaufbringung entstehen damit besondere Risikobereiche für den Geschäftsführer bzw. Vorstand einer Gesellschaft. Er wird durch diese Änderungen stärker in die Pflicht genommen, genauer zu prüfen, inwieweit die gesetzlichen Regelungen eingehalten werden oder nicht. In seiner Verantwortung liegt dann die Abgabe einer entsprechenden Versicherung zur Erfüllung der Bareinlage und die Prüfungspflicht hinsichtlich der tatsächlichen Umstände.

Zusätzlich wird es für die Gläubiger zunehmend schwieriger festzustellen, inwiefern entsprechende Haftungsmasse in einer neu gegründeten GmbH tatsächlich vorhanden ist. Eine vorsätzliche Zusammenarbeit zwischen Gesellschafter und Geschäftsführer (sollten diese keine Personalunion aufweisen) kann hier deutlichen Schaden anrichten. Beachtung sollte ebenfalls die Frage finden, ob die Verträge zur Leistung einer Einlage einem Drittvergleich standhalten. Eine mögliche Übervorteilung eines Gesellschafters zu Ungunsten der anderen Gesellschafter ist zu vermeiden.

3.4.2 Verdeckte Sacheinlagen

Im Bereich der verdeckten Sacheinlage bestand in der Vergangenheit Rechtsunsicherheit. Verdeckte Sacheinlagen liegen grundsätzlich dann vor, wenn ein Gesellschafter eingezahlte Beträge auf die Stammeinlage (Grundkapital) durch vertragliche Vereinbarungen (oder faktisch) entzieht, indem er als Gegenleistung Vermögenswerte oder sonstige Leistungen (Dienstleistungen) dem Unternehmen verkauft. Dadurch wurde eine Schädigung der Gesellschaft vermutet, da Dienstleistungen möglicherweise ungeeignet oder Vermögenswerte nicht werthaltig gewesen sind, also der Wert der von der Gesellschaft erbrachten Gegenleistung höher gewesen ist als die vom Gesellschafter zur Verfügung gestellte Leistung. Teilweise wurden Beratungsverträge kurz nach Gründung zwischen Gesellschaft und Gesellschafter abgeschlossen, denen keine Leistung durch den Gesellschafter zu Grunde lag. Der Gesellschafter hat die Gesellschaft geplündert und den Gläubigern blieb keine Haftungsmasse für den Ernstfall. Dadurch wurde dem Unternehmen rechtswidrig Vermögen durch den Gesellschafter entzogen und die Haftungsposition des Unternehmens gegenüber den Gläubigern geschädigt. Das Institut der verdeckten Sacheinlage gemäß § 19 GmbHG erfasst diesen Tatbestand. Die Änderung aufgrund des aktuellen Gesetzes zur Modernisierung des GmbH-Rechts und zur Bekämpfung von Missbräuchen

(MoMiG[349]) sieht Änderungen im Bereich der verdeckten Sacheinlage vor.

Für den Gesetzgeber ist es ausreichend, falsche Angaben im Zusammenhang mit einer Sachgründung strafrechtlich zu bewehren und den zeitlichen als auch sachlichen Aufwand der Gründung zu reduzieren. Das Registergericht muss nur dann aktiv werden und eine Bewertung der Sacheinlage überprüfen lassen, wenn es begründete Zweifel gibt, die auf eine wesentliche Überbewertung der Sacheinlage hinweisen.

Schwierigkeiten ergaben sich in der Vergangenheit insbesondere dadurch, dass durch das Institut der verdeckten Sacheinlage einschneidende Rechtsfolgen ausgelöst wurden und der Gesellschafter häufig seine Einlage doppelt leisten musste. Zukünftig wird der Wert der geleisteten Sache auf die Bareinlageverpflichtung des Gesellschafters angerechnet.[350]

Sollte der Gesellschafter einer GmbH von einer geplanten verdeckten Sacheinlage informiert sein, so darf er keine Versicherung bei der Eintragungsanmeldung zum Handelsregister abgeben, die die Erfüllung der Bareinlage versichert.[351]

3.4.3 Vermögensschutz bei Kapitalgesellschaften

Für Kapitalgesellschaften gelten zum Schutze der Gläubiger diverse Vorschriften zur Kapitalerhaltung. Im § 57 AktG sind sowohl das Verbot der Einlagenrückgewähr als auch weitergehende Verbote bezüglich von Zinszahlungen festgeschrieben.[352] Für die GmbH gelten ebenfalls Regeln zur Erhaltung des Gesellschaftsvermögens entsprechend § 30 GmbHG.[353] Gesellschafter sollen anhand der gesetzlichen Regelungen, die auch durch die Rechtsprechung über Geldleistungen hinaus auf sämtliche gleichwertigen Leistungen erweitert wurden, die das Gesellschaftsvermögen mindern, angehalten werden, die Haftungsmasse des Unternehmens nicht zu plündern. Die Gefahr zu einer Ausplünderung der Gesellschaft besteht bei Gesellschaftern grundsätzlich aufgrund ihrer besonderen Stellung zur Gesellschaft und den zur Vertretung der Gesellschaft berechtigten Organen. Nicht selten sind die Gesellschafter gleichzeitig auch Geschäftsführer oder Vorstand und können dadurch Entscheidungen herbeiführen, die zu Plünde-

349) Die Änderungen des GmbH-Rechts sind am 1.11.2008 in Kraft getreten. Eine ausführliche Darstellungen zu den wesentlichen Änderungen des GmbH-Rechts findet sich in Haack/Campos Nave, Die neue GmbH 2008.

350) Referat Presse- und Öffentlichkeitsarbeit des Bundesministeriums für Justiz (Hrsg.): *Schwerpunkte des Gesetzes zur Modernisierung des GmbH-Rechts und zur Bekämpfung von Missbräuchen (MoMiG)*, Berlin, 26. Juni 2008.

351) Siehe oben.

352) Hauschka, Ch., a.a.O., S. 181.

353) Hauschka, Ch., a.a.O., S. 206f.

rungen führen. Der Vermögensschutz bei der GmbH orientiert sich am Aktivvermögen der Gesellschaft abzüglich der Verbindlichkeiten und Rückstellungen. Damit ist es weniger restriktiv, wie bei der Aktiengesellschaft, da laut § 57 AktG das gesamte Gesellschaftsvermögen mit Ausnahme des ordnungsgemäß festgestellten Bilanzgewinns betroffen ist.

Als Haftungsfolge der Nichtbeachtung der Kapitalerhaltungsvorschriften steht insbesondere eine Schadensersatzhaftung des begünstigten Gesellschafters bzw. Aktionärs. Bei der AG trifft es in der Regel ausschließlich den begünstigten Aktionär, wohingegen bei GmbH-Gesellschaftern gemäß § 31 Abs.3 GmbHG auch die Gesellschafter haften, die nicht selbst begünstigt gewesen sind.[354)]

Personengesellschaften und Einzelunternehmen sind in der Form nicht vom Vermögensschutz wie bei den Kapitalgesellschaften betroffen, da die Gesellschaftsform hier keinen Haftungsmantel für den Gesellschafter darstellt.

Wesentlich sind die Fragen des Vermögensschutzes bei Kapitalgesellschaften insbesondere für die Themen der Verdeckten Gewinnausschüttungen und des Eigenkapitalersatzrechts.

3.4.4 Verdeckte Gewinnausschüttungen

Verdeckte Gewinnausschüttungen kommen immer dann vor, wenn der Gesellschafter eine Leistung für die Gesellschaft erbringt, deren Wert nicht der Gegenleistung der Gesellschaft (meist Bargeld) angemessen gegenübersteht.[355)] Die reine verdeckte Gewinnausschüttung spielt bis zu diesem Punkt lediglich für steuerliche Betrachtungen eine Rolle, da sie wie Dividenden behandelt werden und im Jahr der Ausführung zu einer entsprechenden steuerlichen Berücksichtigung führen. Falls allerdings die GmbH zum Zeitpunkt der Leistung eine Unterbilanz aufweist oder die verdeckte Gewinnausschüttung zu eben dieser führt, fällt sie in den Anwendungsbereich des § 30 Abs. 1 GmbHG.

3.4.5 Erwerb von Aktien

Der Erwerb eigener Aktien durch eine Aktiengesellschaft ist nicht gestattet, sofern nicht die Voraussetzungen des § 71 Abs. 1 AktG vorliegen. Darin werden bestimmte Ausnahmetatbestände geregelt, die nicht weiter Gegenstand dieser Betrachtungen im Detail sein sollen. Grundsätzlich entsteht durch die Nichtigkeit des Verpflichtungsgeschäftes eine unzulässige Rückgewähr der Einlagen gemäß § 57 Abs.1 AktG, wodurch eine Schadensersatz-

354) Hauschka, Ch., a.a.O., S. 181f. und S. 207.
355) Hauschka, Ch., a.a.O., S. 207.

verpflichtung des Vorstandes gegenüber der Gesellschaft entsteht.[356] Durch die Einlagenrückgewähr entsteht eine Gläubigerbenachteiligung, da Haftungssubstanz an die Anteilseigner zurückfließt. Zudem entsteht durch den Erwerb eigener Aktien eine Missbrauchsmöglichkeit des Managements, das an steigenden Aktienkursen partizipiert, ohne dass sich die reale Situation des Unternehmens verbessert hat. Deshalb wurden in Deutschland die Aktienrückkaufprogramme auf 10% des Grundkapitals begrenzt.[357]

3.4.6 Cash-Pooling in der Krise

Im Rahmen der Reform des GmbH-Rechts durch das MoMiG wurde die Rechtsfigur des Cash-Poolings de facto legalisiert. Entgegen der früheren Rechtsprechung ordnet die neue Fassung des § 30 GmbHG an, dass das Cash-Pooling einer bilanziellen Betrachtung zu unterwerfen ist. Bei einem Cash-Pool kann einer dritten Gesellschaft Kapital überlassen werden, sofern der entsprechende Rückforderungsanspruch der ausleihenden Gesellschaft gegen die entleihende Gesellschaft werthaltig ist. In einer Krisensituation stellt die Teilnahme an einem Cash-Pooling für das nicht von der Krise betroffene Unternehmen und seinen Geschäftsführer jedoch ein strafrechtliches Risiko dar. Sollte der Geschäftsführer der zahlenden Gesellschaft diesen Cash-Pool auch in der Krise beibehalten, so verlieren die Rückzahlungsansprüche ihre Werthaltigkeit und der Geschäftsführer macht sich gegenüber der zahlenden Gesellschaft der strafbaren Untreue (§ 266 StGB) haftbar.[358] Sollten also die krisengeschüttelten Gesellschaften im Cash-Pool nicht in der Lage sein, den Zahlungsanspruch der zahlenden Gesellschaften zu erfüllen, entstehen Haftungsrisiken für die Gesellschafter der zahlenden Gesellschaften bis hin zu strafrechtlichen Konsequenzen. In der Krise sollten daher Cash-Pooling-Vereinbarungen aufgelöst werden und nur noch auf Basis von Individualvereinbarungen Zahlungen zwischen den Konzerngesellschaften vorgenommen werden. Der Geschäftsführer der zahlenden Gesellschaft hat in dieser Situation besondere Sorgfaltspflichten zu beachten.

3.4.7 Eingebettete Finanzinstrumente

Eingebettete Finanzinstrumente sind Instrumente, welche in direktem Zusammenhang mit einem Basisinstrument (z.B. Forderung) und häufig als Gegenleistung für eine Lieferung bzw. Leistung durch das Unternehmen vereinbart werden. Ein Beispiel für ein solches eingebettetes Finanzinstrument ist eine Option auf den Erwerb von Aktien des Vertragspartners für ei-

356) Hauschka, Ch., a.a.O., S. 182.
357) Rudolph, B., a.a.O., S. 462.
358) Hauschka, Ch., a.a.O., S. 638.

ne entsprechende Gegenleistung, welche in der Regel einen Verzicht auf eine Forderung aus Lieferungen und Leistungen darstellt. Diese Finanzinstrumente sind anhand ihrer eigenen Art losgelöst von den anderen Vertragsbestandteilen zu behandeln und zu würdigen.

3.5 Fremdfinanzierung

3.5.1 Finanztitel übernehmen die Kontrolle

Eine Emission von Finanztiteln unterschiedlicher Form führt im ersten Schritt zu einer Transaktion hinsichtlich von Zahlungsansprüchen bzw. Zahlungsströmen. Der Abschluss einer Vereinbarung über den Erhalt einer Zahlung von liquiden Mitteln heute gegen einen Rückzahlungsstrom mit Verzinsung morgen führt stets auch zu Verpflichtungen der Vertragsparteien, insbesondere Unternehmen gegenüber dem Finanzier. In den unterschiedlichen Ausprägungen sind mit den Finanztiteln unterschiedliche Verfügungs- und Kontrollrechte verbunden.[359] Solange die Zins- und Tilgungsverpflichtungen durch das Unternehmen erfüllt werden, ergeben sich keine Veränderungen hinsichtlich der Eigentümerposition bezüglich der wesentlichen Assets des Unternehmens und der Kontrolle über diese bzw. der Kontrolle über das Unternehmen als Ganzes. Sollten jedoch diese Verpflichtungen nicht eingehalten werden oder droht eine wesentliche Verschlechterung der wirtschaftlichen Lage des Unternehmens, sehen eine Vielzahl von Regelungen in den Kreditdokumentationen bestimmte Eskalationsstufen hinsichtlich der möglichen Einflussnahme des Finanziers vor.

Standen in der Vergangenheit insbesondere materielle Rechte im Sinne einer Besicherung des Finanziers durch fungible Vermögenswerte im Vordergrund (Besicherung durch Aktiva), so sind heute vorgelagerte Mechanismen entwickelt, die bereits vor einem tatsächlichen Zahlungsausfall den Finanzier in eine günstige Position bringen. Anhand von Covenants werden bestimmte Ereignisse definiert, die dazu führen, dass der Finanzier aktiv in die Geschicke des Unternehmens vorbeugend eingreifen kann, bevor ein Zahlungsausfall überhaupt stattgefunden hat.

Ein Beispiel dafür ist die Drittverzugsklausel, die definiert, dass der Kreditgeber das Recht hat, den Kredit mit sofortiger Wirkung fällig zu stellen, sollte der Kreditnehmer bei einer anderen vertraglichen Verpflichtung in Zahlungsverzug geraten.[360] Damit kann allein der unbeabsichtigte Zahlungsverzug bei einem Lieferanten zu einer Kündigung eines wesentlichen

359) Rudolph, B., a.a.O., S. 544f.

360) Stadler, W. (Hrsg.), a.a.O., 2004, S. 147.

Kreditverhältnisses führen. Ob und inwieweit der Kreditgeber in solch einem Falle die Kündigung ausspricht, bleibt allein dem Kreditgeber überlassen und bringt den Kreditnehmer in eine überaus schwierige Situation. Der Kreditgeber greift nicht etwa auf einen einzelnen Vermögenswert zu und hat das Recht, diesen zu verwerten, sondern bringt das gesamte Unternehmen des Kreditnehmers möglicherweise in eine Insolvenzsituation. Sicherlich ist die Entscheidung über eine Fälligstellung des Kredites auch keine leichte Entscheidung für die Vertreter des Kreditgebers.

Zu beachten ist im Rahmen der Ausübung der Kontroll- und Verfügungsrechte im Zusammenhang mit einem Finanztitel die Konzentration der Rechte auf bestimmte Parteien.[361)] Eine Konzentration dieser Rechte in einer Hand mit starken Eigeninteressen kann beispielsweise auch zu einer unfreundlichen Aktion gegenüber dem Unternehmen führen. Auf der anderen Seite kann ein Bankenkonsortium mit einer Vielzahl von Akteuren auch zu einer Hemmung des Unternehmens bei wichtigen Entscheidungen führen, wenn diese die Kontrolle über die Unternehmensgeschicke übernommen haben. Begründen lässt sich eine solche Situation mit dem sogenannten Gefangenendilemma.[362)]

3.5.2 Covenants

Covenants finden mittlerweile immer stärker Eingang in die unterschiedlichen Kreditvertragsgestaltungen der internationalen Bankenwelt. Wie bereits weiter oben ausgeführt, sind Covenants vertragliche Vereinbarungen, in denen sich der Kreditnehmer während der Vertragslaufzeit verpflichtet, bestimmte Handlungen zu unterlassen, vorzunehmen bzw. bestimmte Bedingungen zu erfüllen. Covenants runden die Sicherheitensituation für die Bank ab bzw. treten bei Unternehmen mit einwandfreier Bonität an die Stelle von Sicherheiten. Insbesondere der Wandel vom sogenannten Asset based Lending (die Kreditvergabe nur gegen Gewährung entsprechender Sicherheiten) zu einem Cashflow based Lending (die Kreditvergabe auf Basis zukünftiger Cashflows ohne dingliche Sicherheiten) wurde mit der Vereinbarung unterschiedlicher Covenants vorgenommen. Wobei allerdings festzustellen bleibt, dass ein solcher Wandel leider nicht wirklich stattgefunden hat und heute Covenants zusätzlich zu den Sicherheiten von den Kreditgebern gefordert werden. Dementsprechend handelt es sich bei den Covenants um eine Ausweitung der Sicherheitenposition der Kreditgeber zu Ungunsten der Kreditnehmer.

361) Rudolph, B., a.a.O., S. 545.

362) Berz, G.: Spieltheoretische Verhandlungs- und Auktionsstrategien, Stuttgart 2007, S. 63ff.

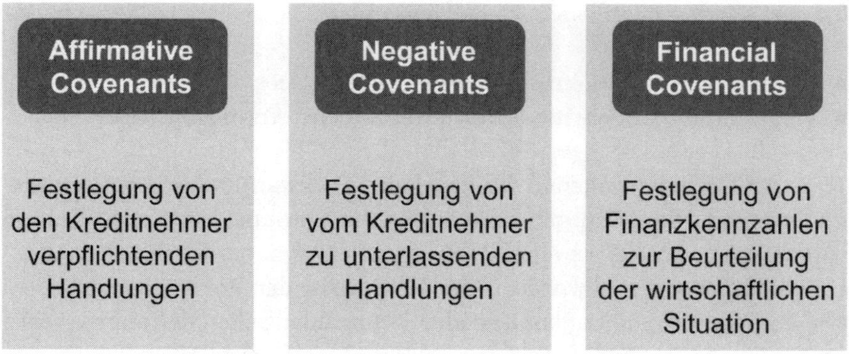

Quelle: Eigene Darstellung

Abb. 11: Übersicht über Covenants

Die Vereinbarung von Covenants stellt die Kreditnehmer vor neue Herausforderungen in Bezug auf Monitoring und Kontrolle der Einhaltung und bedingt einen erhöhten Verwaltungsaufwand bei den Kreditnehmern. In der Regel können nur Kreditnehmer mit einem ausreichenden Verwaltungsapparat diese Klauseln auch wirklich einhalten.

Es wird in der Regel zwischen Financial und Legal Covenants unterschieden. Hinsichtlich der Legal Covenants kann nochmals in Affirmative Covenants (Handlungspflichten) und Negative Covenants (Unterlassungspflichten) unterschieden werden.[363)]

Zu den *Affirmative Covenants* zählen beispielhaft folgende Handlungspflichten:

- Allgemeine Informationspflichten (Ereignisse),
- Finanzberichterstattung (monatlich, quartalsweise, jährlich),
- Prüfungspflichten bezüglich der Einzel- und/oder Konzernabschlüsse,
- Positiverklärung[364)],
- Cross-Default-Klausel (Drittverzugsklausel)[365)].

363) Stadler, W. (Hrsg.), a.a.O., 2004, S. 138.

364) Merkel, H./Lwowski, H.-J. (Hrsg.): Kreditsicherheiten – Grundzüge für die Praxis, 8. Aufl., Berlin 2003, S. 71f.

365) Stadler, W. (Hrsg.), a.a.O., 2004, S. 147.

Zu den *Negative Covenants* zählen insbesondere:

- Negativerklärung (Negative Pledge),[366]
- Veräußerungsverbote hinsichtlich wesentlicher Vermögenswerte.

Financial Covenants sollen in der Regel eine Frühwarnfunktion für den Kreditgeber darstellen. Dadurch kann der Kreditgeber, eine korrekte Definition vorausgesetzt, bereits vor einer Zahlungsunfähigkeit des Kreditnehmers definierte Schritte zur Abwendung der Finanzkrise des Kreditnehmers einleiten. Die zur Anwendung kommenden Kennzahlen sollen definieren, wann eine »wesentliche Verschlechterung der wirtschaftlichen Verhältnisse« des Kreditnehmers gegeben ist.[367] Üblicherweise kommen folgende Kennzahlen zur Anwendung[368]:

- Verhältnis der Netto-Verschuldung zum EBITDA,
- Eigenkapitalquote,
- Debt Service Coverage Ratio,
- Interest Cover Ratio,
- Cashflow-Rate,
- Gesamtkapitalrentabilität,
- Entschuldungsdauer.

Die Einhaltung der Covenants sind Voraussetzung dafür, dass keine Vertragsverletzungen (Events of Default) im Sinne des Kreditvertrages vorliegen. Besonders zu beachten sind im Rahmen der möglichen Vertragsverletzungen die sogenannte Drittverzugsklausel (Cross-Default-Klausel) und die wesentliche Verschlechterung der wirtschaftlichen Verhältnisse des Kreditnehmers (Material-Adverse-Change-Klausel).[369] Die Cross-Default-Klausel kann dazu führen, dass im Falle einer Vertragsverletzung des Kreditnehmers oder eines Unternehmens im Konzern unabhängig vom Vertrag die Forderungen aus dem Kreditvertrag sofort fällig gestellt werden. Der Kreditgeber will mit dieser Klausel sicherstellen, dass seine Forderungen im Zeitpunkt der Insolvenz, die möglicherweise aufgrund von Verpflichtungen gegenüber Drittparteien eingeleitet wurde, die eigenen Forderungen bereits

366) Diese Klausel untersagt im Kern dem Kreditnehmer, der gegenüber dem Kreditgeber keine oder nur teilweise Kreditsicherheiten gestellt hat, andere Gläubiger in der Besicherung besser zu stellen. Merkel, H./Lwowski, H.-J. (Hrsg.): Kreditsicherheiten – Grundzüge für die Praxis, 8. Aufl., Berlin 2003, S. 70f.

367) Stadler, W. (Hrsg.), a.a.O., 2004, S. 139ff.

368) Stadler, W. (Hrsg.), a.a.O., 2004, S. 141.

369) Stadler, W. (Hrsg), a.a.O., 2004, S. 147f.

vollständig fällig gestellt wurden. Diese Klausel kann zu einem gefährlichen Dominoeffekt führen, wenn der Kreditnehmer oder ein Unternehmen aus dem Konzernverbund gegen eine relativ unbedeutende Verpflichtung aus einem anderen Vertrag verstoßen hat. Deshalb ist die Beachtung dieser Klausel besonders wichtig.

3.5.3 Kredittäuschung

Kredittäuschung liegt insbesondere dann vor, wenn Dritte einem bereits kreditunwürdigen Sicherungsgeber einen Kredit gegen die Stellung von Sicherheiten gewähren, der die bereits engagierten Gläubiger nicht unwesentlich benachteiligt. Insbesondere der Umstand der damit zusammenhängenden Insolvenzverschleppung und der Absicht, sich selbst aus dem Vermögen des Schuldners zu befriedigen, ist nachteilig für die Position der anderen Gläubiger und damit Dritter.[370] Dem Kreditgeber und Sicherungsnehmer kommt in diesem Zusammenhang eine besondere Rolle der Verantwortlichkeit gegenüber den bereits engagierten Gläubigern eines insolvenzgefährdeten Unternehmens zu. Er muss letztendlich im Rahmen des Kreditvergabeprozesses entscheiden, inwiefern das betrachtete Unternehmen im Zeitpunkt der Kreditvergabe potenziell existenzgefährdet ist.

Der § 826 BGB definiert den Schadensersatzanspruch anderer Gläubiger wegen sittenwidriger Insolvenzverschleppung. Als Maßstab für die Beurteilung dieses Tatbestandes ist heranzuziehen, ob das Kreditinstitut die Insolvenz des krisenbedrohten Unternehmens nur hinausschieben wollte, um die eigene Situation (zahlungs- oder sicherungsseitig) gegenüber den anderen Gläubigern zu verbessern.[371] Rechtsfolge einer solchen Kredittäuschung ist ein Schadensersatzanspruch der dritten Gläubiger gegenüber dem verantwortlichen Kreditinstitut, der dabei so zu stellen ist, als ob die Insolvenz bereits vor zusätzlicher Kreditgewährung eingeleitet worden wäre.

Geschäftsführer und Vorstände sind im Falle einer Krise des Unternehmens verpflichtet, bestimmte Handlungen vorzunehmen. Im Rahmen dieses Abschnitts sei lediglich auf die Gefahr der Unterlassung, bei Zahlungsunfähigkeit oder Überschuldung der Gesellschaft die Eröffnung des Insolvenzverfahrens zu beantragen (§§ 401 Abs.1 Nr.2 AktG, 84 Abs.1 Nr.2 GmbHG), verwiesen.[372]

370) Merkel, H./Lwowski, H.-J. (Hrsg.): »Kreditsicherheiten – Grundzüge für die Praxis«, 8. Aufl., Berlin 2003, S. 37.

371) Schmidt, K./Uhlenbruck, W. (Hrsg.): »Die GmbH in Krise. Sanierung und Insolvenz«, 3. Aufl., Köln 2003, S. 224f.

372) Kiethe, K.: »Gesellschaftsstrafrecht – Zivilrechtliche Haftungsgefahren für Gesellschaften und ihre Organmitglieder«, in: Wertpapier Mitteilungen Heft 16/2007, S. 727.

4 Ausgewählte Vermeidungsstrategien im Finanzierungsbereich

4.1 Allgemeine Anforderungen

4.1.1 Unternehmensorganisation

Die allgemeine Sorgfaltspflicht des Managements ist der Grundstein für die Verpflichtung zur Einführung einer Corporate-Compliance-Organisation als wichtiger Baustein einer ordnungsgemäßen Corporate Governance.[373)] Das Wohlverhalten und die Bewegung im Rahmen der Legalität sind heute zusätzliche Faktoren für eine positive Abgrenzung zu den Organisationen, welche in den Medien durch negative Schlagzeilen auffallen. Hier spielen sämtliche Interessengruppen eine Rolle, vom Unternehmer über die Lieferanten und Kunden bis hin zu Mitarbeitern und den staatlichen Institutionen. Allerdings sollte eine Corporate-Compliance-Organisation auch immer auf die Unternehmensgröße und die Besonderheiten des Geschäftes abgestimmt sein.[374)] Eine angemessene Corporate Compliance mit Augenmaß[375)] für die Bedürfnisse und Belange des Unternehmens stellt einen wesentlichen Beitrag zur Schadensprävention und Reputationssicherung dar.[376)]

Die Vermeidung von Verstößen gegen Recht und Gesetz setzt die Etablierung einer angemessenen Organisationsstruktur voraus. Diese Organisationsstruktur muss geeignet sein, die Beachtung rechtlicher Rahmenbedingungen durch die Organe von Kapitalgesellschaften zu unterstützen.[377)] Augenmerk ist dabei auf die Informationsbeschaffung und -systeme, der Sachverhaltsaufklärung und Informationsverwertung sowie auf die Strukturen zur Herbeiführung unternehmerischer Entscheidungen und Maßnahmen zu legen.[378)]

Corporate Compliance selbst dient in erster Linie der Prävention von Schadensfällen und der Reduzierung von Haftungsrisiken und ist ein kontinuierlicher Prozess, der anlassbezogen oder auch anlassunabhängig

373) Wecker, G./van Laak, H. (Hrsg.): »Compliance in der Unternehmerpraxis«, 1. Aufl., Wiesbaden 2008, S. 48ff.

374) Siehe Rodewald, J./Unger, U.: »Kommunikation und Krisenmanagement im Gefüge der Corporate Compliance-Organisation«, in: Betriebs-Berater 2007, S. 1629.

375) Siehe auch die Definition der »Business Judgement Rule« in: Böttcher, L.: »Verpflichtung des Vorstands einer AG zur Durchführung einer Due Diligence«, in: Neue Zeitschrift für Gesellschaftsrecht 2005 Heft 2, S. 51.

376) Bürkle, J.: »Corporate Compliance – Pflicht oder Kür für den Vorstand der AG?«,in: Betriebs-Berater 2005, S. 570.

377) Rodewald, J./Unger, U.: »Kommunikation und Krisenmanagement im Gefüge der Corporate Compliance-Organisation«, in: Betriebs-Berater 2007, S.113.

378) Rodewald, J./Unger, U., a.a.O., S.113.

durchgeführt werden sollte.[379] Damit ist die Einrichtung entsprechender Systeme selbst eine geeignete Vermeidungsstrategie zur Vorbeugung und eventuell auch Aufdeckung von Risiken und Rechtsverstößen. Das System der Corporate Compliance ist grundsätzlich für jede Organisation individuell anzupassen und kann nicht von einem Unternehmen ohne Weiteres auf ein anderes übertragen werden.

Zu solchen organisatorischen Instrumenten gehören Strukturen im Sinne eines Internen Kontrollsystems (IKS) [380], eines Risikomanagementsystems und eines Systems zur Finanzberichterstattung. Auf die Anforderungen zur Installation von Corporate Compliance und einer Informationsorganisation sei hier lediglich verwiesen.[381] Strukturen und Kontrollsysteme sollten daher so angelegt sein, dass sie stets die Bedürfnisse zur Aufnahme, Beurteilung und Weitergabe von Informationen erfüllen können. Unternehmen sind heute verpflichtet, Kontrollmechanismen zur Risikominimierung zu installieren, Prozesse und Vorgänge bezüglich der Kontrollen zu dokumentieren, kritische Ereignisse nachzuverfolgen und Verstöße zu dokumentieren und an die Öffentlichkeit zu berichten.[382] Diese Anforderungen sind vollumfänglich und für die Unternehmen schwierig in aller Konsequenz zu realisieren. Dadurch kommen auf die Organisation nicht nur neue Anforderungen hinsichtlich der Wahrnehmung in der Öffentlichkeit zu, sondern auch ein neues Verständnis von Transparenz.

Insbesondere bei Handlungen mit krimineller Energie stoßen Organisationen regelmäßig an ihre Grenzen. Daran ist zu erkennen, dass es neben den organisatorischen Vorkehrungen auch ein inneres Verständnis der Organisationsmitglieder selbst geben sollte, das Verstöße gegen Recht, Gesetz und interne Vorgaben unmöglich macht. Die Etablierung moralischer Regeln und die Kontrolle solcher auch auf gesellschaftlicher Ebene sollten die organisatorischen Bemühungen der Unternehmen und Unternehmer unterstützen.

4.1.2 Verantwortlichkeit des Managements

Ausfluss der Business Judgement Rule ist die Pflicht zur angemessenen Vorbereitung einer Geschäftsführer- bzw. Vorstandsentscheidung durch Einholung der entscheidungsrelevanten Informationen und der sich daran anschließenden Abwägung von Risiken bei Treffen einer bestimmten Ent-

379) Rodewald, J./Unger, U., a.a.O., S.117.
380) Menzies, Ch. (Hrsg.), a.a.O., S. 96ff.
381) Wecker, G./van Laak, H. (Hrsg.): »Compliance in der Unternehmerpraxis«, 1. Aufl., Wiesbaden 2008, S. 52ff.
382) Tarantino, A.: Governance, Risk and Compliance Handbook: Technology, Finance, Environmental, and International Guidance and Best Practices, New York 2008, S. 280f.

scheidung.[383] Diese Pflicht kommt selbstverständlich nur bei unternehmerischen – also nicht gebundenen – Entscheidungen der Geschäftsleitung in Betracht, betrifft aber den gesamten Bereich der unternehmerischen Entscheidungen. Solche unternehmerischen Entscheidungen beinhalten notwendigerweise eine von der Geschäftsleitung vorzunehmende Prognose und benötigen daher auch eine möglichst vollumfängliche Information des Managements. Sollte z.B. die Geschäftsleitung die Entscheidung treffen, ein anderes Unternehmen zu erwerben, ohne zuvor ausreichende Informationen über das zu erwerbende Unternehmen eingeholt zu haben und bei Unklarheiten eine »Due Diligence« durchgeführt zu haben, so stellt diese Unachtsamkeit eine Schadensersatzpflicht begründende Pflichtverletzung der Geschäftsleitung dar.[384] Ebenso ist die Geschäftsleitung verpflichtet, vor der Kreditvergabe an einen Dritten zunächst eine Kreditwürdigkeitsprüfung vorzunehmen.[385]

Das Management sieht sich heute allerdings nicht nur den Risiken der Verletzung der Sorgfaltspflichten gegenüber, sondern auch der ethischen Beurteilung seiner Handlungen durch die Öffentlichkeit. Manager werden immer häufiger in den Mittelpunkt des öffentlichen Interesses gestellt und ihre Handlungen in aller Vielfalt gesellschaftlich beurteilt.

Im Bereich der Unternehmensfinanzierung ist das Management zu einem maßvollen und verantwortungsvollen Umgang mit den Finanzmitteln des Unternehmens verpflichtet. Allgemeine Sorgfaltspflichten treffen hier auch die Frage einer ausreichenden Planungsrechnung einschließlich einer Liquiditätsplanung mit angemessener Finanzierungsstruktur. Sollte aufgrund einer Geschäftsführungs- oder Vorstandsentscheidung eine Gesellschaft durch eine zu hohe Verschuldungsquote in Liquiditätsschwierigkeiten geraten, muss sich auch das Management zumindest moralisch verantworten.

Insbesondere in den Bereichen der Akquisitionsfinanzierung steht das Management selbst im Rahmen der Transaktion häufig nicht für die Kreditvertragsverhandlungen des Investors zur Verfügung. Gründe dafür sind in der Regel in einem möglichen Interessenkonflikt wegen seines aktuellen Anstellungsvertrages mit dem Verkäufer zu sehen. Das Management kommt also schließlich in eine Finanzierungsstruktur des Unternehmens, die die Organisation möglicherweise überfordert.

383) Vgl. hierzu auch Hüffer, AktG, 7. Aufl. 2006, §93 Rn. 6 ff.

384) Vgl. OLG Oldenburg vom 22.6.2006 – 1 U 34/03, GmbHR 2006, 1263 ff.

385) Vgl. zur strafrechtlichen Verantwortlichkeit BGH vom 15.11.2001 – 1 StR 185/01, in: *Neue Juristische Wochenschrift 2002*, S. 1211 ff.

Die Motivation des Managements muss durch geeignete Mechanismen gewährleistet sein. Dazu gehören die einzelnen Entlohnungsbausteine im Sinne eines Managementvergütungsprogrammes zur Bindung des Managements an den langfristigen Erfolg des Unternehmens ebenso wie eine Bindung und Motivation des Managements zu einem ethischen Verhalten. [386] Kurzfristige Vergütungsprogramme zeigen immer wieder Nachteile, die sich in der Regel auch in einer relativ kurzen Verweildauer des Managements im entsprechenden Unternehmen widerspiegeln. Eine langfristige Motivation dürfte wesentlich sinnvoller sein und gewährleistet auch den anderen Stakeholdern gegenüber verantwortliches Handeln. Allerdings sollten faire Entlohnungsmechanismen sowohl für das Management als auch für die Mitarbeiter der Unternehmen gelten. [387] Nur dann können auch Rechtsverstöße in diesen Organisationsstrukturen vermindert werden.

4.1.3 Aufteilung von Verantwortlichkeiten

Eine klare Aufteilung von Verantwortlichkeiten (Segregation of Duties) mit Kontrollmechanismen steht im Mittelpunkt der Section 404 des Sarbanes-Oxley Act of 2002 (SOX).[388] Diese Aufteilung der Verantwortlichkeiten geht so weit, dass gefordert wird, dass keine Person im Unternehmen einen vollständigen Geschäftsprozess eigen- und alleinverantwortlich entscheiden und abarbeiten darf. Insbesondere Funktionen wie der Verkauf und die Überwachung der Forderungen aus Lieferungen und Leistungen als Beispiel sind unbedingt von den Verantwortlichkeiten her zu trennen. Im Bereich der Unternehmensfinanzierung hat diese Anforderung ebenfalls weitreichende Konsequenzen. So soll der Leiter Rechnungswesen nicht allein verantwortlich für den Abschluss von Finanzierungsverträgen sein. Ihm ist zumindest eine weitere Person des Managements zur Entscheidung und Realisierung der Transaktion beizustellen. Nicht selten werden Finanzierungstransaktionen mit den gewohnten Kreditgebern abgeschlossen, ohne sich entsprechende Vergleichsangebote einzuholen.

Selbstverständlich ist die Verteilung der Verantwortlichkeiten im Finanzierungsbereich eine Frage der Strukturen und der Unternehmensgröße selbst. Zu empfehlen ist unabhängig davon allerdings immer eine möglichst breite Verteilung von Kompetenzen in diesem sensiblen Bereich, so dass mögliche Angriffe gegen Einzelentscheidungen vermieden werden können. Im Finanzierungsbereich sind nicht selten Einschränkungen der Entscheidungsmacht im Innenverhältnis durch Gesellschaftsvertrag oder Satzung

386) Rudolph, B., a.a.O., S. 186 ff.

387) Tarantino, A., a.a.O., New York 2008, S. 220 ff.

388) Tarantino, A., a.a.O., 2008, S. 228 ff.

des Unternehmens vorgenommen worden, die ebenfalls Beachtung finden müssen.

Sollte es weitreichende Einschränkungen der Entscheidungsmacht einzelner Personen durch entsprechende vertragliche Grundlagen geben, ist eine entsprechende Organisationsanweisung sinnvoll. Hier sind Vollmachten und Beschränkungen zu inventarisieren und den Mitarbeitern offenzulegen. Die Organisationsanweisung ist möglichst aktuell zu halten und sollte auch sämtlichen Mitarbeitern ohne Schwierigkeiten zugänglich sein. Hilfreich sind in diesem Falle Intranet-Lösungen, bei denen entsprechende Anweisungen und Organisationsdokumente offiziell zugänglich sind und auch aktuell gehalten werden können.

Indizien für ein problematisches Verhältnis zwischen dem Einzelentscheider im Unternehmen und dem Finanzierungspartner können unübliche Konditionen in den Finanzierungsverträgen, Abschluss von besonders riskanten Transaktionen (Optionsgeschäfte), marktunübliche Konditionen bei Geldanlagen, komplizierte Konstruktionen von Finanzierungsgeschäften und unsinnige Finanztransaktionen sein. Der Finanzierungsbereich spielt aus dem Grund, dass es sich hier im Wesentlichen immer um Transaktionen mit liquiden oder schnell liquidierbaren Vermögenswerten handelt, eine besonders sensible Unternehmensfunktion.

4.2 Eigenfinanzierung

4.2.1 Organisatorische Transparenz

Wie bereits in vorangegangenen Abschnitten dargelegt, unterstützt eine weitgehende Transparenz die Vermeidung von rechtlichen Angriffen aus verschiedenen Gebieten gegen das Unternehmen. Dazu gehören auch Vorkehrungen wie ein aussagekräftiges Buchhaltungssystem, bei dem keine Buchung ohne Beleg erfolgt und sämtliche Buchhaltungsunterlagen übersichtlich aufbereitet werden. Zusätzlich ist insbesondere im Bereich der Geschäftsvorfälle mit Gesellschaftern oder nahe stehenden Personen ein besonders akribischer Dokumentationsaufwand zu betreiben. Sacheinlagen sind ausreichend zu dokumentieren und müssen bezüglich einer stichhaltigen Bewertung einem ausreichenden Drittvergleich standhalten. Hier ist auch der Gesellschafter gehalten, entsprechende Belege beizubringen und Vorkehrungen für mögliche Wertzweifel zu treffen. Wesentliche Entscheidungen für oder gegen Transaktionen mit Gesellschaftern oder ihnen nahe stehenden Personen und Unternehmen sind ebenfalls ausreichend zu dokumentieren.

4.2.2 Verbot von Insidergeschäften

Insider sind diejenigen Personen, die über Wissen verfügen, das nicht öffentlich bekannt ist und das sich auf am Markt gehandelte Wertpapiere bezieht. Dabei ist es mittlerweile unerheblich, wer solche Informationen verwendet.[389] Eine Insiderinformation ist in der Regel geeignet, den Wert eines Wertpapiers zu beeinflussen; denn üblicherweise will der Insider durch sein Wissen seine eigene Position verbessern. Das Insidergeschäft schädigt damit andere Marktteilnehmer und ist daher untersagt. Zur Vermeidung von Insidergeschäften haben Unternehmen, die Wertpapiere emittiert haben, ein eigenes Insiderverzeichnis zu führen und stetig Informationen über entsprechende Personen bzw. Unternehmen zu melden. Selbst der Verdachtsfall eines Insidergeschäftes ist meldepflichtig. Das Wertpapierhandelsgesetz (WpHG) enthält zu den unterschiedlichen Tathandlungen Einschränkungen bzw. Verbote, die auch hinreichend sanktioniert werden.[390] Den staatlichen Einrichtungen zur Überwachung des Börsenhandels stehen ausreichende Instrumente zur Verfügung, um eine wirksame Insiderüberwachung vornehmen zu können. Zu diesen Instrumenten gehören Aufzeichnungs-, Melde- und Anzeigepflichten.

Im Unternehmen selbst sind zur Vermeidung von potenziellen Verstößen gegen das Insiderhandelsverbot Vorkehrungen zu treffen, die bereits vorbeugend Wirksamkeit zeigen und frühzeitig Indikationen für einen möglichen Verstoß liefern. Dazu gehören interne Belehrungen und Unterweisungen der handelnden Personen bis hin zur Unterzeichnung entsprechender Vereinbarungen zwischen Unternehmen und Mitarbeitern sowie die weitgehende Dokumentation von wesentlichen Sachverhalten im Sinne einer systematischen Erfassung von Vorgängen im Unternehmen. Auch in diesem Bereich spielt eine transparente Organisationsstruktur eine entscheidende Rolle. Diese unterstützt Präventivmaßnahmen zur Vermeidung von Verstößen und fördert auch ein entsprechendes Bewusstsein der Mitarbeiter für die rechtliche Situation.

Das Management eines Unternehmens kann Entscheidungen dahingehend treffen, inwiefern die eigenen Mitarbeiter ohnehin mit Anteilen am eigenen Unternehmen aktiv oder passiv Handel betreiben dürfen. Eine Beurteilung darüber, inwiefern damit in die Freiheitsrechte von Mitarbeitern eingegriffen werden kann, bleibt in diesem Zusammenhang unbeachtlich.

389) Rückert, S. in: Kuthe, T./Rückert, S./Sickinger, M.; Compliance-Handbuch Kapitalmarktrecht, 2004, S. 103 ff.

390) Ausführlich dazu siehe Rückert, S. in: Kuthe, T./Rückert, S./Sickinger, M., a.a.O., S. 103 ff.

4.2.3 Director's Dealings

Der Personenkreis im Unternehmen, der aufgrund seines Aufgabenbereiches besondere Informationen über die Gesamtsituation eines Unternehmens und dessen wahrscheinliche zukünftige Entwicklung erhält und strategische Entscheidungen treffen kann, steht unter besonderer Aufsicht. Diese Personen und bestimmte ihnen nahe stehende Personen sind gemäß § 15a WpHG verpflichtet, eigene Geschäfte mit Aktien des Emittenten oder sich darauf beziehenden Finanzinstrumenten dem Emittenten und der BaFin anzuzeigen.[391)] Transaktionen des Managements im Markt geben häufig Hinweise für andere Marktteilnehmer über eine mögliche zukünftige Entwicklung eines Unternehmens. Verkauft ein Vorstand einen wesentlichen Teil seiner Anteile an einem Unternehmen, gibt diese Entscheidung Anlass für unterschiedliche Spekulationen bezüglich der Zukunftsaussichten des betreffenden Unternehmens. Dementsprechend wurde entschieden, einen potenziellen Marktmissbrauch des Wissens hinsichtlich solcher Transaktionen durch eine Offenlegung derselbigen zu verhindern. Damit aus solchen Transaktionen keine Insiderinformationen werden, sind sie offenzulegen.

4.2.4 Korruption

Die Vermeidung von Korruption im Geschäftsbetrieb stellt eine wesentliche Herausforderung sowohl für Unternehmer und Unternehmen als auch Mitarbeiter dar. Die unterschiedlichen potenziellen Angriffspunkte für eine mögliche Korruption sind vielfältig und von daher relativ schwer zu erfassen. Um im Bereich der Mitarbeiter ein Risiko für Korruptionsanfälligkeit zu minimieren, müsste sowohl die persönliche Motivationslage des einzelnen Mitarbeiters als auch seine persönliche Lebenssituation offengelegt werden. Eine solche Vorgehensweise würde gegen die Grundrechte verstoßen und ist deshalb nahezu unmöglich. Es sollte eine persönliche Vertrauenssituation zwischen den Mitarbeitern und dem Management bestehen. Ein positives Betriebsklima könnte einen wesentlichen Beitrag zu einer Vermeidung von Korruptionsrisiken leisten.

Systematisch sollte im ersten Schritt eine Aufstellung eines geeigneten Indikatorsystems für die Risikobereiche für Korruption im Unternehmen vorgenommen werden und diese Risikobereiche inventarisiert werden.[392)] Ein Workshop mit Mitarbeitern, bei dem sowohl die Mitarbeit eingefordert als auch ein gemeinsames Verständnis der Risiken von Korruption für die Existenz des Unternehmens erreicht wird, sollte regelmäßig realisiert wer-

391) Rückert, S. in: Kuthe, T./Rückert, S./Sickinger, M.; a.a.O., S. 189 ff.

392) Hauschka, Ch., a.a.O., S. 498ff.

den. Dazu gehört auch eine offene und geradlinige Kommunikation im Unternehmen hinsichtlich möglicher Korruptionsrisiken und die Aufforderung an die Mitarbeiter und Führungskräfte, Korruptionsversuche umgehend an eine entsprechende Stelle zu melden. Die Meldestelle für Korruptionsangriffe sollte offiziell zugeordnet werden und mit einer besonders vertrauenswürdigen Person besetzt werden.

Unter Berücksichtigung professioneller Grundsätze sollten Geschäftschancen transparent beurteilt und über deren Realisierung entschieden werden. Entscheidungen über wesentliche Investitionen oder Transaktionen sollten immer im Team unter Berücksichtigung der Aufsichtspflicht des Managements bezüglich wesentlicher Geschäftsentscheidungen im Unternehmen erfolgen. Grundsätzlich sollten strategische Entscheidungen und solche über wesentliche Geschäfte möglichst öffentlich bekannt gemacht werden und eine ausreichende Dokumentation erfahren. Wesentliche Geschäfte insbesondere im Bereich der Auftragsfertigung und des Anlagenbaus sollten permanent überwacht werden. Geldflüsse sollten ausreichendem Monitoring unterliegen.

4.2.5 Unternehmen in Krisensituationen

In Krisensituationen sind insbesondere die Themen des Eigenkapitalersatzrechtes, der Kapitalerhaltung und damit auch das Thema Cash-Pooling besonderer Aufmerksamkeit zu unterziehen. Hier gilt es, möglichst transparent auch in dieser Situation Entscheidungen vorzubereiten und vorzunehmen, so dass Verschleierungen der tatsächlichen wirtschaftlichen Situation verhindert werden.

Im Bereich Cash-Pooling ist es möglicherweise notwendig, dass die Konzernleitung zur Vermeidung von gegenseitigen Schadensersatzansprüchen zwischen den Tochtergesellschaften und zur Aufrechterhaltung des Konzernfriedens ein krisengeschütteltes Unternehmen frühzeitig aus dem Cash-Pool entlässt und die finanzielle Situation des Krisenunternehmens separat bewertet. Danach sollten Entscheidungen über Liquiditätshilfen unter dem Bewusstsein der rechtlichen Situation und der bereits beschriebenen Konsequenzen für sich allein getroffen werden.

Es ist selbstverständlich, dass das Management eines Krisenunternehmens in einer solchen Situation auch für andere Gesellschaften im Konzernverbund verantwortungsvoll handelt und eine mögliche Risikosituation für andere Unternehmen abwendet. Ein gemeinsames ethisches Verständnis im Managementkreis des Konzerns ist für eine solche Handlungsweise durchaus hilfreich. Die Motivationslage des Managements der Tochtergesellschaften als auch des Mutterunternehmens ist für ein solches Verhalten entscheidend. Bilanzielle Verschleierungstaktiken sind zu ächten und eine klare und ehrliche Bilanzierung ist möglichst zu fördern. Sicherlich ist eine Ausrichtung der Bonizahlungen an das Management anhand von kurzfristigen Ertragskennziffern dafür nicht sehr hilfreich.

4.2.6 Geldwäsche

Im Bereich der Geldwäsche ist für Unternehmen der Grundsatz wichtig, dass die Geschäftspartner möglichst anhand einer längerfristigen Geschäftsverbindung vertrauen zu können. Bei Finanztransaktionen mit einem Gegenwert ab Euro 15 000 sind grundsätzlich die Geschäftspartner zu identifizieren. Die Identifikation muss ausreichend erfolgen und deutlich machen, wer hinter dem Geschäft steht. Grundsätzlich sind im Unternehmen die Transaktionen und Geschäftsvorfälle zu identifizieren, die besonders anfällig für Geldwäschevorgänge sein können. Es ist ein Geldwäschebeauftragter zu etablieren, der auch die regelmäßige Information der mit baren und unbaren Finanztransaktionen beauftragten Mitarbeiter übernimmt. Das Vertrauen in diese Mitarbeiter ist wichtig und eine regelmäßige Unterweisung in neuere Methoden und Entwicklungen im Bereich der Geldwäsche ist zu realisieren. Dazu kommen selbstverständlich interne Grundsätze, Sicherungssysteme und Kontrollen, die eine Geldwäsche im eigenen Unternehmen verhindern sollen.[393)]

4.3 Fremdfinanzierung

4.3.1 Organisatorische Voraussetzungen

Im Bereich Fremdfinanzierung sind ebenfalls organisatorische Vorkehrungen grundlegender Art zu treffen, um Verstöße gegen rechtliche Vorgaben oder interne Regelungen zu vermeiden. Die Beachtung des 4-Augen-Prinzips bei Banktransaktionen gehört zu den Grundregeln für die interne Organisation. Zudem sollten die Unterschriftsberechtigungen möglichst vollständig inventarisiert sein und sich immer auf dem aktuellsten Stand befinden. Dazu sind auch Abstimmungen mit der Personalabteilung immer dann vorzunehmen, wenn sich Einstellungen oder Entlassungen bei Mitarbeitern ergeben. Das Mutterunternehmen und dessen Management zeichnen zudem dafür verantwortlich, dass die Zeichnungsberechtigungen auch bei den Tochtergesellschaften auf dem aktuellen Stand sind. Es gilt zu verhindern, dass möglicherweise ehemalige Mitarbeiter aufgrund einer nicht

393) Umnuß, K. (Hrsg.), a.a.O., S. 74.

aktualisierten Unterschriftsberechtigung Zugriff zu einem Bankkonto des Unternehmens erhalten. Ein solches Risiko kann auch die (organisatorische) Regelung vermeiden, dass stets zwei Unterschriften auf entsprechend Formularen notwendig sind.

4.3.2 Inventar der Fremdfinanzierungsinstrumente

Wesentlich sowohl für Unternehmen als insbesondere auch für Konzerne ist die Inventarisierung sämtlicher Verträge über Finanzierungsinstrumente. In der Praxis fällt immer wieder auf, dass Unternehmen keinen Überblick über ihre tatsächliche Besicherungslage und die Anzahl und Vielfalt der aufgenommenen Finanzierungen haben. Zwar wird im Rahmen der Jahresabschlussprüfung eine entsprechende Untersuchung durch den Abschlussprüfer vorgenommen, doch fallen Änderungen oder Abweichungen dann zumeist erst zum gegebenen Anlass der Untersuchungen auf. Wichtig für eine frühzeitige Erkennung von Risiken aus Finanzierungsverträgen ist eine zeitnahe Inventarisierung und eine ausreichende Aktualität der Unterlagen. Dazu ist es eventuell sogar zu empfehlen bei einer entsprechenden Bedeutung der Finanzierungsverträge und Besicherungssituation für ein Unternehmen, dieses Inventar in das monatliche oder quartalsweise Reporting aufzunehmen.

Finanzierungsvereinbarungen sollten einer regelmäßigen Überprüfung unter Berücksichtigung eines Marktvergleiches der Konditionen unterliegen und auch auf Basis eines 4-Augen-Prinzips im Unternehmen überwacht werden. Dem Management des Unternehmens kommt aufgrund der besonderen Bedeutung der Finanzierungsseite für das Unternehmen eine hohe Verantwortung zu. Die abgeschlossenen Finanzierungsvereinbarungen sind sowohl bei Abschluss als auch bei regelmäßiger Kontrolle ihrer Marktkonformität mit entsprechenden Alternativen zu vergleichen und das Ergebnis der Untersuchungen sollte zeitnah und für Dritte nachvollziehbar dokumentiert werden.

Wesentlich für die Einhaltung der Vorgaben aus Kreditverträgen ist eine vollständige Katalogisierung der Pflichten, die sowohl die allgemeinen Handlungs- und Unterlassungspflichten als auch die finanziellen Covenants beinhalten. Dabei ist es von besonderer Bedeutung, dass im Zusammenhang mit der Einhaltung der allgemeinen Berichtspflicht (Finanzberichterstattung, Berichterstattung über besondere Ereignisse) auch die Finanzkennzahlen eingehalten werden. Allgemeine Berichtspflichten sind mit dem internen Berichtskalender abzugleichen und einzuhalten. Insbesondere sind die Ereignisse zu berücksichtigen, die besondere Rechte der Kreditgeber auslösen können. Die Finanzkennzahlen, welche in den Kreditverträgen mit entsprechenden Ereignissen gekoppelt sind, sollten auch im internen Berichtswesen richtig und vollständig berücksichtigt werden. Berichte über die Einhaltung bestimmter Finanzkennzahlen sind üblicherweise quartalsweise oder halbjährlich abzugeben. Die Berücksichtigung der Finanzkennzahlen im periodischen Ist-Reporting, im Forecast-Prozess und in der Unternehmensplanung führt dazu, dass Ereignisse, die zu einer Verletzung der im Kreditvertrag festgelegten Schwellenwerte führen, frühzeitig erkannt und möglicherweise korrigiert werden können. Auch das frühzeitige Erkennen und Berichten von Abweichungen an den Kreditgeber eröffnet dem Unternehmen Handlungsspielräume.

Für Finanzierungsverträge oder Verträge über die Begebung von Finanzinstrumenten (wie zum Beispiel Hedging) sind Schwellenwerte zu definieren und regelmäßig anzupassen, ab denen diese Verträge einer Entscheidungsgewalt des Gesellschafters oder des Managements unterliegen. Dabei sollte auch berücksichtigt werden, dass der Schwellenwert nicht das Netto-Finanzrisiko aus einem Hedging-Vertrag oder ähnlichen Verträgen betrifft, sondern dass die Risiken aus solchen kombinierten Verträgen einzeln betrachtet und beurteilt werden.

5 Checkliste

Die nachfolgende Checkliste gibt lediglich Anhaltspunkte für Sachverhalte, welche im Rahmen der Prüfung der Compliance im Unternehmen Berücksichtigung finden sollten, und hat keinen Anspruch auf Vollständigkeit oder eine bestimmte Reihenfolge.

☐ *Allgemeine Unternehmenssituation:* Liegt im Unternehmen eine positive und konstruktive Grundstimmung vor oder gibt es Indikatoren für Verstimmungen und möglicherweise vermehrte Indizien für Unruhen durch Mobbing?

☐ *Organisatorische Voraussetzungen:* Liegen klare Stellenbeschreibungen und Organisationshandbücher mit vollständigen und aktuellen Vollmachten vor? Sind die Organisationsanweisungen für jeden Mitarbeiter zugänglich? Sind die Verantwortlichkeiten im Unternehmen auch für Dritte transparent und nachvollziehbar?

☐ *Verdeckte Sacheinlage:* Liegt im Rahmen einer Gesellschaftsgründung oder einer Kapitalerhöhung eine verdeckte Sacheinlage vor? Wenn ja, ist die Sacheinlage werthaltig bzw. angemessen bewertet worden? Hält die Bewertung der Sacheinlage einem Drittvergleich stand?

- ☐ *Ertragslage:* Wurden Ertragsziele wesentlich verfehlt und kommt es zu Verzögerungen bei der Abgabe einer regelmäßigen Berichterstattung? Haben wesentliche Personen aus der Führungsebene überraschend ihre Position abgegeben?

- ☐ *Darlehensvergabe:* Wurden Darlehen an Gesellschafter, Aktionäre oder Organe des Unternehmens gewährt und handelt es sich dabei um Verstöße gegen die Kapitalerhaltung?

- ☐ *Darlehensaufnahme:* Wurden Darlehen in einer schwierigen Situation von einem Gesellschafter oder Aktionär gewährt oder bereits gegebene Darlehen stehen gelassen?

- ☐ *Auslandsdarlehen:* Werden Darlehen an oder von Ausländern (Gebietsfremden) an die Deutsche Bundesbank gemeldet?

- ☐ *Kapitalerhaltung:* Wurden Leistungen an Gesellschafter einer AG oder Aktionäre einer AG erbracht, die keine adäquate Gegenleistung erbracht haben? Wurde dadurch das Gesellschaftsvermögen geschmälert bzw. liegt jetzt eine Unterbilanz vor?

- ☐ *Aktientransaktionen:* Werden sämtliche Transaktionen mit Aktien des Unternehmens im Unternehmen ausreichend beobachtet und dokumentiert? Liegt ein vollständiges und aktuelles Insiderverzeichnis vor? Gibt es klare Regeln und Anweisungen für die Mitarbeiter, was den Insiderhandel anbetrifft?

- ☐ *Verdeckte Gewinnausschüttung:* Wurde eine verdeckte Gewinnausschüttung vorgenommen, die eine Unterbilanz verstärkt oder eben erst herbeigeführt hat?

- ☐ *Sicherheitenbestellung:* Wurden Sicherheiten für Verbindlichkeiten von Gesellschaftern, Organen, Dritten oder nahe stehenden Personen gewährt?

- ☐ *Geldwäsche:* Werden bei der Entgegennahme von Bargeld oder elektronischem Geld die Identifizierungspflichten nach dem GwG beachtet?

- ☐ *Banktransaktionen:* Wird bei Banktransaktionen das 4-Augen-Prinzip eingehalten? Sind die Unterschriftenregelungen nach dem 4-Augen-Prinzip aufgestellt und sind die Zeichnungsberechtigungen bezüglich der Bankkonten aktuell?

- ☐ *Korruption:* Gibt es im Unternehmen Risikobereiche in Bezug auf Korruption? Werden mit Ländern direkt oder indirekt Geschäfte abgeschlossen, die als besonders korruptionsanfällig gelten? Gibt es Geldflüsse im Unternehmen, die nicht oder nicht ausreichend bzw. verschleiert dokumentiert werden? Gibt es Indizien für dubiose Geschäftspartner?

- ☐ *Cash-Management:* Werden im Unternehmen oder im Konzern Zahlungen an Gläubiger über das angegebene Zahlungsziel hinaus verzögert? Wurden bereits Maßnahmen zur Beitreibung von Verbindlichkeiten des Unternehmens von Gläubigern eingeleitet?

- ☐ *Cash-Pooling:* Ist die eigene Konzerngesellschaft im Wesentlichen Zahler in den bestehenden Cash-Pool des Konzerns? Sind Konzerngesellschaften, die am Cash-Pooling beteiligt sind, am Rande oder bereits in einer Krisensituation? Sind die Rückzahlungsansprüche aus dem Cash-Pool als werthaltig zu beurteilen?

- ☐ *Finanzierungsverträge I:* Sind die Konditionen in den Finanzierungsvereinbarungen marktkonform und angemessen und handelt es sich bei Finanzierungsinstrumenten um außergewöhnliche oder unverständliche Konstruktionen?

- ☐ *Finanzierungsverträge II:* Sind sämtliche Verpflichtungen aus dem Kreditvertrag katalogisiert und entsprechende Mechanismen etabliert, die Anforderungen zeitnah und in ausreichendem Umfang zu erfüllen? Werden Berichtspflichten eingehalten? Sind die Financial Covenants im internen Berichtssystem richtig und vollständig abgebildet?

6 Literatur

Berz, G.: *Spieltheoretische Verhandlungs- und Auktionsstrategien*, Stuttgart 2007.

Böttcher, L.: »Verpflichtung des Vorstands einer AG zur Durchführung einer Due Diligence«, in: *Neue Zeitschrift für Gesellschaftsrecht* 2005 Heft 2, S. 49 ff.

BT-Drucksache 16/6140 vom 25. Juli 2007: Gesetzentwurf der Bundesregierung: Entwurf eines Gesetzes zur Modernisierung des GmbH-Rechts und zur Bekämpfung von Missbräuchen (MoMiG).

Bürkle, J.: »Corporate Compliance – Pflicht oder Kür für den Vorstand der AG?«,in: *Betriebs-Berater* 2005, S.565 ff.

Grunow, H.-W./Figgener, S.: *Handbuch Moderne Unternehmensfinanzierung – Strategien zur Kapitalbeschaffung und Bilanzoptimierung*, Berlin, Heidelberg 2006.

Haack, H. J.;/Campos Nave, J.: *Die neue GmbH*, Herne 2008.

Hauschka, Ch. E.: *Corporate Compliance. Handbuch der Haftungsvermeidung im Unternehmen*, München 2007.

Heck, M.: *Der Flowtex-Skandal : wie Politik und Fiskus jahrelang von einem gigantischen Wirtschaftsbetrug profitierten*, Frankfurt a. M. 2006.

Jäger, A.: *Aktiengesellschaft unter besonderer Berücksichtigung der KGaA*, München 2004.

Kiethe, K.: »Gesellschaftsstrafrecht – Zivilrechtliche Haftungsgefahren für Gesellschaften und ihre Organmitglieder«, in: *Wertpapier Mitteilungen* Heft 16/2007, S. 722-728.

Kuthe, T./Rückert, S./Sickinger, M. (Hrsg.): *Compliance-Handbuch Kapitalmarktrecht, Publizitäts- und Verhaltenspflichten für Aktiengesellschaften*, Heidelberg 2004.

Menzies, Ch. (Hrsg.): *Sarbanes-Oxley und Corporate Compliance – Nachhaltigkeit, Optimierung, Integration*, Stuttgart 2006.

Merkel, H./Lwowski, H.-J. (Hrsg.): *Kreditsicherheiten – Grundzüge für die Praxis*, 8. Aufl., Berlin 2003.

Mittendorfer, R.: *Praxishandbuch Akquisitionsfinanzierung – Erfolgsfaktoren fremdfinanzierter Unternehmensübernahmen*, Wiesbaden 2007.

Picot, G. (Hrsg.): *Handbuch Mergers & Acquisitions – Planung, Durchführung, Kontrolle*, 2. Aufl., Stuttgart 2002.

Regierungskommission DCGK (Hrsg.): *DCGK in der Fassung vom 14. Juni 2007*

Rodewald, J.: »Corporate Compliance – Organisatorische Vorkehrungen zur Vermeidung von Haftungsfällen der Geschäftsleitung«, in: *Betriebs-Berater* 2006, S.113 ff.

Rodewald, J./Unger, U.: »Kommunikation und Krisenmanagement im Gefüge der Corporate Compliance-Organisation«, in: *Betriebs-Berater* 2007, S. 1629 ff.

Rudolph, B.: *Unternehmensfinanzierung und Kapitalmarkt*, Tübingen 2006.

Schmidt, K./Uhlenbruck, W. (Hrsg.): *Die GmbH in Krise. Sanierung und Insolvenz*, 3. Aufl., Köln 2003.

Stadler, W. (Hrsg.): *Die neue Unternehmensfinanzierung – Strategisch Finanzieren mit bank- und kapitalmarktorientierten Instrumenten*, Frankfurt a. M. 2004.

Stadler, W. (Hrsg.): *Venture Capital und Private Equity; Erfolgreich wachsen mit Beteiligungskapital*, Köln 2000.

Tarantino, A.: *Manager's Guide to Compliance: Sarbanes-Oxley, COSO, ERM, COBIT, IFRS, BASEL II, OMB A-123, ASX 10, OECD Principles, Turnball Guidance, Best Practices, and Case Studies*, New York 2006.

Tarantino, A.: *Governance, Risk and Compliance Handbook: Technology, Finance, Environmental, and International Guidance and Best Practices*, New York 2008.

Umnuß, K., *Corporate Compliance-Checklisten: Rechtliche Risiken im Unternehmen erkennen und vermeiden*, München 2008

Wecker, G./van Laak, H. (Hrsg.): *Compliance in der Unternehmerpraxis*, 1. Aufl., Wiesbaden 2008.

VIII. Unternehmenskommunikation

Matthias Struwe

1 Einleitung

Die Unternehmenskommunikation umfasst die gesamte Kommunikation eines Unternehmens nach innen und nach außen. Als zentraler Bestandteil der Unternehmensführung hat die Unternehmenskommunikation zum Ziel, über die Weitergabe von Informationen das Unternehmen in der Öffentlichkeit darzustellen und relevante Entwicklungen an die Mitarbeiter weiterzugeben.

Zielgruppe der Unternehmenskommunikation sind in erster Linie die Medien sowie die Mitarbeiter. Darüber hinaus sind aber insbesondere Kunden, Zulieferer, Lieferanten, Wettbewerber, Kreditinstitute, Politiker sowie andere Multiplikatoren als Rezipienten von Unternehmensinformationen zu beachten.

Wichtigste Aufgabe der Unternehmenskommunikation sind die Presse- und Öffentlichkeitsarbeit sowie die interne Kommunikation. Die Bereiche des Marketings und Vertriebs sowie die Investor Relations und Creditor Relations, die an anderer Stelle dieses Handbuchs abgehandelt werden, sollen hier ausgeklammert werden[394].

Beim Management der laufenden Kommunikationsprozesse spielen Aspekte der Compliance eine eher untergeordnete Rolle. Die mit der Unternehmenskommunikation beauftragten Personen handeln in der Regel im Auftrag der Unternehmensführung oder stimmen zu kommunizierende Aussagen im Vorfeld ab. Dies gilt sowohl für die interne Kommunikationsabteilung wie auch für beauftragte Agenturen.

Neben dem engen rechtlichen Rahmen, den das Wertpapierhandelsgesetz (WpHG) börsennotierten Aktiengesellschaften bei der Presse- und Öffentlichkeitsarbeit setzt, teilweise präzisiert bzw. verschärft durch die entsprechend des jeweiligen Börsensegments auferlegten Informationspflichten,

394) Siehe unter Kapitel III. Compliance in Marketing und Vertrieb.

Praxishandbuch Corporate Compliance. Axel Jäger, Christian Rödl und José A. Campos Nave

ISBN 978-3-527-50395-7

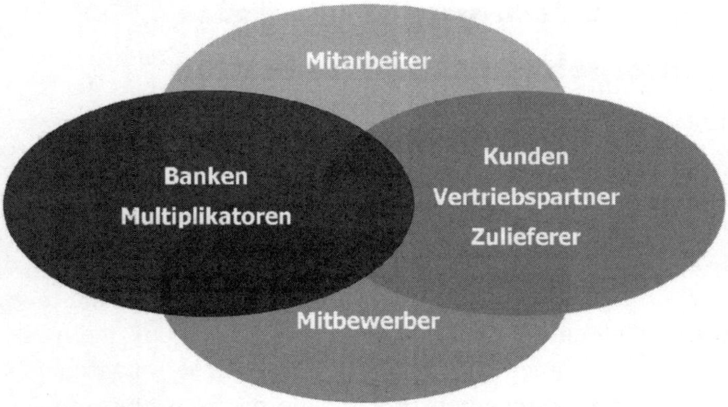

Abb. 12: Das Umfeld der Unternehmenskommunikation

ist auch der Rechtsrahmen für nicht kapitalmarktorientierte Unternehmen durchaus weiter als algemein angenommen oder bekannt[395].

Besondere Bedeutung kommt der Compliance allerdings im Krisenfall zu, der gesonderte Aufmerksamkeit verdient. Die Schadenersatzklage des Medienunternehmers Leo Kirch gegen die Deutsche Bank wegen vermeintlich rufschädigender Aussagen des damaligen Vorstandssprechers, Rolf Breuer, hat das hohe Haftungsrisiko im Bereich der Unternehmenskommunikation deutlich gemacht.[396] Noch erheblicher können allerdings die Auswirkungen des Verhaltens von Vorständen und Geschäftsführern im Bereich der Kommunikation auf den Ruf des Unternehmens sein. Als Beispiel sei hier das Victory-Zeichen des Vorstands der Deutschen Bank, Josef Ackermann, im Rahmen des Mannesmann-Prozesses genannt, welches auch gleichzeitig die große Wirkung von Bildern in der Kommunikation unterstreicht.[397]

Doch sieht man von solchen spektakulären Fällen ab, spielen sich Compliance-relevante Fälle aus der Unternehmenskommunikation eher selten auf der Bühne deutscher Gerichte ab. Die Risiken wie auch die Chancen der Kommunikation liegen vielmehr in einer juristischen Grauzone. Klare Vorgaben seitens der Unternehmensführung für die Kommunikationsprozesse können helfen, etwaige Risiken zu vermeiden und die Chancen der Kommunikation für das Unternehmen zu nutzen.

395) Man denke beispielsweise an das Gesetz gegen den unlauteren Wettbewerb (UWG) oder auch an die Lauterkeits- und Fernsehrichtlinie.

396) Vgl. Jahn, in: Hauschka, C. (Hrsg.): »Corporate Compliance. Handbuch der Haftungsvermeidung im Unternehmen«, München 2007, §30, S. 643.

397) Vgl. mit weiteren Beispielen Reppesgaard: »Ist der Ruf erst ruiniert ... rollen Köpfe«, in: Handelsblatt, 14.07.06, S. k06.

2 Bedeutung der Unternehmenskommunikation

Nur über die Bedeutung der Unternehmenskommunikation als Werttreiber und Erfolgsfaktor[398] für das Unternehmen lassen sich die Risiken veranschaulichen, die eine unprofessionelle Kommunikation haben kann. Die aktive Unternehmenskommunikation trägt entscheidend dazu bei, ein positives Bild des Unternehmens in der Öffentlichkeit zu schaffen. Ein solches gutes »Image« erhöht die Erfolgschancen des Unternehmens im Markt und wirkt sich positiv auf das Verhältnis zu den Kunden, Kreditgebern und Investoren, Zulieferern, Lieferanten und anderen wichtigen Multiplikatoren aus. Zudem gelingt es Unternehmen mit einem guten Ruf leichter, qualifiziertes und motiviertes Personal zu gewinnen und zu halten.

Eine professionelle Unternehmenskommunikation zielt daher darauf ab, das Ansehen des Unternehmens in der Öffentlichkeit wie auch gegenüber den eigenen Mitarbeitern aufzubauen und nachhaltig zu pflegen. Bei produktorientierten Unternehmen verbinden sich idealerweise Unternehmensimage und Produktimage zur Stärkung der Marke des Produktes und/oder des Unternehmens. Bei einem Dienstleistungsunternehmen wird über die Unternehmenskommunikation Vertrauen aufgebaut, welches neben dem Wissen und der Erfahrung der Mitarbeiter den größten Wert für die Gesellschaft hat. Wird das Vertrauen in einen Dienstleister durch unprofessionelle Kommunikation nachhaltig gestört, entsteht ein unmittelbarer Schaden in Form des Reputationsverlustes.[399]

3 Prozesse der Unternehmenskommunikation

Grundsätzlich kann zwischen Kommunikationsprozessen unterschieden werden, die sich an die Mitarbeiter des Unternehmens richten (Interne Kommunikation), und solche, die sich an die Öffentlichkeit richten (Externe Kommunikation). Die Grenzen beider Bereiche verflüchtigen sich aber zunehmend, denn viele Unternehmen nutzen längst die Presse- und Öffentlichkeitsarbeit, um das Image des Unternehmens gerade auch bei den Mitarbeitern zu fördern. Umgekehrt finden an die Mitarbeiter gerichtete Informationen insbesondere durch die fortschreitende Digitalisierung schnell den Weg in die Öffentlichkeit.

398) Vgl. Zerfaß, A./Piwinger, M.: »Kommunikation als Werttreiber und Erfolgsfaktor«, in: Piwinger, M./Zerfaß, A.: Handbuch Unternehmenskommunikation, Wiesbaden 2007, S. 5 ff.

399) Vgl. am Beispiel Arthur Andersen Martin, P.: »A global reputation falls apart«, in: Financial Times, 18.03.2002.

3.1 Presse- und Öffentlichkeitsarbeit

Die Presse- und Öffentlichkeitsarbeit umfasst alle Maßnahmen, Informationen über das Unternehmen in die Öffentlichkeit und hier insbesondere in die Medien zu tragen. Dies kann über Pressemitteilungen, Pressekonferenzen, Interviews, Fotos, Kundenzeitschriften, die Veröffentlichung von Studien oder z.B. von medienwirksamen Veranstaltungen erfolgen. Auch die aktive Darstellung des Unternehmens im Internet über eine eigene Homepage, Einträge auf speziellen Branchenplattformen oder die Einrichtung eines Corporate Blogs gehört in diesen Bereich.

Die im Bereich der Presse- und Öffentlichkeitsarbeit tätigen Mitarbeiter sollten zu Beginn ihrer Tätigkeit und im weiteren Verlauf regelmäßig bzgl. der rechtlichen Konsequenzen ihres Handelns geschult werden.[400] Denn insoweit das Unternehmen publizistisch tätig wird, müssen insbesondere das Presserecht und das Urheberrecht konsequent berücksichtigt werden. Hinzu kommt, dass in verschiedenen Branchen eigene Regelungen für die Kommunikation gelten, als Beispiel seien die strengen Regelungen für Ärzte und klinisches Personal oder für Rechtsanwälte genannt.

Unternehmer, die sich im Rahmen der Pressearbeit über Mitbewerber äußern oder versuchen, sich durch entsprechende Aussagen von der Konkurrenz abzuheben, müssen zudem das Wettbewerbsrecht und hier insbesondere die Grundsätze der vergleichenden Werbung beachten.[401]

Den Mitarbeitern der Unternehmenskommunikation kommt in enger Zusammenarbeit mit der Rechtsabteilung des Unternehmens die Aufgabe zu, Aussagen der Unternehmensleitung gegenüber der Presse daraufhin zu prüfen, ob diese keine unrichtige Darstellung oder z.B. unzulässige oder problematische Aussagen über Wettbewerber oder deren Produkte enthalten. Dabei muss berücksichtigt werden, dass Journalisten keine Verpflichtung haben, Beiträge oder darin enthaltene Aussagen oder Zitate mit dem Gesprächspartner abzustimmen.[402] Bei live aufgezeichneten Radio- oder Fernsehinterviews sind nachträgliche Korrekturen ohnehin kaum möglich. Zudem belasten nachträgliche Eingriffe das Verhältnis zwischen Unternehmen und Presse.

Ratsam ist daher, die wichtigsten Aussagen zu kritischen Themen *im Vorfeld* vorzubereiten und intern abzustimmen. Journalisten können im Rahmen eines Gespräches auch stets schriftliche Unterlagen überreicht werden, die die wichtigsten Aussagen zusammenfassen und im Zweifel als Grund-

400) Vgl. Jahn, J.: »Presse- und Öffentlichkeitsarbeit«, in: Hauschka, Ch. (Hrsg.), a.a.O., S. 647.

401) Vgl. Jahn, a.a.O., S. 645.

402) Vgl. Jahn, a.a.O., S. 644.

lage für die Berichterstattung herangezogen werden können. Dies verringert das Risiko, falsch zitiert bzw. wiedergegeben zu werden, erheblich.

3.2 Interne Kommunikation

Die Bedeutung der Internen Kommunikation für den Unternehmenserfolg wird gerne unterschätzt. Dabei bilden die internen Kommunikationsprozesse den entscheidenden Faktor bei der Herstellung eines Konsenses über die Strategie und Handlungsweise des Unternehmens. Nur über eine professionelle Unternehmenskommunikation kann sich ein einheitliches Verständnis über die Zielsetzung des unternehmerischen Handelns sowie eine gemeinsame Unternehmenskultur als Ausdruck des Wertgefüges im Unternehmen herausbilden.

Grundsätzlich wird bei der Internen Kommunikation zwischen den »verfassungsgebenden Organisationsmitgliedern«, d.h. der Unternehmensführung und ihren Organen, sowie den »weiteren Organisationsmitgliedern«, d.h. Arbeitnehmern, unterschieden.[403)]

Abhängig von der Rechtsform sind die Informationspflichten seitens der Unternehmensführung gegenüber den Gesellschaftsorganen rechtlich verbindlich geregelt. Aufgabe der Corporate Compliance ist daher die Erstellung eines Kommunikationsschemas, welches die Weiterleitung von Informationen an die mit Führungsaufgaben betrauten Akteure im Unternehmen regelt.

Eine besondere Bedeutung kommt hierbei der Information der Arbeitnehmervertreter im Unternehmen zu, die im Betriebsverfassungsgesetz geregelt ist. Danach hat die Unternehmensführung den Betriebsrat u.a. »zur Durchführung seiner Aufgaben ... rechtzeitig und umfassend ... zu unterrichten«.[404)]

Nach § 106 BetrVG, der die Einrichtung eines Wirtschaftsausschusses in Unternehmen mit mehr als 100 Mitarbeitern regelt, muss darüber hinaus der Unternehmer »den Wirtschaftsausschuss rechtzeitig und umfassend über die wirtschaftlichen Angelegenheiten des Unternehmens unter Vorlage der erforderlichen Unterlagen ... unterrichten«.

Das Betriebsverfassungsgesetz regelt ferner einige Pflichten zur internen Kommunikation gegenüber den Mitarbeitern. Danach ist der Arbeitgeber

403) Vgl. Piwinger, M./Zerfaß, A.: Handbuch Unternehmenskommunikation, Wiesbaden 2007, S. 42.

404) § 80.2 Betriebsverfassungsgesetz

verpflichtet, die Arbeitnehmer über deren Aufgaben, Gefahren im Betrieb oder Veränderungen in seinem Arbeitsbereich zu informieren.[405)]

Auch das Allgemeine Gleichbehandlungsgesetz (AGG) ist im Rahmen der Internen Kommunikation zu beachten. Dies gilt insbesondere dann, wenn in Unternehmen die Verteilung von Informationen an die Mitarbeiter nicht einheitlich und personenunabhängig gesteuert wird und Mitarbeiter sich durch die Ausgrenzung bei der Informationsverteilung diskriminiert fühlen können.

Die Prozesse der Internen Kommunikation werden in zunehmendem Maße digital gesteuert. Mitarbeiterportale bzw. Intranets haben in vielen Unternehmen die Mitarbeiterzeitschrift oder den Managementbrief abgelöst. Die Unternehmensleitung muss in diesem Fall sicherstellen, dass alle Mitarbeiter freien Zugriff zu den digitalen Informationsquellen haben und in ausreichender Weise in deren Nutzung geschult wurden. Dies gilt auch für Arbeitnehmer, die den Betrieb z.B. krankheitsbedingt nicht regelmäßig aufsuchen können, oder für Arbeitnehmerinnen im Mutterschutz. Die Unternehmensführung steht in diesem Falle in der »Bringschuld« für die internen Informationen, ein reiner Verweis darauf, dass diese im Netz eingesehen oder heruntergeladen werden können, reicht nicht aus.

3.3 Krisenkommunikation

Im Krisenfall kommt der Unternehmenskommunikation eine erhebliche, im Einzelfall sogar herausragende Bedeutung zu.[406)] Eine zögerliche oder falsche Krisenkommunikation kann den Imageschaden für das betroffene Unternehmen deutlich erhöhen. Staatsanwaltschaft wie Fahndungsbehörden können über gezielte öffentliche Äußerungen den Druck auf betroffene Unternehmer erhöhen.[407)] Ohne aktives Eingreifen kann sich die öffentliche Diskussion schnell verselbstständigen.

Die gerne als »Krisen-PR« vermarktete Kommunikationsstrategie im Krisenfall ist im Idealfall Bestandteil der etablierten, integrierten Unternehmenskommunikation. Unternehmen, die bisher wenig Kontakt mit der Öf-

405) § 81 Betriebsverfassungsgesetz

406) Vgl. Das Beispiel einer Durchsuchung des Unternehmens durch die Steuerfahndung bei Campos Nave, J./Bonenberger, S.: »Korruptionsaffären, Corporate Complianceund Sofortmaßnahmen für den Krisenfall«, in: Betriebs-Berater 2008, S.734-741.

407) Vgl. als besonders drastisches Beispiel die Verhaftung des ehemaligen Vorstands der Deutschen Post AG, Klaus Zumwinkel, am 14.02.2008 vor laufenden Fernsehkameras und in Anwesenheit zahlreicher Journalisten. Exemplarisch: Slodczyk: »Zugriff im Villenviertel«, in: Handelsblatt, 15.02.08, S.2.

fentlichkeit, insbesondere mit der Presse gehabt haben, tun sich erfahrungsgemäß schwer, im Rahmen der Konfrontation mit den Fahndungsbehörden die richtigen Entscheidungen für die Schadensminimierung zu treffen.

Von größter Bedeutung ist es im Krisenfall, Mitarbeiter, Kunden, Multiplikatoren und die Presse so zu informieren, dass das Unternehmen die Oberhand als Nachrichtenquelle behält. Denn wo keine konkreten Informationen vorhanden sind, entstehen Gerüchte, die dem Unternehmen langfristig schaden können. Journalisten, die auf Anfrage keine Auskunft erhalten, haben ihre Sorgfaltspflicht gemäß Ziffer 2 des Pressekodex[408] erfüllt, dem Unternehmen die Möglichkeit einer Stellungnahme einzuräumen. Schweigt das Unternehmen, wird die Presse auf andere Informanten zurückgreifen, deren Aussagen nicht kontrollierbar sind.

Die Pressearbeit im Krisenfall sollte langfristig angelegt sein. Denn auch wenn z.B. nach einer Durchsuchung des Unternehmens durch die Steuerfahndung wieder Ruhe einkehrt, ist stets damit zu rechnen, dass Mitarbeiter, Kunden und die Presse den Fall weiterverfolgen. Der Abschluss der Ermittlungen, eine eventuelle Anklage oder ein Gerichtsprozess erfordern eine kontinuierliche Kommunikation nach innen und nach außen, um Vertrauen zu gewinnen und die Glaubwürdigkeit des Unternehmens sicherzustellen. Verfügt das Unternehmen über keine Presseabteilung, ist es ratsam, einen erfahrenen Berater hinzuzuziehen, der auch über den Krisenfall hinaus eine kontinuierliche Pressearbeit aufbauen und betreuen kann.

408) Deutscher Presserat (Hrsg.): Publizistische Grundsätze (Pressekodex), Bonn 2006, 4.

Grundsätze der Krisenkommunikation mit der Presse

1. Salamitaktik vermeiden
   → Informieren Sie die Presse von Anfang an umfassend
2. Mit Ehrlichkeit Vertrauen schaffen
   → Verbergen Sie keine Fakten, die Journalisten später aus den Ermittlungsakten entnehmen können
3. Suchen Sie das Gespräch
   → Ein Hintergrundgespräch schafft ein persönliches Verhältnis, in dem beide Seiten gegenseitiges Verständnis aufbauen können
4. Agieren ist besser als reagieren
   → Informieren Sie die Presse, bevor die Presse sich selbst informiert
5. Fakten schaffen
   → Haben Sie stets Unterlagen zur Hand, um Fragen schnell und präzise beantworten zu können
6. Behandeln Sie alle Journalisten gleich
   → Auch Zeitungen sind Wettbewerber – Informieren Sie alle lokalen wie überregionalen Medien
7. Visualisierung steuern
   → Sorgen Sie für Bilder von Unternehmen und Geschäftsführung; vermeiden Sie ›Fahndungsfotos‹
8. Kooperation statt Konfrontation
   → Gehen Sie auf die Presse zu, wenn Sie mit Nachrichten nicht einverstanden sind. Die rechtlichen Mittel gegen schlechte PR sind sehr eingeschränkt und der Erfolg von Gegendarstellungen umstritten

Zur Unterstützung der Unternehmenskommunikation im Krisenfall sollten allgemeinverbindliche Regeln aufgestellt werden, die die Kommunikation nach innen und außen regeln. Dabei sollten alle Dokumente, ob sie an Mitarbeiter, Kunden oder die Presse herausgegeben werden, durch den mit der Krise betreuten Rechtsbeistand des Unternehmens geprüft und freigegeben werden. Denn alle durch die Unternehmensführung autorisierten Aussagen – auch wenn diese in einem Interview gegenüber der Presse gemacht wurden – können gerichtlich genutzt werden.

Im Krisenfall sollte die Presseabteilung eines Unternehmens nicht nur die Printmedien aufmerksam verfolgen. Denn nirgends verbreiten sich schlechte Nachrichten so schnell wie im Internet.[409] Auch hier gilt der Grundsatz, die Steuerung der Kommunikation nicht aus der Hand zu geben und über geeignete Maßnahmen in die öffentliche Diskussion einzugreifen. Allerdings sollte dabei auf keinen Fall die vermeintliche Anonymität des Internets zur Manipulation genutzt werden. So wurde die Krise des Unternehmens Jamba, dem in verschiedenen Webblogs unredliche Geschäftspraktiken vorgeworfen wurden, noch dadurch verschlimmert, dass Mitarbeiter anonym versuchten, gegenteilige Aussagen in den Webblogs zu platzieren. Die Aufdeckung dieser Manipulation verschärfte die negative Berichterstattung nochmals deutlich. [410]

4 Fazit

Der Bereich der Unternehmenskommunikation stellt für die Corporate Compliance insbesondere im Krisenfall eine große Herausforderung dar. Unternehmen können Verstößen gegen die Einhaltung der für die Kommunikation relevanten Rechtsnormen dadurch vorbeugen, dass sie die im Bereich der Presse- und Öffentlichkeitsarbeit sowie der Internen Kommunikation tätigen Mitarbeiter regelmäßig im Rahmen von Schulungen über ihre Rechte und Pflichten aufklären.

Im Bereich der Internen Kommunikation sollten die Mitarbeiter der Unternehmenskommunikation in engem Schulterschluss mit der Personal- und der Rechtsabteilung ein rechtssicheres Kommunikationsschema entwickeln, welches die Kommunikation der Führungskräfte gegenüber den Arbeitnehmern verbindlich regelt. Nur so können Verstöße gegen die Informationspflichten wirksam vermieden werden.

409) Vgl. Holzapfel, N.: »Gefangen im Netz«, in: Süddeutsche Zeitung, 25.04.2006.

410) Vgl. Holzapfel, a.a.O.

5 Literatur

Campos Nave, J./Bonenberger, S.: »Korruptionsaffären, Corporate Complianceund Sofortmaßnahmen für den Krisenfall«, in: *Betriebs-Berater* 2008, S. 734-741.

Hauschka, Ch. (Hrsg.): *Corporate Compliance. Handbuch der Haftungsvermeidung im Unternehmen*, , München 2007.

Piwinger, M./Zerfaß, A.: Handbuch Unternehmenskommunikation, Wiesbaden 2007.

IX.
Sondersituationen im Unternehmen

Ingolf Zschockelt

1 Gründung

1.1 Einführung

Die Gründung eines Unternehmens stellt an die handelnden Personen besondere Anforderungen. Die Haftungsfunktion der juristischen Gesellschaft kann von böswilligen Personen zum Aufbau einer Konstruktion missbraucht werden, die Dritten Schaden zufügen kann. Dementsprechend ist sicherzustellen, dass die Haftungsmasse, die die entsprechende juristische Person laut der Bekanntmachungen zu haben angibt, auch tatsächlich der Gesellschaft zur Verfügung steht und nicht bereits im Vorfeld entweder nicht aufgebracht oder verbraucht wurde. Hier steht der Gläubiger- und Vertrauensschutz an vorrangiger Stelle.[411)] Ob bereits zum Zeitpunkt der Gründung eines Unternehmens die Verpflichtung zur weitreichenden Etablierung einer Corporate-Compliance-Organisation gegeben ist, ist bisher noch nicht klar. Es ist jedoch davon auszugehen, dass auch zu diesem Zeitpunkt geeignete Vorbereitungen zur Installation zu treffen sind. Eine Compliance-Organisation kann auch als organisatorisches Maßnahmenpaket definiert werden, das das rechtskonforme Verhalten des Unternehmens und der im und für das Unternehmen handelnden Personen auch im Zeitpunkt der Gründung gewährleistet.[412)]

Im Rahmen dieses Abschnittes werden wesentliche Aspekte der Corporate Compliance im Rahmen der Gründung eines Unternehmens, Gefahren des Missbrauchs erläutert und Möglichkeiten zur Vermeidung von Rechts- und Regelverstößen dargestellt und erläutert.

411) Siehe auch die Begründung zur Einfügung des neuen § 5a im Gesetzesentwurf der Bundesregierung, Deutscher Bundestag 16. Wahlperiode, BT-Drucksache 16/6140 vom 25. Juli 2007, S. 74.

412) Bürkle, J.: »Corporate Compliance – Pflicht oder Kür für den Vorstand der AG?«,in: Betriebs-Berater 2005, S. 565.

Praxishandbuch Corporate Compliance. Axel Jäger, Christian Rödl und José A. Campos Nave

ISBN 978-3-527-50395-7

1.2 Gründungshaftung

Die nicht werbende Vorgesellschaft zur Gründung steht nicht im Mittelpunkt der Betrachtungen. Hier handelt es sich im Wesentlichen um eine Vorgründungsinnengesellschaft, die nicht in Rechtsbeziehungen im Außenverhältnis tritt. Sollte in diesem Zusammenhang bereits eine Teilnahme am Rechtsverkehr erfolgen, so sehen sich die Gründungsgesellschafter einer unbeschränkten persönlichen Haftung in Form einer OHG oder GbR gegenüber.[413)]

Im Rahmen der Gründung eines Unternehmens sind diverse Angaben zu machen, auf deren Angaben das Registergericht und natürlich auch Dritte nach Eintragung im Handelsregister vertrauen. Falsche Angaben sowie das Verschweigen erheblicher Umstände während der Unternehmensgründung wurden gesetzlich unter empfindliche Strafen gestellt. Im Rahmen der Kapitalaufbringung entstehen damit besondere Risikobereiche für den Geschäftsführer bzw. Vorstand einer Gesellschaft. Er wird durch diese Änderungen stärker in die Pflicht genommen, genauer zu prüfen, inwieweit die gesetzlichen Regelungen eingehalten werden oder nicht. In seiner Verantwortung liegt dann die Abgabe einer entsprechenden Versicherung zur Erfüllung der Bareinlage und die Prüfungspflicht hinsichtlich der tatsächlichen Umstände. Im Rahmen der Corporate Compliance sind somit sämtliche Dokumente und Prozesse von Bedeutung, die mit der Aufbringung des Haftungskapitals (hier insbesondere der Gesellschaftsvertrag und die gesetzlichen Vorschriften) bzw. der Einhaltung der Kapitalerhaltungsvorschriften (gesetzliche Vorschriften und aktuelle Rechtsprechung) zusammenhängen.

In der bisherigen Praxis ist es bereits etabliert, dass bei einer GmbH für den Fall, dass es bei der Gründung mehr als einen Gesellschafter gibt, das Grundkapital in Höhe von 25 000 Euro lediglich zur Hälfte eingezahlt werden muss und der Restbetrag entweder zu einem späteren Zeitpunkt eingezahlt oder aus Gewinnen der Gesellschaft aufgestockt wird. Für die GmbH gibt es in diesem Falle ein Verbot der Dividendenausschüttung an die Gesellschafter solange, bis das Grundkapital vollständig aufgefüllt ist. Nach dem MoMiG verändert sich diese Situation dadurch, dass nach Inkrafttreten dieser Gesetzesänderung das Mindeststammkapital auf 10 000 Euro gesenkt wird und nur noch 1 Euro bei Gründung eingezahlt zu werden braucht.[414)]

413) Jäger, A.: Aktiengesellschaft unter besonderer Berücksichtigung der KGaA, München 2004, S. 311f.

414) Gesetzesentwurf der Bundesregierung, Deutscher Bundestag 16. Wahlperiode, BT-Drucksache 16/6140 vom 25. Juli 2007.

Bei der GmbH wurde bisher eine eindeutige Aussage zur Einzahlung zur Kapitalaufbringung zuzüglich der Bankbelege gefordert. So ist nach neuem Recht eine solche Forderung des Registergerichts nur noch dann möglich, wenn erhebliche Zweifel an der ordnungsmäßigen Kapitalaufbringung bestehen. Daher sollten interne Kontrollen etabliert werden, die die Ordnungsmäßigkeit der Einzahlung der Kapitalaufbringung gewährleisten, damit keine fehlerhafte GmbH vorliegt.

Zusätzlich wird es für die Gläubiger zunehmend schwieriger festzustellen, inwiefern entsprechende Haftungsmasse in einer neu gegründeten GmbH tatsächlich vorhanden ist. Eine vorsätzliche Zusammenarbeit zwischen Gesellschafter und Geschäftsführer (sollten diese keine Personalunion aufweisen) kann hier deutlichen Schaden anrichten. Beachtung sollte ebenfalls die Frage finden, ob die Verträge zur Leistung einer Einlage einem Drittvergleich standhalten. Eine mögliche Übervorteilung eines Gesellschafters zu Ungunsten der anderen Gesellschafter ist zu vermeiden.

1.3 Unterbilanzhaftung

Sollte die Vorgesellschaft bereits Verbindlichkeiten eingegangen sein und führt die Begleichung dieser Verbindlichkeiten aus dem Gesellschaftsvermögen vor Eintragung zu einer Schmälerung der Haftungsmasse des Unternehmens, so entsteht eine Innenhaftung der Gründungsgesellschafter gegenüber der Gesellschaft.[415] Diese Innenhaftung führt zu einer Ausgleichsverpflichtung der Gesellschafter zum Zwecke der Gewährleistung der finanziellen Grundausstattung der Gesellschaft. Das Grundkapital der Gesellschaft muss zum Zeitpunkt der Eintragung der Gesellschaft ins Handelsregister unversehrt der Gesellschaft zur Verfügung stehen. Der Vorstand der Gesellschaft ist verpflichtet, bei Feststellung einer entsprechenden Unterbilanz die Rechte der Gesellschaft gegenüber seinen Aktionären zu vertreten. Diese Verpflichtung ist für den Vorstand zwingend, da er sich selbst sonst der Gesellschaft gegenüber schadensersatzpflichtig macht.

1.4 Verlustdeckungshaftung

Eine Verlustdeckungshaftung entsteht immer dann, wenn das Gesellschaftsvermögen der Gesellschaft nach Eintragung nicht dazu ausreicht, die

415) Jäger, A.: Aktiengesellschaft unter besonderer Berücksichtigung der KGaA, München 2004, S. 317ff.

Verbindlichkeiten der Vorgesellschaft zu begleichen. Es kommt für die noch junge Gesellschaft zu einem Liquidations- oder Insolvenzverfahren. In diesem Falle kommt es grundsätzlich zu einer quotalen Verpflichtung der Gründungsgesellschafter zur Begleichung der Forderungen aus dem Privatvermögen. Allerdings wird durch analoge Anwendung des § 24 GmbHG im Endeffekt ein Gesellschafter zum Gesamtschuldner für diese Verluste verantwortlich gemacht.[416)]

1.5 Verdeckte Sacheinlage

Im Bereich der verdeckten Sacheinlage bestand in der Vergangenheit Rechtsunsicherheit. Verdeckte Sacheinlagen liegen grundsätzlich dann vor, wenn ein Gesellschafter eingezahlte Beträge auf die Stammeinlage (Grundkapital) durch vertragliche Vereinbarungen (oder faktisch) entzieht, indem er als Gegenleistung Vermögenswerte oder sonstige Leistungen (Dienstleistungen) dem Unternehmen verkauft. Dadurch wurde eine Schädigung der Gesellschaft vermutet, da Dienstleistungen möglicherweise ungeeignet oder Vermögenswerte nicht werthaltig gewesen sind, also der Wert der von der Gesellschaft erbrachten Gegenleistung höher gewesen ist, als die vom Gesellschafter zur Verfügung gestellte Leistung. Teilweise wurden Beratungsverträge kurz nach Gründung zwischen Gesellschaft und Gesellschafter abgeschlossen, denen keine Leistung durch den Gesellschafter zu Grunde lag. Der Gesellschafter hat die Gesellschaft geplündert und den Gläubigern blieb keine Haftungsmasse für den Ernstfall. Dadurch wurde dem Unternehmen rechtswidrig Vermögen durch den Gesellschafter entzogen und die Haftungsposition des Unternehmens gegenüber den Gläubigern geschädigt.

Sollte der Gesellschafter einer GmbH von einer geplanten verdeckten Sacheinlage informiert sein, so darf er keine Versicherung bei der Eintragungsanmeldung zum Handelsregister abgeben, die die Erfüllung der Bareinlage versichert.[417)]

Die bisher obligatorische Werthaltigkeitskontrolle bei Sacheinlagen anhand eines externen Gutachtens im Rahmen der Gründungsprüfung wird im Rahmen der Einführung des aktuellen Gesetzes zur Modernisierung des GmbH-Rechts und zur Bekämpfung von Missbräuchen (MoMiG) ebenfalls eingeschränkt. Für den Gesetzgeber ist es ausreichend, falsche Angaben im Zusammenhang mit einer Sachgründung strafrechtlich zu bewehren und den zeitlichen als auch sachlichen Aufwand der Gründung zu reduzieren.

416) Jäger, A.: a.a O., S. 321ff.
417) Siehe oben.

Das Registergericht muss nur dann aktiv werden und eine Bewertung der Sacheinlage überprüfen lassen, wenn es begründete Zweifel gibt, die auf eine wesentliche Überbewertung der Sacheinlage hinweisen.[418)]

Schwierigkeiten ergaben sich in der Vergangenheit insbesondere dadurch, dass durch das Institut der verdeckten Sacheinlage einschneidende Rechtsfolgen ausgelöst wurden und der Gesellschafter häufig seine Einlage doppelt leisten musste. Zukünftig soll der Wert der geleisteten Sache auf die Bareinlageverpflichtung des Gesellschafters angerechnet werden.[419)]

1.6 Vermögensschutz bei Kapitalgesellschaften

Für Kapitalgesellschaften gelten zum Schutze der Gläubiger diverse Vorschriften zur Kapitalerhaltung. Im § 57 AktG sind sowohl das Verbot der Einlagenrückgewähr als auch weitergehende Verbote bezüglich von Zinszahlungen festgeschrieben.[420)] Für die GmbH gelten ebenfalls Regeln zur Erhaltung des Gesellschaftsvermögens entsprechend § 30 GmbHG.[421)] Gesellschafter sollen anhand der gesetzlichen Regelungen, die auch durch die Rechtsprechung über Geldleistungen hinaus auf sämtliche gleichwertigen Leistungen erweitert wurden, die das Gesellschaftsvermögen mindern, angehalten werden, die Haftungsmasse des Unternehmens nicht zu plündern. Die Gefahr zu einer Ausplünderung der Gesellschaft besteht bei Gesellschaftern grundsätzlich aufgrund ihrer besonderen Stellung zur Gesellschaft und den zur Vertretung der Gesellschaft berechtigten Organen. Nicht selten sind die Gesellschafter gleichzeitig auch Geschäftsführer oder Vorstand und können dadurch Entscheidungen herbeiführen, die zu Plünderungen führen. Der Vermögensschutz bei der GmbH orientiert sich am Aktivvermögen der Gesellschaft abzüglich der Verbindlichkeiten und Rückstellungen. Damit ist es weniger restriktiv, wie bei der Aktiengesellschaft, da laut § 57 AktG das gesamte Gesellschaftsvermögen mit Ausnahme des ordnungsgemäß festgestellten Bilanzgewinns betroffen ist.

Als Haftungsfolgen der Nichtbeachtung der Kapitalerhaltungsvorschriften steht insbesondere eine Schadensersatzhaftung des begünstigten Gesellschafters bzw. Aktionärs. Bei der AG trifft es in der Regel ausschließlich

418) Gesetzesentwurf der Bundesregierung, Deutscher Bundestag 16. Wahlperiode, BT-Drucksache 16/6140 vom 25. Juli 2007, S. 87.

419) Referat Presse- und Öffentlichkeitsarbeit des Bundesministeriums für Justiz (Hrsg.): Schwerpunkte des Gesetzes zur Modernisierung des GmbH-Rechts und zur Bekämpfung von Missbräuchen (MoMiG), Berlin 26. Juni 2008.

420) Hauschka, Ch. E.: Corporate Compliance. Handbuch der Haftungsvermeidung im Unternehmen, München 2007, S. 181.

421) Hauschka, Ch. E.: a.a.O., S. 206f.

den begünstigten Aktionär, wohingegen bei der GmbH gemäß § 31 Abs. 3 GmbHG auch die Gesellschafter haften, die nicht selbst begünstigt gewesen sind.[422])

Personengesellschaften und Einzelunternehmen sind in der Form nicht vom Vermögensschutz wie bei den Kapitalgesellschaften betroffen, da die Gesellschaftsform hier keinen Haftungsmantel für den Gesellschafter darstellt.

Wesentlich sind die Fragen des Vermögensschutzes bei Kapitalgesellschaften insbesondere für die Themen der verdeckten Gewinnausschüttungen und des Eigenkapitalersatzrechts.

1.7 Literatur

Bürkle, J.: »Corporate Compliance – Pflicht oder Kür für den Vorstand der AG?«,in: *Betriebs-Berater* 2005, S.565 ff.

Hauschka, Ch. E., Corporate Compliance. Handbuch der Haftungsvermeidung im Unternehmen, München 2007

Jäger, A.: *Aktiengesellschaft unter besonderer Berücksichtigung der KGaA*, München 2004.

Regierungskommission DCGK (Hrsg.): *DCGK* in der Fassung vom 14. Juni 2007

2 Wachstum: Compliance & M&A

Timo Tauber und Stefan J. Hillers

2.1 Einführung

Compliance im M&A(Mergers & Aquisitions)-Prozess ist für alle Beteiligten ein besonderes Spannungsfeld. Sowohl die Käufer- als auch die Verkäuferseite sowie die jeweiligen Transaktionsberater bewegen sich auf einem schwierigen Terrain, das zudem von komplexen Strukturen geprägt ist. Ziel aller Parteien ist es, den Transaktionsprozess so schlank wie möglich, aber auch so umfassend wie nötig zu gestalten, um bei Vertragsabschluss zwischen Käufer und Verkäufer ein möglichst eindeutiges und zugleich risikosowie haftungsfreies Vertragswerk unterzeichnen zu können.

422) Hauschka, Ch. E.: a.a.O., S. 181f. und S. 207.

Zu den einzelnen Bausteinen werden in diesem Buch umfassende Ausarbeitungen darüber bereitgestellt, die es im Rahmen der Compliance-Richtlinien zu berücksichtigen gibt. An dieser Stelle soll ein typischer Transaktionsprozess beschrieben werden, in dem die einzelnen Schritte in einer logischen Reihenfolge aufgezeigt sind. Es wird zugleich der Versuch unternommen, einen Erklärungsansatz für die Notwendigkeit einer Risikobetrachtung in einem solchen Prozess zu liefern.

Hintergrund ist dabei die Tatsache, dass ein M&A-Prozess durch Merkmale gekennzeichnet ist, die von besonderer Bedeutung für das Compliance-Management eines Unternehmens sind. Da es sich für die meisten Unternehmen nicht um eine übliche Tätigkeit handelt, werden in einem Transaktionsprozess Verantwortlichkeiten oftmals Personen und Abteilungen (z.B. Rechtsabteilungen, Controlling, Unternehmensentwicklung) zugeordnet, die diese nicht gewohnt sind, und demnach auch nicht routiniert bewältigen können.

Als Ausnahmen sind hierbei jedoch Finanzinvestoren aller Couleur sowie Großunternehmen mit eigenen M&A-Abteilungen zu nennen, die das Corporate-Finance-Geschäft als originäres Geschäft betreiben.

Da jedoch der wirtschaftliche Erfolg aller Unternehmen zum Teil entscheidend von einer erfolgreichen Transaktion abhängt, bedienen sich viele schon allein aus haftungstechnischen Überlegungen externer Transaktionsberater. Diese sollen nicht nur versuchen, den Nutzen ihres Mandanten in materieller Hinsicht zu maximieren, sondern auch die Transaktions-/Vertragsgestaltung wirtschaftlich und rechtlich einwandfrei übernehmen. Vorstände und Geschäftsführer entkommen dabei jedoch nicht ihrer Sorgfaltspflicht. Auch wenn sie hierbei grundsätzlich nicht für den Erfolg einer Transaktion haften, so entbindet es sie nicht der schuldhaften/fahrlässigen Pflichtverletzung bei der Durchführung eines Transaktionsprozesses. Siehe hierzu (§ 93 Abs.1 AktG, §43 Abs. 1 GmbHG, sowie § 93 Abs. 2 AktG).

Jede Unternehmenstransaktion ist hinsichtlich ihrer Planung und ihrer Durchführung unterschiedlich. Den idealtypischen Ablauf einer Transaktion gibt es in der Praxis nicht. Dennoch hat sich in der M&A-Praxis ein standardisierter Ablauf etabliert, der in der Mehrzahl aller Transaktionen, mit kleineren Abweichungen je nach Charakertistika der Transaktion, von den beteiligten Parteien angewandt wird und sich in der Praxis bewährt hat.

Der im folgenden Text dargestellte typische Ablauf eines M&A-Prozesses ist nicht zwingend notwendig und kann sich je nach Charakteristika der geplanten Unternehmenstransaktion verändern.

Der Ablauf einer Unternehmenstransaktion wird in der Praxis im Normalfall in drei Phasen gegliedert[423]. Phase eins beschäftigt sich mit der Planung der Unternehmenstransaktion. In Phase zwei dreht sich alles um die konkrete Durchführung einer Unternehmenstransaktion. Die letzte Phase im M&A-Prozess beschäftigt sich mit der Integration des neu erworbenen Zielunternehmens.

2.2 Compliance in der Vortransaktionsphase

Nachhaltige Corporate Compliance sollte ein integraler Bestandteil in allen drei Phasen einer Transaktion sein. Sowohl in der Vortransaktionsphase, der Phase der Planung und der konkreten Durchführung einer Transaktion, sowie in der Nachtransaktionsphase, der Phase der Integration eines erworbenen Zielunternehmens, ist nachhaltige Corporate Compliance nötig, um das Scheitern und das damit einhergehende »Vernichten« von Unternehmenswerten zu verhindern.

2.2.1 Compliance in der Planungs- und Durchführungsphase einer Transaktion

2.2.1.1 Strukturierung des Akquisitionsprozesses

Ein erfolgreicher Akquisitionsprozess kann nur durch eine systematisierte Strukturierung des Akquisitionsprozesses erfolgen. Die Vortransaktionsphase dient aus Käufersicht in erster Linie dazu, ausreichende Informationen über das Zielunternehmen zu erlangen, um den späteren Kaufpreis zu fixieren, mögliche Risiken einer Transaktion zu reduzieren und Synergiepotenziale zu identifizieren.

In der Praxis hat sich ein Standard entwickelt, um einen strukturierten und möglichst effizienten Akquisitionsprozess zu gewährleisten. Der strukturierte Akquisitionsprozess wird im Wesentlichen von sechs Elementen bestimmt[424]. Dabei handelt es sich um den Abschluss einer Vertraulichkeitserklärung, der Vereinbarung eines Letter of Intent, der Durchführung einer Due-Diligence-Prüfung, der Durchführung einer Unternehmensbewertung, der Strukturierung der Akquisitionsfinanzierung und dem Abschluss des Unternehmenskaufvertrages.

423) Picot, G. (Hrsg.): Handbuch Mergers & Acquisitions – Planung, Durchführung, Kontrolle, 2. Aufl., Stuttgart 2002, S. 17.

424) Je nach Art der Transaktion sowie der Herangehensweise von Käufer und Verkäufer, kann sich die Anzahl der Elemente erhöhen oder aber auch verringern.

Der folgende Text stellt die wesentlichen Elemente der Akquisitionsstrukturierung dar und beschreibt die wesentlichen Erfolgsfaktoren der einzelnen Elemente des Akquisitionsprozesses. Dies soll einen Leitfaden für effizientes Corporate Compliance in der Planungs- und Durchführungsphase (Vortransaktionsphase) darstellen.

2.2.1.2 Vereinbarung einer Vertraulichkeitsvereinbarung (NDA – Non Disclosure Agreement)

Auf den ersten Blick vermag die Vereinbarung einer Vertraulichkeitsvereinbarung zwischen Zielunternehmen und Kaufinteressenten nicht wirklich ein wirkungsvolles Compliance-Instrument in der Vortransaktionsphase für den Kaufinteressenten darstellen.

In dieser Phase des Transaktionsprozesses dient die Vereinbarung einer Vertraulichkeitsvereinbarung in erster Linie dazu, sensitive unternehmensinterne Informationen vor der Weitergabe an unbefugte Dritte und Missbrauch durch den Kaufinteressenten zu schützen. Die Vereinbarung einer Vertraulichkeitsvereinbarung ist daher auf den ersten Blick kein Instrument des Kaufinteressenten, sondern eher ein Instrument des Zielunternehmens zur Sicherung des Know-how im Unternehmen.

Betrachtet man diese Phase der Transaktion allerdings etwas genauer, wird man feststellen können, dass die Vereinbarung einer wirkungsvollen und umfassenden Vertraulichkeitsvereinbarung zwischen Zielunternehmen und Kaufinteressenten durchaus Vorteile für den Kaufinteressenten im weiteren Transaktionsprozess bringen kann.

Nicht zu unterschätzen für den Erfolg einer Transaktion ist nämlich das Vertrauensverhältnis zwischen Zielunternehmen und Kaufinteressent während der gesamten Transaktion. Weigert sich der Kaufinteressent, eine Vertraulichkeitsvereinbarung zu unterzeichnen, oder versucht er die Vertraulichkeitsvereinbarung »aufzuweichen«, trägt dies von Anfang an nicht zu einem professionellen Vertrauensverhältnis zwischen Zielunternehmen und Kaufinteressent bei und führt in den allermeisten Fällen zum Ausschluss des Kaufinteressenten aus dem Transaktionsprozess bzw. zu einem für den weiteren Prozess nicht förderlichen Misstrauen von Seiten des Zielunternehmens.

Dem Kaufinteressenten muss also daran gelegen sein, vor dem Start des eigentlichen Transaktionsprozesses eine umfassende und wirkungsvolle Vertraulichkeitserklärung mit dem Zielunternehmen zu vereinbaren. Nur in diesem Fall wird das Zielunternehmen den Kaufinteressenten als seriösen Kaufinteressenten ansehen, welcher am Abschluss der Transaktion ein ernsthaftes Interesse hat. Wird der Kaufinteressent vom Zielunternehmen als ernsthafter Interessent angesehen, wird es dem Zielunternehmen auch im späteren Prozess leichter fallen, den Kern seines Geschäfts dem Kaufinteressenten offenzulegen[425]. Dies muss im originären Interesse des Kaufinteressenten sein.

Aus Sicht der Unternehmensleitung des Zielunternehmens besteht die rechtliche Pflicht (abgeleitet aus der Verschwiegenheitspflicht des/der Vorstands/Geschäftsführung der Zielgesellschaft), vor jeder Offenlegung von Betriebs- und Geschäftsgeheimnissen und sensiblen Geschäftsdaten eine Vertraulichkeitsvereinbarung mit dem Kaufinteressenten abzuschließen[426]. Schließt sie keine Vertraulichkeitsvereinbarung mit dem Kaufinteressenten ab, stellt dies eine Verletzung ihrer Sorgfaltspflicht dar und kann bei Eintritt eines Schadens zu einem Innenhaftungsanspruch gegen die Mitglieder der Unternehmensleitung führen. Auch die Unternehmensleitung des Kaufinteressenten wird im Rahmen des Transaktionsprozesses in den meisten Fällen vertrauliche Informationen offenlegen[427]. Auch die Unternehmensleitung des Kaufinteressenten muss demnach ein Interesse daran haben, eine Vertraulichkeitsvereinbarung abzuschließen. Eine Gefahr für die Einhaltung der Vertraulichkeit geht auch von am Transaktionsprozess beteiligten Dritten aus. Es ist daher zu empfehlen, auch die externen Dritten eine umfassende Vertraulichkeitsvereinbarung unterzeichnen zu lassen. Einige dieser externen Dritten unterliegen möglicherweise bereits einer Verpflichtung zur Berufsverschwiegenheit[428].

Was ist in einer umfassenden Vertraulichkeitsvereinbarung zwischen Zielunternehmen und Kaufinteressenten zu regeln?

Vorrangiges Ziel des Verkäufers muss es sein, sicherzustellen, dass die im späteren Verkaufsprozess an den Kaufinteressenten zu übermittelnden unternehmensinternen Informationen nicht an Dritte unbefugt gelangen[429] und dass die Informationen durch den Kaufinteressenten nur zum Zwecke der Entscheidung über eine Transaktion genutzt werden dürfen[430].

Die Vertraulichkeitsvereinbarung muss rechtlich verbindlich sein und über den Zeitraum des Transaktionsprozesses hinausgehen[431]. Zumeist er-

425) Beisel in Beisel, D./Friedhold, A.: Due Diligence, München 2007, S. 82.

426) Jäger, A.: Aktiengesellschaft unter besonderer Berücksichtigung der KGaA, München 2004, S. 971; Klöpper in Hauschka, Ch. E.: Corporate Compliance. Handbuch der Haftungsvermeidung im Unternehmen, München 2007, S. 583f.

427) Klöpper in: Hauschka, Ch. E.: »Corporate Compliance. Handbuch der Haftungsvermeidung im Unternehmen«, München 2007, S. 584; Unter vertrauliche Informationen sind bspw. die Bonität des Kaufinteressenten oder aber auch künftige strategische Absichten zu verstehen.

428) Jäger, A.: a.a.O., § 35, S. 971.

429) Beisel in Beisel, D./Friedhold, A.: »Due Diligence«, München 2007, S. 82.

430) Klöpper in: Hauschka, Ch. E.: a.a.O., S. 584.

431) Klöpper in: Hauschka, Ch. E.: a.a.O., S. 584.

strecken sich Vertraulichkeitsvereinbarungen in der Praxis auf ein bis zwei Jahre nach dem Abbruch der Transaktion durch die beiden Parteien. Kommt es zu einer Transaktion, gehen die Vertraulichkeitsverpflichtungen üblicherweise in den Unternehmenskaufvertrag über[432]. Für Streitigkeiten aus der Vertraulichkeitsvereinbarung sind das anwendbare Recht und der Gerichtsstand in der Vertraulichkeitsvereinbarung zu vereinbaren[433]. Dies ist vor allem bei sogenannten »Cross-border«-Deals von Wichtigkeit, da der Kaufinteressent in diesem Fall aus einem anderen Land stammt.

An dieser Stelle muss erwähnt werden, dass eine Vertraulichkeitsvereinbarung de facto nicht in der Lage ist, die Weitergabe von Betriebsgeheimnissen an unbefugte Dritte auszuschließen[434]. Dies liegt vor allem an der Darlegungs- und Beweislast für einen Verstoß des Kaufinteressenten gegen die Vertraulichkeitsvereinbarung[435]. Diese liegt nämlich ausschließlich beim Zielunternehmen und ist in der Praxis nur sehr schwer zu erbringen[436]. Neben dem Nachweis der Verletzung des Kaufinteressenten gegen die Vertraulichkeitsvereinbarung ist auch der Schadensnachweis nur äußerst schwierig von Seiten des Zielunternehmens zu erbringen[437]. Der praktische Nutzen einer Vertraulichkeitsvereinbarung ist demnach für das Zielunternehmen begrenzt[438].

Nichtsdestotrotz ist für das Zielunternehmen zu empfehlen, die Vertraulichkeitsvereinbarung mit einer entsprechend hohen Vertragsstrafe auszugestalten[439]. Dies hat zum Ziel, den Kaufinteressenten zur Einhaltung der Vertraulichkeit zu veranlassen[440]. Ferner sollte die Geltendmachung von weitergehenden Schadensersatzansprüchen aus Sicht des Zielunternehmens in der Vertraulichkeitsvereinbarung nicht ausgeschlossen werden[441].

Aus Sicht des Kaufinteressenten ist zu empfehlen, den Umfang der Vertraulichkeitserklärung sachlich und zeitlich konkret einzugrenzen[442]. Dabei ist von Käuferseite darauf zu achten, dass die Verkäuferseite nicht mit »überzogenen« Forderungen konfrontiert wird, die das Vertrauen zwischen den

432) Beisel in: Beisel, D./Friedhold, A.: a.a.O., S. 83.

433) Klöpper in: Hauschka, Ch. E.: a.a.O., S. 584.

434) Beisel in Beisel, D./Friedhold, A.: a.a.O., S. 82.

435) Beisel in Beisel, D./Friedhold, A.: a.a.O., S. 82; Klöpper in: Hauschka, Ch. E.: a.a.O., S. 584.

436) Klöpper in: Hauschka, Ch. E.: a.a.O., S. 584; Böx in: Hettler, St./Stratz, R.-Chr./Hörtnagl, R.: Unternehmenskauf, München 2004, S. 44.

437) Böx in Hettler, St./Stratz, R.-Chr./Hörtnagl, R.: a.a.O., S. 44.

438) Böx in Hettler/Stratz/Hörtnagl, a.a.O., S. 44f.

439) Beisel in: Beisel, D./Friedhold, A.: a.a.O., S. 82; Schröder, DB 1997, S. 2161, 2163.

440) Beisel in: Beisel, D./Friedhold, A.: a.a.O., S. 82.

441) Beisel in: Beisel, D./Andreas, a.a.O., S. 82

442) Klöpper in: Hauschka, Ch. E.: a.a.O., S. 584; So sollten z.B. zu lange Vertraulichkeitsvertragslaufzeiten von mehr als zwei Jahren nach der Unterzeichnung vermieden werden.

beiden Parteien nachhaltig beschädigt. Von dem Versuch, eine Vertragsstrafenregelung aus dem Vertrag »herauszuverhandeln«, um im Fall des Abbruchs der Transaktion nicht Gefahr zu laufen, eine Vertragsstrafe zahlen zu müssen, ist abzuraten. Zum einen ist die Gefahr, tatsächlich wirksam aufgrund eines Verstoßes gegen die Vertraulichkeitsvereinbarung belangt werden zu können, äußerst gering, und zum anderen kann ein »Herausverhandeln« einer Vertragsstrafenregelung zu Misstrauen und einem Abbruch des Prozesses von Seiten des Zielunternehmens führen.

Von Seiten des Käufers und Verkäufers ist ferner darauf zu achten, dass die Vertraulichkeitsvereinbarung eine Auflistung von den Personen enthält, die im folgenden Prozess von den vertraulichen Informationen Kenntnis erlangen werden[443]. Aus Sicht des Käufers kann es auch von Vorteil sein, eine genaue Dokumentation darüber zu erstellen, wann welche Informationen vom Zielunternehmen übermittelt wurden[444].

Als Ergebnis ist festzuhalten, dass die Offenlegung von sensiblen Informationen ein Risiko für das Zielunternehmen darstellt. Die Vertraulichkeitsvereinbarung kann nur eine Verringerung des Risikos bewirken. Ein kompletter Ausschluss des Risikos der unbefugten Informationsweitergabe bzw. des unbefugten Missbrauchs von sensiblen Informationen, kann im Transaktionsprozess nicht ausgeschlossen werden.

Als wirksames Mittel gegen den Missbrauch von sensiblen Unternehmensinformationen des Zielunternehmens, hat sich in der Praxis bewährt, zweistufige Due-Diligence-Prozesse durchzuführen, um seriöse Kaufinteressenten von unseriösen Kaufinteressenten zu trennen und sensible Informationen nur an Kaufinteressenten zu übermitteln, die ein ernsthaftes Interesse am Erwerb des Zielunternehmens haben.

2.2.1.3 Vereinbarung eines Letter of Intent (LOI)

Nach der ersten Ansprache der verschiedenen potenziellen Käuferunternehmen durch das Zielunternehmen bzw. ihrer externen Berater und der Vereinbarung einer Vertraulichkeitsvereinbarung, kommt es in den meisten Prozessen im nächsten Schritt zum Versand eines »Information Memorandums« an die Kaufinteressenten. Oftmals wird mit dem Versand des »Information Memorandum« der Kaufinteressent unter Fristsetzung von ca. 3–4 Wochen dazu aufgefordert, ein erstes unverbindliches Angebot (»Indicative Offer«) abzugeben, um bei dem Vorhandensein von mehreren Kaufinteressenten aus Sicht des Zielunternehmens eine Vorauswahl treffen zu können.

443) Klöpper in: Hauschka, Ch. E.: a.a.O., S. 584.
444) Beisel in: Beisel, D./Friedhold, A.: a.a.O., S. 83.

Dieses erste unverbindliche Angebot wird vom Kaufinteressenten in der Regel in Form eines »Letter of Intent« (LOI) abgegeben.

Ziel der Vereinbarung eines LOI ist es, den bisherigen Verhandlungsstand festzuhalten, eine Strukturierung des weiteren Transaktionsprozesses vorzunehmen, gegenseitige Rücksichtsnahmepflichten (Exklusivitätsvereinbarungen, Vertraulichkeitsvereinbarungen) zu begründen und das ernsthafte Interesse an der Durchführung der Transaktion zu dokumentieren[445].

Ein durchdachter und wirkungsvoller LOI kann für den Kaufinteressenten zu einem wichtigen Instrument im Transaktionsprozess werden und zum Wertemanagement in der Vortransaktionsphase beitragen. Wie ist ein LOI aus Sicht des Kaufinteressenten zu gestalten? Welche Inhalte sollte er haben? Wie kann ein wirkungsvoller LOI zum Wertemanagement für den Kaufinteressenten in der Vortransaktionsphase beitragen?

Der LOI kann aus Sicht des Kaufinteressenten entweder »weich« oder eher »hart« formuliert sein[446]. Unter »weich« und »hart« versteht man die Einordnung von Klauseln im LOI als rechtsverbindliche Klauseln oder Klauseln ohne Rechtsbindung. Besteht ein LOI mehrheitlich aus Klauseln ohne Rechtsverbindlichkeit, spricht man von einem »weich« formulierten LOI. Ist bei der Mehrheit der Klauseln eine ausdrückliche Rechtsbindung gewollt, spricht man von einem »hart« formulierten LOI.

Der Kaufinteressent bzw. seine externen Berater müssen die exakte Ausgestaltung und Formulierung vor Unterzeichnung des LOI einer eingehenden Prüfung unterziehen, um eine nicht gewollte Rechtsbindung zu verhindern[447]. Der Kaufinteressent und seine externen Berater sollten der konkreten Formulierung des LOI eine besonders große Aufmerksamkeit zukommen lassen, da der LOI, je nach konkreter Ausgestaltung, den Verhandlungsspielraum des Kaufinteressenten beschränken kann und sich bei einem späteren Abbruch der Verhandlungen bzw. eines abweichenden Verhaltens von Seiten des Kaufinteressenten von dem LOI eine Vertrauenshaftung des Kaufinteressenten[448] aus dem Grundsätzen der culpa in contrahendo (§§ 241 Abs. 2, 311 Abs. 2 BGB) realisieren kann[449].

Auch wenn ein LOI überwiegend rechtsunverbindlich formuliert ist, besteht sowohl auf Seiten des Kaufinteressenten wie auch auf Seiten des Zielunternehmens eine Sorgfaltspflicht zur Wahrung der Interessen der Gegenseite, da der Inhalt eines LOI in der Regel eine vorprägende Wirkung für die

445) Lindner-Figura, J.: »Der Letter of Intent im gewerblichen Mietrecht«, in: Neue Zeitschrift für Miet- und Wohnungsrecht, 2000, 1193.

446) Jäger, A., a.a.O., § 35, S. 973.

447) Jäger, A., a.a.O., § 35, S. 974.

448) Jäger, A., a.a.O., § 35, S. 974.

449) Klöpper in: Hauschka, Ch. E.: a.a.O., S. 585; Böx in: Hettler, St./Stratz, R.-Chr./Hörtnagl, R.: a.a.O., S. 59.

später folgenden Vertragsverhandlungen entfaltet und bei unzulässigen oder irreführenden Aussagen zu einer Haftung nach den Grundsätzen der culpa in contrahendo (§§ 241 Abs. 2, 311 Abs. 2 BGB) führen kann[450].

In der Praxis ist ein LOI nur in den seltensten Fällen eindeutig »weich« bzw. eindeutig »hart« formuliert. Je nach Zielsetzung und Verhandlungsposition des Kaufinteressenten kann es durchaus Sinn ergeben, Klauseln im LOI einerseits »weich« und damit ohne rechtliche Bindungswirkung und andererseits »hart« mit rechtlicher Bindungswirkung zu formulieren.

Was sind typische Regelungsgegenstände eines LOI und wie sind die einzelnen Regelungsgegenstände aus der Sicht des Kaufinteressenten konkret zu dessen Vorteil auszugestalten?

Typische Regelungsinhalte eines LOI sind:[451]

- Darstellung des ernsthaften Interesses des Kaufinteressenten an einer Transaktion;
- kurze Beschreibung der Art, Struktur der Transaktion sowie des Transaktionsgegenstands;
- Dokumentation der bisherigen Verhandlungsergebnisse;
- Darstellung der wesentlichen Eckpunkte der Transaktion mit Nennung eines ersten indikativen Kaufpreises. Der indikative Kaufpreis ist unter Vorbehalt zu stellen und an die Erfüllung von klar definierten Bedingungen (z.B. zufriedenstellende Due-Diligence-Prüfung, Zustimmung von Gesellschaftsgremien, kartellrechtliche Freigabe) zu knüpfen;
- konkrete Planung des weiteren Ablaufs der Transaktion (»Milestones«) mit Zeitplan und Vereinbarung eines Abstandnahmerechts (für beide Vertragsparteien) für den Fall, dass eine Vertragspartei die festgelegten Schritte nicht zeitgerecht vornimmt;
- Aufnahme von rechtlich verbindlichen sogenannten Vorfeldvereinbarungen. Darunter fallen beispielsweise konkrete Bedingungen für die Durchführung der Due-Diligence-Prüfung, konkrete Regelung zur Offenlegung von Unterlagen/Daten, Vereinbarung einer Vertraulichkeitsvereinbarung, falls noch nicht separat vereinbart, eventuell Vereinbarung einer befristeten Exklusivität für den Käufer, Kostentragungsregelung (Due-Diligence-Kosten, Beraterkosten) für den Fall, dass ein Unternehmenskaufvertrag nicht zustande kommt, Break-up-fee-Vereinbarung;

450) Klöpper in Hauschka, Ch. E.: a.a.O., S. 585.

451) Diese Aufzählung wurde hauptsächlich entnommen aus Böx in: Hettler, St./Stratz, R.-Chr./Hörtnagl, R.: a.a.O., S. 59; Klöpper in: Hauschka, Ch. E.: a.a.O., S. 585.

- Abwerbungs- (zumeist auf Mitarbeiter des Zielunternehmens bezogen) und Wettbewerbsverbote;
- Gerichtsstandsvereinbarung, Vereinbarung auf das auf den LOI anzuwendende Recht, gegebenenfalls Vereinbarung einer Schiedsvereinbarung.

Wie sind diese eben aufgezählten typischen Regelungsinhalte eines LOI im Interesse des Kaufinteressenten konkret auszugestalten?

Wesentlicher Bestandteil für den Kaufinteressenten ist sicherlich das Festhalten eines ersten indikativen Kaufpreises im LOI. Wichtig aus Sicht des Kaufinteressenten ist es, den indikativen Kaufpreis in einer Spanne von ... bis... im LOI anzugeben und ihn unter den Vorbehalt der Erfüllung von konkreten Bedingungen zu stellen. Zumeist handelt es sich bei den noch zu erfüllenden Bedingungen um zu verifizierende Ertragszahlen im Rahmen der Due-Diligence-Prüfung[452].

Als konkrete Bedingung ist beispielsweise eine für die Käuferseite zufriedenstellende Due-Diligence-Prüfung im LOI festzuhalten. Es sollte hierbei von Seiten des Kaufinteressenten klar definiert werden, wann eine Due-Diligence-Prüfung für den Kaufinteressenten zufriedenstellend ausgefallen ist. Dies kann z.B. der Fall sein, wenn die im Information Memorandum dargestellten bilanziellen Verhältnisse des Zielunternehmens sich durch die Due Diligence bestätigen und die Prüfung der Jahresabschlüsse aus den letzten Jahren sowie die Prüfung der Planungsrechnungen für die kommenden Geschäftsjahre eine befriedigende Ertragslage erwarten lassen[453]. Aus Sicht des Kaufinteressenten ist es wichtig, den genannten indikativen Kaufpreis möglichst variabel zu gestalten und somit eine spätere Anpassung des Kaufpreises aufgrund negativer Ergebnisse der Due-Diligence-Prüfung zu ermöglichen. Auch die Zustimmung der Gesellschaftsgremien, wie beispielsweise des Aufsichtsrats oder der Gesellschafterversammlung/Hauptversammlung und eine mögliche kartellrechtliche Freigabe, sollten als Bedingungen von Seiten des Kaufinteressenten in den LOI aufgenommen werden.

Aus Sicht des Kaufinteressenten ist in einem LOI ferner von Bedeutung, die Vereinbarung des weiteren Ablaufs des Transaktionsprozesses mit der konkreten Festlegung eines Zeitplans und von »milestones« mit dem Zielunternehmen zu vereinbaren. Der Kaufinteressent muss ein Interesse an einem effizienten Transaktionsprozess haben. Zu diesem Zweck sollte der

452) Hockmann, H.J./Thießen, F.: »Investment Banking«, Stuttgart 2002, S. 176.

453) Böx in: Hettler, St./Stratz, R.-Chr./Hörtnagl, R.: a.a.O., S. 60.

weitere Ablauf des Prozesses rechtsverbindlich mit dem Zielunternehmen vereinbart werden und im Fall des Abweichens des Zielunternehmens[454] von diesem Zeitplan ein ausdrückliches Abstandnahmerecht vereinbart werden, um eine »Hängepartie« und damit nicht notwendigen Kosten- und Zeitaufwand für die Käuferseite zu vermeiden[455].

Hinsichtlich der rechtsverbindlichen Vorfeldvereinbarungen in einem LOI ist von Seiten des Kaufinteressenten ein besonderes Augenmerk auf die Vereinbarung einer Exklusivität zu legen. Hat der Kaufinteressent ein ernsthaftes Interesse an der Transaktion und will er möglichst schnell und ohne Konkurrenz die Transaktion durchführen, empfiehlt sich die Vereinbarung einer Exklusivität, indem sich das Zielunternehmen verpflichtet, für eine bestimmten Zeitraum mit keinem weiteren Kaufinteressenten in Vertragsverhandlungen zu treten oder aber zumindest mit keinem anderen Kaufinteressenten einen Unternehmenskaufvertrag in der vorgegebenen Zeit abzuschließen[456].

Das Zielunternehmen wird sich zumeist nur dann auf eine Exklusivität in diesem Stadium des Prozesses einlassen, wenn es keinen weiteren ernsthaften Interessenten im Prozess gibt. Aus Verkäufersicht muss es demnach das Ziel sein, möglichst lange parallele Verhandlungen mit mehreren Kaufinteressenten zu führen, um den größtmöglichen Verhandlungserfolg zu erzielen[457]. Der Verkäuferseite ist deshalb zu empfehlen, sich nur dann auf eine Exklusivitätsvereinbarung mit dem Kaufinteressenten einzulassen, wenn die Vertragsverhandlungen mit dem Kaufinteressenten entweder kurz vor dem Abschluss stehen oder aber den Abschluss einer Exklusivitätsvereinbarung mit einer Exklusivitätsprämie, die später auf den Kaufpreis anzurechnen ist, sich vom Kaufinteressenten vergüten zu lassen[458]. Ferner besteht für die Verkäuferseite auch die Möglichkeit, eine gegenseitige Exklusivität mit einer starken zeitlichen Begrenzung vom Kaufinteressenten zu verlangen, um sich nicht vollständig in die Hand des Kaufinteressenten zu begeben[459].

Zu den rechtsverbindlichen Vorfeldvereinbarungen in einem LOI gehören unter Umständen auch Kostentragungsregeln sowie Break-up-fee-Vereinbarungen. Für den Fall, dass der Unternehmenskauf nicht abgeschlossen wird, ist es wegen der hohen Kosten in der Durchführungsphase einer

454) In der Praxis wird meistens ein gegenseitiges Abstandnahmerecht für den Fall der Nichteinhaltung des Zeitplans vereinbart.

455) Klöpper in: Hauschka, Ch. E.: a.a.O., S. 585.

456) Böx in: Hettler, St./Stratz, R.-Chr./Hörtnagl, R.: a.a.O., S. 54.

457) Böx in: Hettler, St./Stratz, R.-Chr./Hörtnagl, R.: a.a.O., S. 54.

458) Böx in: Hettler, St./Stratz, R.-Chr./Hörtnagl, R.: a.a.O., S. 54.

459) Böx in: Hettler, St./Stratz, R.-Chr./Hörtnagl, R.: a.a.O., S. 54.

Transaktion (Kosten für Durchführung der Due-Diligence-Prüfung, Erstellung von Unternehmensbewertungen) für den Kaufinteressenten zu empfehlen, eine Kostentragungsregelung mit dem Zielunternehmen zu vereinbaren[460]. In der Praxis werden häufig Kostentragungsklauseln zwischen Kaufinteressent und Zielunternehmen für den Fall vereinbart, dass eine Vertragspartei den Transaktionsprozess ohne anerkennenswerten sachlichen Grund abbricht[461]. In diesem Fall hat die für den Abbruch ohne anerkennungswerten sachlichen Grund verantwortliche Vertragspartei die Kosten aller Beteiligten zu tragen[462]. Die Vereinbarung einer solchen Kostentragungsklausel demonstriert von Seiten des Kaufinteressenten ein ernsthaftes Interesse am Abschluss der Transaktion und fördert das Vertrauen zwischen den Vertragsparteien.

Ferner ist es denkbar, dass der Kaufinteressent als Gegenleistung für die Einräumung einer Exklusivität durch das Zielunternehmen eine einseitige Kostentragungsklausel im Fall des Scheiterns des Transaktionsprozesses in den LOI aufnimmt[463].

In der Praxis weit verbreitet ist auch die Aufnahme von sogenannten Break-up-fee-Vereinbarungen in einem LOI. Diese Break-up-fee-Vereinbarungen dienen in erster Linie dazu, der nicht für das Scheitern der Transaktion verantwortlichen Partei einen pauschalierten Ausgleich für den entstandenen Schaden zu gewähren[464]. Ferner dient die Vereinbarung von Break-up-fees dazu, beide Parteien zur tatsächlichen Durchführung der Transaktion anzuhalten[465].

Es ist dringend zu empfehlen, den LOI in Vertragsform zu gestalten und ihn von beiden Parteien unterzeichnen zu lassen, um die im LOI beinhalteten rechtsverbindlichen Regelungen auch wirksam werden zu lassen[466].

2.2.1.4 Durchführung einer professionellen Due-Diligence-Prüfung

Die Durchführung einer professionellen Due Diligence ist einer der wichtigsten Erfolgsfaktoren für den späteren Erfolg einer Transaktion. Nachlässigkeiten und Fehler bei der Planung, Durchführung und Auswertung einer Due-Diligence-Prüfung können das spätere Scheitern einer Transaktion hervorrufen.

460) Böx in: Hettler, St./Stratz, R.-Chr./Hörtnagl, R.: a.a.O., S. 55.
461) Böx in: Hettler, St./Stratz, R.-Chr./Hörtnagl, R.: a.a.O., S. 55.
462) Böx in: Hettler, St./Stratz, R.-Chr./Hörtnagl, R.: a.a.O., S. 55.
463) Böx in: Hettler, St./Stratz, R.-Chr./Hörtnagl, R.: a.a.O., S. 55.
464) Sieger, J./Hasselbach, K.: »Break-up-fee Vereinbarungen bei Unternehmenskäufen«, in: Betriebs-Berater 2000, 625.
465) Sieger, J./Hasselbach, K.: »Break-up-fee Vereinbarungen bei Unternehmenskäufen«, in: Betriebs-Berater 2000, 625.
466) Böx in: Hettler, St./Stratz, R.-Chr./Hörtnagl, R.: a.a.O., S. 58.

Die Bedeutung, die einer Due-Diligence-Prüfung beigemessen wird, hängt sehr häufig von der Größe und der Art des Käufers ab. Während Finanzinvestoren bei jeder Akquisition unter Einschaltung von externen Beratern eine Due-Diligence-Prüfung vornehmen, ist bei strategischen Investoren zwischen großen börsennotierten Unternehmen und klassisch mittelständisch geprägten Unternehmen zu unterscheiden.

Große börsennotierte Unternehmen verfügen über eigene M&A-Abteilungen, die über eine große Erfahrung im M&A-Bereich, insbesondere bei der Planung, Durchführung und Auswertung von Due-Diligence-Prüfungen verfügen und Due-Diligence-Prüfungen grundsätzlich mit Unterstützung von externen Due-Diligence-Teams erfolgreich durchführen können[467]. Anders sieht es bei klassischen mittelständischen Unternehmen aus, bei denen Transaktionen zum Teil noch »per Handschlag« zwischen den Unternehmensleitern von Käufer- und Zielunternehmen geschlossen werden. Externe Berater werden bei dieser Art von Transaktion häufig nur zur Verhandlung des Unternehmenskaufvertrags eingeschaltet. Eine Due-Diligence-Prüfung wird entweder gar nicht oder nur in einem kleinen Umfang unter Einschaltung unternehmensinterner Mitarbeiter durchgeführt, die oftmals nicht die erforderlichen Qualifikationen bzw. notwendigen Erfahrungen bei der Durchführung von Due-Diligence-Prüfungen haben. Dies erhöht zwangsläufig die Gefahr des Scheiterns einer Transaktion.

Finanzinvestoren sind im Bereich Due Diligence deutlich besser aufgestellt. Die Mitarbeiter von Finanzinvestoren kommen oftmals von großen Wirtschaftsprüfungsgesellschaften oder Investmentbanken, in denen sie umfangreiche Kenntnisse und Erfahrungen bei der Due-Diligence-Prüfung sammeln konnten. Neben den Mitarbeitern von Finanzinvestoren wirken fast immer auch externe Berater bei der Planung, Durchführung und Auswertung von Due-Diligence-Prüfungen mit. Bei größeren Transaktionen werden von Finanzinvestoren ausschließlich externe Berater mit der Durchführung einer Due Diligence beauftragt, da die Finanzinvestoren nicht die personellen Ressourcen haben, um an umfangreichen Due-Diligence-Prüfungen mit eigenen Mitarbeitern mitzuwirken[468].

Größere (börsennotierte) Unternehmen und Finanzinvestoren beauftragen auch sehr häufig ausschließlich externe Berater zur Durchführung von

467) Die Due-Diligence-Teams setzen sich zumeist aus Mitarbeitern der unternehmensinternen M&A-Abteilung und externen Beratern zusammen.

468) Größere Transaktionen, aber immer häufiger auch Transaktionen im Small- und Mid-Cap-Bereich, erfordern aufgrund der Internationalisierung der deutschen Wirtschaft auch Due-Diligence-Prüfungen in mehreren ausländischen Ländern zur gleichen Zeit, die nur durch die Beauftragung von externen Beratern durchgeführt werden können.

Due-Diligence- Prüfungen, um den Aufsichtsgremien/Investment Committees eine sogenannte »Second Opinion« vorlegen zu können, die ihre unternehmerische Entscheidung »absegnet« und damit mögliche persönliche Haftungsrisiken reduziert[469].

Während vor allem bei größeren (börsennotierten) Unternehmen und Finanzinvestoren der Bereich Due-Diligence-Prüfung professionell gehandhabt wird, sind vor allem bei mittelständischen Unternehmen sehr häufig Mängel bei der Akzeptanz und Durchführung von Due-Diligence-Prüfungen zu verzeichnen.

Der vor allem bei mittelständischen Unternehmen nicht unübliche komplette Verzicht auf Durchführung einer professionellen Due-Diligence-Prüfung im Rahmen einer Akquisition, stellt für die Unternehmensleitung des Käuferunternehmens ein beachtliches persönliches Haftungsrisiko dar.

Pflicht zur Durchführung einer Due-Diligence-Prüfung für die Unternehmensleitung?

Besteht für die Unternehmensleitung (Vorstand einer AG oder Geschäftsführung einer GmbH) eine rechtliche Verpflichtung zur Durchführung einer Due Diligence?

In der rechtswissenschaftlichen Literatur wird diese Frage bis heute diskutiert[470]. Die herrschende Meinung bejaht diese Frage[471]. Die Mindermeinung ist der Auffassung, dass die Risiken einer Transaktion auch ohne Due-Diligence-Prüfung beherrschbar seien und durch Gewährleistungen und Garantien im Unternehmenskaufvertrag aufgefangen werden können[472].

469) Stichwort Business Judgement Rule.

470) Eher ablehnend Loges, R.: »Der Einfluss der »Due Diligence« auf die Rechtsstellung des Käufers eines Unternehmens«, in: Der Betrieb 1997, 965ff; Lutter, M.: »Due Diligence des Erwerbers beim Unternehmenskauf«, in: Zeitschrift für Wirtschaftsrecht (ZIP) 1997, S. 613, 614; Fleischer, H./Körber, T.: »Due Diligence und Gewährleistung beim Unternehmenskauf«, in: Betriebs-Berater 2001, S.841.

471) Kiethe, K.: »Vorstandshaftung aufgrund fehlender Due Diligence beim Unternehmenskauf«, in: Neue Zeitschrift für Gesellschaftsrecht 1999, S. 976, 983; Ulmer, P.: »Haftungsfreistellung bis zur Grenze grober Fahrlässigkeit bei unternehmerischen Fehlentscheidungen von Vorstand und Aufsichtsrat?«, in: Der Betrieb 2004, S. 859, 860; Werner, R.: »Haftungsrisiken bei Unternehmensakquisitionen – die Pflicht des Vorstands zur Due Diligence«, in: Zeitschrift für Wirtschaftsrecht (ZIP) 2000, S. 989, 990; Böttcher, L.: »Verpflichtung des Vorstandes zur Durchführung einer Due Diligence«, in: Neue Zeitschrift für Gesellschaftsrecht 2005, S. 49ff.

472) Loges, R.: »Der Einfluss der »Due Diligence« auf die Rechtsstellung des Käufers eines Unternehmens«, in: Der Betrieb 1997, S. 965 (968f); Lutter, M.: »Due Diligence des Erwerbers beim Unternehmenskauf«, in: Zeitschrift für Wirtschaftsrecht (ZIP) 1997, S. 613 (614); siehe auch Böttcher, L.: »Verpflichtung des Vorstandes zur Durchführung einer Due Diligence«, in: Neue Zeitschrift für Gesellschaftsrecht 2005, S. 49.

Die herrschende Meinung setzt diesem Argument entgegen, dass die BGB-Gewährleistungsregelungen und vertragliche Garantien in keiner Weise die Risiken einer Transaktion in gleichem Umfang wie eine Due-Diligence-Prüfung minimieren können[473]. Ferner könnten die weiteren Ziele einer Due-Diligence-Prüfung, wie z.B. die Plausibilisierung der Kaufpreisberechnung, die Aufdeckung von Synergien, die Integrationsplanung und der Ausschluss von sogenannten »Deal-breakern« nicht durch das gesetzliche Gewährleistungsrecht und vertragliche Garantierklärungen erreicht werden[474].

Die Befürworter einer Verpflichtung der Unternehmensleitung zur Durchführung einer Due-Diligence-Prüfung beim Unternehmenskauf sind sich jedoch hinsichtlich des Ermessensspielraums der Unternehmensleitung nicht einig. So argumentiert Kiethe beispielsweise, dass für die Unternehmensleitung die generelle Pflicht bestünde, vor einem Unternehmenskauf eine Due-Diligence-Prüfung durchzuführen. Der Unternehmensleitung stünde nach Auffassung von Kiethe in dieser Frage kein Ermessensspielraum zu[475]. Die Konsequenz wäre die generelle Pflicht zur Nichtdurchführung eines Unternehmenskaufs, wenn keine Due–Diligence-Prüfung durchgeführt wird[476].

Ulmer ist ähnlicher Auffassung wie Kiethe. Er vertritt allerdings eine andere Auffassung hinsichtlich des Ermessenspielraums der Unternehmensleitung, die er nicht wie Kiethe mit Null taxiert[477]. Werner bejaht die generelle Pflicht der Unternehmensleitung zur Durchführung einer Due-Diligence-Prüfung beim Unternehmenskauf[478]. Er lehnt jedoch eine strikte Ermessensreduzierung, wie von Kiethe gefordert, bei einer Verweigerung einer Due-Diligence-Prüfung durch das Zielunternehmen ab[479]. Vor allem bei feindlichen Übernahmeversuchen wird die Unternehmensleitung des Zielunternehmens eine Due-Diligence-Prüfung der Erwerbergesellschaft in aller Regel verhindern[480]. Muss die Unternehmensleitung bei der Nicht-

473) Vgl. Böttcher, L.: »Verpflichtung des Vorstandes zur Durchführung einer Due Diligence«, in: Neue Zeitschrift für Gesellschaftsrecht 2005, S. 49.

474 Vgl. Böttcher, NZG,2005, 49.

475) Kiethe, K.: »Vorstandshaftung aufgrund fehlender Due Diligence beim Unternehmenskauf«, in: Neue Zeitschrift für Gesellschaftsrecht 1999, S. 976, 983.

476) Böttcher, L.: »Verpflichtung des Vorstandes zur Durchführung einer Due Diligence«, in: Neue Zeitschrift für Gesellschaftsrecht 2005, S. 50.

477) Böttcher, NZG 2005, 50; siehe auch Ulmer, P.: »Haftungsfreistellung bis zur Grenze grober Fahrlässigkeit bei unternehmerischen Fehlentscheidungen von Vorstand und Aufsichtsrat?«, in: Der Betrieb 2004, S. 859, 860.

478) Werner, R.: »Haftungsrisiken bei Unternehmensakquisitionen – die Pflicht des Vorstands zur Due Diligence«, in: Zeitschrift für Wirtschaftsrecht (ZIP) 2000, S. 989,990.

479) Werner, ZIP 2000, 989, 990.

480) Böttcher, L.: »Verpflichtung des Vorstandes zur Durchführung einer Due Diligence«, in: Neue Zeitschrift für Gesellschaftsrecht 2005, S. 50.

durchführung einer Due-Diligence-Prüfung von einer Transaktion absehen, wie von Kiethe gefordert, würde dies einer grundsätzlichen Verhinderung von feindlichen Übernahmen durch eine deutsche Gesellschaft (AG, GmbH) gleichkommen, was nicht im Interesse des Gesetzgebers sein kann[481].

Einige Meinungen in der rechtswissenschaftlichen Literatur argumentieren, dass sich eine Pflicht zur Durchführung einer Due Diligence beim Unternehmenskauf nicht nur aus der allgemeinen Sorgfaltspflicht des ordnungsgemäßen Geschäftsleiters bzw. der Sorgfalt eines ordentlichen Geschäftsmannes ableitet, sondern dass vor allem betriebswirtschaftliche Gründe eine besondere Sorgfalt der Unternehmensleitung beim Unternehmenskauf auslösen[482].

Eine Pflicht der Unternehmensleitung zur Durchführung einer Due-Diligence-Prüfung beim Unternehmenskauf ergibt sich durch die Einführung der sogenannten Business Judgement Rule in das deutsche Recht.

Die Einführung der Business Judgement Rule in das deutsche Aktienrecht bewirkt, dass die Unternehmensleitung unternehmerische Entscheidungen auf Grundlage angemessener Informationen und zum Wohle der Gesellschaft zu treffen hat, um bei einer fehlerhaften unternehmerischen Entscheidung und daraus folgenden Schadensfällen einer persönlichen Haftung zu entgehen (»Safe Harbour«). Die Entscheidung zur Durchführung einer Transaktion stellt eine unternehmerische Entscheidung im Sinne der Business Judgement Rule dar.

Dies bedeutet im Umkehrschluss, dass die Unternehmensleitung vor der Entscheidung zum Kauf oder Nichtkauf eines Unternehmens dazu verpflichtet ist, sich um eine angemessene Informationsbeschaffung zu kümmern, um die eigentliche Entscheidung zum Kauf eines Unternehmens auf Grundlage angemessener Sachverhaltskenntnis treffen zu können. Unterlässt sie dies, verletzt sie ihre Sorgfaltspflicht und haftet ggf.[483] gegenüber der Gesellschaft für einen bei der Gesellschaft entstandenen Schaden aus dem Unternehmenskauf.

Der Aufwand, den die Unternehmensleitung zur Informationsbeschaffung zu betreiben hat, ist in jedem Einzelfall von einer betriebswirtschaft-

481) Böttcher, NZG 2005, 50.

482) Hauschka, Ch. E.: »Corporate Compliance – Unternehmensorganisatorische Ansätze zur Erfüllung der Pflichten von Vorständen und Geschäftsführern«, in: Die Aktiengesellschaft 2004, S. 461, 479; Kock, M./Dinkel, R.: »Die zivilrechtliche Haftung von Vorständen für unternehmerische Entscheidungen«, in: Neue Zeitschrift für Gesellschaftsrecht 2004, S. 441, 447.

483) Vorausgesetzt die Gesellschaft macht einen Innenhaftungsanspruch gegen die Unternehmensleitung geltend.

lichen Kosten-Nutzen-Analyse abhängig zu machen[484]. Die Informationen und der generelle Nutzen, die aus einer sorgfältigen und umfassenden Due-Diligence-Prüfung für die Entscheidungsfindung der Unternehmensleitung zu gewinnen sind, rechtfertigen grundsätzlich die Durchführung einer Due-Diligence-Prüfung aus Kosten-Nutzen-Gesichtspunkten[485]. Die Unternehmensleitung hat also zur Informationsbeschaffung, als Grundlage für die Entscheidung zum Unternehmenskauf, eine Due-Diligence-Prüfung durchzuführen. Der konkrete Aufwand für die Due-Diligence-Prüfung ist einzelfallabhängig[486].

Unterlässt die Unternehmensleitung die Durchführung einer Due-Diligence-Prüfung beim Unternehmenskauf, so verletzt sie ihre Sorgfaltspflichten im Rahmen des § 93 AktG bzw. § 43 GmbHG und ist der Gesellschaft für einen eintretenden Schadensfall ersatzpflichtig.

Begriff, Ablauf, Module und Erfolgsfaktoren einer Due-Diligence-Prüfung

Was ist eine Due Diligence, wie wird der Ablauf einer Due-Diligence-Prüfung gestaltet, was sind die wesentlichen Module und Erfolgsfaktoren für die erfolgreiche Durchführung von Due-Diligence-Prüfungen?

Übersetzt man den Begriff Due Diligence wörtlich, bedeutet der Begriff die »im Verkehr erforderliche Sorgfalt«[487]. Unter einer Due-Diligence-Prüfung wird in erster Linie die Prüfung eines Zielunternehmens durch den Käuferinteressenten, gegebenenfalls unter Hinzuziehung von externen Beratern verstanden, mit dem Ziel, eine fundierte Beurteilungs- und Entscheidungsgrundlage für die daran anschließenden Vertragsverhandlungen zu erhalten[488].

Nicht nur Kaufinteressenten führen Due-Diligence-Prüfungen durch. Auch die Verkäuferseite führt in den letzten Jahren verstärkt Due-Diligence-Prüfungen durch (sogenannte Vendor Due Diligence). Vorrangiges Ziel einer Vendor Due Diligence ist es, Schwächen der Verkäuferseite vor dem Beginn der Vertragsverhandlungen zu identifizieren, um diese noch vor Beginn der Verhandlungen zu beseitigen bzw. eine Argumentation für Fragen

484) Böttcher, L. »Verpflichtung des Vorstandes zur Durchführung einer Due Diligence«, in: Neue Zeitschrift für Gesellschaftsrecht 2005, S. 54.

485) Böttcher, L.: »Verpflichtung des Vorstandes zur Durchführung einer Due Diligence«, in: Neue Zeitschrift für Gesellschaftsrecht 2005, S. 54.

486) Böttcher, L.: »Verpflichtung des Vorstandes zur Durchführung einer Due Diligence«, in: Neue Zeitschrift für Gesellschaftsrecht 2005, S. 54.

487) Böttcher, L.: »Verpflichtung des Vorstandes zur Durchführung einer Due Diligence«, in: Neue Zeitschrift für Gesellschaftsrecht 2005, S. 49.

488) Merkt, H.: »Due Diligence und Gewährleistung beim Unternehmenskauf«, in: Betriebs-Berater 1995, S.1041ff.

der Käuferseite zu entwickeln, sowie eine Einschätzung über einen »fairen« Verkaufspreis zu erhalten[489].

Der Umfang, die inhaltlichen Schwerpunkte sowie die Ziele der Due-Diligence-Prüfung sind bei jeder Transaktion unterschiedlich und sind vom Kaufinteressenten und dessen externem Berater je nach Transaktion anzupassen.

Hinsichtlich des Ablaufs von Due-Diligence-Prüfungen hat sich in der Praxis ein standardisiertes Verfahren entwickelt.

Jede Due-Diligence-Prüfung beginnt mit der sorgfältigen Planung der Due Diligence. Zumeist wird, unter Zuhilfenahme von externen Beratern, vom Kaufinteressenten eine Prüfungsliste erstellt, deren Inhalt im Rahmen der konkreten Prüfung des Zielunternehmens zu untersuchen und abschließend zu bewerten ist. Zur Erstellung dieser Prüfungsliste werden häufig sogenannte Due-Diligence-Checklisten herangezogen. Diese Checklisten verfügen über eine umfassende Auflistung von Problempunkten in den einzelnen Teilbereichen der Due Diligence (Tax, Legal, Commercial, Financial, Technical, Environmental, HR), die bei der konkreten Prüfung des Zielunternehmens zu beachten sind. Die Kunst in der Erstellung der Prüfungsliste besteht darin, die für die Prüfung des Zielunternehmens passende Prüfungsliste zu erstellen. Das bedeutet, dass alle wesentlichen Problembereiche des Zielunternehmens in der Liste enthalten sind. Es ist allerdings darauf zu achten, die Prüfungsliste nicht unnötig »aufzublasen« und damit das Wesentliche aus dem Blickfeld zu verlieren und hohe Kosten für die Durchführung der Due-Diligence-Prüfung zu »produzieren«.

Nach Erstellung der Prüfungsliste erfolgt die konkrete Prüfung des Zielunternehmens. Dies kann entweder in den Örtlichkeiten des Zielunternehmens erfolgen oder aber in den Örtlichkeiten der externen Berater von Kauf- und Verkaufsinteressenten. Der zweiten Variante ist oftmals den Vorzug zu geben, da eine Due-Diligence-Prüfung vor Ort beim Zielunternehmen auffällig ist und möglicherweise Unruhe/Gerüchte unter den Mitarbeitern des Zielunternehmens auslöst, wenn die geplante Transaktion zu diesem Zeitpunkt noch nicht kommuniziert wurde. In den vergangenen Jahren hat sich auch der Einsatz von sogenannten virtuellen »Data-Rooms« bewährt.

Die Dauer der Durchführung der Due-Diligence-Prüfung ist einzelfallabhängig und kann, je nach Größe und Komplexität der Transaktion, zwischen 2-3 Tagen und bis zu mehreren Wochen und Monaten dauern. Bei besonders großen und komplexen Transaktionen ist es von Seiten der externen Berater des Kaufinteressenten üblich, sogenannte Zwischenberichte anzufertigen,

489) Jäger, A.: Aktiengesellschaft unter besonderer Berücksichtigung der KGaA, München 2004, § 35, S. 977.

um bei einem Nachweis von eklatanten Risiken die Due-Diligence-Prüfung vorzeitig abbrechen zu können, um zeitliche, personelle und finanzielle Ressourcen zu schonen.

Nach Abschluss der konkreten Prüfungen wird ein sogenannter Due-Diligence-Report von dem Due-Diligence-Team angefertigt. Innerhalb dieses Berichts findet sich zumeist am Anfang eine Kurzzusammenfassung aller wesentlichen Daten und Risiken. Diese sogenannte »Executive Summary« hat zum Ziel, den verantwortlichen Personen des Kaufinteressenten einen schnellen Überblick über die Ergebnisse der Prüfung und den sich daraus ergebenden Chancen und Risiken zu verschaffen. Der an die »Executive Summary« anschließende Bericht besteht aus einer ausführlichen Darstellung der Vor- und Nachteile der geplanten Transaktion, wobei den Ergebnissen der Legal- und Financial-Due-Diligence ein besonderes Gewicht im Due-Diligence-Report eingeräumt wird[490]. Für die Ersteller des Berichts, das gilt vor allem für externe Berater, ist es von außerordentlicher Bedeutung, Haftungsausschlüsse mit in den Bericht aufzunehmen, um die Gefahr einer späteren Inanspruchnahme durch den Auftraggeber zu reduzieren[491].

Wie weiter oben bereits beschrieben, ist der Umfang der Due-Diligence-Prüfung in der Praxis je nach Größe und Komplexität der Transaktion unterschiedlich. Bei kleineren und mittelgroßen Transaktionen werden zumeist nur die Themenbereiche Legal, Tax und Financial geprüft. Die Kaufinteressenten, seien es strategische Investoren oder vor allem Finanzinvestoren, sind in den letzten Jahren dazu übergegangen, auf allumfassende Due-Diligence-Prüfungen zu verzichten und je nach Komplexität und Struktur der geplanten Transaktion einzelne Due-Diligence-Module bei externen Beratern zu beauftragen, die beliebig kombiniert werden können[492]. Vor allem Finanzinvestoren neigen dazu, eine möglichst effiziente und kostensparende Due-Diligence-Prüfung durchzuführen, um die Transaktionskosten zu senken[493].

490) Jäger, A.: a.a.O., § 35, S. 979.

491) In der Praxis kommt es sehr häufig vor, dass nach einer Transaktion von Seiten des Käufers versucht wird, die Verantwortung für potenzielle Haftungsrisiken auf die externen Berater »abzuwälzen«.

492) Jäger, A.: a.a.O., § 35, S. 981.

493) Finanzinvestoren bewerten pro Jahr oftmals ca. 100 potenzielle Transaktionen. Ca. 10-15 potenzielle Transaktionen werden durch die Investment-Manager der Private-Equity-Gesellschaften einer sorgfältigen Überprüfung unterzogen. Bei diesen 10-15 potenziellen Transaktionen werden DD-Prüfungen durch extern beauftragte Berater durchgeführt. Es muss daher im Sinne von Finanzinvestoren sein, die DD-Prüfungen möglichst effizient und damit kostensparend durchzuführen.

Due-Diligence-Module und Erfolgsfaktoren für die effiziente Durchführung von Due-Diligence-Prüfungen

Im folgenden Text sollen die wesentlichen Teilbereiche (Module) einer Due-Diligence-Prüfung, die Financial-, Commercial-, Legal- und Tax-Due-Diligence in Kürze skizziert werden.

Als eines der wichtigsten Module einer Due-Diligence-Prüfung fungiert die Financial-Due-Diligence. Dieser Teilbereich wird grundsätzlich bei jeder Unternehmenstransaktion geprüft[494)]. Was ist die Funktion und was sind die wesentlichen Inhalte einer Financial-Due-Diligence?

Die Financial-Due-Diligence stellt einen zentralen Baustein im Rahmen des Transaktions- und Due-Diligence-Prozesses dar[495)]. Sie dient der Beschaffung und Analyse von Informationen zur Analyse der wirtschaftlichen bzw. finanziellen Situation des Zielunternehmens[496)]. Mit ihrer Hilfe soll es dem Kaufinteressenten möglich sein, grundsätzliche Antworten zur wirtschaftlichen Situation des Zielunternehmens sowie zur Plausibilität der Planung zu erhalten[497)]. Die Ergebnisse der Financial-Due-Diligence finden Eingang in die Unternehmensbewertung und in die abschließenden Kaufverhandlungen, was die zentrale Bedeutung dieses Teilbereichs der Due-Diligence-Prüfung verdeutlicht[498)].

Wie auch bei anderen Teilbereichen der Due-Diligence-Prüfung gibt es keine »Standard Financial Due Diligence«, die bei jeder Transaktion unverändert Anwendung findet. Für den Kaufinteressenten und seine externen Berater kommt es bei der Planung und Durchführung der Financial-Due-Diligence darauf an, die Besonderheiten eines jeden Transaktionsprozesses zu identifizieren, zu verstehen und bei der Planung und Durchführung der Prüfung auf diese Transaktionscharakteristika einzugehen[499)].

Der Erfolg von Financial-Due-Diligence-Prüfungen ist abhängig von der Gewinnung und Darstellung von relevanten Informationen[500)]. Für den Kaufinteressenten und dessen externe Berater ist es äußerst wichtig, den jeweiligen Untersuchungsinhalt vorab klar und eindeutig zu definieren, um die Komplexität der Untersuchung zu minimieren und die Informationen

494) Die Durchführung von Financial-Due-Diligence-Prüfungen ist mittlerweile auch bei sogenannten Mid- und Small-Cap-Transaktionen zum Standard geworden.

495) Störck/Kunder in: Beisel, D./Andreas, F, a.a.O., § 33, S. 523.

496) Pack in: Picot, G. (Hrsg.): Handbuch Mergers & Acquisitions – Planung, Durchführung, Kontrolle, 2. Aufl., Stuttgart 2002, S. 298.

497) Störck/Kunder in: Beisel, D./Andreas, F.: a.a.O., § 33, S. 523.

498) Störck/Kunder in: Beisel, D./Andreas, F.: a.a.O., § 33, S. 523.

499) Störck/Kunder in: Beisel, D./Andreas, F.: a.a.O., § 33, S. 523.

500) Störck/Kunder in: Beisel, D./Andreas, F.: a.a.O., § 33, S. 526.

im Hinblick auf die Transaktion so transparent wie möglich und notwendig darzustellen[501].

Zur Informationsgewinnung bedienen sich die Kaufinteressenten und deren externe Berater interner und externer Informationsquellen[502]. Es ist bei der Auswahl der Informationsquellen darauf zu achten, die Zulässigkeit der Informationsquelle (Unabhängigkeit, Qualifikation der Quelle und Eindeutigkeit) vorab zu überprüfen[503].

Externe Informationsquellen bei der Financial-Due-Diligence können sein[504]:

- Marktstudien, Analystenveröffentlichungen[505], Presseveröffentlichungen im Zusammenhang mit dem Zielunternehmen, Handelsregisterauszüge, Auskünfte vom Abschlussprüfer des Zielunternehmens und Auskünfte von Kunden und Lieferanten (dies ist allerdings von der Zustimmung des Zielunternehmens abhängig).
- Die externen Informationen dienen zumeist der Vorbereitung der Due-Diligence-Prüfung, können aber auch im Anschluss an eine durchgeführte Due Diligence als Absicherung und Plausibilisierung der intern erhaltenen Informationen herangezogen werden[506].

Interne Informationsquellen bei der Financial-Due-Diligence können sein[507]:

Informationsmemorandum über das Zielunternehmen, Betriebsbesichtigungen, Management-Präsentationen, Internes Rechnungswesen (Management-Reporting, Produkt und Serviceergebnisrechnungen, Aufstellung der wesentlichen Aufwendungen und Erträge, Preis-/Mengengerüste der Umsätze, Materialaufwendungen, Personalkosten, Währungseffekte), Jahresabschlüsse der letzten drei Geschäftsjahre, Planungsrechnungen für die nächsten 2-3 Geschäftsjahre, Lohn-, Gehalts- und Sozialleistungsinformationen, Lieferanten- und Kundeninformationen (Informationen hinsichtlich Abhängigkeiten und Konzentration, Preis- und Preisnachlassstrukturen, wesentliche Verträge).

501) Störck/Kunder in: Beisel, D./Andreas, F.: a.a.O., § 33, S. 525f.

502) Störck/Kunder in: Beisel, D./Andreas, F.: a.a.O., § 33, S. 526.

503) Störck/Kunder in: Beisel, D./Andreas, F.: a.a.O., § 33, S. 526.

504) Störck/Kunder in: Beisel, D./Andreas, F.: a.a.O., § 33, S. 527.

505) Nur bei börsennotierten Zielunternehmen.

506) Störck/Kunder in: Beisel, D./Andreas, F.: a.a.O., § 33, S. 527.

507) Störck/Kunder in: Beisel, D./Andreas, F.: a.a.O., § 33, S. 526f.

Ergänzt wird die Financial-Due-Diligence durch die sogenannte Commercial-Due-Diligence.

Die Commercial-Due-Diligence dient dem Aufdecken aller unternehmens- und marktbezogenen Chancen und Risiken des Zielunternehmens, um damit den Erfolg der Transaktion abzusichern, da die unternehmens- und marktbezogenen Chancen und Risiken die zukünftige Entwicklung des Zielunternehmens bestimmen werden[508)].

Die Commercial-Due-Diligence verfolgt drei Hauptziele[509)]. Sie dient zum einen der detaillierten Ermittlung der Wettbewerbsposition des Zielunternehmens und der Analyse der Zukunftsträchtigkeit der Branche und des Marktes, in dem das Zielunternehmen tätig ist, und zum anderen dient die Commercial-Due-Diligence der Ermittlung des Synergiepotenzials bzw. der Verifizierung der strategischen Planung des Zielunternehmens[510)]. Im Unterschied zur Financial-Due-Diligence, die stark vergangenheitsorientiert ist, beschäftigt sich die Commercial-Due-Diligence mit der Zukunft des Zielunternehmens, indem sie die zukünftige Wettbewerbssituation und das wirtschaftliche Umfeld des Zielunternehmens untersucht[511)]. Die Commercial-Due-Diligence schließt somit nahtlos an der Financial-Due-Diligence an und bildet einen Brückenschlag zwischen vergangenheitsorientierter Financial-Due-Diligence und zukunftsorientierter Commercial-Due-Diligence[512)].

Ist das Ergebnis der Commercial-Due-Diligence, dass das ökonomische Konzept, auf dem die Transaktion beruht, nicht zu rechtfertigen oder mit hohen Risiken verbunden ist, entfällt die Grundvoraussetzung der Transaktion und macht weitere Due-Diligence-Prüfungen in anderen Teilbereichen entbehrlich[513)]. Ferner wirkt sich das Ergebnis der Commercial-Due-Diligence stark auf das Ergebnis der Unternehmensbewertung sowie auf die Kaufpreisverhandlungen aus[514)]. Dies unterstreicht den Stellenwert des Teilbereichs Commercial-Due-Diligence.

Ergibt die betriebswirtschaftliche Analyse der mit der Transaktion verfolgten Strategie, dass sich die geplante Transaktion für den Kaufinteressenten nicht »lohnt«, entfällt die Grundvoraussetzung der geplanten Transaktion und wird damit üblicherweise vom Kaufinteressenten nicht weiter verfolgt.

508) Pack in: Picot, G. (Hrsg.): Handbuch Mergers & Acquisitions – Planung, Durchführung, Kontrolle, 2. Aufl., Stuttgart 2002, S. 301.

509) Pack in: Picot, G. (Hrsg.): a.a.O., S. 301.

510) Pack in: Picot, G. (Hrsg.): a.a.O., S. 301.

511) Groh/Römer in: Beisel, D./Andreas, F.: a.a.O., § 33, S. 594.

512) Pack in: Picot, G. (Hrsg.): a.a.O., S. 301.

513) Groh/Reimer in: Beisel, D./Andreas, F..: a.a.O., § 33, S. 593.

514) Groh/Reimer in: Beisel, D./Andreas, F..: a.a.O., § 33, S. 593.

Die betriebswirtschaftliche Analyse der geplanten Transaktion bezieht sich auf die verfolgte Strategie des Zielunternehmens, sämtliche Beschaffungs-, Produktions-, Marketing- und Vertriebsaspekte, sowie auf die Führungs- und Organisationsstruktur und die Unternehmenskultur[515] des Zielunternehmens[516].

Optimalerweise sollte die Commercial-Due-Diligence den anderen Teilbereichen der Due Diligence vorgezogen werden[517], da bei einem negativen Ergebnis der Prüfung weitere Due-Diligence-Prüfungen nicht mehr notwendig sind und die geplante Transaktion vom Kaufinteressenten nicht mehr weiter verfolgt wird. In der Praxis verlaufen allerdings Commercial-Due-Diligence und die anderen Module der Due Diligence zumeist parallel.

Vor allem Finanzinvestoren sollten bei der Durchführung einer Commercial-Due-Diligence auf spezialisierte externe Berater zurückgreifen. Die Mitarbeiter von Finanzinvestoren verfügen zwar zumeist über ein solides Wissen in den einzelnen Branchen, allerdings reicht dies oftmals nicht aus, um eine fundierte Commercial-Due-Diligence durchführen zu können. Beabsichtigt der Finanzinvestor beispielsweise eine Akquisition im Bereich Automotive, sollte er auf den Bereich Automotive spezialisierte externe Berater für die Commercial-Due-Diligence beauftragen. Sehr häufig beauftragen Finanzinvestoren Wirtschaftsprüfungsgesellschaften, die mit ihren Corporate Finance/M&A-, Rechts-, Steuer- und Wirtschaftsprüfungsbereichen komplette Due-Diligence-Prüfungen (also alle benötigten Teilbereiche einer Due Diligence) aus einer Hand anbieten können. Dies hat für den Finanzinvestor den Vorteil, dass er nur einen Ansprechpartner hat und der komplette Due-Diligence-Prozess in Abstimmung mit einer Beratungsgesellschaft geplant, durchgeführt und analysiert werden kann.

Anders verhält es sich oftmals bei strategischen Investoren. Vor allem Strategen aus derselben Branche verfügen über umfangreiche Branchenkenntnisse und -erfahrungen und verzichten bei der Durchführung von Commercial-Due-Diligence-Prüfungen auf externe Berater. Da vor allem Financial-und Commercial-Due-Diligence sehr eng miteinander verknüpft sind, empfiehlt sich die Einbindung von externen Beratern bei der Durchführung der Commercial-Due-Diligence.

Ferner empfiehlt sich die Beteiligung von externen Beratern bei der Durchführung der Commercial-Due-Diligence-Prüfung von strategischen

515) Die Untersuchung und Bewertung der vorhandenen Unternehmenskultur wird häufig auch im Rahmen einer eigenständigen »Cultural-Due-Diligence« vorgenommen.

516) Groh/Reimer in: Beisel, D./Andreas, F..: a.a.O., § 33, S. 594.

517) Dies ist in der Praxis zumeist nicht möglich, da die Due-Diligence-Prüfungen oftmals unter großem zeitlichen Druck stehen und die einzelnen Module der Due-Diligence-Prüfung parallel geprüft werden.

Investoren, da oftmals nur externe Berater »stark« genug sind, den ökonomischen Sinn einer Transaktion zu »hinterfragen« und gegenüber der Unternehmensleitung auch mit Nachhaltigkeit zu vertreten. Unternehmensinternen Mitarbeitern, die mit der Durchführung einer Commercial-Due-Diligence beauftragt sind, fällt es häufig schwer, negative Ergebnisse der Prüfung auch gegenüber der Unternehmensleitung zu vertreten, vor allem wenn diese auf die Durchführung der Transaktion drängt.

Was wird bei der Commercial-Due-Diligence untersucht?

Die Commercial-Due-Diligence teilt sich in zwei Bereiche auf. Zum einen ist die interne Unternehmensanalyse zu nennen und zum anderen die externe Unternehmensanalyse.

Einer der wesentlichen Bereiche, die bei der internen Unternehmensanalyse untersucht werden, ist das Produktprogramm des Zielunternehmens[518)]. Das Produktprogamm sollte die Marktanteile der verschiedenen Produkte, das Wachstum der Hauptprodukte, das Alter der Produkte, den Produktlebenszyklus, den Anteil neuer Produkte im Produktlebenszyklus und die generelle Absatzstruktur untersuchen[519)]. Ferner sollten auch das Produktimage, die Substitutionsgefahren, die Funktionen und Eigenschaften bestimmter Produkte und saisonale Schwankungen/Konjunkturzyklen detailliert analysiert werden[520)].

Ein weiterer Bereich der internen Unternehmensanalyse analysiert die Absatzseite des Zielunternehmens. Einer eingehenden Untersuchung zu unterziehen sind u.a. die Kundenstruktur, die Anzahl der Kunden, die Abhängigkeit von Kunden und die regionale Verteilung der Umsätze[521)]. Auch die Absatzorganisation, die Vertriebskanäle, die Lieferverpflichtungen und das Vertriebspersonal sind zu untersuchen und zu bewerten[522)]. Auch die Marketingmaßnahmen des Zielunternehmens sind im Rahmen der internen Unternehmensanalyse in Augenschein zu nehmen[523)]. Darunter fallen u.a. die Höhe und Verteilung des Werbebudgets, die Maßnahmen zur Marktforschung, die Teilnahme an Messen und Ausstellungen sowie Beiträge in Fachzeitschriften[524)]. Im Bereich Preise und Konditionen sind zu analysieren die Preisentwicklung einzelner Produkte, die Preisentwicklung auf unterschiedlichen Märkten, die Preispolitik des Zielunternehmens in den letzten Jahren, Zahlungsziele, Mengen- und Großkundenrabatte, Gutschriften, Boni, Skonti und mögliche Garantieverpflichtungen[525)].

518) Pack in: Picot, G. (Hrsg.): a.a.O., S. 301.
519) Picot, G. (Hrsg.): a.a.O., S. 302.
520) Pack in: Picot, G. (Hrsg.), a.a.O., S. 302.
521) Pack in: Picot, G. (Hrsg.), a.a.O., S. 302.
522) Pack in: Picot, G. (Hrsg.), a.a.O., S. 302.
523) Pack in: Picot, G.: a.a.O., S. 303.
524) Pack in: Picot , G., (Hrsg.), a.a.O., S. 303.
525) Pack in: Picot, G. (Hrsg.), a.a.O. S. 303.

Bei der externen Unternehmensanalyse werden hauptsächlich der Markt bzw. die Branche untersucht, in dem das Zielunternehmen tätig ist, sowie die generelle Wettbewerbsposition und zukünftige Wettbewerbsfähigkeit des Zielunternehmens [526]. Bei der Untersuchung des Marktes/Branche sind die Schwerpunkte der Prüfung auf die Branchenstruktur, das zukünftige Wachstum der Branche und die zukünftige Branchenattraktivität zu legen[527]. Bei der Beurteilung der Wettbewerbsposition sowie der zukünftigen Wettbewerbsfähigkeit des Zielunternehmens sind die Stärken und Schwächen des Zielunternehmens hinsichtlich der Bedrohung durch neue Konkurrenten, der Verhandlungsmacht auf Abnehmer- und Kundenseite, der Verhandlungsstärke von Lieferanten und der möglichen Bedrohung durch Ersatzprodukte mit der Umwelt des Zielunternehmens ins Verhältnis zu setzen[528].

Die Legal-Due-Diligence ist der in der Praxis am weitesten verbreitete Teilbereich einer Due-Diligence-Prüfung. Dies hat unterschiedliche Gründe[529]. Zum einen kann die vertragliche Gestaltung der Transaktion durch einen Juristen ohne Grundlageninformationen nicht seriös bearbeitet werden[530]. Zum anderen basieren entscheidende für den Wert des Unternehmens bestimmende Umstände auf rechtlichen Grundlagen, von deren Rechtmäßigkeit und Bestand eine erfolgreiche Transaktion abhängig ist[531].

Die Due-Diligence-Prüfung dient hauptsächlich der rechtlichen Einordnung des Zielunternehmens, der Überprüfung der gesellschaftsrechtlichen Strukturen sowie der Überprüfung der Rechtsbeziehungen zu Dritten[532]. Die Legal-Due-Diligence unterteilt sich in die Untersuchung von internen und externen Rechtsstrukturen im Zielunternehmen[533].

Bei der Untersuchung von unternehmensinternen Rechtsstrukturen liegt der Fokus auf gesellschaftsrechtliche, vermögensrechtliche und vertragsrechtliche Belange im Zielunternehmen[534]. Gesellschaftsrechtliche Aspekte des Zielunternehmens sind beispielsweise die Rechtsform der Gesellschaft, die gesellschaftsvertraglichen Verhältnisse (Gesellschaftsvertrag), Beteiligungsverhältnisse und interne Vollmachten im Zielunternehmen[535]. Unter vermögensrechtlichen Belangen ist häufig die Analyse des Immobilienvermögens des Zielunternehmens, also konkret die Einsichtnahme in Grundbuchauszüge, Grundschuld- und Sicherheitsurkunden sowie Flur- und Bebauungspläne zu verstehen[536]. Vertragliche Aspekte beziehen sich bei der

526) Pack in: Picot, G. (Hrsg.), a.a.O., S. 303.
527) Pack in: Picot, G., (Hrsg.), a.a.O., S. 303.
528) Pack in: Picot, G. (Hrsg.): a.a.O., S. 303f.
529) Andreas in: Beisel, D./Andreas, F., a.a.O., S. 115.
530) Andreas in: Beisel/Andreas, a.a.O., S. 115.
531) Andreas in: Beisel/Andreas, a.a.O., S. 115.
532) Pack in: Picot, G. (Hrsg.), a.a.O., S. 310.
533) Pack in: Picot, G. (Hrsg.), a.a.O., S. 310.
534) Pack in: Picot, G., (Hrsg.), a.a.O., S. 310.
535) Pack in: Picot, G., (Hrsg.) a.a.O., S. 310.
536) Pack in: Picot, G., (Hrsg.), a.a.O., S. 310.

Analyse der internen Rechtsstrukturen hauptsächlich auf die Analyse von Arbeitsverträgen der Angestellten und Führungskräfte im Unternehmen sowie der rechtlichen Analyse der Dienstverträge der Organmitglieder[537)].

Bei der Analyse von externen Rechtsstrukturen geht es vor allem um die Einsicht und rechtliche Analyse der Verträge, die vom Zielunternehmen mit Dritten geschlossen wurden[538)]. Darunter fallen beispielsweise Verträge mit Kunden, Lieferanten und Wettbewerbern, Miet- und Pachtverträge, Kooperationen und Allianzen, Gewährleistungs- und Garantievereinbarungen und prozessuale Risiken[539)].

Neben der Analyse von internen und externen Rechtsstrukturen können verschiedene Sondertatbestände und Prüfbereiche unter den Bereich Legal-Due-Diligence fallen[540)]. Dazu gehört u.a. die Untersuchung von behördlichen Genehmigungen, strittiger Verfahren, nicht ausreichender Versicherungen, Risiken aus Haftungsübernahmen (Bürgschaften, Garantien, Patronatserklärungen), Wettbewerbsvereinbarungen/kartellrechtlich relevante Absprachen und Risiken aus der Betriebsfortführung[541)].

Eng mit der Legal-Due-Diligence ist die sogenannte Tax-Due-Diligence verknüpft. Die Tax-Due-Diligence dient in erster Linie der Identifizierung und Bewertung von steuerlichen Risiken, die zu finanziellen Verpflichtungen gegenüber dem Fiskus führen können[542)]. Ferner hat sie zum Ziel, das Zielunternehmen dahingehend zu überprüfen, ob von Seiten des Zielunternehmens eine hinreichende bilanzielle Vorsorge für mögliche Verpflichtungen gegenüber dem Fiskus getroffen wurde[543)]. Die Tax-Due-Diligence hat auch entscheidenden Einfluss auf die Unternehmensbewertung sowie auf die Gestaltung des Unternehmenskaufvertrags[544)]. Des Weiteren wird die Tax-Due-Diligence häufig als Instrument zur Beweissicherung und Vermeidung von Rechtsstreitigkeiten im Nachgang einer Transaktion eingesetzt[545)]. Dies ist insbesondere für die Klärung der Frage wichtig, ob wertbeeinflussende Faktoren bereits vor Vertragsabschluss bekannt gewesen sind[546)]. Wichtige Eigenschaft der Tax-Due-Diligence ist zudem, dass sie nicht nur in der Lage ist Risikopotenziale aufzuzeigen, sondern auch für die Strukturierung der Transaktion wichtige Informationen liefert[547)].

537) Pack in: Picot, G. (Hrsg.), a.a.O., S. 310.
538) Pack in: Picot, G. (Hrsg.), a.a.O., S. 310.
539) Pack in: Picot, G. (Hrsg.), a.a.O., S. 310.
540) Pack in: Picot, G. (Hrsg.), a.a.O., S. 311.
541) Pack in: Picot, G. (Hrsg.), a.a.O., S. 311.
542) Krüger, D./Kalbfleisch, E.: »Due Diligence bei Kauf und Verkauf von Unternehmen«, in: Deutsches Steuerrecht 1999, 178.
543) Krüger/Kalbfleisch, a.a.O, S. 178.
544) Nagel in: Beisel, D./Andreas, F. (Hrsg.), a.a.O., S. 397.
545) Nagel in: Beisel/Andreas, F. (Hrsg.), a.a.O., S. 397.
546) Nagel in: Beisel/Andreas, (Hrsg.), a.a.O., S. 397.
547) Nagel in: Beisel/Andreas (Hrsg.), a.a.O., S. 397.

Bei der Tax-Due-Diligence zu untersuchen sind u.a. die Steuererklärungen/Steuerbescheide der letzten fünf Jahre und die letzte Betriebsprüfung[548]. Untersuchungsgegenstand sollten die relevanten Steuerlasten wie Körperschaftsteuer, Gewerbesteuer und Umsatzsteuer sein[549]. Steuererklärungen, die nach der letzten Betriebsprüfung eingereicht wurden, sollten auf finanzielle Risiken hin untersucht werden[550]. Ergeben sich bei der Überprüfung Verdachtsmomente, sollte der Käufer in den Kaufverhandlungen darauf drängen, eventuelle Risiken durch Garantieklauseln im Unternehmenskaufvertrag abzudecken[551]. Gehört dem Zielunternehmen Grundvermögen, sollte im Unternehmenskaufvertrag eine Regelung hinsichtlich der Grunderwerbsteuer getroffen werden[552].

Im Unternehmenskaufvertrag sollten auf jeden Fall Vereinbarungen darüber getroffen werden, wer nicht erwartete und damit nicht im Kaufpreis berücksichtigte Steuernachforderungen oder Steuererstattungen und wer die bis zum Closing wirtschaftlich verursachten Steuerbeträge trägt[553].

Planungs-, Durchführungs- und Analysephase der Due-Diligence-Prüfung

Was sind die Erfolgsfaktoren einer erfolgreichen Due-Diligence-Prüfung?

Die Due-Diligence-Prüfung ist ein notwendiges Instrument bei allen M&A-Projekten. Die Anwendung dieses Instruments stellt sicherlich keine Erfolgsgarantie dar, allerdings lässt sich das Risiko einer fehlgeschlagenen und damit wertevernichtenden Transaktion durch eine sorgfältige Planung, Durchführung und Analyse einer Due-Diligence-Prüfung deutlich verringern.

Die Due-Diligence-Prüfung stellt demnach ein äußerst effektives Wertemanagement-Instrument zur Erhaltung von Unternehmenswerten dar und sollte von Käuferseite aus mit äußerster Aufmerksamkeit bedacht werden.

Hinsichtlich der Erfolgsfaktoren für eine erfolgreiche Due-Diligence-Prüfung ist die Planungsphase der Due-Diligence-Prüfung hervorzuheben. Werden von Seiten des Kaufinteressenten und seiner externen Berater in der Planungsphase der Due-Diligence-Prüfung Fehler gemacht, sind diese während der Durchführungs- und Analysephase nur sehr schwer, sondern, wenn überhaupt, nur unter großem personellem wie finanziellem Aufwand auszugleichen.

Vor dem eigentlichen Start der Due-Diligence-Prüfung ist von Seite des Käufers und dessen externen Beratern die Prüfung zu organisieren und vorzubereiten. Die Planung sollte einzig und allein darauf ausgerichtet sein, die

548) Pack in: Picot, G. (Hrsg.), a.a.O., S. 312.
549) Pack in: Picot, G. (Hrsg.), a.a.O., S. 312.
550) Pack in: Picot, G. (Hrsg.), a.a.O., S. 312.
551) Pack in: Picot, G. (Hrsg.), a.a.O., S. 312.
552) Pack in: Picot, G. (Hrsg.), a.a.O., S. 312.
553) Pack in: Picot, G., (Hrsg.),a.a.O., S. 312.

später folgende Due-Diligence-Prüfung möglichst effizient und zielführend durchführen zu können. M&A-Transaktionen stehen in der Praxis oftmals unter hohem Zeit- und Kostendruck. Für Due-Diligence-Prüfungen im Mid-Cap-Bereich bleiben oftmals nicht mehr als 4–5 Werktage Zeit, und die Kaufinteressenten, vor allem Finanzinvestoren, sind darauf bedacht, die Transaktionskosten (darunter fallen auch die Kosten für die Durchführung einer Due-Diligence-Prüfung) möglichst niedrig zu halten und den Transaktionsprozess effizient und ohne größere Verzögerungen durchzuführen und abzuschließen.

Der Kaufinteressent und dessen externe Berater müssen vorab also die Ziele und die Schwerpunkte der Due-Diligence-Prüfung festlegen. Ohne vorherige Festlegung der konkreten Ziele und des Umfangs einer später folgenden Due Diligence ist eine effiziente, zielgerichtete Due-Diligence-Prüfung nicht sicherzustellen und endet zumeist in dem glücklosen Versuch einer Kompletterfassung aller Informationen und in unkoordinierter listenmäßiger Verarbeitung[554)].

Eine erfolgreiche Planung der Due Diligence setzt ferner voraus, dass eine Schwerpunktbildung vorab von Seiten des Kaufinteressenten und dessen Berater vorgenommen wird[555)]. Der Schwerpunkt der Due-Diligence-Prüfung muss sich an den spezifischen Charakteristika der Transaktion anlehnen. So wäre es beispielsweise ineffizient, einen Großteil der Ressourcen für die Due-Diligence-Prüfung auf Prüfbereiche zu konzentrieren, die für die Entscheidung zur Transaktion nur eine untergeordnete Rolle spielen. Wie kann dies sichergestellt werden?

Zur Detaillierung des Prüfungsumfangs und der Schwerpunktbildung der Prüfung ist zwischen dem Kaufinteressenten und seinen externen Beratern eine spezifisch auf das jeweilige Zielunternehmen zugeschnittene Due-Diligence-Checkliste zu erstellen, die in mehreren Teilschritten gemeinsam zu entwickeln ist[556)]. Die konkrete Ausgestaltung der Checkliste hängt von den Transaktionserwartungen, den konkreten Entscheidungskriterien und der Risikogewichtung des Kaufinteressenten ab[557)]. Dies ist in gemeinsamen Gesprächen/Workshops mit dem Kaufinteressenten von Seiten der externen Beratern herauszuarbeiten.

554) Andreas in: Beisel, D./Andreas, F. (Hrsg.), a.a.O., S.90.

555) Andreas in: Beisel, D./Andreas, F. (Hrsg.), a.a.O., S.91.

556) Bei größeren strategischen Investoren, die über eine eigene M&A-Abteilung verfügen, ist die Erstellung der Due-Diligence-Checkliste beispielsweise von Mitarbeitern der M&A-Abteilung, Mitgliedern der Unternehmensleitung und ggf. in Zusammenarbeit mit externen Beratern zu erstellen.

557) Andreas in: Beisel, D./Andreas, F. (Hrsg.), a.a.O., S. 92.

In einem ersten Schritt ist die Auswahl und Abgrenzung von Prüfungsbereichen[558] festzulegen. In einem zweiten Schritt sind die Prüfungsreihenfolge und das konkrete Prüfungsverfahren zu bestimmen[559]. Die entwickelte Checkliste ist dem Zielunternehmen und ggf. dessen Berater zu übermitteln und mit diesen zu besprechen[560].

Nach der Festlegung der Schwerpunkte und der kritischen Themenbereiche der Prüfung ist das Due-Diligence-Team zusammenzustellen. Strategische Käufer setzen das Due-Diligence-Team häufig aus unternehmensinternen Mitarbeitern aus unterschiedlichen Bereichen des Käuferunternehmens sowie externen Beratern zusammen. Es ist dabei darauf zu achten, eine richtige Mischung zu finden und die Verantwortlichkeiten, Aufgabenverteilung und Kommunikation vorab eindeutig festzulegen. Funktioniert das Due-Diligence-Team nicht, wird es schwierig, eine effiziente und fehlerfreie Due-Diligence-Prüfung durchführen zu können. Finanzinvestoren setzen aufgrund fehlender personeller Ressourcen oftmals komplette externe Due-Diligence-Teams für die Prüfung ein. In diesem Fall kommt der Vorbereitung der Prüfung, wie oben beschrieben, eine besonders wichtige Bedeutung zu.

Die Zusammenstellung und Größe des Due-Diligence-Teams richtet sich nach dem in der Vorbereitungsphase festgelegten Umfang, den festgelegten Schwerpunkten und der Tiefe der Prüfung. Dem Team sind neben der eindeutigen Definition von Verantwortlichkeiten und Aufgabenbereichen klare Richtlinien hinsichtlich der Dokumentation und Kommunikation von Prüfungsfortschritten und Prüfungsproblemen zu erteilen[561].

Der Start der Due-Diligence-Prüfung vor Ort ist nach Erstellung der Due-Diligence-Checkliste, der Aufgabenverteilung und der Zusammenstellung des Teams ein besonders kritischer Moment im Due-Diligence-Prozess[562]. Häufig unterscheidet sich die vor Ort vorgefundene Situation von der Situation, die der Planung zugrunde gelegt wurde[563]. Das Due-Diligence-Team muss sich auf eine eventuell von der Soll-Situation abweichende Ist-Situation schnell einstellen können.

Zu Beginn der Prüfungsarbeiten sollte es zu einem sogenannten »Kick-off-Meeting« zwischen dem Due-Diligence-Team und Vertretern des Zielunternehmens sowie ggf. dessen externen Beratern kommen[564]. In diesem

558) Andreas in: Beisel, D./Andreas, F. (Hrsg.), a.a.O., S. 92

559) Andreas in: Beisel, D./Andreas, F. (Hrsg.), a.a.O., S. 92

560) Andreas in: Beisel, D./Andreas, F. (Hrsg.), a.a.O., S. 92

561) Andreas in: Beisel, D./Andreas, F. (Hrsg.), a.a.O., S. 93.

562) Andreas in: Beisel, D./Andreas, F. (Hrsg.), a.a.O., S. 93.

563) Andreas in: Beisel, D./Andreas, F. (Hrsg.), a.a.O., S. 96.

564) Andreas in: Beisel, D./Andreas, F. (Hrsg.), a.a.O., S. 97.

Gespräch sollten die Rahmenbedingungen der Prüfung und das vorhandene Datenmaterial besprochen werden[565].

Bei der konkreten Durchführung der Prüfung ist von dem Due-Diligence-Team darauf zu achten, die erstellte Checkliste nicht nur Punkt für Punkt stur abzuarbeiten, sondern aufgefundene Lücken, Risiken und Problembereiche einer detaillierten Prüfung zu unterziehen[566]. Prüfbereiche, die sich als unproblematisch herausstellen, sollten verkürzt werden, währenddessen Prüfbereiche, in denen sich größere Risiken herausstellen, einer detaillierten Überprüfung unterzogen werden sollten[567]. Dies bedingt eine kontinuierliche Anpassung der zeitlichen und inhaltlichen Vorgehensweise, deren Überwachung dem Teamleiter des Due-Diligence-Teams obliegt[568]. Die einzelnen Teammitglieder sollten im Verlauf der Prüfung regelmäßig an den Teamleiter berichten, damit dieser in Absprache mit den Teammitgliedern über eine Verkürzung oder Ausweitung der Prüfung von einzelnen Prüfbereichen entscheiden kann.

Die Ergebnisse der Due-Diligence-Prüfung sind in einem sogenannten Due-Diligence-Report festzuhalten. Dem Aufbau und der Schwerpunktsetzung des Due-Diligence-Reports kommt in der Analysephase eine entscheidende Bedeutung zu. Ziel des Due-Diligence-Reports darf es nicht sein, möglichst alle Informationen der Prüfung wiederzugeben. Es ist eine Gewichtung der Informationen vorzunehmen. Der Due-Diligence-Report sollte so aufgebaut sein, dass er als Entscheidungsgrundlage für die verantwortlichen Personen des Kaufinteressenten dient[569].

Es ist daher zu empfehlen, dem Due-Diligence-Report eine sogenannte »Executive Summary« voranzustellen, die alle wichtigen Feststellungen, Hinweise und Empfehlungen enthält und den verantwortlichen Personen des Kaufinteressenten die Möglichkeit gibt, einen Überblick über die zentralen Ergebnisse und Risiken der Prüfung zu erhalten[570]. Unmaßgebliche Ergebnisse der Prüfung sind kurz abzuhandeln[571]. Dadurch kann die notwendige Informationsverdichtung erreicht werden[572].

565) Andreas in: Beisel, D./Andreas, F. (Hrsg.), a.a.O., S. 96.

566) Andreas in: Beisel, D./Andreas, F. (Hrsg.), a.a.O., S. 97.

567) Andreas in: Beisel, D./Andreas, F. (Hrsg.), a.a.O., S. 97.

568) Andreas in: Beisel, D./Andreas, F. (Hrsg.), a.a.O., S. 97.

569) Andreas in: Beisel, D./Andreas, F. (Hrsg.), a.a.O., S. 102.

570) Andreas in: Beisel, D./Andreas, F. (Hrsg.), a.a.O., S. 103.

571) Andreas in: Beisel, D./Andreas, F. (Hrsg.), a.a.O., S. 103.

572) Andreas in: Beisel, D./Andreas, F. (Hrsg.), a.a.O., S. 103.

2.2.1.5 Durchführung einer Unternehmensbewertung

Die Bedeutung der Unternehmensbewertung für den Erfolg einer Unternehmenstransaktion

Eine zentrale Rolle im M&A-Prozess nimmt die Frage nach dem »richtigen« und für beide Parteien, Käufer und Verkäufer, »fairen« Kaufpreis ein.

Hinsichtlich der Bedeutung der Unternehmensbewertung für den Erfolg einer Unternehmenstransaktion ist zwischen dem klassischen Finanzinvestor und dem strategischen Investor zu unterscheiden.

Zwar sind beide Gruppen natürlich grundsätzlich daran interessiert, den möglichst niedrigsten Kaufpreis zu zahlen, allerdings müssen vor allem Finanzinvestoren bei der Bewertung von potenziellen Zielunternehmen darauf achten, dass der gezahlte Kaufpreis eine Erwirtschaftung der erhofften Rendite[573] des Investments im durchschnittlichen Beteiligungszeitraum von 3-5 Jahre zulässt. Zahlt der Finanzinvestor einen zu hohen Kaufpreis, kann er die von den Investoren des Fonds geforderte Rendite nur sehr schwer erzielen. Auch der strategische Investor ist im M&A-Prozess grundsätzlich bemüht, einen möglichst geringen Kaufpreis zu zahlen. Allerdings stehen beim strategischen Investor oftmals nicht nur kurzfristige Renditeerwartungen bei der Akquisition von Zielunternehmen im Vordergrund, sondern oftmals auch strategische Ziele sowie die Ausnutzung von geschäftsspezifischen Synergiepotenzialen. Deshalb ist ein strategischer Investor oftmals bereit, auf den errechneten Kaufpreis einen »strategischen« Aufschlag zu zahlen[574].

Im Gegensatz zum Käufer wird der Verkäufer versuchen, einen möglichst hohen Verkaufspreis zu erzielen, um damit an den Wertsteigerungs- und Synergiepotenzialen des Käufers zu partizipieren.

Durchführung einer professionellen Unternehmensbewertung

Dem »fairen« Kaufpreis kommt im M&A-Prozess eine entscheidende Bedeutung zu. Der Käufer sollte demnach vor der Abgabe eines verbindlichen Kaufangebots darauf achten, eine professionelle Unternehmensbewertung durchgeführt zu haben.

Klassische Finanzinvestoren verfügen über ein großes Know-how in Bewertungsfragen und ergänzen dies bei Bedarf, durch die Einschaltung von

573) Durch die nach 3-5 Jahren folgende Desinvestition (Exit) und durch Wertsteigerungsmaßnahmen im Beteiligungszeitraum.

574) Praxiserfahrungen zeigen, dass die Verkaufsseite ein großes Interesse daran hat, strategische Investoren als Käufer für das jeweilige Unternehmen zu finden, da »Strategen« erfahrungsgemäß einen höheren Kaufpreis zahlen als klassische Finanzinvestoren.

Investmentbanken oder großen Wirtschaftsprüfungsgesellschaften, die bei der Erstellung von Unternehmensbewertungen Hilfestellung geben. Zumeist aber verfügen die klassischen Finanzinvestoren über eigenes Know-how in Bewertungsfragen.

Auch größere strategische Investoren, die mehrere Transaktionen pro Jahr durchführen, verfügen zumeist über eigene M&A-Abteilungen, die über ein großes Know-how in Bewertungsfragen verfügen. Externe Berater werden von dem Topmanagement nur dann eingeschaltet, wenn es darum geht, die unternehmensintern erstellte Unternehmensbewertung »abzusichern« und sich damit einen »Safe Harbour« zu schaffen. Erfahrungen aus der Praxis zeigen, dass vor allem mittelständische Käufer auf eine professionelle Unternehmensbewertung aus Kostengründen verzichten und Kaufpreise »aus dem Bauch heraus« bilden. Dieser Gruppe ist dringend zu empfehlen, mithilfe von externen Beratern, eine professionelle Unternehmensbewertung bei Akquisitionen durchzuführen und damit eine profunde Wertfindung zu erzielen.

In Theorie und Praxis finden sich unzählige Bewertungsverfahrenund -methoden. Das »eine« optimale Bewertungsverfahren gibt es nicht. Den »wahren« Wert eines Unternehmens zu ermitteln, ist komplex und letztendlich immer subjektiv, da der Wert eines Unternehmens aus den Vorteilen resultiert, die sich aus dem Unternehmen ziehen lassen, und diese Vorteile in der Zukunft liegen und daher nicht exakt vorhergesagt bzw. berechnet werden können. Deshalb ist es vor allem für den Käufer äußerst wichtig, die Funktionsweise und die entsprechenden Vor- und Nachteile der einzelnen Verfahren zu verstehen, um die eigenen Interessen im Rahmen der Kaufpreisverhandlung in der Praxis umsetzen zu können.

Jede Transaktion ist unterschiedlich und erfordert den Einsatz von unterschiedlichen Bewertungsmethoden. Oftmals entscheiden auch die Kosten über den Einsatz von Unternehmensbewertungsmethoden[575)].

2.2.1.6 Durchführung einer professionellen Akquisitionsfinanzierung

Die Bedeutung der Akquisitionsfinanzierung für den Erfolg einer Unternehmenstransaktion

»Instead of receiving primary attention, financing is often left as a final detail in structuring an acquisition. Yet many business failures are attribu-

575) So ist z.B. eine Unternehmensbewertung nach dem Discounted-Cashflow-Verfahren deutlich teurer als eine Unternehmensbewertung anhand von Markt- oder Transaktionsmultiples.

table to inappropriate capitalization rather that operational problems"[576]. Die Aussage von Wojtowicz aus dem Jahr 1994 drückt sehr anschaulich die Bedeutung der Akquisitionsfinanzierung für den Erfolg von Unternehmenstransaktionen aus.

Die relativ geringe Bedeutung, die der Akquisitionsstruktur im Kaufprozess von Seiten der Theorie und Praxis entgegengebracht wird, steht in einem deutlichen Missverhältnis zu der Bedeutung der Akquisitionsstruktur als Erfolgsfaktor für M&A-Transaktionen[577]. Viele Insolvenzen von großen, aber auch mittelständischen Unternehmen aus der Industrie gehen auf eine verfehlte Einkaufspolitik zurück, die als Ursache eine zu stark auf Fremdmittelfinanzierung aufbauende Akquisitionsfinanzierung hatte[578].

Ursache für eine zu stark auf Fremdkapital aufbauende Fremdmittelfinanzierung ist oftmals ein zu hoher Kaufpreis für das Zielunternehmen. Der Kaufpreis ergibt sich aus der Ermittlung des objektiven und subjektiven Werts des Zielunternehmens. Der objektive Wert ist in der Praxis durch eine gründliche und umfassende Due-Diligence-Prüfung relativ klar und objektiv mit den gängigen Verfahren der modernen Unternehmensbewertung festzustellen[579]. Das Problem der Ermittlung des angemessenen Kaufpreises liegt in der Praxis sehr häufig jedoch beim subjektiven Wert, den der Käufer dem Zielunternehmen beimisst[580]. Der subjektive Wert eines Zielunternehmens aus Sicht eines Käufers hängt von unterschiedlichen Faktoren ab[581]. Diese Faktoren führen häufig dazu, dass der durch eine professionelle Unternehmensbewertung festgelegte Kaufpreis deutlich überschritten wird und damit auch mehr Fremdmittel zur Finanzierung der Transaktion und damit ein höheres Akquisitionsdarlehen benötigt werden, die auf Dauer nicht bedient werden können, was die Insolvenz des Käufers und des erworbenen Unternehmens zur Folge hat.

Neben einem zu hohen Kaufpreis tritt in der Praxis zumeist noch eine andere Fehlerquelle bei der Akquisition auf. Eine zu aggressive Finanzierungsstruktur, durch eine maximale Ausreizung der Fremdfinanzierung verursacht, kann nur dann aufrecht erhalten werden, solange die Gesamtkapitalrentabilität des erworbenen Unternehmens größer ist als die Fremd-

576) Wujtowicz, R.P.: »Structuring Acquisition Financing«, in: Ernst & Young (Hrsg.), Mergers & Acquisitions, Second Edition, New York, 1994, S. 81.

577) Mittendorfer, R.: »Praxishandbuch Akquisitionsfinanzierung – Erfolgsfaktoren fremdfinanzierter Unternehmensübernahmen«, Wiesbaden 2007, S. 17.

578) Mittendorfer, R. a.a.O., S. 18.

579) Mittendorfer, R., a.a.O., S. 18.

580) Mittendorfer, R., a.a.O., S. 18.

581) Mittendorfer, R., a.a.O., S. 18; Geschäftspolitische Ziele, wie z.B. Marktführerschaft, Schutz vor feindlichen Übernahmen, aber auch außerökonomischen Interessen des Managements wie z.B. Eigeninteressen des Managements (Ego), Prestige.

kapitalzinsen nach Steuern[582]. Das erworbene Unternehmen muss demnach bei einer aggressiven Fremdfinanzierungsstruktur über einen ausreichend freien Cashflow verfügen. Sehr häufig allerdings sind die Annahmen der Käufer hinsichtlich der zukünftigen freien Cashflows des erworbenen Unternehmens zu optimistisch[583].

Die latente Gefahr der Überbezahlung sollte nicht durch eine zu aggressive Finanzierungsstruktur erhöht werden, um nicht die aus der Überbezahlung entstehenden finanziellen Risiken noch zu potenzieren[584].

Die verschiedenen Arten der Akquisitionsfinanzierung

Grundsätzlich kann der Kaufpreis für eine Akquisition eines Zielunternehmens über drei unterschiedliche Quellen finanziert werden[585]:

- aus freier Liquidität des Käufers (Variante 1)
- durch neues Eigen- und/oder Fremdkapital des Käufers (Variante 2)
- über eine Erwerbergesellschaft (NewCo), die das zum Kauf aufgenommene Fremdkapital durch Zugriff auf die freien Cashflows des Zielunternehmens bedient (Variante 3)

In der finanzwirtschaftlichen Literatur wird der Begriff der Akquisitionsfinanzierung hauptsächlich für die Fremdfinanzierung einer Transaktion gebraucht[586]. Dies trifft auf die beschriebenen Varianten zwei und drei zu, da Variante eins eine Akquisition aus Eigenmitteln des Erwerbes finanziert[587]. Variante drei, die hoch fremdfinanzierte Transaktion mithilfe einer Erwerbergesellschaft, ist eine »Kauftechnik«, die in der Regel durch Finanzinvestoren angewandt wird. Man bezeichnet die dritte Variante auch als Leveraged Buy-out (LBO) oder als LBO-Finanzierung.

Erwerbe von Unternehmen durch strategische Investoren werden als Corporate Buy-outs (CBOs) bezeichnet. Die Akquisition eines Zielunternehmens wird von strategischen Investoren überwiegend aus freier Liquidität (Variante 1) oder mithilfe von neuem Eigen- oder Fremdkapital (Kapitalerhöhung bzw. klassisches Bankdarlehen) finanziert (Variante 2). Immer häufiger jedoch finanzieren strategische Investoren, wie auch der überwiegende Teil der Finanzinvestoren, ihre Akquisitionen in Form einer sogenannten LBO-Finanzierung.

582) Mittendorfer, R., a.a.O., S. 20.
583) Mittendorfer, R., a.a.O., S. 20.
584) Mittendorfer, R., a.a.O., S. 21.
585) Mittendorfer, R., a.a.O., S. 11.
586) Mittendorfer, R. a.a.O., S. 12.
587) Mittendorfer, R., a.a.O., S. 12.

Grundstruktur und Funktionsweise einer LBO-Finanzierung – Gemeinsamkeiten und Unterschiede der LBO–Finanzierung von Finanz- und strategischen Investoren

Die folgende Darstellung hinsichtlich der Grundstruktur und Funktionsweise einer LBO-Finanzierung ist sehr vereinfacht dargestellt, da der Umfang dieser Ausarbeitung es nicht zulässt, die vielfältigen steuerlichen und rechtlichen Fragestellungen einer LBO-Finanzierung umfassend zu erläutern.

Die klassische Grundstruktur einer LBO-Finanzierung illustriert die folgende Abbildung:

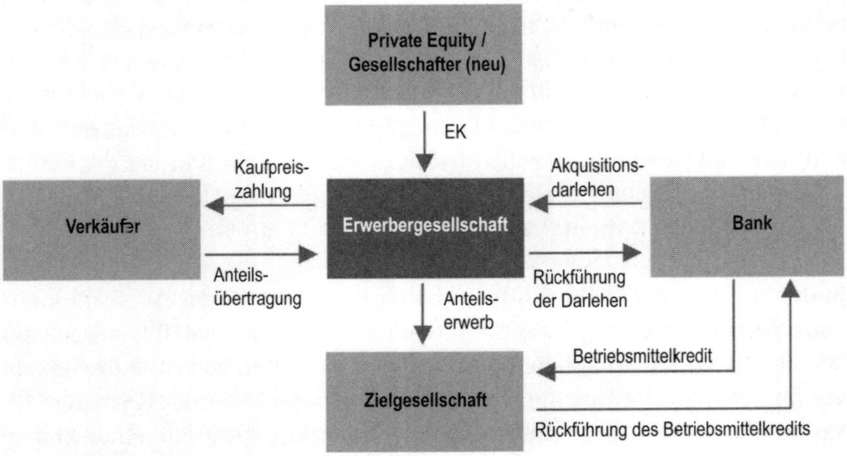

Abb. 13: Grundstruktur einer LBO-Finanzierung

Der Finanz- bzw. der strategische Investor gründet zum Zweck der Akquisition eines Zielunternehmens eine sogenannte Erwerbergesellschaft[588]. Diese Erwerbergesellschaft ist aus steuerlichen/rechtlichen Gesichtspunkten zumeist in der Rechtsform einer GmbH oder einer GmbH & Co. KG organisiert[589].

Die Erwerbergesellschaft wird von dem Investor mit Eigenkapital[590] ausgestattet. Die finanzierende Bank stellt die restliche Summe der Erwerbergesellschaft in Form eines Akquisitionsdarlehens zur Verfügung. Mit der Summe aus Eigenkapital des Investors sowie dem von der finanzierenden

588) Diese Erwerbergesellschaft wird häufig auch als sogenannte NewCo (New Company) oder auch als SPV (Special Purpose Vehicle) bezeichnet.

589) Mittendorfer, R. a.a.O., S. 87.

590) Finanzinvestoren finanzieren LBOs derzeit mit durchschnittlich 30-35 % Eigenkapital.

Bank zur Verfügung gestellten Fremdkapital erwirbt die Erwerbergesellschaft die Anteile (Share Deal) bzw. die Vermögensgegenstände (Asset Deal) an dem Zielunternehmen. Die Erwerbergesellschaft dient damit als reines Übernahmevehikel und hält nur die Beteiligung an dem Zielunternehmen, ohne operativ tätig zu sein. Die Rückführung der durch die finanzierende(n) Bank(en) zur Verfügung gestellten Akquisitionsdarlehen erfolgt aus dem erwirtschafteten freien Cashflow des Zielunternehmens. Schuldnerin ist dabei nicht das Zielunternehmen, sondern die Erwerbergesellschaft. Diese muss also sicherstellen, dass der von dem Zielunternehmen erwirtschaftete freie Cashflow auch von dem Zielunternehmen in die Erwerbergesellschaft »aufströmen« kann[591]. In der Literatur und Praxis haben sich sechs verschiedene Lösungsansätze etabliert, die der Erwerbergesellschaft den Zugriff auf die freien Cashflows des Zielunternehmens ermöglichen (Gewinnausschüttungen, aufströmende Darlehen, Beherrschungs- und Gewinnabführungsverträge, Verschmelzung zwischen der Erwerbergesellschaft und dem Zielunternehmen, Anwachsung des Zielunternehmens auf die Erwerbergesellschaft, Debt Push-down)[592].

Der Vorteil der dargestellten LBO-Struktur ist zum einen, dass der Investor seine Haftung auf das von ihm der Erwerbergesellschaft zur Verfügung gestellte Eigenkapital beschränken kann, da die Erwerbergesellschaft den Unternehmenskaufvertrag sowie den Kreditvertrag/die Kreditverträge mit der/den finanzierenden Bank(en) abschließt[593]. Zum anderen wird zumeist das Eigenkapital des Investors in Form eines Gesellschafterdarlehens der Erwerbergesellschaft zur Verfügung gestellt, um eine Abzugsfähigkeit der Zinsen auf das Gesellschafterdarlehen zu erreichen[594]. Neben der Haftungsreduzierung des Investors verfolgt die eben dargestellte Struktur das Ziel, die Kaufpreisfinanzierung sowohl für den Investor als auch für die finanzierende Bank steuerlich zu optimieren[595].

Neben der Haftungsbeschränkung auf das eingesetzte Eigenkapital sowie der steuerlichen Optimierung haben LBO-Finanzierungen vor allem das Ziel, für Wertsteigerungen beim Investor zu sorgen. Signifikante Wertsteigerungen einer LBO-Finanzierung stammen aus den folgenden drei Hauptquellen[596]:

591) Mittendorfer, R., a.a.O., S. 92.
592) Mittendorfer, R., a.a.O., S. 92f.
593) Mittendorfer, R. a.a.O., S. 88.
594) Mittendorfer, R., a.a.O., S. 88. Eine umfassende Darstellung hinsichtlich der steuerlichen Abzugsfähigkeit von Zinsen auf akquisitionsfähige Darlehen findet sich in Beckscher Bilanz-Kommentar, 5. Auflage, München 2003, § 247, Rz. 228.
595) Eine umfassende Darstellung der steuerlichen Gesichtspunkte einer NewCo-Struktur findet sich in: Prinz, U.: »Steuerorientierte Kaufpreisfinanzierung«, in: Schaumburg, H. (Hrsg.): Unternehmenskauf im Steuerrecht, 3. Aufl., Stuttgart 2004, S. 151ff.
596) Mittendorfer, R., a.a.O., S. 30ff.

- Wertsteigerung aufgrund des Leverageeffekts
- Wertsteigerung aufgrund verbesserten Ergebnisses bzw. freier Cashflow-Verbesserungen
- Wertsteigerung aufgrund verbesserter Kaufpreis-Multiple-Verbesserungen

Vor allem der Leverageeffekt bei LBO-Finanzierungen kann zu signifikanten Wertsteigerungen führen. Wie bei der Darstellung der Grundstruktur einer LBO-Finanzierung bereits beschrieben, erhält die Erwerbergesellschaft zur Finanzierung einer Akquisition von dem Investor Eigenkapitalmittel von derzeit ca. 30-35 %. Die restlichen 65-70 % des Kaufpreises werden mithilfe von Fremdkapital (Akquisitionsdarlehen) finanziert. Das Akqusisitionsdarlehen wird von der Erwerbergesellschaft mit dem Zugriff auf den freien Cashflow des Zielunternehmens finanziert. Eine Verbesserung der Eigenkapitalrendite lässt sich durch die Erhöhung des Verschuldungsgrades nur dann erreichen, wenn die Gesamtkapitalrentabilität des Zielunternehmens höher ist als die Fremdkapitalzinsen nach Steuern. Nur dann kann das Akquisitionsdarlehen aus den freien Cashflows des Zielunternehmens finanziert werden.

Wie funktioniert der Leverageeffekt? Eine Erhöhung der Eigenkapitalrendite des Investors ist dann zu erzielen, wenn Kapital zu möglichst niedrigen Kosten aufgenommen wird und in höher rentablen Anlagen (Unternehmen) investiert wird[597]. Solange das Zielunternehmen eine Gesamtkapitalrentabilität aufweisen kann, die höher ist als die Fremdkapitalzinsen nach Steuern, wirkt der Leverageeffekt positiv. Im umgekehrten Fall, also dann, wenn die Gesamtkapitalrentabilität des Zielunternehmens niedriger ist als die Fremdkapitalzinsen nach Steuern, wirkt der Leverageeffekt in die umgekehrte Richtung[598].

Der Leverageeffekt funktioniert nur, solange das Zielunternehmen über ausreichend freien Cashflow verfügt, um das Akquisitionsdarlehen bedienen zu können. Der Erhöhung des Cashflows kommt bei der LBO-Finanzierung also eine entscheidende Bedeutung zu.

Eine Wertsteigerung bei einem LBO kann auch durch eine Verkaufspreis-Multiple-Verbesserung erzielt werden[599]. Wie kann ein höherer Verkaufspreis-Multiple erzielt werden?

597) Mittendorfer, R., a.a.O., S. 30f.

598) Ein gutes Beispiel für den umgekehrten Effekt ist der Automobilzulieferer Kiekert, der vom Finanzinvestor Permira erworben wurde und die Zinslast nicht mehr durch den freien Cashflow bedienen konnte. Die Folge war, dass der Finanzinvestor die Erwerbergesellschaft mit Eigenmitteln »versorgte«, um diese in die Lage zu versetzen, das Akquisitionsdarlehen zu bedienen.

599) Mittendorfer, R., a.a.O., S. 33.

Es gibt unterschiedliche Ansätze, die zu einer Erhöhung des Verkaufspreis-Multiple führen können. Zum einen gibt es die »klassischen« Möglichkeiten, eine Ergebnisverbesserung beim Zielunternehmen zu erzielen. Dazu gehören beispielsweise die Erhöhung des Unternehmenswachstums, Produktivitäts- und Effizienzsteigerungen sowie eine verbesserte strategische Positionierung des Zielunternehmens.

Auch sogenannte Buy & Build-Strategien, die das Zielunternehmen mit gezielten Add-on-Akquisitionen stärken, können zu Wertsteigerungen führen, da in der Regel der Grundsatz gilt, je größer das Unternehmen, desto höher der Multiple[600)]. Ein höherer Multiple beim Verkauf des Zielunternehmens im Vergleich zum Multiple beim Kauf des Unternehmens führt demnach zu einer Wertsteigerung.

Auch bei Akquisitionen von strategischen Investoren (Corporate Buy-outs) sind einzelne Strukturelemente der klassischen LBO-Finanzierung bei einer Vielzahl von Corporate Buy-outs relevant.

Die Grundstruktur ist wie beim LBO von Finanzinvestoren identisch. Einzig allein der Investor ist kein Finanzinvestor, sondern ein strategischer Investor. Er stellt der Erwerbergesellschaft wie auch dem Finanzinvestor Eigenkapital zur Finanzierung eines Teils des Kaufpreises zur Verfügung.

Im Unterschied zu den Finanzinvestoren stammt das der Erwerbergesellschaft zur Verfügung gestellte Eigenkapital der strategischen Investoren zumeist aus neu aufgenommenem Eigen- oder Fremdkapital und nicht aus frei verfügbarem Eigenkapital[601)], wie beim Finanzinvestor[602)]. Die Erwerbergesellschaft nimmt auch beim CBO mit LBO-Finanzierung ein Akquisitionsdarlehen bei der finanzierenden Bank auf, das mit dem Zugriff auf die freien Cashflows des Zielunternehmens finanziert wird.

Wie beim LBO von Finanzinvestoren bestehen die Hauptvorteile einer solchen Struktur beim strategischen Investor vor allem in der Maximierung der Eigenkapitalrentabilität, der Haftungsbegrenzung auf das eingesetzte Eigenkapital der Erwerbergesellschaft sowie der Gestaltbarkeit der Bilanzkennzahlen[603)].

Der wesentliche Unterschied zwischen der LBO-Finanzierung eines Finanzinvestors zur LBO-Finanzierung eines strategischen Investors besteht in der finanziellen Belastung des Investors (also des kaufenden Unternehmens). Während der klassische Finanzinvestor das benötigte Eigenkapital für den Kauf aus den eingeworbenen Geldern des Fonds zieht, stammt das

600) Mittendorfer, R., a.a.O., S. 33.

601) Einige wenige strategische Investoren sind in der Lage, die erforderlichen Eigenmittel aus der freien Liquidität des Unternehmens zu finanzieren.

602) Mittendorfer, R., a.a.O., S. 38.

603) Mittendorfer, R., a.a.O., S. 38.

Eigenkapital des strategischen Investors im Idealfall aus frei verfügbarer Liquidität, sehr häufig aber aus neu aufgenommenem Eigen- oder Fremdkapital. Dies führt zu einer Verschlechterung der Bonität und damit möglicherweise des Ratings des strategischen Investors. Ferner könnten die aufgewandten Eigenmittel des strategischen Investors für Maßnahmen zur Wertsteigerung des Zielunternehmens (z.B. höhere Investitionen in Forschung und Entwicklung) verwandt werden.

Wertemanagement bei LBO-Finanzierungen

Käufer, seien es klassische Finanzinvestoren oder in steigender Anzahl auch strategische Investoren, »benutzen« die Kauftechnik einer LBO-Finanzierung als Akquisitionsfinanzierung, um Zielunternehmen zu erwerben.

Was sollten potenzielle Erwerber bei einer LBO-Transaktion beachten? Was sind die Erfolgsfaktoren für eine erfolgreiche LBO-Transaktion und welche Wertemanagementmaßnahmen sollten vom Erwerber durchgeführt werden?

Wertemanagement durch Erreichung von stabilen, vorhersehbaren Cashflows durch Verbesserung des Working-Capital-Managements im Zielunternehmen

Zielunternehmen, die vom Erwerber mit einem hohen Anteil an Fremdkapital finanziert wurden, müssen in der Lage sein, das dafür aufgenommene Akquisitionsdarlehen aus den freien Cashflows bedienen zu können. Ohne diese Grundvoraussetzung ist eine erfolgreiche LBO-Finanzierung nicht durchzuführen.

Es kommt bei der LBO-Finanzierung für den Erwerber also vor allem darauf an, Unternehmen als »Targets« zu identifizieren, die bereits über einen hohen freien Cashflow verfügen und diesen in der Zukunft noch steigern können. Ein äußerst effektives Mittel zur Erhöhung der Liquidität im Zielunternehmen ist die Verbesserung des Working-Capital-Managements im Unternehmen. Untersuchungen haben gezeigt, dass im Working Capital von Unternehmen hohe finanzielle Reserven stecken, die in der Regel gebunden sind und von den Unternehmen durch ein nachhaltiges Working-Capital-Management gehoben werden können[604].

Working-Capital-Management setzt sich mit der Verbesserung des Working Capital im Unternehmen auseinander[605]. Ziel eines effektiven Wor-

604) Finance Magazin: »Enormes Potential – In manchen Unternehmen ist zu viel Working Capital gebunden«, Ausgabe Februar 2008, S. 26f.

605) Working Capital ist eine Bilanzkennzahl und dient der Liquiditätsanalyse im Unternehmen. Die Kennzahl Working Capital beschreibt die Differenz zwischen dem Umlaufvermögen und den kurzfristigen Verbindlichkeiten.

king-Capital-Managements im Unternehmen ist es, die Forderungen, Verbindlichkeiten und Vorräte im Unternehmen im Gleichgewicht zu halten und damit eine Optimierung des Working Capital zu erreichen. Eine Optimierung des Working-Capital-Management im Unternehmen führt beispielsweise zu einer Verbesserung der Liquidität, zu einer Erhöhung der Eigenkapitalquote, zu einer Erhöhung des Unternehmenswerts, zu einer Verbesserung der Bonität und damit des Ratings des Unternehmens, sowie zu einer verbesserten Innenfinanzierung. Die Folgen eines zu hohen Working Capitals im Unternehmen können z.B. ein hoher Bestand an Forderungen und Vorräten, eine sehr hohe, oftmals dauerhafte Kapitalbindung im Unternehmen, schlechte Liquidität/Bonität und ein damit einhergehendes schlechtes Rating sein. Die Folgen eines zu niedrigen Working Capital im Unternehmen sind z.B. eine zu geringe Kreditlinie, ein zu geringer Bestand an Vorräten und damit eine Gefährdung von Umsatz- und Produktionspotenzialen sowie eine Verringerung der Eigenkapitalquote.

Wie sind das Working Capital und infolgedessen der freie Cashflow im Unternehmen zu optimieren?

Um das Working Capital im Zielunternehmen zu verringern und damit freie Liquidität freizusetzen, gibt es drei verschiedene Hebel, die zu einer Erhöhung der freien Cashflows im Unternehmen führen:

1. Forderungsmanagement

In einem ersten Schritt ist von Seiten des Erwerbers beim Zielunternehmen eine Reduzierung des Forderungsbestandes zu erreichen[606]. Dies kann hauptsächlich zum einen durch eine Verkürzung von Zahlungszielen, der Gewährung von Rabatten bei der Einhaltung von Zahlungszielen, durch eine Verbesserung des Mahnwesens, durch schnellere und fehlerfreie Rechnungsstellung, der Definition von Kreditlimits für die Kunden, sowie der Bonitätsprüfung von Kunden erreicht werden. Auch eine Erhöhung des Anteils von Barverkäufen, falls möglich, kann zu einer Verringerung des Forderungsbestandes beitragen. Weitere Mittel zur Reduzierung des Forderungsbestandes sind die Einführung von Factoring oder auch Asset Backed Securities im Zielunternehmen.

2. Vorratsmanagement

Bei produzierenden Zielunternehmen mit hohen Vorratsbeständen kommt dem Vorratsmanagement eine große Bedeutung bei der Optimierung des

606) Finance Magazin: »Enormes Potential – In manchen Unternehmen ist zu viel Working Capital gebunden », Ausgabe Februar 2008, S. 26.

Working Capital zu. Um eine Reduzierung des Vorrates zu erreichen, sind Maßnahmen wie z.B. die Einführung von funktionalen Produktions- und Absatzplanungen, falls noch nicht vorhanden, die Einführung von regelmäßigen Bestandsanalysen, Bestellmengenoptimierungen, Just-in-time-Lieferungen durchzuführen.

3. Verbindlichkeitsmanagement

Neben der Reduzierung von Forderungen aus Lieferungen und Leistungen und der Reduzierung der Vorratsbestände muss eine Ausweitung der Verbindlichkeiten aus Lieferungen und Leistungen betrieben werden, um den freien Cashflow im Zielunternehmen zu erhöhen. Wie ist eine solche Ausweitung der Verbindlichkeiten zu erreichen?

Es sind zum einen die Zahlungsvereinbarungen mit den Hauptlieferanten des Zielunternehmens zu untersuchen und anzupassen. Darunter ist beispielsweise die Verlängerung der Zahlungsfrist oder eine Verschiebung der Zahlungsfrist zu verstehen. Ferner sollte versucht werden, von den Hauptlieferanten günstigere Konditionen zu bekommen. Sind diese Maßnahmen nicht umzusetzen, kann eine Substituierung der Hauptlieferanten Sinn machen, um günstigere Konditionen zu erreichen. Auch die Standardisierung der Einkaufsprozesse sollte genau analysiert und bei Bedarf umgestellt werden, um so den Arbeitsaufwand zu verringern und die Transparenz des Einkaufsprozesses im Unternehmen zu erhöhen.

Forderungs-, Vorrats- und Verbindlichkeitsmanagement sind die drei elementaren Bausteine eines Working-Capital-Managements zur Optimierung des Working Capital im Unternehmen. Eine nachhaltige Verbesserung des Working Capital wird sich allerdings nur dann einstellen, wenn das Working-Capital-Management nachhaltig betrieben wird und eine regelmäßige Überprüfung der Maßnahmen stattfindet. Dies kann durch ein strenges Reportingsystem, das eine wöchentliche/monatliche Berichterstattung des Managements an die Gesellschafter vorsieht, erreicht werden[607]. Dieses wöchentliche/monatliche Reporting sollte durch eine teilweise Verknüpfung der Bonuszahlungen an das Management mit der Erreichung von Zielvorgaben zur Optimierung des Working Capital[608] ergänzt werden.

607) Finance Magazin: »Umgekrempelt – Kommt Private Equity, ändert sich die Working-Capital Orientierung«,,Ausgabe Februar 2008, S. 25.

608) Finance Magazin, Umgekrempelt – Kommt Private Equity, ändert sich die Working-Capital Orientierung -, Ausgabe Februar 2008, S. 25.

Wertemanagement: Identifizierung von LBO-fähigen Unternehmen
Wie bereits unter dem vorherigen Gliederungspunkt erwähnt, kommt der Identifizierung von LBO-fähigen Unternehmen eine entscheidende Bedeutung zu.

Unter dem Überbegriff der LBO-Fähigkeit lassen sich mehrere Kriterien subsumieren[609]. Die Erfolgswahrscheinlichkeit von LBOs ist aufgrund des hohen Anteils von Fremdmitteln an der Finanzierung grundsätzlich mit einem hohen finanziellen Risiko verbunden[610]. Der Erwerber muss also darauf achten, dass diesem hohen finanziellen Risiko ein entsprechend niedriges operatives Risiko gegenübersteht[611]. Dies kann er damit sicherstellen, indem er nur Zielunternehmen mit einem geringen operativen Risiko identifiziert und erwirbt. Welche Anforderungen werden an LBO-fähige Zielunternehmen gestellt[612]?

Das Zielunternehmen sollte, wie unter dem vorangegangenen Gliederungspunkt bereits beschrieben, über historisch konstante, hohe Cashflows verfügen, um die durch den hohen Fremdkapitaleinsatz entstehenden Fremdkapitalzinsen und Tilgungen zahlen zu können. Um das operative Risiko nach einer Übernahme minimieren zu können, sollte es sich bei dem Zielunternehmen um ein Unternehmen handeln, das eine führende Marktposition nebst Markennamen innehat und gegenüber seinen Wettbewerbern auf dem Markt eine herausragende Stellung einnimmt[613]. Zudem sollte es sich bei dem Unternehmen um ein sogenanntes »durchfinanziertes« Unternehmen handeln. Dies bedeutet, das Unternehmen sollte nach einer Übernahme auf absehbare Zeit keine bedeutsamen Neuinvestitionen mehr vornehmen müssen[614]. Ferner ist von Bedeutung, dass bei dem Zielunternehmen eine detaillierte und vollständige Planung verfügbar ist, um den zukünftigen Cashflow detailliert planen zu können. Im Zusammenhang mit der möglichst genauen Planung der zukünftigen Cashflows ist es für den Erwerber von entscheidender Bedeutung, dass das Zielunternehmen über ein gut entwickeltes Reportingsystem verfügt, um etwaige Risiken für den Cashflow frühzeitig identifizierten und Gegenmaßnahmen einleiten zu können. Die beste Cashflow-Planung im Zielunternehmen nutzt nichts, wenn Risiken für den zukünftigen Cashflow nicht frühzeitig den Entscheidungsträgern im Zielunternehmen kommuniziert werden können.

Neben den bereits genannten Eigenschaften sollte bei einem Erwerb von Finanzinvestoren das potenzielle Unternehmen über Wertsteigerungs- und

609) Mittendorfer, R., a.a.O., S.67-70.
610) Mittendorfer, R., a.a.O., S.67.
611) Mittendorfer, R., a.a.O., S.67.
612) Die folgende Aufzählung ist nicht abschließend.
613) Mittendorfer, R., a.a.O., S.68.
614) Mittendorfer, R., a.a.O., S.68.

Exit-Potenzial verfügen[615]. Nur durch einen guten Geschäftsverlauf während des Investitionszeitraumes sowie einen erfolgreichen Verkauf kann der Finanzinvestor eine hohe Rendite auf das eingesetzte Kapital erzielen[616]. Ein hohes Exit-Potenzial hat ein Unternehmen dann, wenn es für eine Vielzahl von potenziellen Käufern (strategischen Investoren, Finanzinvestoren) interessant ist und ggf. die Möglichkeit eines Exits über einen Börsengang (IPO) besteht[617].

Bei der Suche nach einem »Target«, das möglichst viele der eben beschriebenen Kriterien erfüllt, kommt auch der Analyse des Marktes, in dem sich das Unternehmen bewegt, eine wichtige Rolle zu und sollte bei der Identifizierung von potenziellen Zielunternehmen aus Erwerbersicht nicht vernachlässigt werden. Das potenzielle »Target« sollte idealtypisch in einem stabilen, ausgereiften Markt tätig sein, in dem sich nur sehr wenige Mitbewerber befinden, in dem die Eintrittsbarrieren hoch sind und es keine bzw. nur geringe Abhängigkeiten auf der Kunden- oder Lieferantenseite gibt[618].

Wertemanagement: Etablierung eines erfahrenen, kompetenten Managements

Neben der Identifizierung von LBO-fähigen Unternehmen kommt es für den Erfolg einer solchen Transaktion insbesondere darauf an, ein erfahrenes, kompetentes und motiviertes Management für das übernommene Unternehmen zu finden oder ein bereits gut funktionierendes Management auf die neuen Anforderungen nach einer LBO-Transaktion vorzubereiten[619].

Ist bereits ein gut funktionierendes Management im übernommenen Unternehmen vorhanden, besteht die Aufgabe des Erwerbers darin, dieses Management auf die geänderten Anforderungen vorzubereiten. Das Management wird sich sehr stark mit Unternehmenswertsteigerungsmaßnahmen sowie einer strikten Ausrichtung des Unternehmens auf die Steigerung des Cashflows beschäftigen müssen[620]. Das übernommene Unternehmen wird zunehmend nach Cashflow und EBIT- bzw. EBITDA-Kennzahlen vom Management gesteuert werden[621]. Diese »neue« Art der Unternehmensführung stößt in den ersten Monaten nach der Übernahme häufig auf Widerstände in der Belegschaft des übernommenen Unterneh-

615) Mittendorfer, R., a.a.O., S.69.
616) Mittendorfer, R., a.a.O., S.69.
617) Mittendorfer, R., a.a.O., S.69.
618) Mittendorfer, R., a.a.O., S.68.
619) Mittendorfer, R., a.a.O., S.69.
620) Finance Magazin: »Umgekrempelt – Kommt Private Equity, ändert sich die Working-Capital Orientierung«, Ausgabe Februar 2008, S. 25.
621) Finance Magazin, Umgekrempelt – Kommt Private Equity, ändert sich die Working-Capital Orientierung -, Ausgabe Februar 2008, S. 25.

mens und erfordert auf Seiten des Managements eine gewisse Qualität in der Umsetzung der erforderlichen Maßnahmen.

Sieht der Erwerber eine Notwendigkeit zum Wechsel des Managements, sollte er in Zusammenarbeit mit einem auf die Branche spezialisierten Personalberater ein neues Management zusammenstellen, um den Erfolg der Transaktion nicht zu gefährden. Ohne ein funktionierendes Management wird es für den Investor sehr schwierig werden, seine Renditeziele zu erreichen.

Wertemanagement durch eine professionelle Gestaltung der/des Kaufvertragsverhandlungen/Unternehmenskaufvertrags

Die Verhandlung und konkrete Ausgestaltung des Unternehmenskaufvertrags ist das letzte der sechs wesentlichen Elemente, die zur Strukturierung des Transaktionsprozesses beitragen. Nur wenn der Käufer diese sechs wesentlichen Elemente in einem Transaktionsprozess »beherrscht« und professionell plant und durchführt, kann eine Transaktion aus Sicht des Käufers erfolgreich gestaltet werden. Diese sechs Elemente sind damit wesentliche Instrumente eines nachhaltigen Wertemanagements in der Planungs- und Durchführungsphase einer Transaktion (Vortransaktionsphase).

Auf was ist bei der konkreten Ausgestaltung des Unternehmenskaufvertrages zu achten und was sind die speziellen Gefahrenquellen, denen man von Seiten des Käuferunternehmens bei der Gestaltung des Unternehmenskaufvertrags besondere Aufmerksamkeit widmen sollte?

Dem Käuferunternehmen ist im Rahmen der Kaufvertragsverhandlungen und der konkreten Ausgestaltung des Unternehmenskaufvertrags zu empfehlen, spezialisierte M&A-Anwälte heranzuziehen. Diese sollten bereits von Käuferseite aus von Anfang an (Verhandlung und Gestaltung des LOI, Durchführung der Due-Diligence-Prüfungen) in den Transaktionsprozess miteinbezogen werden. Vor allem mittelständische Unternehmen, die zumeist über keine eigene M&A-Abteilung oder über M&A spezialisierte Rechtsanwälte in den Rechtsabteilungen verfügen, sollten externe M&A-Anwälte für die rechtliche Planung, Strukturierung und Durchführung der beabsichtigten Transaktion beauftragen.

Bei der Gestaltung von Unternehmenskaufverträgen stehen vor allem die Informationen und Ergebnisse der Due-Diligence-Prüfung sowie die Unternehmensbewertung im Vordergrund. Sie bilden die Grundlage für den noch zu verhandelnden Unternehmenskaufvertrag zwischen dem Kaufinteressenten und dem Zielunternehmen.

Was sind die wesentlichen Vertragsinhalte, aus denen ein umfassender Unternehmenskaufvertrag besteht?

Rubrum: Bezeichnung der Vertragsparteien und der Vertragsbeteiligten
Die Bezeichnung der Vertragsparteien und der -beteiligten gehört zu den essentialia negotii eines zweiseitig verpflichtenden Vertrags.

Die Vertragsparteien und Vertragsbeteiligten sind exakt und vollständig zu bezeichnen. Es ist zur Übersichtlichkeit und zum einfacheren Lesen des Vertrags anzuraten, jeder Vertragspartei eine prägnante Kurzbezeichnung zu geben, die konsequent im Vertrag und dessen Anlagen für die Bezeichnung der jeweiligen Vertragspartei benutzt wird[622)].

Präambel:
Nach der genauen Bezeichnung der einzelnen Vertragsparteien empfiehlt es sich, eine Präambel für den Vertrag zu formulieren. Bis heute wird in der Praxis die Bedeutung einer Präambel für den Unternehmenskaufvertrag unterschätzt[623)]. Besonders bei einer späteren Auslegung des Vertrags kann der Präambel eine entscheidende Rolle zukommen[624)]. Die Präambel sollte kurz und präzise den vorangegangenen Verhandlungs- und Transaktionsprozess und die Begleitumstände der Transaktion wiedergeben[625)]. Von einer zu umfangreichen Formulierung der Präambel ist abzuraten, da dadurch Widersprüche, Überschneidungen oder sich sogar Bindungen zum Vertrag ergeben könnten, die von den Vertragsparteien nicht gewollt sind[626)].

Kaufgegenstand/Transaktionsgegenstand und darauf bezogene Garantien:
Auch die exakte Definition des Kaufgegenstands gehört zu den essentialia negotii eines Unternehmenskaufvertrags.

Die konkrete Ausgestaltung eines Unternehmenskaufvertrags ist insbesondere von der Form des Unternehmenskaufs, also der Frage, ob das Zielunternehmen im Wege eines Asset Deals oder in Form eines Share Deals erworben werden soll, von entscheidender Bedeutung. Es geht also um die exakte Festlegung des Transaktionsgegenstands (Shares oder Assets).

Bei einem Unternehmenskauf ist generell zwischen dem teilweisen oder dem kompletten Kauf oder Verkauf von Gesellschafts- oder Geschäftsanteilen, Aktien an einem Unternehmen (Share Deal) und des teilweisen oder kompletten Kaufs oder Verkaufs von Einzelwirtschaftsgütern, einzelnen Ver-

622) Lips/Stratz/Rudo in: Hettler, St./Stratz, R.-Chr./Hörtnagl, R.: »Unternehmenskauf«, München 2004, S. 289.

623) Siehe hierzu Knöpfel, O.: »Die Präambel des Unternehmenskaufvertrags«, in: Juristische Arbeitsblätter 2002, S. 810; Pilger, G.: »Präambel im Unternehmenskaufvertrag – ein unterschätztes Gestaltungsmittel«, in: Betriebs-Berater 2000, 368ff.

624) Lips/Stratz/Rudo in: Hettler, St./Stratz, R.-Chr./Hörtnagl, R., a.a.O., S. 293.

625) Lips/Stratz/Rudo in: Hettler, St./Stratz, R.-Chr./Hörtnagl, R., a.a.O., S. 294.

626) Lips/Stratz/Rudo in: Hettler, St./Stratz, R.-Chr./Hörtnagl, R., a.a.O., S. 294.

tragsbeziehungen, Verbindlichkeiten durch das Unternehmen selber (Asset Deal) zu unterscheiden[627].

Beim Share Deal besteht der Kaufgegenstand aus der Beteiligung des Verkäufers an der Gesellschaft und allen damit untrennbar verbundenen Rechten und Pflichten[628]. Neben diesen untrennbar mit der Beteiligung des Verkäufers an der Gesellschaft verbundenen Rechten und Pflichten bestehen je nach Rechtsform unterschiedliche Rechte und Pflichten, die bei der Übertragung von Gesellschaftsanteilen/Geschäftsanteilen oder Aktien nicht automatisch übergehen[629]. Die Übertragung/Nichtübertragung dieser Rechte und Pflichten ist im Vertrag präzise zu regeln[630].

Auf den Transaktionsgegenstand bezogene Garantien vom Verkäufer sind nur in den wenigsten Fällen entbehrlich[631]. Es ist von Käufer- wie auch von Verkäuferseite darauf zu achten, mögliche, auf den Transaktionsgegenstand bezogene Garantien im Unternehmenskaufvertrag sorgfältig zu durchdenken[632]. Vor allem die Käuferseite sollte bei Garantien des Verkäufers hinsichtlich früherer Jahresabschlüsse, Finanzzahlen des Transaktionsobjekts vorsichtig sein, da jeder Bilanzierung Ermessensspielräume bei Ansatz und Bewertung zugrunde liegen[633].

Für das Käuferunternehmen ist es von Bedeutung, Garantien von Seiten des Verkäufers hinsichtlich der wirksamen Gründung und des wirksamen Bestehens der Zielgesellschaft zu erhalten[634]. Ferner sollte der Verkäufer im Unternehmenskaufvertrag auch dafür garantieren, dass die Zielgesellschaft weder überschuldet noch zahlungsunfähig ist oder der Eintritt eines Insolvenzgrundes droht[635]. Je nach Einzelfall kann es sinnvoll sein, weitere auf den Kaufgegenstand beim Share Deal bezogene Garantien vom Verkäufer in den Unternehmenskaufvertrag aufzunehmen (Garantien zu Gesellschafterbeschlüssen, Konzernbindungs-, Organschafts- und Stimmbindungsverträgen, Garantien zu Gesellschaftsanteilen/Geschäftsanteilen/Aktien)[636].

Kaufgegenstand/Transaktionsgegenstand beim Asset Deal ist der teilweise oder komplette Erwerb von Wirtschaftsgütern (beweglich, unbeweglich), Vertragsbeziehungen, Verbindlichkeiten des Zielunternehmens.

627) Klöpper in: Hauschka, Ch. E., a.a.O., S. 587; Picot, G. (Hrsg.), a.a.O., S. 139.

628) Lips/Stratz/Rudo in: Hettler, St./Stratz, R.-Chr./Hörtnagl, R.: a.a.O., S. 294.

629) Lips/Stratz/Rudo in Hettler, St./Stratz, R.-Chr./Hörtnagl, R.: a.a.O., S. 294.

630) Lips/Stratz/Rudo in: Hettler/Stratz/Hörtnagl, a.a.O., S. 294.

631) Klöpper in: Hauschka, Ch. E., a.a.O., S. 591.

632) Klöpper in: Hauschka, Ch. E., a.a.O., S. 591.

633) Klöpper in: Hauschka, Ch. E., a.a.O., S. 591.

634) Lips/Stratz/Rudo in: Hettler, St./Stratz, R.-Chr./Hörtnagl, R.: a.a.O., S. 301.

635) Lips/Stratz/Rudo in: Hettler, St./Stratz, R.-Chr./Hörtnagl, R.: a.a.O., S. 294.

636) Siehe hierzu Lips/Stratz/Rudo in: Hettler, St./Stratz, R.-Chr./Hörtnagl, R., a.a.O., S. 294ff.

Beim Asset Deal spielt der sogenannte Bestimmtheitsgrundsatz eine wichtige Rolle. Daran bemisst sich nämlich, welche einzelnen Wirtschaftsgüter und Verbindlichkeiten durch den Unternehmenskauf auf den Käufer übertragen werden[637]. Der Asset Deal ist eine Form des Unternehmenskaufs, der die operative betriebliche Ebene des Zielunternehmens betrifft[638]. Es kommt beim Asset Deal für den Käufer demnach darauf an, die zu erwerbenden Wirtschaftsgüter, Vertragsbeziehungen, Verbindlichkeiten exakt und individualisiert im Unternehmenskaufvertrag zu beschreiben, um dem im deutschen Recht geltenden Bestimmtheitsgrundsatz zu genügen und damit eine Unwirksamkeit der Übertragung der Vermögensgegenstände, Vertragsbeziehungen zu verhindern[639]. Daher sollte möglichst schon während der Due-Diligence-Prüfung eine exakte Aufstellung der zu erwerbenden Assets (Vermögensgegenstände, Rechte und Vertragsbeziehungen, Verbindlichkeiten, Rückstellungen) erarbeitet werden und in Aufstellungen und Listen dokumentiert werden, die später dem Unternehmenskauf als Anlage beigefügt werden[640]. Es ist also unter Umständen notwendig (je nachdem, ob man einen Teil- oder Kompletterwerb der Assets der Zielgesellschaft anstrebt), exakte Forderungsaufstellungen mit den Kontonummern aller Kunden der Zielgesellschaft anzufertigen und das vollständige Umlaufvermögen zu dokumentieren[641]. Auch bei den Verbindlichkeiten sollte jede einzelne Position geprüft und dokumentiert werden[642].

Diese Aufstellung und Dokumentation kann je nach Größe und Internationalisierung der Zielgesellschaft äußerst zeit- und arbeitsintensiv sein[643]. Ein Rückgriff auf die dem letzten Jahresabschluss zugrunde liegenden Inventarlisten zur Arbeitsvereinfachung ist nicht zu empfehlen, da viele bewegliche und unbewegliche Gegenstände der Zielgesellschaft bereits abgeschrieben sein könnten und damit nicht mehr in den Inventarlisten erfasst sind[644].

Wie beim Share Deal sollte der Käufer auch beim Asset Deal auf den Kaufgegenstand bezogene Garantien, wie beispielsweise die Garantie, dass der Verkäufer Eigentümer der zu übertragenden Vermögensgegenstände ist und eine unbeschränkte Verfügungsbefugnis über diese Vermögensgegenstände hat, vom Verkäufer fordern und in den Unternehmenskaufvertrag mit auf-

637) Picot, G. (Hrsg.), a.a.O., S. 141.

638) Klöpper in: Hauschka, Ch. E., a.a.O., S. 587.

639) Klöpper in: Hauschka, Ch. E., a.a.O., S. 587.

640) Klöpper in: Hauschka, Ch. E., a.a.O., S. 588.

641) Klöpper in: Hauschka, Ch. E., a.a.O., S. 588.

642) Klöpper in: Hauschka, Ch. E., a.a.O., S. 588.

643) Klöpper in: Hauschka, Ch. E., a.a.O., S. 588.

644) Klöpper in: Hauschka, Ch E., a.a.O., S. 588.

nehmen. Wie auch beim Share Deal, kann es je nach Einzelfall sinnvoll sein, weitere auf den Kaufgegenstand beim Asset Deal bezogene Garantien vom Verkäufer in den Unternehmenskaufvertrag aufzunehmen[645)].

In aller Regel werden nicht nur genau bezeichnete Vermögensgegenstände, Rechte, Verbindlichkeiten und Rückstellungen übertragen, sondern auch Vertragsbeziehungen zu Kunden und Lieferanten sowie zu sonstigen Vertragspartnern. Oftmals sind sich potenzielle Käufer nicht darüber im Klaren, dass bei einem Share Deal Vertragsbeziehungen der Zielgesellschaft mit sogenannten Change-of-Control-Klauseln nicht automatisch auf den neuen Erwerber übergehen. Verträge, die Change-of-Control-Klauseln beinhalten, können von der anderen Vertragspartei aus wichtigem Grund gekündigt werden. Ein wichtiger Grund bei Change-of-Control-Klauseln liegt regelmäßig in einem Wechsel der unternehmerischen Führung[646)]. So kann es vorkommen, dass nach der Durchführung der Transaktion die wichtigsten Kunden oder Lieferanten »abspringen« und sich dies wirtschaftlich negativ beim Erwerber auswirkt.

Sowohl beim Asset wie auch Share Deal muss von Seiten des Käufers darauf geachtet werden, das Working Capital zum Zeitpunkt der Übertragung des Transaktionsobjekts auf den Käufer eindeutig und präzise festzulegen, da der Begriff Working Capital nicht eindeutig definiert und für jede Transaktion neu festzulegen und zu definieren ist[647)].

Kaufpreis:
Zu den essentialia negotii eines Unternehmenskaufvertrags gehört auch die Festlegung des Kaufpreises. Der Kaufpreis ergibt sich zu einem großen Teil aus den Informationen/Ergebnissen der vorangegangenen Due-Diligence-Prüfung, die zur Unternehmensbewertung herangezogen werden. Auf Grundlage des Ergebnisses der Unternehmensbewertung verhandeln Käufer und Verkäufer den Kaufpreis für die Zielgesellschaft. Der zwischen Käufer und Verkäufer in den Verhandlungen verhandelte Kaufpreis ist allerdings in der Praxis oftmals nicht der endgültige Kaufpreis. Häufig besteht der Kaufpreis, der für das Zielunternehmen gezahlt wird, aus einem festen Kaufpreisanteil, der zum Zeitpunkt des Closing bezahlt wird und aus einem variablen Kaufpreisanteil, der von der Erreichung von im Unternehmenskaufvertrag festgelegten Unternehmensergebnissen der Zielgesellschaft abhängt und damit aufschiebend bedingt ist[648)]. Der variable Kaufpreisanteil

645) Lips/Stratz/Rudo in: Hettler, St./Stratz, R.-Chr./Hörtnagl, R.: a.a.O., S. 311-317.

646) Klöpper in: Hauschka, Ch. E., a.a.O., S. 589.

647) Klöpper in: Hauschka, Ch. E., a.a.O., S. 589.

648) Klöpper in: Hauschka, Ch. E., a.a.O., S. 591.

wird in der Praxis häufig von dem Erreichen bestimmter Umsatz- oder Ergebnisziele abhängig gemacht[649]. Um nach einer Transaktion Streitigkeiten hinsichtlich des noch zu zahlenden variablen Kaufpreisanteils zu vermeiden, sind die in den Unternehmenskaufvertrag aufzunehmenden zukünftigen Umsatz- und Ergebnisziele so exakt zu definieren, dass die Erreichung bzw. Nichterreichung dieser Ziele von Käufer und Verkäufer objektiv überprüft werden kann[650]. Um die Erreichung der festgeschriebenen Ziele überprüfen zu können, sollte in den Unternehmenskaufvertrag klar festgelegt werden, in welchen Zeitabständen die Überprüfung stattzufinden hat und wer[651] die Überprüfung vornehmen darf[652].

Neben den essentialia negotii (Vertragsparteien, Kaufgegenstand und Kaufpreis) gibt es weiteren Regelungsbedarf beim Unternehmenskaufvertrag, der in der folgenden Aufzählung aufgrund des beschränkten Umfangs dieser Ausarbeitung nur stichwortartig und nicht abschließend aufgeführt werden kann:

- Formerfordernisse (grundsätzlich beim Unternehmenskauf, §§ 126 ff. BGB; aber bei beurkundungspflichtigen Elementen im Vertrag unterliegt der gesamte Unternehmenskaufvertrag diesem Formerfordernis, § 139 BGB)[653];
- Zustimmungserfordernisse und Verfügungsbeschränkungen (beispielsweise gesellschaftsrechtliche, öffentlich-rechtliche, Familien- und vormundschaftsrechtliche, erbrechtliche, sachenrechtliche und schuldrechtliche Beschränkungen sowie sonstige Verfügungs- und Veräußerungsverbote)[654];
- Mitwirkungspflichten des Veräußerers in der Überbrückungszeit zwischen Signing und Closing (Stichwort »material adverse changes« und den damit verbundenen Mac-Klausel);
- Zusicherungen und Garantien sowie Rechtsfolgen bei deren Nichteinhaltung[655];
- Wettbewerbsverbote für den Veräußerer (von dem Wettbewerbsverbot erfasste Personen, sachlicher Umfang des Wettbewerbsverbots, Dauer und räumlicher Geltungsbereich, eventuell Vergütung des Wettbewerbsver-

649) Klöpper in: Hauschka, Ch. E., a.a.O., S. 591.

650) Klöpper in: Hauschka, Ch. E., a.a.O.,, S. 591.

651) Zumeist werden externe Dritte (Anwälte, Wirtschaftsprüfer als Schiedsgutachter) mit der Überprüfung der Zielerreichung betraut.

652) Klöpper in: Hauschka, Ch. E., a.a.O. , S. 591.

653) Lips/Stratz/Rudo in: Hettler, St./Stratz, R.-Chr./Hörtnagl, R.: a.a.O., S. 318.

654) Lips/Stratz/Rudo in: Hettler, St./Stratz, R.-Chr./Hörtnagl, R.: a.a.O., S. 324-244.

655) Jäger, A., a.a.O., § 35, S. 990.

bots durch den Käufer, Vertragsstrafe/Schadensersatz/Rücktrittsrecht für den Käufer bei Nichteinhaltung des Wettbewerbsverbots durch den Verkäufer)[656];

- Zeitpunkt des Übergangs des Transaktionsgegenstands (Festlegung des Übertragungsstichtags; oftmals werden vom Verkäufer Zusagen, wie eine gewisse Höhe des Working Capitals, Eigenkapitals dem Käufer zum Übertragungsstichtag zugesichert);
- Schlussbestimmungen (Salvatorische Klauseln, anwendbares Recht, Gerichtsstand, Vorbehalt der kartellrechtlichen Zustimmung, Geheimhaltungsvereinbarungen, Schiedsvereinbarungen), Kostentragungsregelungen (Vertragskosten, Steuern, insbesondere Grunderwerbsteuer).

2.3 Literatur

Beisel, D./Andreas, F..: *Due Diligence*, München 2007.

Böttcher, L.: »Verpflichtung des Vorstandes zur Durchführung einer Due Diligence«, in: Neue Zeitschrift für Gesellschaftsrecht 2005, S. 49ff.

Finance Magazin: »Enormes Potenzial – In manchen Unternehmen ist zu viel Working Capital gebunden«, 02/08, S. 26f.

Finance Magazin: !Umgekrempelt – Kommt Private Equity, ändert sich die Working-Capital Orientierung«, , 02/08, S. 25.

Fleischer, H./Körber, T.: »Due Diligence und Gewährleistung beim Unternehmenskauf«, in: *Betriebs-Berater* 2001, S. 841 ff.

Hauschka, Ch. E.: *Corporate Compliance. Handbuch der Haftungsvermeidung im Unternehmen*, München 2007.

Hauschka, Ch. E.: »Corporate Compliance – Unternehmensorganisatorische Ansätze zur Erfüllung der Pflichten von Vorständen und Geschäftsführern«, in: *Die Aktiengesellschaft* 2004, S. 461 ff.

Hettler, St./Stratz, R.-Chr./Hörtnagl, R.: *Unternehmenskauf*, München 2004.

Hockmann, H.J./Thießen, F.: *Investment Banking*, Stuttgart 2002.

Jäger, A.: *Aktiengesellschaft. Unter besonderer Berücksichtigung der KGaA*, München 2004.

Kiethe, K.: »Vorstandshaftung aufgrund fehlender Due Diligence beim Unternehmenskauf«, in: *Neue Zeitschrift für Gesellschaftsrecht* 1999, S. 976, 983.

Kock, M./Dinkel, R.: »Die zivilrechtliche Haftung von Vorständen für unternehmerische Entscheidungen«, in: *Neue Zeitschrift für Gesellschaftsrecht* 2004, S. 441, 447.

Knöpfel, O.: »Die Präambel des Unternehmenskaufvertrags«, in: *Juristische Arbeitsblätter* 2002, S. 810.

Krüger, D./Kalbfleisch, E.: »Due Diligence bei Kauf und Verkauf von Unternehmen«, in: *Deutsches Steuerrecht* 1999, S. 178.

Lindner-Figura, J.: »Der Letter of Intent im gewerblichen Mietrecht«, in: *Neue Zeitschrift für Miet- und Wohnungsrecht*, 2000, S. 1193.

Loges, R.: »Der Einfluss der »Due Diligence« auf die Rechtsstellung des Käufers eines Unternehmens«, in: *Der Betrieb* 1997, S. 965ff.

Lutter, M.: »Due Diligence des Erwerbers beim Unternehmenskauf«, in: *Zeitschrift für Wirtschaftsrecht (ZIP)* 1997, S. 613f.

656) Lips/Stratz/Rudo in: Hettler, St./Stratz, R.-Chr./Hörtnagl, R.: a.a.O., S. 372-386.

Merkt, H.: »Due Diligence und Gewährleistung beim Unternehmenskauf«, in: *Betriebs-Berater* 1995, S. 1041ff.

Mittendorfer, R.: *Praxishandbuch Akquisitionsfinanzierung*, Wiesbaden 2007.

Picot, G.: *Handbuch Mergers & Acquisitions*, 2. Aufl., Stuttgart 2002.

Picot, G.: *Handbuch Mergers & Acquisitions*, 3. Aufl., Stuttgart 2005.

Pilger, G.: »Präambel im Unternehmenskaufvertrag – ein unterschätztes Gestaltungsmittel«, in: *Betriebs-Berater* 2000, S.368ff.

Prinz, U.: »Steuerorientierte Kaufpreisfinanzierung«, in Schaumburg H. (Hrsg): *Unternehmenskauf im Steuerrecht*, 3. Aufl., Stuttgart 2004, S. 151ff.

Sieger, J./Hasselbach, K.: »Break-up-fee Vereinbarungen bei Unternehmenskäufen«, in: *Betriebs-Berater* 2000, S. 625ff.

Schröder, U.: »Darf der Vorstand der Aktiengesellschaft dem Aktienkäufer eine Due Diligence gestatten?«, in: *Der Betrieb* 1997, S. 2161ff.

Ulmer, P.: »Haftungsfreistellung bis zur Grenze grober Fahrlässigkeit bei unternehmerischen Fehlentscheidungen von Vorstand und Aufsichtsrat?«, in: *Der Betrieb* 2004, S. 859f.

Werner, R.: »Haftungsrisiken bei Unternehmensakquisitionen – die Pflicht des Vorstands zur Due Diligence«, in: *Zeitschrift für Wirtschaftsrecht (ZIP)* 2000, S. 989f.

Wujtowicz, R.P.: »Structuring Acquisition Financing«, in: Ernst & Young (Hrsg.): *Mergers & Acquisitions*, Second Edition, New York 1994, S. 81ff.

Teil C
Implementierung eines Corporate-Compliance-Systems

I.
Compliance Audit (Analysephase)

Timo Tauber; José A. Campos Nave

1 Quick-Check und Management Letter

Hauptbestandteil der Analysephase ist die Durchführung eines Compliance-Quick-Checks im Unternehmen. Der Compliance-Quick-Check dient als Grundlage für eine Soll-Ist-Analyse, die mit einer Bestandsaufnahme endet. Nach Abschluss der Bestandsaufnahme werden die Ergebnisse der Analyse in einem sogenannten »Management Letter« abgebildet und mit dem Management die konkreten Umsetzungsmaßnahmen zur Einführung von Corporate Compliance im Unternehmen festgelegt.

Um ein Compliance-System bzw. eine vollumfängliche Compliance-Organisation im Unternehmen zu implementieren, ist eine sorgfältige Soll-Ist-Analyse hinsichtlich potenzieller Haftungsrisiken im Unternehmen vorzunehmen. Die Soll-Ist-Analyse wird mithilfe eines speziell auf die Charakteristika des zu untersuchenden Unternehmens abgestellten Compliance-Quick-Check vorgenommen.

Welche Aufgabe hat ein solcher Compliance-Quick-Check und wie ist dieser konkret aufgebaut?

Ein umfassender und zielführender Compliance-Quick-Check sollte immer in den Dimensionen Recht, Organisation und Personal durchgeführt werden. Es ist nicht ausreichend, nur eine rechtliche Unternehmensanalyse durchzuführen und damit rechtliche Risiken aufzudecken. Eine enge Verknüpfung zwischen rechtlicher und organisatorischer Unternehmensanalyse ist zwingend erforderlich, um im Anschluss an die Unternehmensanalyse ein effektives Compliance-System bzw. eine effektive Compliance-Organisation im Unternehmen implementieren zu können.

Die rechtliche Unternehmensanalyse dient zur Aufdeckung und Analyse von rechtlichen Risiken im Unternehmen. Die organisatorische Unternehmensanalyse dient der Entwicklung und der Umsetzung von organisatorischen Maßnahmen, mit denen die Rechtmäßigkeit der unternehmerischen Aktivitäten gewährleistet werden kann.

Praxishandbuch Corporate Compliance. Axel Jäger, Christian Rödl und José A. Campos Nave

ISBN 978-3-527-50395-7

Hauptaufgabe des Compliance-Quick-Checks ist es, die bestehende Unternehmensorganisation und deren Abläufe/Geschäftsprozesse dahingehend zu überprüfen, ob diese Organisationsstruktur in der Lage ist, Haftungsrisiken des Unternehmen sowie persönliche Haftungsrisiken der Geschäftsleitung zu identifizieren, an die richtige Stelle im Unternehmen zu kommunizieren und Maßnahmen zur Vermeidung von solchen Haftungsrisiken zu ergreifen.

Der Compliance-Quick-Check sollte in einem ersten Schritt sämtliche potenziellen rechtlichen Risiken im Unternehmen identifizieren. Dazu ist es notwendig, alle relevanten rechtlichen Vorgaben, sowie daraus möglicherweise resultierende Haftungsrisiken, in den wesentlichen Geschäftsbereichen des Unternehmens zu identifizieren[657)].

Die Unternehmensorganisation muss demnach im ersten Schritt in der Lage sein, Haftungsrisiken frühzeitig zu erkennen. Wie kann ein Unternehmen dies sicherstellen und was sind wesentliche Haftungsrisiken in Unternehmen?

Die Identifikation von Haftungsrisiken im Unternehmen sollte in zwei Schritten erfolgen. In Schritt eins sind die allgemeinen Haftungsrisiken des Unternehmens, sogenannte rechtskreisspezifische Haftungsrisiken, sowie branchen- und sektorspezifische Haftungsrisiken zu untersuchen. Dies ist notwendig, da Unternehmen je nach Branche, Größe und der nationalen oder internationalen Ausrichtung unterschiedliche Risiken aufweisen. Die Identifizierung dieser Risiken erfolgt zumeist, wie bei der Due-Diligence-Prüfung üblich, mithilfe spezieller Checklisten.

Zunächst sind sämtliche rechtskreisspezifischen Haftungsrisiken im Unternehmen zu identifizieren. Rechtskreisbezogene Haftungsrisiken sind Risiken, die grundsätzlich bei jedem Unternehmen unabhängig von dem jeweiligen Geschäftsgegenstand auftreten können[658)]. Darunter fallen beispielsweise die Einhaltung von Steuererklärungspflichten, Handlungs- und Verhaltenspflichten, die das Insolvenzrecht vorsieht, die Einhaltung von Satzungsregelungen und Geschäftsordnungen im Gesellschaftsrecht, die Einhaltung allgemeiner Handlungspflichten im Kartell- und Datenschutzrecht[659)].

Neben den Risiken, die unabhängig von dem Geschäftsgegenstand bei jedem Unternehmen auftreten können, gibt es sogenannte branchen- und sektorspezifische Haftungsrisiken, die von den Unternehmen und deren

657) Bürkle, J.: »Corporate Compliance – Pflicht oder Kür für den Vorstand der AG?«,in: Betriebs-Berater 2005, S. 566.

658) Rodewald, J./Unger, U.: »Kommunikation und Krisenmanagement im Gefüge der Corporate Compliance-Organisation«, in: Betriebs-Berater 2007, S. 116.

659) Rodewald, J./Unger, U., BB 2006, 116.

Organe zu beachten sind. So ist beispielsweise der Schwerpunkt bei der Identifizierung von Haftungsrisiken in Industrie- und Handelsunternehmen ein anderer als bei Finanzdienstleistungsunternehmen.

Unter branchen- und sektorspezifischen Haftungsrisiken ist vor allem die Produkthaftung zu nennen. Vor allem für die Organe kann aus der Verletzung von Produkthaftungstatbeständen ein großes persönliches Haftungsrisiko entstehen. So haftet nicht nur der Produzent eines Produkts für Eigentums- oder auch Gesundheitsschäden durch die mangelhafte Produktion eines Produkts. Auch die Geschäftsleitung kann unter Umständen bei Verletzung von bestimmten Verkehrspflichten bei der Konstruktion, Fabrikation, Instruktion und Beobachtung von Produkten persönlich für Schäden haftbar gemacht werden. In diesem Zusammenhang ist eine besondere Bedeutung dem »neuen« Produkt- und Gerätesicherheitsgesetz zuzubilligen, das neue Anforderungen zur ständigen Überwachung der Einhaltung technischer Normen eingeführt hat. Auch bei Unternehmen kann ein Verstoß gegen Produkthaftungstatbestände große Schäden verursachen, indem bereits bei geringen Grenzwertüberschreitungen komplette Produktionsserien unverkäuflich sind und in manchen Fällen sogar die zuständigen Aufsichtsbehörden Produkte wegen Grenzwertüberschreitungen im Handel und bei Endkunden beschlagnahmt haben. Nicht zu vergessen ist bei Verstößen gegen Produkthaftungstatbestände vor allem die Schädigung des Images gegenüber dem Endkunden, was unter Umständen zur Existenzgefährdung eines gesamten Unternehmens führen kann. Neben Risiken in der Produkthaftung sind vor allem auch im Umweltrecht sehr häufig branchenspezifische Haftungsrisiken gegeben.

Nachdem im Unternehmen die relevanten rechtskreisbezogenen Haftungsrisiken sowie die branchen- und sektorspezifischen Haftungsrisiken identifiziert wurden, ist in einem nächsten Schritt die Untersuchung nach Haftungsrisiken auf Ebene der betrieblichen Funktionen im Unternehmen fortzusetzen. Jedes Unternehmen verfügt über betriebliche Funktionen wie z.B. Verwaltung (Geschäftsleitung), Einkauf, Marketing & Vertrieb, Rechnungswesen.

Vor allem in den betrieblichen Funktionen Einkauf & Vertrieb sind erfahrungsgemäß die größten Haftungsrisiken zu lokalisieren. Bei der Überprüfung dieser beiden Bereiche nach Haftungsrisiken sollte der Compliance-Quick-Check demnach in der Lage sein zu analysieren, ob die betrieblichen Funktionen wie Einkauf und Vertrieb so organisiert sind, dass Haftungsrisiken frühzeitig erkannt werden und die entsprechenden Gegenmaßnahmen eingeleitet werden können.

Potenzielle Haftungsrisiken in den Bereichen Einkauf und Vertrieb finden sich häufig aufgrund von fehlerhaften Verträgen, Einkaufsbedingungen und anderen Allgemeinen Geschäftsbedingungen. Die daraus resultierenden Risiken für das Unternehmen werden zumeist mithilfe eines professionellen Vertrags- und Dokumentationsmanagements verringert bzw. ganz ausgeschlossen. Im Rahmen des Compliance-Quick-Checks sind also das Vorhandensein sowie die Funktionsfähigkeit eines professionellen Vertrags- und Dokumentationsmanagements zu überprüfen.

Die originäre Aufgabe eines funktionierenden Vertragsmanagements ist es sicherzustellen, dass im gesamten Unternehmen, vor allem in den Bereichen Einkauf und Vertrieb, möglichst standardisierte Verträge verwendet werden, die durch die unternehmensinterne Rechtsabteilung bzw. eine beauftragte externe Kanzlei in Zusammenarbeit mit den jeweils verantwortlichen Personen in den Abteilungen entworfen und auf ihre rechtliche Wirksamkeit überprüft wurden. Sehr häufig kommt es im Einkauf eines Unternehmens vor, dass die Mitarbeiter in den einzelnen Abteilungen eigene Verträge konzipieren bzw. bestehende standardisierte Verträge ohne Genehmigung und Überprüfung durch die Rechtsabteilung an Lieferanten versenden. Dies stellt eine Hauptquelle für Haftungsrisiken dar. Die Leitungsorgane im Unternehmen haben in einem ersten Schritt sicherzustellen, dass alle im Einkaufsbereich verwendeten Verträge von der internen Rechtsabteilung bzw. einer externen Kanzlei in Zusammenarbeit mit den verantwortlichen Personen in den einzelnen Abteilungen konzipiert bzw. zumindest überprüft werden . Ist dies sichergestellt, geht es in einem zweiten Schritt darum, die Verwendung der überprüften Verträge im täglichen Geschäft sicherzustellen und die Verträge an die regulativen Veränderungen anzupassen.

Weitere wichtige Aufgabe im Bereich des Vertragsmanagements ist es sicherzustellen, dass sämtliche Vertragsbeziehungen des Einkaufs mit Dritten durch schriftliche Verträge festgehalten werden. Es kann zu Situationen im Einkauf kommen, bei denen Schnelligkeit bei der Lieferung eines Produkts oder einer Dienstleistung gefragt ist und eine schriftliche Fixierung eines Vertrags zeitlich nicht möglich ist. Zumeist besteht in solchen Fällen nur eine mündliche Vereinbarung zwischen Einkauf und beispielsweise einem Lieferanten[660]. Es ist daher von Seiten des Vertragsmanagements Sorge zu tragen, dass alle Lieferbeziehungen vorab schriftlich zu fixieren sind oder eine schriftliche Bestätigung eines mündlich abgeschlossenen Vertrags um-

660) Herb in: Hauschka, Ch. E.: Corporate Compliance. Handbuch der Haftungsvermeidung im Unternehmen, München 2007, S. 390.

gehend zu erfolgen hat. Auch hierauf sollte in Organisationsanweisungen für die verantwortlichen Mitarbeiter des Einkaufs und in Schulungen hingewiesen werden.

Im Rahmen des Dokumentenmanagements ist darauf zu achten, dass sämtliche Dokumente grundsätzlich in Schriftform aufbewahrt werden und die Dokumente vor Vernichtung, unberechtigter Kenntnisnahme, Manipulation, Unauffindbarkeit geschützt werden, sowie für eine lückenlose Belegbarkeit sämtlicher relevanter Vorgänge gesorgt ist[661]. Dies kann auch elektronisch erfolgen, wenn das Dokumentenmanagementsystem den Anforderungen der GOBS[662] entspricht[663].

Ein Schwerpunkt bei der Implementierung von Compliance-Maßnahmen im Einkaufsbereich sollte auch auf den Beschaffungsprozess im Einkauf gelegt werden, der klassischerweise einen »Brutherd« für Korruptionsdelikte darstellt[664]. Es sind im Einkauf konkrete Vorkehrungen gegen Korruption zu treffen, da Korruptionsfälle ein hohes Haftungsrisiko für ein Unternehmen darstellen können[665]. Vor allem der Prävention kommt hierbei eine wichtige Rolle zu. Die Unternehmensleitung muss ein Interesse daran haben, die Entstehung von Korruptionsdelikten schon im Ansatz zu unterbinden.

Der Compliance-Quick-Check im Bereich Einkauf und Vertrieb sollte auch darauf achten, ob innerhalb der Einkaufsorganisation die Mitarbeiter alle 2-3 Jahre rotieren[666], um eine besonders »enge« Beziehung zu einem Lieferanten möglichst auszuschließen. Ferner sollte im Rahmen des Compliance-Quick-Checks darauf geachtet werden, ob die Interne Revision und externe Berater nachhaltig und in relativ kurzen Abständen Audits im Einkauf durchführen[667]. Ferner ist zu überprüfen, ob in den Arbeitsverträgen der Mitarbeiter des Einkaufs sogenannte Korruptionsklauseln enthalten sind, die bei Vorliegen eines Korruptionsfalls eine Vertragsstrafe und die fristlose Kündigung des Arbeitsverhältnisses vorsehen[668]. Auch die regelmäßige Durchführung von fingierten Angeboten durch Lockvögel (sogenannte Testkäufe), um die Anfälligkeit der Mitarbeiter für Korruption zu

661) Herb in: Hauschka, Ch. E., a.a.O., S. 390.
662) Grundsätze ordnungsgemäßer DV-gestützter Buchführungssysteme.
663) Herb in: Hauschka, Ch. E., a.a.O., S. 390.
664) Zimmer, M./Stetter, S.: »Korruption und Arbeitsrecht«, in: Betriebs-Berater 2006, S. 1445.
665) Zimmer, M./Stetter, S.: »Korruption und Arbeitsrecht«, in: Betriebs-Berater 2006, S. 1445ff.
666) Zimmer, M./Stetter, S.: »Korruption und Arbeitsrecht«, in: Betriebs-Berater 2006, S. 1451; Hauschka, Ch. E., a.a.O., § 18, S. 394.
667) Zimmer, M./Stetter, S.: »Korruption und Arbeitsrecht«, in: Betriebs-Berater 2006, S. 1451; Hauschka, Ch. E., a.a.O., § 18, S. 394.
668) Herb in: Hauschka, Ch. E. a.a.O., S. 394.

testen, sollte im Rahmen des Compliance-Quick-Checks überprüft werden[669].

Hinsichtlich der Beschaffungsvorgänge sollte in der Einkaufsabteilung des Unternehmens eine interne Beschaffungs- und Vergaberichtlinie für die Mitarbeiter der Einkaufsabteilung aufgestellt sein, deren Kenntnisnahme sie bei der Einstellung auch zu unterzeichnen haben. Beschaffungsvorgänge im Unternehmen sind im Rahmen des Compliance-Quick-Checks auch dahingehend zu überprüfen, ob sie nachvollziehbar und transparent dokumentiert werden[670]. Alle wesentlichen Vergabeschritte sollten dokumentiert sein[671].

Hinsichtlich der Beauftragung von Lieferanten ist im Rahmen des Compliance-Quick-Checks darauf zu achten, dass die Einkaufsabteilung nur vorab überprüfte Lieferanten (Steht der Lieferant auf einer »Black List«?) beauftragt[672].

Neben den »klassischen« betrieblichen Funktionen wie beispielsweise Einkauf und Vertrieb verfügen Unternehmen über spezifische branchenabhängige Funktionen, die Haftungsrisiken begründen können[673].

Es ist an dieser Stelle darauf hinzuweisen, dass sich zwischen rechtskreis- und branchenspezifischen Haftungsrisiken auf der einen Seite und Haftungsrisiken in den betrieblichen Funktionen eines Unternehmens auf der anderen Seite viele Schnittmengen ergeben können[674].

Nach der Identifizierung sämtlicher potenzieller Haftungsrisiken für das Unternehmen und für die Organe ist in einem nächsten Schritt die bestehende Unternehmensorganisation dahingehend zu analysieren, ob sie eine Gewähr für die Einhaltung von rechtlichen Rahmenbedingungen sowie die Strukturen bieten kann, um Fehlverhalten der Mitarbeiter des Unternehmens frühzeitig zu erkennen und Gegenmaßnahmen vor Entstehen eines Schadensfalls einzuleiten[675].

Im Rahmen der Unternehmensanalyse ist nun zunächst einmal zu dokumentieren, inwiefern bzw. ob die bestehende Unternehmensorganisation in der Lage ist, zur Vermeidung der Haftungsrisiken beizutragen. Das Unter-

669) Ob der Zulässigkeit solcher Testkäufe bestehen Zweifel, allerdings haben mehrere Gerichte mittlerweile die Zulässigkeit solcher Maßnahmen zur Korruptionsbekämpfung bejaht. Vgl. BAG-Urteil vom 13.03.2001, in: Betriebs-Berater 2001, 2586; LAG Köln Urteil vom 30.07.1999, NZA-RR 2000, 189.

670) Herb in: Hauschka, Ch. E., a.a.O., S. 393.

671) Herb in: Hauschka, Ch. E., a.a.O., S. 393.

672) Herb in: Hauschka, Ch. E., a.a.O., S. 393.

673) Ein Unternehmen in der Pharmabranche wird zwangsläufig über eine eigene F&E-Abteilung verfügen.

674) Rodewald, J./Unger, U.: »Kommunikation und Krisenmanagement im Gefüge der Corporate Compliance-Organisation«, in: Betriebs-Berater 2007, S. 116.

675) Rodewald, J./Unger, U., a.a.O., BB 2006, 116.

nehmen ist dafür in organisatorische Einheiten zu gliedern. Dabei ist es notwendig, die wichtigsten Geschäftsprozesse zu definieren und zu dokumentieren, sowie die Organisations- und Führungsstruktur zu ermitteln. Die unterschiedlichen Unternehmensbereiche sind sodann mit den entsprechenden Funktionalitäten in einem Organigramm festzulegen und abzubilden. Die Organisationsstruktur des Unternehmens ist in einem letzten Schritt auf die einzelnen Mitarbeiter mittels Stellenbeschreibungen und Verantwortlichkeiten und Vollmachtsregelungen »herunterzubrechen«.

Bei der organisatorischen Unternehmensanalyse ist es ferner Aufgabe des Compliance-Quick-Checks zu überprüfen, ob das Unternehmen über einen geeigneten Verhaltenskodex (»Code of Conduct«) sowie über ein funktionierendes »Whistleblowing System« verfügt. Sowohl Verhaltenskodex wie auch ein »Whistleblowing-System« sollten integraler Bestandteil einer jeden Compliance-Organisation sein.

Der Verhaltenskodex sollte die Grundhaltung des Unternehmens im Geschäftsverkehr, beispielsweise das Bekenntnis zu fairem Wettbewerb und die Vermeidung von Interessenkonflikten dokumentieren[676]. Der Kodex sollte als Leitlinie für die Handlungen des Unternehmens und seiner Mitarbeiter im Geschäftsverkehr dienen. Zudem sollte der Kodex auch konkrete und verbindliche Handlungsanweisungen für die Mitarbeiter festlegen, wie sich die Mitarbeiter in Zweifelsfragen mit rechtlichem Hintergrund zu verhalten haben. Wichtig ist auch, dass der jeweilige Verhaltenskodex klar und deutlich formuliert, dass Verstöße gegen den Kodex konsequent verfolgt und sanktioniert werden, um die Ernsthaftigkeit des Verhaltenskodex zu unterstreichen. Es ist im Rahmen des Compliance-Quick-Checks auch darauf zu achten, dass der Verhaltenskodex den Mitarbeitern des Unternehmens über das Intranet, per E-Mail oder bei Neueinstellungen als Beilage zum Arbeitsvertrag kommuniziert wird.

Neben der Prüfung des Vorhandenseins und des konkreten Inhalts eines Verhaltenskodex ist die Existenz eines sogenannten Whistleblowing-Systems zu überprüfen. Whistleblowing-Systeme dienen Mitarbeitern dazu, anonym per Telefon oder per E-Mail Verstöße gegen den Kodex oder auch generelle »Compliance-relevante« Verstöße dem »Compliance-Officer«, der betrieblichen Compliance-Abteilung bzw. externen Rechtsanwälten zu melden. Dies soll eine aktive Beteiligung der Mitarbeiter ermöglichen[677]. Allerdings ist der Einsatz und vor allem der Umfang von Whistleblowing-Syste-

676) Bürkle, J.: »Corporate Compliance – Pflicht oder Kür für den Vorstand der AG?«,in: Betriebs-Berater 2005, 565.

677) Mengel, A./Hagemeister, V.: »Compliance und arbeitsrechtliche Implementierung im Unternehmen«, in: Betriebs-Berater 2007, 1386.

men in Unternehmen arbeits- und datenschutzrechtlich umstritten[678]. Im Rahmen des Compliance-Quick-Checks ist demnach neben dem reinen Vorhandensein eines Whistleblowing-Systems auch die Zulässigkeit eines solchen Systems zu analysieren.

Neben der rechtlichen und organisatorischen Unternehmensanalyse spielt die personelle Dimension eine wichtige Rolle im Compliance-Quick-Check. Die Bestellung eines »Compliance-Officer« (CCO) bzw. bei kleineren Unternehmen eines »Compliance-Beauftragten« ist ein wesentlicher Bestandteil eines funktionierenden Compliance-Systems im Unternehmen. Der Auswahlprozess, die Anforderungen an einen CCO sowie dessen Kompetenzen und organisatorische Verortung im Unternehmen ist in einem Compliance-Quick-Check zu untersuchen.

Bei der Auswahl des Bewerbers ist darauf zu achten, dass es sich um eine Persönlichkeit mit zweifelsfreier Geschäftsethik und persönlicher Integrität handelt, der seine Aufgaben unabhängig und nachhaltig verfolgt und auch in Grauzonen und unter persönlichen Risiken sich eindeutig an Regeln hält.

Die Anforderungen, die an einen CCO gestellt werden, sind äußerst vielfältig. Auf den ersten Blick könnte man der Meinung sein, dass ein CCO zwingend ein ausgebildeter Jurist mit zwei Staatsexamina sein muss. Sicherlich sind vertiefte Rechtskenntnisse für die Tätigkeit des CCO von hoher Bedeutung. Allerdings sollte ein CCO auch vertiefende betriebswirtschaftliche Kenntnisse in seinem bisherigen Berufsleben gesammelt haben, da Corporate Compliance Recht mit Organisation verbindet und tiefergehendes Wissen in beiden Gebieten für die Tätigkeit eines CCO im Unternehmen unerlässlich ist. Die Besetzung der Stelle eines CCO mit einem klassischen Juristen ohne tiefergehende betriebswirtschaftliche Kenntnisse ist genauso ungenügend wie die Besetzung der Stelle mit einem klassischen Betriebswirt ohne tiefergehende juristische Kenntnisse. Es ist also von Seiten des Unternehmens bei der Auswahl und Besetzung der Stelle eines CCO darauf zu achten, dass der Bewerber fundierte juristische wie auch betriebswirtschaftliche Kenntnisse nachweisen kann und die Fähigkeit und das theoretische Wissen besitzt, Gesetze und Richtlinien des Gesetzgebers abschätzen und die Intention des Gesetzes bei der Umsetzung der gesetzlichen Vorgaben in die betriebliche Unternehmenspraxis übersetzen zu können.

678) Siehe hierzu eine ausführliche rechtliche Würdigung von Whistleblowing-Systemen in Wisskirchen, G./Körber, A./Bissels, A.: »›Whistleblowing‹ und Ethikhotline«, in: Betriebs-Berater 2006, 1567 ff. Mehr zu Whistleblowing-Systemen als integraler Bestandteil von Compliance-Systemen von Berndt, Th./Hoppler, I., Whistleblowing ein integrativer Bestandteil der Corporate Governance, in: Betriebs-Berater 2005, 2623 ff.

Der Bewerber für die Stelle eines CCO sollte auch die notwendige »Statur« aufweisen können, um als »Sparringspartner« der Unternehmensleitung ernst genommen zu werden. Einen CCO einzusetzen, der nicht die persönliche Statur hat, auf »Augenhöhe« mit der Unternehmensleitung zu diskutieren, kann nicht zielführend sein, wenn man als Unternehmen das Thema Corporate Compliance professionell behandeln möchte. Hinsichtlich der konkreten Anforderungen, die an einen CCO zu stellen sind, gehören auch Erfahrungen und Erfolge des Bewerbers in Stabs- oder Linienfunktionen. Er sollte vor allem Erfahrungen mit der Leitung von Prüfungen in Zusammenarbeit mit Behörden und externen Beratern aufweisen können.

Die Gesamtverantwortung für das Thema Corporate Compliance im Unternehmen liegt grundsätzlich bei der Unternehmensleitung[679]. Compliance ist Aufgabe der Unternehmensleitung und bleibt es auch bei der Delegation der Compliance-Funktion auf nachgeordnete Ebenen[680].

Deshalb sollte der CCO auch unmittelbar einem Vorstandsressort oder dem Aufsichtsrat unterstellt sein und diesem gegenüber berichten. So wurde beispielsweise der neue CCO von Siemens Andreas Pohlmann direkt dem Chefjuristen Peter Solmssen unterstellt, der im Vorstand von Siemens sitzt und ein enger Vertrauter von Siemens-Chef Peter Löscher ist[681]. Auch die Daimler AG installierte Anfang 2008 den neuen CCO Gert Brecht unterhalb der Vorstandsebene[682].

Bis vor kurzem ist ein CCO, wenn es ihn denn überhaupt im Unternehmen gab, in der Rechtsabteilung, in einzelnen Fällen aber auch in der Revisionsabteilung angesiedelt worden. Dies ist aber unter Berücksichtigung der stetig wachsenden Bedeutung von Corporate Compliance für Unternehmen nicht mehr zeitgemäß. Der CCO ist deshalb der Unternehmensleitung direkt zu unterstellen (möglichst dem Vorstandsvorsitzenden/Geschäftsführer) und eng mit den Organisationseinheiten Controlling, Revision und Recht zu verzahnen[683]. Erfolgt keine enge Verzahnung mit diesen Organisationseinheiten, können zum einen unnötige Kosten durch Doppelarbeiten und zum anderen nicht entdeckte Risiken im Unternehmen entstehen. Zur

679) Rodewald, J./Unger, U.: »Kommunikation und Krisenmanagement im Gefüge der Corporate-Compliance-Organisation«, in: Betriebs-Berater 2007, S. 1630.

680) Lösler, Th.: »Das moderne Verständnis von Compliance im Finanzmarktrecht«, in: Neue Zeitschrift für Gesellschaftsrecht 2005, S.107; Schneider, U.: »Compliance als Aufgabe der Unternehmensleitung«, in: Zeitschrift für Wirtschaftsrecht (ZIP) 2003, S. 647.

681) Handelsblatt: »Konzerne verschärfen Kontrolle« Ausgabe Nr. 40 vom 26. Februar 2008, Titelseite.

682) Handelsblatt Ausgabe Nr. 40 vom 26. Februar 2008, Konzerne verschärfen Kontrolle, Titelseite.

683) Rodewald, J./Unger, U.: »Kommunikation und Krisenmanagement im Gefüge der Corporate-Compliance-Organisation«, in: Betriebs-Berater 2007, S. 1630.

Ausübung seiner Tätigkeit sind dem CCO umfangreiche Einsichts-und Auskunftsrechte einzuräumen.

Zur Stärkung der Position des CCO im Unternehmen, sollte dieser zur Absicherung seiner Position und zur Wahrung seiner Unabhängigkeit für einen bestimmten Zeitraum unabsetzbar und unverletzbar sein. Eine Ablösung des CCO sollte nur durch die Unternehmensleitung möglich sein. Es ist auch zu empfehlen, die Vertragsverlängerung des CCO bereits ein Viertel- bis zu einem halben Jahr vor Vertragsende zu regeln, damit die Position des CCO im Unternehmen nicht unnötig angreifbar gemacht wird.

Bei der Planung und Implementierung einer Compliance-Organisation hat der CCO in erster Linie die Aufgabe, in enger Abstimmung mit der Unternehmensleitung und den Leitern der Bereiche Recht, Controlling und Revision, Compliance-Programme (-Maßnahmen) in den einzelnen betrieblichen Funktionen des Unternehmens zu entwickeln, zu implementieren, zu pflegen und zu kontrollieren. Im Rahmen der Implementierung einer Compliance-Organisation ist der CCO auch für die Definition von Verhaltenskodizes (Code of Conduct) und der Einführung von Whistleblowing-Systemen zuständig.

Er ist zentraler Ansprechpartner für die Unternehmensleitung, die Aufsichtsorgane, die Mitarbeiter, die Kunden in Fragen der betrieblichen Compliance und hat mithilfe der aufgebauten Compliance-Organisation für die laufende Überwachung und Einhaltung der jeweils aktuellen Compliance-Maßnahmen im gesamten Unternehmen zu sorgen und die Unternehmensleitung über wichtige compliancerelevante Vorgänge zu unterrichten. Bei der Überwachung und Einhaltung von Compliance-Programmen (-Maßnahmen) hat er für die Durchsetzung der Maßnahmen zu sorgen. Der CCO ist auch für die Schulung von Mitarbeitern im Bereich Compliance zuständig. Er sollte in enger Kooperation mit dem Personalbereich spezifische Schulungen und Weiterbildungsmaßnahmen für die Mitarbeiter des Unternehmens entwickeln und pflegen.

Als Ergebnis des Compliance-Checks entsteht eine umfassende rechtliche, organisatorische und personelle Unternehmensanalyse, die als Grundlage für die Planung und Implementierung der Compliance-Organisation im Unternehmen dient.

Die Ergebnisse des Compliance-Quick-Checks sollten in einem »Management Letter« abgebildet werden. In enger Zusammenarbeit mit dem Management werden die Ergebnisse und die sich daraus ergebenden Maßnahmen für die Unternehmensorganisation besprochen.

2 Literatur

Berndt, Th./Hopper, I.: »Whistleblowing – ein integraler Bestandteil effektiver Corporate Governance«, in: *Betriebs-Berater* 2005, S. 2623 ff.

Bürkle, J.: »Corporate-Compliance – Pflicht oder Kür für den Vorstand einer AG«, in: *Betriebs-Berater* 2005, 565ff.

Handelsblatt: »Konzerne verschärfen Kontrollen« Ausgabe Nr. 40 vom 26. Februar 2008, Titelseite.

Hauschka, Ch. E.: Corporate *Compliance. Handbuch der Haftungsvermeidung im Unternehmen*, München 2007.

Lösler, Th.: »Das moderne Verständnis von Compliance im Finanzmarktrecht«, in: *Neue Zeitschrift für Gesellschaftsrecht* 2005, S. 104 ff.

Mengel, A./Hagemeister, V.: »Compliance und arbeitsrechtliche Implementierung im Unternehmen«, in: *Betriebs-Berater* 2007, S. 1386 ff.

Rodewald, J./Unger, U.: »Corporate Compliance – Organisatorische Vorkehrungen zur Vermeidung von Haftungsfällen der Geschäftsleitung«, in: *Betriebs-Berater* 2006, S. 116.

Rodewald, J./Unger, U.: »Kommunikation und Krisenmanagement im Gefüge der Corporate-Compliance-Organisation«, in: *Betriebs-Berater* 2007, S. 1630.

Schneider, U.: »Compliance als Aufgabe der Unternehmensleitung«, in: *Zeitschrift für Wirtschaftsrecht (ZIP)* 2003, 647 ff.

Wisskirchen, G./Körber, A./Bissels, A.: »›Whistleblowing‹ und Ethikhotline«, in: *Betriebs-Berater* 2006, S. 1567ff.

Zimmer, M./Stetter, S.: »Korruption und Arbeitsrecht«, in: *Betriebs-Berater* 2006, S. 1445, 1451.

II.
Compliance Fitness (Umsetzungsphase)

Axel Jäger

1 Schnittstellenproblematik

Vordringliches Ziel der Erörterung der im Rahmen des Compliance Audits gefundenen Ergebnisse mit dem Management – oder je nach Beauftragung auch mit dem Aufsichtsrat – ist die gemeinsame Entwicklung eines zeitlichen und inhaltlichen Fahrplans zur Umsetzung der erarbeiteten Verbesserungsvorschläge und Anpassungsmaßnahmen. Es dürfte kaum ein Unternehmen geben, bei dem nicht zumindest in einem Teilbereich Optimierungspotenzial besteht und durch das Compliance Audit aufgedeckt wird. Für nichtbörsennotierte Unternehmen geht es allerdings in der Regel um die erstmalige Implementierung einer Compliance-Organisation. Dabei muss im Ausgangspunkt die Frage beantwortet werden, in welchem Umfang und mit welcher Intensität die Implementierung erfolgen soll. Diejenigen, die sich bislang noch keine Gedanken über Corporate Compliance gemacht haben, werden sich häufig mit ersten (kleinen) Schritten begnügen, durch die sie ein Gefühl dafür entwickeln wollen, welche Vorteile die einzelnen Compliance-Elemente tatsächlich mit sich bringen. Andere sind dagegen schon weiter und wollen die bereits vorhandenen Instrumente überprüfen und durch neue ergänzen, um auf diese Weise in absehbarer Zeit den Zielstatus einer in sich stimmigen und möglichst wenig redundanten Compliance-Organisation zu erreichen.

Der modulare Aufbau jeder modernen Compliance-Organisation gewährleistet, dass die individuellen Besonderheiten jedes einzelnen Unternehmens angemessen berücksichtigt werden können. Als generelle Stützpfeiler gelten:

- der Compliance-Officer;
- spezielle Compliance-Programme in besonders haftungsrelevanten Bereichen mit drakonischen Bußgeldandrohungen wie z.B. dem Kartellrecht;
- einzelne Teilmanagementsysteme als Reaktion auf spezielle Haftungsrisiken wie z.B. Qualitätsmanagement zur Vermeidung von Produkthaf-

Praxishandbuch Corporate Compliance. Axel Jäger, Christian Rödl und José A. Campos Nave

ISBN 978-3-527-50395-7

tung, Umweltmanagement zur Vermeidung von Umwelthaftung, Vertragsmanagement zur Vermeidung von Gewährleistungshaftung;
- ein vom Führungspersonal vorgelebter, aber für alle Mitarbeiter gleichermaßen geltender und deren Selbstverantwortung stärkender Verhaltenskodex (Code of Conduct, Code of Ethics), der isoliert oder als Bestandteil einer übergeordneten Unternehmenskultur (Corporate Culture) umgesetzt werden kann;
- Organisationsanweisungen und Arbeitshandbücher;
- Schulungen der Führungskräfte und Mitarbeiter.

Bereits diese Aufzählung lässt erkennen, dass neben neuen Begriffen wie Compliance-Officer oder Compliance-Programm offenbar auch längst bekannte Elemente wie Qualitätsmanagement, Umweltmanagement eine Rolle in der Compliance-Organisation übernehmen (können). Insbesondere in nichtbörsennotierten Unternehmen, die sich zuvor noch nicht oder nur oberflächlich mit dem Thema Corporate Compliance beschäftigt haben, überwiegt jedoch die Befürchtung, bei der Notwendigkeit der Einrichtung und Pflege einer Compliance-Organisation mit all ihren vermeintlichen Vorteilen handele es sich um bloße Verkaufsargumente von Beratern, die damit ein neues »Produkt« am Markt platzieren wollen, das hohe Kosten, aber wenig Nutzen verspricht. Gerade im deutschen Mittelstand ist immer wieder zu hören, man habe doch eine Rechtsabteilung, eine Interne Revision, ein Controlling und/oder ein Risikomanagementsystem, so dass von einer wie auch immer gearteten Compliance-Organisation von vornherein kein Mehrwert zu erwarten sei.

Richtig daran ist, dass mit diesen Teilfunktionen sowohl im jeweiligen Einzel- als auch in einem übergreifenden Gesamtvergleich unübersehbare Schnittmengen bestehen. Im Übrigen basiert das vorstehende (Vor-)Urteil jedoch auf einem grundlegenden Missverständnis dessen, wie eine Compliance-Organisation aufgebaut und wo sie organisatorisch verankert werden soll. Dies wird durch die bisherigen Erfahrungen in der Unternehmenspraxis belegt, wo üblicherweise entweder der Leiter der Rechtsabteilung, der Revisionschef, der Leiter Risikomanagement oder vereinzelt auch der Leiter Controlling von der Geschäftsführung mit der Einrichtung einer Compliance-Organisation bzw. ersten Überlegungen dazu beauftragt wird. Dabei spricht nichts dagegen, diese Personen im ersten Schritt mit einer solchen Aufgabe zu betrauen, doch sollte im Anschluss auf einer möglichst frühen Entwicklungsstufe eine klare organisatorische Trennung erfolgen, da ansonsten das Funktionieren der auf dieser Basis errichteten Compliance-Organisation von vornherein durch persönliche Befindlichkeiten, Verlustängste und Interessenkonflikte in Frage gestellt ist. Zudem haben die Rechtsabteilung, die Interne Revision, das Controlling und das Risikomanagement andere Aufgaben als die Compliance-Funktion und sollten deshalb in jedem Fall von dieser separiert bleiben.

Das Vorhandensein von Schnittmengen ist in Wahrheit auch kein Problem, sondern Kernbestandteil jeder Compliance-Organisation, die sämtliche in den verschiedenen Unternehmensbereichen und Teilfunktionen vorhandenen Kompetenzen und Informationen zu einem in sich stimmigen Ganzen zusammenfügt, steuert und permanent aktualisiert. Wenn also in der obigen Aufzählung Begriffe wie Qualitätsmanagement, Umweltmanagement und Vertragsmanagement aufgetaucht sind, so war dies vor diesem Hintergrund nur folgerichtig. Mit Blick auf den organisatorischen Aufwand zur Etablierung einer professionellen Compliance-Funktion erweist sich zugleich, dass dieser äußerst gering gehalten werden kann, da vorrangig auf Erfahrungen zurückgegriffen werden kann, die im Unternehmen bzw. Konzern bereits vorhanden sind, bislang aber nicht oder eher zufällig aufeinander abgestimmt und miteinander verknüpft wurden. Das Besondere der Compliance-Organisation liegt somit in ihrem integrativen Charakter. Sie fungiert quasi als Dach über alle Unternehmensbereiche, Geschäftseinheiten und Teilfunktionen, um auf diese Weise das übergeordnete Ziel der größtmöglichen Regelkonformität nach außen und innen sicherzustellen.

2 Compliance Officer

Unter dem Einfluss des US-amerikanischen Sarbanes-Oxley Act 2002 überwachen auch in deutschen Konzernen zunehmend spezielle Compliance Officer, ob das Unternehmen und seine Manager alle Gesetze, sonstigen Rechtsnormen und branchenüblichen Verfahren einhalten. Daneben obliegt ihnen ebenfalls mit steigender Tendenz die Überprüfung der Einhaltung von bestimmten Selbstverpflichtungen des Managements, die üblicherweise in einem unternehmensindividuellen Verhaltenskodex (Code of Conduct) festgeschrieben sind. Das Berufsbild des Compliance-Officers ist einzigartig und keinesfalls auf reine Juristen beschränkt. Gleichwohl bilden hervorragende Rechtskenntnisse die Basis, die durch Fachkompetenz in den Branchen ergänzt werden muss, in denen sich das Unternehmen bzw. der Konzern operativ bewegt. Ein guter Compliance-Officer kann darüber hinaus strategisch und interdisziplinär denken und die Relevanz der sich stetig verändernden rechtlichen Rahmenbedingungen im Einzelfall in konkrete Handlungsempfehlungen »übersetzen«.

Da derzeit international eher noch mit einer stärkeren Regulierung der Märkte und Branchen zu rechnen ist, wird es in den nächsten Jahren eine wachsende Nachfrage nach Compliance-Managern geben, die in einer nach den Maßstäben einer ordnungsgemäßen Unternehmensführung »optimalen« Compliance-Organisation eine zentrale Rolle übernehmen werden. Eine solche kann nach einer gewissen Phase der Eingewöhnung »vorgezeigt« werden und trägt insbesondere dem in der heutigen Zeit engen Zusammenhang zwischen Transparenz und Finanzierung Rechnung. Auf diese Weise kann die Compliance-Organisation als offensives Mittel zur Positionierung bei Banken, Kunden und Lieferanten eingesetzt werden und zum »guten Ruf« des Unternehmens beitragen, der sich auf Marken und Produkte und damit langfristig auch auf das Unternehmensergebnis überträgt.

An dieser Stelle soll noch auf ein hierzulande bislang erst wenig untersuchtes Phänomen hingewiesen werden, für das sich der durch den Sarbanes-Oxley Act bekannt gewordene Terminus »Whistleblowing« eingebürgert hat. Damit sind in erster Linie Konstellationen angesprochen, in denen ein Mitarbeiter von Normverstößen im Unternehmen Kenntnis erlangt und diese Informationen an einen Dritten weitergeben will. Handelt es sich bei diesem Dritten um einen Externen (externes Whistleblowing), kann die Informationsweitergabe wirtschaftliche Nachteile für den Arbeitgeber und arbeitsrechtliche Konsequenzen für den Arbeitnehmer nach sich ziehen. Um dies zu vermeiden und stattdessen die Vorteile aus entsprechenden Informationen zu nutzen, wird vereinzelt vorgeschlagen, das »Whistleblowing« bewusst in das interne Frühwarnsystem zu integrieren und den Compliance-Officer als zentrale Anlauf- und Kontaktstelle vorzusehen.

Als bewusst wahrgenommene Aufgabe der Compliance-Organisation unterstützt Whistleblowing zugleich den Aufbau und Bestand einer effektiven Corporate Governance. Seine konkrete Ausgestaltung und Akzeptanz bei den Unternehmen wird aber nicht zuletzt davon abhängen, dass die Kosten niedrig gehalten, Kompetenzkonflikte möglichst ausgeschlossen und Datenschutzbestimmungen beachtet werden. Dem externen Whistleblower kommt es dagegen in erster Linie darauf an, gegen zivil- und strafrechtliche Sanktionen geschützt zu sein, was letztlich nur mithilfe des Gesetzgebers erreicht werden kann. Mit Blick auf die dabei vorzunehmende Abwägung zwischen dem Schutzinteresse des Whistleblowers und dem Geheimhaltungsinteresse des Unternehmens wurde bereits vorgeschlagen, nur solche externen Whistleblower zu schützen, die sich zuvor um eine unternehmensinterne Lösung bemüht haben. Dies setzt allerdings voraus, dass es im Unternehmen selbst tatsächlich auch für jeden Mitarbeiter erkennbare Ansprechpartner und transparente Lösungswege gibt, was wiederum die Frage nach der konkreten Ausgestaltung und funktionalen Zuordnung des Whistleblowing innerhalb der Unternehmensorganisation aufwirft. Die Entwicklung hierzu befindet sich im Fluss und muss weiter beobachtet werden.

Der Compliance-Officer – bzw. die Compliance-Organisation insgesamt – erfüllt eine wichtige Beratungs- und Informationsfunktion. Als Ansprechpartner »nach unten« steht er z.B. Whistleblowern zur Verfügung und »nach oben« ist er bei intelligentem Verständnis seiner Funktion insbesondere Ratgeber mit Blick auf notwendige Veränderungen im Unternehmen. Im Idealfall steht er außerhalb der Rechtsabteilung, der Internen Revision, des Controllings und des Risikomanagements. Organisatorisch und hierarchisch ist er in der Praxis überwiegend dem Vorstand als Gesamtorgan oder einem einzelnen Vorstandsmitglied unterstellt und diesem gegenüber berichtspflichtig. Wer dagegen ins Kalkül zieht, dass naturgemäß auch der Vorstand selbst Regeln verletzen kann, wird das US-amerikanische Modell bevorzugen, in dem der Compliance-Officer organisatorisch – quasi am Vorstand vorbei – dem Prüfungsausschuss des Aufsichtsrats zugeordnet ist. Damit würde im Übrigen auch den Vorgaben von Ziffer 5.3.2 Satz 1 DCGK Rechnung getragen, wo eine entsprechende Zuständigkeit des Prüfungsausschusses empfohlen wird. Ferner wäre dies auch eine sinnvolle Ergänzung zu der Anordnung in Ziffer 3.4 Satz 2 DCGK, der die Berichtspflicht des Vorstands gegenüber dem Aufsichtsrat auf das Thema Compliance erstreckt hat.

Zur Absicherung seiner Position und zur Wahrung seiner Unabhängigkeit sollte der Compliance-Officer für einen bestimmten Zeitraum nicht versetzt oder ganz abgesetzt werden können, sofern er nicht selbst mit rechtlich relevanten Vorwürfen konfrontiert wird. Daneben empfiehlt es sich, seine Wiederbestellung rechtzeitig vor Ablauf seiner Amtszeit zu regeln. Zur Frage, ob und inwieweit der Compliance-Officer mit konkreten Weisungsbefugnissen ausgestattet werden soll, befindet sich die Diskussion noch im Fluss. Dagegen erscheint ein umfassendes unternehmensinternes Einsichts- und Auskunftsrecht unverzichtbar, um eine angemessene Aufgabenwahrnehmung sicherstellen zu können. Der Compliance-Officer hat stets die Konsequenzen unternehmerischer Entscheidungen und Handlungen für das Unternehmen als Ganzes im Blick. Je nach Größe, Branche, Konzernstruktur und Internationalisierungsgrad kann sein Aufgabengebiet aber auch outgesourct werden, wobei die Funktionen spezieller gesetzlich vorgeschriebener Unternehmensbeauftragter[684] einbezogen werden können.

684) Z.B. die Beauftragten für Datenschutz, Jugendschutz, Arbeitssicherheit, Brandschutz, Umwelt, Immissionsschutz, Gewässer, Abfall.

3 Organisationsaufbau

Ausgangspunkt der Überlegungen ist noch einmal, dass die allgemeine Sorgfaltspflicht von Geschäftsleitern[685] durch das Gesetz zur Kontrolle und Transparenz im Unternehmensbereich (KonTraG) eine wichtige Konkretisierung in der Pflicht zur Einrichtung, Aufrechterhaltung und Kontrolle eines Risikomanagementsystems erfahren hat (§ 91 II AktG). Daneben wird die Rechtsprechung des BGH relevant, der unmittelbar gegen Geschäftsleiter gerichtete Schadensersatzansprüche sowie die Verhängung von Strafen und Geldbußen immer wieder auf ein sogenanntes Organisationsverschulden gestützt hat. Einfach gesprochen lautet der Vorwurf, dass die »Manager ihr Unternehmen nicht im Griff haben«. Hinzu kommt der Aspekt der Wissensverantwortung, wonach Geschäftsleiter eine bestimmte Mindestorganisation vorhalten müssen, um zu gewährleisten, dass wichtige Informationen – ggf. über mehrere Unternehmensebenen – auch tatsächlich zu ihnen gelangen. Bei Nichteinhaltung der rechtlichen Vorgaben drohen nicht nur höhere Kosten und nachhaltige Imageschäden, sondern auch Bußgelder in Millionenhöhe für die Gesellschaft, während die verantwortlichen Organmitglieder darüber hinaus mit strafrechtlichen Sanktionen rechnen müssen.

Andererseits kommt den Managern entgegen, dass durch das Gesetz zur Unternehmensintegrität und Modernisierung des Anfechtungsrechts (UMAG) die Business Judgement Rule Eingang in das deutsche Recht gefunden hat, wodurch der Haftungsmaßstab für Geschäftsleiter in wichtigen Teilen griffigere Konturen erhalten hat. Manager, die ihre unternehmerischen Entscheidungen auf vollständiger Informationsgrundlage vernünftigerweise zum Wohl der Gesellschaft treffen, realisieren danach bereits nicht den Tatbestand einer Pflichtverletzung. Wer diese Voraussetzungen nicht erfüllt, muss dagegen damit kämpfen, dass die Darlegungs- und Beweislast in vielen Fällen zu seinen Ungunsten umgekehrt ist. In Zukunft wird es daher mehr denn je ganz entscheidend auf substanzielle und jederzeit verfügbare Dokumentation, transparente und eindeutige Prozesse sowie ein professionelles Projekt- und Dealmanagement ankommen, um Haftung nach Möglichkeit zu vermeiden.

Unbestritten ist die Notwendigkeit eines effizienten Managementinformationssystems mit einem alle Ebenen des Unternehmens bzw. Konzerns umfassenden Informationsfluss, der seiner Bedeutung für die Unternehmensentwicklung gemäß gewichtet, kontrolliert und gesteuert werden

685) Siehe dazu bereits die Paragraphenangaben in Fußnote 12.

muss. Eine hervorgehobene Rolle kommt dabei dem Controlling in seinen verschiedenen Ausformungen wie z.B. Vertragscontrolling, Deal Controlling, Venture Controlling, Risk Controlling zu, das durch ein internes oder externes Aktualitätenmanagement unterstützt werden muss. Als die Entwicklung einer Compliance-Organisation unterstützende Managementfelder können beispielhaft genannt werden:

- Change Management;
- Value Management;
- Integrations- und Vertrauensmanagement;
- Wissensmanagement;
- Innovations- und Technologiemanagement;
- Brand Management;
- IP- und IT-Management;
- Vertragsmanagement;
- Content Management;
- Informations- und Kommunikationsmanagement;
- Umweltmanagement;
- Qualitätsmanagement;
- Krisenmanagement;
- Projektmanagement als situationsbezogener Lösungsansatz unter Einsatz von sog. Corporate Task Forces, z.B. in der Ausprägung als Deal- oder Transaktionsmanagement.

Steht das – ggf. mithilfe eines auf Corporate Compliance spezialisierten Beraters erstellte – rechtliche Umfeld des konkreten Unternehmens bzw. Konzerns fest, erfolgt im nächsten Schritt die Transformation der externen Regeln in die Betriebsabläufe und Organisation. Hierzu werden die sich aus den externen Regeln abzuleitenden Verhaltensanforderungen in interne Regeln »übersetzt«, die sich für den einzelnen Mitarbeiter in übergeordneten Organisationsverfügungen sowie allgemeinen und/oder abteilungsbezogenen Dienstanweisungen widerspiegeln können. Den entscheidenden Orientierungsmaßstab bildet dabei die tatsächliche Betriebspraxis, die nur in den seltensten Fällen ein einheitliches Bild abgeben wird. Differieren die Anforderungen z.B. nach Wochentagen, Uhrzeiten und/oder Jahreszeiten, sollten die Organisationsverfügung und die verschiedenen Dienstanweisungen dem von vornherein Rechnung tragen. Im Zweifel muss die Geschäftsleitung ad hoc einschreiten und die notwendigen Anpassungen vornehmen und überwachen.

Mit der Formulierung, Mitteilung und Kontrolle interner Regeln allein ist es jedoch noch nicht getan. Das Ziel einer möglichst regelkonformen Organisation kann vielmehr nur erreicht werden, wenn auch die im Betrieb ablaufenden Prozesse hierauf vorbereitet und abgestimmt sind. Hierzu müssen im Ausgangspunkt verschiedene Abteilungen bzw. Funktionseinheiten mit klar definierten Zuständigkeiten und Verantwortlichkeiten gebildet werden, die eine auch für Außenstehende nachvollziehbare Hierarchie erkennen lassen, die üblicherweise in einem Organigramm abgebildet wird. Je nach Größe des Betriebs hilft eine Abgrenzung zwischen Funktions- und Kontrollebenen. Die Funktionsebenen können ggf. weiter in sachliche Einheiten (Abteilungen) und zeitliche Einheiten (Schichten) aufgeteilt werden.

Die nachhaltige Implementierung der in interne Anweisungen »übersetzten« externen Regeln in die Betriebsprozesse gelingt nur, wenn die Regeln auf den verschiedenen Ebenen und in den dazugehörigen Einheiten möglichst vollständig abgebildet werden, ohne den Eindruck von Überregulierung und unnötiger Bürokratisierung zu erwecken. Um dieses Ziel zu erreichen, empfiehlt es sich, nicht jede Regel an alle zu richten, sondern sich von vornherein darum zu bemühen, dass die einschlägige »Übersetzung« nur demjenigen Personal vermittelt wird, das von der konkreten Regel auch tatsächlich betroffen ist und durch ihre Einhaltung zur Haftungsabschottung des Betreibers und aller verantwortlichen Mitarbeiter beiträgt. So existieren Regeln, die für alle Mitarbeiter gelten, während andere nur bestimmte Abteilungen betreffen. Bestimmte Pflichten beziehen sich auf alle Ebenen (z.B. die Pflicht zur Schadensabwendung), andere dagegen nur auf das Verhältnis zwischen bestimmten Ebenen (z.B. bestimmte Berichts- und Informationspflichten).

Sobald die in interne Anweisungen »übersetzten« externen Regeln in den Prozessen des Betriebs verankert sind, können diese zu einer Organisation zusammengefügt werden, die an den individuellen Verhältnissen des jeweiligen Unternehmens bzw. Konzerns orientiert soweit als möglich regelkonform ist. Selbstverständlich können auch weitere interne Regeln ergänzt und in die Organisation einbezogen werden, die wie z.B. die Forderung nach einem höflichen und freundlichen Verhalten gegenüber Kunden keiner verbindlichen Vorgabe des Gesetzgebers entspringen, sondern dem allgemeinen Geschäftsinteresse des Betreibers. Hinzu kommen z.B. in Betrieben des produzierenden Gewerbes Berichtspflichten der Schichtführer gegenüber den Abteilungsleitern und der Abteilungsleiter gegenüber der Geschäftsführung sowie die Dokumentation der Betriebsabläufe in Betriebstagebüchern und ähnlichen Dokumenten. Wer dies einhält, für den ist am Ende zweitrangig, ob das Berichtswesen in einer gesondert formulierten Informationsordnung niedergeschrieben ist.

Regelmäßige Besprechungen der Geschäftsführung mit einzelnen oder allen Abteilungsleitern vervollständigen das System interner Selbstkontrolle, das bei professioneller Ausgestaltung und Wahrnehmung im Einzelfall von Haftung entlasten kann. Spezielle Unternehmensbeauftragte bilden einen weiteren Baustein der Compliance-Organisation, sofern sie entsprechend ausgebildet und auf dem neuesten Stand sind. Eine zentrale Rolle spielt schließlich der Kenntnisstand des Personals, der bereits vor der Einstellung überprüft und in der Folge durch regelmäßige Schulungen kontinuierlich aktualisiert werden muss. Sofern mit variablen Vergütungsbestandteilen gearbeitet wird, kann es sich daneben empfehlen, deren Auszahlung in den jeweiligen Anstellungsverträgen an die Erfüllung eines bestimmten Pflichtenkatalogs zu binden.

Für die Unternehmensorganisation werden für Teilbereiche bereits Compliance-Programme angeboten, wie sie in den USA etwa zur Vermeidung von Kartellrechtsverstößen geläufig sind. Vergleichbare Aufgaben können beispielsweise von einem präventiven Vertrags- oder Markenmanagement wahrgenommen werden. Je nach Unternehmensgegenstand, Branche, Markt- und Konkurrenzsituation können weitere Module hinzukommen und ergeben so eine an den individuellen Verhältnissen des Unternehmens ausgerichtete Compliance-Organisation, die nach Möglichkeit alle Unternehmensbereiche und Mitarbeiterebenen einbeziehen sollte. Die Verbindung zu den Mitgliedern des verantwortlichen Geschäftsführungsorgans kann über ein ausgefeiltes Informationssystem hergestellt und bei Bedarf intensiviert werden. Um gegenüber Eigen- und Fremdkapitalgebern, Ratingagenturen, Analysten und weiteren Teilgruppen der interessierten Öffentlichkeit dokumentieren zu können, dass die Voraussetzungen für eine effiziente Compliance-Organisation geschaffen und ihre Bestandteile nicht nur implementiert wurden, sondern kontinuierlich kontrolliert und gepflegt werden, bietet sich eine Zertifizierung nach dem Vorbild der Qualitätsmanagementsysteme an. Das Institut für Management und Recht e.V. (IMR) hat hierzu ein Zertifikat entwickelt, das nicht zuletzt auch gegenüber den Anbietern von D&O-Versicherungen als Gütesiegel angeführt werden kann, um den angestrebten Versicherungsschutz überhaupt zu erhalten und darüber hinaus im Vergleich zu nicht zertifzierten Unternehmen günstigere Prämien zu erreichen.

In der Unternehmenspraxis dürfte am ehesten eine Compliance-Organisation akzeptiert werden, die nicht nur die Haftungsrisiken für die Gesellschaft bzw. den Konzern, sondern in gleichem Maß auch die Haftungsrisiken für die Mitglieder der Verwaltungsorgane sowie die Anteilseigner minimiert. Ihre Einrichtung basiert auf einem Konzept zur Sicherstellung regelkonformen Verhaltens in allen Unternehmensbereichen. Eine moderne Compliance-Organisation bietet diese Bestandteile im Paket und gewährleistet im Verbund mit einem Aktualitätenmanagement einen weitgehend gerichtsfesten Handlungs- und Entscheidungsrahmen. Wichtige Nebenbedingung ist dabei die Beachtung der Wirtschaftlichkeit der vorgesehenen Maßnahmen. Auf diese Weise wird der Schwerpunkt von der Reaktion auf die Prävention verlagert, wodurch bei gleichzeitiger Ausnutzung der vorhandenen Gestaltungsspielräume ein spürbarer Beitrag zur Steigerung des Unternehmenswerts geleistet werden kann.

Vor dem Hintergrund der stetig wachsenden Bedeutung einer gleichermaßen effektiven wie effizienten Compliance-Organisation sowie ihrer außerordentlichen Komplexität ist die zügige und wirtschaftliche Umsetzung für jedes Unternehmen ein kritischer Erfolgsfaktor. Erste Projekte haben gezeigt, dass eine Implementierung ausschließlich durch eigene Führungskräfte und Mitarbeiter Nachteile hat. So sind nicht nur die Compliance betreffenden Fragestellungen für Nichtbanken relativ neu, weshalb nur selten im Unternehmen selbst bereits entsprechendes Wissen vorhanden ist, sondern es fehlt regelmäßig auch an vergleichbaren Erfahrungen aus anderen Unternehmen. Zudem erfordert die Einrichtung und Aufrechterhaltung einer Compliance-Organisation gerade zu Beginn die volle Aufmerksamkeit der am Projekt beteiligten Personen, deren Kapazitäten gebunden werden. Da es sich aber kaum ein Unternehmen leisten kann, hoch qualifizierte Führungskräfte und Mitarbeiter komplett aus dem Tagesgeschäft herauszulösen, empfiehlt sich die Hinzuziehung externen Sachverstands, was je nach Bedarf in ein dauerhaftes Outsourcing münden kann.

III.
Compliance Monitoring

Maximilian Herberger

1 Prozessorientiertes Aktualitätenmanagement

1.1 Aktuell informiert sein: der ›klassische‹ Ansatz

Natürlich gab es immer schon Routinen, die dafür sorgen sollten, das einmal erworbene juristische Wissen angesichts der Veränderungen in der juristischen Umwelt aktuell zu halten. Diese Routinen beruhten darauf, dass – möglichst kontinuierlich – neue Informationen zur Kenntnis genommen wurden, die man für die Bearbeitung künftiger Fallkonstellationen als relevant erachtete. Es ging also stets um »Lernen auf Vorrat«. Dieser Ansatz warf zwei Probleme auf:

- Zum einen ergab sich durch das »Lernen auf Vorrat« ein Bestand an Aktualitätsinformationen, der so organisiert werden musste, dass er bei Bedarf im konkreten Einzelfall zur Verfügung stand.
- Und zweitens war natürlich auch das »auf Vorrat« Gelernte wieder dem Alterungsprozess ausgesetzt, so dass es im Prinzip ständig auf bleibende Aktualität zu überprüfen war *(Problem der Selbst-Referentialität des Aktualisierungslernens)*.

1.1.1 Ausweg Nr. 1: die juristischen Datenbanken?

Ein erster Ausweg aus dem angedeuteten Dilemma schienen die juristischen Datenbanken zu sein. Sie wurden mit dem Anspruch konstruiert, das jeweils relevante juristische Wissen auf aktuellem Stand recherchierbar zur Verfügung zu halten. Damit schien das Problem gelöst zu sein: Nicht mehr der juristische Entscheider speichert das Wissen, die Datenbank tut es für ihn. Selbst wenn man unterstellt, dass die vorhandenen juristischen Datenbanken sämtliche Ansprüche an bestmögliche Aktualität erfüllen (was durchaus nicht durchweg der Fall ist), bliebe doch ein praktisches Problem:

Praxishandbuch Corporate Compliance. Axel Jäger, Christian Rödl und José A. Campos Nave

ISBN 978-3-527-50395-7

Prinzipiell steht jede Entscheidung, die auf vorhandenem Wissen beruht, unter dem Vorbehalt, dass dieses Wissen überholt sein könnte. Deswegen wäre konsequenterweise in jeder Entscheidungssituation die Datenbank zu konsultieren, um zu überprüfen, ob dies der Fall ist. Das aber ist aus zeitökonomischen Gründen praktisch nicht möglich. Es bedarf also eines Kriteriums, das anzeigt, wann eine Datenbank-Konsultation angezeigt ist und wann nicht. Ein solches Kriterium kann nur auf einem globalen Wissen über von Änderungen betroffene Aspekte des im Einzelfall relevanten Rechts beruhen. Es kann sich dabei durchaus um generelle Informationen über Änderungsanfälligkeit oder Konstanz handeln, Detailwissen ist nicht erforderlich. Aber auch dieses Wissen muß »à jour« gehalten werden mit der Folge, dass wir trotz der Datenbanken praktisch wieder beim Ausgangsproblem angekommen sind: Der Entscheider muss in der Breite seines Handlungsfeldes Wissen »auf Vorrat« (und sei es auch nur Wissen über globale Änderungskonstellationen) sammeln, aus dem sich dann die Hinweise für die Notwendigkeit der Datenbank-Konsultation ergeben.

1.1.2 Ausweg Nr. 2: »Push« vs. »Pull«?

Ein zweiter Ausweg aus dem Dilemma der nötigen Informationssammlung »auf Vorrat« scheint der Übergang von dem »pull«-Paradigma zum »push«-Paradigma zu sein. Darunter versteht man den Übergang von der *Informationssuche* zur *Informationsbelieferung*. Der Entscheider muss nicht mehr selbst ein Informationsuniversum konsultieren (»*pull*«), sondern aus diesem Informationsuniversum werden ihm nach vordefinierten Kriterien aktuelle Informationen zugeliefert (»*push*«). So entstanden beispielsweise »Newsletter« und »Newsfeeds«. Betrachtet man die Funktionalität dieser Dienste genauer, so erkennt man, dass sie – abgesehen von der Möglichkeit der thematischen Fokussierung durch Voreinstellung – nur das Ausgangsproblem perpetuieren.

Der Fall der »Newsletter«

Im Falle der »Newsletter« werden dem Entscheider aktuelle Informationen zugeliefert, die sich auf einen bestimmten, von ihm gewählten Themenbereich konzentrieren. Diese Informationen muss der Entscheider in irgendeiner Weise akkumuliert ablegen, um bei Bedarf auf sie zurückgreifen zu können. Dieser »Rückgriff« kann sich auf die eigene Erinnerung beziehen oder auf ein selbst angelegtes Ordnungssystem: Das Ausgangsproblem bleibt in beiden Fällen tendenziell bestehen.

Der Fall der »Newsfeeds«

Im Falle der Newsfeeds erhält man nach Auswahl einer Quelle von dort ohne weiteres eigenes Zutun Benachrichtigungen, falls sich im ausgewählten Quellsystem Neuigkeiten ergeben. Der Vorteil liegt auf der Hand: Man muss nicht ständig nachschauen, ob Veränderungen eingetreten sind (was unnötig Zeit kosten würde, weil man hin und wieder auch im unveränderten System nach Änderungen suchen würde). Trotzdem bleibt aber der Grund-Nachteil erhalten: Die im Newsfeed zugelieferten Neuigkeiten müssen »verwaltet« und im späteren Anwendungsfall »abgerufen« werden können.

1.1.3 Die Ursache für das Defizit: Workflow-freies »Aktualitätenmanagement«

Sucht man nach der Ursache für die beschriebene Problematik, so kann diese auf folgenden Nenner gebracht werden:

Den bisherigen Angeboten und propagierten Verhaltensmustern nach wird der Erwerb aktuellen Wissens als eine eigenständige Aktivität gesehen, die ihren Wert in sich trägt. Ob und wie der so gesammelte Informationsbestand in Entscheidungsszenarien einfließt, hängt allein davon ab, wie die entscheidenden Akteure dies für sich organisieren.

1.1.4 Das Gegenmodell: Workflow-verankertes Aktualitätenmanagement

Das Gegenmodell begreift Wissen nicht unabhängig von Anwendungssituationen, sondern bezieht Wissen in definierter Weise auf solche Anwendungssituationen, die ihrerseits in Prozesse eingebettet sind. Dieser Grundgedanke lässt sich am besten an der juristischen Erfahrungswelt entnommenen Beispielen erläutern. Das folgende Beispiel, bei dem die alte der neuen Vorgehensweise gegenübergestellt wird, soll in diesem Sinne exemplarisch das neue Prinzip erläutern.

1.1.5 Ein Beispiel für Workflow-verankertes Aktualitätenmanagement: eine Klausel in Allgemeinen Geschäftsbedingungen

Altes Szenario:

Nach dem Entwurf einer Klausel in Allgemeinen Geschäftsbedingungen obliegt die Überwachung auf weitere Rechtsgemäßheit dafür zuständigen Spezialisten (z.B. der Rechtsabteilung im Unternehmen). Diese Spezialisten informieren sich fortlaufend über Änderungen im juristischen System, die sich auf AGB-Klauseln beziehen. Auf der Grundlage dieser stets aktuellen

Gesamtsicht pflegen sie das Klauselsystem der im Unternehmen verwandten Allgemeinen Geschäftsbedingungen.

Neues Szenario:
Soll eine Klausel in Allgemeinen Geschäftsbedingungen im Unternehmen verwandt werden, wird eine Struktur definiert, die den Klauseltext in Relation zu einer juristischen Grundlage setzt, die es als gerechtfertigt erscheinen lässt, diese Klausel zu verwenden. Eine solche juristische Grundlage kann beispielsweise ein Urteil sein, das diesen Klauseltext als rechtsgemäß eingestuft hat. Das Ablegen dieser Relation im Informationssystem des Unternehmens löst ein IT-gestütztes permanentes Monitoring aus, das überprüft, welche weitere Entwicklung das als Stütze für die AGB-Klausel angegebene Urteil im Prozess der fortschreitenden juristischen Debatte erfährt. Es ist beispielsweise denkbar, dass das Gericht seine Beurteilung der betreffenden AGB-Klausel aufgibt, also seine einschlägige Rechtsprechung ändert. Sofern es eine Möglichkeit gibt, dieses Faktum (= klauselbezogene Rechtsprechungsänderung) automatisiert zu erkennen, können mehrere Abläufe angestoßen werden.

Ablauf Nr. 1
Ein denkbarer Ablauf ist der, dass vor der nächsten Verwendung dieser Klausel im Workflow des Unternehmens eine Warnung generiert wird (»Alarmsystem«).

Ablauf Nr. 2
Ein weiterer denkbarer Ablauf besteht darin, dass der für die Redaktion und Pflege der Allgemeinen Geschäftsbedingungen zuständigen Instanz die Klausel zur Überarbeitung vorgelegt wird. Eine solche Vorlage könnte von einem Text wie dem folgenden begleitet werden:

> »Am ... hatten Sie gestützt auf die Entscheidung des Gerichts G. vom ... (Aktenzeichen) folgende AGB-Klausel für rechtsbeständig erachtet. Nunmehr hat das Gericht G. seine einschlägige Rechtsprechung geändert. Wir regen an, die betroffene AGB-Klausel zu überprüfen.«

Diese Mitteilung kann mit Links auf alle referenzierten Texte versehen werden, was deren direkte Konsultation erlaubt. Ergebnis der so angeregten Überprüfung wird eine AGB-Klausel sein, die wiederum in Relation zu einer maßgeblichen juristischen Stütz-Instanz im Informationssystem des Unternehmens abgelegt wird und wiederum dem beschriebenen Überprüfungskreislauf ausgesetzt wird.

1.2 Verfeinerungsbedarf für das Modell ›Workflow-verankertes Aktualitätenmanagement‹

Das so elementar beschriebene Ablaufmodell erfordert noch mancherlei Hinsicht Verfeinerungen. Diese Verfeinerungen sind weniger beim Anknüpfungspunkt der Prozedur erforderlich, der hier als Text (= AGB-Klausel im Beispiel) angenommen wurde. Denn in den meisten Fällen werden es Texte sein, die als Ergebnis juristischer Überlegungen den Kern der Handlung bilden, weil juristisches Handeln eben überwiegend auf Textproduktion hinausläuft. Diese Texte sind damit auch geeignet, als »Anker« für ein workflow-bezogenes Aktualitätenmanagement zu dienen. Auf diese Weise lässt sich das, was eben gesagt wurde, unschwer auf Vertragsklauseln übertragen.

Der Verfeinerungsbedarf bezieht sich hauptsächlich auf die angenommenen »Stützrelationen«. Dies zeigt bereits eine vorläufige Betrachtung möglicher Relationen dieser Art:
Abstützungen (mit darauf bezogenen nachgehenden Änderungsereignissen) sind beispielsweise in folgender Form denkbar:

- Abstützung auf eine gesetzliche Norm → Die Norm wird aufgehoben oder verändert.
- Abstützung auf ein Urteil → Das Gericht ändert seine Rechtsprechung (das war der Fall im obigen Beispiel).
- Abstützung auf eine Klausel aus einem Formularbuch → Der Verfasser des Formularbuches ändert seinen Textvorschlag.

Dieser sehr elementare Strukturierungsvorschlag orientiert sich an der für Juristen vertrauten Trias »Gesetz, Rechtsprechung, Literatur«.

Darüber hinaus muss aber in einem realitätsgerechten Strukturierungsvorschlag berücksichtigt werden, dass dieses den Referenzquellen nach differenzierte Grundmodell immer noch der weiteren Verfeinerung bedarf. Das wird sofort deutlich, wenn man etwa die Tatsache betrachtet, dass z.B. im Regelfall weder die Referenz auf *ein* Urteil noch die Referenz auf *eine* Literaturmeinung für ein Handeln »lege artis« ausreichend sind. Vielmehr muss der »vielstimmige Chor« der Meinungen berücksichtigt werden, der aus juristischer Sicht als »herrschende Meinung« Bedeutung erlangt. All dies abzubilden verlangt *idealiter* die Modellierung einer Theorie der juristischen Argumentation. Da die Praxis sich allerdings verschiedentlich einfacherer Modelle bedient, ist nicht auszuschließen, dass nach Entscheidung der Beteiligten weniger Referenzpunkte als theoretisch denkbar gesetzt werden müssen. Diese Beobachtung verweist auf die Notwendigkeit, die Strukturierung der relevanten Referenzpunkte für die Benutzer je nach dem Niveau ihrer Sicherheits- und Relevanzerwartungen konfigurierbar zu gestalten.

1.3 Workflow-basiertes Aktualitätenmanagement: Illusion oder erreichbare Realität?

Die abschließende Frage muss lauten: Ist das skizzierte Modell von Aktualitätenmanagement hier und heute praktisch realisierbar?

Die Antwort fällt gemischt aus. In optimaler Weise ist gegenwärtig eine Realisierung noch nicht denkbar, weil zahlreiche der benötigten Änderungsinformationen nicht präzise und IT-mäßig abrufbar zur Verfügung stehen. So gibt es beispielsweise keinen Webservice, der einen automatisierten Abruf von Normänderungen erlaubt. Allerdings lassen sich solche Dienste durch intelligente Nutzung vorhandener Informationssysteme approximieren.[686] Dies gilt auch für die weiteren Bezugspunkte, die als Indikatoren für die Notwendigkeit dienen können, einen im Workflow verankerten »Baustein« (wie z.B. einen Text) einer Änderung zu unterziehen.

686) Das System »ajour«, das z.Zt. am Institut für Rechtsinformatik der Universität des Saarlandes (http://www.rechtsinformatik.de) in Kooperation mit der Europäischen EDV-Akademie des Rechts (http://www.eear.eu) entwickelt wird, hat im vorgeschlagenen Sinne das Stadium des »proof of concept« erreicht.

IV.
Wertemanagement – Bedeutung eines überzeugenden Wertemanagements

Saskia Bonenberger

1 Implementierung eines Compliance-Systems

1.1 Compliance notwendig, aber nicht ausreichend!

Ziel einer Compliance-Organisation ist es, auf die Einhaltung gesetzlicher Normen oder unternehmensdefinierter Vorgaben hinzuwirken und dadurch Haftungsansprüche oder andere Rechtsnachteile für das Unternehmen, seine Mitarbeiter und Organe zu vermeiden[687]. Dieses Vermeiden von Risiken und die Einhaltung von Normen in Unternehmen beginnt mit der Organisation von Informationsflüssen. In Deutschland hat man vielmals die Compliance-Organisationsregeln, die aus den USA nach Europa kamen, als lästige Dokumentationspflichten aufgegriffen oder aber als vordergründige Scheinpflichtübung wahrgenommen. Nicht wenige Menschen in Deutschland glauben mittlerweile, dass Geschäft und Moral einander kategorisch ausschließen.[688] Compliance-Regeln begriffen lediglich als Organisationsaufgabe zur Dokumentation des rechtmäßigen Handelns der Führung und der Mitarbeiter, können nur dort effizient ihre Wirkung entfalten, wenn sie auf ein fundamentales Wertesystem im Unternehmen treffen. Denn Sinn einer Compliance-Organisation ist nicht die Dokumentation oder die vordergründige Verwaltung rechtmäßigen Handelns. Sie dient vielmehr dazu, dauerhaft rechtliche Risiken für Führungsorgane und Mitarbeiter eines Unternehmens zu vermeiden. Dieser Präventionsaufgabe kann die Compliance-Organisation jedoch nur dann gerecht werden, wenn sie an Unternehmenswerten und gelebter moralischer Führungskultur orientiert ist. Echte Prävention ist nur möglich, wenn hinter allen organisatorischen Maßnahmen ein eindeutiger Wille der Unternehmensführung steht, die Regeln einzuhalten. Ohne moralisches Vorbild und werteorientiertes Engagement in

687) Vgl. Hauschka, Ch. E., »Corporate Compliance. Handbuch der Haftungsvermeidung im Unternehmen«, München 2007, S. 2,3.

688) Wieland, J.: »Unternehmensethik und Compliance-Management – zwei Seiten einer Medaille«, in: Corporate Compliance Zeitschrift 1/2008, S. 15.

Praxishandbuch Corporate Compliance. Axel Jäger, Christian Rödl und José A. Campos Nave

ISBN 978-3-527-50395-7

der Führung büßt das Compliance-System Effizienz und Effektivität ein.[689] Anreize im Bonussystem und in der Karriereplanung dürfen dem Verhaltensstandard nicht widersprechen, sondern müssen deren Einhaltung fördern. Corporate Governance und Risikomanagementsysteme, die ausschließlich »law driven« sind, sind zwar notwendig, aber nicht ausreichend. Was es braucht, ist die moralische Verpflichtung einer Organisation und ihrer Mitglieder auf die Erfüllung solcher Spielregeln, und diese kann nur »value driven« sein.[690] Die Aktualität dieser Aussage sechs Jahre später überrascht nach wie vor.

1.2 Fraud-Triangle und die Bedeutung der Rechtfertigung für Fraud

Durch das Betrugsdreieck (Fraud-Triangle) sind die drei wesentlichen Entstehungsgründe von Wirtschaftskriminalität transparent und einfach dargestellt. Dieses Dreieck stammt aus den 40er Jahren im letzten Jahrhundert und wurde von Donald R. Cressey entwickelt. Cressey hatte sich im Rahmen seiner Studien mit den Ursachen von Fraud in Unternehmen beschäftigt.

Wirtschaftskriminalität tritt insbesondere dann auf, wenn erstens der Täter eine Gelegenheit zur Tat hat, wenn er zweitens einen Anreiz oder einen Druck für diese Tat wahrnimmt und drittens die Tat im Nachgang vor sich selbst rechtfertigen kann. D.h., dass diese Tat mit ihren inneren Einstellungen in Einklang zu bringen ist. Während die Verhinderung von Gelegenheiten im Wesentlichen durch Organisationsstrukturen und wirkungsvolle Unternehmensüberwachungen eingedämmt werden kann, bewegen sich die Dreiecksspitzen Anreiz/Druck oder Rechtfertigung auf anderen Ebenen, die die subjektive Seite und innere Einstellung des Täters tangieren. Von dem Bestehen in einer fraudulenten Motivation wird dann ausgegangen, wenn die finanzielle Stabilität des Unternehmens insgesamt bzw. die persönliche finanzielle Situation der jeweiligen Führungskraft bedroht ist oder wenn der Druck, die Erwartungen Dritter zu erfüllen, besonders ausgeprägt ist.[691] Falsche Anreizstrukturen, die oftmals kurzfristig ausgelegt sind und nachhaltiges Wirtschaften bzw. im Wertemanagement keine Berücksichtigung finden, untergraben die Compliance-Organisation des Unterneh-

689) Vgl. Wieland, J., Unternehmensethik und Compliance-Management – zwei Seiten einer Medaille, in: Corporate Compliance Zeitschrift 1/2008, S. 17.

690) Vgl. Wieland, J. : »WerteManagement und Corporate Governance. Working Paper 03/2002«,S. 4.

691) Vgl. Hofmann, St.: »Handbuch Anti-Fraud-Management«, Berlin 2008, S. 207.

mens. Typisch fraudanfällig ist in diesem Beispiel die variable Vergütung von Führungskräften von kurzfristig beeinflussbaren Bilanzkennzahlen. Die innere Einstellung oder Rechtfertigung des Täters ist eine individuelle Komponente. Letztendlich gehen die Täter wissentlich und willentlich unredliche Handlungen ein. Da wir es im Bereich der Wirtschaftskriminalität aber mit zumeist gut gebildeten und mit ethischen Wertvorstellungen ausgerüsteten Personen zu tun haben, wissen die Täter um den Unrechtsgehalt ihrer Handlungen und versuchen diese rational zu rechtfertigen. Diese Rechtfertigung oder Rationalisierung ist weit verbreitet. Typische Redewendungen, die dieses belegen, sind »Im armen Land X ist ein Geschäft ohne Schmiergeld nicht möglich«, »Geschäft ist Geschäft«, »Jeder tut es«, »Es ist zum Wohl der Firma«. Die Rechtfertigung wird vielmals auch damit begründet, dass kein Schaden entstanden sei. Für das Unternehmen, gerade bei Schmiergeld oder Bilanzdelikten, fehlt es an einem Opfer. Fallvarianten für eine Rationalisierung und innere Einstellungen gibt es viele. Letztendlich ist es jedoch Aufgabe eines Compliance-Systems, gegen dieses Fraud-Triangle auf jeder Ebene zu arbeiten und Gelegenheit und Druck oder innere Rechtfertigung im Unternehmen zu verhindern. Gerade dieses soll ein Wertemanagement unterstützen und sicherstellen. Zur Verhinderung von wirtschaftskriminellen Handlungen wird daher einerseits ein effizientes Kontrollsystem und andererseits das Schaffen einer offenen und transparenten Unternehmenskultur verlangt. Diese offene und transparente Unternehmenskultur ist ohne ein Wertemanagementsystem nicht denkbar und umgekehrt sind straffe Kontrollen mit entsprechenden Konsequenzen bei Aufdeckung von strafrechtlich relevantem Verhalten ohne ein entsprechendes Wertemanagementsystem nicht glaubwürdig und zieleffizient.

1.3 Compliance versus Integrität

Eine der wichtigsten Maßnahmen zur Bekämpfung von wirtschaftskriminellem Verhalten in Unternehmen ist die Auswahl integrer Persönlichkeiten für Führungspositionen. Es gibt zahlreiche Untersuchungen darüber, ob und wie Integrität als Eigenschaft einer Person messbar ist. Für den staatlichen Dienst, insbesondere Polizei, Verfassungsschutz, Personenüberwachung, Militär sind Testverfahren üblich und zum Großteil akzeptiert. Integre Personen für ein Unternehmen einzustellen ist Bestandteil eines effektiven Compliance-Management-Systems, denn letztendlich lässt sich nur mit Personen, die rechtschaffen handeln, ein rechtmäßiges Handeln dauerhaft durchführen. Integres Handeln ermöglicht ein im positiven Sinne berechenbares Denken. Basis ist das verinhaltlichte Verständnis von Managern wie Unternehmensführern, dass sich die persönlichen Überzeugungen im individuellen Verhalten wiederspiegeln. Schon die Worthistorie macht klar, dass es sich hier um eine absolute Eigenschaft handelt. Integrität leitet sich ab vom lateinischen integrare, was übertragen unberührbar heißt. Wer also tut, was er sagt, handelt integer. Wer handelt, wie er denkt, handelt integer. Wer auch in Konfliktsituationen zu seinen Werten steht, der handelt integer. Kurz: Integrität bedeutet, dass die persönlichen Werte sich im Reden wie im Handeln wiederfinden. Ein integrer Mensch ist und bleibt sich treu. Das macht ihn zu einer Autorität, einer starken Führungskraft, die andere auch anleiten kann und auf die die Beteiligten, Mitarbeiter wie Topmanagement, sich verlassen können.[692]

1.4 Implementierung eines Compliance-Systems nur bei entsprechendem Wertemanagementsystem möglich

Ob ein Unternehmen überhaupt Steuern zahlt und wo es sie zahlt, wird nie nur als eine unternehmenspolitische Effizienzfrage, sondern immer auch als eine moralische Frage wahrgenommen.[693] Die Gehälter deutscher Spitzenmanager oder Sachleistungen an Aufsichtsräte, Schmiergeld im In- und Ausland, Diskussionen über den Werteverfall sind täglich in der Presse zu finden.

Die aktuelle Studie von PriceWaterhouseCoopers zur Wirtschaftskriminalität aus dem Jahre 2007 führt als Hauptursachen, vor allem bei Tätern aus Führungsetagen, vier Ursachen für kriminelles Verhalten an: mangelndes Unrechtsbewusstsein, leichte Verführbarkeit und aufwändiger Lebensstil sowie Management Override. Managementstrukturen werden außer Kraft gesetzt. Laut PWC-Studie liegen die systematischen Mängel vor allem in der lückenhaften Wirkung der Kontrollmaßnahmen. Zwei Drittel aller Wirtschaftsdelikte werden in Deutschland eher zufällig entdeckt. Nur 23 Prozent der befragten deutschen Unternehmen haben Hinweisgebersysteme und senken damit die Zufallsquote, und viele Unternehmen befinden sich damit in einem Teufelskreis trügerischer Sicherheit. Ohne effiziente Kontrolle gibt es keine Aufdeckung von materiellen und immateriellen Schäden.[694]

692) Vgl. hierzu Hattendorf, K.: »Integrität« in: Unger, St./Hattendorf, K./Korndörffer, S.H.: Was uns wichtig ist : eine neue Führungsgeneration definiert die Unternehmenswerte von morgen, Weinheim 2006, S. 59.

693) Vgl. Wieland, J. (Hrsg.): »Handbuch Wertemanagement«,. Hamburg 2004, S. 15.

694) Vgl. auch Hauenschild, C. von: »Wirtschaftskriminalität und Prävention: das Umfeld der Korruptionsprävention«, in: S. 39.

Die Analyse der Hauptursachen zeigt, dass eine optimale Kriminalprävention ohne effiziente Kontrollsysteme nicht auskommt, hierzu zählen insbesondere auch moderne Hinweisgebersysteme. Gleichwohl beruhen die meisten Delikte nicht ausschließlich auf einer mangelhaften Kontrollarchitektur, sie müssen daher durch ein Enttabuisieren der Thematik sowie durch Maßnahmen zur weiteren Verbesserung des Unternehmensklimas und der Implementierung von Wirtschaftsethik angegangen werden.

Die Hälfte der Wirtschaftsstraftäter kommt aus den eigenen Reihen des geschädigten Unternehmens. Sie sind überall auf der Welt zumeist männlich (ca. 90 %), überdurchschnittlich gebildet. Etwa 20 Prozent gehören zum Topmanagement. Sie sind um die 40 Jahre alt und in der Regel seit mehreren Jahren im Unternehmen beschäftigt.

Die Implementierung von Wirtschaftsethik in einem Unternehmen stellt daher unter verschiedenen Gesichtspunkten eine der wichtigsten Maßnahmen dar; nicht nur als vertrauensbildende und in jeder Hinsicht wertschätzende Maßnahme im Verhältnis zu Kunden unter Öffentlichkeit, also im Außenverhältnis, sondern auch zu unbedingt erforderlichen Ergänzungen der Kontroll- und Sicherheitsarchitektur eines Unternehmens, also im Innenverhältnis.[695] Die Implementierung eines Compliance-Systems mit Verantwortlichkeit im Topmanagement, Analyse der Risikofelder und entsprechenden Kontroll- und Organisationsstrukturen kann nur wirkungsvoll funktionieren, wenn ein entsprechendes Wertemanagementsystem im Unternehmen gelebt wird. Eine schriftliche Dokumentation ist selbstverständlich, reicht aber in keiner Weise. Die Information ist eine Sache, die subtile Wahrnehmung des kollektiven Verhaltens durch die Mitarbeiter und das Umfeld eine andere. Beides, Sachinformation und Symbolik, muss man beherrschen. Der Vorstand setzt sozusagen den Ton. Wer einem Unternehmen einen harten Sparkurs verordnet, der gewinnt mehr Akzeptanz, wenn er in die Gemeinschaftskantine essen geht und Economy fliegt.[696] Wer das Wertemanagement hingegen gut im Griff hat und seine Unternehmenskultur wie aus einem Guss präsentiert, dem eröffnen sich Erfolgschancen: Starke Unternehmensidentität, Motivation und Eigenverantwortung, entsprechend flexible und effiziente Prozesse, mehr Kunden- und Mitarbeiterzufriedenheit, gesellschaftliche Akzeptanz und letztlich wachsendes Geschäftspotenzial. Insofern erscheint Wertemanagement als eine notwendige und auch gute gewinnbringende Investition in die Zukunft eines Unternehmens.[697]

695) Vgl. Dörmann, J. in: Wieland, J. (Hrsg.): Handbuch Wertemanagement. Hamburg 2004, S. 8.

696) Vgl. Dörmann, J. in: Wieland, J. (Hrsg.): a.a.O., S. 8.

697) Vgl. Dörmann, J. in: Wieland, J. (Hrsg.): a.a.O., S. 10.

2 Wertemanagement

2.1 Was ist Wertemanagement?

Die Handlungen von Mitgliedern einer Organisation lassen sich demnach nicht allein durch Direktion und Kontrolle, durch Anreiz und Sanktionen, sondern grundlegend auch durch Werte – Einstellungen, Haltungen, Überzeugungen – steuern. Große Wirtschaftsskandale der Vergangenheit haben gezeigt, dass amerikanische wie deutsche Unternehmen nicht wegen Fehlens von Code of Ethics, Code of Conduct oder klaren Prozessen und Handlungsanweisungen gescheitert waren, im Gegenteil, alle waren mit beispielhaften Compliance-Programmen ausgestattet, aber das ist nur die Papiervoraussetzung dafür, worum es im Kern wirklich geht: Wie mobilisiert ein Unternehmen systematisch und nachhaltig die Motivation von Führung und Mitarbeitern zu rechtlich und moralisch integrem Verhalten? Wie schafft es Anreize, dass die Regelung der Corporate Governance gelebt wird? Wie eliminiert es Anreize im Unternehmen, die illegales und amoralisches Verhalten prämieren?[698] Ein Wertemanagement wird sowohl intern als auch extern verbindlich kommuniziert und fungiert innerhalb eines umfassenden und nachhaltig wirkenden Risikomanagements als die moralische Wertgrundlage individuellen und organisatorischen Handelns. Ein Wertemanagement wird dabei als ein Anreizsystem konzipiert, das auf die Prävention von Risiken mittels Veränderung bzw. Stabilisierung einer bestehenden potenziell von Erosion bedrohten Moral innerhalb der Unternehmenskultur zielt und letztlich die Durchsetzung und Sicherstellung der moralischen Werte der Organisation bewirkt. Durch diese präventive Wirkung ergänzt ein Wertemanagement bereits existierende, regelmäßig ex-post wirksame Steuerungs- und Kontrollinstrumente zu einem umfassenden und nachhaltig wirkenden, werteorientierten Risikomanagementsystem.[699]

2.2 Was sind Werte? Welche Werte sind die wichtigsten in Unternehmen?

Die Grundlage jedes Wertemanagements ist die Festlegung und Kodifizierung derjenigen Werte eines Unternehmens, die seine Identität bestim-

698) Siehe Wieland, J., Wertemanagement und Corporate Governance, Working Paper Nr. 3/2002, S. 4.

699) Vgl. Wieland, J./Fürst, M.: »WerteManagement – Der Faktor Moral im Risikomanagement«, KIeM Working-Paper Series 01/2002, Konstanz, S. 5.

men und seine Entscheidungen strukturieren. Solche Codes of Ethics oder Codes of Conduct, Grundwertekataloge oder Leitlinien sind im heutigen Wirtschaftsleben längst Standard. Sie stellen so etwas wie die Visitenkarte eines Unternehmens dar. Als solche beinhalten sie nicht nur moralische Werte, sondern auch Leistungskommunikations- und Kooperationswerte.[700)]Wieland unterteilt die Werte in vier Kategorien, die er und seine Forschungsgruppe anhand der Analyse amerikanischer und deutscher Firmenstandards gewonnen haben.

Kategorie 1: Leistungswerte
- Nutzen
- Kompetenz
- Leistungsbereitschaft
- Flexibilität
- Kreativität
- Innovationsorientierung
- Qualität

Kategorie 2: Kommunikationswerte
- Achtung
- Zugehörigkeit
- Offenheit
- Transparenz
- Verständigung
- Risikobereitschaft

Kategorie 3: Kooperationswerte
- Loyalität
- Teamgeist
- Konfliktfähigkeit
- Offenheit
- Kommunikationsorientierung

700) Vgl. Wieland, J. : »Wozu Wertemanagement? Ein Leitfaden für die Praxis«, in: ders. (Hrsg.): Handbuch Wertemanagement, Hamburg 2004, S. 23.

Kategorie 4: Moralische Werte

- Integrität
- Fairness
- Ehrlichkeit
- Vertragstreue
- Verantwortung

Unternehmen können damit nicht nur anhand von Bilanzen, Kennzahlen, Organigrammen und Cashflow beschrieben werden, sondern sie stehen für eine bestimmte Ansammlung von Werten, die sie für sich definiert haben. Diese Definition erfolgt über ausformulierte Verhaltensstandards, die immer aus allen vier Werteklassen stammen.[701)] Wichtig ist hierbei, dass nach Wieland diese Verhaltensstandards weder von allen möglichen wünschenswerten Werten bestimmt werden, noch einen Hort der Moralität in der Organisation darstellen. Sie beschreiben auch keinen IST-Zustand, sondern sie bestimmen Verhaltensreferenzen einer Unternehmung, sind eine Absichts- und Willenserklärung und ein Selektionskriterium für Entscheidungen in Konfliktsituationen.[702)] Dieses ist jedoch nur der erste Schritt.

In einem zweiten Schritt müssen die Werte im Geschäftsalltag mit Leben gefüllt werden; dazu gehört Kommunikation. Wieland versteht Kommunikation weiter als reine Information und PR. Werte müssen gelebt werden und in die operativen Geschäftsprozesse so integriert sein, dass sie auch Konsequenz für das Alltagsverhalten haben: bei der Auswahl von Mitarbeitern, bei der Beförderung von Nachwuchs, bei der Auswahl und Bewertung von Lieferanten. Und zum dritten ist die Implementierung und Realisierung von Wertemanagementsystemen in den Geschäftsalltag von immenser Bedeutung. Als viertes gilt für ein funktionierendes Wertemanagement, egal wie es organisiert wird, ob über einen Compliance-Officer, über die interne Revision oder über Qualitätsmanagement: Es muss Chefsache sein. Das heißt, eine kontinuierliche Kommunikation der Bedeutung der Werte und das Vorbild der Führung sind die wichtigste Voraussetzung für ein funktionierendes Wertemanagement.

2.3 Überzeugendes Wertemanagement

Ziel eines Wertemanagements ist die nachhaltige Sicherung des Unternehmens in jedem Sinne des Wortes, also juristisch, ökonomisch, ökolo-

701) Vgl. hierzu Wieland, J., a.a.O.
702) Vgl. Wieland, J., a.a.O.

gisch oder gesellschaftlich.[703] Das bedeutet, dass die Interessen der verschiedenen Stakeholder der Unternehmen und Organisationen bei Entscheidungen einbezogen werden müssen. Die Einhaltung von Rechtsvorschriften oder die nachhaltige Unternehmenssicherung oder die Berücksichtigung ökologischer und gesellschaftlicher Belange sind für die nachhaltige Sicherung eines Unternehmens äußerst wichtig. Die Zusammenführung all dieser Belange in einem systematischen Managementprozess sichert die Nachhaltigkeit des Unternehmenserfolgs.[704] Die nachhaltige Wirksamkeit eines Wertemanagements ist nur dann zu erreichen, wenn Mitarbeiter und insbesondere Führungskräfte wertesensible Problemstellungen selbst erkennen, akzeptieren und auch bearbeiten. Insofern ist ein Wertemanagement in erster Linie für die eigenen Mitarbeiter. Da jedoch ein Unternehmen mit seinen Lieferanten, Kunden, Behörden und der Presse in Beziehung tritt, muss das Wertemanagement letztendlich auch Hilfestellungen in den Beziehungen zu diesen geben und überzeugende Lösungen in Konfliktsituationen aufzeigen können.

2.4 Bedeutung eines überzeugenden Wertemanagements

Wertemanagement ist vor dem Hintergrund der Entwicklungen, die in der Tagespresse zur Zeit und seit mehreren Jahren nachverfolgt werden können, kein Goodwill-Thema mehr, sondern existenzsichernd für ein Unternehmen. Dazu braucht es ein klares und wirksames Wertemanagement. Zudem verändern sich die Märkte sehr rasch, in denen die Unternehmen sich bewegen müssen. Die Werte hingegen bleiben stabil und verleihen innere Stabilität und Sicherheit.

2.4.1 Vorteil einer Implementierung

Durch ein Wertemanagement wird das Risiko »menschliches Fehlverhalten«, die Schwäche sämtlicher Compliance-Systeme oder Risikomanagementsysteme präventiv gemindert. Betrug, Untreue, Kartellabsprachen und Korruption können – wie oben dargestellt – nicht allein durch Kontroll- und Sanktionssysteme verhindert werden. Dezentrale Unternehmensstrukturen und die Idee, dass jeder Mitarbeiter auch Unternehmer sein sollte, setzen enge Grenzen.[705] Diesem Fehlverhalten dauerhaft vorzubeugen, geht nur durch eine sensibel und eindeutig eingestimmte Unternehmenskultur, die

703) ZfW Zentrum für Wirtschaftsethik Deutschland, aktuelle Broschüre, S. 4.

704) Siehe Broschüre ZfW, a.a.O.

705) Vgl. hierzu Wieland, J.: »Wert und Werte – Ethik als Managementaufgabe«, in: *Personalwirtschaft*, Heft 7, 2001, S. 16f.

ohne ein Wertemanagement nicht zu haben ist.[706] Die Unternehmenskultur und das Image, ein attraktiver Arbeitgeber zu sein, ist zukünftig wahrscheinlich einer der entscheidenden Wettbewerbsfaktoren, insbesondere auf dem deutschen Markt. Die Attraktivität als Arbeitgeber ergibt sich aus der Qualität der Produkte, aber auch aus der Unternehmenskultur hinsichtlich Flexibilität der Arbeitszeiten, Innovationskraft, Frauenfreundlichkeit oder Offenheit beispielsweise. Auch Verantwortungsbewusstsein für die Außenwelt, sei es in Umweltschutzbestimmungen, im Schutz von Minderheiten, in der Erstellung und Qualität der Produktion und damit der Einstellung und dem Willen zur gesellschaftlichen Verantwortung, sind Schlüssel zum Erfolg. Auch das gesellschaftliche Ansehen eines Unternehmens, das sich gerade im Leben der Werte durch seine Mitarbeiter nachhaltig äußert, wird oftmals als Börsenfaktor gesehen (so Josef Wieland in Wert und Werte als Managementaufgabe, Seite 17). Nachhaltig lässt sich die öffentliche Reputation nur stärken, wenn hinter Imagemaßnahmen und gesellschaftlichem Ansehen ein ständiger Verbesserungsprozess und ein ständiges Engagement der Mitarbeiter und der Unternehmensleitung gefördert und gefordert werden.

2.4.2 Gefahren einer Vernachlässigung eines Wertemanagementsystems

Die Gefahren einer Vernachlässigung eines Wertemanagementsystems liegen im kontinuierlichen Verfall der unter 2.4.1 dargestellten Vorteile. Fehlverhalten wird in Unternehmen nach und nach provoziert. Das gute Image, als Arbeitgeber attraktiv zu sein, schwindet. Verantwortungsbewusstsein gegenüber seiner Umwelt und damit zum Erfolg beizutragen, sinkt, und das gesellschaftliche Ansehen, das sich auch als Börsenfaktor wiederspiegeln kann, vermindert sich. Die Aufrechterhaltung des Wertemanagements in einem Unternehmen ist ganz klar Führungsaufgabe und wenn diese echte Erkenntnis und das Engagement der Führung in dieser Sache nachlässt, kommt es zu Entwicklungen und Prozessen, wie sie der Tagespresse zur Zeit zu entnehmen sind, die das Unternehmen, das Vertrauen der Öffentlichkeit, aber auch das Vertrauen der Mitarbeiter für einen längeren Zeitraum schädigen und damit bis zu existenzbedrohende Gefahren für ein Unternehmen darstellen können.

706) Vgl. Wieland, J.: »Wert und Werte – Ethik als Managementaufgabe«, in: *Personalwirtschaft*, Heft 7, 2001, S. 16f.

3 Implementierung eines Wertemanagementsystems

Das Wertemanagementsystem ZfW basiert auf der Selbststeuerung. Diese wird realisiert durch Selbstverpflichtung und entsprechende Selbstkontrolle. Auf Wunsch wird jedoch auch eine externe Zertifizierung in kompakter Form durchgeführt. Das Wertemanagementsystem ZfW setzt einen Prozess permanenter Verbesserung in Gang, dessen Voraussetzung kontinuierliche Aufmerksamkeit ist. Beispiele für die praktische Umsetzung des Wertemanagementsystems ZfW sind unter www.dnwe.de/Wertemanagement zu finden.

3.1 Wertemanagementsystem – Prozessstufen eines Wertemanagementsystems

Das Wertemanagement ZfW besteht aus vier praxiserprobten Stufen einer logischen Prozesskette. Sie stellt die Ergebnisorientierung sicher und vermeidet gezielt Ethikbürokratie und unnötige Mehrarbeit. Die vier Prozessstufen sind:

1. Kodifizierung der Unternehmenswerte
2. Unternehmenskommunikation
3. Instrumente
4. Organisation

In der ersten Stufe »Kodifizierung der Unternehmenswerte« werden die Grundwerte Vision, Mission, Value und der Code of Ethics festgeschrieben. In der zweiten Stufe, der »Unternehmenskommunikation«, werden in Policies und Procedures Arbeitsverträge, Arbeitsanweisungen, Lieferantenmanagement, Corporate Citizen Programme, die kodifizierten Unternehmenswerte kommuniziert. In der dritten Stufe der Implementierung werden die kodifizierten Unternehmenswerte in einem Compliance-Programm, einem Werteprogramm und einem Ethik-Audit-System implementiert und um dann in der vierten Stufe, der »Organisation«, im Compliance-Office oder Ethik-Office in der Vorbildrolle der Führung und dem tatsächlichen Leben des Managements und in seiner funktionalen Integration, beispielsweise in der Revision, im Qualitätsmanagement und den täglichen leistungsbezogenen Prozessen organisiert zu werden.

3.2 Ethik-Managementsystem Bayerischer Bauindustrieverband

Interessanterweise hat gerade der Bayerische Bauindustrieverband ein Wertemanagementsystem etabliert. In seinem Vorwort sagt der Vorsitzende des EMB-Wertemanagement Bau e.V.: »In der breiten Bevölkerung herrscht die Meinung vor, werteorientiertes Verhalten und wirtschaftliches Handeln seien miteinander nicht in Einklang zu bringen, ja beides würde sich sogar gegenseitig ausschließen. Untermauert wird dies nicht zuletzt durch Berichte in den Medien über negative Vorgänge in Unternehmen, die bei oberflächlicher Betrachtung suggerieren, dass wirtschaftlicher Erfolg nur durch dolose Praktiken möglich wäre. Dabei wird aber außer Acht gelassen, dass derartiges Verhalten keineswegs unternehmerischer Alltag ist. ... Werteorientierte Unternehmenskultur festigt den inneren Zusammenhalt, weist auf eine verlässliche Partnerschaft hin, erzeugt Vertrauen und zeitigt dauerhaft unternehmerischen Erfolg. ...

Fairness, Offenheit, Ehrlichkeit, Vertrauenswürdigkeit und Integrität sind Werte, die für Geschäftsbeziehungen und die Abwicklung offener Verträge unabdingbar sind. Werteorientierung und wirtschaftlicher Erfolg schließen sich nicht aus. Gelebte Werte sind vielmehr die Grundlage wirtschaftlichen Erfolgs und insoweit eine Zukunftsaufgabe für die Wirtschaft ...«

In seinem Vorwort zur Darstellung der Ausgangssituation stellt der Trägerverein Ethikmanagement der Bauwirtschaft e.V. dar, dass das EMB-Wertemanagement Bau nichts mit Predigen und Moralisieren zu tun hat. Es sieht sich als richtige Antwort auf den Kontrollanspruch des Staates in einer gewinnorientierten Wirtschaft. Es sieht sich auch nicht als reine Compliance-Strategie zur Bekämpfung von Manipulation und Korruption. Insbesondere darf ein solches werteorientiertes Managementsystem nach Auffassung der Begründer nicht auf Compliance oder bloße Exkulpationsstrategien reduziert werden. Das EMB-Wertemanagement Bau soll ein Mittel sein, nach außen und nach innen zu signalisieren und auch zu dokumentieren, dass sich ein Unternehmen fair verhalten und entsprechende Anstrengungen unternehmen will. Das EMB-Wertemanagement Bau sieht sich besonders für dezentral organisierte Bauwirtschaft von Bedeutung. Es führt auch noch ausdrücklich auf, dass die Einführung eines Wertemanagements nicht nur darauf abzielt, Korruption in der Bauwirtschaft zu mindern, mehr Rechtstreue herzustellen oder einen schlechten Ruf der Bauwirtschaft zu verbessern. Eine solche Argumentationslinie sei fatal, weil sie im Kern öffentliche Vorurteile gegenüber der Baubranche übernehmen und bestätigen würde. Wertemanagement beziehe sich vielmehr auf die erfolgreiche Gestaltung wirtschaftlicher Transaktionen im Unternehmen, im Markt und in der Gesellschaft. Wertemanagement sei ein ganzheitlicher Ansatz. Ziele des Wertemanagements Bau sind:

1. Schaffen einer Unternehmensidentität
2. Schaffung von Integrität und damit Vermeiden unrechtmäßiger Handlungen
3. Langfristige Profitabilität
4. Erhöhung der Marktzutrittschancen als Vorbedingung der Zulassung oder Wiederzulassung bei der Auftragsvergabe
5. Subunternehmer- und Lieferantenmanagement verbessern
6. Steigerung der Reputation
7. Verbesserung der Unternehmensverantwortung durch ein gezieltes Wertemanagement

Vor dem Hintergrund der bisherigen positiven Erfahrung, hat sich die deutsche Bauindustrie entschlossen, dass EMB-Wertemanagement Bau mit dem bisher bayerischen Schwerpunkt auf ganz Deutschland zu übertragen.[707)]

3.3 Wie kommuniziert man Werte richtig?

An dieser Stelle mehrfach angeführt, sind die entscheidenden Kommunikatoren für das Wertemanagementsystem, die Führungskräfte und im Mittelstand der Unternehmer selbst. Werte sind dann richtig kommuniziert, wenn sie neben Hochglanzbroschüren auch in Mitarbeitereinführungsveranstaltungen, Arbeitsverträgen, Lieferantenbedingungen und Kundenverträgen zu einem selbstverständlichen Bestandteil der Beziehungen werden. Dieses muss auch in der Weise erfolgen, dass im Sinne von Offenheit und Transparenz Probleme und Rückschläge entsprechend kommuniziert, aber nicht überbewertet werden, damit die Glaubwürdigkeit und die positive Entwicklung im Unternehmen keinen Schaden nehmen.

3.4 Auswirkungen des Wertemanagements auf den Unternehmensalltag

Ein funktionierendes Wertemanagement im Unternehmensalltag liegt nur dann vor, wenn die Unternehmensführung ernsthaft und aufrichtig an

707) Vgl. Bayerischer Bauindustrieverband (Hrsg.): *EMB-Wertemanagement Bau*. München 1996, S. 13.

einer Verbesserung ihres Wertemanagements und der Einhaltung der definierten Werte arbeitet. Absolut kontraproduktiv und schlimmer als kein Wertemanagement zu haben, ist eine gelebte Doppelbödigkeit. Einerseits null Toleranzaussagen im Unternehmen zu kommunizieren und andererseits schwarze Kassen für Bestechung in bestimmten Märkten vorzuhalten, vernichtet Glaubwürdigkeit, Transparenz und Vertrauen von Mitarbeitern und anderen Personen, die mit dem Unternehmen in Beziehung stehen. Alkoholverbote, die im Unternehmen ausgesprochen werden, anlässlich von besonderen Feiern, jedoch eigenmächtig vereinzelt wieder aufgehoben werden, sind ein verhältnismäßig harmloses Beispiel von Erodierung von Werten in Unternehmen. Geschenkerichtlinien oder Korruptionsrichtlinien sind da schon schwerwiegendere Bereiche, deren Einhaltung von immens wichtiger Bedeutung für das Unternehmen sein kann. Die positive Darstellung und Verankerung dieser Themen durch die Führungskräfte, durch ihr Vorleben, durch ihre Durchsetzungsmacht im täglichen Unternehmensalltag, zeigen langfristig die Nachhaltigkeit eines Wertemanagementsystems.

3.5 Empirische Studie über Wirksamkeit eingeführter Wertemanagementsysteme

Studien über die Wirksamkeit eingeführter Wertemanagementsysteme führten Josef Wieland und Michael Fürst am Beispiel des Bayerischen Bauindustrieverbandes durch. Inhalt und Untersuchungsgegenstand der Studie ist eine Untersuchung über zwölf Monate zwischen 07/2001 und 07/2002 sowie Jahre früher bei demselben Unternehmen im Zeitraum 06/1998 bis 03/1999. Diese Studie kam unter anderem im Wesentlichen zu folgenden Aussagen:

Der Bekanntheitsgrad der Wertprogramme bei Mitarbeitern war nach wie vor sehr hoch, hat sich aber hin zu einem durchschnittlichen Niveau der Kenntnis des Wertemanagements entwickelt. Die Zahl derer, die das Programm gar nicht kannten oder sich eingehend mit dem Programm beschäftigt hatten, hatte zugunsten der durchschnittlichen Kenntnisse zugenommen. Fünf Jahre nach Einführung des Wertemanagementsystems hat die Mehrheit der Mitarbeiter dieses als eher positiv eingestuft, wohingehend für die Meinung »völlig überflüssig« oder »eher negativ«, keine Steigerung oder sogar eine Verminderung festgestellt wurde. Eine der wichtigsten Ergebnisse dieser Studie stellt allerdings zusammen, welche Kommunikationswege des Wertemanagements für am wirksamsten gehalten werden: Mit deutlichem Abstand war als wichtigstes die Aussage »Werteprogramme sind

Chefsache« im Rahmen der Kommunikation festzustellen. Geschäftsleitung, Vorgesetzter oder Rundbrief führten zu den am deutlichsten wahrgenommenen Kommunikationswegen. Auf die Frage, ob innerhalb von fünf Jahren die Wirkung der Werteprogramme hinsichtlich der Ziele des EMB bezogen auf Fairness und Transparenz zugenommen habe, kam eine deutlich positive Aussage Richtung »mit Sicherheit« und »eher ja«. Auf der anderen Seite hat innerhalb der fünf Jahre auch eine Zunahme der Antwort »eher nicht« stattgefunden. Wieland und Fürst führen dies darauf zurück, dass das EMB innerhalb der gesamten deutschen Baubranche in einem sehr schwierigen konjunkturellem Umfeld noch eine Nischenerscheinung war und folglich zum damaligen Zeitpunkt keineswegs von einem Rahmenordnungskonzept sprechen konnte. Es bedeutet aber auch, dass die daraus resultierenden Probleme von den Mitarbeitern wahrgenommen werden.[708] Die Ursachen für die Verletzung moralischer Standards wurden von den Mitarbeitern im Wesentlichen durch Erfolgsdruck, durch Druck der Auftraggeber und mit Überleben der Firma begründet. Interessant wäre in diesem Zusammenhang, fünf Jahre später erneut eine solche Studie durchzuführen, zumal sich die Bedingungen für die Bauwirtschaft mittlerweile deutlich verbessert haben.

Nichtsdestotrotz sind die Aussagen dieser Studie beeindruckend und zeigen, dass eine Evaluierung des Wertemanagementsystems ein sehr geeignetes Instrument für die Verbesserung seiner Prozesse und damit für die Durchsetzungsfähigkeit eines Compliance-Systems ist.

708) Wieland, J./Fürst, M.: »WerteManagement – Der Faktor Moral im Risikomanagement«, KIeM Working-Paper Series 01/2002, Konstanz, S. 49.

4. Literatur

Bayerischer Bauindustrieverband (Hrsg.): *EMB-Wertemanagement Bau.* München 1996.

Bleicher, K.: *Das Konzept integriertes Management. Visionen, Missionen, Programme,* 7. Aufl., Frankfurt a. M. 2007.

Fürst, M./Wieland, J.: »WerteManagement-Systeme in der Praxis. Erfahrungen und Ausblicke«, in: Wieland, J. (Hrsg.): *Handbuch Wertemanagement,* Hamburg 2004, S. 595-640.

Gesellschaft für Integriertes Management St. Gallen (Prof. Knut Bleicher): http://www.gimsg.ch/index.html

Hambrecht, J./Kokott, D.: »Erfolgsformel Wertemanagement«, in: Wieland, J. (Hrsg.): *Handbuch Wertemanagement,* Hamburg 2004, S. 55-81.

Hauschka, Ch. E. (Hrsg.): *Corporate Compliance. Handbuch der Haftungsvermeidung im Unternehmen,* München 2007.

Hofmann, St.: *Handbuch Anti-Fraud-Management,* Berlin 2008.

Klauk, B. (Hrsg.): *Mit Werten wirtschaften – mit Trends trumpfen. Band zur 12. Tagung der Gesellschaft für Angewandte Wirtschaftspsychologie e.V. an der Business and Information Technology School (BiTS) am 03. und 04.02.2006 in Iserlohn,* Lengerich, Berlin, Bremen, Miami, Riga, Viernheim, Wien, Zagreb 2006.

Konstanzer Institut für Wertemanagement (Prof. Josef Wieland): http://www.kiem.fh-konstanz.de/kiem_set.html

Luhmann, N.: »Die Moral des Risikos und das Risiko der Moral«, in: Bechmann, G. (Hrsg.): *Risiko und Gesellschaft,* Opladen 1997.

Nägele, I.: »Coaching als Implementierungsstrategie von Wertemanagement«, in: Wieland, J. (Hrsg.): *Handbuch Wertemanagement,* Hamburg 2004, S. 316-347.

Purper, K.: »Wertemanagement als Change Management«, in: Wieland, J. (Hrsg.): *Handbuch Wertemanagement.* Hamburg 2004, S. 348-390.

Trauter, P.: »Die Rolle von Werten bei der Gestaltung der Unternehmenskultur«, in: Wieland, J. (Hrsg.): *Handbuch Wertemanagement.* Hamburg 2004, S. 417-430.

Schlegel, A./Kleinfeld, A.: *Wirtschaftskriminalität und Werte,* Nordhausen 2003.

Sutherland, E. H./Cressey, D.R./Luckenbill, D. F.: *Principles of Criminology,* 11. Aufl., Holden, MO 1992.

Unger, St./Hattendorf, K./Korndörffer, S.H.: *Was uns wichtig ist : eine neue Führungsgeneration definiert die Unternehmenswerte von morgen.* Weinheim 2006.

Wieland, J. (Hrsg.): *Die Tugend der Governance.* Marburg 2006.

Wieland, J. (Hrsg.): *Handbuch Wertemanagement.* Hamburg 2004.

Wieland, J. : »Wozu Wertemanagement? Ein Leitfaden für die Praxis«, in: ders. (Hrsg.): *Handbuch Wertemanagement,* Hamburg 2004, S. 13-54.

Wieland, J.: »Unternehmensethik und Compliance-Management – zwei Seiten einer Medaille«, in: *Corporate Compliance Zeitschrift* 1/2008. S. 15-18.

Wieland, J. : »WerteManagement und Corporate Governance«, in: *Organisationsentwicklung* Nr. 4 2002, S. 84-90.

Wieland, J.: »Wert und Werte – Ethik als Managementaufgabe«, in: *Personalwirtschaft,* Heft 7, S. 16-17, 2001.

Wieland, J. : »WerteManagement und Corporate Governance. Working Paper 03/2002«, unter: http://www.kiem.fh-konstanz.de/publikationen/working_papers.html.

Wieland, J./Fürst, M.: »WerteManagement – Der Faktor Moral im Risikomanagement«, KIeM Working-Paper Series 01/2002, Konstanz.

Wieland, J./Grüninger, St.: »EthikManagementSysteme und ihre Auditierung: Theoretische Einordnung und praktische Erfahrungen«, in: Bausch, Th. (Hrsg.): *Unternehmensethik in der Wirtschaftspraxis,* München 2008.

Autorenbeschreibungen

Felix von Baumbach:
Felix v. Baumbach ist Rechtsanwalt im Team Eschborn von Rödl & Partner und schwerpunktmäßig im Bereich des Arbeitsrechts tätig. Zuvor war er drei Jahre als Jurist in einem international tätigen Unternehmen mit arbeitsrechtlichen sowie handelsrechtlichen und vertragsrechtlichen Fragen betraut. Zu seinen Aufgaben gehörten auch Fragen grenzüberschreitender Compliance im Konzern.

Dr. Christiane Bierekoven:
Dr. Christiane Bierekoven studierte in Köln und Lausanne Rechtswissenschaften und ist seit elf Jahren praktizierende Rechtsanwältin mit dem Schwerpunkt IT-Recht. Bei Rödl & Partner leitet sie das IT-Kompetenzcenter. Sie berät in- und ausländische Unternehmen in allen wesentlichen Bereichen des IT-Rechts. Christiane Bierekoven ist Dozentin bei der Deutschen Anwaltsakademie im Fachlehrgang Informationstechnologierecht sowie Mitglied des Geschäftsführenden Ausschusses der Arbeitsgemeinschaft Informationstechnologierecht des Deutschen Anwaltvereins und Mitglied bei der Deutschen Gesellschaft für Recht und Informatik. Sie referiert und publiziert regelmäßig zu IT-rechtlichen Fragestellungen, insbesondere beim Management Circle, Euroforum sowie NIK und im IT-Rechtsberater.

Saskia Bonenberger:
Frau Bonenberger ist seit 1993 bei Rödl & Partner und leitet den Geschäftsbereich Prävention, Verteidigung und Aufklärung. Im Rahmen von Prävention & Verteidigung führte Frau Bonenberger Teams in unterschiedlicher interdisziplinärer Zusammensetzung für Projekte zur Vermeidung von steuer- und strafrechtlichen Risiken. Branchenschwerpunkte für Compliance-Lösungen sind Schrott- und Metallhandel, Immobilienfonds, Dienstleistungen, Automobilzulieferer sowie diverse mittelständisch strukturierte Unternehmen mit mehr als 2 000 Mitarbeitern.

Praxishandbuch Corporate Compliance. Axel Jäger, Christian Rödl und José A. Campos Nave

ISBN 978-3-527-50395-7

José A. Campos Nave:
José A. Campos Nave ist Rechtsanwalt, EMBA (Accouting & Controlling), Fachanwalt für Steuerrecht, Fachanwalt für Handels- und Gesellschaftsrecht und Partner bei der internationalen Soziett Rödl & Partner in Frankfurt. Zudem ist er Mitglied des Fhrungskreises Wirtschaftsrecht und Head of Corporate Compliance bei Rödl & Partner und Lehrbeauftragter an der Fachhochschule Frankfurt am Main.

Dr. Ralph Egerer:
Ralph Egerer ist Associate Partner der Rechtsanwalts-, Steuerberatungs- und Wirtschaftsprfungsgesellschaft Rödl & Partner im Geschftsbereich Geistiges Eigentum/Informationstechnologie. Als Rechtsanwalt berät er in- und ausländische Unternehmen in allen Bereichen des nationalen und internationalen Vertriebsrechts, Wettbewerbsrechts und gewerblichen Rechtsschutzes mit besonderem Fokus auf Marken- und Lizenzrecht sowie auf der Verfolgung von Schutzrechtsverletzungen und Produktpiraterie. Er referiert regelmäßig zu Themen des geistigen Eigentums. Nach Studium in Heidelberg, Referendariat in Bamberg und Promotion in Mannheim ist er seit 2001 als Rechtsanwalt zugelassen. Vor seinem Eintritt in die Kanzlei Rödl & Partner im Jahr 2004 war er in einer internationalen Wirtschaftskanzlei in Dsseldorf tätig.

Prof. Dr. Maximilian Herberger:
Prof. Dr. Maximilian Herberger ist geschäftsführender Direktor des Instituts für Rechtsinformatik an der Universität des Saarlandes.

Stefan Hillers:
Stefan J. Hillers ist als Direktor bei Rödl & Partner im Bereich Corporate Finance tätig und begleitet wachstumsorientierte Unternehmen und Unternehmer insbesondere im Rahmen von Transaktionen, MBI/MBO-Situationen sowie industriepolitischen Themen.

Stefan J. Hillers verfügt über mehr als 13 Jahre Erfahrung als Berater im Bereich Vertrieb und strategisches Projektmanagement in der Finanzdienstleistungs- und Automobilindustrie. Vor seiner Zeit bei Rödl & Partner arbeitete Herr Stefan J. Hillers bei namhaften Bank- und Industrieunternehmen, wo er zahlreiche größere Transaktionen begleitete.

Prof. Dr. Axel Jäger:
Prof. Dr. Axel Jäger ist Professor für deutsches, europäisches und internationales Wirtschaftsrecht an der Fachhochschule Frankfurt am Main und

lehrt u.a. Corporate Governance, Corporate Compliance sowie Haftungsrisiken für Manager und Aufsichtsräte. Er ist Direktor des Instituts für Entrepreneurship und Vorstand des Instituts für Management und Recht.

Dr. Alexander Koch:

Dr. Alexander Koch ist Associate Partner im Bereich Unternehmensberatung von Rdl & Partner. Dr. Alexander Koch studierte und promovierte an der WiSo-Fakultät der Universitt Erlangen-Nürnberg im Bereich Betriebswirtschaftslehre. Seit 1999 ist Herr Dr. Alexander Koch für Rödl & Partner als Consultant tätig. Schwerpunkte seiner Beratungstätigkeit sind Restrukturierungsberatung sowie Unternehmenspotenzialbewertung. Dr. Alexander Koch verfügt über mehrjährige Erfahrung in der betriebswirtschaftlichen Beratung von mittelständischen Unternehmen der Textil-, Kunststoffverpackungs-, Automobilzuliefer- und Spielwarenindustrie etc.

Markus W. Laumann:

Markus W. Laumann, MM, ist Rechtsanwalt und Fachanwalt für Arbeitsrecht sowie Handels- und Gesellschaftsrecht. Als Partner einer Sozietät in Darmstadt ist er in diesen Bereichen beratend und gestaltend tätig. Daneben ist er als Wirtschaftsmediator aktiv. Zuvor war er drei Jahre Syndikusanwalt in einem Unternehmen und dort als Prokurist Leiter der Rechtsabteilung.

Christian Leupold:

Christian Leupold ist Wirtschaftsprüfer bei Rödl & Partner in Nürnberg. Nach dem Studium war er zunächst mehrere Jahre bei einem großen Softwareunternehmen u.a. im Entwicklungsbereich für Rechnungswesenprogramme tätig. Danach erfolgte der Wechsel in die Wirtschaftsprüfung. Im Zuge seiner Tätigkeit bei Rödl & Partner ist er insbesondere für die Prüfung mittelständischer, international tätiger Unternehmen und Konzerne zuständig.

Dr. Jan Osterloh:

Dr. Jan Osterloh ist Senior Consultant im Bereich Unternehmensberatung von Rödl & Partner. Dr. Osterloh studierte Betriebswirtschaftslehre an den Universitäten in Zürich und Berlin und promovierte anschließend an der Universität in Köln. Seit 2003 ist Dr. Jan Osterloh für Rödl & Partner als Consultant tätig. Schwerpunkte seiner Beratungstätigkeit sind die Restrukturierungsberatung sowie die betriebswirtschaftliche Analyse von mittelständischen Unternehmen.

Dr. Jörg Reichelsdorfer:
Dr. Jörg Reichelsdorfer, Rechtsanwalt, seit Januar 2009 in eigener Kanzlei, ist spezialisiert auf Wirtschaftsrecht (Gesellschaftsrecht, Handelsrecht, Logistikrecht, Kartellrecht) und Compliance. Zuvor war er als Leiter eines Teams von Rechtsanwälten bei Rödl & Partner Nürnberg wirtschaftsrechtlich, insbesondere im Kartellrecht, häufig mit Compliance-Projekten betraut. Neben seiner über zehnjährigen anwaltlichen Tätigkeit ist er Lehrbeauftragter für Wirtschaftsrecht an der Universität Erlangen-Nürnberg und für Rechtsfragen der Logistik an der Fachhochschule Würzburg-Schweinfurt.

Dr. Christian Rödl:
Rechtsanwalt, Master of Laws (LL.M., Columbia University), Steuerberater und Geschäftsführender Partner bei Rödl & Partner, berät vorwiegend zur grenzüberschreitenden Struktur von Unternehmensgruppen, Privatvermögen und zur Unternehmensnachfolge. Er ist Lehrbeauftragter an der Universität Erlangen-Nürnberg für Internationale Steuerplanung sowie Dozent an der Universität Hamburg im Aufbaustudiengang Master of International Taxation. Der Finanzausschuss des Deutschen Bundestages lud Herrn Dr. Christian Rödl wiederholt als Sachverständigen zu Gesetzgebungsverfahren im Steuerrecht.

Dr. Michael Schiffmann:
Dr. Michael Schiffmann, Vorstand der Rödl Consulting AG und Geschäftsführer der HSB Systemhaus GmbH, berät vorwiegend mittelständische Unternehmen bei Outsourcingprojekten, SAP-Einführungen und in der Analyse und Umsetzung von Compliance-Themen mit Bezug zur IT. Er war Lehrbeauftragter an der Universität Bayreuth, sowie an diversen Fachhochschulen.

Matthias Struwe:
Matthias Struwe, M.A., MSc., ist Inhaber von Eye Communications in Freiburg. Die Agentur berät Unternehmen und Wirtschaftskanzleien in allen Fragen der Presse- und Öffentlichkeitsarbeit und der Kommunikationsstrategie. Struwe hat umfassende Erfahrung als Journalist und als Leiter der Unternehmenskommunikation einer führenden deutschen Wirtschaftskanzlei gesammelt. Im Rahmen seiner Tätigkeit hat er zahlreiche Unternehmen bei der internen und externen Kommunikation in Krisenfällen sowie im Rahmen von Umstrukturierungen beraten.

Timo Tauber:

Timo Tauber, Diplom-Wirtschaftsjurist (FH), Master of Laws (LL.M.), ist als Associate bei Rödl & Partner im Bereich Corporate Finance tätig. Der Schwerpunkt seiner Tätigkeit liegt in der Beratung und Strukturierung von Transaktionsprozessen sowie in der aktiven Begleitung von Unternehmen/Unternehmern im Rahmen von Transaktionen und MBI/MBO-Situationen.

Prof. Dr. Dr. habil. Enno Weiß:

Enno Weiss, Dr. Dr. habil., Ing. (grad.), Dipl.-Kfm., ist Geschäftsführer der FIV Consulting GmbH und außerplanmäßiger Professor an der Rechts- und Wirtschaftswissenschaftlichen Fakultät der Universität Erlangen-Nürnberg. Herr Weiss verfügt über 20 Jahre Beratungserfahrung im Bereich Strategie, Transaktion, Innovation, Organisation in verschiedenen Branchen.

Er ist Vorstand des Alumni-Netzwerkes und Fakultätsbundes der WiSo Nürnberg e.V. (a fwn e.V.), Verwaltungsratsmitglied der Rotarex S.A. Lintgen und Verfasser zahlreicher wissenschaftlicher Beiträge.

Ingolf Zschockelt:

Ingolf Zschockelt ist Wirtschaftsprüfer und als Direktor bei Rödl & Partner im Bereich Corporate Finance tätig. Er begleitet wachstumsorientierte Unternehmen und Unternehmer insbesondere im Rahmen von Transaktionen und Finanzierungsprojekten. Im Rahmen seiner mehr als 13-jährigen Praxisttigkeit in den Bereichen Wirtschaftsprüfung, Internationale Rechnungslegung, IPO-Beratung, Private Equity, Unternehmensfinanzierung und Unternehmensberatung verfügt Herr Zschockelt über einen umfangreichen Erfahrungsschatz und hohe Schnittstellenkompetenz.

Stichwortverzeichnis

Praxishandbuch Corporate Compliance. Axel Jäger, Christian Rödl und José A. Campos Nave

ISBN 978-3-527-50395-7

c

d

l

p

q

r